KB050693

4차 산업혁명 시대의

생산 운영 관리

제5개정판

강금식

박영사

머 리 말

2022년부터 글로벌 경영 환경이 극도로 악화되기 시작하였다.

러시아의 우크라이나 침공으로 대 러시아 수출입 업체는 경제제재로 거래에 심한 압박을 받고 있다. 미·중 간의 패권경쟁으로 끝이 보이지 않을 경제전쟁이 지속될 것이다. 중국의 대만 침공의 가능성이 상존하고 북한의 핵실험으로 한 치 앞을 내다볼 수 없는 긴장국면으로 빠져들고 있다.

미국의 경제가 악화되어 그동안 유지해왔던 금융 완화정책을 버리고 고금리 인상정책으로 진입하고 있다. 우리나라도 고물가 현상으로 기준금리를 대폭 인상 하지 않을 수 없게 되었다. 가뜩이나 경기침체가 예상되는 가운데 인플레이션으로 기업을 경영하는 경영자들은 환경의 변화에 적응해가느라 고초가 이만저만이 아 니다. 지금 4차 산업혁명이 한창 진전하면서 전통 기업들은 디지털 기술을 활용하 여 디지털 기업으로 변신하지 않으면 존속하기 어렵다는 사실을 인식하고 기업 실 정에 맞도록 디지털 기술을 도입하고 있는 게 현실이다. 이제 전통 기업들에게는 여러 가지 디지털 기술을 융합하여 디지털 기업으로 변신하는 길만이 유일한 생존 전략이 되고 있는게 사실이다.

이러한 기술적 환경의 변화는 특히 제조기업의 생산운영관리에 큰 영향을 미 치고 있다. 생산운영관리의 내용과 기법에, 또한 글로벌 공급사슬관리에 새로운 혁신이 전개되고 있다. 따라서 개정판에서는 4차 산업혁명의 본질을 살펴보고 그 의 핵심 기술들이 생산관리에 미치는 영향과 변화를 관련된 부문에서 설명하고 있다.

본 개정판을 교재로 채택하는 강사님들을 위해서는 PowerPoint를 사용하여 만든 강의안을 박영사 홈페이지에 올려놓았음을 알리는 바이다. 한편 학생들을 위 해서는 각 장의 연습문제 해답을 박영사 홈페이지에 올려놓았으니 다운로드하여 사용하기 바란다.

끝으로 본 개정판이 오랜만에 햇빛을 보게 된 데는 몇 분들의 배려와 수고가 있었다. 우선 박영사의 안종만 회장님의 관심과 배려에 대해 고맙다는 인사를 전하고자 한다. 또한 시간이 촉박한 가운데도 열정과 노력을 아낌없이 쏟아 부은 편집부의 전채린 차장께 심심한 사의를 표하고자 한다.

2023.1.10.
강 금 식

연습문제 풀이 download 하는 방법
① www.pybook.co.kr에 접속한다.
②「도서자료실」을 클릭한다.
③「생산운영관리」를 검색한다.
④「강의안」또는「연습문제 풀이」를 download한다.

차 례

제 1 편   4차 산업혁명 시대의 생산운영관리

제 2 편   수요예측

제3편 생산운영시스템의 설계

제 1 편

4차 산업혁명 시대의 생산운영관리

제 1 장

생산 운영관리의 개념

지난 40여 년 동안 진행되어 온 컴퓨터와 정보기술 혁명으로 기업은 운영을 관리함에 있어 많은 변화를 추구하게 되었다. 새로운 통신기술의 출현으로 기업은 빠르게 의사결정을 내릴 수 있게 되었다. 기술 투자의 증가로 서비스와 제품의 품질은 크게 향상되었다.

한편 통신기술의 발달로 기업의 글로벌화(globalization)가 증진되었다. 다국적 기업의 출현이 일반화되고 있다. 우리나라 기업들도 해외로 진출하고 있다. 많은 국가들은 글로벌 무역을 증진하기 위하여 무역장벽을 완화하는 조치를 취하기도 하는 한편 자국의 이익을 위하여 관세전쟁을 마다하지 않는다. 특히 미국과 중국의 패권경쟁으로 말미암아 대 중국 무역의존도가 높은 우리나라로서는 악화되는 무역환경에 직면하고 있다. 설상가상으로 러시아의 우크라이나 침공으로 대 러시아 무역제재가 강화되어 러시아 수출입이 통제되고 있어 관련 기업들의 고초가 이만저만이 아니다. 여기에다 우리나라 경제는 세계 경제처럼 침체의 늪에 빠져들어가고 있고 각국이 하는 것처럼 인플레이션을 잡기 위하여 기준금리를 대폭으로 끌어올리고 있는 중이다. 그만큼 기업경영이 어려워지고 있다.

이렇게 불확실하고 열악하게 변화하는 글로벌 환경에서 치열한 경쟁을 물리치고 경쟁력과 장기적 이익을 확보하기 위해서 기업은 생산운영결정을 더욱 잘 하지 않으면 안 된다.

생산운영관리(operations management)의 내용은 시대의 흐름에 따라 그의 범위가 확대되었다. 과거에는 한 기업의 범위 내에서 생산운영문제를 취급하였지만 이제는 그 기업과 관련된 공급업체, 유통센터, 소매점, 고객들을 포함하는 공급사슬(supply chain)의 관계에도 관심을 갖기 시작하였다.

지금은 4차 산업혁명이 한창 진행 중이다. 인공지능, 로봇, 사물인터넷 등 여러가지 핵심기술이 융합되어 제조방식과 제조공정에 변화와 혁신이 초래되어 생산성이 획기적으로 증가하고 수많은 직업이 사라지고 새로운 직업이 생성될 것이다.

우리의 미래는 상상할 수 없는 새로운 세계로 탈바꿈하게 될 것이다. 그러나그 미래는 어느 누구도 예측 불가능한 세계가 될 것이다.

본장에서는 생산운영관리의 정의와 역사, 공급사슬관리의 내용 등 전반적인내용을 설명하고자 한다.

1.1 생산운영관리의 이해

1. 생산운영관리의 의미

모든 기업은 고객들을 위하여 값싸고 품질 좋은 제품을 신속하게 생산하거나서비스를 제공한다. 이것이 기업의 존재이유이기도 하다. 제품을 생산하거나 서비스를 제공하기 위해서는 토지, 자본, 자재, 기계, 노동, 기술, 정보, 에너지, 정책, 관리 등과 같은 투입물이 필요하다. 기업에서 생산운영관리자(operations manager)는 [그림 1-1]에서 보는 바와 같이 여러 가지 투입물을 사용하여 제품이나 서비스와 같은 산출물로 변환시킨다. 그리고 이를 통제하는 과정에서 기업 내·외의 많은활동들을 조정하게 된다.

여기서 제품(goods)이란 눈으로 볼 수 있고 접촉할 수 있고 소비할 수 있는 예컨대 자재, 부품, 구성품, 완성재와 같은 물체를 말하고, 서비스(service)란 고객에만족을 주기 위한 예컨대, 금융, 보험, 교육, 행정, 의료, 항공, 컨설팅, 도매, 소매, 구매, 이발, 유통, 음식제공 등 시간, 위치, 형태, 혹은 심리적 가치 등을 제공하는 무형의 행위(acts)를 말한다. 일반적으로 제조업에서 제품의 생산기능을 담당하는 사람을 생산관리자라하고 서비스업에서 서비스를 제공하는 일을 담당하는 사

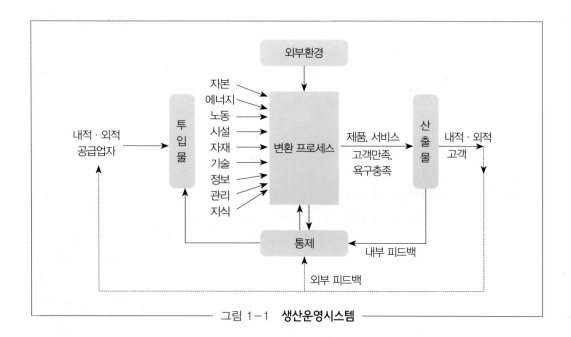

그림 1-1 **생산운영시스템**

람을 운영관리자라고 한다. 그런데 운영관리자도 생산관리자가 수행하는 역할을 하기 때문에 본서에서는 공통적으로 생산운영관리자라고 부를 것이다.

여러 가지 투입물은 변환 프로세스(transformation process)를 통하여 산출물로 전환된다. 즉 생산운영시스템은 입력, 처리, 출력, 피드백의 구성요소를 가진다.

우리는 여기서 생산운영관리를 구체적으로 정의할 수 있다. 생산운영관리 (operations management: OM)란 여러 가지 투입물을 효율적이고 효과적으로 더욱 가치 있는 산출물로 전환시키는 생산운영시스템의 설계뿐만 아니라 생산운영 및 통제와 관련된 다양한 의사결정 문제를 취급하는 관리기능을 말한다. 따라서 생산관리자들은 가치 창출과 중요한 의사결정을 담당하여 기업을 성공의 길로 이끄는 역할을 수행한다.

이렇게 생산운영관리를 정의할 때 생산운영관리는 의사결정, 기능, 프로세스의 관점에서 설명할 수 있다.

▎의사결정

생산운영관리 부문에서의 의사결정(decision making)이란 변환시스템의 설계, 운영, 통제에 관한 것이다. 이러한 의사결정은 매일매일 수없이 진행하는 것도 있고, 어떤 결정은 장기적이고 전략적으로 수행하는 것도 있다.

생산운영결정을 분류하기는 쉽지 않지만 보통 전략적 결정, 전술적 결정, 운영계획과 통제적 결정으로 구분한다.

전략적 결정(strategic decision)은

- 제품/서비스 결정 및 설계
- 프로세스 선정
- 생산능력 및 시설계획
- 시설배치
- 기술도입과 관리
- 경쟁시장의 결정

등 생산운영시스템의 설계(design)에 관한 결정을 의미한다. 이러한 결정은 기업 전체가 나아갈 방향을 설정하고 기업의 경영전략 및 장기적 목표달성과 관련이 있기 때문에 최고경영층에 의해서 수행된다. 전략적 결정은 성격상 폭넓은 결정으로서 다른 구체적인 결정들의 길잡이가 된다.

전술적 결정(tactical decision)은 전략적 결정과 보조를 맞추면서 고객의 수요를 만족시킬

- 수요예측
- 생산계획
- 재고관리
- 작업시스템 설계
- 노동력관리

등에 관한 중기적 결정을 의미한다. 고객으로부터 제품과 서비스의 주문을 받아 적정가격으로 적시에 고객을 만족시키는 책임을 중간관리층은 갖는다.

운영계획(operational planning)과 통제적 결정(control decision)은 전략적, 전술적 결정과 일관성 있도록 생산운영을 계획하고 통제하는 것에 관한 단기적 결정을 의미한다. 이러한 결정은

- 스케줄링(scheduling)
- 작업자들의 매일매일의 활동

- 제품과 서비스의 품질관리
- 생산비 및 간접비 관리
- 장비의 보수

등과 관련이 있다. 이러한 결정은 하위관리층이 담당한다.

생산운영관리자들은 하루에 수많은 의사결정을 수행한다. 4차 산업혁명의 진전으로 인공지능이나 사물인터넷 등 디지털 기술을 활용하여 하루에도 폭증하는 빅데이터를 여러 가지 분석방법을 적용하여 의사결정에 필요한 지식이나 정보를 추출하여 제공함으로써 관리자들은 경험이나 육감 등 휴리스틱 방법을 탈피하여 사실 기반 의사결정을 더욱 빠르고 정확하게 할 수 있게 되었다.

▌기능

모든 기업은 생산운영, 마케팅, 재무 등 3대 기본 기능(function)을 수행한다. 마케팅 기능(marketing function)이란 기업에서 생산한 제품이나 서비스에 대한 고객의 수요를 유발하고, 고객의 욕구와 기대를 이해하며, 제품이나 서비스를 판매하는 활동을 일컫는다. 재무기능(finance function)은 기업에서 제품이나 서비스의 생산에 필요한 자금을 조달하고 현금흐름(cash flow)과 자본투자를 관리하는 활동을 말한다.

생산운영 기능(operations function)은 기업의 제품이나 서비스를 생산하고 배송하는 데 필요한 여러 가지 자원(resources)을 계획·조직·조정·통제하는 기업의 기능을 말한다. 생산운영 기능은 사람, 장비, 기술, 정보, 기타 여러 가지 자원을 관리하는 경영기능(management function)이다.

인적·물적 자원의 효율적·효과적 사용을 통해서만 기업의 목적을 달성하고 부가가치(value added)를 창출할 수 있기 때문에 생산운영 기능은 모든 기업에서 핵심 기능으로 여겨진다. 생산운영은 기업에서 이익을 창출하는 엔진이다. 생산운영이 없으면 고객에 판매할 제품이나 서비스도 없게 된다. 기업의 생존도 발전도 기대할 수 없다. 따라서 실제로는 기업의 다른 모든 기능이 생산운영 기능을 지원한다고 할 수 있다. 사실 많은 기업에서 생산운영 기능은 대부분의 인력을 고용하고 그 기업이 통제가능한 자산의 대부분에 책임을 지고 있다. 뿐만 아니라 소득의 원천이 되기 때문에 기업의 목적을 가장 효율적이고 효과적으로 달성하기 위하여 생산운영 활동을 가장 중요시하는 추세이다.

| 프로세스

투입물은 프로세스로 들어가고 산출물은 프로세스로부터 빠져 나온다. 변환은 생산, 프로세스 또는 운영이라고도 한다. 프로세스(process)란 여러 가지 투입물을 전환시켜 제품이나 서비스를 생산하는 데 필요한 일련의 활동들이나 방법을 의미한다. 다시 말하면, 프로세스란 제품이나 서비스를 생산하고 제공하는 여러 가지 수단을 말한다. [그림 1-1]에서 보는 바와 같이 내적·외적 공급업자로부터 투입물을 제공받아 내적·외적 고객으로 산출물을 제공하는 모든 과정에서 수많은 프로세스가 존재하는데 이러한 프로세스 관리(process management)가 생산운영관리의 핵심 내용이며 역할이다.

프로세스의 형태는 업종에 따라 다른데 제조업에서처럼 원자재를 제품으로 전환시키는 물리적 또는 화학적 변형이거나, 운송업에서처럼 장소의 이동이거나, 창고업에서처럼 시간적 변형이거나, 혹은 소매업에서처럼 상거래적 변형인 것이다. 공장의 경우 주된 프로세스는 실물적 전환이지만 비제조적 프로세스도 존재한다.

프로세스는 효율적으로 관리되어야 한다. 즉 변환 프로세스에서 전체 투입물의 비용보다 산출물의 가치(또는 가격)가 큰 부가가치가 창출되도록 해야 한다. 이와 같이 프로세스의 역할은 가치 창출(value creation)이다.[1] 이는 국민들의 생활수준으로 반영되며 생산성 향상을 초래한다.

여러 가지 투입물을 혼합하여 산출물로 변환시킬 때 관리자나 작업자들이 염두에 두어야 할 핵심은 품질, 비용, 효율이다. 제품이나 서비스를 창출할 때 소요되는 여러 가지 자원을 어떻게 잘 사용하였는가를 측정하는 효율(efficiency), 운영 과정에서 사용하는 제반 비용(cost)의 절감, 고객에 만족을 제공하는 제품이나 서비스의 높은 품질(quality), 이 세 가지를 이룩하면 고객들은 계속해서 그 제품이나 서비스를 구매하게 되어 기업으로서는 수익(profitalility)을 남기게 되고 결국 장기적으로 존속하고 성공하게 된다.

그런데 오늘날의 비즈니스 환경에서 자재, 기술, 고객 기호, 경쟁 등은 매우 빠르게 변하기 때문에 수요는 변하고 프로세스는 진부화되기 쉽다. 따라서 사내에

---

1 가치란 고객이 기꺼이 지불하고자 하는 가격(비용)에 대한 제품이나 서비스에 대해 고객이 인지하는 효익(benefit)을 말한다. 고객이 지불하려는 가격과 생산에 소요된 비용의 차이가 이익(profit)이다. 따라서 기업은 이익을 최대로 하기 위해서는 가능한 한 낮은 비용으로 고객에 높은 가치를 제공해야 한다. 이것이 생산운영의 목표이다.

서 제조할 것은 무엇이고 외부에 아웃소싱할 활동은 무엇인지, 노동과 기술의 최적조합은 무엇인지, 조립 프로세스는 어떻게 개선해야 하는지, 고객의 요구를 수용할 새로운 서비스는 어떻게 이행해야 할지, 경쟁력 유지를 위한 제조비 절감은 어떻게 해야 할지 등 계속해서 프로세스 결정을 내려야 한다.

[그림 1-1]에서 보는 바와 같이 모든 변환 프로세스는 외부환경(external environment)에 의하여 영향을 받는다. 이는 생산운영관리자가 통제할 수 없는 것이다. 예를 들면, 이자율, 자연재해, 경기변동, 정부정책과 법의 변경, 고객 취향의 변화, 계절성, 미·중 간 패권경쟁, 러시아의 우크라이나 침공 등 전쟁 위험 등이다. 변환 프로세스는 환경의 변화에 적응하는 동태적 성격을 갖는다.

생산운영시스템에서는 원하는 제품이나 서비스를 생산하기 위하여 변환 프로세스의 여러 곳에서 그리고 그의 결과인 산출물에 대해서 품질과 수량에 관한 측정(measurement)이 이루어지고 이 산출물을 사용하는 고객과 시장에 대한 조사가 이루어져 시스템에 반영하는데 이를 피드백(feedback)이라 한다. 이러한 고객 피드백과 성과에 관한 정보(informantion on performance)를 사전에 결정한 표준(standards)과 비교하여 차이가 발견되면 투입물, 프로세스, 산출물의 특성에 조정이나 시정조치를 취하는데 이것을 통제(control)라고 한다.

4차 산업혁명이 진행되면서 전통(기존) 기업들은 디지털 기업으로 변신하지 않고서는 살아남지 못하는 것이 현실이다. 따라서 기업들은 새로운 혁신적인 제품이나 서비스를 생산할 수도 있고 프로세스 혁신을 통할 수도 있다. 프로세스 혁신을 통해 성공한 기업으로는 독일의 지멘스와 아디다스 등 스마트 팩토리를 예로 들 수 있다.

2. 공급사슬관리의 의미

[그림 1-1]은 한 기업의 변환시스템을 나타낸다. 생산운영관리의 전통적 관점은 기업이 운영을 관리할 때 그 기업이 수행해야 하는 변환시스템의 활동만 강조한다는 것이다. 즉 다른 기업의 도움없이 생산운영을 자체 기능으로 충분히 할 수 있다고 보는 것이다. 예를 들면, 주문은 마케팅기능이 창출하고, 자재는 구매기능이, 장비구매에 필요한 자본은 재무기능이, 노동력은 인적자원기능이, 제품 배송은 분배기능이 감당하면 된다는 것이다.

그런데 한 기업의 생산운영은 다른 기업들의 생산운영과 독립적이 아니다. 즉 다른 기업들의 생산운영으로부터 영향을 받고 영향을 끼치는 상호작용 관계인 것이다. 모든 기업은 자신의 생산운영과 공급사슬과의 관계없이는 존재할 수 없다. 따라서 관리자들은 한 기업의 생산운영이 다른 기업, 예컨대 공급업자들, 유통업체들, 소매점들의 운영과 어떻게 연결되어 있는지를 이해해야 한다. 대부분의 제품과 서비스는 이러한 기업 간 일련의 활동을 통해서 생산된다.

한 기업이 생산하는 제품에 필요한 자재는 기본적 원자재로부터 시작하여 여러 기업을 통과하여 부품이나 구성품으로 흘러들어 온다. 이 자재들을 사용하여 생산된 완성된 제품은 유통업자와 도·소매점을 통하여 최종 소비자에 이른다. 이때 특정 제품생산에 관련된 모든 공급업자, 생산자, 유통업자, 도·소매점, 최종 소비자들의 글로벌 네트워크를 공급사슬(supply chain)이라고 한다. 따라서 여러 제품을 생산하는 기업은 서로 다른 공급사슬을 갖게 된다. 한 기업의 생산운영과 공급사슬은 언제나 함께 존재한다. 따라서 대부분의 기업은 큰 공급사슬의 한 부분으로 기능한다. 다시 말하면, 공급사슬은 다른 여러 기업의 생산운영을 서로 연결시키는 고리가 된다. 이러한 공급사슬은 사회가 기술화함에 따라 전문화가 심화되고 빠른 통신과 저렴한 수송비를 기반으로 공급사슬이 확대되고 있다.

[그림 1-2]는 전형적인 공급사슬을 보여 주고 있다. 공급사슬 속에 포함되는 많은 파트너(partner)들은 구매, 생산, 유통의 과정 속에서 자재, 정보, 자금, 서비스의 흐름을 통하여 서로 연결된다. 이러한 흐름은 사슬을 따라 위와 아래로 진행한다. 각종 원자재와 부품 등을 공급하는 업체들은 강물의 흐름에 비유하여 상류(upstream)라 하고, 기업의 제품이 흐르는 유통업체, 창고, 도매업, 소매점, 최종 소비자들은 하류(downstream)라고 한다. 오늘날 경영자들은 공급사슬에 속하는 많은 파트너들의 생산운영을 조정할 기술을 보유해야 한다. 사실 과거에는 공급사슬을 관리하는 데 별로 신경을 쓰지 않았다. 오로지 자기 회사의 계획, 마케팅, 생산, 재고, 품질 등의 관리를 독립적으로 수행하였다. 이런 결과 재고과잉, 재고품절, 늦은 배송, 품질문제 등 한 기업이 통제할 수 없는 문제들이 발생하게 되었다.

여기에 공급사슬관리의 필요성이 대두되었다. 공급사슬관리(supply chain management: SCM)란 공급사슬을 이루는 파트너들 사이에서 끊임없이 진행되는 활동과 관계를 전체 시스템의 관점에서 적극적으로 관리하여 고객 가치를 극대화하고 지속적인 경쟁우위를 달성하려는 것이라고 정의할 수 있다. 즉 공급사슬관리란 공급사슬 속에서 이루어지는 자재, 정보, 서비스의 흐름과 프로세스들을 전체 시스템의 관점에서 관리하여 고객의 수요를 제대로 충족시키고자 하는 공급기능을

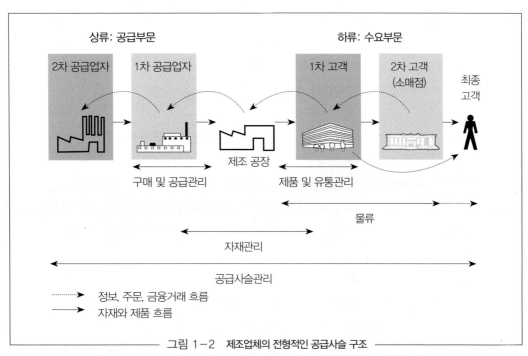

그림 1-2   제조업체의 전형적인 공급사슬 구조

출처: N. Slack, A. Brandon-Jones & Johnson, *Operations Management*, 7th ed.(Pearson, 2013), p. 410.

말한다.

모든 파트너들이 함께 일을 함으로써 자재, 정보, 자금, 서비스의 흐름을 효율적·효과적으로 관리하여 위험과 불확실성을 줄이고 재고수준, 리드타임, 품질 수준, 고객 서비스 수준을 전반적으로 향상시키려는 목표를 달성하고자 한다. 이와 같이 공급사슬 최적화는 고객만족, 주가, 이윤에 직접적인 영향을 미친다.

공급사슬관리에 대해서는 제9장에서 자세히 공부할 것이다.

1.2   제조업과 서비스업의 차이

기업은 고객이 구매하고자 하는 여러 가지의 제품과 서비스를 제공하기 위하여 설계하고 생산한다. 유형의 제품을 생산하는 시스템을 제조업이라고 하고 서비스를 제공하는 시스템을 서비스업이라고 한다.

제조업에서 운영을 설계하고 관리함과 같이 서비스업에서도 그와 유사한 기능을 수행한다. 제품이나 서비스는 고객의 요구에 의하여 생성되고 고객에 만족과 가치를 제공한다. 그들은 큰 시장을 대상으로 할 때는 표준화되지만 특정 개인의 요구에는 맞춤생산하기도 한다.

제조업과 서비스업의 차이를 요약하면 다음과 같다.

- 제조업은 실물적이고 유형인 제품을 생산하지만 서비스업은 무형의 서비스를 제공한다.
- 제조업은 실제로 수요가 있기 전에 재고로 쌓아 둘 수 있는 제품을 생산하지만 서비스업은 필요하기 전에 재고로 쌓아 둘 수 없는 서비스를 제공한다.
- 제조업에서 대부분의 고객들은 생산운영과 직접적인 접촉을 갖지 않지만 서비스업에서 고객들은 서비스의 창출 시에 직·간접으로 접촉하게 된다.
- 제조업은 품질수준의 설정과 평가에 있어서 서비스업보다 용이하다.
- 제조업에서는 표준화된 제품을 생산하지만 서비스업에서는 이발처럼 고객에 따라 고유한 서비스를 제공하는 경우가 많다.
- 서비스업에서는 교육, 의료, 법률 서비스처럼 지식기반 서비스를 제공하는 경우가 있다.
- 고객의 욕구변화에 반응하는 시간에 있어 제조업은 서비스업보다 길다.
- 제조업은 자본집약적이고 서비스업은 노동집약적이다.
- 서비스에 대한 수요는 제품수요보다 예측하기가 더욱 어렵다.
- 제조업 시설은 고객에 가까이 입지할 필요는 적지만 서비스 시설은 고객에 근접해야 한다.

그러나 이러한 차이가 분명하지 않고 중복되는 경우도 발견할 수 있다. 많은 기업에서는 제품과 서비스를 동시에 생산하기 때문이다. 예컨대 자동차 판매의 경우 할부금융, 보험, 품질보증, 수리, 수송 같은 서비스를 제공한다.

4차 산업혁명이 진행되면서 제조업과 서비스업 간의 융합도 이루어진다. 산업의 디지털 전환과 인공지능 등의 영향으로 데이터 기반 제조업의 서비스화(servitization)라는 제품-서비스의 융합(product-service system: PSS) 현상이 벌어지고 있다. 제품과 서비스를 함께 판매하는 것이다. 서비스화로의 변화는 제품 수준에서의 서비스화 또는 기업 수준에서의 서비스화의 형태로 진행한다. 위 자동차 판매 회사의 경우는 전자에 해당하는데 제품에 비한 서비스의 비중이 높아지는 현상이다. 한편 후자에 해당하는 제조기업이 서비스 기업으로 변신하는 예로 미국의 GE를 들 수 있다. GE는 가전제품으로부터 탈피하고 디지털 서비스 기업으로 변신하였는데 사물인터넷 센서를 부착한 비행기 제트엔진을 리스로 제공하면서 센서를 통한 안전진단 서비스의 수수료도 벌고 있다. 이 외에도 서비스의 제품화도 이루어지는데 이는 서비스 표준화, 프로세스화, 자동화를 통한 서비스의 대량생산화를 통해 가능하다.

1.3 경쟁력과 생산성

1. 경쟁력과 경쟁우위

오늘날 기업들은 글로벌 시장에서 경쟁업체보다 더 많은 제품과 서비스를 고객들에 판매하기 위하여 치열한 경쟁을 감내해야 한다.

경쟁력(competitiveness)이란 시장에서 기업, 산업, 국가가 제공하는 제품 또는 서비스가 경쟁제품보다 더욱 잘 팔리거나 공급되는 힘을 말한다. 기업이 경쟁력을 확보하기 위해서는 가격, 품질, 스피드(시간), 유연성, 서비스 등의 부문에서 경쟁력을 유지해야 한다.

경쟁력과 유사한 개념에 경쟁우위가 있다. 경쟁력은 특정 산업이나 국가의 국제경쟁력을 판단하는 경우에 사용되지만 경쟁우위는 개별 기업에 한정된 개념이다. 즉 경쟁우위는 어느 특정 기업이 다른 기업과의 경쟁에서 우위에 설 수 있는가의 여부를 판단할 때 주로 사용하는 개념이다.

경쟁우위(competitive advantage)란 고객이 가치가 있다고 생각하여 원하는 제품이나 서비스를 효율적이고 효과적으로 생산함으로써 더욱 많은 양을 판매하는데 있어서 경쟁기업에 비해 시장에서 또는 재무적으로 우월적 지위를 확보할 수 있는 능력을 말한다. 경쟁우위는 독특한 기술과 자원을 활용하여 저원가 구조, 제품의 고품질, 우수한 유통망, 독특한 서비스로 달성할 수 있으며 시장에서 우월한 지위, 높은 시장점유율, 월등한 수익성을 확보하게 된다. 그런데 기업은 경쟁기업에 비교한 경쟁우위를 지속적으로 확보하기 위하여 제3장에서 공부할 몇 가지 전략을 수립하게 된다. 예를 들면, 저가전략이나 차별화전략 등을 추구한다.

한편 기업은 경쟁우위를 확보하기 위한 도구로 기술을 도입한다. 기술을 도입함으로써 프로세스를 개선하고 비용은 감축시키며 품질 및 제품 운송은 향상시키기 때문이다. 기업이 경쟁우위를 확보하기 위한 방안에 대해서는 다음 절에서 공부할 것이다.

2. 경영성과 측정

모든 기업은 다음과 같은 몇 개 분야에서 경영성과(management performance)를 측정한다.

- 재무
- 고객과 시장
- 품질
- 시간
- 유연성
- 이노베이션
- 생산성과 경영효율
- 지속가능성

이러한 분야의 측정치는 경영성과를 평가하는 성적표로서 목표와 결과의 갭이 있는지를 규명하고 업적은 작업자, 주식시장, 다른 이해당사자들에게 보여주는 역할을 한다.

- 재무 측정치: 비용, 수입, 투자수익률, 영업이익, 자산이용도, 주당 이익, 기타 유동성 지표 등을 포함한다.
- 고객 및 시장 측정치: 제품이나 서비스에 대한 고객 만족도 조사, 고객 충성도, 고객의 획득과 상실, 고객불만, 보증 클레임, 고객관계 진척 등에 관한 측정과 시장점유율, 신제품과 시장의 진입 등 시장에 관해 측정한다.
- 품질: 제품에 대한 품질은 도구, 기술, 데이터 수집 프로세스를 통해서, 그리고 서비스에 대한 품질은 고객 서베이, 인터뷰 등을 통해 수행한다.
- 시간: 어떤 프로세스를 처리하는 데 소요되는 스피드를 측정하는 표준편

차 또는 분산은 고객 유치에 영향을 준다.

- 유연성: 고객의 욕구변동에 따른 설계 유연성과 수량 유연성은 경쟁우위를 유지하는 데 필요하다.

- 이노베이션과 학습: 새롭거나 독특한 제품과 서비스를 창출하는 것 또한 고객을 기쁘게 해주고 삶의 질을 향상시키고 경쟁우위를 확보하는 수단이 된다. 경쟁업체의 유사제품 생산으로 인해 이노베이션은 iphone처럼 꾸준히 계속되어야 한다. 학습(learning)이란 지식을 창출하거나 획득하거나 또는 행위를 변형하는 것은 물론 내·외의 변화에 대응하여 작업자들의 행위를 수정하는 것을 말한다. 이노베이션과 학습의 측정치는 주로 조직 구성원과 인프라에 관한 것인데 예를 들면, 작업자 기능개발, 직무만족, 이직률, 직무 효과성 등이다.

- 생산성과 경영효율: 생산성은 기업 자원을 잘 사용하여 제품을 생산하는가를 측정하고 경영효율은 낭비는 최소로 하고 자원이용은 최대로 하면서 고객에 제품과 서비스를 제공하는가를 측정한다. 예컨대 주문이 완료시간, 기계와 장비의 설치시간, 조립라인에서 제품 변경시간 등이다.

- 지속가능성(sustainability): 지속가능성이란 인간의 존속을 가능케 하는 생태학적 시스템을 해치지 않도록 프로세스에서 자원을 사용하는 것을 말한다. 여기에는 에너지 소비량, 재활용, 공기오염, 폐기물 처리 등을 측정하여 환경의 장기적 품질에 전념하는 환경적 지속가능성, 소비자 및 작업장 안전, 지역사회 관계 등을 측정하여 삶의 질을 향상시키는 건강한 공동체와 사회를 유지하는 사회적 지속가능성, 그리고 회계감사 결과, 규정준수, 법적 제재, 사회단체에의 기부금, 환경위반에 따른 벌금 등을 측정하는 경제적 지속가능성을 포함한다. 즉 경제적으로 의미가 있도록 사회적으로, 환경적으로 옳은 일을 수행해야 한다.

3. 생산성 측정

생산성(productivity)은 재화나 서비스를 생산하기 위하여 여러 가지 투입물을 효율적으로 사용하였는가를 측정한다. 자원이 효율적으로 잘 사용되면 더욱 생산적이고 가치는 제품이나 서비스에 더욱 부가된다. 생산성 향상은 효율성 증대를 뜻한다.

표 1-1 생산성 측정

요소생산성(부분생산성)

$$\frac{산출}{노동} \qquad \frac{산출}{자재} \qquad \frac{산출}{자본} \qquad \frac{산출}{에너지}$$

복합요소생산성

$$\frac{산출}{노동+자재+경상비} \qquad \frac{산출}{노동+에너지+자본}$$

총생산성

$$\frac{생산된\ 모든\ 산출물}{사용된\ 모든\ 산출물}$$

생산성은 일정 기간 동안 생산과정에서 소비된 자원의 투입과 생산된 산출의 비율로서 다음과 같은 공식이 이용된다.

$$생산성 = \frac{산출(output)}{투입(input)}$$

산출은 수량 또는 화폐가치로 표현한다. 예를 들면, 판매액, 생산량, 봉사한 고객 수, 전화 통화 수 등이다.

생산성은 공식에서 분모의 투입을 단일 생산요소로 하느냐, 몇 가지 생산요소로 하느냐, 또는 전체 생산요소로 하느냐에 따라 요소생산성(factor productivity), 복합요소생산성(multi-factor productivity), 총생산성(total productivity)으로 구분할 수 있다.

[표 1-1]은 여러 가지 생산성을 측정하는 공식을 보여주고 있다.

예
1-1

　　Excel 은행에서는 대출담당 직원 3명을 고용하고 있다. 그들은 하루 8시간 근무하면서 각자 하루 평균 6건씩 처리하고 있다. 은행은 각 직원에게 하루 일당으로 100,000원을 지급한다. 은행은 경상비로 하루에 50,000원을 지출한다. 그런데 은행은 최근 사무능률을 증진시키기 위하여 컴퓨터 소프트웨어를 구입하여 각 직원이 하루에 9건씩 처리할 수 있게 되었다. 한편 경상비는 하루에 80,000원으로 증가하였다.

① 컴퓨터 소프트웨어의 구입으로 노동생산성은 몇 %나 증가하였는가?

② 컴퓨터 소프트웨어의 구입으로 복합요소생산성은 몇 %나 증가하였는가?

해답

① 노동생산성(전) $= \dfrac{3명 \times 6건}{3명 \times 8시간} = 0.75$건/시간

노동생산성(후) $= \dfrac{3명 \times 9건}{3명 \times 8시간} = 1.125$건/시간

노동생산성 증가율 $= \dfrac{1.125}{0.75} - 1 = 50\%$

② 복합요소생산성(전) $= \dfrac{3명 \times 6건}{3(100,000)원 + 50,000원} = 0.0000514$건/원

복합요소생산성(후) $= \dfrac{3명 \times 9건}{3(100,000)원 + 80,000원} = 0.0000711$건/원

복합요소생산성 증가율 $= \dfrac{0.0000711}{0.0000514} - 1 = 38\%$

1.4 생산운영관리의 역사적 발전

생산운영관리의 기원은 인간이 문명사회를 이룩하던 때로 거슬러 올라 갈 수 있다. 이집트의 피라미드, 중국의 만리장성, 로마의 수로 및 도로, 희랍의 신전 등은 우리가 생각할 수 있는 자재와 인간의 관리를 통하여 이룩한 가장 오래된 업적이라고 볼 수 있다.

그후 생산운영관리는 꾸준히 발전하여 오고 있다. 지난 세기 동안 생산운영관리는 시간의 흐름에 따라 많은 공헌자들에 의하여 기법이나 방법에 있어 괄목할만한 발전을 거듭하여 왔다. 이는 [표 1-2]에서 요약하고 있다. 본절에서는 생산운영관리의 범위와 방향을 변경시킨 주요한 주제를 [그림 1-4]에서 보는 바와 같이 연대순으로 공부할 것이다.

1. 효율 강조

1차 산업혁명 이후 공장제 시스템이 도입되어 노동력 대신 기계로 생산함으로써 비용을 절감시키는 효율을 통한 생산성 증가에 중점을 두었다. 이를 위해서 자본집약적 생산설비와 규모의 경제가 1960년대까지 강조되었다.

표 1-2	생산운영관리의 역사적 발전	
개념	시기	내용
산업혁명	1700년대 후반	노동력 대신 기계 사용에 의한 생산혁명
과학적 관리법	1900년대 초	작업설계의 기술 측면의 분석과 측정의 개념 및 이동식 조립라인과 대량생산방식의 개발
인간관계운동	1930~1960년대	작업자 모티베이션과 직무만족과 같은 직무설계의 인간적 요소 강조
경영과학	1940~1960년대	생산운영문제 해결을 위한 계량적 기법의 개발
컴퓨터 시대	1960년대	방대한 양의 자료처리와 계량적 절차의 광범위한 사용
환경 이슈	1970년대	폐기물 감소, 재활용의 필요성, 제품 재사용
적시생산시스템	1980년대	최소의 재고로 소량생산 달성
종합적 품질경영	1980년대	불량품 생산의 원인 제거
리엔지니어링	1980년대	효율증진과 비용감소를 위한 프로세스의 재설계
글로벌 경쟁	1980년대	글로벌 시장에서의 경쟁 치열
유연성	1990년대	대량 맞춤생산의 강조
시간경쟁	1990년대	제품개발속도와 납기단축의 강조
공급사슬관리	1990년대	공급업자로부터 최종 소비자에 이르는 동안 자재와 정보의 흐름을 관리하는 시스템의 전반적 비용감축을 강조
전자상거래	2000년대	Internet과 월드 와이드 웹(www)을 이용한 상거래 성행
아웃소싱	2000년대	기술의 개발로 세계 어느 곳으로도 활동과 직무를 아웃소싱할 수 있음
지속가능성	2005년대	기업은 국민건강을 위하여 환경의 변화에 적극 대처하고 공기와 물의 오염을 방지하고 이산화탄소의 배출 감소 등 환경보호에 전념해야 함
빅데이터 및 비즈니스 분석론	2010년대	방대한 빅데이터와 정보를 경영분석 기법으로 활용하여 경영문제해결과 의사결정을 위해 사용함

2. 품질 혁명

1차와 2차 산업혁명을 거치면서 미국은 효율을 바탕으로 세계의 공장으로서 제품과 서비스의 생산을 주도하여 왔다. 그런데 일본은 품질을 바탕으로 경쟁력을 강화하여 왔다. 품질 문제의 근본 원인을 규명하여 제거하려는 전사적 품질관리(total quality control: TQC) 노력으로 1970년대 중반부터 일본 제품은 결점이 적고 신뢰할 수 있어 미국 제품, 특히 자동차와 가전제품의 시장을 잠식하기 시작하였다. 이에 놀란 미국 정부는 1987년부터 품질 우수 기업에 말콤 볼드리지 상을 수여하고 있어 제품의 품질향상에 크게 기여하고 있다.

3. 맞춤생산과 설계

저비용과 고품질이라는 제품 생산의 목적이 달성되면 기업들은 경쟁우위를 확보할 수단으로 혁신적인 설계와 제품 특성을 강조하게 된다. 아무리 효율적이더라도 미숙련공과 값비싼 단일 목적 장비를 사용하여 표준품을 대량으로 생산하는 비유연 생산방식은 고객들의 다양한 욕구를 만족시킬 계속적인 제품 향상이라는 새로운 시대 환경에는 맞지 않는 것이다. 이에 개인별 맞춤형 대량생산 방식이 출현하였다.

4. 시간 경쟁

정보기술이 발전함에 따라 스피드가 경쟁우위를 확보할 중요한 원천으로 부상하였다. 기업은 가격, 품질, 서비스, 설계 등 외에도 신제품의 개발속도와 납기의 단축 등 시간에 기반한 경쟁(time-based competition: TBC)에 주력하고 있다. 고객의 욕구 변화에 따른 빠른 대응은 프로세스를 꾸준히 개선함으로써 가능하다.

5. 서비스 혁명

제2차 세계대전 이후에 서비스업이 괄목할 만큼 성장하였다. 서비스업에 종사하는 노동자의 수도 점차 증가하여 전체의 70% 정도에 이르고 있다. 한편 서비스업이 GDP에 미치는 영향도 점점 커지고 있다. 이와 같이 확대하는 서비스 기업의 운영은 생산운영관리에 막대한 영향을 미치고 있다.

6. 지속가능성

근래 지구의 온난화(global warming)와 오염 등 환경의 급격한 변화(자연재해와 인재)로 국가, 산업, 기업은 장기적으로 국민과 사업체의 건강을 고려하지 않으면 안 되었다. 이러한 환경보호의 차원에서 기업이 사회로부터 심한 압력을 받는 중요한 주제의 하나는 지속가능성이다.

　　지속가능성이란 한마디로 표현하면 기업경영을 함에 있어 인체에 도움이 되는 생태학적 시스템을 해치지 않도록 자원을 사용함으로써 환경적 나쁜 영향을 제거 또는 최소화하자는 것이다. 이는 그린경영(green operation)이라고도 한다. 넓은 의미로 지속가능성은 폐기물을 줄이고 재활용하고 제품과 부품을 재사용하는 등 자원을 현명하게 사용하고 사람을 존중하며 공평하게 대하고 가치를 공유하도록 하는 것이다. 기업은 공기와 물의 품질, 폐기물 처리, 포장, 물과 에너지 사용, 사용한 장비의 재판매와 재활용, 지구 온난화, 이산화탄소 배출 등 환경적 이슈에 관심을 갖도록 사회로부터 심한 압력을 받고 있다.

　　지속가능성은 세 관점에 따라 다음과 같이 분류할 수 있다.

- 환경적 지속가능성: 환경의 장기적 품질에 관심을 갖는다. 예를 들면, 에너지 소비, 재활용 등 자원보전, 공기 방출, 위험물 폐기율 등을 측정한다.
- 사회적 지속가능성: 삶의 질을 향상시키기 위하여 건강한 사회와 공동체를 유지한다. 예를 들면, 소비자 안전, 작업장 안전, 지역사회 관계, 기업윤리와 지배구조 등을 조사한다.
- 경제적 지속가능성: 장기적으로 기업을 경영하고 시장을 확장하고 일자리를 제공하는 것은 국가경제에 필수적이다. 예를 들면, 재무감사 결과, 규제준수, 시민단체에의 기부금, 환경위반에 따른 벌금 등을 측정한다.

　　지속가능성은 사람(people), 지구(planet), 이윤(profit)이라고 하는 3핵심 축(triple bottom line: TBL, 3P)을 지원하는 시스템이다.

　　지속가능성은 기업의 모든 분야에 영향을 미치고 있다. 가장 큰 영향을 받는 분야는 제품과 서비스의 설계, 프로세스 설계, 구매, 제조, 완제품 수송, 소비자교육 프로그램, 재난 예방과 대응, 공급사슬 폐기물 관리, 아웃소싱 결정 등이다.

　　기업은 종업원과 고객은 물론 지역사회 주민들에게 나쁜 영향을 미치는 의사결정을 해서는 안 된다. 예를 들면, 기업은 물론 공급사슬에 걸쳐 작업환경에서의 안전이 보장되어야 한다. 또한 위험한 화학 폐기물을 처리할 때 종업원과 지역사회에 해를 끼치지 않도록 해야 한다.

　　경영자들은 지구 환경에 미치는 영향을 줄이기 위하여 희소자원을 보존하고 환경친화적 기업경영을 영위하여야 한다. 예를 들면, 이산화탄소 배출량을 줄이도

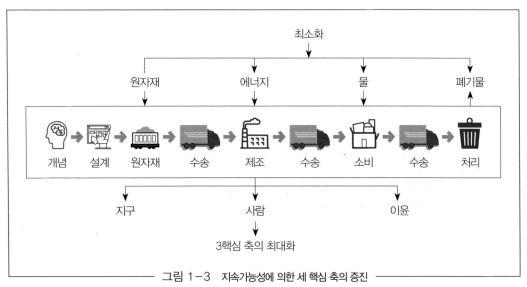

원자재 에너지 물 폐기물

최소화

개념 설계 원자재 수송 제조 수송 소비 수송 처리

지구 사람 이윤

3핵심 축의 최대화

그림 1-3　지속가능성에 의한 세 핵심 축의 증진

출처: J. Heizer 외 2인, *Operations Management*, 13th ed.(Pearson, U.S.A.) 2020, p. 227.

록 노력해야 한다.

사회적, 환경적 지속가능성은 경제적 지속가능성 없이는 존재할 수 없다. 경제적 지속가능성이란 기업이 어떻게 경제적 기업으로 계속 존속하느냐 하는 것을 말한다. 기업이 존속하기 위해서는 투자가 지속되어야 하고 이 또한 이윤이 뒷받침되어야 한다. [그림 1-3]은 지속가능성이 가능하기 위해서 최대화해야 할 3핵심 축과 최소화해야 할 부문을 나타내고 있다.

7. 비즈니스 분석론과 빅데이터

치열한 글로벌 경쟁에서 이기기 위한 효율적 기업경영을 위하여 폭증하는 데이터에 수리적 모델을 사용하여 정보와 지식으로 변형시키는 정교한 의사결정 과정이 필요하여 2000년대 이후 비즈니스 분석론이란 새로운 분야가 탄생하였다. 빅데이터로부터 유용한 정보를 추출하기 위한 자동화된 도구가 절실히 필요하게 되어 비즈니스 분석론이 태동하게 된 것이다:

비즈니스 분석론(business analytics)이란 빅데이터에 정보기술, 통계분석, 경영과학(management science), 컴퓨터 과학등 기법과 수리적 또는 컴퓨터 기반 모델을 사용하여 데이터로부터 정보와 지식을 추출함으로써 경영자들로 하여금 기업경영에 관해 향상된 통찰력을 얻게 하고 경험, 육감 등에 의존하지 않고 사실(근거) 기반 의사결정(fact-based decision making, data-driven decision making)을 내릴 수 있도록 돕는 과학적 과정으로 융합학문이라고 정의할 수 있다.

기업에서 비즈니스 분석론을 시작할 때는 보편적 기(서)술적 분석론으로부터 시작해서 예측적 분석론으로, 마지막으로 규범적 분석론으로 진화해 간다.

기술적 분석론(descriptive analytics)은 기업에서 과거와 현재의 데이터를 이용해서 "무엇이 발생하였으며 무슨 일이 벌어지고 있는가?"에 대답하기 위하여 사용하는 분석기법이다.

예측적 분석론(predictive analytics)은 "앞으로 무슨 일이 발생할 것인가?"에 대한 대답을 구하는 단계로서 과거의 데이터를 사용하여 모델을 만들어 미래를 예측하거나 독립변수의 종속변수에 미치는 영향을 평가하는 분석기법이다.

규범적 분석론(prescriptive analytics)은 서술적, 예측적 분석론에서 생성한 여러 대안들 중에서 최선의 대안을 선정한다. 따라서 여기서는 "무엇을 어떻게 해야만

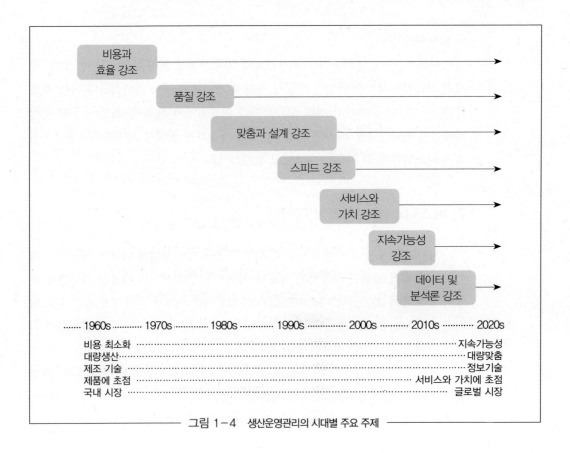

그림 1-4 생산운영관리의 시대별 주요 주제

하는가?"에 대한 질문에 대답하는 것을 목표로 한다.

오늘날 모든 기업은 어마어마한 양의 데이터와 정보에 접속할 수 있다. 오늘날의 데이터는 과거와 달리 디지털 혁명으로 규모(volume)가 클 뿐만 아니라 형태(variety)에 있어서도 다양하고 수집·가공·전송되는 스피드(velocity) 또한 엄청나 빅데이터(big data)라고 부른다.

생산운영관리에 있어서 데이터는 경영성과, 품질, 주문 정확성, 고객 만족, 배송, 비용, 환경 순응 등을 평가하거나 제품의 수요를 예측하는 데 사용된다. 빅데이터는 소매점의 경우 창고에 적시에 옳은 품목을 쌓도록 하는 최적 재고 결정을 내리도록 돕는다. 소셜미디어 트렌드, 구매 패턴, 시장 변화는 어떤 제품을 어디에 쌓아둘 필요가 있는지 예측하는 데 도움을 준다. 한편 빅데이터는 제조, 프로세스 흐름, 품질, 예방보전을 향상시키는 데 도움을 준다.

지난 반세기 동안 생산운영관리의 범위와 방향에 변화를 초래하였던 주요한 주제를 연대순으로 나타내는 그림이 [그림 1-4]이다.

1.5　생산운영관리자가 직면한 도전

글로벌 환경은 그 어느 때보다 급속하게 변하기 때문에 경영자는 물론 작업자들도 높은 성과를 올리지 않으면 안 되었다. 기업들은 국내뿐 아니라 해외에서 막심한 경쟁 속에서 사업을 영위하고 있다. 글로벌 기업의 출현으로 많은 기업들은 자원을 효율적으로 사용하여 기업성과를 향상시킬 방도를 찾도록 압력을 가하고 있다. 이러한 글로벌 기업에 맞서 성공적으로 경쟁하기 위해서는 성과를 높이도록 압력을 가하고 있는 형편이다.

오늘날 글로벌 환경의 변화에 민첩하게 대응하지 못하는 경영자들은 혁신도 못 하고 그저 반응만 할 뿐이다. 이러다 보면 기업은 점차 경쟁력을 잃어 쇠퇴의 길로 가게 된다. 따라서 오늘날 경영자들은 급속하게 변화해 가는 글로벌 환경에서 성공하기 위해서는 직면하는 다음과 같은 도전에 슬기롭게 대처해야 한다.

1. 경쟁우위 확보

오늘날 기업들은 글로벌 시장에서 경쟁업체보다 더 많은 제품과 서비스를 고객들에 판매하기 위하여 치열한 경쟁을 감내해야 한다. 따라서 기업들은 경쟁력을 유지하려는 노력을 끊임없이 계속하게 된다.

경쟁력과 유사한 개념에 경쟁우위가 있다. 경쟁력은 특정 산업이나 국가의 국제경쟁력을 판단하는 경우에 사용되지만 경쟁우위는 개별 기업에 한정된 개념이다. 즉 경쟁우위는 어느 특정 기업이 다른 기업과의 경쟁에서 우위에 설 수 있는가의 여부를 판단할 때 주로 사용하는 개념이다.

경쟁우위(competitive advantage)란 고객이 원하는 제품이나 서비스를 효율적이고 효과적으로 생산함으로써 더욱 많은 양을 판매하는 데 있어서 경쟁기업에 비해 우월적 지위를 확보할 수 있는 능력을 말한다. 그런데 기업이 경쟁기업에 비교한 경쟁우위를 확보하기 위하여 비용을 낮추고 차별화를 증진하기 위하여 취하는 방법은

- 효율
- 품질
- 이노베이션, 스피드, 유연성
- 고객에의 대응

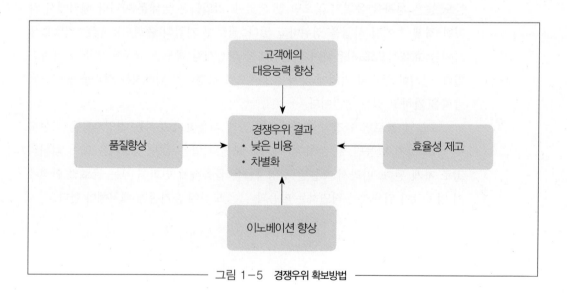

그림 1-5 경쟁우위 확보방법

등이다. [그림 1-5]는 경쟁우위를 확보하기 위한 네 가지 방법을 보여주고 있다.

효율(efficiency)이란 주어진 양의 산출물을 생산하는 데 요구되는 투입물의 양을 측정하는 결과인데 주어진 산출량에 대한 투입량이 적을수록 효율이 높게 된다. 즉 효율이란 기업의 변환 프로세스에서 모든 투입물의 비용보다 산출물의 가치를 크게 하는 부가가치를 창출하는 것을 의미한다. 효율을 달성하기 위해서는 부가가치에 도움이 되지 않는 낭비적 활동을 제거하거나 프로세스를 재조정함으로써 비용의 발생을 감축해야 한다. 한편 기업은 작업자들의 훈련을 통해 새로운 기술을 연마하여 효율을 높이려고 한다.

품질(quality)이란 고객들이 경쟁제품에 비하여 원하는 아주 우수한 디자인, 스타일, 성과, 신뢰성 등과 같은 특성을 갖는 제품과 서비스를 생산하는 것을 뜻한다. 품질이 우수한 제품을 판매하게 되면 높은 명성으로 경쟁제품보다 높은 가격을 책정할 수 있다.

이노베이션(innovation)의 결과로 새롭고 더 좋은 제품이나 서비스를 생산할 수 있다. 예를 들면, 제품이나 서비스 그리고 프로세스에 있어서의 기술향상은 품질을 좋게 하고 비용을 절감하여 생산성을 향상시켜 경쟁우위를 확보할 수 있는 수단이 되고 있다. 성공적 이노베이션으로 기업은 경쟁제품이 가질 수 없는 정교한 제품 생산, 프로세스, 전략 또는 구조 등 경쟁우위를 강화하는 데 필요한 독특성이나 차별성을 갖게 된다. 신제품의 출시와 배송의 스피드와 고객 욕구의 변화에 따른 수량과 시설의 변경을 위한 유연성(flexibility)도 경쟁우위 확보의 한 수단이 될 수 있다.

고객의 요구를 만족시키고 원하는 바를 제공하는 대고객 대응능력(responsiveness) 또한 경쟁우위를 확보하는 지름길이다. 고객이 원하는 값진 서비스를 제공해야 한다. 기업은 우수한 판매 후 서비스를 제공하거나 미래의 고객을 위해 값싸고 품질 좋은 제품이나 서비스를 생산하기 위해 노력함으로써 대응능력을 향상시킬 수 있다.

2. 기업윤리와 지속가능성

현대 사회에 있어서 기업은 가장 많은 자원을 가지고 있으며 사회발전에 근간을 이루는 힘 있는 조직으로 부상하였다. 이제 기업이 사회적 정당성을 획득하기 위해서는 자신이 기능하고 있는 사회 시스템의 목표와 가치에 부합되는 활동을 하여야 한다는 것이다. 기업은 단순한 경제적 활동에만 국한한 것이 아니라 그 경제적 활동이 사회 전반에 미치는 역기능적인 결과에 대하여 책임을 지도록 강요받고 있다.

이와 같이 기업은 윤리적 행동과 사회적 책임에 대한 압력을 사회로부터 강요받고 있는 것이다. 경영자들은 하루에도 수많은 의사결정을 하게 된다. 이러한 의사결정을 할 때 경영자들은 주주, 경영층, 작업자, 고객, 지역사회, 나아가서는 환경에 미치는 영향을 고려해야 한다. 물론 이러한 이해관계자들의 이익에 부합하는 해결책을 추구하는 것이 경영자들의 목표이지만 이는 쉬운 일은 아니다.

많은 기업들은 구성원들이 준수해야 할 윤리강령(codes of ethics)을 실천하고 있다. 이러한 윤리란 여러 상황에서 따라야 하는 행동의 표준을 말한다. 기업에서 모든 경영자들은 다음과 같은 사항에 대해 윤리적 결정을 내려야 한다.

- 안전하고 고품질의 그린 제품을 개발·생산한다.
- 기업의 재무상태를 정확하게 나타내도록 재무제표를 작성한다.
- 충분한 훈련, 적절한 장비 사용, 안전한 작업환경을 통해 작업자 안전을 보장한다.
- 사용자에 부상을 주지 않고 재산이나 환경에 손해를 끼치지 않도록 제품 안전을 기한다.
- 품질보증을 약속한다.
- 환경을 해치지 않는다.
- 지역사회에 좋은 이웃이 되도록 한다.
- 작업자의 채용 또는 해고에 있어 엄격한 룰을 준수한다.
- 작업자들의 권리를 존중한다.
- 에너지 사용을 줄인다.

기업이 기업윤리를 지킬 뿐만 아니라 사회적 책임도 준수해야 한다는 사회적 공감대가 높아지고 있다. 경영자들의 결정과 활동이 작업자, 고객, 지역사회 등에 미치는 영향에 대한 책임을 져야 한다는 것이다. 사회적으로 책임이 있는 기업은 자원낭비나 오염을 줄이고, 작업자들을 인격적으로 취급하고, 지역사회 개발을 증진하기 위한 목표를 수립할 때 강한 책임의식을 가져야 한다.

근래 지구의 온난화(global warming)와 오염 등 환경의 급격한 변화로 국가, 산업 기업은 장기적으로 국민과 사업체의 건강을 고려하지 않으면 안 되었다. 이러한 환경보호의 차원에서 기업이 사회로부터 심한 압력을 받는 중요한 주제의 하나는 지속가능성이다.

기업에서는 전통적으로 비용, 품질, 고객 서비스 등을 강조하는 전략을 구사하여 왔다. 그런데 많은 기업에서는 윤리적이고 지속가능하게 기업을 운영하면 고객과 거래 파트너들이 선호하는 방식으로 전통적 전략에 부합한다고 강조한다. 따라서 기업이 장기적 전략적 계획을 수립할 때 윤리적 지속가능한 전략도 함께 고려해야 한다.

3. 공급사슬 관리의 필요성

기업은 그들의 공급사슬 관리를 향상시킬 압력을 받고 있다. 과거의 대부분의 기업들은 공급사슬에 별로 관심을 두지 않고 오로지 자기 기업의 경영과 직전 공급업자에게만 관심을 두어 왔다. 따라서 계획수립, 마케팅. 생산·재고관리, 품질관리 등이 공급사슬과 독립적으로 이루어지게 되었다. 이러다 보니 재고가 쌓이다가도 부족현상이 발생하고 늦게 배달되는 경우가 발생하며 품질문제가 괴롭히게 된다.

공급사슬 관리가 기업경영에 있어 중요한 이유는 다음과 같다.

- 비용과 시간을 단축하고 생산성과 품질을 향상시키는 기업경영의 향상을 기할 필요성이 구매, 분배, 물류 등 공급사슬을 포함하게 되었다.
- 제품이나 서비스를 외주할 필요성이 점증한다.
- 수송비가 증가하고 있다.
- 신제품의 수, 제품개발 주기의 단축, 맞춤생산 등에 대한 경쟁압력이 증가한다.
- 글로벌화의 증가로 공급사슬의 범위가 확대된다.
- e-비즈니스의 중요성이 증가한다.
- 무역전쟁에 대처하기 위하여 글로벌 공급사슬이 필요하다.

4. 생산운영의 글로벌화

과거에는 산업이 특정 지역에 집중하는 경향이 있었지만 오늘날에는 지역과 거리는 입지결정과의 관련이 점점 줄어들고 있어 세계 곳곳으로 분산되고 있다. 오늘날 세계는 지구촌(global village)이 되어 하나의 글로벌 경제(world economy, global economy)를 형성하고 있다.

글로벌화(globalization)란 기업이 존속·발전을 위하여 세계 곳곳으로 시설과 운영을 전개하는 것을 말한다. 글로벌화는 제품을 외국시장에 판매하고, 외국에서 직접 생산하고, 외국 공급업자로부터 구매하고, 외국기업과 제휴하는 형태를 취한다. 시장은 이제 국내기업뿐만 아니라 세계의 기업이 참여하는 글로벌 경쟁을 피할 수 없게 되었다.

글로벌화의 경향은 여러 가지 이유로 촉진되고 있다. Internet, e-mail, 팩스, 화상회의(video conferencing)와 같은 정보기술의 발달, WTO와 NAFTA, 한·미, 한·인도, 한·EU, 한·칠레, 한·페루 FTA 등의 기구 설립을 통한 무역장벽의 완화, 교통시설의 발달로 인한 저렴한 수송비, 신흥공업국가(newly industrialized countries)에서처럼 높은 이윤을 실현할 수 있는 매력적인 시장의 출현, 자원과 기능의 확보 등을 지적할 수 있다.

오늘날 우리나라의 경우는 물론 선진국의 다국적 기업은 해외에 생산시설을 건설하는 투자계획을 확충하고 있다. 이러한 경향은 노사관계, 임금, 세제, 국가의 경제정책, 외국시장 침투 등 여러 가지 요인이 복합적으로 작용하기 때문이기도 하다.

5. 디지털 전환

코로나-19 이후 지금 한창 진행하고 있는 4차 산업혁명(the fourth industrial revolution)이 인공지능(artificial intelligence: AI)과 연동되어 산업계에 엄청난 변화를 몰고 올 것으로 예상된다. 차세대 이동통신인 5G와 인공지능이 주도하는 자동화와 지능화는 수십 년 동안 계속적으로 경제를 변화시키면서 일자리와 노동력에 엄청난 충격을 초래할 것이다.

3차 산업혁명은 정보화(informatization) 사회, 또는 지식기반 사회로서 정보와 지식이 핵심 자산이었고 핵심 기술로 컴퓨터, 모바일, 초고속 통신망, 클라우드

(cloud), 사물인터넷(internet of things: IoT), 빅데이터(big data), 소셜 미디어 같은 정보기술(information technology: IT) 등을 사용하였다. 정보화 시대에는 데이터를 기반으로 해서 온라인과 컴퓨터를 잘 활용해 제조업, 병원, 의류산업 등 전 산업을 운영하는 데 사용하였다.

그러나 4차 산업혁명은 디지털화(digitalization) 사회 또는 지능 기반 사회로서 물체와 가상과 지능의 결합이 핵심 자산이고 핵심 기술로 위 정보기술을 포함한 인공지능, 로봇, 5G, 3D 프린터, 증강현실/가상현실, 바이오와 같은 디지털 기술(digital technology: DT)이 사용된다. 4차 산업혁명은 알고리즘(algorithm) 기반으로 실체(예: 제품, 장소, 사물)에 가상(예: AI, 로봇)을 융합하여 혁신을 추구한다.

이러한 초연결성과 초지능성을 합친 디지털 기술을 사용해서 전통 기업을 디지털 기업으로 혁신적 대전환하는 것을 디지털화(digitalization) 또는 디지털 전환(digital transformation)이라고 부른다. 다시 말하면, 디지털 전환이란 기업 등의 업무와 사회, 주변 환경, 고객 등 사회 전반에 통신기술을 비롯한 디지털 기술을 적용하여 실체와 가상을 연결하는 초연결 기업으로 만들고, 관리와 프로세스 등 전통적인 일하는 운영방식이나 비즈니스 모델의 변환 및 제품의 혁신을 추구하면서 사회 경제구조를 완전하게 개조하는 것을 말한다. 경제활동의 패턴과 비즈니스 모델이 진화를 하게 된다.

전통 기업은 디지털 기술을 활용해서 업무 프로세스를 혁신하고 신제품이나 서비스를 공급해서 고객의 새로운 니즈를 만족시켜야만 존속할 수 있는 것이다. 디지털 전환의 궁극적인 목표는 완전히 새로운 비즈니스 모델을 개발하려는 것이다. 디지털 전환은

- 새로운 제품 및 서비스 개발: 예를 들면, 오프라인 서점인 교보문고는 2009년부터 Internet을 통해 바로드림 서비스를 시작하였다.
- 프로세스 혁신: 예를 들면, 새로운 생산 프로세스를 적용하는 스마트 팩토리(smart factory)이다.
- 신규 비즈니스 창출: 예를 들면, 아마존은 온라인 서점으로 시작하였지만 그후 이용자들이 수많은 제품과 서비스를 효율적으로 교환할 수 있는 플랫폼 기업으로 변신하였다.

등 세 가지 유형으로 추진된다. 기업이 어떠한 유형을 선택할 것인지는 외부 환경

과 내부 역량 분석을 통해서 기업의 목표를 가장 효율적으로 달성할 수 있는가에 달려 있다.

전 산업에 걸쳐 디지털 전환이 되면 산업과 산업이 융합하고 제품과 제품이 융합하여 모든 것이 연결되는 새로운 세상으로 바뀌게 된다. 디지털 기업으로 전환하게 되면 전략, 제품, 프로세스, 비즈니스 모델, 조직 구조, 부가가치를 만들어 내는 업무 과정, 일하는 방식, 제도, 인사, 협력업체, 고객, 문화, 의식까지 모든 것을 바꾸게 되어 새로운 기업형태가 된다. 기업이 속한 생태계 전체가 영향을 받는다. 이렇게 되면 디지털 기술을 전 분야의 비즈니스 속으로 통합하여 비즈니스 운영방법과 고객에게 가치를 전달하는 방법에 있어 근본적인 변화가 초래된다. 특히 인공지능의 등장으로 제품이나 서비스의 공급자뿐만 아니라 기업의 운영이나 절차의 개선으로 효율성이 높아지고 새로운 비즈니스 기회가 창출된다.

따라서 기업들은 이러한 새로운 시대로의 변화에 서둘러 준비하는 노력을 해야 살아남는다는 것이다. 4차 산업혁명이 진행되면서 제조 기업이든 서비스 기업이든 디지털 혁신이라는 변화의 물결에 동참하는 기업은 살아남게 되고 이러한 변화를 외면하고 기존 방식을 고집하면 몰락의 운명에 처하게 된다.

디지털화가 기업에 미치는 변화의 잠재력을 외면하거나 거역하면 역사의 뒤안길로 사라지게 된다. 예를 들면, 컴팩, 코닥, 블록버스터 등 사라진 기업들은 부지기수이다. 기업의 디지털화는 선택이 아니라 살아남기 위한 필수조건이 되었다.

컴팩은 PC 시장에서 세계적인 선두 기업이었지만 컴퓨터를 기존 방식으로 제조한 후 오프라인 매장에서 판매하는 고정된 생산구조와 기존 비즈니스 모델을 고수하다 1997년 휴렛패커드에 넘어갔다. 반면에 Dell 컴퓨터는 개인 고객들의 맞춤형 PC를 주문생산하여 Internet에서 직접 판매하는 디지털 혁명을 통하여 세계 시장의 선도기업이 되었다. 같은 필름회사였던 후지필름(Fuji Film)은 회사의 차별적 역량인 콜라겐을 이용하는 화장품 회사로 변신하여 성공적 기업이 되었다.

01   생산운영관리를 정의하라.

02   기업의 3대 기능을 설명하고 그 가운데 생산운영기능이 가장 핵심적인 이유를 설명하라.

03   생산운영관리자가 수행하는 의사결정에 관하여 설명하라.

04   생산운영시스템의 구조에 관하여 설명하라.

05   생산운영관리자가 직면한 도전을 설명하라.

06   많은 기업이 최근에 관심을 갖는 기업윤리와 지속가능성에 대하여 간단히 설명하라.

07   경쟁력과 경쟁우위를 정의하라.

08   생산성의 종류를 설명하라.

09   생산성과 경쟁력과의 관계를 설명하라.

10   생산운영관리의 역사적 발전과정을 설명하라.

11   디지털 혁신이란 무엇이고 기업이 해야 하는 이유를 설명하라.

12   사과 담는 상자를 생산하는 김씨는 개당 100원씩 지불하고 하루에 100개의 통나무

를 구입한다. 이 100개의 통나무에 근로자들이 300시간의 노동을 투입하여 240개의 상자를 생산한다.

김씨는 같은 가격으로 좀더 좋은 통나무를 구입할 수 있는 전문가를 채용하려고 한다. 그는 하루에 8시간 근무하면서 다른 근로자들과 함께 100개의 통나무를 사용하여 260개의 상자를 생산할 수 있다고 한다.

한편 비용자료를 보면 인건비는 시간당 200원이고 하루에 자본비용은 1,350원, 에너지 비용은 450원으로 일정하다고 한다.

① 전문가를 채용함으로써 노동생산성은 몇 % 증가하는가?

② 전문가를 채용함으로써 총생산성은 몇 % 증가하는가?

13 냉장고를 생산하는 종로제조(주)는 다음과 같은 데이터를 가지고 있다. 노동생산성 및 총생산성을 계산하라.

산출:	매출액	₩33,000
투입:	노무비	20,000
	원자재비	8,000
	감가상각비	700
	기타	1,300

14 Excel 대학교의 학생 수업료는 1학점에 100,000원이다. 교육과학기술부에서는 학교 수입을 보전하기 위하여 현금으로 학생 수업료만큼 지원한다. 보통 3학점짜리 과목의 수강학생은 50명이다. 노무비는 4,000,000원/학급, 자재비는 20,000원/학생/학급, 경상비는 25,000,000원/학급이라고 한다.

① 복합요소생산성을 계산하라.

② 강사들은 50명 수강 3학점짜리 한 과목을 위하여 한 학기 16주 동안 주당 평균 14시간 연구를 한다고 할 때 노동생산성을 구하라.

15 종로 가구(주)는 5명의 작업자를 고용하여 시간당 평균 80개의 의자를 생산한다. 노무비는 시간당 $10씩이고 기계비용은 시간당 $40이다. 그런데 새로운 장비를 도입하여 작업자 1명을 다른 부서로 보내고 기계비용은 시간당 $10 증가하였지만 의자는 시간당 4개를 더 생산할 수 있게 되었다.

① 장비 도입 전과 후의 노동생산성을 작업자 1명의 시간당 의자 생산량으로 측정하라.

② 장비 도입 전과 후의 복합요소생산성을 달러 비용당(노무비와 기계비용 포함) 의 자 생산량으로 측정하라.

16 새만금(주)는 군산과 울산에 생산시설을 갖고 있다. 월평균 비용 데이터(단위: 원)와 생산량(단위: 개)은 다음과 같다.

	군 산	울 산
완제품	11,000	8,000
재공품	1,000	5,000
노무비	4,200	4,300
자재비	3,100	3,000
에너지 비용	1,500	2,000
수송비	2,500	3,000
경상비	3,000	4,000

① 두 공장의 노동생산성을 구하라.

② 두 공장의 총생산성을 구하라.

③ 한 공장을 폐쇄한다면 어느 공장을 선택하겠는가?

17 최 사장은 강남과 강북에 핏자집을 운영하고 있다. 어느 주의 데이터가 다음과 같다.

	강 북	강 남
판매액	$9,000	$12,500
고객 수	2,000	4,000
노동시간	450	550
총면적(m²)	50	60

① 모든 요소생산성을 구하라.

② 두 가게의 생산성을 비교하라.

③ 두 가게의 생산성에 차이가 있는 이유는 무엇인가?

18 다음 각 문제를 읽고 답을 구하라.

① 작업자 두 명이 박영사에서 인쇄한 책들에 인지를 부착하고 있다. 작업자 A는 30분에 1,200장을 부착하였고 작업자 B는 20분에 780장을 부착하였다. 어떤 작업

자의 생산성이 높은가?

② 두 생산시설에서 주방용 의자를 생산하고 있다. 시설 A에서는 여섯 명의 작업자가 300개의 의자를 생산하였고 시설 B에서는 네 명의 작업자가 같은 시간 동안 240개의 의자를 생산하였다. 어떤 시설의 생산성이 높은가?

③ 데스코(주)는 농구공을 생산한다. 지난 달 일주일에 40시간씩 작업하여 30,000개를 생산하였는데 그 가운데 불량품은 5%이었다. 그런데 회사는 새로운 생산방법과 품질향상 프로그램을 도입하여 이번 달 32,000개를 생산하였는데 불량률은 4%로 낮아졌다. 생산성은 향상되었는가?

19 태양 전지(주)는 건전지를 생산하는데 다음과 같은 데이터를 이용하여 생산성을 측정하려고 한다. 시간당 평균임금은 100원, 시간당 기계비용은 150원이라고 한다.

	작년 5월	금년 5월
생 산 량	100,000	100,000
노동시간	1,000	900
기계시간	500	500
자재비용	359원	350원
에너지비용	100원	100원
자본비용	80원	100원

① 노동생산성의 증가율을 구하라.
② 복합요소생산성의 증가율을 구하라.

20 어느 회사의 1월 중 데이터가 다음과 같을 때 물음에 답하라.

산출:	생산량	200,000
투입:	노동시간	10,000
	기계시간	8,000
	자재비	$45,000
	에너비	$20,000

① 노동 생산성을 구하라.
② 기계 생산성을 구하라.
③ 평균 노임은 $15/시간, 평균 기계 사용률은 $10/시간이다. 노동, 기계, 자재, 에너지에 사용된 달러당 산출량의 복합요소생산성을 구하라.

제 2 장

4차 산업혁명 시대의 도래

산업혁명이란 획기적 생산성 증가로 국민들의 생활과 삶이 윤택하고 풍족하여 삶의 질이 크게 향상되고 경제, 사회, 문화, 고용, 노동 시스템의 구조가 근본적으로 개조되는 결과를 초래하는 대변혁을 일컫는다. 우리는 그동안 세 차례의 산업혁명을 겪어 왔고 이제는 4차 산업혁명 속에서 거침없는 많은 변화가 초래되고 있다.

4차 산업혁명은 제조업에 정보통신기술을 접목하여 생산공정과 생산시스템의 자동화·지능화·최적화를 이루려는 생산혁명이다. 따라서 4차 산업혁명이 진행되면서 제조 기업이든 서비스 기업이든 전 산업의 구조가 개선되는 엄청난 변화와 혁신이 끊이지 않고 일어날 것이다.

4차 산업혁명이 진행되면서 전통 기업들은 디지털화의 압력을 받고 있다. 기업으로서 살아남기 위해서는 디지털 전환은 필연적 대세가 될 것이다. 디지털 혁신을 받아들이는 기업에게는 4차 산업혁명의 축복이 돌아갈 것이지만 이를 거역하거나 외면하는 기업에게는 큰 재앙이 될 것이다. 컴팩, 코닥, 블록버스터 등은 시대의 흐름을 거부하면서 기존 방식을 고집하다가 역사의 뒤안길로 도태된 예이다.

전통 기업들은 제조업이든 서비스업이든 전기차와 같은 새로운 혁신적인 제품이나 서비스를 개발하든지 지멘스, 아디다스, LS 산전처럼 프로세스 혁신을 통해 스마트 팩토리로 변신하여야 한다. 주로 서비스업에서는 우버, 에어비앤비, 아마존 같은 새로운 모델의 플랫폼 기업이 등장하여 산업 생태계를 뒤흔들어 놓고 판도를 새롭게 정립하고 있다.

과거 전통 기업에 적용되었던 생산운영관리의 방식과 내용이 크게 바뀌고 있다. 본장에서는 4차 산업혁명이 제조업에 미치는 영향과 새로운 비즈니스 모델인 플랫폼 기업 등에 관해서 공부할 것이다.

2.1 산업혁명의 역사

인류가 살아오면서 세 번 산업혁명을 겪었고 이제 네 번째 산업혁명이 착착 진행하고 있다. 이와 같이 인류의 역사는 산업혁명의 역사라고도 말할 수 있다. 인류의 발전과 성장을 견인한 것은 새롭고 실용적이고 파괴적인 기술과 혁신이었다.

각각의 산업혁명마다 기술혁신이 생산성 증가와 물질적 풍요로움을 가져왔고 그 과정은 사회적 구조와 기업과 산업의 구조 등 사회적 패러다임의 변화를 유발하였으며 개인의 삶과 행동양식을 크고 빠르게 변화시켰다.

1차 산업혁명은 1760년부터 1840년까지 영국에서 진행된 농업 위주의 산업에서 공업 중심의 기술혁신과 새로운 제조 프로세스의 전환으로 촉발된 사회적·경제적 대변혁을 일컫는다. 철도건설과 증기기관 및 방직기 등 노동력을 대체한 기계의 발명으로 가내 수공업이 대량생산의 기계공업으로 제조업의 패러다임을 바꾼 기계혁명이 발생한 것이다.

2차 산업혁명은 1870년대부터 1914년까지 전기와 석유를 활용한 자동화된 생산 조립라인이 생산현장에 도입되어 대량생산체제가 확산되기 시작하였다. 이때 포드주의(Fordism)적 생산방식으로 불리는 컨베이어 벨트 시스템이 본격적으로 정착하여 그동안 사용된 수공업적 소품종 소량생산방식에서 탈피해 표준화된 소품종 대량생산방식으로 탈바꿈하게 되어 생산혁명이 일어난 것이다.[1] 1차, 2차 산업혁명은 오프라인(offline) 혁명이었다.

3차 산업혁명은 1969년대부터 2015년까지 컴퓨터의 대중화와 Internet의 확산 및 정보통신 기술의 발전이 일으킨 정보혁명(디지털 혁명이라고도 함)을 일컫는

---

1 포드주의란 부품의 표준화, 컨베이어 벨트를 이용한 이동식 생산공정을 도입하여 결합한 생산 방식이라고 할 수 있다.

다. 정보혁명이라는 용어를 대중화시킨 사람은 Alvin Topler로서 제3의 물결은 정보혁명이라고 주장하였다. 3차 산업혁명은 디지털화를 통한 온라인(online) 혁명이었다.

전 산업부문에서 컴퓨터 및 통신기술로 생산, 소비, 유통의 전 과정이 기계화, 자동화되었고 제조 프로세스의 대부분이 디지털화되어 기계가 제품을 생산하게 되어 노동력이 크게 줄어들고 생산성이 획기적으로 증가하게 되었다. 제조업의 디지털화가 촉진되고 고객들의 다양하고 고급스런 요구를 충족시키고자 개인별 대량 맞춤생산(mass customization production) 현상이 일반화되었다.

3차 산업혁명의 연장선상에서 지금 한창 진행되고 있는 제4의 물결이라고 하는 4차 산업혁명은 2016년 세계경제포럼(World Economic Forum: WEF)에서 Klaus Schwab 회장이 처음 언급한 이래 미국, 일본, 독일, 한국, 중국, 독일 등 제조업 강국을 중심으로 기술 경쟁이 치열하게 진행되고 있다. 1차, 2차, 3차 산업혁명을 촉발하였던 혁신기술들은 실제로 경제사회에 적용하고 영향을 미치는 데 긴 기간이 소요되었다. 그러나 4차 산업혁명은 속도, 범위, 파급력에서 3차 산업혁명과는 비교가 되지 않는다.

3차 산업혁명 기간에는 인간이 컴퓨터를 통해서 자동화 기계와 제품생산 등 생산현장의 제어 및 통제를 담당하였지만 4차 산업혁명 시대에는 인공지능과 사물인터넷 등 디지털 기술 사용으로 인간의 개입없이도 기계가 스스로 제품생산을 담당하게 되었다. 4차 산업혁명은 제조 및 생산 프로세스의 디지털화로부터 시작해

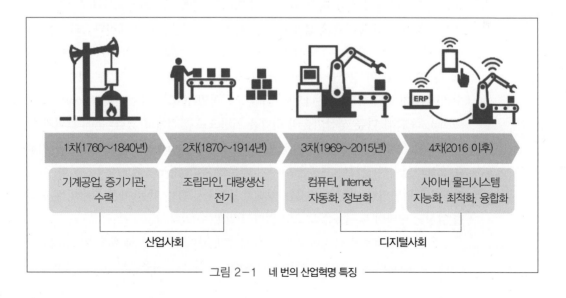

그림 2-1 네 번의 산업혁명 특징

서 금융·유통 등 서비스업을 포함한 전 산업에 있어 혁신의 변화를 몰고 오고 있다. 이와 같이 제조업에 정보통신기술(ICT)과 데이터 기술이 융합되어 제조업체의 ICT 기업화가 4차 산업혁명의 본질이다. 4차 산업혁명은 지능혁명으로서 제조업의 스마트화로부터 시작하였다.

그동안 우리나라는 두 분야에서 그런대로 글로벌 강자로 군림해 왔다. 주요 제조업으로는 자동차, 조선, 철강, 반도체, 디스플레이, 기계, 스마트폰, 석유화학 등이다. 다시 말하면, 하드웨어 부문은 충분하다고 할 수 있다. 다만 소프트파워 (soft power: 정보통신과학 기술, 문화, 예술 등의 영향력) 부문이 부족한 것이 문제이다. 즉 4차 산업혁명의 핵심원천기술 분야는 아주 취약한 상태이다.

지금까지 설명한 네 번의 산업혁명의 특징을 요약하면 [그림 2-1]과 같다.

2.2 4차 산업혁명의 본질

독일은 2011년부터 인더스트리 4.0(industry 4.0)이라는 국가 전략을 추진하여 왔는데 이는 높은 품질과 수익성의 확보를 위한 새로운 전략이었다. 제조업 강국인 독일에서 인더스트리 4.0은 제조업의 기존 생산시설에 ICT 시스템을 총동원하여 생산공정 및 전체 생산시스템을 지능화·최적화하는 스마트 팩토리(smart factory)의 구현에 초점을 맞추었다. 다시 말하면, 인더스트리 4.0은 제조업의 기술혁신을 통한 경쟁력 강화를 목표로 하는 제조업과 생산공장의 패러다임의 일대 전환이라는 것이다. 따라서 4차 산업혁명의 시작은 정보처리를 위한 IT(온라인)와 제조기술(오프라인)의 결합을 목표로 한 인더스트리 4.0으로부터 촉발된 것이라고 할 수 있다. 4차 산업혁명은 온라인(가상)과 오프라인(현실)의 융합인 O2O(online-to-offline), 즉 IT와 다른 생산기술의 결합을 기반으로 진전하고 있다. 눈에 보이지 않는 정보를 온라인에서 처리하는 정보기술은 가상성(virtualness)이 강하고 다른 기술은 오프라인에서 물체나 제품을 다루기 때문에 물리성(physicalness)이 강하다. 따라서 4차 산업혁명이 가상성을 갖는 정보기술과 물리성을 갖는 다른 기술이 결합하여 엄청난 변화와 혁신을 몰고오고 있다고 말할 수 있다.

독일의 인더스트리 4.0의 성공이 계기가 되어 2016년 세계경제포럼(World Economic Forum: WEF)에서 슈밥(Klaus Schwab) 회장이 처음으로 4차 산업혁명을 언급한 이래 미국, 일본, 독일, 한국, 중국 등 제조업 강국을 중심으로 기술경쟁이 치열하게 진행되고 있다. 기존의 기계화, 자동화, 산업화, 정보화 혁명에서 지능화 혁명으로 진화하는 4차 산업혁명은, 제품 또는 그 제품을 만드는 프로세스에 대한 기술혁신을 위주로 한 과거의 산업혁명과 달리, 제품의 혁신, 제품 프로세스의 혁신, 비즈니스 모델의 혁신 등 큰 기술의 융합에 기반을 둔 혁신이므로 기업과 산업의 모든 영역에서, 그리고 경제, 사회, 문화 등 다방면에서 우리의 삶 전체를 송두리째 바꿀 물결로서 기존 혁명과 비교할 수 없을 만큼 발전 속도가 매우 빠르고 광범위하게(규모) 쓰나미처럼 몰려오고 있다.

3차 산업혁명은 데이터와 온라인을 기반으로 진행되었지만 4차 산업혁명은 알고리즘(algorithm)을 기반으로 실체(예: 장소, 사물)에 가상(AI, 로봇, AR/VR)을 덮어씌우면서 진행되고 있다. 인공지능은 머신러닝(machine learning)과 딥러닝(deep learning)과 같은 알고리즘을 통하여 제품, 장소, 로봇과 융합하여 인간을 대신한다. 3차 산업혁명에서는 컴퓨터를 통해 생산·소비·유통의 전체 시스템을 자동화(automation)하는 것임에 비하여 4차 산업혁명은 사물인터넷과 인공지능 등을 통해 기계와 제품, 생산방식 등 생산시스템 모두가 지능화되고 자율화(autonomy)되는 것이다. 즉 제조업의 엄청난 혁신이 이루어지는 것이다.

4차 산업혁명은 인간의 모든 경제활동에 최적의 솔루션을 제공하게 된다. 디지털 기술이 모든 부문에 적용되어 스마트 팩토리, 스마트 홈, 스마트 시티가 널리 확산될 것이다.

과거에는 서로 단절되었던 ICT 기술들이 경계를 넘어 서로 융·복합함으로써 기술혁신으로 인한 생산성 증대, 유통 및 생산비용의 절감으로 국민소득이 증가하고 국민들의 삶의 질은 크게 향상될 것이지만 부작용도 만만치 않을 것이다.

2.3 4차 산업혁명의 핵심 기술

3차 산업혁명의 정보혁명을 촉발시킨 핵심 기술은 컴퓨터와 Internet을 기반으로 하는 정보기술(information technology: IT), 또는 여기에 통신기술을 추가한 정보통신기술(ICT)이라고 하는데 여기에는 사물인터넷(I), 클라우드 컴퓨팅(C), 빅데이터(B), 모바일(M) 등 소위 ICBM이 포함된다.

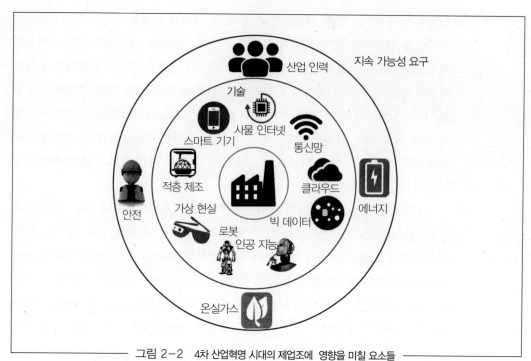

그림 2-2   4차 산업혁명 시대의 제업조에 영향을 미칠 요소들

출처: 박한구 외 4인, 4차 산업혁명, 새로운 제조업의 시대, 호이테북스(2017), p. 63.

4차 산업혁명은 디지털 혁명으로서 그의 핵심 기술은 인공지능(A), 로봇공학, 5G, 3D 프린터, 증강현실/ 가상현실, 블록체인 등이다. 그런데 이러한 많은 기술 중에서 4차 산업혁명의 핵심원천기술(디지털 기술)은 ICBA 등 네 가지로 압축할 수 있다. 이러한 첨단 지능정보기술이 기존 산업과 서비스에 융합되어 새로운 제품 및 서비스 그리고 전혀 새로운 비즈니스 모델을 창출하는 혁신적인 변화를 일으키고 있다.

4차 산업혁명 시대에 다양한 기술의 발전으로 특히 제조업은 엄청난 변화와 혁신의 소용돌이에 휘말릴 것으로 전망된다. [그림 2-2]에서 보는 바와 같이 제조업에 영향을 미칠 요소들은 많지만 그 중에서 아주 중요한 몇 가지만 공부하고자 한다.

1. 빅데이터

빅데이터(big data)란 데이터의 생성규모, 주기, 형식 등이 기존 데이터에 비해 엄청나게 크기 때문에 기존에 사용되었던 데이터베이스 관리 도구인 Excel의 데이터 수집·처리·저장·관리 및 분석 기법으로는 감당할 수 없을 정도의 정형, 비정형, 반정형 데이터를 모두 포함하는 용어이다. 빅데이터의 특징은 다양성(variety), 규모(volume: 수십 페타바이트), 신속성(velocity: 처리, 분석, 전송), 신뢰성(veracity: 정확성) 등이다.

오늘날 빅데이터는 사물인터넷의 확산, 스마트 팩토리와 같은 생산 공정의 디지털화, 모바일, 스마트 기기의 확산 및 소셜 네트워크 서비스(SNS)의 활성화 등으로 폭증하고 있다. 이런 디지털 환경에서 생성되는 빅데이터를 분석해 데이터 속에 숨어 있는 정보나 패턴을 찾아내는 데 인공지능 기법(머신러닝, 딥러닝, 인공신경망 등)이 사용된다.

과거에는 다량의 데이터를 저장하는 데 기술적으로나 비용상으로 어려움이 많았다. 그러나 오늘날 정보통신기술의 향상으로 저장 및 처리 기술과 이들의 비용은 별로 문제가 되지 않는다. 이러한 엄청난 빅데이터에 인공지능 기법 외에 통계 분석, 비즈니스 분석론(business analytics), 데이터 마이닝(data mining) 등 여러 가지 분석기법을 적용할 때 무한한 가치 창출이 가능하고 좋은 의사결정을 위한 통찰력(insight)을 얻을 수 있는 것이다. 빅데이터는 다변화된 현대사회를 더욱 정확하게 예측(prediction)하고 또한 효율적으로 작동케 하는 중요한 정보이다. 따라서 빅데이터는 경제, 정치, 사회, 과학기술 등 다방면에 걸쳐 사회와 인류에 가치 있는 정보를 제공한다.

과거 인간계의 빅데이터에 대해서는 모델을 기반으로 데이터 분석을 하였지만 센서를 통한 인공지능계 빅데이터는 패턴을 기반으로 데이터를 해석함으로써 데이터의 취급방법이 변화된다. 빅데이터의 가공과 분석에 따라 개별 고객관리, 고객의 구매행태 분석, 맞춤형 서비스 제공, 상황인식, 문제해결, 미래 전망 및 예측이 가능해져서 이제 빅데이터가 정보통신분야의 새로운 패러다임이자 신성장동력으로 급부상하면서 산업과 기업 경쟁력의 척도로 인정받고 있는 것이다. 따라서 21세기의 원유라고 하는 빅데이터를 더 많이 확보하는 기업 또는 국가가 최후의 승자가 될 것이라고 확신하는 것이다. [그림 2-3]은 데이터를 활용하는 미래의 다양한 산업을 보여주고 있다.

빅데이터는 4차 산업혁명에서 혁신과 경쟁력 강화, 생산성 향상을 위한 중요한 자산으로 데이터 자본주의 시대를 이끌어갈 것이다. 4차 산업혁명의 기본 인프라는 사물인터넷과 인공지능인데 이 인공지능을 개발하기 위해서는 빅데이터가

그림 2-3 빅데이터를 활용한 미래 산업

출처: 윤경배 외 17인, 전게서, p. 86.

필수적으로 필요하다.

2. 클라우드 컴퓨팅

인공지능을 위해서는 빅데이터가 필수적으로 필요하고 빅데이터를 처리하기 위해서는 고성능의 컴퓨팅 인프라가 없어서는 안 된다. 그런데 IT의 초기 투자비용에 대한 부담, 유지보수를 위한 부담 등 IT 혁신을 위한 비용절감의 필요성에서 클라우드 컴퓨팅 서비스가 요구되는 것이다. 즉 Internet을 이용해 다른 컴퓨터가 만든 자원(IT자원)을 빌려쓸 필요가 발생한다.

클라우드 컴퓨팅(cloud computing)이란 Internet 기술을 활용하여 정보기술(IT) 자원을 제공받는 컴퓨팅으로 사용자는 이러한 빅데이터 서비스를 제공하는 기업(예: Amazon, IBM, Google)으로부터 IT 자원(소프트웨어, 스토리지, 서버, 네트워크, 데이터베이스)을 필요한 때에 필요한 만큼 실시간으로 빌려 사용하고 사용한 만큼 비용을 지불하는 컴퓨팅 서비스를 말한다. 빅데이터가 가치를 추출해내는 정보 자체인 소프트웨어라고 한다면 클라우드는 이 대량의 정보를 담는(저장하는) 그릇인 하드웨어라고 할 수 있다.

사물인터넷 센서를 통해 현실세계의 데이터(예: 고객의 구매 정보)를 수집하여

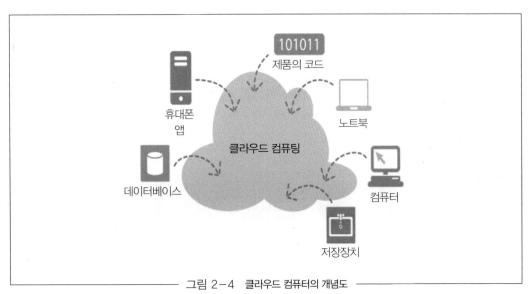

━━━━ 그림 2-4 클라우드 컴퓨터의 개념도 ━━━━

출처: 김기홍, 제4차 산업혁명, 법문사(2020), p. 165.

가상세계의 클라우드에 계속 저장하고 이렇게 쌓인 빅데이터를 인공지능으로 분석하여 예측(예: 예상구매 물품)을 함으로써 가치 창출을 이룩하고 결과적으로 발주전 배송 서비스를 향상시키거나 유통과 물류비용 등을 감소시키게 되어 현실세계의 최적화를 달성하게 된다. [그림 2-4]는 클라우드 컴퓨팅의 개념도이다.

　　클라우드 컴퓨팅 서비스가 크게 성장하는 이유는 업무의 효율성 제고 때문이다. 동영상, 사진, 문서 등 대용량의 파일이나 데이터를 클라우드 컴퓨팅 서비스(거대한 데이터 센터)에 저장해 놓기 때문에 Internet 단말기만 있으면 언제 어디서든 업무, 오락, 통신 등 모든 컴퓨터 기능을 수행할 수 있다.

　　클라우드 컴퓨팅은 공급사슬관리에 없어서는 안 될 중요한 기술이다. 이에 대해서는 제9장에서 공부할 것이다.

3. 인공지능

　　4차 산업혁명에서 가장 영향력 있는 기술혁신 중의 하나가 인공지능이다.

　　인공지능(artificial intelligence: AI)이란 인간의 지능으로 할 수 있는 학습능력, 추론능력, 지각능력, 자기개발, 자연어 이해능력 등 지적 능력을 컴퓨터가 인간의 개입없이 스스로 인간처럼 일할 수 있도록 인간의 두뇌를 모방하는 정보기술을 말한다. 인공지능을 한마디로 표현한다면 사람의 지능을 흉내 낸 프로그램이요, 좋은 데이터를 먹고 사는 컴퓨터 시스템이라고 말할 수 있다. 인공지능은 사람과 똑같이 학습하는 특징이 있다. 인공지능은 스스로 데이터와 경험을 축적하여 사람처럼 생각하고 판단한다. 인공지능 기법을 활용하여 컴퓨터의 반복 학습을 통해 빅데이터 속의 패턴(pattern)을 탐구하고 패턴의 인과관계를 통해 미래를 예측(prediction)한다.

이와 같이 인공지능이 제대로 역할을 하려면 빅데이터와 기계 스스로가 학습할 수 있는 딥러닝이라는 알고리즘의 개발이 꼭 있어야 의사결정에 유용한 가치와 통찰력을 추출할 수 있다. 인공지능은 빅데이터를 기반으로 학습을 하고 데이터를 기반으로 정보를 제공한다. 빅데이터 입장에서 보면 데이터를 가치 있는 보물로 만들어주는 프로세스가 인공지능이고 인공지능 입장에서 보면 빅데이터의 학습과정을 통해 값을 예측하거나 데이터를 분류하기도 한다. 인공지능은 빅데이터를 먹고 성장하기 때문에 빅데이터야말로 인공지능의 보양식이라고 할 수 있다.

따라서 양질의 인공지능은 신뢰할 수 있는 정확한 빅데이터와 우수한 알고리즘이 만든다. 여기서 알고리즘(algorithm)이란 머신러닝과 딥러닝을 일컫는다. 머신러닝(machine learning)이란 인간이 다양한 경험과 시행착오를 겪으면서 지식을 배우듯 컴퓨터에 빅데이터를 주고 학습을 통해 그 속에서 숨겨진 어떤 패턴을 찾아내게 하는 알고리즘과 기술을 개발하는 분야를 말한다. 머신러닝에 인간의 두뇌를 모방한 인공신경망을 더한 딥러닝(deep learning: 심층학습) 알고리즘은 인간의 두뇌가 빅데이터 속에서 패턴을 발견하고 사물을 분류하듯 모방한다.

인공지능의 핵심은 예측(시간의 최적화)과 맞춤(인간과 공간의 최적화)을 통한 가치 창출인데 이는 인공지능이 사물인터넷, 클라우드 컴퓨팅, 빅데이터 등이 서로 융합된 융합기술(convergence technology) 덕택이다. 사물인터넷을 통해 다양한 데이터를 수집하고, 이들 데이터를 클라우드를 통해 저장하며, 인공지능으로 분석하여 빅데이터의 가치를 높이는 것이다. 한편 인공지능은 다양한 핵심기술과 융합을 통하여 온라인과 오프라인이 융합하는 O2O 세상을 선도하고 있다. 예를 들면, 스마트 팩토리는 인공지능 기반의 사이버 물리시스템(CPS)을 통해 생산성과 효율성을 높이고 있다.

인공지능이 근래 폭발적인 성장을 하고 있는데 이는 컴퓨팅 파워의 급속한 개선, 엄청난 양의 디지털 데이터의 축적, 인공신경망을 바탕으로 한 딥러닝 알고리즘의 발전 덕택이라고 할 수 있다. 인공지능 기술은 새로운 경제성장 동력으로 전

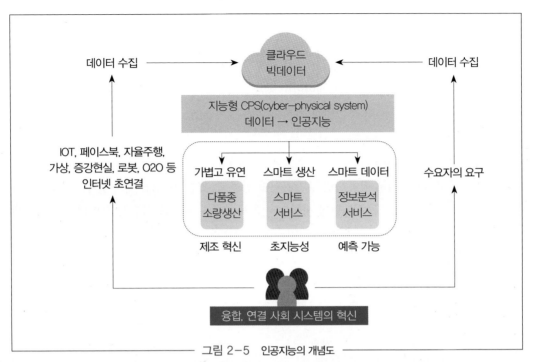

데이터 수집 → 클라우드 빅데이터 ← 데이터 수집

지능형 CPS(cyber-physical system)
데이터 → 인공지능

IOT, 페이스북, 자율주행,
가상, 증강현실, 로봇, O2O 등
인터넷 초연결

가볍고 유연   스마트 생산   스마트 데이터

다품종 소량생산   스마트 서비스   정보분석 서비스

제조 혁신   초지능성   예측 가능

수요자의 요구

융합, 연결 사회 시스템의 혁신

그림 2-5   인공지능의 개념도

출처: 이철환, 인공지능과 미래 경제, 다락방(2018), p. 27.

산업부문에서 경제적 가치를 창출해 낼 것이다. 특히 자율주행자동차, 지능형 로봇, 스마트 팩토리 등 제조업과 유통, 교통, 교육, 금융, 의료, 재생 에너지 등 다방면에서 기존 산업을 혁신시켜 고부가가치를 창출해 내고 있다.

1950년대 중반 인공지능이 등장한 이래 발전 속도는 가속화되어 향후 폭발적인 성장을 할 것이다. 2045년경에는 인공지능이 인간의 지능을 완전히 능가할 특이점(singularity)이 도래할 것으로 예상하는 사람도 있다. [그림 2-5]는 인공지능의 개념도이다.

4. 사물인터넷

사물인터넷은 인공지능과 함께 4차 산업혁명의 기본 인프라이다. 사물인터넷은 이를 통해 다양한 빅데이터를 수집하고 클라우드를 통해 저장하며 인공지능 기술을 통해 분석, 해석, 판단, 자율제어 등을 수행하여 빅데이터의 가치를 높이고 초지능적인 제품과 서비스를 생산하는 역할을 하기 때문에 아주 중요하다.

사물인터넷(internet of things: IoT)이란 작업자를 포함한 자재, 제품, 설비, 장비, 시설, 치공구, 다양한 작업장 공간, 프로세스 등 각종 물리적 사물들에 다양한 센서(sensor)와 통신기능을 내장하고 이를 Internet에 연결하여 거대한 네트워크 속에서 인간의 직접적인 개입없이 사물들끼리 서로 연결하여 소통하고 정보와 데이터를 실시간으로 주고받아 가치와 경험을 창출하는 기술이다.

사물에 부착된 센서를 통해 실시간으로 생성·수집한 빅데이터는 다양한 분석기술에 의해 가공·처리·분석하여 이를 새로운 사실과 예측 정보를 확보하고 최적 의사결정에 활용하면 부가가치를 만들 수 있는 것이다. 예를 들면, 가정의 에어컨, 냉장고, 자동차 등에 사물인터넷을 설치해 놓으면 이들이 주인의 스마트폰에 연결됨으로써 원거리에서도 이들을 통제할 수 있는 것이다.

사물인터넷의 가장 큰 특징은 현실의 세계에 존재하는 물리적인 사물들과 정

그림 2-6　다양한 곳에 활용되는 사물인터넷

출처: 윤경배 외 17인, 전게서, p. 82.

보를 다루는 사이버 세상에 존재하는 가상의 사물들을 완벽하게 결합하여 상호작용하도록 할 수 있는 것이다. 센서를 통해 물리적 세상에서 만들어진 정보가 가상의 세상에서 처리되고 다시 물리적 세상에서 이용되는 것이다.

사물인터넷은 인공지능과 융합되어야 제구실을 한다. 수많은 센서 네트워크를 기반으로 사물들이 Internet으로 연결되고 이 센서 네트워크를 통해 생성·수집된 방대한 양의 정보를 네트워크를 통해 전송하고 이러한 정보를 처리하기 위해서는 빅데이터 분석기술, 클라우드 컴퓨팅, 인공지능 기술의 융합이 있어야 한다.

사물인터넷은 여러 분야에 긍정적 영향을 미치는 그야말로 4차 산업혁명의 원천기술이다. 사물인터넷의 대표적인 응용분야는 개인(건강, 질병관리), 가정(스마트 홈), 도시, 교통 및 운송, 산업, 공공분야, 에너지 및 의료, 제조업 등 중에서도 스마트 팩토리, 자율주행자동차 등이다. 생산운영 분야에서 사물인터넷은 제품설계와 개발, 헬스케어, 재고관리, 예방보전 등 폭넓게 사용된다([그림 2-6] 참조).

한편 사물인터넷 기술의 보급으로 공급자 위주의 제품 중심에서 수요자 위주의 서비스 중심으로 시장이 변화되어 고객 수요에 부응하기 위한 다양한 서비스 산업이 성장할 것이다.

사물인터넷은 개인 정보의 해킹을 통한 개인의 사생활 침해나 보안문제를 일으킬 수 있는 문제점도 있지만 뒤에서 설명할 블록체인 기술의 보급으로 해킹 자체가 불가능하게 되었다.

사물인터넷은 계속 발전하여 2025년까지 그의 기기들은 640억 개로 증가하고 매년 40~70억 달러의 경제적 영향을 미친다는 보고도 있다.[2]

5. 3D 프린터

기술혁신이 많은 산업에서 제조방식을 변경시켰는데 그중 하나가 3D 프린팅 기술이다. 이는 컴퓨터 지원 설계(CAD)를 사용하여 제어하는 산업용 로봇의 일종이다. 3D 프린터는 디지털로 제작된 3차원 설계도 파일을 통해 모든 실물제품을 적층방식(additive manufacturing)으로, 입체적으로 찍어내는 기계이다. 즉 프린터로 3차원의 물체를 뽑아내는 기술을 말한다. 지금까지 전통적으로 산업 사회의 제품 생산방식은 감량(빼기)제조(subtractive manufacturing) 방식이었다. 원재료 중 불필요

---

2 Lee Krajewski & M. Malhotra, Operations Management, 13th ed. (Pearson, 2022), p. 43.

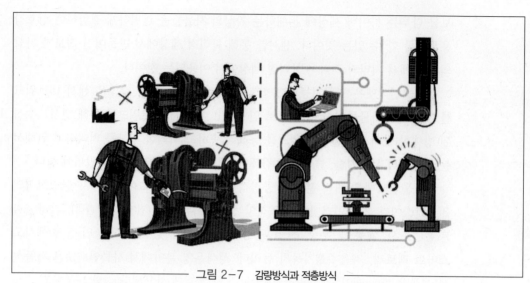

그림 2-7   감량방식과 적층방식

출처: www.economist.com

한 부분을 선반을 통해서 깎아내고, 갈고, 굽히고, 절단하고, 밀링한 후 원하는 부품을 얻고 이들을 조합하여 제품을 만드는 방식이었다. [그림 2-7]은 적층방식과 감량방식을 보여주고 있다.

그러나 3D 프린터는 원재료를 증가시켜 각양각색의 재료를 한 층 한 층 뽑아낸 후 원하는 제품의 재료를 조금씩 순서대로 쌓아나가는 증량(더하기)제조 방식이다. 이는 생산과정을 단순화시킨다. 앞으로는 지금까지 보지 못한 다양한 예술성 디자인이 적용된 제품이 출시될 것이다.

감량제조에서는 자투리를 낭비하였지만 3D 프린터에서는 필요한 만큼의 원재료를 사용하기 때문에 자투리가 발생하지 않아 자재사용 감소를 통한 원가절감에 큰 도움이 된다. 증량제조에서는 제품의 데이터 모델 모양대로 뽑어져 나오므로 가공이 필요없다. 제조 과정이 복잡한 제품도 제조할 수 있다. 특히 디자인을 보기 위한 시제품 제작기간도 아주 짧다. 예를 들면, 미국의 록히드 마틴은 매우 복잡한 항공기 제조 구성품을 생산하는 데 적층방식을 사용하여 필요한 원자재를 절약하고 있다. 과거에 기업들은 제품을 개발하기 위해서 많은 돈과 시간을 투자해야 했지만 3D 프린터를 사용하면 개인도 원하는 제품(예: 비행기)을 만들 수 있다. 이제는 자본과 기술이 없어도 컴퓨터와 3D 프린터만 있으면 제조업을 시작할 수 있는 시대가 되었다.

3D 프린터는 품질 좋고 효율적인 제품을 큰 비용 부담없이 크거나 형태에 상

관없이 취향에 맞는 개인별 맞춤형 제품생산이 가능하다. 따라서 과거의 표준화된 대량생산, 대량소비 체계가 소비자 개인의 다양한 요구와 주문에 기반하는 다품종 소량생산과 소비 체계로 변화할 소지가 크다. 예를 들면, 노키아는 모바일 폰의 맞춤형 케이스를 독특하게 만들기 위하여 3D프린팅을 도입하였다. 이는 소비자의 욕구를 충족시키면서 낭비가 없는 효율적인 새로운 생산방식으로 거듭 발전할 것이다.

3D 프린터는 생산량의 크기에 관계없이 단위 생산비용이 같기 때문에 획일적으로 제품을 대량생산할 필요가 없게 된다. 따라서 이는 규모의 경제(economy of scale)와 저임금 우위를 가진 전통적인 방식과 완전히 상이한 형태의 생산·유통·소비 방식을 촉진하고 있다. 3D 프린팅 기술의 발전과 저렴한 비용은 필요한 만큼만 생산하는 주문생산(on-demand production)의 성장을 가져올 것인데 이는 고객에게는 맞춤 제품을 제공하지만 기업에게는 제품수요의 예측이 필요없고 저장공간이나 재고유지의 비용을 절감시키는 이점을 주게 된다.

3D 프린팅 기술은 여러 산업분야에서 이용되고 있다. 항공, 자동차, 임플란트와 보철을 위한 의료, 건설 산업 등에서 다양하게 활용되고 있다. 재료로 나일론, 플라스틱, 티타늄금속, 세라믹 가루, 유리, 고무 등이 사용된다.

6. 가상현실과 증강현실

가상현실(virtual reality: VR)이란 사용자가 현실과 유사한 체험을 할 수 있도록 구현된 가상의 환경 또는 상황을 말한다. 컴퓨터가 만들어 낸 가상의 세계(예: 비행기)인 가상 환경에서 사용자로 하여금 가상세계에 몰입하도록 함과 동시에 가상세계 내에서 현실세계와 같은 자연스러운 상호작용을 가능토록 해준다. 가상공간을 보기 위해서는 디스플레이 장치를 얼굴에 착용해야 한다. [그림 2-8]은 가상현실의 사례이다.

증강현실(augmented reality: AR)이란 사용자가 눈으로 보는 실제세계의 배경이나 이미지에 가상의 이미지를 겹쳐 하나의 영상으로 보여주는 기술을 말한다. 현실세계와 가상세계를 이음새없이 실시간으로 혼합하여 사용자에게 제공함으로써 보다 향상된 몰입감과 현실감을 느끼도록 해준다. [그림 2-9]는 증강현실의 사례이다.

두 기술의 차이는 증강현실의 경우 현실의 모습이 실제이고 가상현실의 경우 허상이라는 점이다.

그림 2-8　가상현실의 사례

그림 2-9　증강현실의 사례

두 기술은 엔터테인먼트, 쇼핑, 영화, 의료 등의 분야에 사용되어 왔지만 4차 산업혁명이 진행됨에 따라 제조업 분야에서도 활용될 것이다. 제조 현장을 컴퓨터의 가상 공장으로 만들어 작업자들이 VR 기기를 착용하고 가상 공장을 돌아다니면서 작업방법을 훈련할 수 있다. 또한 스마트 기기를 들고 실제로 공장을 돌아다니면서 설비나 기계의 사용방법을 훈련할 수 있다.

7. 블록체인

블록체인(block chain)이란 개인과 개인의 거래 내역(예: 부동산, 현금, 지적 재산, 계약)이 일정한 크기의 용량을 가진 블록에 담기고 이 블록들이 사슬처럼 계속 연결되는 일종의 전자 장부를 말한다. 블록체인은 암호화된 모든 거래 장부를 네트워크 참가자들에게 공개하고 분산하여 공유하고 관리하기 때문에 강력한 거래의 보안성과 신뢰성, 익명성, 신속성, 확장성, 투명성을 보장할 수 있다. 따라서 앞으로 금융서비스에 혁신적 변화를 몰고올 것으로 예상된다.

블록체인은 방대한 데이터를 안정적이고 효율적으로 관리할 수 있기 때문에 특정한 사용자의 시스템 통제가 불가능하여 임의로 데이터의 조작이나 위조가 허용되지 않으므로 데이터의 중요성이 날로 커지는 4차 산업혁명의 대표적인 기술로 여겨진다. 과거에는 거래 데이터를 중앙집중형 장부에 보관하였지만 블록체인을 이용하게 되면 분산형 장부를 사용하여 거래 참가자 모두에게 거래 정보를 공개하고 저장한다. 4차 산업혁명의 초연결 시대에는 정보·상품·서비스·금융에 이르기까지 개인 간 거래(peer to peer: P2P)가 폭증하여 중간기구(예: 은행)를 배재하

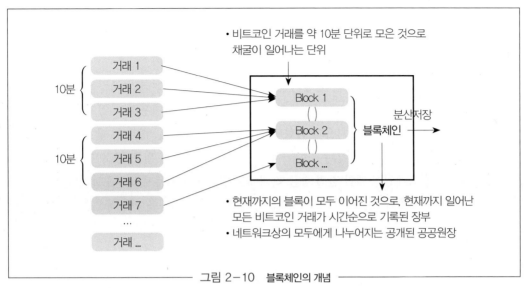

• 비트코인 거래를 약 10분 단위로 모은 것으로 채굴이 일어나는 단위

— 그림 2-10 블록체인의 개념 —

출처: 하나금융경영연구소(2016), "비트코인의 거래 메커니즘과 사설블록체인 활용 동향," pp. 1-8.

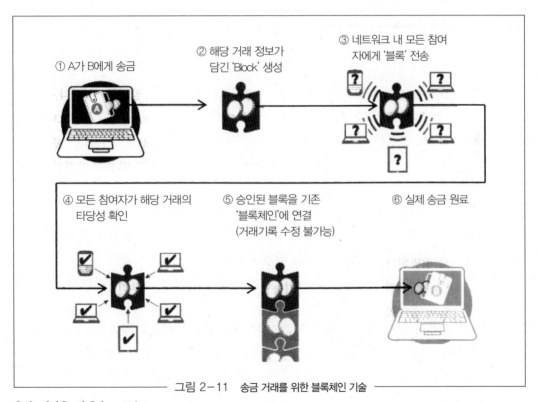

— 그림 2-11 송금 거래를 위한 블록체인 기술 —

출처: 김기흥, 전게서, p. 156.

고 P2P 네트워크로 분산시켜 탈중앙화의 실행으로 모든 거래의 신뢰 문제를 해결해 준 기술이 블록체인이다.

[그림 2-10]은 블록체인의 개념을 나타낸 그림이다.

현재 블록체인은 금융기관에 저장되어 있는 데이터의 해킹을 원천봉쇄하고 특히 비트코인(bitcoin)이나 가상화폐의 거래를 위해 사용하고 있지만 사물인터넷과 인공지능 등의 기술과 융합되면 제조, 유통, 무역, 에너지, 헬스케어, 미디어, 콘텐츠, 의료, 보험업무, 정부 기록 등 많은 분야에서 활용될 것이다. [그림 2-11]은 블록체인이 개인 간의 송금 거래에 어떻게 사용되는지 보여주고 있다.

블록체인은 개인 정보 보안과 사물인터넷의 해킹을 근본적으로 봉쇄할 수 있으며 특히 공급사슬 파트너들 사이의 정보교환에 보안성을 유지해 주는 데 이용된다. 이 점에 대해서는 제9장에서 공부할 것이다.

2.4 4차 산업혁명의 특징

4차 산업혁명을 이끄는 대표적인 인프라로 사물인터넷과 인공지능을 꼽을 수 있다. 실제 4차 산업혁명과 미래사회 변화를 촉진하는 기술적 동인으로서는 이들 외에 무선인터넷과 5G, 클라우드 기술, 빅데이터 등을 포함할 수 있다. 4차 산업혁명은 이러한 ICBA가 결합하고 융합하여 여러 가지 특징과 성격을 유발하고 있다. 이제 4차 산업혁명 시대에는 기업들이 디지털화, 디지털 전환으로 변신하지 않고서는 살아남을 수 없게 되었다.

첫째, 4차 산업혁명은 초연결, 초지능, 융합화를 최대의 특징으로 한다.[3]

초연결성(super-connectivity)이란 사물인터넷과 정보통신기술이 진화함에 따라 인간과 인간, 사물과 사물, 인간과 사물, 온라인과 오프라인, 산업과 산업, 제품과 설비, 시설, 공간, 프로세스 등 세상의 모든 사물에 센서와 5G와 같은 통신기술을 내장하여 Internet에 연결함으로써 다양한 융·복합이 가능하여 데이터를 생성하고 사물들끼리 데이터를 주고받으면서 가치와 경험을 창출하는 과정을 말한다. 사물인터넷은 사람과 사물이 거대한 네트워크 속에서 스스로 정보를 생성·가공·공유하면서 항시 소통하고 상호작용하는 초연결사회로 발전시키고 있다.

---

3 배재권, 4차 산업혁명과 스마트 비즈니스, 박영사, 2020, p. 21, 225.

초지능성(super-intelligence)이란 인공지능과 빅데이터의 융합으로 기계의 지능이 인간의 두뇌를 뛰어넘어 기술과 산업구조를 지능화·스마트화시키고 있음을 의미한다. 오늘날 인공지능 기술이 발전하면서 빅데이터와 사물인터넷 같은 데이터 처리기술과 클라우드 컴퓨팅 기술이 융합하여 가정, 공장, 사회 구조를 지능화 내지 스마트화시키고 있다.

융합화(convergence)란 초연결성과 초지능화의 결합으로 나타나는 사람 간, 사물 간, 산업 간, 기술 간, 제품 간 경계가 무너지는 융합화를 말한다. 모든 산업 분야에서 5G를 기반으로 정보기술을 이용하여 전 산업에 걸쳐서 디지털 전환이 촉진되어 모든 것이 네트워크로 연결되고 융합되어 시너지 효과(상승작용)를 나타낸다. 기업과 산업 간, 기술 간의 융합이 촉진되어 기업과 기업 간, 산업과 산업 간의 경계가 무너지고 기존 작업구조 및 기업 간의 경쟁방식도 변하고 있다. 현재와 미래의 산업현실과 가상공간이 융합되어 가고 있으며 경계가 허물어지고 있다.

IT와 금융의 융합으로 핀테크(fintech)가 나타나고 자동차와의 융합으로 자율주행자동차가 출현하고 있다. 이와 같이 ICT와 Internet에 기반을 둔 기술 융합현상의 결과로 새로운 산업을 기반으로 새로운 제품이 새로운 방식으로 쏟아져 나오게 된다.

둘째, 초연결 시대에는 네트워크에 연결된 사용자와 사물들이 많을수록 엄청나게 생성하는 데이터를 수집·저장·분석하고 통찰하여 네트워크의 효과와 가치를 활용하거나 새로운 비즈니스 기회와 비즈니스 모델을 이용할 수 있다. 4차 산업혁명 시대에는 데이터가 쌓일수록 곧 돈이요 경쟁력이 되는 데이터 자본주의 시대이다. 빅데이터와 인공지능을 지배하는 기업과 국가가 세상을 지배하는 시대가 되었다. [그림 2-12]는 세계 시가 총액 상위 10대 기업 중 빅데이터 활용 기업은 여덟 군데임을 보여주고 있다. 과거에는 자본력과 기술력 중심이었지만 지금은 플랫폼을 기반으로 하는 기업이 글로벌 산업의 지형을 뒤흔들고 있다.

셋째, 4차 산업혁명이 진행되면서 생산의 디지털화가 보편화되고 3D 프린팅의 확대와 결합하여 새로운 생산방식을 만들어 낼 것이다.

4차 산업혁명이 진행되면서 대량 계획생산 방식은 개인 맞춤형 다품종 소량 주문방식으로 바뀌고 있다. 이는 5G의 보급에 따른 사물인터넷의 활성화, 로봇의 도입에 의한 자동화, 그리고 3D 프린팅의 보급으로 가능하게 되었다.

넷째, 과거에는 생산과 물류 프로세스의 일부분으로 취급받았던 인간이 3차 산업혁명 시기에는 컴퓨터를 이용해 기계와 제품 생산과정을 제어하고 통제하였

순위	1	2	3	4	5
기업	아마존	마이크로소프트	애플	구글	버크셔 해서웨이
분야	ICT	ICT	ICT	ICT	금융
순위	6	7	8	9	10
기업	페이스북	알리바바	텐센트	존슨앤존슨	JP모건체이스
분야	ICT	ICT	ICT	ICT	금융

그림 2-12　세계 시가총액 상위 10개 기업 중 빅데이터 활용 기업

지만 4차 산업혁명에서는 인공지능 기술과 사물인터넷이 연동되어 컴퓨터가 기계와 함께 데이터를 주고받으면서 인간을 물리치고 스스로 상호작용하는 체계로 작동한다.

다섯째, 산업 사이의 융합이 더욱 진행되면 산업의 모든 영역이 가상 공간과 결합하게 될 것이다. 가상의 세계와 현실의 세계(실제 공간)가 융합되어 사물을 자동적이고 지능적으로 제어할 수 있는 사이버 물리시스템(cyber-physical system)이 구축되고 있다. 즉 실제 공간(물리적 세계)에 온라인이라는 가상 공간(인터넷 세상)을 결합하는 일은 사이버 물리시스템이라고 하는 플랫폼이 담당하는데 물리적 시스템인 기존 공정과 IT라고 하는 가상적 시스템을 하나로 융합하여 제품의 생산, 유통, 소비 전체로 가치 창출의 범위가 확대된다.

4차 산업혁명 시대에는 가상성(Virtualness)이 강한 정보기술과 물리성(physicalness)이 강한 다른 기술(예: 제조기술)과 융합으로 이러한 엄청난 혁신과 변화가 일어날 것이다.

여섯째, 플랫폼(platform)이 미래 시장과 산업을 이끌게 된다. 예컨대 G마켓이나 11번가와 같은 오픈 마켓에서 구매자와 판매자가 참여하여 공산품뿐만 아니라 농산물이나 수산물도 풍부한 정보와 저렴한 가격으로 사고 팔게 된다.

일곱째, 생산과 소비의 융합혁명이 일어날 것이다. 빅데이터와 인공지능의 발

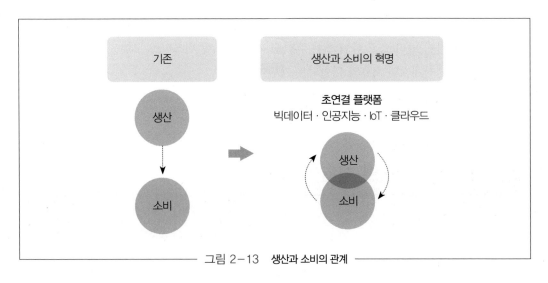

그림 2-13 생산과 소비의 관계

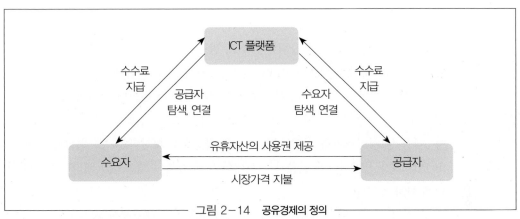

그림 2-14 공유경제의 정의

출처: 김민정 외 2인, 공유경제에 대한 경제학적 분석, KDI(2016-11).

달로 생산자(기업)는 소비자의 요구와 수요를 실시간으로 정확하게 파악하여 최적의 생산량을 예측 생산할 수 있게 되어 과잉재고를 막을 수 있고, 소비자는 원하는 제품과 서비스를 제때에 구매할 수 있게 되었다. [그림 2-13]은 생산과 소비가 일치된 모습을 보여주고 있다.

여덟째, 4차 산업혁명 시대에는 온디맨드(on-demand)와 공유경제(sharing economy) 체계로의 전환이 이루어진다. 온디맨드란 모바일을 포함한 ICT 인프라를 통해 소비자의 수요에 맞춰 즉각적으로 맞춤형 제품과 서비스를 제공하는 활동을 말한다. 유휴자원을 공유하게 되어 제품과 서비스를 소유하지 않고도 플랫폼의 소개로 이용할 수 있게 된다. 수요와 공급을 연결하는 기술 기반의 플랫폼 발전으로 공유경제가 활성화될 것이다. 공유경제란 재화, 공간, 경험, 재능 등을 여러 사람들이 빌려 쓰고 나눠 쓰는 온라인 기반 개방형 비즈니스 모델을 말한다. 이는 대량생산체제의 소유와 대립되는 개념이다.

[그림 2-14]는 공유경제의 구성요소를 보여주고 있다.

2.5 4차 산업혁명의 제조업 영향

4차 산업혁명은 생산 수단과 생산 방식만이 아니라 인간 사회 전체에 엄청난 변화를 몰고 올 것이다. 4차 산업혁명은 특히 제조업에 정보통신기술(information and communication technology: ICT)을 접목하여 소프트웨어와 빅데이터 기반의 지능 디지털 기술 변환(intelligent digital technology transformation)을 촉발하고 인간을 중심으로 가상과 현실이 융합되는 사회로 변모시킬 것이다.

4차 산업혁명은 제조업 혁명이다. 제조업의 기술에 첨단기술을 접목하여 기술혁신이 이루어진다. 그래서 앞으로 제조업에서는 큰 변화와 혁신이 계속 일어날 것이다. 4차 산업혁명은 제조 및 생산 프로세스의 디지털화로 시작해서 의료, 유통, 금융 등 서비스업을 위시한 전 산업을 대상으로 혁신적인 기술변화를 몰고 오고 있다. 4차 산업혁명과 인공지능 시대의 도래로 특히 제조업의 패러다임이 엄청나게 변하고 있다.

2차 산업혁명의 결과로 생겨난 조립라인을 통한 대량생산방식이 3차 산업혁명 시대에는 생산 과정에 Internet과 정보기술(IT)이 접목된 생산의 기계화·자동화가 이루어졌다. 그러함에도 불구하고 아직도 전통 기업에서는 원자재 조달 → 제품생산 → 분배라는 생산활동이 하나의 기업 내에서 일괄적으로 이루어지는 생산방식이 보편화되었다. 그런데 4차 산업혁명이 진행하면서 사물인터넷, 빅데이터, 인공지능과 로봇 등 각종 정보통신기술이 접목되어 스마트 팩토리에서 생산의 디지털화(digitalization)라는 새로운 생산방식이 출현하고 있다. 제조업체가 전통적인 틀에서 벗어나 생산 공정과 전체 시스템에 ICT를 접목하여 기계와 제품이 지능화되는 것이 바로 4차 산업혁명의 본질이다.

이러한 생산방식의 변화는 소품종 대량생산과 대량공급이라는 생산자 중심의 자동화 공장에서 소비자들의 개별 취향에 맞는 맞춤형 대량생산의 지능화 공장으로의 변신을 가능케 한다. 소비자들은 단순히 제품의 소비자가 아니라 그 제품의 기획단계에서부터 자신의 욕구를 반영시켜 소비자들의 다양한 욕구를 만족시키면서 기업은 비용 상승없이 생산할 수 있는 유연한 생산구조로 전환할 수 있다.

최근에는 생산의 디지털이 생산의 자동화·지능화 및 3D 프린팅의 확대와 결합하여 개인이 기업을 통하지 않고서도 다양한 아이디어 신제품을 만들어내는 개인제조업(personal manufacturing)이 가능하게 되었다. 대량생산방식을 대신할 새로운 생산방식이 자리잡게 될 날도 멀지 않다고 본다. 이렇게 되면 생산의 주도권이 공장의 생산자로부터 소비자로 이동하게 될 것이다.

4차 산업혁명은 생산방식 외에도 생산 공정도 혁신시키고 있다. 사람과 협업이 가능한 로봇의 활약으로 공정상의 안전성과 효율성이 크게 향상되면서 근로자들의 산업재해 발생 가능성도 아주 낮출 수 있게 되었다. 한편 공장 내 모든 기계설비와 장치에 사물인터넷 센서와 카메라를 부착하여 수집한 정보를 컴퓨터가 기록해서 빅데이터를 수집하고 분석하여 생산 공정의 최적화를 기하고 품질관리 시스템이 불량품 발생의 원인을 확인하고 이상 징후가 보이는 설비는 어느 것인지 파악함으로써 전체적인 공정을 제어할 수 있게 된다. 이렇게 해서 불량품을 극도로 낮추고 기업 가치사슬 전반에서 비용절감과 생산성을 획기적으로 향상할 수 있는 것이다. 품질관리 기사가 격감하므로 인건비 걱정이 사라진다.

과거 글로벌 기업들은 단위당 생산원가의 비교우위를 갖기 위하여 대규모의 공장이라는 규모의 경제(economy of scale)를 추구하여 왔다. 그러나 4차 산업혁명 이후에는 Internet, 3D 프린팅 등 ICT 기기의 보급으로 인건비와 생산비용을 절감할 수 있게 되었다. 따라서 낮은 인건비를 찾아 동남아시아 국가 등에 건립한 대규모의 공장을 유지할 필요가 없게 되었다. 이와 같이 본국으로 U턴하는 현상을 리쇼어링(reshoring)이라고 한다. 예를 들면, 독일의 Adidas와 Siemens는 23년 만에 중국으로부터 본국으로 회귀하였다. 이제 인건비는 글로벌 입지에 결정적 요인이 되지 않는다.

제조업의 서비스화(servitization)가 촉진되고 있다. 산업 간의 경계가 무너지고 있다. 제조 기업이 고객의 경험을 반영한 맞춤형 제조와 서비스를 함께 제공하려는 것이다. 이는 인공지능 기술을 통한 제품과 서비스의 결합을 의미한다. 이는 제조업의 가치사슬(value chain)에서 서비스의 역할이 확대되거나 혹은 제조업이 서비스 분야로 사업 영역을 확대함으로써 가능하다. 제품을 시장에서 일회성으로 판매하는 것이 아니라 이에 곁들여 서비스를 함께 제공함으로써 부가적인 가치를 창출하게 된다. 즉 개별적인 제품과 서비스를 별개로 판매하는 것이 아니라 함께 판매함으로써 쌍방 간 도움이 되는 것이다. 예를 들면, GE는 가전제품 회사로부터 디지털 서비스 회사로 탈바꿈하여 비행기 제트엔진을 판매할 때 IoT 센서를 부착해 줌으로써 안전진단을 꾸준히 제공하고 서비스료를 받고 있다.

4차 산업혁명은 제조업의 생산 방식 및 생산 공정의 패러다임 변화를 몰고 오면서 고용구조에도 큰 영향을 미칠 것이다. 가공이나 생산과 같은 단순 업무에 대한 인력수요는 로봇 등이 대체함으로써 급격히 감소하는 반면 설계와 보안업무, 소프트웨어를 요구하는 업무에 대한 고급인력 수요는 증가할 것이다. 인공지능 등 하이테크 기술직에 대한 수요는 늘어날 것이다. 정보의 집중화를 통해 기술 간 격차가 심화됨에 따라 임금격차가 더욱 벌어지고 일자리 이분화로 중산층이 줄어들고 양극화 현상이 고착될 것이다.

2.6 스마트 팩토리

제조업 강국인 독일에서 인더스트리 4.0은 제조업의 기존 생산시설에 ICT 시스템을 총동원하여 생산 공정 및 전체 생산시스템을 지능화·최적화하는 스마트 팩토리의 구현에 초점을 맞추었다. 따라서 인더스트리 4.0을 제조업의 혁명 또는 생산 공장의 혁명이라고 부르기도 한다.

인더스트리 4.0의 핵심 내용 중 하나가 스마트 팩토리 구축을 위한 전략인데 사실 4차 산업혁명은 이러한 제조업의 생산공정의 스마트화에서 시작되었다.

스마트 팩토리(smart factory)란 제품 설계·개발로부터 제조·유통·물류·공급 사슬에 이르는 공장의 설비 및 모든 공정을 지능화(자율화, 스마트화)하고 모든 사물들을 사물인터넷으로 연결하여 서로 소통하고 발생하는 빅데이터를 인공지능이 효율적으로 관리함으로써 생산 및 운영이 최적화되어 높은 제품 품질, 생산성 및 고객 만족도를 추구하는 친환경적이고 친인간적인 똑똑한 공장이라고 정의할 수 있다.

4차 산업혁명의 특징 중 하나가 초연결(super connectivity)이다. 사물인터넷과 통신기술의 발달로 공장 내 사물과 사람, 사물과 사물, 설비 및 공정이 IOT 센서를 통해 네트워크로 연결되고, 생산 관련 모든 디지털 데이터 및 정보가 실시간으로 수집 공유되고 인공지능의 분석을 통해 가치를 창출하고 분석된 정보를 실시간으로 네트워크를 통해 공정으로 전달하여 생산 및 운영이 최적화되는 것이다.

인더스트리 4.0이 추구하는 목적은 생산시스템을 구성하는 작업자, 장비, 시설, 센서, 부품, 제품 등에 사물인터넷, 빅데이터 분석, 인공지능 기술, 로봇, 사이버 물리시스템(CPS) 등 ICT를 적용하여 생산 활동 전반을 자동화, 지능화, 자율화하는 스마트 팩토리를 구축하려는 것이다. 스마트 팩토리는 제조업이 ICT와 융합하여 생산 과정과 산업 기기가 모두 네트워크로 연결되고 ICT 기술을 이용해 기계 간 상호 소통을 통해 전 생산 과정이 자동화, 지능화, 자율화되어 공장의 가치사슬 전체가 하나의 공장처럼 실시간 통합되는 생산체계이다.

스마트 팩토리가 구축되면 과거 규모의 경제에 입각한 소품종 대량생산이라는 생산자 위주의 자동화 공장에서 탈피하여 디자인 등 소비자 개인별 욕구에 맞는 맞춤형 다품종 소량생산의 지능화 공장으로의 탈바꿈이 가능하게 된다. 스마트 팩토리는 수요의 변경에 따라 모든 생산라인을 자유롭게 바꿔가면서 생산할 수 있

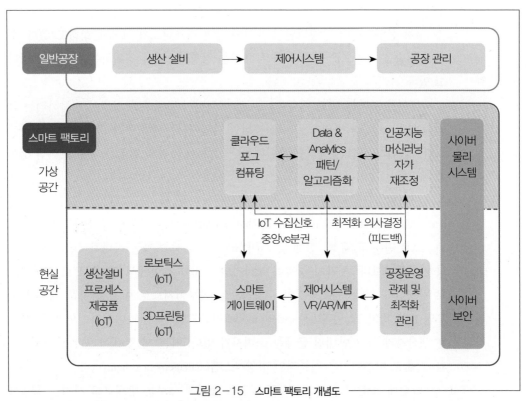

그림 2-15 스마트 팩토리 개념도

출처: 이철환, 인공지능과 미래 경제, 다락방, 2018, p. 184.

기 때문에 가능한 것이다.

이와 같이 스마트 팩토리와 3D 프린팅이 널리 보급되어 새로운 생산방식이 보편화되면 획기적인 생산성 향상과 인건비가 절감되어 다국적 기업들의 리쇼어링이 활발해질 것이다. 이코노미스트는 4차 산업혁명 시기에 스마트 팩토리와 3D 프린팅이야말로 새로운 제조업 혁명을 가능케 하는 원천이라고 강조하였다.

[그림 2-15]는 각 공정에 제어 시스템이 작용하는 기존의 공장과 사이버 물리 시스템 내의 가상 공간과 현실 공간이 융합되어 모든 공정이 연결되어 작동하는 스마트 팩토리를 비교하는 스마트 팩토리 개념도이다.

2.7 전통 기업과 플랫폼 기업

▎플랫폼의 의미

4차 산업혁명이 진행되면서 우리의 삶과 비즈니스가 크게 변화하고 있다. 디지털 기술을 기반으로 과거와 다른 새로운 경영시스템을 영위하는 기업이 등장하고 있다.

마이클 포터는 어떤 제품을 구매하기 위하여 소비자가 기꺼이 지불하려는 금액을 가치(value)라 정의하였다. 전통적인 기업에서는 제품이나 서비스를 생산하여 소비자들에게 직접 일방적으로 판매한다. 여기서 기업의 역할은 가치를 직접 생산해 제공하는 것이다.

이러한 과정에서 가치가 창출되고 이동하는 방식을 포터는 가치사슬 모델(value chain model)이라고 한다. 가치사슬 모델에서는 원료를 구입하고 가공하여 제품으로 만든 후 유통·판매 및 서비스라는 가치사슬 활동 하나하나에서 사슬 모양처럼 원가보다 큰 가치 창출이 생산자와 소비자 사이에서 단계적으로 선형적으로 발생한다. 제품 제조과정이 순차적으로 이루어지므로 이는 선형적 가치 창출 모델 또는 파이프라인 모델(pipeline model)이라고도 한다. 파이프라인의 한쪽 끝에는 생산자가 있고 반대편 끝에는 소비자가 있다. 이는 제1장에서 공부한 투입-변환-산출로 이루어지는 전통적인 경영시스템(management system)이다.

그런데 2007년경부터 디지털 혁신을 통해서 새로운 방식으로 가치를 창출하는 기업들이 나타나 시장을 지배하는 현상이 벌어지고 있다. 우리는 이러한 기업을 플랫폼 기업이라고 부른다. 이와 같이 세상을 급변시키는 플랫폼이란 무엇이며 왜 이러한 일이 발생하는지 알아야 한다.

원래 플랫폼이란 기차역에서 승객이 타고 내리는 물리적인 승강장을 의미하였다. 즉 많은 사람들이 만나고 연결하는 장소를 의미하였다. 그러나 오늘날 정보통신기술(ICT)이 급속하게 발전하는 환경에서 사용하는 플랫폼의 의미는 사뭇 다르다.

플랫폼(platform)이란 제품이나 서비스를 제공하는 생산자(공급자) 그룹과 이를 필요로 하는 소비자(수요자) 그룹이 Internet 공간에서 만나(연결되어) 상품, 서비스, 정보 등의 교환(거래)을 통해서 가치를 창출할 수 있게 해 주는 것에 기반을 둔 비즈니스라고 정의할 수 있다. 즉 플랫폼이란 필요한 사람들을 서로 연결시키는 것을 말한다. 플랫폼 기업은 디지털 기술을 기반으로 해 전통 기업과 아주 다른 새로운 경영시스템이요, 비즈니스 모델이라고 말할 수 있다.

플랫폼 기업은 사업자(운영자)로서 제품 또는 서비스를 직접 제공하는 것이 아니고 다만 가치를 만드는 생산자와 그 가치를 사용하는 소비자의 두 그룹이 자유롭게 다양한 장소에서 만나고 연결되어 활발히 공정하게 거래함으로써 다양한 방식으로 가치가 만들어지며 교환되고 하는 장소(데이터와 디지털 기술로 구현된 소프트웨어 공간)를 제공하는 것이다. 따라서 플랫폼 사용자 수가 증가할수록 그 플랫폼의 가치는 지수적으로 증가하고 이에 따라 더 많은 사용자가 모여드는 네트워크 효과가 발생한다. 한편 공급자와 소비자들은 Internet으로 연결되는 디지털 통신수단으로 온라인 시장에 접근할 수 있다. [그림 2-16]은 플랫폼의 기본 구조를 나타내

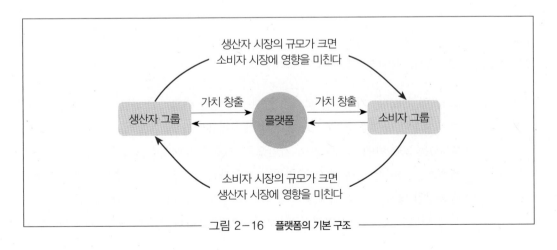

그림 2-16 플랫폼의 기본 구조

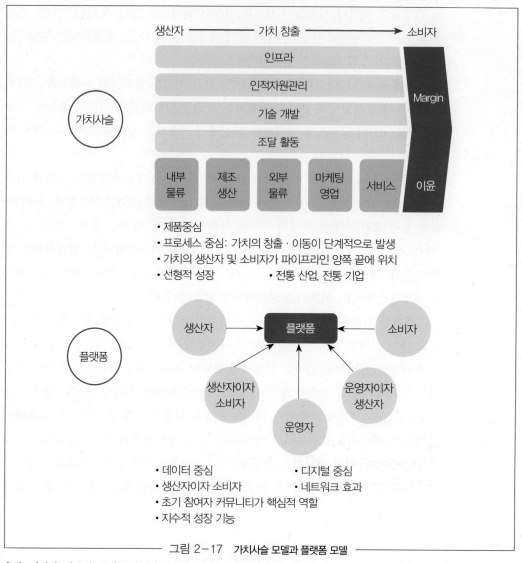

그림 2-17 가치사슬 모델과 플랫폼 모델

출처: 이성열 · 양주성, 플랫폼 비즈니스 미래, 리더스북, 2021. p. 33.

고 [그림 2-17]은 가치사슬 모델과 플랫폼 모델을 비교하고 있다.

성공한 플랫폼 기업으로 우버와 에어비앤비가 자주 입에 오르내린다. 우버(Uber)는 2009년에 스마트폰을 기반으로 여행자와 택시를 연결해주는 승차 공유 서비스를 출시한 이래 한 대의 차량도 소유하지 않고서 세계 200개 이상 도시에서 전통적인 택시 산업을 대체할 기세이다. 회사의 기업 가치는 500억 달러를 넘은 지 오래 되었다. 한편 에어비앤비(Airbnb)는 호텔 방 하나 소유하지 않은 채 119개 국가에서 여행자와 숙소를 연결해줌으로써 숙박 서비스를 제공하는데 아파트 등 50만 건 이상의 숙소가 등록되어 있고 서비스 이용자가 1,000만 명을 넘어섰다. 회사의 기업 가치는 100억 달러가 넘은 지 오래 되었다.

플랫폼 제공자로서는 이 외에도 구글, 애플, 아마존, 네이버, 카카오, 쿠팡 등 헤아릴 수 없이 증가하고 있는 추세이다.

플랫폼 기업은 제조공장도, 재고도, 점포도, 직원도 갖지 않으므로 파산하면 어떤 리스크도 부담할 필요가 없다, 다만 필요한 사람들을 서로 연결시켜 주면 기업가치는 증가한다.

오늘날 IT 기술의 발전과 4차 산업혁명이 몰고 올 거대한 변화에 편승하여 플랫폼 비즈니스 모델은 의료보건, 교육, 행정, 관광, 유통, 금융 등 서비스 산업을 중심으로 활발하게 확장되고 있지만 제조업, 중공업, 에너지 산업 등으로 전파될 가능성도 증가하고 있다.

▎플랫폼 비즈니스의 특징

플랫폼은 이해관계가 서로 다른 사용자와 사용자를 연결시킨다. 예를 들면, 네이버는 사용자와 언론사를 연결하고 결혼중개회사인 듀오는 결혼하고자 하는 남자와 여자들을 연결한다. 이와 같이 플랫폼은 서로 다른 두 시장을 중개하는 고리이다.

플랫폼 비즈니스의 첫 번째 특징은 양방향에 있는 생산자와 소비자라는 두 경제 주체를 연결해 주는 양면 시장(two-side market)이라는 것이다. [그림 2-18]에서 보는 바와 같이 플랫폼이 가운데에 있고 양쪽에 서로 상이한 시장들이 하나로 묶여 있는 것이다.

따라서 양면 시장에서는 쌍방의 경제 주체가 서로를 필요로 하기 때문에 밀접한 상호작용을 통해 서로서로 혜택을 본다. 집단의 규모가 크면 클수록 서로에게 이득이 간다.

플랫폼은 두 고객 집단(양면 시장)이 서로 자유롭게 거래할 수 있도록 연결 고리 역할을 한다. 예를 들면, KB국민카드는 카드 소지자와 카드 가맹점으로 구성되는 양면 시장의 예이다. 공인중개사 사무실도 아파트나 땅을 팔고자 하는 공급자와 이들을 사려고 하는 수요자가 모두 외부에서 참여하기 때문에 양면 시장이라고 한다.

양면 시장이 활성화되는 이유는 네트워크 효과 때문이다. 네트워크 효과

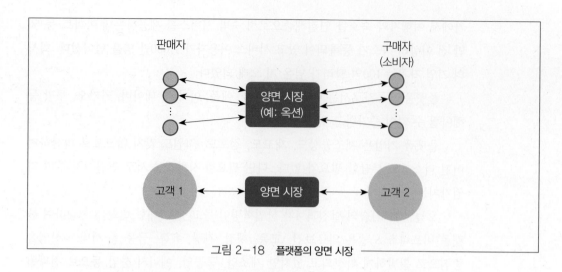

그림 2−18 플랫폼의 양면 시장

(network effect)란 어느 특정 상품에 대한 수요가 형성되면 이것이 다른 소비자의 상품 선택에 큰 영향을 미치는 효과를 말한다. 다시 말하면, 네트워크 효과란 네트워크에 연결되는 사용자 수가 증가할수록 그 네트워크의 가치가 기하급수적으로 증가하는 현상을 말한다. 네트워크의 가치는 사용사 수(n)의 자승에 비례한다는 것이다.

네트워크 효과는 플랫폼 운영자가 직접 서비스를 제공하는 카카오톡이나 백화점 같은 단면 시장(one−side market)의 경우에는 단면 네트워크 효과라 한다. 단면 시장에서는 판매자가 구매자를 직접 상대한다. 백화점과 같이 상품과 서비스를 직접 플랫폼에서 공급하기 때문에 사용자 집단이 소비자 집단으로만 이루어진다. 반면 에어비앤비와 우버와 같이 생산자와 소비자 양쪽이 상대방에게 영향을 주며 상승작용하는 효과는 다면 네트워크 효과 또는 교차 네트워크 효과(cross−side network effect)라고 한다. 이와 같이 서로 다른 시장의 고객들의 규모가 크면 클수록 서로에게 이득이 되고 시장의 가치도 증가하게 된다. 양면 시장의 사용자 수가 늘어날수록 시장의 가치도 지수적으로 증가하고 이에 따라 더 많은 사용자가 모여 네트워크에 연결하는데 그 이유는 네트워크 효과 때문이다. [그림 2−18]은 플랫폼의 양면 시장을 보여 주고 있다.

플랫폼 비즈니스의 또 다른 특징은 플랫폼 내에서의 가격결정이다. 전통적인 가치사슬 모델에서는 제품의 시장가격은 경쟁을 통한 수요와 공급에 따라 결정된다. 규모의 경제(economies of scale)를 통해 대량생산을 함으로써 단위당 평균비용을 낮추어 가격도 내릴 수 있었다.

그러나 플랫폼 비즈니스에서는 수요와 공급에 따라 제품의 시장가격이 결정되는 것이 아니다. 플랫폼 모델에서는 단위당 생산비용의 개념이 무의미하다. 양면시장의 교차 네트워크 효과 때문에 사용자들이 많으면 많을수록 광고주들이 플랫폼 기업의 운영비를 값비싼 광고비로 부담하니 가입자들은 공짜로 서비스를 받는 것이다. 또한 플랫폼 내에서의 정보교환의 한계비용(marginal cost)이 0에 가깝다. 온라인에서는 디지털 정보의 특성상 제품과 생산자 수가 늘어나도 비용이 늘어나지 않기 때문에 생산자와 제품 종류가 증가할수록 소비자가 느끼는 가치는 더욱 커진다. 따라서 한 쪽의 고객에게 서비스를 무료로 제공하면서 가능한 한 많은 사용자들을 끌어들이기 위한 전략을 동원한다.

끝으로 플랫폼 비즈니스의 특징은 플랫폼 내에서는 생산자와 소비자 간의 데이터나 제품의 교환과정을 통해서 가치가 창출되지만, 가치사슬 모델에서는 기업 내에서 수행하는 활동이 순차적으로 실행되므로 가치 창출이 사슬 모양처럼 단계적·선형적으로 이루어진다는 것이다.

2.8 4차 산업혁명의 혜택과 부작용

산업혁명을 통한 생산기술상의 대변혁을 통하여 생산성이 비약적으로 향상되어 일하는 방식이 편리하게 바뀌고, 인류의 삶은 보다 윤택해졌고, 정치·사회·문화·노동 전반에 걸쳐 큰 영향을 몰고 왔다.

전 산업부문에서 컴퓨터 및 통신기술로 생산, 소비, 유통의 전 과정이 기계화, 자동화되었고 제조 프로세스의 대부분이 디지털화되어 기계가 제품을 생산하게 되어 노동력이 크게 줄어들게 되었다. 제조업의 디지털화가 촉진되고 고객들의 다양하고 고급스런 요구를 충족시키고자 개인별 대량 맞춤생산(masscustomization production) 현상이 일반화되었다.

3차 산업혁명의 연장선상에서 지금 한창 진행되고 있는 4차 산업혁명은 과거의 기계화, 자동화, 산업화, 정보화 혁명에서 지능화 혁명으로 진화하는 혁명으로서 제품 또는 그 제품을 만드는 프로세스에 대한 기술혁신을 통한 과거의 산업혁명과 다르게 제품의 혁신, 제품 프로세스의 혁신, 비즈니스 모델의 혁신 등 큰 기술의 융합에 기초한 혁신이기에 기업과 산업이 모든 영역에서, 그리고 경제, 사회

문화면에서 우리의 삶 전체를 송두리째 바꿀 물결로서 과거 혁명과 비교할 수 없을 만큼 빠르고(속도) 광범위하게(규모) 쓰나미처럼 몰려오고 있다.

4차 산업혁명은 생산수단과 생산방식뿐만 아니라 인간 사회 전체에 엄청난 변화를 몰고 올 것이다. 특히 인공지능은 새로운 경제성장 동력으로 부상할 것이다. 제조업과 유통, 금융, 의료 등 기존 산업을 혁신시켜 고부가가치를 창출해낼 것이다.

4차 산업혁명은 우리 인간의 일상생활에 과거 혁명과 비교할 수 없는 혜택과 편리함을 줄 것이다. 인간의 모든 경제활동에 최적의 솔루션을 제공하게 된다.

기술융합으로 인한 생산성 증대, 유통 및 생산비용의 절감으로 국민소득이 증가하고 국민들의 삶의 질은 크게 향상될 것이다.

디지털 기술이 모든 부문에 적용되어 스마트폰, 스마트 TV, 스마트 가전, 스마트 팩토리, 스마트 홈, 스마트 시티, 스마트 자동차 등 스마트 시대가 점점 다가올 것이다.

스마트 패러다임의 거센 물결은 모바일과 IT를 중심으로 모바일 컨텐츠, 포탈, 커머스, 솔루션, 금융, 언론, 제조, 유통 등 다양한 산업에서 힘차게 일고 있다. 디지털 기기들은 우리의 일상생활에서 빼놓을 수 없는 중요한 삶의 일부가 되어가고 있다. [그림 2-19]는 4차 산업혁명 시대에 변화할 생활상을 보여주고 있다.

4차 산업혁명은 우리 사회에 생산성 향상과 삶의 질 개선이라는 놀라운 영향력을 미치지만 다른 한편으로는 노동시장의 혼란과 일자리 감소라는 심각한 부작용도 부닥치게 될 것이다.

역사적으로 볼 때 3차 산업혁명까지 기술혁신은 일자리를 줄어들게 하지는 않았다. 사라지는 일자리가 있지만 새로 생기는 일자리도 많았기 때문이다. 그러나 4차 산업혁명은 좀 다를 것으로 예상하는 사람들이 많다.

우리의 삶을 편리하게 하기 위해 만든 인공지능이 사람의 일자리를 빼앗고 있어 일자리가 급감하고 노동시장이 급속하게 위축되고 있는 게 사실이다. 사회적(소득 계층 간, 세대 간, 지역 간) 불평등, 빈부격차, 소득격차, 임금격차, 고용불안문제 등이 확대되어 사회불안이 가중되어 이는 정부와 기업이 해결해야 할 과제가될 것이다. 단순 반복적인 일자리, 저숙련 업무, 위험한 일자리, 지식기반 전문직종(예: 의사, 변호사, 교수), 단순 정보를 전달하는 일자리 등은 인공지능과 로봇이 대체할 것이다. 자동화·지능화로 인한 생산성의 증가는 곧 노동력의 상실을 의미한다. 앞으로 우리는 20년 후가 되면 약 20억 개의 일자리가 사라지는 현상을 보게

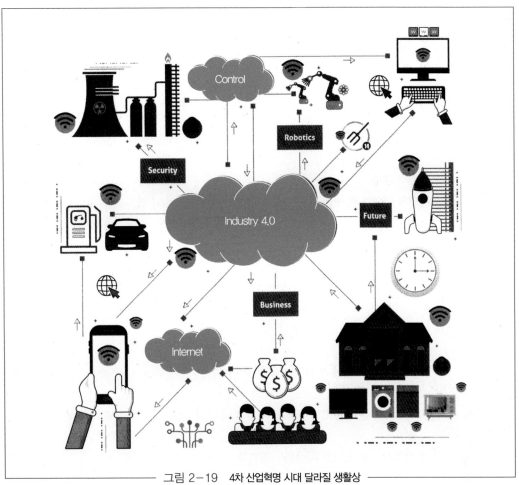

그림 2-19   4차 산업혁명 시대 달라질 생활상

출처: 윤경배 외 17인, 4차 산업혁명의 이해, 일진사(2021), p. 20.

될 것이라는 보고도 있다. 현재 존재하는 직업의 대부분은 소멸될 것이다. 다만 창의성, 사회성, 정교함, 판단력 등 인간의 감성이 요구되는 새로운 일자리는 창출될 것이다. 예를 들면, 작가와 영화감독처럼 예술적·감성적 특성이 강한 분야의 직종은 인공지능으로 대체할 수 없기 때문이다. 새롭게 등장한 기술에 의해 새로운 산업과 일자리들이 생겨날 것이다. 융합기술 직군과 응용분야에서 새로운 일자리가 탄생하고 고숙련 노동자에 대한 수요가 증가할 것이다.

01. 산업혁명의 의의와 역사를 간단히 설명하라.

02. 4차 산업혁명의 본질을 설명하라.

03. 4차 산업혁명의 핵심 기술 중 ICBA를 설명하라.

04. 4차 산업혁명의 특징을 간단히 설명하라.

05. 4차 산업혁명이 제조업에 미칠 영향을 설명하라.

06. 스마트 팩토리에 관하여 설명하라.

07. 플랫폼 기업과 전통 기업의 차이를 설명하라.

08. 4차 산업혁명의 예상되는 혜택과 부작용을 설명하라.

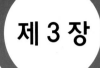

제 3 장

PRODUCTION OPERATIONS MANAGEMENT

글로벌 환경에서의 생산운영전략

생산운영전략(operations strategy)의 개념이 학계, 그리고 산업계에서 본격적인 관심을 갖게 된 것은 1970년대 후반부터인데 미국의 제품이 세계시장에서 일본 제품에 밀리기 시작하면서 그의 중요성을 깨우치게 되었다.

세계시장에서 그 동안 누려오던 경쟁우위(competitive advantage)를 잃으면서 미국의 기업들은 마케팅전략과 재무전략에 못지않은 운영전략의 중요성을 인식하기 시작하였다.

1970년대 말부터 시작된 일본, 독일, EU 국가들의 도전에 직면한 미국은 생산성, 품질, 제품설계, 고객 서비스 등에 특별한 관심을 갖게 되었고, 드디어 생산운영전략이 세계시장에서의 경쟁적 무기요 전략적 무기가 될 수 있음을 일본 기업들로부터 배우게 되었다. 세계시장에서의 개방추세에 따른 경쟁이 치열해지고 생산성 향상의 필요성과 품질에 대한 소비자들의 요구가 점증하는 환경의 변화로 말미암아 생산운영기능이 경쟁우위를 확보하는 첩경임을 수긍하게 되었다.

4차 산업혁명의 진전에 따라 전통 기업의 비즈니스 전략도 바뀌어야 할 것이고 새롭게 등장하는 비즈니스에는 이에 알맞은 전략을 수립할 필요가 있을 것이다.

본장에서는 생산운영전략의 개념과 기업전략과의 관계, 전통 기업과 신생 플랫폼 기업의 비즈니스 전략의 차이를 공부한 후, 생산운영전략의 수립과정을 설명하고자 한다.

제 3 장 글로벌 환경에서의 생산운영전략 69

3.1 전략의 개념

장기적 목표와 이를 달성할 계획이 없는 조직이란 지도와 나침반은 물론 방향타도 없는 배에 있는 선원들과 같다. 조직의 전략(strategy)이란 바로 배의 지도, 나침반, 방향타와 같이 조직의 구성원들에게 조직이 어디로 어떻게 가야 할 것인가를 말해 주면서 이 조직을 조종하는 메커니즘이라고 할 수 있다. 조직의 구성원들은 배의 엔진이요 선원이다. 즉 그들은 배를 움직일 힘을 제공하고 방향타를 통제한다고 할 수 있다. 그러나 전략이 없으면 아무리 훌륭한 종업원들이라고 해도 조직의 목표를 달성할 수단을 찾을 수 없게 된다.

원래 전략이란 군사용어로서 희랍어의 strategos(장군의 기술)에서 어원을 찾을 수 있다. 그러나 전략이란 개념이 기업경영에 도입됨으로써 경영전략이라든가 전략적 경영이라는 용어가 자주 사용되고 있다.

모든 조직은 그의 비전(vision)과 사명(mission)을 가지고 있다. 비전, 즉 사명이란 조직의 목적, 즉 존재이유를 말한다. 따라서 서로 다른 조직은 다른 사명을 갖는다. 사명은 기업이 나아갈 기본 방향을 제시하고, 그 기업의 장기적 목적(goal) 설정의 기초가 된다.

비전과 사명의 목적은 기업이 추구하는 가치, 욕망, 목적을 구성원들에게 알려줌으로써 일관성 있는 의사결정이 이루어지도록 하려는 것이다. 이를 위해 전략이 필요하고 전략의 방향이 결정된다.

전략이란 바로 기업의 목적과 목표를 달성하기 위한 활동계획이요 의사결정이기 때문에 기업전략은 그 기업의 사명과 목적을 달성하기 위한 로드맵(road map)이다. 이와 같이 전략은 시간이 흐르면서 기업이 실제로 행하는 의사결정에 있어 일관성을 유지하고 기업으로 하여금 옳은 방향으로 움직이게 만든다.

전략은 기업이 나아갈 방향(direction)을 설정하기 위해서도 수립되지만 경쟁업자에 대한 경쟁우위를 확보하는 데 필요한 경쟁능력(competitive capabilities)을 개발하기 위해서도 수립된다. 기업에 경쟁우위를 제공하는 생산운영의 특별한 경쟁능력은 경쟁 우선순위(competitive priorities)라고도 하는데 여기에는 원가, 품질, 시간, 유연성, 이노베이션 등이 포함된다. 전략을 수립한다는 것은 경쟁우선순위 중몇몇을 우선적으로 선정함을 의미한다.

3.2 전략의 계층구조

전략적 의사결정은 조직의 여러 계층에서 이루어진다. 전략은 기업의 조직계층에 따라

- 기업전략
- 비즈니스 전략
- 기능전략

등으로 구분된다. 이는 [그림 3-1]과 같다.

1. 기업전략

기업전략(corporate strategy)은 그 기업의 최고경영자가 기업을 이끌 장기적이고 전반적인 방향을 결정하고 기업의 사명과 이념, 철학, 목적, 정책을 달성하기 위하여 수립된다. 기업전략은 기업의 생존을 위한 개별 기업, 즉 사업(business)의 종류 선택과 이를 수행할 자원의 획득 및 배분을 포함한다. 따라서 기업전략은 종업원, 시장, 고객, 자본과 금융, 수익성, 경쟁, 이미지 등 기업 전체에 영향을 미치

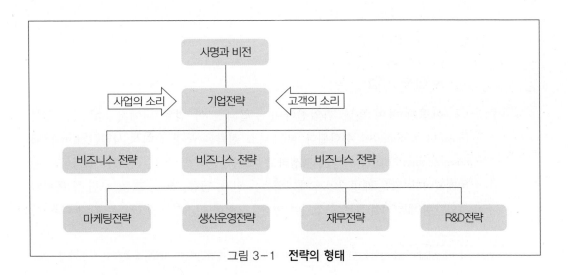

그림 3-1 **전략의 형태**

는 문제를 다루어야 한다.

기업전략을 수립할 때 고려하는 요소는 다음과 같다.

- 기업의 경영성과를 향상시킬 사업(개별 기업)들의 범위와 믹스를 관리할 계획을 수립한다.

이는 기업이 관리해야 할 사업 포트폴리오(business portfolio)를 말하는데 구체적으로는 그 기업이 수행하고자 하는 새로운 사업이 무엇인지, 그 사업을 어느 나라에서 할 것인지, 목표로 하는 시장과 고객은 무엇인지, 이익 및 시장점유율 목표는 얼마인지 등에 관한 결정은 물론 시장으로부터 철수해야 할 사업은 무엇인지, 현행 사업이 이용해야 할 기회는 무엇인지 등에 관한 결정과 행동을 포함한다.

- 포트폴리오를 구성하는 상이한 사업들 사이에 조정을 꾀한다.

다양한 개별 기업들 사이의 관련 활동을 조정함으로써 개별 기업의 경쟁력을 강화시키고 기업전략을 더욱 효과적으로 달성할 수 있다. 예를 들면, 개별 기업 사이에 기술적 노하우(know-how), R&D 노력, 판매원, 유통시설 등을 공유함으로써 비용감축의 가능성이 있는가를 점검할 수 있다.

- 개별 기업 사이 투자의 우선순위와 자원배분의 패턴을 관리한다.

사용할 수 있는 자원은 한정되어 있지만 유리한 투자의 기회는 많이 있을 수 있기 때문에 가장 높은 기대수익률을 가져오는 전략적 활동을 지원할 필요가 있다.

2. 비즈니스 전략

◆전통 기업

이렇게 하여 일단 기업전략이 수립되면 이 범위 내에서 비즈니스 전략(business strategy)이 수립된다. 비즈니스 전략은 특정 전략적 사업단위(strategic business unit: SBU)가 어떻게 경쟁하고 이 사업단위가 나아갈 방향을 결정하는 활동계획이다. 많은 재벌기업과 대기업들은 전자, 금융, 건설, 조선, 보험 등 독립된 사업단위(개별 기업)들로 구성되어 있다.[1] 그런데 이러한 사업단위는 각각 다른 시

---

1 대부분의 중소기업은 단일 사업을 영위하기 때문에 기업전략과 비즈니스 전략은 동일하게 된다.

장을 목표로 하는 경쟁력을 가지고 있다. 비즈니스 전략은 기업전략과 일관성을 가지면서 각자의 사업범위를 명시해야 하고, 각 사업단위들이 목표시장에서 경쟁에서 이기기 위해 비교우위를 확보하기 위한 경쟁능력을 추구해야 한다.

비즈니스 전략은 다음과 같은 요소를 포함한다.

• 각 개별 기업이 특정 사업을 위해 어떻게 경쟁할 것인가?

어떤 종류의 경쟁우위를 갖도록 노력할 것인가, 어떤 고객을 대상으로 할 것인가, 시장에서 경쟁자를 물리치고 확고한 위치를 차지하기 위하여 어떻게 해야 하는가, 고객을 이끌 제품과 서비스의 특성은 어떻게 정할 것인가, 경쟁자의 경쟁적 움직임에 맞설 방안은 무엇인가, 산업의 추세, 사회·정치적 변화, 경제적 조건을 이용하기 위하여 어떤 행동을 취할 것인가 등을 고려해야 한다.

• 시장에서 사업단위가 성공하는 데 기여할 각 기능부문의 역할은 무엇인가?

비즈니스 전략은 그의 기업에서 마케팅, 재무, R&D, 생산 등 서로 다른 기능부문 사이에 제휴를 이끌어내고 경쟁우위에 영향을 미치는 시장요소에 어떻게 반응할 것인가 등을 취급한다.

• 변화하는 산업체 및 경쟁조건에 대응할 방안을 어떻게 수립할 것인가?
• 사업단위 안에서 자원배분의 패턴을 어떻게 관리할 것인가?

기업에서 기술과 자원에 합당한 비즈니스 전략을 수립하는 것은 매우 중요하다. 경쟁우위를 확보하기 위해서는 전략적으로 중요한 활동에 충분한 자원의 지원이 이루어져야 한다.

Michael Porter는 비즈니스 전략으로 취할 수 있는 경쟁전략(competitive strategy)으로 다음 세 가지를 명시하고 있다.[2]

• 저가
• 차별화
• 시장 집중화

---

2 M. E. Porter, *Competitive Strategy: Techniques for Analyzing Industries and Competitors* (New York, N.Y.: Free Press, 1980), p. 35.

이들 전략은 전통적으로 오프라인 환경에서 물리성이 지배하는 제조기업에서 사용되어 오고 있다.

저가(cost leadership) 전략은 단위당 원가의 최소화를 통한 가격경쟁력으로 경쟁자를 물리치고 매출액의 극대화를 도모하고자 하는 전략이다. 원가우위를 확보하기 위해서는 저렴하게 부품을 조달하고, 규모의 경제에 입각한 대량생산체제를 구축하고, 가치사슬 전반에 걸쳐 혁신적 재설계를 실시하고, 연구개발, 광고, 판매원, 서비스 등 각 분야에서 원가를 최소화하려는 노력이 필요하다.

제품 차별화(differentiation) 전략이란 어떤 산업분야에서 우수한 품질, 뚜렷한 디자인, 유명한 브랜드 등을 통해 독특한 제품이나 서비스를 공급함으로써 경쟁제품과는 뚜렷하게 특징지우는 전략을 말한다. 예를 들면, TV 분야에서는 Sony, 아스피린 분야에서는 Bayer, 전자계산기 분야에서는 Casio, 그리고 자동차 분야에서는 Rolls Royce 등이 차별화 전략을 구사하여 성공한 기업들이다.

차별화를 추구하는 방법으로는 디자인과 상표의 이미지, 품질, 기능, 기술, 독특한 특성, 대고객 서비스 판매망 등을 이용하는 방법이 있다.

차별화를 위해 생산공정이나 제품의 구조를 바꾸어야 한다면 비용이 수반하기 때문에 비용보다 추가 가치가 커야만 차별화의 가치가 발생하게 된다.

집중화(market focus) 전략이란 특정 시장, 특정 구매자 집단이나 특정 지역의 특수한 요구, 예컨대 광범위하게 경쟁하는 경쟁기업보다 빠른 납기준수, 주문생산 등을 통하여 시장의 한 부분(틈새시장)을 집중적인 목표로 삼는 전략이다. 이러한 집중화는 저렴한 원가전략과 혹은 차별화전략을 통하여 달성할 수 있다. 그러나 집중화 전략은 무수한 고객의 다양한 니즈를 모두 충족시켜 줄 수 없다는 한계를 갖는다.

◈ 플랫폼 기업

1990년대 이후 Internet의 출현으로 성장하기 시작한 네이버, 구글, 야후 등과 같은 플랫폼 기업은 물리적인 제품을 판매하지 않고 SNS, 정보, 쇼핑과 같은 가상성이 강한 정보 서비스를 제공하면서도 산업 생태계를 뒤흔들어 놓고 있다.

이와 같이 가상성(virtualness)이 강한 기업은 물리성(physicalness)이 강한 전통기업이 구사하는 본원적 경쟁전략을 모방할 수 없다.

첫째, 정보는 가상성으로 인하여 한계비용이 0에 가깝다. 정보는 추가로 생산하거나 변형하거나 운송하는 데에 비용이 따르지 않는다. 플랫폼의 가입자들에게 무료로 정보 서비스를 제공하기 때문에 여기서는 원가라는 개념이 성립하지 않는다.

둘째, 물리적인 제품의 경우 차별화를 하기 위해서는 품질, 디자인, 소재, 내구성, 브랜드 이미지 등을 이용해야 하지만 플랫폼 기업의 경우에는 정보의 유용성, 정확성 등을 기반으로 차별화 전략을 구사할 수는 있다. 특히 네트워크 효과가 강한 플랫폼 기업에서는 분야가 완전히 다른 제품으로 용도의 차별화는 가능한 전략이 될 수 있다. 이와 같이 두 기업 간 차별화 전략의 수단은 완전히 다르다.

셋째, 정보 서비스의 변동비는 거의 0이기 때문에 무수히 많은 특별한 니즈에 대해서는 변형이 가능하고 맞춤형 서비스가 가능하기 때문에 집중화 전략은 가능하다.

기업은 이상에서 설명한 원가 우위와 차별화 우위를 통해서 경쟁우위를 획득할 수 있다. 그런데 이 두 가지 우위 확보는 서로 상충관계(trade-off)에 있기 때문에 동시에 추구하기는 어렵다는 것이다. 그렇지만 최근에는 가치 혁신 전략 또는 블루오션 전략으로 동시에 두 우위를 확보할 수 있게 되었다.[3]

가치 혁신(value innovation)이란 경쟁이 아니라 고객이 추구하는 가치에 중점을 두어 그 가치를 획기적으로 증가시키는 노력을 말한다. 이러한 가치는 비용 절감을 통한 원가 우위를 달성함과 동시에 고객에게 필요한 가치를 제공하는 차별화 우위를 통해 달성할 수 있다.

3.3 생산운영전략의 개념

비즈니스 전략은 개별 기업이 나아가야 할 전반적인 방향을 제시하는데 구체적으로 마케팅전략, 생산운영전략, 재무전략, 회계전략, 인적자원전략, MIS전략 등 기능전략(functional strategy)을 수립할 기초를 제공한다. 즉 기능전략은 비즈니스 전략을 수행할 수단이다. 기능전략은 그의 비즈니스 전략을 지원하기 위해 개발되는 일련의 결정을 포함한다.

생산운영기능은 원가, 품질, 그리고 제품공급에 중요한 영향을 미친다. 운영기능상의 강점과 약점은 비즈니스 전략의 성공에 막대한 영향을 미칠 수 있다. 그러므

---

3 노규성, 디지털 대전환 시대의 전략경영 혁신, 북스타, 2022, p. 87.

로 생산부서의 능력이 비즈니스 전략 수립 시에 면밀히 고려되어야 하고, 일단 비즈니스 전략이 수립되면 생산운영전략 결정은 이 비즈니스 전략과 일관성을 가져야 한다.

그러면 생산운영전략은 구체적으로 어떻게 정의할 수 있는가? 생산운영전략 (operations strategy)이란 기업전략 또는 비즈니스 전략을 지원하는 하위전략으로서 기업 또는 사업의 경쟁우위를 확보하기 위하여 생산운영기능의 의사결정에 있어서 전반적인 방향을 설정하는 비전이라고 말할 수 있다. 생산운영전략의 수립으로 생산운영부서에서의 의사결정 시 일관된 패턴이 가능하고, 그 기업의 경쟁우위를 확보할 수 있는 것이다. 이와 같이 기업이 어떤 비즈니스 전략을 수립하느냐에 따라 이에 알맞도록 생산운영전략을 수립하게 된다.

생산운영전략은 기업의 장비, 공구, 정보, 공간, 관리부 직원, 프로세스, 작업방법, 시스템 품질, 비용, 납기준수 및 신축성 등에 관련을 갖는다. 이와 같이 생산운영전략은 생산운영기능이 비즈니스 전략을 지원할 수 있도록 여러 가지 자원을 효율적·효과적으로 사용하도록 유도한다.

Schroeder 등은 생산운영전략은 사명(mission) 또는 목적, 차별적 능력, 생산운영목표, 그리고 전략적 결정으로 구성되어 있다고 주장한다.[4]

이러한 네 개의 구성요소는 생산운영기능이 어떠한 목적을 가지며 이러한 목적을 달성하기 위해서는 어떻게 해야 하는지를 제시한다. 이렇게 하여 생산운영전략이 수립되면 생산운영부서의 모든 결정은 이에 부합되도록 해야 함은 물론이다.

3.4 생산운영전략의 수립

생산운영전략은 기업전략과 비즈니스 전략의 제약하에서 수립되는 기능전략이다. 생산운영전략이 수립되면 생산운영결정은 이에 일치하도록 이루어져야 한다. 한편 생산운영전략은 마케팅전략과 재무전략의 연계하에서 수립되어야 하고 의사결정이 이루어져야 한다. [그림 3-2]는 이러한 관계를 나타내고 있다.

---

4 R. G. Schroeder, J. C. Anderson and G. Cleveland, "The Content of Manufacturing Strategy: An Empirical Study," *Journal of Operations Management*(August 1986), pp. 405~416.

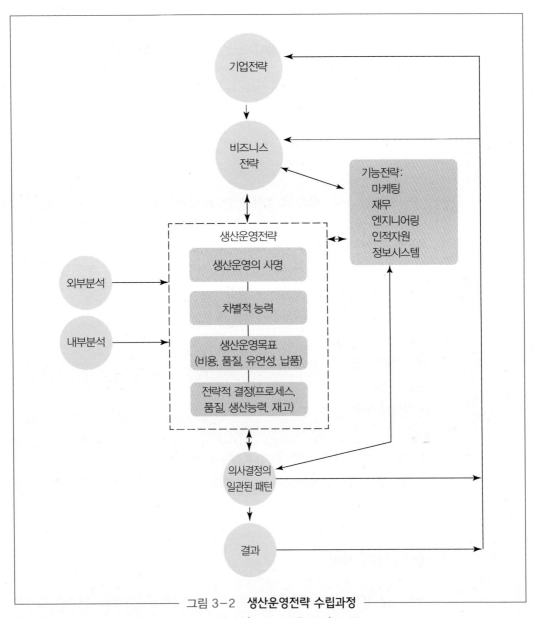

그림 3-2 **생산운영전략 수립과정**

출처: R. Schroeder, *Operations Management,* 5th ed.(McGraw Hill, 2011), p. 28.

1. 기업전략 및 비즈니스 전략

일단 최고경영층이 기업이 나아갈 방향과 길잡이를 제시하기 위하여 사명, 목

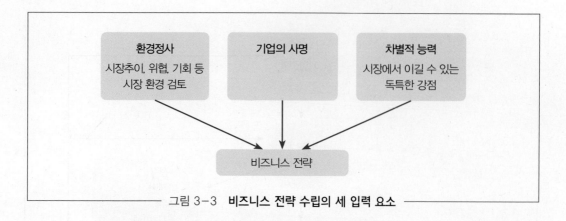

그림 3-3 비즈니스 전략 수립의 세 입력 요소

적, 목표를 결정하면 이를 달성하기 위하여 기업전략과 비즈니스 전략을 수립하고 이러한 전략을 지원하기 위해 각 기능에서의 사명이 결정되는데, 각 기능부서에서는 이러한 사명을 달성하기 위해서 기능전략을 수립하게 된다.

일반적으로 비즈니스 전략을 수립할 때

- 기업의 사명
- 환경정사
- 차별적 능력

등을 [그림 3-3]에서 보는 바와 같이 고려하게 된다.

그러나 본서에서는 Schroeder 등의 이론에 따라 생산전략 수립 시에 환경정사와 차별적 능력을 설명하기로 한다.

2. 생산운영의 사명

생산운영전략의 네 요소는 사명, 차별적 능력, 생산운영목표, 전략적 결정이다. 이 가운데 첫째는 생산운영의 사명(operations mission)인데, 이는 기업전략과 비즈니스 전략에 관련지어 생산운영기능의 목적을 정의하는 것이다. 예를 들어 만일 비즈니스 전략이 혁신적인 제품을 이용한 차별화전략이라면 생산운영의 사명은 신제품 개발과 시장수요의 변화에 신속히 대응할 제품의 유연성을 강조하는 내용이어야 한다.

이와 같이 생산운영의 사명은 사업단위가 채택한 비즈니스 전략의 내용과 일관성이 있어야 한다. 따라서 생산운영의 사명이란 비즈니스 전략을 생산운영의 용어로 다시 표현한 것이다.

3. 외적·내적 환경의 분석

비즈니스 전략은 물론 생산운영전략을 수립할 때 기업의 외적 환경과 내적 환경에 대한 상황분석이 선행되어야 한다. 외적 환경에는 경쟁, 고객, 경제상황, 기술 및 사회적 조건 등이 포함되는데 이는 과거 생산운영결정에 막대한 영향을 미쳐 왔기 때문에 환경정사(environment scanning)는 꾸준히 진행되어야 한다. 예를 들면, 외국 기업과의 격심한 경쟁, 석유파동으로 인한 유가변동, 노동자들의 욕구변화 등은 과거 생산운영에 영향을 끼친 외적 환경의 예다. 근래에는 미·중 간 패권경쟁이라든가 러시아의 우크라이나 침공으로 인해 우리나라 수출입 기업의 고초가 이만저만이 아니다.

전략을 수립하는 과정에서 위협(threats), 기회(opportunities), 약점(weak-nesses) 및 강점(strengths)(TOWS)에 관한 분석이 이루어져야 한다. 이를 SWOT분석이라고 한다. 환경정사의 결과 기업이 직면하는 위협과 기회는 무엇인가,[5] 그리고 기업의 약점과 강점은 무엇인가를 면밀히 검토함으로써 회사의 강점과 짝을 이루는 기회를 살려야 한다. [그림 3-4]는 외적 환경을 나타내는 기회와 위협을 횡축에, 그리고 내적 환경을 나타내는 강점과 약점을 종축에 표시하는 전략행렬을 나타낸 것이다.

위협과 기회는 많은 환경적 변수에 내포되어 있는데 외적 환경은 다음과 같다.

	기 회	위 협
강점	강점과 기회를 짝지움	위험을 기피함
약점	약점을 기피함	위 험

그림 3-4 **전략행렬**

---

5 예를 들면, 고객의 욕구를 경쟁기업이 제대로 만족시키지 못하여 갭이 존재하는 것을 발견한다면 이는 어떤 기업의 기회가 될 수 있다.

- 경제적 조건: GNP, 가구 수, 성장패턴, 경기변동의 단계, 금리 및 고용수준, 인플레이션, 세법, 관세, 무역장벽, 환율 등
- 정치적 조건: 전쟁 혹은 평화, 정치적 안정 및 노동정책
- 사회적 조건: 유흥 및 근로에 대한 태도, 소비생활의 태도, 여성의 지위 및 결혼에 대한 태도
- 기술적 조건: 새로운 제품 및 새로운 프로세스
- 시장조건: 고객의 욕구, 시장장벽, 제품의 비용구조, 성장잠재력, 장기적 안정 등
- 공 중: 투자자, 대출자, 은행, 납품업자, 고객, 종업원, 경쟁자 등

기업은 시장 기회와 위협을 결정하기 위하여 외적 환경을 평가하는 반면에 그의 가능성에 가장 합당한 기회를 결정하기 위하여 기업 내의 강점과 약점을 평가한다.

평가할 내적 환경은 다음과 같다.

- 시장 이해와 마케팅능력
- 현존 제품
- 유통시스템
- 공급업자 및 그와의 관계
- 인적 자원: 경영능력, 작업자 기술 및 사기
- 자연자원의 소유
- 시설, 장비, 프로세스 및 입지
- 특수한 기술
- 특 허
- 재무구조

이와 같이 내·외적 조건을 평가하는 근본적인 목적은 강점과 약점을 찾아내고 기회와 위협이 어디에 존재하는가를 결정한 후, 기회를 이용하고 위협에 대처하기 위해 기업의 자원을 가장 효율적으로 사용하기 위해서이다. 즉 기회를 최대화하고 위협을 최소화하려는 것이다.

이러한 환경적 변수를 모두 평가한 후에는 시장에서의 경쟁우위를 확보할 전

략적 및 전술적 의사결정을 통하여 기업 자신의 위치를 설정한다. 전략개발은 환경에 있어서의 기회를 포착하고 이러한 기회에 합당한 차별적인 능력을 발굴하는 것이다. 그런데 이러한 환경은 자주 변화하고 경쟁적 반응이 변화하기 때문에 전략개발은 계속적 활동이라 볼 수 있다.

4. 차별적 능력

핵심역량(core competence), 즉 차별적 능력(distinctive competence)이란 생산운영분야에서 경쟁자보다 아주 고유한 어떤 특성, 예컨대 유능하거나 창조적인 자원(모방할 수 없는 인적 자원 및 자본), 특허받은 기술, 기술혁신, 특출한 마케팅 능력, 신제품 신속 개발능력, 강한 공급사슬 네트워크 등을 보유하여 경쟁자들과 차별화하는 것을 의미한다.

차별적 능력은 여러 가지 형태를 취할 수 있다. 이러한 능력은 가장 저렴한 비용/가격, 최고급의 품질, 가장 빠른 납품, 가장 빠른 유연성, 유연하고 잘 훈련된 노동력, 자본조달능력, 위치가 좋고 생산량을 쉽게 변경할 수 있는 시설과 좋은 제품을 생산할 수 있는 프로세스 등으로 경쟁제품과 차별화할 수 있는 것이다. 그러나 경쟁자에 비해 우수한 기술(예컨대 정보기술, 생산기술, 품질관리기법)을 보유하거나 원자재의 공급을 독점하는 경우에는 자원으로 차별화할 수 있는 것이다.

기업이 이러한 특색 있는 능력을 보유할 수 없으면 시장에서 고객을 상실하게 되지만, 몇 가지 분야에서 차별화전략이 성공하게 되면 시장에서의 경쟁우위를 확보할 수 있기 때문에 생산운영관리의 목적은 바로 이러한 특색 있는 능력을 지속적으로 개발하는 것이다. 일본의 코닥(Kodak)은 시대의 변화에 적응하지 못하고 고객들로부터 외면을 받아 쇠퇴한 기업이 되었지만 같은 필름회사인 후지필름(Fuji Film)은 회사가 자랑하는 핵심역량인 콜라겐을 사용하는 화장품 회사로 변신하여 성공한 기업이 되었다.

이러한 차별적 능력은 생산운영의 사명과 연관이 있어야 한다. Walmart의 사명은 싸구려 소매점이 되는 것이다. 회사는 출하비용을 절감하기 위하여 크로스도킹(cross-docking)시스템을 개발하였는데 이는 제품을 실은 공급업자의 트럭이 도착하면 창고에 넣지 않고 기다리고 있는 Walmart의 트럭에 옮기는 시스템이다.

또한 Walmart는 정교한 재고관리시스템을 보유하여 재고수준을 최저로 낮춤으로서 저가경쟁이 가능한 것이다.

핵심역량은 정지상태가 아니다. 시간이 흐름에 따라 새롭게 개발해야 경쟁자가 모방할 수 없는 것이다. 고객과의 밀착된 접촉을 통해 핵심역량이 진부화하는지 계속 확인해야 한다.

한 기업의 핵심역량이 고객에 별로 중요치 않다고 생각된다면 그 기업은 고객을 상실하기 때문에 고객의 구매결정에 영향을 미치는 것이 무엇인지 아는 것은 아주 중요하다. T. Hill이 말한 생산운영전략과 마케팅전략의 연계 필요성이 바로 이것이다.

5. 생산운영의 목표

기업의 사명이 정의되고 환경분석과 차별적 능력 검토 후 비즈니스 전략이 수립되면 경쟁우위를 지원할 생산운영전략을 수립한다. 이는 비즈니스 전략을 지원하도록 생산운영 기능의 설계와 관리를 위한 계획이다. 이는 [그림 3-5]에서 보는

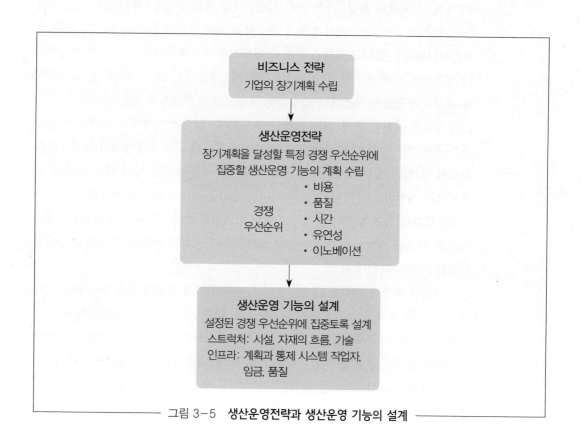

그림 3-5 **생산운영전략과 생산운영 기능의 설계**

표 3-1 **전형적인 생산운영관리 목표**

		금년	목표: 5년 뒤	현재: 세계적 경쟁자
비용	매출액에 대한 제조원가의 비율	55%	52%	50%
	재고회전율	4.1	5.2	5.0
품질	고객만족도(제품만족률)	85%	99%	95%
	폐기물 및 재작업률	3%	1%	1%
	매출액에 대한 보증비용의 비율	1%	0.5%	1%
납기수준 (시간)	재고로 충당한 주문의 비율	90%	95%	95%
	재고보전기간	3주	1주	3주
유연성	신상품도입기간	10개월	6개월	8개월
	생산능력 20% 증설기간	3개월	3개월	3개월

출처: Roger G. Schroeder, 전게서, p. 30.

바와 같다. 생산운영전략은 기업에 지속적인 경쟁우위를 제공할 생산운영의 특정 경쟁능력(competitive capabilities)에 중점을 두어야 한다.

이러한 경쟁능력은 비용, 품질, 시간, 유연성, 이노베이션 등인데 이를 생산 운영목표(operations objective) 또는 경쟁 우선순위(competitive prioirties)라고 한다. 이 외에도 안전과 환경적 지속가능성이 포함될 수 있다.

이러한 목표는 생산운영의 사명을 계량적이고 측정가능한 용어로 표현한 것이다. 여기서 목표라고 하는 것은 생산운영부서에서 전략적으로 보통 5~10년까지의 장기에 달성하리라고 예상하는 결과를 말한다. 전형적인 제조회사의 생산운영목표의 한 예는 [표 3-1]에서 보는 바와 같다.

기업은 경쟁능력의 하나에 탁월하게 되면 시장에서 승리자가 될 수 있다. 따라서 기업은 시장에서 경쟁기업과 경쟁할 때 무엇을 기반으로 할 것인가를 자리매김해야 한다.

6. 경쟁 우선순위의 결정

◈ 개념

모든 기업은 시장에서 경쟁우위를 확보하고 지속하려 한다. 강한 경쟁우위는 기업이 비즈니스 기회에 자원을 투입하여 고객이 원하는 제품과 서비스를 값싸게, 그리고 제때에 공급함으로써 가능하다. 경쟁우위는 모방할 수 없으며 경쟁기업에 비하여 가격, 품질, 스피드, 유연성, 이노베이션 등에서 우월해야 달성할 수 있다. 일반적으로 기업은 이러한 다섯 가지의 경쟁 우선순위를 바탕으로 경쟁하는 것이다.

▎비용

저렴한 비용(cost)으로 자원을 투입하여 제품이나 서비스를 생산하려는 목표이다. 비용을 목표로 경쟁한다는 것은 경쟁자보다 저렴한 비용, 즉 저렴한 가격으로 프로세스나 공급사슬의 제품을 공급하여 경쟁우위를 확보하겠다는 것을 뜻한다. 저가전략은 낮은 마진의 이익을 초래한다. 저가가 가능하려면 노무비, 자재비, 시설비 등 자원의 효율적 사용을 통한 비용을 절감하고 시스템에서의 가치를 부가하지 않는 모든 낭비, 재작업, 폐기물, 검사 등을 제거해야 한다. 생산성을 증대시키기 위하여 작업자 훈련이 필요하고 자동화시설과 정보시스템에 투자해야 한다.

▎품질

품질(quality)은 고객이 제품에 대해 느끼는 가치를 의미한다. 이러한 개념은 규격에의 적합도뿐만 아니라 제품의 설계도 포함한다.

경쟁 우선순위로서의 품질은 첫째, 고급의 특성, 작은 오차 허용, 높은 내구성, 우수한 대고객 서비스 등과 같은 최고급 품질(top quality)을 의미한다. 둘째, 꾸준히 설계규칙(design specification)을 준수하는 제품이나 서비스를 생산하는 일관된 품질(consistent quality)을 의미한다. 예를 들면, McDonald 햄버거는 세계 어느 곳에서든 똑같다. 품질을 목표로 경쟁을 하기 위해서는 고객의 욕구를 충족시킬 제품설계, 프로세스 설계, 작업자 훈련 등 행동이나 정책을 통하여 고객이 원하는 제품이나 서비스를 공급하도록 해야 한다.

높은 품질의 제품을 생산하게 되면 시장 진입이 쉽고 높은 시장점유율, 높은 프리미엄 가격, 높은 투자 수익률을 향유할 수 있다.

▎시간

시간(time) 또는 속도는 오늘날 중요한 경쟁 우선순위이다. 고객이 원하는 제품을 때와 장소에 맞추어서 빠른 기간 내에 납품해야 한다(delivery speed). 이를 위해서는 재작업, 폐기물, 검사, 기타 가치를 부가하지 않는 활동을 제거함으로써 생산과정에서 낭비되는 시간을 단축하는 효율적 프로세스 설계와 기술사용 및 품질향상이 이루어져야 한다. 이 외에 기계 교체시간을 단축한다든가, 자재의 흐름을 원활하게 한다든가, 빠른 생산을 위한 제품이나 서비스의 재설계를 추가한다든가 등을 통하여 시간 자체를 공략해야 한다. 계획생산의 경우 품절의 가능성을 줄여야 하고 주문생산의 경우 약속된 납기일을 꼭 지키도록 해야 한다(on-time delivery).

둘째, 아이디어 창출로부터 최종설계에 이르는 새로운 제품 및 서비스의 개발속도(development speed)는 특히 제품의 수명주기가 짧은 경우에는 매우 중요하다. 시장에서의 빠르고 다양한 고객 욕구를 효과적으로 충족시켜 주기 위해서는 신속하게 신제품을 출시하도록 해야 한다. 결국 시간단축은 동시적으로 품질, 비용, 생산성의 면에서 향상을 수반하게 된다.

▌유연성

유연성(flexibility)이란 환경의 변화, 예컨대 고객 수요의 양적 또는 질적 변화가 있을 때 설계변경과 생산변화에 효율적으로 대응할 수 있는 능력을 말한다.

제품이나 서비스의 설계를 변경하여 각 고객이 원하는 고유한 특성을 만족시키는 맞춤생산(customization production)이 가능해야 한다.

고객의 욕구와 같은 환경이 급변하면 이를 빨리 수용할 유연성이 필요하다. 소비자의 요구나 취향에 따라 다양한 종류의 제품과 서비스를 적기에 생산하는 것을 제품유연성(product flexibility)이라고 한다. 이것이 가능하려면 신속한 신제품 개발이나 제품 디자인의 변경 등 설계유연성(design flexibility)이 쉽게 이루어져야 한다. 예를 들면, 자동차 산업에서 새로운 모델이 끊임 없이 출시된다. 한편 수요의 변화를 수용하기 위하여 생산량을 신속하게 증감하는 수량유연성(volume flexibility)도 필요하다.

즉 새로운 제품이나 새로운 생산방법의 도입이 효율적으로 이루어질 수 있으려면 유연성이 높은 생산시스템의 설계가 이루어져야 한다. 이를 위해서는 설비와 기계의 유연성뿐만 아니라 작업자의 유연성도 필요하다.

▌이노베이션

이노베이션(innovation: 혁신)이란 고객이 원하는 새롭거나 향상된 제품과 서비스를 창출하거나 새로운 생산방식을 개발하여 공급하거나 기존 방법과 전혀 다른 아이디어나 프로세스를 발견하는 것을 말한다. 최근 전화기, 자동차, 컴퓨터, 인공

위성, 휴대폰 같은 제품과 셀프 서비스, Internet 뱅킹 같은 서비스는 기술적 이노베이션의 결과로서 우리들의 전반적인 생활의 질을 높여주고 있다.

작업장에서 제조 장비의 이노베이션으로 컴퓨터 지원 설계(computer-aided design), 로봇, 자동화, 스마트 태그(smart tags) 등의 사용과 경영실무로서 고객 만족도 서베이, 계량결정모델 등의 사용으로 제품을 더욱 효율적으로 생산하여 고객의 요구를 충족시키고 있다.

4차 산업혁명이 진행되면서 생산기술에 정보통신기술(ICT)을 융합하여 제조업의 이노베이션을 통한 고부가가치화가 가능해지고 있다. 예를 들면, 사물인터넷(IoT)을 통해 소비자의 다양한 요구와 수요 파악이 가능해졌고, 모듈 시스템을 통해 각기 다른 개인 맞춤형 제품의 대량생산이 가능해지고 있다. 이러한 스마트 팩토리(smart factory)의 출현이 일반화되고 있다. 이들에 관해서는 제7장에서 자세히 공부할 것이다.

◈ 절충이론

기업이 위에서 설명한 경쟁능력을 동시에 모두 추구할 수 있는가? 가장 이상적인 생산활동은 저가, 고품질, 빠른 납품 및 높은 유연성, 고도의 이노베이션을 동시에 달성하려는 것이다. 왜냐하면, 이들은 기업경쟁력을 향상시키는 기본적인 요소이기 때문이다. 그러나 일반적으로 한 제품이나 서비스에 대하여 다섯 가지 우선순위를 모두 동시에 최적화하기는 어렵다고 할 수 있다. 왜냐하면, 이러한 우선순위들은 서로 충돌하는 경우가 있기 때문이다. 따라서 기업에서는 특정 우선순위에 집중하게 되고 이에 많은 자원을 투입하게 된다. 생산운영전략은 비즈니스 전략을 지원하는 우선순위에 초점을 맞추어야 한다. 이렇게 하면 기업의 목표고객에 가장 큰 가치를 부여하게 된다.

이와 같이 모든 목표를 한 제품이나 서비스에 대하여 동시에 최적화할 수 없기 때문에 제품에 따라서는 적어도 단기적으로는 비즈니스 전략에 따라 이러한 목표들의 절충(trade-off) 또는 상대적 우선순위를 결정하는 것이 전통적 관행이었다.

예를 들면, 제품의 높은 품질의 부품에 입각하여 경쟁하는 회사는 부품의 높은 품질 때문에 아주 낮은 가격으로 제품을 판매할 수 없다. 따라서 이러한 경우에 기업은 품질과 비용 사이에 절충을 시도하게 된다. 경우에 따라서는 낮은 비용이라는 목표는 제품을 주문생산하는 데 필요한 유연성을 위해서 희생되거나, 제품을 가장 빠른 기간 내에 납품하기 위하여 희생될 수도 있는 것이다. 심지어는 품질도 빠른 기간 내에 공급받기를 원하는 고객에게는 희생될 수도 있는 것이다.

그러나 근래에는 정보기술의 발달로 경쟁적 우선순위 사이의 절충보다는 이들의 몇몇을 동시에 달성하려는 노력이 가능하게 되었다. 예를 들면, 일본의 가전제품과 자동차는 높은 품질과 낮은 원가를 동시에 달성하기도 한다.

◈ 주문자격 특성과 주문승리 특성

기업에서 어떤 경쟁 우선순위에 집중할 것인가를 결정하는 데 도움이 되는 개념이 Terry Hill[6]이 개발한 주문자격 특성과 주문승리 특성의 구분이다.

주문자격(order qualify) 특성이란 기업이 특정 시장에서 사업을 하기를 원한다면 최소한 충족시켜야 하는 경쟁 우선순위를 뜻한다. 즉 고객이 이 정도면 구매해도 될 자격이 있다고 생각하는 제품이나 서비스의 최소 한도의 특성(characteristics), 또는 기준을 말한다. 즉 이는 시장에 진입하는 필수조건이다. 그러나 이는 잠재고객으로 하여금 실제 구매토록 하는 데는 충분치 않다.

한편 주문승리(order winner) 특성이란 시장에서 경쟁제품보다 낫다고 생각되어 고객으로부터 실재로 주문을 획득하는 제품이나 서비스의 우선순위를 말한다. 이는 구매결정의 마지막 요인이다. 예컨대 휴대폰을 구매할 때 고객은 우선 가격범위(주문자격)를 정하고 이 가격범위 안에 드는 제품들 가운데서 어떤 특색 있는 성능(주문승리)을 가진 제품을 골라 구매하게 된다면 이때 가격은 주문자격 특성이고 품질은 주문승리 특성이다.

특정 시장에서 자기회사 제품에 대한 주문자격 특성과 주문 승리 특성을 안다는 것은 옳은 경쟁 우선순위에 집중하는 데 아주 중요하다. 그런데 주문자격 특성과 주문승리 특성은 기업의 비즈니스 전략에 맞추어 결정된다. 예를 들면, 비즈니스 전략이 성숙하고 가격에 예민한 시장에서 표준품을 판매하는 제품 모방 전략(product imitator strategy)일 경우 비용/가격이 지배적인 주문승리 특성이 되고 나머지인 유연성, 품질, 납품은 주문자격 특성이 된다. 이들 주문자격 특성은 주문을 잃지 않고 받을 수 있는 최소 한도의 수준을 유지하면 된다. 한편 비즈니스 전략이 신상품을 도입하는 제품혁신 전략(product innovator strategy)일 경우 주문승리 특성은 고급 제품을 빨리 효과적으로 도입할 수 있는 유연성이 된다. 따라서 비용, 품질, 배송은 주문자격 특성이 된다.

---

6 Terry Hill, *Manufacturing Strategy*(Palgrave, N.Y., 2000).

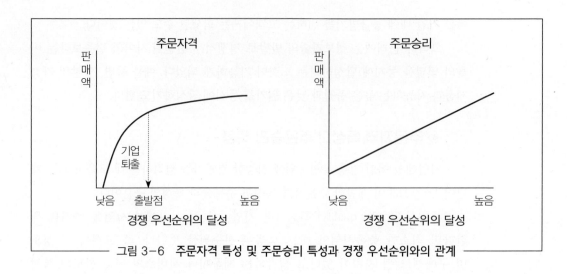

그림 3-6 주문자격 특성 및 주문승리 특성과 경쟁 우선순위와의 관계

[그림 3-6]은 주문승리 특성과 주문자격 특성이 기업의 경쟁 우선순위와 어떻게 관련되어 있는가를 보여주고 있다. 주문자격 특성의 경우 고객이 기대하는 최소수준(예컨대 지속적인 품질)이 충족되지 않으면 아무리 좋은 주문승리 특성(예컨대 저가)을 제시하더라도 고객들로부터 외면을 받아 시장에서 결국 퇴출하게 된다. 반대로 주문자격 특성을 충분히 만족시키면 주문승리 특성을 호전시킬수록 판매액과 시장점유율은 증가하게 된다.

주문자격 특성과 주문승리 특성은 시간이 흐름에 따라 핵심역량이 바뀌듯 발전한다. 주문자격 특성이었던 특성이 주문승리 특성이 되고, 반대로 주문승리 특성이 주문자격 특성으로 바뀐다. 예를 들면, 1970년대 전까지 미국 자동차산업에서 주문승리 기준은 가격이었는데 그 후 일본 자동차 제조업자들이 적정가격으로 품질을 내세워 시장을 잠식하기 시작하였다. 이에 따라 품질이 새로운 주문승리 특성이 되고 가격은 주문자격 특성으로 바뀌었다. 그러자 1980년대에는 미국의 자동차 제조업자들이 품질수준을 향상시켜 일본 자동차와 경쟁할 수 있게 되었다. 따라서 자동차 판매에서 품질은 이제 주문자격 특성이 되었고 혁신적인 설계나 우수한 개스 마일리지가 주문승리 특성이 되었다.

기업은 자기 제품의 주문가격 특성과 주문승리 특성을 결정하고 각 특성의 상대적 중요성도 평가해야 한다. 마케팅부서가 이러한 결정을 내리고 생산운영부서와 의사소통해야 한다. 다시 말하면 마케팅전략과 생산운영전략은 서로 연계되어야 한다.

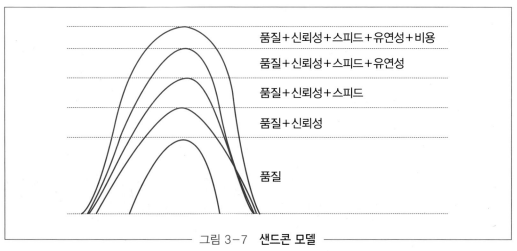

품질+신뢰성+스피드+유연성+비용

품질+신뢰성+스피드+유연성

품질+신뢰성+스피드

품질+신뢰성

품질

그림 3-7 샌드콘 모델

출처: K. Ferdows and De Meyer, "Lasting Improvements in Manufacturing Performance: In Search of a New Theory," *Journal of operations Management,* 9(1990): pp. 168~184.

◈ 샌드콘 이론

경쟁 우선순위들 간의 관계에 대해서 지금까지 특정 경쟁 우선순위에 집중하기 위해서는 다른 경쟁 우선순위를 희생해야 한다는 절충관계이론과, 시장에 참여하기 위해 필수조건으로 갖추어야 하는 경쟁 우선순위와 경쟁우위에 필요한 부차적인 경쟁 우선순위가 존재한다고 보는 주문자격 특성−주문승리 특성 이론을 설명하였다.

단일한 차원의 경쟁 우선순위만을 중점적으로 추구하는 절충관계이론에 도전하여 품질, 배송, 신뢰성, 생산 스피드, 유연성 등 성과목표는 일정한 순서로 차례차례 쌓아져야 한다는 샌드콘 이론(sand cone theory)을 Ferdows 등이 발표하였다.

그들은 이들 차원의 향상은 나아가 비용이라는 성과목표의 향상을 마지막에 초래한다고 주장하였다.

한편 그들은 핵심적인 경쟁능력을 우선해서 순서대로 누적적으로 개발해가는 노력이 효과적이라는 누적이론(cumulative theory)을 제안하였다.

향상을 위한 누적이론의 출발은 품질의 향상이고 이것이 어느 정도 달성되면 품질과 신뢰성을 동시에 향상시키려는 노력이 필요하다. 품질, 신뢰성, 스피드, 유연성을 순서대로 누적하여 향상시키면 결국 마지막에 비용을 단축시키려는 노력을 하게 된다. 이상에서 설명한 샌드콘 모델은 [그림 3-7]에서 보는 바와 같다.

7. 전략적 결정

전략적 결정(strategic decision)은 생산운영관리의 목표를 어떻게 달성할 것인가를 결정한다. 이러한 결정은 다른 기능의 결정과 정책에 조화를 이루어야 한다. 이는 기업에서 상당히 어려운 일이지만 이는 다른 기능과 조화를 이루는 생산운영전략이 필요한 이유이기도 하다. 전략적 결정은 다음의 네 가지 분야에 대해서 결정하여야 한다.

- 프로세스
- 품질(quality)
- 생산능력(capacity)
- 재고(inventory)

[표 3-2]는 중요한 전략적 결정의 예를 보이고 있는데, 이러한 전략적 선택은 궁극적으로 생산운영관리의 목표와 비즈니스 전략과 관련되어 있는 것이다.

표 3-2 중요한 전략적 결정의 예

전략적 결정 유형	정책결정 유형	전략적 선택
프로세스	프로세스의 범위	자가제조 또는 외주
	자동화	수작업 혹은 기계작업
		신축적 혹은 고정형 자동화
	프로세스 흐름	프로젝트, 배취생산 혹은 계속생산
품질	접근방법	예방 혹은 검사
	공급업자	품질본위 혹은 가격본위
	훈 련	기술적 훈련 혹은 관리적 훈련
생산능력	시설규모	단일 대규모 시설 혹은 다수의 소규모 시설
	입 지	시장부근 혹은 외국
	투 자	영구적 혹은 일시적
재고	수 량	많은 혹은 적은 재고
	유 통	집중된 혹은 분산된 창고
	관리시스템	대량 혹은 소량 관리

8. 의사결정과 결과

생산운영전략을 실행하기 위하여 중·하위 관리층이 일관된 단기적 의사결정을 내리게 된다. 이러한 결정은 프로세스, 품질, 생산능력, 재고 등 생산운영의 중요한 네 부문에 관한 것이다. 예를 들면, 특정 납품업자의 선정, 특정 부품의 재고수준 결정, 채용대상자의 선정, 예산규모의 설정, 중간목표의 결정 등이다.

결과(results)는 전략이나 의사결정이 제대로 작용하고 있는가를 판단하기 위하여 원가, 품질, 납품 또는 유연성에 대해 목표와 같은 용어로 측정한다. 결과측정치는 피드백 정보로서 필요에 따라 전략이나 정책을 재고하는 데 사용된다.

3.5 전략의 연계

일단 기업에서 비즈니스 전략이 수립되면 이에 맞추어 생산운영전략이 수립되는데 이때 생산운영전략은 마케팅전략과 재무전략 등 다른 기능전략과 연계하여 수립해야 한다고 공부하였다. 우리는 전략들의 연계성을 살펴보기 위하여 서로 반대되는 두 개의 비즈니스 전략을 예로 들기로 한다.

기업이 비즈니스 전략으로 저가를 바탕으로 하는 제품모방 전략(product imitation strategy)을 채택한다고 하자. 이는 성숙하고 가격에 민감한 비교적 안정된 시장에서 표준품을 계획생산(make-to-stock)하여 판매하는 경우이다. 이때 생산운영목표는 비용을 강조하는 것이 되므로 효율적인 프로세스 기술, 낮은 인건비, 낮은 재고수준, 비용절감 등을 위한 산운영전략을 수립해야 한다. 한편 마케팅부서에서는 대량유통, 반복판매, 판매기회의 최대화 등을 추구하는 마케팅전략을 수립해야 한다. 재무전략 또한 제품모방 비즈니스 전략을 지원할 수 있어야 한다. [표 3-3]은 각 전략의 연계성을 보여주고 있다.

만일 비즈니스 전략이 제품혁신 전략(product innovation strategy)이라고 하자. 이는 신제품을 도입하는 제품우위(product leadership) 전략이다. 이러한 제품은 최고의 품질제품이기 때문에 새롭게 출현하는 시장에서 판매하는 것이 적격이다. 이 경우에는 비용은 경쟁무기가 될 수 없고 고급의 신제품을 주문생산(make-to-order) 체제로 빨리 시장에 도입할 수 있는 유연성이 강조된다. 따라서 생산운영전

기업전략	제품모방 전략	제품혁신 전략
시장조건	가격에 민감함	제품특성에 민감한
	성숙한 시장	새롭게 출현하는 시장
	표준품	맞춤제품
	대량생산	소량생산
생산운영의 사명	성숙한 제품의 저가 강조	신제품 도입을 통한 유연성 강조
차별적 능력	우수한 프로세스 기술과 수직통합을 통한 저가	제품 팀과 유연한 자동화를 통한 신속하고 신뢰할 신제품 도입
생산운영 전략적 결정	우수한 프로세스	우수한 제품
	고정 자동화	유연 자동화
	변화에 둔감함	변화에 민감함
	규모의 경제	범위의 경제
	작업자 참여	제품 개발팀의 사용
마케팅전략	대량유통	선별유통
	반복판매	신시장 개척
	판매기회의 최대화	제품설계
	전국적 판매원	대리점을 통한 판매
재무전략	낮은 위험	높은 위험
	낮은 이익마진	높은 이익마진

표 3-3 전략의 연계

출처: Roger C. Schroder, 제게서, p. 33.

략으로는 유연생산시스템과 유연 기술을 갖춘 고급 작업자 등을 사용해야 함과 동시에 대량맞춤(mass customization) 전략을 추구해야 한다. 이 경우에도 [표 3-3]에서 보는 바와 같이 마케팅전략과 재무전략도 비즈니스 전략을 지원하도록 수립되어야 한다.

3.6 글로벌 전략

우리는 제1장에서 세계는 하나의 지구촌이 되고 많은 산업에서의 경쟁은 날로 치열해짐에 따라 생존을 위해 기업들은 생산시설의 분산을 통한 글로벌 경영을 선택하고 있음을 공부하였다.

이러한 글로벌화는 새로운 시장에 침투하여 그들의 제품을 판매하고 원자재나 부품을 저렴한 가격으로 획득할 기회를 제공한다. 오늘날 기업의 글로벌화를 조장하는 요인으로서는 당사국 간의 무역협정을 통한 관세장벽의 완화와 Internet, e-mail, cell phones, 화상회의, 팩스기 등 통신과 정보공유에 있어서의 기술발전 등을 들 수 있다. 한편 외국 기업들과 외국에서 생산하고 파트너를 형성한다.

따라서 기업이 경영전략을 수립할 때 경영의 글로벌화도 고려해야 한다. 오늘날 많은 기업에서는 글로벌 전략도 함께 수립한다. 글로벌 전략(global strategy)이란 전통적인 국경을 넘어 외국시장에 진출하기 위하여 시설이나 공장을 건설하는 것, 외국기업으로부터 부품 또는 서비스를 구입하는 것, 외국 경쟁자로부터의 위협에 대처하는 것 등을 의미한다.

1. 전략적 제휴

기업이 외국시장에 진출하는 방법은 직접 공장이나 시설을 건설하는 방법 외에 그 나라 기업과 전략적 제휴(strategic alliance)관계를 체결하는 것이다.

전략적 제휴는 다음과 같은 형태를 취한다.

- 공동노력
- 조인트 벤처
- 기술의 라이센싱

공동노력(collaborative effort)은 한 기업이 핵심능력을 가지고 있고 다른 기업이 이를 필요로 하지만 복사할 수 없는 경우에 두 기업의 상호 이익을 위하여 진행된다. 이러한 제휴는 구매자와 공급자 사이에서 흔히 있는 것이다. 예를 들면, Kodak은 IBM과 협약에 의하여 그의 정보시스템을 이용할 수 있다.

조인트 벤처(joint venture)란 두 기업이 공동으로 제품이나 서비스를 생산하기로 합작하는 것을 말한다. 이러한 방법은 외국시장을 침투하고자 할 때 사용된다. 외부기업은 제품이나 서비스를 생산하는 데 필요한 기술과 지식을 공급하고 국내기업은 노동력을 제공한다. 이러한 기술이전은 특히 동아시아에서 사업을 하고자 하는 경우에 필요하다. 예를 들면, Motorola, Xerox, Ericsson 등은 중국에서 조인트 벤처에 적극 참여하고 있다.

기술 라이센싱(licencing of technology)은 한 기업이 그의 제품생산 권한을 다른 기업에 허용하는 것을 말한다. 이러한 방법은 외국시장을 침투하기 위하여 사용된다. 예를 들면, 오늘날 팔리고 있는 모든 레이저 프린터(laser printer)의 84%는 Canon사로부터 면허를 받은 프린트-엔진 기술을 사용하고 있다.

2. 글로벌 전략의 중요성

기업경영이 국내로부터 국제경영의 형태로 변화해 가는 이유는 여러 가지 이점이 있기 때문이다.

첫째, 비용이 감축된다. 임금이 낮은 외국으로의 공장진출은 직·간접비의 절감에 도움이 된다. 환경, 보건, 안전 등에 대한 정부의 규제가 덜 엄격한 나라에서는 비용을 절감할 수 있다.

WTO, NAFTA, 한·미, 한·EU, 한·칠레, 한·인도 FTA 등과 같은 무역협정으로 무역장벽이 무너져 관세를 절감하고 외국에서 공장을 운영하는 비용을 절감할 수 있다.

둘째, 공급사슬을 향상시킬 수 있다. 공급사슬은 자원이 고유한 나라에 시설을 입지함으로써 가능하다. 이러한 자원은 전문지식, 노동, 원자재를 의미한다.

셋째, 더 좋은 제품과 서비스를 공급할 수 있다. 외국의 고객에 접근함으로써 고객의 변화하는 제품요구를 만족시키는 데 빨리 반응할 수 있다. 외국시장의 고유한 문화적 요구를 만족시킬 제품과 서비스를 맞춤생산할 수 있다.

넷째, 제품의 수명주기(life cycle)를 연장할 수 있다. 국내에서는 제품의 수명주기가 성숙기에 접어든 제품이 외국에서는 도입기에 들어가는 제품이 있다. 예를 들면, PC의 한국 시장은 성숙기에 접어들었지만 미얀마, 방글라데쉬, 베트남 등과 같은 개발도상국가에서는 이제 도입기에 들어가고 있다.

다섯째, 외국기업과 합작함으로써 기업경영을 향상시킬 수 있다. 미국의 GM은 일본 기업과 캘리포니아에 합작으로 공장을 설립하여 일본의 전문가들로부터 생산 및 재고관리 기법을 배우게 되었다.

3. 문화와 윤리의 영향

기업의 글로벌 경영이 언제나 이점만을 가져오는 것은 아니다. 여러 가지 불리한 점과 리스크를 감수해야 한다.

운송비와 안전비용의 발생, 비숙련 노동자의 채용, 수입제한, 생산성 저하 등 많은 결점도 따른다. 한편 정치적 불안정과 테러의 불안, 경제적·법적 불안정, 윤리적·문화적 차이에서 오는 갈등 등 여러 가지 리스크를 수반하게 된다.

글로벌 운영에 가장 큰 도전의 하나는 사회적·문화적 차이를 조정하는 것이다. 한 나라에서의 문화는 별로 문제가 없지만 다른 나라에서는 받아들일 수 없는 경우가 있다. 이때 문화와 사회적 배경이 다른 사람들과 함께 일을 하게 되면 어떻게 행동해야 할지 난감한 경우가 있을 수 있다. 의사소통이 어렵고 협상이 쉽지 않다. 개인적 관계를 맺는 데 시간이 소요된다.

종업원이나 납품업자의 시간엄수를 생활화하지 않는 나라에서는 생산과 납품 일정을 준비하는 데 어려움이 많다. 또한 많은 국가에서 이루어지고 있는 긴 점심시간은 세 교대제를 해야 하는 경우에 문제가 아닐 수 없다.

윤리문제도 발생할 수 있다. 뇌물은 비윤리적이요, 불법적이라고 정의할 수 있지만 아랍국가, 남미, 동남아 국가에서는 뇌물이 없이는 글로벌 경영이 쉽지 않는 경우가 있다. 글로벌 경영에서 취해야 할 윤리행위를 규정하는 국제법이나 협정들이 적용되고 있다.

예를 들면, WTO는 비윤리적 행위를 자행하는 외국기업으로부터 정부와 산업을 보호하기 위한 조치를 통일시키고 있다. 뇌물이나 지적재산권의 보호와 같은 문화적 차이가 심한 문제에 대한 글로벌 통일성이 많은 국가에 의해 점차 받아들여지고 있다.

01 생산운영전략을 경쟁무기로 인식하게 된 동기를 설명하라.

02 전략의 개념을 설명하라.

03 전략의 계층구조를 설명하라.

04 기업전략과 비즈니스 전략을 수립할 때 고려하는 요소는 무엇인가?

05 생산운영전략의 개념과 수립과정을 설명하라.

06 차별적 능력을 설명하라.

07 글로벌 전략을 설명하라.

제 4 장

품질경영

오늘날 우리는 국경 없는 무한경쟁의 시대에 살고 있다. 세계무역기구(World Trade Organization: WTO)의 발족 이후 새로운 무역질서가 형성되었고 국가 간, 또는 지역 간 자유무역협정(free trade agreement: FTA)이 체결되는 추세에 있다.

이러한 새로운 환경에서 국가 간, 상품 및 서비스 간에 치열한 경쟁이 더욱 가속화되고 있다. 경쟁에서 기업이 생존할 수 있기 위해서는 적어도 하나의 경쟁무기(competitive weapon)를 보유해야 한다. 기업은 보통 가격, 시간, 기술, 서비스 또는 품질로 경쟁제품을 제압할 수 있는데 이 중에서 가장 강력한 것은 품질경쟁력과 가격경쟁력이다. 소비자들은 질 좋고 값싼 제품을 선호하기 때문이다.

기업의 경쟁적 위치에 영향을 미치는 비용(가격), 기술, 전문화, 상표, 유통채널, 시간 등의 요인은 적어도 형태에 있어서는 모방이 가능하지만 품질은 모방이나 이전이 불가능하여 경쟁전략(competitive strategy)으로 사용할 수 있는 것이다. 즉 제품 품질은 경쟁우위(competitive advantage)를 확보할 수 있는 유일한 원천이 된다.

그런데 품질이란 다른 기업의 제품 품질에 대한 상대적 개념이므로 지속적인 품질개선(continuous quality improvement) 노력을 경주하는 기업만이 세계시장에서 고객만족과 판매량 증가를 통해 경쟁우위를 확보할 수 있는 것이다.

본장에서는 품질의 중요성, 품질의 정의, 품질관리의 역사, TQM의 요소, 품질비용, 품질관리 지도자들의 철학, ISO 9000 시리즈 등을 공부할 것이다.

4.1 품질의 정의

제품의 품질은 오늘날 생산자가 아니라 고객이 결정한다. 소비자의 입장에서 볼 때 품질은 가치(value)를 의미하기도 하고 용도에 대한 적합성(fitness for use)을 의미하기도 한다.

품질은 소비자(고객)들이 기꺼이 지불하고자 하는 가격으로 제품이나 서비스가 의도하는 목적을 여하히 잘 서비스하는가 하는 가치라고 정의할 수 있다.

한편 용도에 대한 적합성이란 소비자가 제품을 사용함으로써 그의 기대 또는 요구가 여하히 잘 달성되는가 하는 정도라고 할 수 있다. 그런데 이러한 요구는 고객에 따라 다르므로 결국 품질은 고객에 의존한다고 볼 수 있다. 용도에 대한 적합성은 Juran에 의하여 제안된 개념인데 이는 제품이나 서비스에 설계되어야 할 품질수준을 결정하는 추진력이 바로 소비자라는 점을 강조하고 있다.

용도에 대한 적합성은 소비자가 그의 필요성에 유익하다고 인식하는 제품의 특성(characteristics), 예컨대 길이, 무게, 강도, 점도(viscosity), 맛, 냄새, 미, 기호, 적시, 수명, 상태, 보증, 신뢰도, 유지가능성 등에 의하여 결정된다. 이러한 정의에 의하면 제품이나 서비스에 설계할 품질수준을 결정할 원동력은 고객이다. 즉 이는 품질의 소비자적 측면 나아가서 설계품질(quality of design)을 강조한다. 설계품질이란 제품이나 서비스에 크기, 형태, 외관 등 품질특성이 설계되는 정도를 말한다.

생산자의 입장에서 볼 때 품질은 설계규격에의 적합(conformance to specification)이라고 정의할 수 있다. 고객의 요구를 만족시키기 위해 사전에 정한 제품의 설계품질에 어느 정도 접근하는지의 정도로 품질의 성과를 측정함으로써 품질수준이 결정된다. 이와 같이 품질을 설계규격에의 적합품질(quality of conformance)로 정의하면 품질에 대한 주관적 요소는 제거되고 오로지 객관적이고 수량적으로 품질수준을 측정할 수 있게 된다.

생산자의 입장에서 볼 때 중요한 고려사항은 적절한 비용으로, 사용하기 쉬우며, 적합품질을 달성하는 것이다. 제품비용은 중요한 설계규격이다. 고객이 기꺼이 지불하고자 하는 가격으로 생산할 수 있어야 한다.

[그림 4-1]은 위의 두 관점이 상호 의존되어 있음을 보여주고 있다. 제품설계가 고객의 기대를 만족시키기 위해 결정되지만 이를 생산하는 프로세스를 고려하지 않으면 달성할 수 없다.

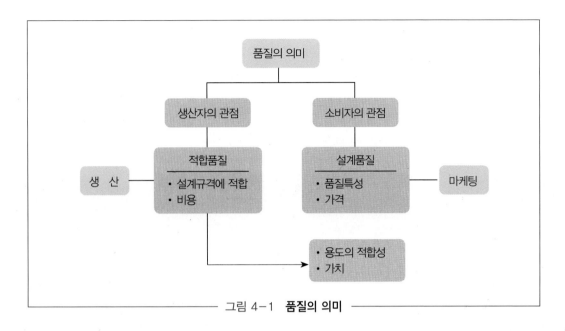

그림 4-1 **품질의 의미**

결론적으로 말하면 품질의 최종 결정은 고객이다. 1980년대 이후 고객중심의 경제로 옮겨 가면서 고객에 가치와 용도의 적합성을 제공함으로써 경쟁우위를 확보하는 수단으로 품질을 이용하게 되었다.

4.2 품질과 기업 경쟁력

꾸준한 품질개선만이 급변하는 세계경제 속에서 고객만족과 시장점유율의 증대를 통하여 판매액을 증가시키고 원가절감과 생산성 향상을 통하여 수익성을 증대시킴으로써 기업의 경쟁력을 강화시키는 유일한 길이다.

사실 기업에서 수익성(profitability)을 결정하는 요인은 생산성, 비용, 품질이다. 이 중에서 기업의 장기적 경쟁력을 결정하는 가장 중요한 요인은 품질이다.

시장에서 제품의 가치는 그의 품질수준에 영향을 받는다. 품질수준의 향상은 경쟁제품과 차별화가 가능하고 브랜드에 대한 명성이 높게 되어 제품의 가치가 높게 인식된다. 한편 이러한 차별화는 경쟁제품보다 더 높은 가격을 요구할 수 있으며 시장점유율을 확보하여 수익을 증대할 수 있다.

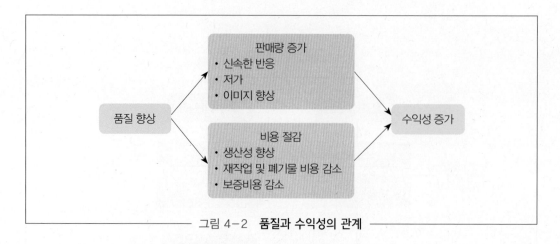
— 그림 4-2 **품질과 수익성의 관계** —

[그림 4-2]는 품질향상이 판매량 확대와 비용감소를 통해서 수익성이 증가하는 과정을 나타내고 있다. 판매량 확대는 기업이 고객의 요구에 반응하는 속도가 빨라지고, 규모의 경제를 통한 가격의 절감, 품질 제품에 대한 명성이 높아져 달성된다.

한편 품질향상은 생산성 향상과 재작업 및 폐기물 비용의 감소, 그리고 보증비용의 감소를 통해서 생산비용을 절감시킨다.

높은 품질의 제품을 저렴한 가격으로 판매할 때 시장점유율이 증대되고 수익성이 확대되어 기업에 경쟁우위를 제공한다. 따라서 국경이 없는 경쟁에서 살아남기 위해서는 고품질과 저가를 경쟁전략으로 삼지 않으면 안 되었다.

4.3 품질비용

품질비용(quality cost)이란 제품을 애초부터 잘 만들지 않음으로써 발생하는 비용, 즉 제품규격을 지키지 않음으로써 발생하는 부적합비용(cost of nonconformance)이라고 할 수 있다. 따라서 제품 그 자체의 제조원가인 재료비와 직접노무비 등은 이에 포함되지 않고 다만 불량품의 생산, 예방, 검사, 수리 등과 관련된 비용만을 포함한다.

공장에서 발생하는 생산자 품질비용은 통제비용(cost of control)과 통제의 실패비용(cost of failure)으로 구성된다. 통제비용은 품질의 정의, 생성(creation), 통제와 관련된 비용뿐만 아니라 품질, 신뢰성, 안전조건 등에의 일치 여부를 평가하고 피

총품질비용	통제비용	예방비용
		평가비용
	실패비용	내적 실패비용
		외적 실패비용

———— 그림 4-3 **품질비용의 분류** ————

드백하는 데 따르는 제반 비용을 포함한다.

한편 실패비용은 공장 내의 제조 프로세스상에 그리고 소비자가 사용하는 도중에 요구조건을 충족하지 못하는 데 따른 비용을 포함한다.

통제비용은 예방비용(prevention cost)과 평가비용(appraisal cost)으로 분류할 수 있으며 실패비용은 내적 실패비용(internal failure cost)과 외적 실패비용(external failure cost)으로 분류할 수 있다. [그림 4-3]은 이와 같은 품질비용의 구성을 나타내고 있다.

실제로 생산이 진행되기 전에 또는 서비스가 공급되기 전에 불량품질의 발생을 미연에 제거하기 위하여 지불되는 것이 예방비용이다. 여기에는 품질계획, 품질교육과 훈련, 품질자료의 수집, 프로세스 계획, 프로세스 개선, 신제품설계의 검토 등의 활동에 소요되는 비용이 포함된다. 이는 P코스트라고도 한다.

생산이 완료되었지만 아직 고객에 출하하지 않은 제품 가운데서 불량품을 제거하기 위하여 검사하는 데 소요되는 비용이 평가비용이다. 여기에는 원자재의 수입검사, 프로세스 검사, 완제품검사, 관련장비의 보전, 품질 연구실운영 등에 관련된 비용이 포함된다. 이는 A코스트라고도 한다.

내적 실패비용은 생산 프로세스 상에서 발생하는 모든 손실을 말하는데 이에는 폐기물과 재작업에 따른 노동과 재료, 그리고 간접비는 물론 불량품 발생으로 인한 기계의 중지에 따른 비용이 포함된다.

외적 실패비용은 제품의 소유권이 고객으로 넘어간 이후 그 제품이 만족스럽게 기능하지 않기 때문에 발생하는 비용으로서 반품과 양품으로의 교체에 수반하는 비용, 보증수수료, 클레임, 제품책임 등에 따르는 비용을 포함한다.

품질비용은 매출액의 20~40%(보통 30%)에 이르는데 잘 노력만 하면 제품의 품질을 향상시키면서 매출액의 3~5%까지로 감축이 가능하다고 한다.[1]

1 Philip B. Crosby, *Quality without Tears*(New York: McGraw‑Hill, 1984).

4.4 TQM의 발전과정

일본 산업계는 제 2 차 세계대전에서 패망한 이후 국가 산업을 부흥하기 위하여 품질을 바탕으로 한 기업경쟁력을 강화하기로 전략을 수립한 후 미국의 유명한 품질관리 지도자인 Deming과 Juran을 1950년대 초부터 초빙하였다. 그들은 강연회와 세미나 등을 통하여 일본 관리자와 작업자들에게 통계적 품질관리 기법을 소개하면서 품질의 중요성을 강조하였다. 일본의 고위 관리자들에게 품질향상만이 새로운 세계 시장을 침투할 수 있고 국가가 생존하는 데 필수적임을 깨우쳐 주었다.

그 후 20여 년 동안 일본은 자동차, 가전제품, 카메라, 오토바이, 기계, 에어컨, 농기구, 세탁기 및 냉장고 등에 있어 높은 품질과 저렴한 가격의 제품을 설계하고 생산하여 왔지만 미국의 산업계는 품질의 중요성을 인식하지 못하고 품질향상 노력을 소홀히 하였다. 사실 1870년부터 1970년까지 100년 동안 미국의 생산성은 10배나 증가하였다. 제 2 차 세계대전 이후 미국은 공업국가의 맹주로서 생산품에 있어서 경쟁자가 전혀 나타나지 않은 상황에서 대량생산·대량소비를 구가하게 되었다. 미국의 산업계는 제품을 생산하는 대로 모두 판매하므로 생산문제가 모두 해결된 것으로 간주하여 관심의 초점을 생산으로부터 마케팅부문으로 옮기게 되었다. 1950년대부터 마케팅전략이 기업전략의 중심이 되었다.

1950~1960년대에 있었던 치열한 판매경쟁으로 몰락하는 기업이 속출하게 되었고, 재무구조가 좋은 기업은 이러한 몰락기업을 인수하는 현상이 발생하였다. 즉 1970년대 기업합병의 시대가 전개되어 재무전략에 관심이 집중되었다.

이와 같이 1960~1970년대 미국의 제조기업은 품질, 비용, 고객 서비스, 기술혁신 및 프로세스의 효율화 등에 관한 생산전략의 수립을 소홀히 한 결과 세계시장 및 국내시장에서 경쟁력 상실에 직면하게 되었다.

1970년대 말과 1980년대 초에 미국의 기업들은 일본의 기업들에 의해 시장점유를 잠식당하기 시작하였다. 이에 미국의 경영자들은 미국 제품이 일본 제품에 비하여 경쟁력이 떨어지는 것을 목격하고 그의 원인을 찾기 시작하였다. 그들은 일본 제품에 비하여 품질은 물론 비용이나 신제품개발에 있어 격차가 있음을 발견하였다. 이때부터 미국 기업의 경영자들은 품질의 전략적 중요성을 인식하기 시작하였다. 즉 품질을 기업경쟁력 확보의 전략적 무기로 인식하게 되었다. 이에 따라

1980년대 초부터 미국의 기업들은 종합적 품질경영(total quality management: TQM)이라는 새로운 품질관리 접근법을 사용하기 시작하였다.

미국의 Feigenbaum은 이미 1951년 *Total Quality Control*이라는 저서를 발간하면서 TQC의 개념을 맨 처음 주장하였다. TQC의 개념은 품질의 책임이 품질부에 있는 것이 아니라 조직 구성원 모두에게 있다는 것이다. 즉 최고경영층으로부터 말단 작업자에 이르기까지, 제품설계로부터 판매 후 서비스에 이르는 모든 기능이 제품품질에 책임을 져야 한다는 것이다. 일본의 기업들은 1968년 부터 TQC와 차별하기 위하여 일본의 품질관리를 전사적 품질관리(company-wide quality control: CWQC)라고 부르기 시작하였다.

TQM의 기본 원리는 Shewhart, Deming, 그리고 Juran과 같은 품질관리 지도자들의 철학에 바탕을 두고 TQC와 CWQC의 기본적인 원리들을 계승하고 있다. TQM은 조직의 모든 부문에 걸쳐서 품질향상 활동을 실행하고 관리하는 전략이요, 철학이다. 기업에서는 전략을 수립할 때 품질의 장기적 목표를 세우고 그의 달성을 위해 필요한 자원을 배분하고 그의 진척상황을 점검하기 위해 통제와 평가절차를 수행한다.

TQM은 고객의 욕구를 만족시키기 위해 제품이나 서비스를 생산할 때 전사적으로 모든 구성원들이 참여하여 지속적인 품질개선을 추구하려는 기업의 전략적인 철학이요, 원리이다. 이와 같이 TQM에 있어서 품질은 고객중심의 고객만족을 의미한다. 고객을 만족시키지 못하는 제품이나 서비스는 품질이 좋지 않기 때문이다.

이와 같이 품질의 전략적 중요성을 인정하는 기업에서는 경영전략을 수립할 때 품질을 포함하고 있다. 근래에는 전략적 품질경영(strategic quality management: SQM)이라든지 전략적 TQM(strategic total quality management: STQM)이라는 개념을 사용하고 있다. *Strategic and Competitive Edge*를 발간한 이후 전략적 품질경영이라는 개념이 TQM보다 진보한 개념으로 사용되었다. Juran은 SQM을 최고경영층이 품질경영에 적극적으로 참여하여 체계적으로 품질목표를 달성하려는 접근법이라고 정의하고 있다.

그 후 1993년 Madu 등은 전략적 TQM이라는 개념을 사용하기 시작하였다. 이 개념은 TQM의 연장으로서 품질을 기업의 생존과 경쟁력의 원동력으로 간주한다. 이러한 의미로 볼 때 품질은 제품이나 서비스의 범주를 넘어 이제는 기업이 하는 모든 일의 품질로 범위가 확대되었다.

4.5 TQM의 요소

모든 TQM이 성공하기 위해서는 갖추어야 할 세 개의 기본적 요소가 있다. 즉 이들 요소란

- 고객중심
- 종업원 참여와 팀워크
- 지속적 개선

등이다.

1. 고객중심

과거에는 제품과 서비스의 품질이 생산자의 관점에서 이루어졌다. 그러나 기업환경이 생산자시대에서 소비자시대로 전환된 이후에 품질의 현대적 정의는 고객 기대의 충족 내지는 초과만족에 모아지고 있다. 이와 같이 생산자가 아닌 고객이 제품과 서비스의 품질을 평가하는 주체라는 것이다. 즉 아무리 완전하게 생산된 제품도 고객이 원하지 않으면 아무런 가치가 없다고 여긴다. Deming과 Juran은 이러한 고객중심(customer focus)을 강조하고 있다. 각국에서 수여하는 품질관련 상에서도 고객만족에 큰 비중을 두고 있다.

어떤 기업도 다음 네 가지 목적을 가지고 있다.

- 고객을 만족시킨다.
- 경쟁자보다 더 높은 고객만족을 달성한다.
- 오래도록 고객으로 남게 한다.
- 시장점유를 확대한다.

이러한 목적을 달성하기 위해서 기업은 그의 고객에 점증하는 가치를 제공해야 한다. 고객에 가치를 제공함으로써 경쟁우위를 달성할 수단으로 품질을 이해해야 한다.

고객으로 하여금 가치와 만족을 인식하도록 하기 위해서는 단순히 규격을 지키고, 불량과 실수를 줄이고, 불평을 줄이는 것을 넘어 고객을 감동시킬 제품을 설계하고 변화하는 고객과 시장의 취향과 욕구에 민첩하게 대응할 태세를 갖추어야 한다. 고객이 무엇을 원하는지를 시장조사와 인터뷰 등을 통해 정보를 수집하고 고객의 요구와 가치를 이해해야 한다.

2. 종업원 임파워먼트와 팀워크

조직 내 모든 종업원의 참여(employee involvement) 또한 TQM을 성공적으로 실행하는 데 필요한 중요한 요소이다. 품질문제 등 의사결정 과정에 모든 종업원을 능동적이며 적극적으로 참여시킴으로써 경영층은 문제해결에 필요한 투입요소를 획득하여 좋은 결정을 내릴 수 있게 된다. 이는 참여적 문제해결 (participative problem solving) 방법이라고 한다. 종업원으로 하여금 활기차고 신명나게 작업에 임하고 품질향상에 공헌하도록 공식적 권한을 위임하는 임파워먼트 (empowerment)의 실행이 절대적으로 필요하다.

일본이 오늘날 높은 품질의 제품을 생산하게 된 이유의 하나는 전 종업원의 지식과 창의력을 활용한 덕분이라고 Juran은 주장한다. 종업원에게 좋은 결정을 내릴 도구와 공헌을 할 자유와 용기를 줄 때 품질 좋은 제품을 생산하고 종업원으로 하여금 창의력을 발휘토록 하고 좋은 제안에 대해 보상을 하게 되면 만족감, 충성심과 신뢰감이 쌓이게 된다.

종업원 참여에 있어서 중요한 요소는 각 작업자가 자기가 수행하는 작업 또는 제품의 품질을 검사할 책임을 갖는다는 것이다. 불량품이 발생하면 생산현장에서 생산라인을 정지해서라도 이를 만든 작업자가 즉시 재발하지 않도록 시정해야 한다. 이는 원천적 품질관리(quality at the source)로서 이러한 철학은 작업자를 넘어 작업자 그룹, 모든 부서, 납품업자에게까지 확대 적용되어야 한다.

TQM의 또 다른 요소는 팀워크(teamwork)인데 이는 고객/공급자관계를 강조하고 전 종업원의 참여를 조장하여 기능부서 간의 장벽을 무너뜨리는 역할을 한다. 전통적으로 조직은 수직적 구조를 이루어 기능부서간 의사소통이 두절되었으나 TQM에서는 부서간 수평적 상호 작용을 강조하여 부서간 팀의 구성을 필수요소로 하고 있다. 예를 들면, 설계, 엔지니어링, 제조, 판매 등을 담당하는 사람들이 하나의 팀을 이루어 고객의 요구를 설계와 제조과정에 반영토록 해야 한다.

3. 지속적 품질개선

전통적 시스템에서는 일단 일정 수준의 품질을 달성하면 성공이기 때문에 더 이상의 개선노력은 필요없다고 전제한다. 그러나 현대적 TQM에서 지속적 개선(continuous improvement: CI)은 제품과 프로세스의 개선에 있어서 점진적 작은 성과를 달성하는 끝없는 과정이요, 이를 위한 경영철학이라고 할 수 있다. 특히 지속적 개선은 모든 작업자들이 참여하여 기계, 자재, 노동의 전문화, 생산방법 등에 있어서의 개선을 추구한다.

원래 지속적 개선을 위한 프로그램은 20세기 초 F. Taylor의 과학적 관리법 이후 미국 기업에서 생성·발전되어 왔으나, 이 철학은 일본의 생산관리의 초석이 되었다. 일본 기업이 취한 지속적 개선(kaizen)은 큰 성과를 한 번에 달성하는 기술혁신(innovation)에 의존하는 전통적 미국 기업의 접근법과 비교된다.

지속적 개선은 TQM을 실행하는 기업에서 채택하는 필수적인 과정이다. 개선은 다음과 같은 방식을 취한다.

| PDSA 사이클

계속적이고 끝없는 프로세스 개선을 위한 PDSA 사이클은 계획(Plan: P), 실행(Do: D), 고찰(Study: S), 조치(Act: A)의 네 단계로 구성되어 있다. 이는 Deming 사이클이라고도 한다.

- 단계 1: 계획

현재의 프로세스를 연구하고 자료를 수집하여 고객욕구와 프로세스 성과 사이에 차이가 있는지 분석한다. 이러한 차이, 즉 개선의 기회가 인정되면 이를 극소화하는 방안을 계획하는 것이다.

- 단계 2: 실행

계획단계에서 수립된 이론이나 계획 등 변화와 테스트를 실행에 옮긴다. 실험실에서 소규모로 시제품에 대한 실험이 실시된다. 고객과 프로세스로부터 피드백 정보가 입수된다.

- 단계 3: 공부

계획을 소규모로 실행한 결과를 분석하여 이 계획이 옳은가를 결정한다. 이 계획을 채택함으로써 고객욕구와 프로세스 성과의 차이는 어느 정도 줄어들었는가? 고객에게 중요한 다른 품질특성에 관한 어떤 결함이 발생하였는가? 이러한 질

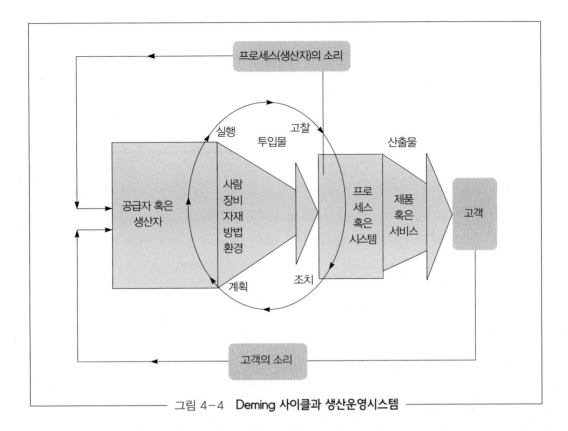

― 그림 4-4 **Deming 사이클과 생산운영시스템** ―

문에 대한 대답을 얻을 수 있다.

• 단계 4: 조치

고객만족을 증진시키기 위하여 수립한 계획을 대규모로 실행할 것인가를 결정한다. 대규모로 실행한 이후 프로세스와 고객으로부터 정보를 입수하여 이 계획의 성공여부를 측정할 수 있다.

Deming 사이클은 생산운영시스템 내에서 진행되며 따라서 기업의 모든 시스템을 운전한다. Deming 사이클과 생산운영시스템과의 관계는 [그림 4-4]와 같다.

┃ 벤치마킹

벤치마킹(benchmarking)이란 한 기업이 중요한 고객요구를 어느 정도 충족하고 있는가, 즉 그의 경영성과를 그 기업이 속해 있는 산업에서 가장 우수한 기업(직접 경쟁자) 또는 다른 산업에 속한 가장 우수한 기업의 성과와 지속적으로 비교·분석함으로써 개선의 여지를 결정하는 과정이라고 정의할 수 있다. 여기서 기업의 성과란 제품, 서비스, 기술, 작업 프로세스, 업무방식 등 기업의 전반적인 부문에 관한 것이다.

4.6 품질관리 지도자들의 철학

품질관리분야에서 괄목할 공헌을 한 지도자(guru)들은 Walter A. Shewhart, W. Edwards Deming, Joseph M. Juran, Philip B. Crosby, Armand V. Feigenbaum, Kaoru Ishikawa, Genichi Taguchi 등이다. 이들 가운데서도 특히 Deming, Juran, Crosby 등은 일본과 미국의 산업계에서 품질관리 기법과 개념을 채택토록 하는 데 본질적인 역할을 수행하였다.

1. Shewhart의 철학

Walter A. Shewhart는 1920년대 미국의 벨 연구소에 근무한 통계학자로서 생산제품의 품질을 개선하기 위하여 프로세스에서 발생하는 변동(variability)을 관리하는 통계적 프로세스 관리(statistical process control: SPC)의 개념을 도입하였다.

관리도(control chart)의 사용을 통하여 프로세스의 변동을 우연변동과 이상변동으로 구별하고 이상변동이 발생하면 이를 제거할 조치를 강구하여 프로세스가 언제나 통계적 안정상태로 유지되어야 함을 강조하였다.

2. Deming의 철학

1950년 일본의 JUSE(Union of Japanese Scientists and Engineers: JUSE)의 초청으로 Deming은 그들의 산업계 지도자들에게 품질과 생산 프로세스를 꾸준히 지속적으로 향상시킬 필요성을 강조하였다.

오늘날 일본 경제가 이렇게 부흥하게 된 것은 Deming의 철학과 아이디어를 실천하여 왔기 때문이다. JUSE는 Deming의 일본 경제에의 공헌을 기념하기 위하여 매년 품질향상에 큰 공헌을 한 기업에 상을 주는 Deming Prize를 1951년부터 수여하기 시작하였다.

Deming의 철학은 품질은 모든 사람이 해야 할 일이지만 이러한 노력을 이끌어가야 할 경영층의 역할과 책임에 중심을 둔다. 산업에서 발생하는 품질문제의 약 15%는 작업자들의 실수로 인한 것이고 약 85%는 경영층이 관리할 수 있는 것인데 이는 프로세스나 생산시스템의 변화를 통해서 가능한 것이지 작업자들에 의해서 영향을 받는 것이 아니라는 것이다.

Deming의 철학은 경영스타일의 변화를 요구한다. 관리자는 지시자가 아니라 리더가 되어야 한다. 관리자는 작업자가 달성해야 할 목표를 설정하는 수동적 역할이 아니라 품질을 개선할 시스템의 조성이라는 능동적 역할을 수행해야 한다.

Deming은 종합적 품질프로그램과 생산 프로세스의 품질개선 과정에서의 끝없는 노력을 강조한다. 그러한 프로그램으로 향상된 품질, 고객만족, 높은 생산성, 낮은 품질비용을 장기적으로 달성할 수 있기 때문이다. 프로세스에서의 지속적인 품질개선을 위해서 Deming은 PDSA(plan, do, study, act) 사이클의 개념을 사용할 것을 주장하였다.

Deming은 규격에의 일치를 달성하고 프로세스에서 발생하는 변동(variation)의 감소를 위해서 통계적 프로세스 관리(statistical process control: SPC)의 실시를 주장하였다. 변동의 감소는 SPC의 주요 도구인 관리도(control chart)의 창시자인 W. Shewhart가 목적하던 것이다. 한편 Deming은 불량품을 효과적으로 감소시키기 위하여 행하는 최종검사의 적극적 사용을 부정하였다. 그의 철학은 경영을 위한 14 포인트(fourteen points)에 요약되어 있다.

3. Juran의 철학

Joseph M. Juran은 1951년 *Quality Control Handbook*을 편집한 이후 품질관리 전문가로서 세계적 명성을 얻게 되었다. 그 이후 *Quality Planning and Analysis*와 *Management of Quality* 등 많은 저서를 남겼다.

Deming과 같이 Juran도 1950년대 초 일본에 건너가 품질에 관한 세미나와 강의를 담당하였고 컨설턴트로서 일본의 산업계와 정부기관 등을 도왔다.

Juran은 Deming과 달리 조직에서의 문화적 변화를 주창하지는 않았다. Juran은 통계적 분석도구의 지원에 의해 불량품의 제거를 통한 규격에의 일치를 강조함으로써 현존 시스템 내에서 품질을 개선할 것을 주장하였다.

Juran은 품질을 용도에의 적합성으로 정의함으로써 품질은 고객이 무엇을 원하는가에 의하여 결정된다는 사용자에 기초한 개념을 강조한다.

Juran은 1960년대에 각광을 받기 시작한 ZD운동의 비판가이기도 하다. Juran에 의하면 ZD운동의 결점은 대부분의 품질문제의 발생원인은 작업자이기 때문에 적당한 동기부여로 작업자들은 성과개선을 위해 자극을 받을 수 있다는 가정에 입각한다는 것이다.

또한 Juran은 품질불량의 80%는 경영층이 통제할 수 있는 요인들에 의하여 발생하는데 이의 해결을 위해서는 건전한 품질경영을 통해 꾸준한 향상을 기해야 한다고 강조하였다. 이에 따라 Juran은 품질계획, 품질관리, 품질개선이라는 품질3분법(quality trilogy)을 제안하였다.

4. Crosby의 철학

1979년 *Quality is Free*라는 저서를 발간한 이후 유명하게 된 Philip B. Crosby는 "품질은 무비용이다,""제품을 애초부터 잘 만들어라"(do it right the first time)라는 개념과 품질의 목표로서 무결점(zero defect: ZD)의 개념을 처음으로 제창하였다.

당시 전통적으로 높은 품질수준을 달성하기 위해서는 많은 비용을 지불해야 한다고 여겨왔다. 그러나 Crosby는 이에 동의하지 않는다. 오히려 작업을 애초부터 잘 수행하는 데 따르는 비용절감을 지적한다. 즉 나쁜 품질로 인한 숨겨진 비용(hidden cost)의 막대함을 강조한다. 나쁜 품질로 인하여 작업 및 기계시간이 증가하고, 기계고장과 작업중단시간이 증가하고, 폐기물과 재작업이 증가하고, 고객에의 납기가 지연되고, 미래판매를 상실하며, 보증비용이 증가하게 된다. Crosby는 이러한 비용은 예방(prevention)을 통한 높은 품질의 달성을 조장하는 환경을 조성하기 위해 필요한 기계, 자재 및 훈련의 비용보다 훨씬 크다고 믿는다. 즉 숨겨진 비용감소로 인한 절약이 환경조성에 필요한 비용을 상쇄한다는 것이다.

Crosby는 시스템과 작업자들이 불완전하기 때문에 프로세스에서 품질문제가 발생한다는 주장을 배격한다. 즉 Crosby에 의하면 불량품을 발생시키는 결함은 지식의 결여와 주의의 부족으로 발생하는데 지식의 결여는 통계적 수단을 이용하면 해결할 수 있고, 주의의 부족은 개인에 의하여 변경할 수 있는 태도의 문제라는 것이다.

5. Feigenbaum의 철학

Armand V. Feigenbaum은 *Total Quality Control*이라는 저서를 1951년에 발간하면서(사실 1951년에는 다른 이름으로 발간하였음) TQC의 개념을 맨 처음 주창하였다. Feigenbaum의 아이디어는 품질의 책임은 품질부에 있는 것이 아니고 제품설계로부터 판매 후 서비스에 이르는 모든 기능을 수행하는 사람들이 제품품질에 책임을 져야 한다는 것이다.

Feigenbaum은 종합적 품질관리를 조직의 기능별 경계를 관통하는 횡적인 개념으로 표현한다. [그림 4-5]에서 보는 바와 같이 품질개선노력을 통합하는 범위는 시초의 고객중심 품질정의로부터 제품의 고객만족 보장까지 이르는 기능별 관리(cross-functional management)라고 할 수 있다. 기능별 관리에 대해서는 후술할 것이다.

TQC는 품질문제를 작업현장에서 작업자에 의해 규명하고 해결하되 가급적 생산 프로세스의 초기단계부터 실천해야 한다는 원천적 품질관리(quality at the source)에 기초를 두고 있다. 이러한 원천적 품질관리를 달성하기 위해서 품질문제가 발견되는 즉시 생산라인을 중지시키고 해당 작업자가 이 문제를 해결토록 함으로써 불량품의 흐름을 근본적으로 차단시키도록 한다. 이는 생산량보다 품질을 더욱 중시하는 사고에서 연유한다.

그는 소방활동(firefighting)보다는 예방활동에, 검사보다는 설계단계에서의 품

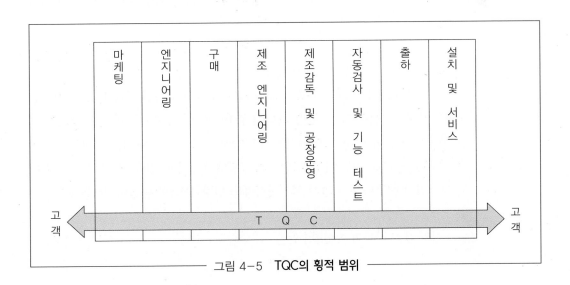

마케팅 | 엔지니어링 | 구매 | 제조 엔지니어링 | 제조감독 및 공장운영 | 자동검사 및 기능 테스트 | 출하 | 설치 및 서비스

고객 ← T Q C → 고객

그림 4-5 **TQC의 횡적 범위**

질의 고려에 중점을 두고 있다. 그는 기업의 모든 사람이 관계를 맺고 헌신할 고객 중심적이고, 비용 효과적인 품질경영 프로그램을 실시할 것을 주장하였다.

Feigenbaum은 TQC를 채택하는 혜택을 계량화하는 수단으로 품질비용(cost of quality)이라는 개념을 맨 먼저 주장하였다. 그는 실패비용, 평가비용, 예방비용이라는 세 개의 중요한 항목을 명시하였다.

6. Ishikawa의 철학

Deming과 Juran 등과 같이 세계적 명성을 떨치지는 못하지만 일본에서 유명한 Kaoru Ishikawa는 품질관리 발전에 큰 공헌을 하였다. 그는 품질관리 분임조 (quality control circle)의 개념과 실행을 창안하였을 뿐만 아니라 특성요인도(cause and effect diagram)와 같은 품질관리 도구의 개척자이었다.

그는 미국의 Feigenbaum이 주창한 TQC와 차별하기 위하여 1968년부터 일본의 품질관리를 전사적 품질관리(company-wide quality control: CWQC)라고 부르기 시작하였다. CWQC는 품질, 비용, 납기준수 등 기업의 목적을 달성하는 활동에 모든 종업원과 부서를 참여시킨다.

7. Taguchi의 철학

Taguchi는 불량품의 80%는 제품설계 때문이라고 주장하면서 설계단계에서 품질노력을 집중해야 한다고 강조한다.

전통적으로 생산자의 입장에서 품질을 설계규격에의 일치(conformance to the design specification)라고 정의하여 왔다.

전통적 견해에 의하면 목표치(target value)로부터 떨어진 거리에 상관 없이 규격한계 내에 놓이는 모든 부품은 똑같이 좋고(양품이고), 규격한계 밖에 놓이는 모든 부품은 똑같이 나쁘다고(불량품이라고) 판정한다. [그림 4-6]은 이러한 전통적 손실함수(loss function)를 나타내고 있다. 그림에서 부품이 일단 규격한계를 벗어나면 목표치로부터 아무리 멀리 떨어지더라도 일정한 $A의 손실이 발생함을 볼 수 있다.

이와 같이 전통적 손실함수는

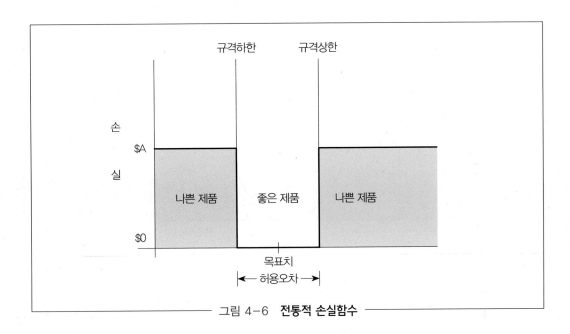

규격하한　　　규격상한

손
실

$A

나쁜 제품　　　좋은 제품　　　나쁜 제품

$0

목표치
|◄── 허용오차 ──►|

───── 그림 4-6　**전통적 손실함수** ─────

- 고객은 규격한계 내에서는 똑같이 만족하고 규격한계를 벗어나면 만족하지 않는다.
- 품질특성의 실제치가 규격한계 내에 들어오는 한 비용은 발생하지 않는다.

는 가정에 입각한다.

Taguchi는 품질을 제품이 출하될 때부터 사회에 부과하는 손실 또는 비용이라고 정의한다. Taguchi에 의하면 제품의 품질특성이 정확하게 그의 목표치와 일치하면 아무런 비용이 발생하지 않고 품질이 좋아지지만 품질특성이 그의 목표치로부터 떨어질수록 비용은 증가하고 품질은 나빠진다는 것이다. 이는 [그림 4-7]에서 보는 바와 같다. 그런데 허용오차(tolerance)를 더욱 줄이기 위해서는 정밀기술이 필요하기 때문에 실제로는 절충이 이루어진다.

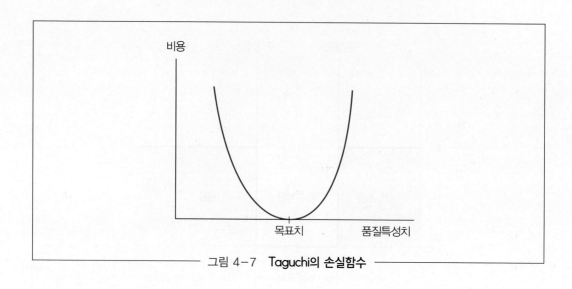

그림 4-7 **Taguchi의 손실함수**

4.7 ISO 9000: 2015

국제표준화기구(International Standards Organization: ISO)는 국제무역 및 기술 교류의 촉진을 목적으로 국제규격을 제정·보급하도록 설립된 국제기구인데 제품에 관한 규격, 커뮤니케이션을 원활히 하기 위한 용어 및 양식 규격, 그리고 조직을 효율적으로 통제하기 위한 관리규격 등을 제정하고 있다.

2015년에 수정된 ISO 9000: 2015 시리즈의 제정목적은 각국별로 또는 산업분야별로 달리 정해져 있는 품질경영 시스템에 대한 요구사항을 국제적으로 통일시키기 위한 것이다. 즉 이는 구매자와 소비자가 요구하는 여러 가지 품질요건을 충족시키기 위해 각국에서 활용하는 다양한 방식을 합리적으로 통일시키고자 제정한 것이다.

ISO 9000: 2015 시리즈는 관리규격에 해당하는 것으로 1987년 ISO에서 제정한 품질경영에 관한 통일된 국제규격으로서 기업에서 품질경영을 위해 구비해야할 최소한의 요구사항을 규정한 것인데 이 요구사항을 충족시키기 위해서는 구체적으로 어떻게 해야 하는지에 대해서는 언급이 없다. 이미 155여 개국이 ISO 9000 시리즈를 자국의 국가규격으로 채택하고 있으며 우리나라에서도 1992년 ISO 9000 시리즈 인증규격을 한국표준규격으로 채택한 바 있다.

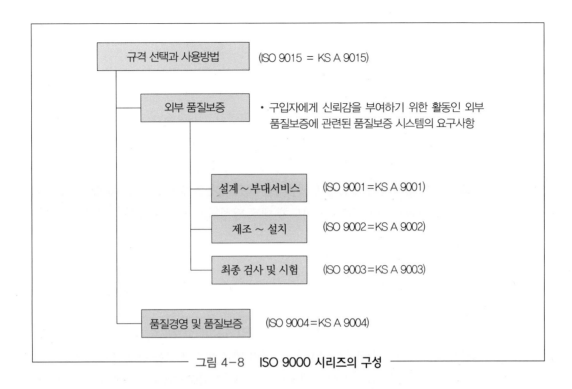

━━ 그림 4-8 **ISO 9000 시리즈의 구성** ━━

ISO 9000: 2015는 다음과 같은 8가지의 원칙에 의해 지원받고 있다.

- 고객중심
- 리더십
- 종업원 참여
- 프로세스 접근법
- 경영의 시스템 접근법
- 지속적인 향상
- 의사결정 시 사실에 입각한 접근
- 상호 도움되는 공급업자와의 관계

ISO 9000 시리즈에는 9000, 9001, 9002, 9003, 9004 등 5개의 기본적인 규격이 포함되어 있다([그림 4-8] 참조). 각 규격별 규정내용과 환경규격인 ISO 14000 시리즈를 간단히 공부하면 다음과 같다.

1. ISO 9000(KSA 9000)

품질경영 및 품질보증을 위한 표준으로서 ISO 9001~9004 시리즈의 선택 및 사용을 위한 지침을 제공한다. ISO 9001~9003 시리즈는 계약상황에서 외부 품질보증 목적을 위한 품질시스템의 표준을 규정하고 ISO 9004는 내부 품질경영·목적을 위한 표준을 규정한다. 외부 품질보증(external quality assurance)이란 생산자의 품질시스템이 구매자가 말한 품질요구를 충족시킬 제품 또는 서비스를 공급하고 있다는 신뢰를 구매자에게 제공하는 모든 활동을 말하고 내부 품질보증(internal quality assurance)이란 품질이 의도한 대로 달성되고 있다는 신뢰를 경영층에 제공하는 모든 활동을 말한다.

2. ISO 9001(KSA 9001)

설계/개발, 생산, 설치 및 서비스에 있어서의 품질보증 모델이다. 이 표준은 납품업자가 제품의 설계/개발, 생산, 설치 및 서비스와 같은 단계에서 규정된 요구에 일치하였음을 보증할 때 사용된다. 이 표준은 납품업자의 품질경영시스템에 대한 일반적 요구를 포함한다.

3. ISO 9002(KSA 9002)

생산 및 설치에 있어서의 품질보증 모델이다. 이 표준은 납품업자가 제품의 설계/개발, 서비스에 대해 책임을 지지 않는 경우에 적용된다.

제품을 생산하고 설치하는 납품업자에 대해 ISO 9002 시리즈는 납품업자의 생산 및 설치를 위한 품질시스템은 기본적 요구를 준수하고 있음을 고객에게 보증하는 것이다.

4. ISO 9003(KSA 9003)

최종검사 및 테스트에 있어서의 품질보증 모델이다. 이 표준은 최종검사 및 테스트 단계에서 납품업자가 규정된 요구에 일치하고 있음을 보증할 때 사용된다. 따라서 이 표준은 납품업자의 최종검사 및 테스트 과정이 ISO 9003을 따를 경우

고객은 그 제품의 품질수준에 관해 보증받는다는 점에 있어서 품질책임을 납품업자에 전가한다고 볼 수 있다.

5. ISO 9004(KSA 9004)

ISO 9001, 9002, 9003에서 요구하는 품질경영시스템의 개발 및 실행에 관한 일반적 지침이다. 이 표준은 경영층 책임, 품질시스템 개발의 원칙, 시스템 구조, 시스템 검토, 감사 등을 포함한다. 일반적으로 지침과 제안의 목적은 ISO 9001, 9002, 9003에서 요구하는 것을 충족하기 위해서 효과적인 품질경영시스템을 개발하는 데 도움을 주기 위한 것이다.

6. ISO 14000 시리즈

환경관리에 대한 방법 및 체제를 통합하여 환경을 보호할 목적으로 제정된 국제적인 환경규격이다. 이는 기업경영으로 인하여 발생하는 환경에의 유해한 영향을 최소화하기 위해 기업이 해야 하는 일을 규정하는데 제조업은 물론 서비스업에도 적용된다.

4.8 6시그마

1. 개념

6시그마(six sigma)라는 용어는 1980년대 미국의 반도체 회사인 Motorola 회사가 좋은 수준의 품질을 달성하기 위하여 처음 사용한 후 지금까지 수많은 기업들이 성공적으로 사용하여 오고 있다.

6시그마의 이념적 원리는 Deming과 Juran의 품질철학에 기반을 두고 있다. 그 후 수많은 기업에서 6시그마 방법론을 사용하여 엄청난 비용절감과 이익증가 등을 이룩하였다. 결과적으로 오늘날 6시그마는 가장 인기 있는 품질경영 시스템의 하나가 되었다.

6시그마는 통계적 의미와 프로그램이라는 두 의미를 갖는다. 통계적 의미로 6시그마는 프로세스, 제품, 서비스에 있어 99.9997%의 높은 프로세스 능력을 보인다는 것이다.

기본적으로 6시그마는 프로세스에 내포된 변동의 부정적 효과를 제거하는 개선을 위한 기술적 도구와 전문지식을 제공하는 시스템이다. 6시그마는 계량적 자료를 사용하는 기술적 도구에 크게 의존한다. 이러한 프로세스 변동의 감소를 통한 성과의 증진은 거의 0에 가까운 불량률의 감소, 제품품질과 서비스품질의 향상, 근로자 사기. 이익의 증가를 유도한다.

6시그마 방법론을 사용하면 고객에 가치를 제공할 능력을 향상시킨다. 즉 프로세스 흐름을 촉진하여 사이클 타임을 단축시키고 생산성을 향상시키고 제품이나 서비스의 신뢰성(reliability)을 제고시킨다. 이러한 변화들로 고객에게는 가치를 증진하고 기업에는 재무성과를 호전시킨다.

오늘날 6시그마는 폭넓은 분야에서 구조적인 문제해결(problem solving) 방법론으로 응용되고 있다. 6시그마는 고객만족 향상과 프로세스 개선을 목적으로 진화되었다. 결점없는 제품과 서비스의 제공을 통한 고객만족을 강조하기 때문에 불만족을 초래하는 그 어떤 것도 불량(defect)으로 취급한다.

많은 산업에서 6시그마를 프로세스를 향상시키고 고객문제를 해결하는 데 사용하고 있다. 6시그마의 목적은 단순히 6시그마 스코어의 달성이 아니라 고객만족, 프로세스, 수익성 등의 면에서 지속적인 향상을 도모하는 것이라고 할 수 있다. 6시그마를 제품과 서비스로부터 불량을 제거할 프로세스를 꾸준히 향상시키는 로드맵을 제공하는 경영전략이라고 말하는 사람도 있다.

6시그마는 고객의 목소리(voice of customer)라는 개념과 통계적 프로세스 관리 기법을 활용해서 품질문제를 해결하는 방법을 제공한다.

시그마(σ)란 프로페스의 표준편차를 의미한다. 즉 프로세스의 정규분포에서 평균 주위로 흩어진 특정 품질특성의 산포의 정도를 측정한다.

6σ계획이란 정규분포를 하는 프로세스에서 생산되는 품질 특성치의 프로세스 평균(프로세스 중심)이 목표치에 위치하고 있다는 가정하에 품질분포의 프로세스 평균 μ로부터 $\pm 6\sigma$의 거리에 규격한계 S_L과 S_U가 있게 함으로써 양쪽으로 각각 0.001ppm이 발생하여 결국 10억 개의 부품 중 오직 2개(2 parts per billion: 2ppb)의 불량품만을 허용하겠다는 것을 의미한다. 이는 [그림 4-9]와 〈표 4-1〉이 보여주고 있다.

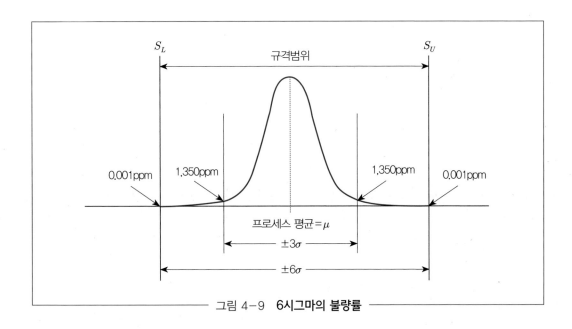

그림 4-9　**6시그마의 불량률**

6시그마 품질의 아이디어란 프로세스 능력비율(process capability ratio: PCR)을 나타내는 C_p지수가 적어도 2보다 클 때까지 프로세스의 변동(σ)을 줄여야 한다는 것이다. 이를 반대로 말하면 6시그마 품질이 달성되려면 프로세스 변동이 규격폭(규격범위)의 1/2 이하여야 한다는 것이다.[2]

$$\text{6시그마 품질: } C_p = \frac{S_U - S_L}{6\sigma} \geq 2$$

여기서 S_U: 규격상한

S_L: 규격하한

〈표 4-1〉에서 규격폭이 12σ일 때 $C_p = 2$임을 알 수 있다. 프로세스 평균이 목표치와 일치하는 정규분포라면 이는 2ppb를 의미한다.

2　프로세스 능력이란 프로세스가 정해진 설계규격에 맞게 생산할 수 있는 능력을 말한다. 프로세스 능력을 측정하는 척도가 프로세스 능력비율 C_p인데 C_p가 클수록 프로세스 능력이 좋다는 것을 의미한다.

표 4-1	규격한계와 불량품 수의 관계: 프로세스 평균과 목표치가 일치하는 경우		
규격한계	양품률(%)	불량률(ppm)	C_p
$\pm\sigma$	68.27	317,300	0.33
$\pm2\sigma$	95.45	45,500	0.67
$\pm3\sigma$	99.73	2,700	1.00
$\pm4\sigma$	99.9937	63	1.33
$\pm5\sigma$	99.999943	0.57	1.67
$\pm6\sigma$	99.9999998	0.002	2.00

예 4-1

종로직물주식회사에서는 염색 프로세스를 이용하는데, 그의 평균은 140°이고 표준편차는 15°라고 한다. 규격상한은 149°이고, 규격하한은 131°라고 할 때 이 프로세스는 6시그마 품질수준을 만족시키는가?

해답

$$C_p = \frac{S_U - S_L}{6\sigma} = \frac{149 - 131}{6(1.5)} = 2$$

$C_p = 2$이므로 프로세스는 6시그마 품질수준을 만족시킨다.

Motorola의 6σ관리는 규격이 $\pm6\sigma$로 좁혀져 프로세스 평균과 목표치가 일치할 때는 불량률이 0.002ppm, 즉 99.9999998%의 제품이나 서비스는 규격 내에 드는 양품이 됨을 의미하지만 실제적으로 재료, 작업자, 방법, 환경, 측정 등 여러 가지 요인으로 인하여 프로세스 평균이 목표치로부터 $\pm1.5\sigma$까지 벗어나는 경우가 일반적인데, 이때 6σ관리는 〈표 4-2〉에서 보는 바와 같이 불량률이 3.4ppm으로 증가함을 의미한다. 즉 평균이 $\pm1.5\sigma$를 벗어나더라도 불량품은 3.4ppm으로서 아주 작은 값이다.

[그림 4-10]은 $\mu = \frac{S_L + S_U}{2} + 1.5\sigma$인 경우를 보여주고 있다.

이와 같이 프로세스 평균이 목표치로부터 오른쪽으로 1.5σ 이동하는 경우 규격상한을 벗어나는 불량률은 다음과 같이 계산한다.

표 4-2 규격한계와 불량품 수의 관계: 프로세스 평균이 목표치로부터 1.5σ벗어난 경우

규격한계	양품률(%)	불량률(ppm)	$C\rho$
$\pm\sigma$	30.23	697,700	−0.167
$\pm2\sigma$	69.13	308,700	0.167
$\pm3\sigma$	93.32	66,810	0.500
$\pm4\sigma$	99.3790	6,210	0.834
$\pm5\sigma$	99.97670	233	1.167
$\pm6\sigma$	99.999660	3.4	1.500

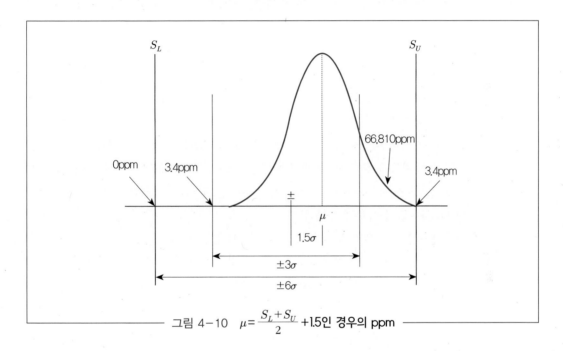

그림 4−10 $\mu=\dfrac{S_L+S_U}{2}+1.5$인 경우의 ppm

$$P(x>S_U)=P\left(Z>\frac{S_U-\mu}{\sigma}\right)=P\left(Z>\frac{S_U-\left\{\dfrac{S_U+S_L}{\sigma}+1.5\sigma\right\}}{\sigma}\right)$$

$$=P\left(Z>\frac{\dfrac{S_U+S_L}{2}-1.5\sigma}{\sigma}\right)=P\left(Z>\frac{6\sigma-1.5\sigma}{\sigma}\right)$$

$$=P(Z>4.5)=0.00000340$$

2. 6시그마 프로그램의 기술적 측면

6시그마 개념을 도입하는 데는 두 가지 측면이 있다. 첫째는 품질문제를 규명하고, 둘째는 그의 원인을 제거하는 데에 기술적 도구를 사용한다는 것이다. 사실 6시그마 개념은 계량적 자료를 사용한다. 이러한 기술적 도구에는 통계적 품질관리(statisitical quality control: SQC)와 문제해결도구(problem-solving tools)를 포함한다.

개념적으로 6시그마는 불량품의 발생을 줄이고, 비용과 시간을 줄이며, 고객만족을 증진시키고자 하는 프로그램(program)이라고 할 수 있다. 이러한 목적을 달성하기 위해서 여러 가지 도구와 기법을 사용한다.

6시그마 프로그램은 원래 품질향상을 위한 기법으로 출발하였지만 지금은 설계, 생산, 고객, 서비스, 재고관리, 배송 등에 폭넓게 적용되어 저비용, 시간절약, 고객만족을 유도하고 수익성을 증진하여 궁극적으로 기업의 경쟁력을 강화하는 수단으로 사용되고 있다. 이와 같이 6시그마는 경영의 모든 부문에서 결점예방을 위한 전략으로 발전되어 왔다.

다시 말하면, 6시그마 프로그램의 기술적 측면은 프로세스 성과를 개선하고, 프로세스 변동을 줄이며, 통계적 방법을 사용하고 DMAIC라고 하는 프로세스 개선모델(process improvement model)을 사용하는 것이다. 이러한 방법은 Deming의 PDSA 사이클과 아주 흡사하다.

DMAIC란 다음과 같은 다섯 단계를 거친다.
1. 정의(define): 개선하고자 하는 프로세스를 선정한다.
2. 측정(measure): 품질변수에 대한 자료수집과 개선할 목표를 설정한다.
3. 분석(analyze): 품질문제의 근본 원인을 규명하고 대안을 분석한다.
4. 개선(improve): 프로세스나 절차를 변경하고 개선효과가 있는지 체크한다.
5. 통제(control): 새로운 프로세스의 성과가 유지되도록 관리한다.

처음 세 단계는 현행 프로세스의 고찰을 의미하고, 마지막 두 단계는 프로세스의 변화를 추구한다. 모든 단계는 프로세스 성과를 측정하고 프로세스 문제의 근본 원인을 분석하는 데 계량적 도구를 사용한다. PDSA 사이클처럼 DMAIC의 모든 단계는 끊임 없이 진행하는 순환과정이다. [그림 4-11]은 6시그마의 프로세스 개선과정을 보여주고 있다.

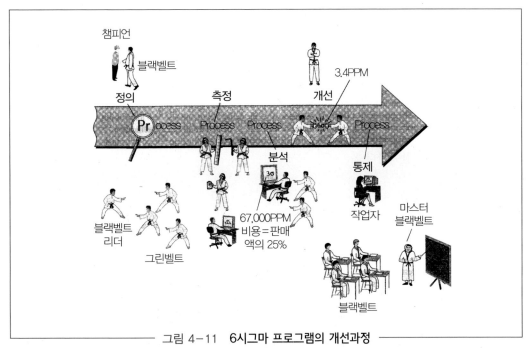

그림 4-11 **6시그마 프로그램의 개선과정**

출처: R. Russell & B. Taylor, *Operations & Supply Chain Management*, 10th ed. (Wiley, 2020), p. 76.

3. 6시그마 프로그램의 인적 측면

6시그마 프로그램의 인적 측면은 기업의 모든 구성원의 참여를 의미한다. 모든 종업원들은 기술적 도구를 사용하는 방법을 훈련받고 품질문제를 발본색원할 책임을 갖는다.

6시그마를 효과적으로 이끌기 위해서는 전문가가 필요한데 이들은 조직에서 우수한 사람들에게 수여하는 벨트 인증을 받아야 한다. 6시그마 전문가로는 챔피언(campion), 마스터 블랙벨트(master black belt), 블랙벨트(black belt), 그린벨트(green belt), 화이트벨트(white belt) 등이 있다.

- 챔피언: 전문가 중에서 가장 직위가 높은 최종 책임자로서 6시그마 활동을 총괄한다. 6시그마 프로젝트를 선정하고 경영혁신 문화를 이끌 추진력과 창의력을 갖추어야 한다.
- 마스터 블랙벨트: 선임 블랙벨트로서 6시그마 활동을 통합·조정하고 블랙

벨트와 화이트벨트의 교육과 훈련을 담당한다.

- 블랙벨트: 프로젝트 팀의 리더로서 문제해결 능력과 통계적 분석능력을 겸비해야 한다. 그린벨트와 화이트벨트의 교육과 훈련을 담당한다.
- 그린벨트: 6시그마 활동의 필요에 따라 참여한다. 블랙벨트로부터 지시, 교육, 훈련을 받는다.
- 화이트벨트: 가장 초보적인 벨트를 인증받고 6시그마 활동의 필요에 따라 참여한다.

01   품질의 중요성을 설명하라.

02   품질과 수익성과의 관계를 설명하라.

03   품질을 정의하라.

04   고객 중심의 품질개념을 설명하라.

05   품질향상 노력에 종업원의 참여는 왜 필요한가?

06   TQM의 요소를 설명하라.

07   품질비용의 종류를 설명하라.

08   품질관리 지도자들의 철학을 설명하라.

09   ISO 9000 시리즈를 설명하라.

10   6시그마의 원리를 설명하라.

11 다음 자료를 이용하여 예방비용, 평가비용, 내적 실패비용, 외적 실패비용을 계산하라.

품질계획	100	재작업	250
폐기물	350	간접비	70
수입자재의 검사	200	제조물책임 비용	300
종업원 훈련	25	제품검사 및 테스트	125
프로세스 관리	150	품질자료 구입 및 분석	170
테스트장비 정확성 유지	50	제품/프로세스 설계	130
자재 및 서비스 소비	75	클레임	170
보증비용	70	제품/자재 반송	140
재검사	90	불량품 분석	40
수율 상실	225	비가동시간	60
신제품 검토	35	성능테스트	15

제 2 편

수요예측

수요예측

오늘날 경쟁이 극심한 글로벌 환경에서 변동하는 고객들의 수요를 제대로 만족시키기 위해서는 제품이나 서비스의 생산공급이 수요에 맞추어져야 한다. 변동하는 수요를 관리하고 고객이 원하는 제품이나 서비스를 공급하기 위해서는 기업은 구매, 생산, 마케팅, 인적자원 계획을 수립해야 하는데 이들은 수요예측에 의존할 수밖에 없다.

예측이란 불확실한 과정이다. 미래가 어떻게 변화할지 꾸준히 예측하는 것은 사실 불가능한 일이다. 요즘의 글로벌 환경에서 소비자들은 다양한 제품 선택권을 행사할 수 있으며 이 선택의 기초로 삼는 많은 정보에 쉽게 접하고 있다. 특히 빠른 기술개발로 많은 상품이 쏟아져 나오기 때문에 수요를 예측한다는 것은 무척 어려운 일이다. 수요를 예측할 때는 수요에 영향을 미치는 미래의 경제환경, 경쟁의 정도, 새로운 시장의 출현 등의 요인을 고려해야 한다.

본장에서는 수요예측의 중요성, 수요에 영향을 미치는 제 요소들을 공부한 후 예측적 분석론 등 각종 예측기법을 자세하게 설명하고자 한다.

5.1 수요예측의 원리

여러 가지 수요의 예측모델이 사용된다. 이들은 복잡성, 사용하는 자료의 양, 예측치를 구하는 방식에 있어 차이가 있다. 그러나 모든 예측모델에 공통적인 특성은 다음과 같다.

첫째, 예측치는 거의 정확하지 않다. 미래상황은 불확실하기 때문에 예측오차(forecast error, 예측치와 실제치의 차이)는 언제나 발생한다.

둘째, 개별 제품보다 제품 그룹의 예측치가 더욱 정확하다. 개별 제품의 자료가 불안정하더라도 제품 그룹의 자료는 안정적이다. 제품을 그룹화하면 개별 제품의 증감변동을 상쇄하기 때문이다.

셋째, 장기예측보다 단기예측의 경우 더욱 정확하다. 단기에 있어서는 자료의 변동이 심하지 않은 반면 장기의 자료에 있어서는 패턴이나 관계가 변동할 가능성이 높다.

5.2 수요예측의 전략적 중요성

예측을 잘 하면 이는 기업의 모든 측면에 아주 긍정적인 영향을 미칠 뿐만 아니라 공급사슬관리에도 큰 도움을 준다. 예측이란 실제수요를 알기 전의 수요 추정치이다. 따라서 수요예측은 많은 분야의 계획과 결정을 유도한다. 기업이 어떤 제품을 가지고 어느 시장에서 경쟁해야 성공할 것인가를 결정하기 위해서는 고객이 원하는 신제품이 무엇이고 얼마 정도이고 품질수준은 어느 정도인지 예측해 보아야 한다. 미래의 신제품과 그의 설계를 알게 되면 프로세스 설계, 신장비와 기술 등을 결정할 수 있다.

한 기업의 공급사슬은 모든 공급업자들로부터 고객들에 이르기 까지 제품생산과 관련된 시설, 기능, 활동 모두를 활용한다. 공급사슬 기능에는 구매, 재고, 생산, 스케줄링, 시설입지, 수송, 분배 등이 포함된다. 그런데 이러한 기능들은 단기적으로는 제품수요에 의해 영향을 받고 장기적으로는 신제품과 프로세스, 기술진보, 시장변화 등에 의하여 영향을 받는다.

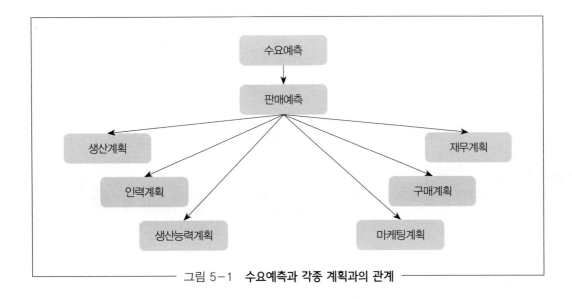

그림 5-1 **수요예측과 각종 계획과의 관계**

수요예측은 공급사슬에 걸쳐 [그림 5-1]에서 보는 바와 같이 각종 전략적 계획을 수립하는 데 필요한 기초 자료를 제공한다. 수요예측에 입각하여 판매예측 (sales forecast)이 이루어진다. 판매예측은 어느 기업의 미래 판매량을 추산하는 것으로, 그 기업의 각종 전략적 계획수립에 필요한 기초자료를 제공한다. 제품의 판매는 수익을 수반하기 때문에 판매예측은 현금유입(cash inflow)의 예측에 이용되어 재무계획을 수립하는 데 도움을 준다.

또한 판매예측은 인력소요량을 추산케 하여 인력을 채용하고 해고하고 훈련하는 인력계획을 수립케 하는 동시에, 필요한 원자재를 구입하고 시설을 확장하는데 따른 현금유출(cash outflow)에 관한 재무계획의 수립에 필요한 자료를 제공한다.

판매예측은 생산계획과 생산능력계획 등 생산운영관리자의 결정에 이용된다. 예컨대 프로세스 설계 시 프로세스의 유형과 자동화의 정도를 결정하는 데 수요예측이 이용된다. 생산능력이 수요에 비하여 불충분하면 고객을 상실하고 시장점유율에 타격이 온다.

한편 제품수요로부터 원자재 혹은 부품, 노동시간, 기계시간, 에너지 등의 소요량을 계산할 수 있으므로 결국 생산 투입물들의 구매계획 및 재고계획을 수립하는 기초가 된다.

또한 정확한 수요예측은 자재와 부품을 구매하는 공급업자로 하여금 시설계획을 수립할 근거를 제시하게 된다. 제품의 수요예측은 필요한 재고량, 생산량, 공

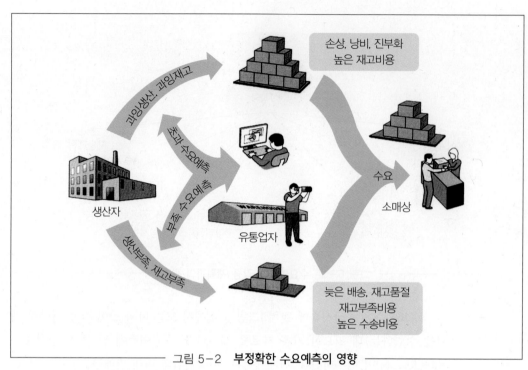

그림 5-2 **부정확한 수요예측의 영향**

출처: R. S. Russell and B. W. Taylor Ⅲ, Operations Management, 10th. ed.(John Wiley & Sons, Inc., 2019), p. 496.

급업자로부터의 자재 구입량을 결정한다. 수요예측이 정확하지 않으면 공급사슬의 각 단계에서 고객수요의 불확실성을 보상하기 위하여 과잉재고가 쌓이게 되고, 반대로 재고가 충분치 않으면 품절이나 늦은 납품으로 고객 서비스가 타격을 받아 글로벌 경쟁환경에서 뒤처지게 된다. [그림 5-2]는 수요예측이 부정확함에 따라 공급사슬에 미치는 부정적 영향을 나타내고 있다.

공급사슬의 각 단계에서의 수요예측이 재고수준에 미치는 영향에 관해서는 제9장 공급사슬관리에서 자세히 공부할 것이다.

5.3 수요예측의 과정

어떤 예측기법이 사용되든 수요예측을 할 때에는 다음과 같은 절차를 거친다.

• 무엇을 예측할 것인가?

예측은 미래 계획수립에 필요한 것이므로 판매량 또는 수요를 예측할 것인가, 그리고 제품별 또는 제품그룹별로 예측할 것인가, 예측기간은 얼마로 할 것인가 등을 결정한다.

• 적절한 데이터를 평가하고 분석한다.

예측모델을 결정해야 하므로 어떤 데이터가 필요하며 이들은 존재하는지 규명한다.

• 예측모델을 선정하고 테스트한다.

모델을 선정할 때는 비용, 이용 용이성, 정확성 등을 고려하고 역사적 데이터로 테스트하고 정확한 모델을 선정한다.

• 예측을 실행한다.

• 예측의 정확성을 모니터링한다.

환경과 조건이 가끔 변화하기 때문에 필요하면 예측모델을 교체해야 한다.

5.4 예측 방법

예측 방법은 크게 세 가지 방법으로 구분할 수 있다.

$$\begin{cases} \text{질적 방법} \\ \text{양적 방법} \end{cases} \begin{cases} \text{시계열 분석방법} \\ \text{인과형 분석 방법} \end{cases}$$

질적 방법(qualitative method)은 조직 내·외의 전문가들의 경험이나 판단과 같은 주관적인 요소로 예측이 이루어진다. 이러한 방법은 예측코자 하는 변수의 역사적 데이터가 없는 경우라든지, 있더라도 미래의 상황을 예측하는 데 적용할 수 없다든지, 생산능력계획을 수립하는 경우에 사용되는데 주로 전략적 중·장기 예측에 쓰인다.

질적 방법 중에서 좀더 구조적인 방법은 데이터 유추법과 델파이법이다.

데이터 유추법(historical analogy)이란 다른 질적 방법처럼 특정 데이터가 없을 때 사용하는 기법으로서, 예컨대 기존제품과 아주 유사한 새로운 제품을 시판하고자 할 때 그 제품의 성공 여부를 예측하기 위하여 기존제품과 관련된 데이터를 사용하는 기법이다.

델파이법(Delphi method)은 원래 기술예측을 위해 사용되었는데, 근래에는 신제품개발, 신시장 개척, 새로운 설비의 취득 등 장기 예측을 하는 데에도 사용되고 있다. 이는 조직 내·외의 전문가들로 하여금 일치된 예측치를 얻기 위하여 실시하는 순환적인 집단질문 과정이다. 각 전문가들은 한 자리에 모이지 않고 비공개적으로, 익명으로 미래수요에 대한 질문지에 답을 하도록 요구받는다. 관리자는 이 질문지들을 회수하여 그들의 의견을 종합하고 요약하여(평균, 중앙치, 표준편차, 사분위간 범위) 이를 기초로 새로운 질문지를 만들어 전문가들로 하여금 그에 대한 의견을 재차 묻는다. 이러한 피드백 과정은 참석자들의 의견이 완전히 일치하여 하나의 예측치를 얻어 낼 때까지 계속된다.

양적 방법(quantitative method)은

- 예측코자 하는 변수에 관한 과거의 데이터가 존재한다.
- 정보를 수량화할 수 있다.
- 과거 데이터의 패턴이 미래에도 그대로 계속된다.

라는 전제가 성립하는 경우에 사용된다.

5.5 시계열 패턴

1. 시계열 변동

시계열(time series)이란 일별, 주별, 월별, 분기별, 연별처럼 일정한 시간 간격으로 과거에 발생한 실제치를 순서대로 나열한 것이다. 시계열 분석은 역사적 데이터에 의존하기 때문에 미래 시계열 변수의 값들은 과거에 발생하였던 패턴

(pattern)대로 결정된다는 것이다. 데이터의 패턴은 과거의 시계열이 어떻게 움직였는지 이해하는 데 중요한 요인이다. 이러한 움직임이 미래에도 계속할 것으로 예상되면 이에 알맞은 예측방법을 선정할 수 있다.

데이터 속에 어떤 패턴이 있는지 알아 보기 위해서는 시계열 그림(time series plot)을 그려야 한다. 이러한 패턴은 시계열 데이터를 구성하고 있는 요소들에 따라 다르다. 시계열 데이터의 구성요소는 다음과 같다.

- 추세변동(trend variation : T): 데이터의 장기적인 꾸준한 점진적 변동을 말한다.
- 순환변동(cyclical variation : C): 경제적, 정치적, 사회적, 기술적 요인의 결합에 의해 1년 이상의 기간마다 추세선으로부터 떨어져서 물결같은 변동을 하는 요소이다. 순환변동(경기변동)의 주기는 일정하지 않다.
- 계절변동(seasonal variation : S): 기후, 명절, 휴가 등의 요인으로 매년 반

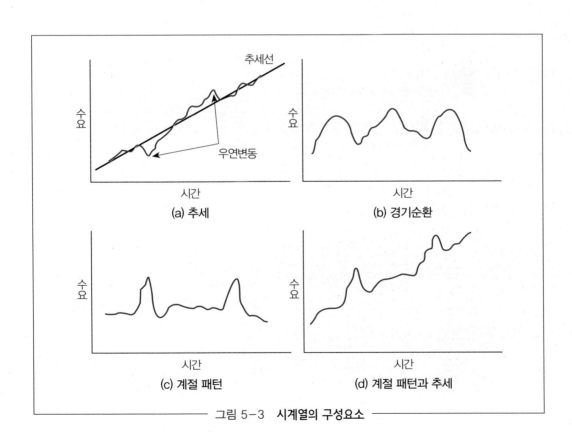

그림 5-3 **시계열의 구성요소**

복적이고 주기가 일정하도록 데이터가 증감하는 패턴을 보이는 요인을 말한다.

- 우연변동(random varriation : R): 매우 복잡한 불규칙적인 요인, 예컨대 데모, 유류파동, 전쟁과 같은 사태에 의하여 발생하는데 예측도 통제도 불가능하다.

이상에서 설명한 시계열의 네 가지 구성요소는 [그림 5-3]에 그려진 바와 같다.

2. 시계열 패턴

▌수평적 패턴

수평적 패턴은 데이터가 시간이 흐를수록 일정한 평균 주위로 랜덤하게 변동할 때 발생한다.

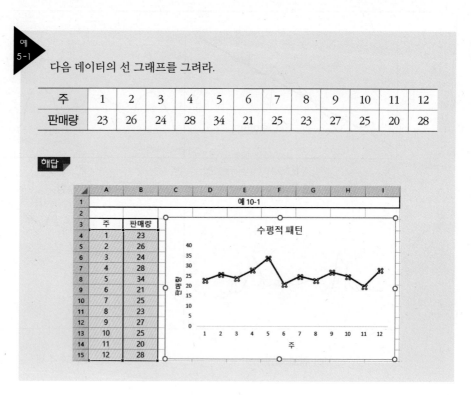

예 5-1

다음 데이터의 선 그래프를 그려라.

주	1	2	3	4	5	6	7	8	9	10	11	12
판매량	23	26	24	28	34	21	25	23	27	25	20	28

해답

▌추세 패턴

시계열 데이터의 불규칙 변동이 존재하지만 시계열이 장기적으로 볼 때 점진적으로 증감하게 되면 추세 패턴이 존재한다고 한다.

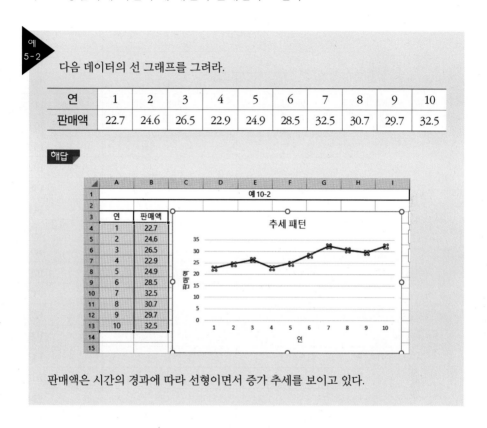

예 5-2

다음 데이터의 선 그래프를 그려라.

연	1	2	3	4	5	6	7	8	9	10
판매액	22.7	24.6	26.5	22.9	24.9	28.5	32.5	30.7	29.7	32.5

해답

판매액은 시간의 경과에 따라 선형이면서 증가 추세를 보이고 있다.

3. 계절 패턴

계절적 영향으로 매년 똑같은 계절에 제품이 잘 팔리는 반복적 패턴을 나타내는 경우 계절 패턴이 존재한다고 말한다.

다음 데이터의 선 그래프를 그려라.

연	분기	판매량
1	1	126
	2	152
	3	107
	4	89
2	1	118
	2	161
	3	133
	4	102
3	1	138
	2	144
	3	113
	4	80
4	1	109
	2	137
	3	125
	4	109
5	1	132
	2	167
	3	128
	4	98

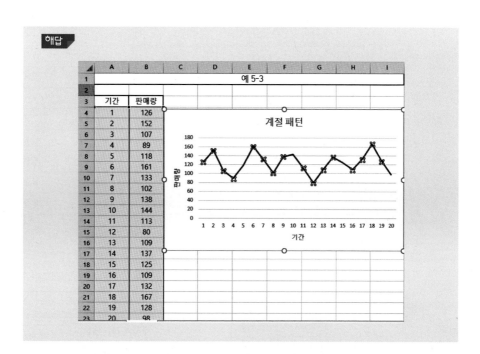

	A	B	C	D	E	F	G	H	I
1					예 5-3				
2									
3	기간	판매량							
4	1	126							
5	2	152							
6	3	107							
7	4	89							
8	5	118							
9	6	161							
10	7	133							
11	8	102							
12	9	138							
13	10	144							
14	11	113							
15	12	80							
16	13	109							
17	14	137							
18	15	125							
19	16	109							
20	17	132							
21	18	167							
22	19	128							
23	20	98							

▌추세와 계절 패턴

시계열은 추세 패턴과 계절 패턴을 동시에 포함하는 경우가 있다. 이러한 경우에는 시계열이 점진적 증감 추세를 보이면서 계절에 따라 판매량이 증감하게 된다.

예 5-4

다음 데이터의 선 그래프를 그려라.

연	분기	판매량
1	1	5.0
	2	4.2
	3	6.1
	4	6.6
2	1	5.8
	2	5.2
	3	6.8
	4	7.5

	1	6.0
3	2	5.8
	3	7.5
	4	7.8
	1	6.3
4	2	5.9
	3	8.2
	4	8.5

해답

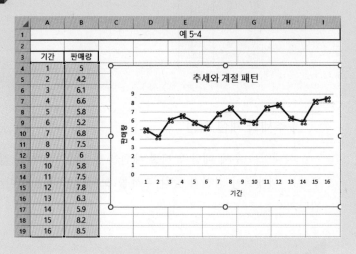

5.6 예측의 정확성

아무리 좋은 기법을 사용하더라도 예측오차(forecast error)는 있기 마련이다. 왜 냐하면 제품수요는 모델에 포함할 수 없는 여러 요인의 복합작용에 의하여 결정되 기 때문이다. 또한 대부분의 예측모델들은 과거의 수요패턴이 미래에도 지속될 것 이라고 가정하는데 미래의 수요변화가 과거와 다른 패턴으로 전개되면 예측오차 는 당연히 발생하게 된다.

오차는 다음과 같이 계산한다.

예측오차＝실제치－예측치

$$e_t = A_t - F_t$$

예측오차는 여러 가지 예측기법 중에서 하나를 선정하는 데 영향을 미칠뿐더러 현재 사용하고 있는 기법의 성공 여부를 평가하는 데 영향을 미친다.

시간의 경과에 따른 예측오차를 측정하는 기법으로서는 다음의 네 가지 방법이 있다.

- 평균 예측오차(mean forecast error: MFE)

$$MFE = \frac{1}{n} \sum_{t=1}^{n} (A_t - F_t)$$

- 평균 절대편차(mean absolute deviation: MAD)

$$MAD = \frac{1}{n} \sum_{t=1}^{n} |A_t - F_t|$$

- 평균 자승오차(mean squared error: MSE)

$$MSE = \frac{1}{n} \sum_{t=1}^{n} |A_t - F_t|^2$$

- 평균 절대비율오차(mean absolute percentage error: $MAPE$)

$$MAPE = \frac{100}{n} \sum_{t=1}^{n} \left| \frac{A_t - F_t}{A_t} \right|$$

예 5-5

다음 데이터를 이용하여 예측오차, 평균 예측오차, 평균 절대편차, 평균 자승오차, 평균 절대비율오차를 구하라. 단 어느 주의 예측차는 바로 전월의 실제치로 정한다.

주	1	2	3	4	5	6	7	8	9	10	11	12
실제치	17	21	19	23	18	16	20	18	22	20	15	22

해답

❶ 다음과 같이 데이터와 수식을 입력한다.

셀 주소	수식	비고
C5	$=$B4	C15까지 복사
D5	$=$B5$-$C5	D15까지 복사
D16	$=$SUM(D5:D15)	G16까지 복사
D17	$=$D16/COUNT(D5:D15)	G17까지 복사
E5	$=$ABS(D5	E15까지 복사
F5	$=$D5^2	F15까지 복사
G5	$=$100*ABS((B5$-$C5)/B5)	G15까지 복사

❷ 다음과 같은 결과를 얻는다.

	A	B	C	D	E	F	G
1				예 5-5			
2							
3	주	실제치	예측치	예측오차	MAD	MSE	MAPE
4	1	17					
5	2	21	17	4	4	16	19.05
6	3	19	21	-2	2	4	10.53
7	4	23	19	4	4	16	17.39
8	5	18	23	-5	5	25	27.78
9	6	16	18	-2	2	4	12.50
10	7	20	16	4	4	16	20.00
11	8	18	20	-2	2	4	11.11
12	9	22	18	4	4	16	18.18
13	10	20	22	-2	2	4	10.00
14	11	15	20	-5	5	25	33.33
15	12	22	15	7	7	49	31.82
16			합계	5	41	179	211.69
17			평균	0.45	3.73	16.27	19.24

5.7 시계열 분석방법

1. 전기 수요법

전기 수요법(last period method)은 시계열 분석기법 중에서 가장 단순한 기법이다. 시계열 중 가장 최근의 실제치를 바로 다음 기의 예측치로 사용하는 기법이다.

만일 5월의 제품수요가 515라면 6월의 수요는 515라고 예측한다. 이러한 기법을 사용하는 사람은 가까운 미래는 바로 과거와 같이 진행될 것이라고 믿는 것이다.

이러한 방법은 기간에 따라 수요변화가 크지 않을 때는 비교적 정확하게 예측할 수 있는 장점이 있는 반면, 불규칙변동에 과민반응하여 상당한 예측오차를 유발할 결점이 있다.

이 기법을 수학적으로 표현하면 다음과 같다.

$$F_{t+1} = A_t$$

F_{t+1} = 다음 기간 $(t+1)$의 수요 예측치
A_t = 현 기간 t의 실제치

2. 단순 이동평균법

과거의 데이터 속에는 체계적인 움직임을 모호하게 하는 불규칙변동이 포함된다. 이 불규칙성은 여러 가지 요인에 의하여 발생하는데, 정확하게 예측할 수도 없고 또한 규칙적인 진정한 변동(real variation)과 구분하기도 쉽지 않다. 이러한 불규칙변동을 고르게 하려는 방법이 이동평균법(moving average method)이다. 특히 제품의 수요가 기간에 따라 심하게 증감하지 않아 추세도 없고 그 데이터 속에 계절적 성격이 없는 경우에 이 방법이 사용된다.

단순 이동평균법(simple moving average method)은 가장 가까운 과거의 일정 기간에 해당하는 시계열의 평균값을 바로 다음 기간의 예측치로 사용하는 방법이다.

예컨대 10월의 수요를 예측하기 위하여 4개월 이동평균법을 사용하려면 가장 가까운 과거 4개월분(9월, 8월, 7월, 6월)의 실제 수요량을 평균하여 얻은 값을 10월의 예측치로 사용하는 방법이다.

단순 이동평균법을 수학적으로 표현하면 다음과 같다.

$$F_{t+1} = \frac{\sum A_t}{n} = \frac{A_t + A_{t-1} + \cdots + A_{t-n}}{n}$$

종로제조(주)의 지난 12개월 동안 판매량 데이터가 다음과 같다.

월	1	2	3	4	5	6	7	8	9	10	11	12
판매량	18	20	19	24	17	16	21	20	22	21	23	26

❶ 3개월 이동평균에 의한 예측치를 구하라.
❷ 예측오차, MAD, MSE, $MAPE$를 구하라.
❸ 실제치와 예측치를 그래프로 표현하라.

해답

❶ 다음과 같이 데이터를 입력하고 수식을 입력한다.

셀 주소	수식	비고
D7	=B7−C7	D15까지 복사
D16	=SUM(D7:D15)	G16까지 복사
D17	=D16/COUNT(D7:D15)	G17까지 복사
E7	=ABS(D7)	E15까지 복사
F7	=D7^2	F15까지 복사
G7	=100*ABS(D7/B7)	G15까지 복사

❷ 3개월 이동평균 예측치를 구하기 위해서는 수식을 이용할 수도 있지만 데이터 분석을 이용하기로 한다.
[데이터]–[데이터 분석]–[이동평균법]을 선택한다.

❸ [확인]을 클릭한 후 다음과 같이 입력한다.

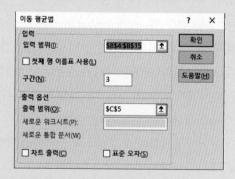

❹ [확인]을 클릭한 후 임시로 셀 C4에 '18', 셀 C5에 '20', 셀 C6에 '19'를 입력한다.
❺ B4:B15를 선택한 후 〈Ctrl〉 키를 누른 채 C4:C15를 선택한다.

❻ [삽입]을 선택한 후 [차트 그룹]에서 ⫿ 옆에 있는 내림단추(▾)를 누르고 [세로 막대형 차트 더 보기]를 클릭한다.

❼ [꺾은선형]을 선택한 후 [확인]을 클릭한다.

❽ C4:C6의 수치들을 지운다.

❾ [차트 요소]에서 [축 제목]을 선택한다.

❿ [차트 제목]과 [축 제목]을 고치면 다음과 같은 결과를 얻는다.

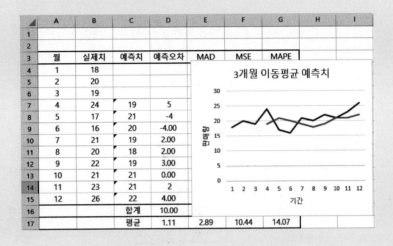

3. 지수평활법

│단순 지수평활법

지수평활법(exponential smoothing method)은 일종의 가중 이동평균법이지만 가중치를 부여하는 방법이 다르다. 지수평활법에 있어서 예측치를 계산하기 위하여 기간에 부여하는 가중치는 그들이 과거로 거슬러 올라갈수록 지수함수적으로 감소한다. 따라서 이 방법에서는 가장 가까운 과거에 가장 큰 가중치를 부여하여 수요의 최근 변화에 더욱 민감한 반응을 하게 된다.

지수평활법에는 가장 가까운 과거의 데이터에 가장 큰 가중치를 부여하는 단순 지수평활법(simple exponential smoothing method)과 추세나 계절변동이 있는 경우 이를 조정해 주는 이중 지수평활법(double exponential smoothing method)이 있다.

단순 지수평활법을 사용하기 위해서는 세 개의 데이터가 필요하다. 즉 다음 기간의 수요를 예측한다면 현 기간의 예측치와 실제치, 그리고 지수평활계수

(smoothing coefficient)이다.

단순 지수평활법의 수식은 다음과 같다.

$$F_{t+1} = F_t + \alpha(A_t - F_t)$$

다음 기간 예측치＝현 기간 예측치＋α(현 기간 실제치－현 기간 예
측치)

F_{t+1}＝다음 기간 $(t+1)$의 수요 예측치
F_t＝현 기간 t의 수요 예측치
A_t＝현 기간 t의 실제치
α＝지수평활계수$(0 < \alpha < 1)$

예
5-7

다음은 19인치 칼라 TV를 판매하는 진달래 상점에서 지난 일 년 동안 판매한 실제치
데이터이다.

연	1	2	3	4	5	6	7	8	9	10	11	12
판매량	267	275	291	281	278	285	270	295	265	280	275	283

❶ $\alpha = 0.2$일 때의 예측치를 구하라.
❷ 예측오차, MAD, MSE, $MAPE$를 구하라.

해답

❶ 데이터를 입력한다.
❷ [데이터]–[데이터 분석]–[지수평활법]을 선택한다.
❸ [확인]을 클릭한 후 다음과 같이 입력한다.

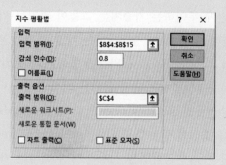

❹ [확인]을 클릭한 후 수식을 입력한다.

셀 주소	수식	비고
D5	=B5−C5	D15까지 복사
D16	=SUM(D5:D15)	G16까지 복사
D17	=D16/COUNT(D5:D15)	G17까지 복사
E5	=ABS(D5)	
F5	=D5^2	
G5	=100*ABS(D5/B5)	

❺ 다음과 같은 결과를 얻는다.

	A	B	C	D	E	F	G
1				예 5-7			
2							
3	월	판매량	ALPHA=0.2	예측오차	MAD	MSE	MAPE
4	1	267	#N/A				
5	2	275	267.00	8.00	8.00	64.00	2.91
6	3	291	268.60	22.40	22.40	501.76	7.70
7	4	281	273.08	7.92	7.92	62.73	2.82
8	5	278	274.66	3.34	3.34	11.13	1.20
9	6	285	275.33	9.67	9.67	93.49	3.39
10	7	270	277.26	-7.26	7.26	52.78	2.69
11	8	295	275.81	19.19	19.19	368.18	6.50
12	9	265	279.65	-14.65	14.65	214.61	5.53
13	10	280	276.72	3.28	3.28	10.76	1.17
14	11	275	277.38	-2.38	2.38	5.64	0.86
15	12	283	276.90	6.10	6.10	37.20	2.16
16			합계	55.60	104.18	1422.28	36.93
17			평균	5.05	9.47	129.30	3.36

단순 지수평활법을 처음 계산하는 경우 최초의 예측치 F_1을 결정하는 방법으로 보통 전기 수요법이 사용된다.

지수평활계수는 고르게 하는(smoothing) 정도와 예측치와 실제치와의 차이에 반응하는 속도를 결정한다. 만일 수요가 안정되어 예측치와 실제치의 차이, 즉 예측오차가 작을 때에는 반응률이 낮게 되지만, 반대로 수요가 증가하게 되면 최근의 증가에 중요성을 부여하기 위하여 높은 반응률을 나타내도록 해야 한다.

추세조정 지수평활법

단순 지수평활법은 불규칙변동만이 존재할 경우에는 적절한 예측치를 제공해 준다. 그러나 시계열 데이터가 상승 또는 하강하는 추세를 보일 때는 단순 지수평활법에 의한 예측치는 항상 실제치와 시차를 보이게 된다.

이럴 경우에는 추세변동을 포함하는 추세조정 지수평활법(forecast including trend : FIT)이 사용된다. 이는 지수평활법을 두 번 적용하므로 이중 지수평활법이라고도 한다. 추세를 조정하기 위해서는 세 단계를 거친다.

- 데이터의 평균 F_t를 지수평활하기 위하여 다음의 공식을 사용한다.

$$S_t = \alpha A_t + (1-\alpha)(S_{t-1} + T_{t-1})$$

여기서, S_t = 기간 t에 데이터들의 지수평활된 평균 예측치
T_t = 기간 t에 지수평활된 추세
A_t = 기간 t의 실제치
α = 평균을 위한 평활계수 $(0 \leq \alpha \leq 1)$
β = 추세를 위한 평활계수 $(0 \leq \beta \leq 1)$

- 기대 추세치 T_t를 구하기 위하여 다음의 공식을 사용한다.

$$T_t = \beta(S_t - S_{t-1}) + (1-\beta)T_{t-1}$$

- 추세 포함 예측치를 구하기 위하여 다음의 공식을 사용한다.

$$FIT_{t+1} = S_t + T_t$$

여기서, FIT_{t+1} = 다음 기간 $(t+1)$의 추세 포함 예측치

예
5-8

다음 데이터는 강남에 있는 푸른전자의 지난 4년간 제품 판매 실적이다. 첫 분기의 평균은 첫 분기의 실제 판매액과 같고 추세는 0이라고 가정한다. 한편 $\alpha = 0.5$, $\beta = 0.5$라고 가정할 때
❶ 기간별 추세조정 판매 예측치를 구하라.
❷ 실제 판매액과 판매액 예측치를 그래프로 나타내라.

해답

❶ 다음과 같이 자료와 수식을 입력한다.

셀 주소	수식	비고
E4	=D4	
E5	=$J$4*D5+(1−$J$4)*(E4+F4)	E23까지 복사
F4	=0	
F5	=$J$5*(E5−E4)+(1−$J$5)*F4	F23까지 복사
G5	=SUM(E4:F4)	G23까지 복사
J7	=SUMXMY2(D5:D23, G5:G23)/ COUNT(G5:G23)	

❷ 다음과 같은 결과를 얻는다.

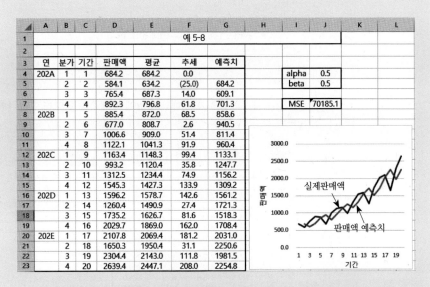

	A	B	C	D	E	F	G	H	I	J	K	L
1						예 5-8						
2												
3	연	분가	기간	판매액	평균	추세	예측치					
4	202A	1	1	684.2	684.2	0.0			alpha	0.5		
5		2	2	584.1	634.2	(25.0)	684.2		beta	0.5		
6		3	3	765.4	687.3	14.0	609.1					
7		4	4	892.3	796.8	61.8	701.3		MSE	70185.1		
8	202B	1	5	885.4	872.0	68.5	858.6					
9		2	6	677.0	808.7	2.6	940.5					
10		3	7	1006.6	909.0	51.4	811.4					
11		4	8	1122.1	1041.3	91.9	960.4					
12	202C	1	9	1163.4	1148.3	99.4	1133.1					
13		2	10	993.2	1120.4	35.8	1247.7					
14		3	11	1312.5	1234.4	74.9	1156.2					
15		4	12	1545.3	1427.3	133.9	1309.2					
16	202D	1	13	1596.2	1578.7	142.6	1561.2					
17		2	14	1260.4	1490.9	27.4	1721.3					
18		3	15	1735.2	1626.7	81.6	1518.3					
19		4	16	2029.7	1869.0	162.0	1708.4					
20	202E	1	17	2107.8	2069.4	181.2	2031.0					
21		2	18	1650.3	1950.4	31.1	2250.6					
22		3	19	2304.4	2143.0	111.8	1981.5					
23		4	20	2639.4	2447.1	208.0	2254.8					

❸ MSE를 최소로 하는 α와 β의 값을 구하기 위해서는 [데이터]−[해 찾기]를 선택한다.

❹ 다음과 같이 입력한다.

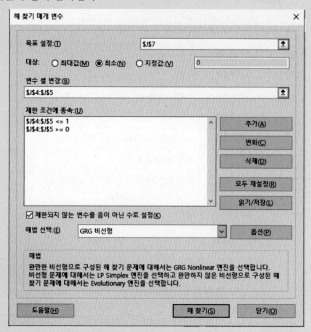

❺ [확인]을 클릭하고 실제 판매액과 판매액 예측치를 그래프로 나타내면 다음과 같다.

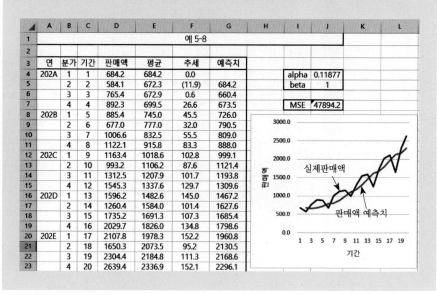

5.8 시계열 분해법

과거의 데이터는 추세(T), 순환변동(C), 계절변동(S) 및 우연변동(R)을 포함한다. 시계열 분해법(decomposition of a time series)이란 시계열 데이터를 이와 같은 구성요소들로 분해하여 미래 수요를 예측하는 방법이다.

그런데 T값과 S값은 쉽게 분해할 수 있지만 오랜 기간에 걸쳐 발생하는 C값과 불규칙적으로 발생하는 R값은 파악하기가 어렵고 복잡하다. 따라서 본서에서는 추세분석과 계절변동 분석에 한하여 설명하고자 한다.

1. 추세분석(trend analysis)

과거의 데이터 속에 어떠한 추세가 있는지 대강 알기 위해서는 과거의 데이터에 대한 산포도(scatter diagram)를 그려본다.

만일 데이터의 추세가 직선이면 시계열을 잘 관통하는 직선 추세선을 구하고, 이 선을 연장하여 미래 수요를 예측하는 것이다. 추세선이 직선이라 함은 각 기간에 있어서 평균수요의 증가(혹은 감소)가 일정함을 뜻한다. 직선 추세선은 다음과 같이 표현할 수 있다.

$$Y = a + bX$$

여기서, Y=특정 기간(예: 분기 X)의 수요 예측치
a=X가 0일 때의 Y축 절편
b=직선의 기울기
X=기간 1, 2, 3, … (예: 분기번호)

다음에는 과거의 데이터를 가장 잘 관통하는 매개변수 a와 b값을 결정해야 하는데, 이를 위해서는 최소자승법(least-squares method)이 가장 널리 이용된다. 최소자승법은 각 실제치와 직선 추세선상의 추세치(예측치)와의 오차자승의 총 합계가 최소가 되도록 a와 b의 값을 결정하는 기법이다. 이 직선 추세선을 회귀선(regression line)이라고도 부른다.

$$b = \frac{n\sum XY - \sum X \sum Y}{n\sum X^2 - (\sum X)^2}$$

$$a = \frac{\sum Y - b\sum X}{n}$$

예
5-9

어느 회사의 지난 5년간 각 분기별 판매액 데이터가 다음과 같다.

연＼분기	1	2	3	4
202A	684.2	584.1	765.4	892.3
202B	885.4	677.0	1,006.6	1,122.1
202C	1,163.4	993.2	1,312.5	1,545.3
202D	1,596.2	1,260.4	1,735.2	2,029.7
202E	2,107.8	1,650.3	2,304.4	2,639.4

❶ 추정 회귀선을 구하라.

❷ 각 분기별 예측치를 구하라.

❸ 202F년 각 분기별 예측치를 구하라.

해답

❶ 다음과 같이 데이터와 수식을 입력한다.

셀 주소	수식	비고
E4	=TREND($D$4:$D$23, $C$4:$C$23, C4)	E27까지 복사

❷ 다음과 같은 결과를 얻는다.

	A	B	C	D	E
1			예 5-9		
2					
3	연	분기	기간	판매량	추세치
4	202A	1	1	684.2	467.8014
5		2	2	584.1	560.4271
6		3	3	765.4	653.0527
7		4	4	892.3	745.6783
8	202B	1	5	885.4	838.304
9		2	6	677	930.9296
10		3	7	1006.6	1023.555
11		4	8	1122.1	1116.181
12	202C	1	9	1163.4	1208.807
13		2	10	993.2	1301.432
14		3	11	1312.5	1394.058
15		4	12	1545.3	1486.683
16	202D	1	13	1596.2	1579.309
17		2	14	1260.4	1671.935
18		3	15	1735.2	1764.56
19		4	16	2029.7	1857.186
20	202E	1	17	2107.8	1949.812
21		2	18	1650.3	2042.437
22		3	19	2304.4	2135.063
23		4	20	2639.4	2227.689
24	202F	1	21		2320.314
25		2	22		2412.94
26		3	23		2505.565
27		4	24		2598.191

❸ 판매량과 추세치를 그림으로 나타내기 위해서는 셀 영역 D4:E23을 블록으로 지정한 후 [삽입]−[차트 그룹]을 선택한다. ‖ 옆에 있는 내림단추를 클릭하고 [세로 막대형 차트 더 보기]를 클릭한다.

❹ [꺾은선형]을 선택하고 [확인]을 클릭한다.

❺ [차트 요소]를 클릭하여 [축 제목]을 선택하고 [차트 제목]은 지운다.

❻ [축 제목]을 기간과 판매량으로 고치면 다음과 같은 결과를 얻는다.

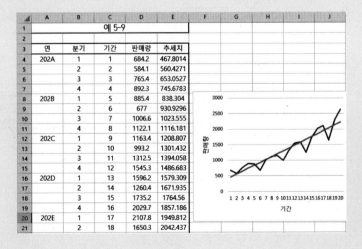

❼ 선형 추세선을 구하기 위해서는 [데이터]-[데이터 분석]-[회귀분석]을 선택한다.

❽ [확인]을 클릭한 후 다음과 같이 입력한다.

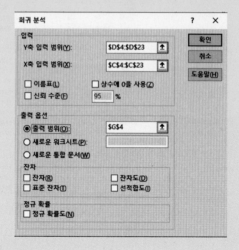

❾ [확인]을 클릭하면 다음과 같은 결과를 얻는다.

요약 출력					
회귀분석 통계량					
다중 상관계수	0.934139				
결정계수	0.872616				
조정된 결정계수	0.865539				
표준 오차	215.1057				
관측수	20				
분산 분석					
	자유도	제곱합	제곱 평균	F 비	유의한 F
회귀	1	5705373	5705373	123.3049	1.74E-09
잔차	18	832868.4	46270.46		
계	19	6538242			

	계수	표준 오차	t 통계량	P-값	하위 95%	상위 95%	하위 95.0%	상위
Y 절편	375.1758	99.92337	3.754635	0.001451	165.2446	585.107	165.2446	
X 1	92.62564	8.341441	11.10427	1.74E-09	75.10092	110.1504	75.10092	1

2. 계절요소 분석

| 추세 없는 경우

시계열에 있어서 계절변동은 기후나 명절같은 반복적인 사상과 관련 있는 기업의 경우에는 흔히 있는 현상이다. 계절성(seasonality)은 시간, 일, 주일, 월, 분기 등에 적용할 수 있다.

계절지수(seasonal index)는 시계열의 값이 계절적 요인에 의해 변동하는 정도를 나타낸다. 지수는 각 계절에 하나가 있게 된다. 따라서 월별 데이터의 경우에는 12개, 계절별 데이터의 경우에는 4개의 지수가 있게 된다. 과거의 데이터를 이용하여 계절지수를 결정하면 이를 예측된 추세치에 적용하여 계절조정(deseasonaliged) 예측치를 얻을 수 있다. 여기서의 가정은 데이터 속에 계절 패턴만 있을 뿐 추세 패턴은 없다고 가정한다.

계절지수를 구하는 절차는 다음과 같다.

❶ 각 계절의 평균수요를 구한다.
❷ 모든 계절에 대한 평균수요를 구한다.
❸ 각 계절별 계절지수 = $\dfrac{\text{각 계절의 평균수요}}{\text{모든 계절의 평균수요}}$
❹ 다음 해의 총 연간수요를 예측한다.
❺ 총 연간수요의 예측치를 계절의 수로 나눈다.
❻ 여기에 계절지수를 곱하면 계절조정 예측치를 얻는다.

예 5-10

앞절에서 계절 패턴만을 보인 데이터는 다음과 같다.

연 \ 분기	202A	202B	202C	202D	202E
1	126	118	138	109	132
2	152	161	144	137	167
3	107	133	113	125	128
4	89	102	80	109	98

❶ 분기별 계절지수를 구하라.
❷ 각 분기별 예측치를 구하라.
❸ 202F년의 예측치가 700이라고 할 때 각 분기별 계절조정 예측치를 구하라.

해답

❶ 다음과 같이 데이터를 입력하고 수식을 입력한다.

셀 주소	수식	비고
G4	=SUM(B4:F4)	G7까지 복사
H4	=G4/4	H7까지 복사
H8	=SUM(H4:H7)	J8까지 복사
I4	=H4($H$8/4)	I7까지 복사
J4	=(700/4)*I4	

❷ 다음과 같은 결과를 얻는다.

◢	A	B	C	D	E	F	G	H	I	J
1					예 5-10					
2										
3		202A	202B	202C	202D	202E	합계	평균	계절지수	예측치
4	1	126	118	138	109	132	623	155.75	1.01	176.70
5	2	152	161	144	137	167	761	190.25	1.23	215.84
6	3	107	133	113	125	128	606	151.5	0.98	171.88
7	4	89	102	80	109	98	478	119.5	0.77	135.58
8							합계	617	4	700

▌추세 있는 경우

시계열에는 추세요소뿐만 아니라 계절요소도 포함되는 경우가 많다. 이러한 경우 예측을 위한 여러 기법이 사용된다. 여기서는 추세를 예측하기 위한 선형 회귀방법과 계절성을 예측하기 위하여 사용되는 계절지수를 결합시키는 승법모델을 사용하고자 한다.

그의 절차는 다음과 같다.

- 각 기간에 대한 계절지수를 구한다.
- 시계열로부터 계절요소를 제거한다(계절조정 예측치를 구한다).
- 계절조정 데이터에 회귀분석을 적용하여 추정 예측선을 구한다.
- 추세선과 계절지수를 사용하여 예측치를 구한다.

앞절에서 추세패턴과 계절패턴을 동시에 보인 데이터는 다음과 같다.

연 \ 분기	202A	202B	202C	202D
1	5	5.8	6	6.3
2	4.2	5.2	5.8	5.9
3	6.1	6.8	7.5	8.2
4	6.6	7.5	7.8	8.5

❶ 분기별 계절지수를 구하라.

❷ 계절조정 연별 분기별 예측치를 구하라.

❸ 계절조정 예측치에 Excel 함수를 적용하여 예측 추세선을 구하라.

❹ 202E년 1분기의 수요를 예측하라.

해답

❶ 다음과 같이 데이터를 입력하고 수식을 입력하라.

셀 주소	수식	비고
C11	=INTERCEPT(M4:M19, J4:J19)	
C12	=SLOPE(M4:M19, J4:J19)	
C13	=C11+C12*17	
F4	=SUM(B4:E4)	F7까지 복사
G4	=F4/4	G7까지 복사
G8	=SUM(G4:G7)	H8까지 복사
H4	=G4/($G$8/4)	H7까지 복사
M4	=K4/L4	M19까지 복사

❷ 다음과 같은 결과를 얻는다.

▲	A	B	C	D	E	F	G	H	I	J	K	L	M
1						예 5-11							
2													
3		202A	202B	202C	202D	합계	평균	계절지수		기간	실제치	계절지수	계절조정 예측치
4	1	5	5.8	6	6.3	23.1	5.775	0.90		1	5	0.9	5.5556
5	2	4.2	5.2	5.8	5.9	21.1	5.275	0.82		2	5.8	0.82	7.0732
6	3	6.1	6.8	7.5	8.2	28.6	7.15	1.11		3	6	1.11	5.4054
7	4	6.6	7.5	7.8	8.5	30.4	7.6	1.18		4	6.3	1.18	5.3390
8						합계	25.8	4		5	4.2	0.9	4.6667
9										6	5.2	0.82	6.3415
10										7	5.8	1.11	5.2252
11		절편	5.10							8	5.9	1.18	5.0000
12		기울기	0.17							9	6.1	0.9	6.7778
13		202E/1분기	7.91							10	6.8	0.82	8.2927
14										11	7.5	1.11	6.7568
15										12	8.2	1.18	6.9492
16										13	6.6	0.9	7.3333
17										14	7.5	0.82	9.1463
18										15	7.8	1.11	7.0270
19										16	8.5	1.18	7.2034

5.9 인과형 예측기법

앞절에서 제품에 대한 수요는 시간과 관계가 있었다. 즉 수요는 시간에 따라 변동하였다. 수요와 시간 사이에는 관계가 있었지만, 시간이 수요변화의 원인이라고 생각하지는 않았다. 그러나 여러 요인들, 예컨대 기업 내부 혹은 환경요인들이 그 기업의 제품에 대한 수요에 영향을 미친다. 예측하려는 수요와 이에 영향을 미치는 요인들과의 관계를 분석하는 것은 유용하다. 어느 제품의 판매량(종속변수)은 그 제품의 가격, 광고비, 품질관리비, 경쟁자의 반응, 가처분 소득, 인구, 기타 독립변수의 함수라고 할 수 있다. 독립변수와 종속변수의 관계를 수학적으로 규명하면 종속변수를 비교적 정확하게 예측할 수 있다.

인과형 예측모델(causal forecasting model, associative model)을 작성하는 절차는 다음과 같다.

- 예측하고자 하는 제품의 수요에 영향을 미치는 독립변수(들)를 규명한다.
- 수요와 이에 영향을 미치는 변수와의 관계가 선형인지, 아니면 어떠한 관계인지 밝혀 관계식을 작성한다.

• 통계적 검증을 통하여 예측모델의 타당성을 검토한다.

본절에서는 변수들의 관계를 나타내는 기법으로서 회귀분석과 상관분석을 설명하고자 한다.

1. 회귀분석

회귀분석(regression analysis)이란 독립변수와 종속변수 사이에 존재하는 함수관계를 나타내는 회귀방정식(regression equation)을 설정하고, 독립변수의 특정한 값에 대한 종속변수의 값을 추정하는 기법이다. 종속변수와 이에 가장 큰 영향을 미치는 하나의 독립변수와의 관계를 규명하는 경우를 단순 회귀분석(simple regression analysis)이라 하고 둘 이상의 독립변수와의 관계를 규명하는 경우를 중회귀분석(multiple regression analysis)이라 한다.

한편 단순 회귀방정식은 선형으로($Y=a+bX$), 지수함수적으로($Y=ab^X$) 또는 포물선으로($Y=a+bX+cX^2$) 표현할 수 있으나, 본서에서는 단순 선형회귀방정식에 국한하여 설명하고자 한다.

시계열 분석에서처럼 회귀분석에서도 두 변수에 관한 데이터가 수집되면 그래프상에 두 변수의 관계를 나타내는 산포도를 작성한다. 만일 두 변수 사이의 관계를 대강 직선으로 표시할 수 있다면, 회귀선(regression line)과 이의 방정식인 회귀방정식을 도출해야 한다. 회귀방정식은 다음과 같이 표현할 수 있다.

$$Y=a+bX$$

여기서, Y=종속변수의 추정치
a=Y축의 절편, 즉 X=0일 때 Y의 값
b=회귀선의 기울기
X=독립변수의 주어진 값

회귀방정식의 회귀계수(regression coefficient) a와 b값은 시계열 분석에서 설명한 최소자승법을 사용하여 구하는데, 그들을 계산하는 공식은 다음과 같다.

$$b=\frac{n\sum XY-\sum X\sum Y}{n\sum X^2-(\sum X)^2}$$

$$a = \frac{\sum Y - b \sum X}{n}$$

2. 상관분석

상관분석(correlation analysis)의 목적은 두 변수 X와 Y 사이에 존재하는 상호 의존관계의 정도를 측정하기 위함이다. 회귀분석에서는 독립변수를 고정시키고 종속변수는 확률변수로 취급하여 이들 두 변수 간의 인과관계를 분석하였으나, 상관분석에서는 두 변수를 확률변수로 취급한 후 두 변수 X와 Y 사이에 직선관계가 존재한다는 가정하에 두 변수간 상호 의존관계의 정도를 측정한다.

상관계수(correlation coefficient: r)는 두 변수간 상호 의존관계의 강도와 방향을 측정한다. 상관계수는 −1.0부터 +1.0까지의 값을 가질 수 있는데, $r = 0$이면 무상관이고, $r = \pm 1.0$이면 완전상관(perfect correlation)관계에 있다고 한다. 상관계수의 부호가 +이면 정의 상관계수로서 두 변수 X와 Y가 같은 방향으로 변화하고, −이면 부의 상관계수로서 반대방향으로 변화함을 의미한다. 상관계수의 부호는 회귀선의 기울기 b의 부호와 언제나 같다.

상관계수를 계산하는 공식은 다음과 같다.

$$r = \frac{n(\sum XY) - (\sum X)(\sum Y)}{\sqrt{n(\sum X^2) - (\sum X)^2} \cdot \sqrt{n(\sum Y^2) - (\sum Y)^2}}$$

예
5-12

다음은 어느 회사의 지난 6개월간 광고비와 판매액과의 관계를 나타내는 데이터이다.

광고비	1	3	4	2	1	7
판매액	2	3	2.5	2	2	3.5

❶ 회귀식을 구하라.
❷ 7월의 광고비가 6으로 예측할 때 판매액은 얼마로 예측할 수 있는가?
❸ 두 변수 사이의 상관계수를 구하라.

해답

❶ 다음과 같이 데이터와 수식을 입력한다.

셀 주소	수식	비고
E4	=INTERCEPT(A4:A9, B4:B9)	
F4	=SLOPE(A4:A9, B4:B9)	
G4	=E4+E5*D6	

❷ 다음과 같은 결과를 얻는다.

	A	B	C	D	E
1			예 5-12		
2					
3	판매액	광고비			
4	2	1		절편	1.75
5	3	3		기울기	0.25
6	2.5	4		6	3.25
7	2	2			
8	2	1			
9	3.5	7			

5.10 예측과 예측적 분석론

치열한 글로벌 경쟁에서 이기기 위한 효율적 기업경영을 위하여 폭증하는 데이터에 수리적 모델을 사용하여 정보와 지식으로 변형시키는 정교한 의사결정 과정이 필요하여 2000년대 이후 비즈니스 분석론이란 새로운 분야가 탄생하였다. 빅데이터로부터 유용한 정보를 추출하기 위한 자동화된 도구가 절실히 필요하게 되어 비즈니스 분석론이 태동하게 된 것이다.

비즈니스 분석론(business analytics)이란 빅데이터에 정보기술, 통계분석, 경영과학(management science), 컴퓨터 과학 등 기법과 수리적 또는 컴퓨터 기반 모델을 사용하여 데이터로부터 정보와 지식을 추출함으로써 경영자들로 하여금 기업경영에 관해 향상된 통찰력을 얻게 하고 사실(근거) 기반 의사결정(fact–based decision making, data–driven decision making)을 내릴 수 있도록 돕는 과학적 과정으로서 융

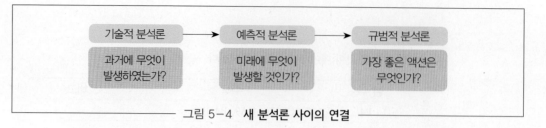

기술적 분석론 → 예측적 분석론 → 규범적 분석론

| 과거에 무엇이 발생하였는가? | 미래에 무엇이 발생할 것인가? | 가장 좋은 액션은 무엇인가? |

그림 5-4 새 분석론 사이의 연결

합학문이라고 정의할 수 있다. 비즈니스 분석론은 빅데이터가 폭증하는 시대환경에 맞추어 탄생한 것이다. 빅데이터는 비즈니스 분석론에서 데이터 분석과 의사결정 과정을 이끄는 엔진이다. 인류는 이제 빅데이터라는 발자취를 추적해 미래를 예측하고 대비하는 시대에 살고 있다.

비즈니스 분석론이 커버하는 모든 내용은 [그림 5-4]에서 보는 바와 같이 기(서)술적 분석론, 예측적 분석론, 규범적 분석론의 세 부분으로 분류할 수 있다.

기업에서 비즈니스 분석론을 시작할 때는 보편적으로 기(서)술적 분석론으로부터 시작해서 예측적 분석론으로, 마지막으로 규범적 분석론으로 진화해 간다.

- 기술적 분석론: 기업에서 과거의 역사적 데이터를 이용해서 "무엇이 발생하였으며 무슨 일이 벌어지고 있는가?" 등 과거와 현재의 기업성과에 대답하기 위하여 사용하는 분석기법이다.
- 예측적 분석론: "앞으로 무슨 일이 발생할 것인가?"에 대한 대답을 구하는 단계로서 과거의 데이터를 사용하여 통계적, 수학적 모델을 만들어 패턴과 관계를 규명하여 미래를 예측하거나 독립변수의 종속변수에 미치는 영향을 평가하는 분석기법이다. 선형회귀 분석, 시계열 분석, 예측기법, 위험분석을 위한 시뮬레이션 등은 여기에 속한다.
- 규범적 분석론: 서술적, 예측적 분석론에서 생성한 여러 대안들 중에서 특정 기업목표에 부합하는 최선의 대안을 선정한다. 따라서 여기서는 "무엇을 어떻게 해야만 하는가?"에 대한 질문에 대답하는 것을 목표로 한다.

예측에 대한 새로운 접근법을 예측적 분석론(predictive analytics)이라고 한다. 예측적 분석론은 미래를 예측함에 있어 현재와 역사적 사실을 분석하기 위하여 통계학, 모델링, 데이터 마이닝(data mining)과 같은 다양한 분석기법을 이용한다. 이는 빅데이터(big data) 사용의 괄목할 만한 측면이다. 이는 시간에 따른 조그만 변화를 감지하여 어떤 사상(events)이 발생하기 전에 미리 예견하는 능력이다.

예를 들면, IBM의 Watson 컴퓨터는 분석론을 이용하여 최선의 의료 치료를 예측한다. 많은 병원에서는 분석론 솔루션을 이용하여 환자의 요구를 예측도 하고 룸과 스태프를 배분하기도 한다. 미국의 UPS는 차량의 고장을 미리 예측한다. 기계, 모터, 교량 등에 센서를 부착하여 열, 진동, 소리, 스트레스 등 데이터 패턴을 모니터한다. 이러한 센서를 통해 수집하는 빅데이터 속의 패턴을 면밀히 분석하여 공장에서는 품질문제가 발생하였음을 발견하고 시정조치를 취하게 된다. 예측적 분석론에서는 새로운 시장에의 진입은 성공할 것인가, 앞으로 일년 내 제품수요는 10% 성장할 것인가? 등을 취급한다.

5.11 데이터 마이닝

과거와 달리 오늘날에는 수요예측에 필요한 자료는 넘쳐나고 이들 데이터를 저장하는 데 비용도 많이 들지 않는다. 따라서 예측하는 데는 데이터가 문제가 아니라 이들을 어떻게 사용할 것인가가 문제가 되고 있다. 역사적 데이터이건 거래 데이터이건 원데이터는 정보와 지식으로 변형이 되어야 한다.

데이터 마이닝(data mining)은 이와 같이 풍부한 빅데이터(big data)로부터 유용한 데이터만 선별해서 분석해 의사결정이나 예측을 할 수 있도록 필요한 정보로 변형시킬 수 있는 도구를 창출할 수 있는 기법인데 이는 데이터 속에 있는 주요 변수들, 예컨대 고객, 시장, 제품 등 그룹 사이의 의미 있고 논리적인 패턴, 추세, 관계 등을 규명하기 위하여 데이터를 조사하고, 분류하고 모델화하는 도구요, 프로세스라고 말할 수 있다.[1] 이는 추세를 발견하고 미래 사상을 예측하고 가능한 대안을 평가하기 위하여 사용된다. 데이터 마이닝이 수요예측에 사용되는 도구가 된 것은 최근의 정보기술(information technology)의 발전 덕택이다.

데이터 마이닝이 실제로 사용되는 예를 들면, 다음과 같다.

---

1 디지털 혁명으로 스마트 폰이나 태블릿, 컴퓨터 등 다양한 정보기술(IT) 기기의 사용으로 과거 엔 상상조차 할 수 없이 규모가 방대하고 생성주기도 짧을 뿐만 아니라 수치 데이터 같은 구조적으로 정형화된 데이터는 물론 문자, 동영상, 음성 등 구조화되지 않은 비정형 데이터가 쏟아져 나오고 있다. 빅데이터란 이러한 정형, 반정형, 비정형 등 다양한 형태의 대규모 데이터를 말한다.

- 경찰: 언제 어디서 범죄가 발생할 것인지 예측한다.
- 일기 예보: 기후 패턴을 찾아내고 기상상태를 예보한다.
- 전력회사: 각 지역별, 기상조건별 전력 사용량을 예측한다.
- 호텔: 반복적인 고객에 대한 우선권을 결정한다.

데이터 마이닝은 우리가 공부한 시계열 분석방법이나 회귀분석 방법과는 사뭇 다르다. 이들 전통적 방법은 수요 데이터 속에 있는 추세나 계절요소 같은 패턴을 찾아 이에 가장 알맞은 모델을 사용하여 미래수요를 예측하려 한다. 그러나 데이터 마이닝은 어떤 패턴을 찾으려 하지 않고 데이터로 하여금 패턴을 규명토록 하고 이러한 정보를 이용하여 예측에 사용토록 하는 것이다.

빅데이터를 이용한 데이터 마이닝의 결과는 IT와 스마트 혁명 시기에 기업의 이노베이션과 경쟁력 강화, 생산성 향상 등을 위한 값진 가치를 생성할 수 있는 자원으로 활용할 수 있음을 보고서들은 보여주고 있다.

5.12 예측기법의 선택

지금까지 설명한 바와 같이 여러 가지 예측기법이 사용되고 있는데, 이는 경우에 따라 상이한 기법이 사용되고 있음을 뜻한다. 특정 경우에 알맞은 기법을 선택하기 위해서는 여러 가지 요인을 고려하여야 한다.

많은 기법은 상당한 양의 역사적 데이터를 요한다. 따라서 충분하고 필요한 역사적 데이터가 존재하지 않는다든지, 또는 이들을 수집하는 데 시간과 비용이 소요되면 시계열 분석방법이나 인과형 예측방법은 사용할 수 없다. 이러한 경우에는 질적 방법이 사용된다.

예측기간의 장단에 따라 서로 상이한 기법이 사용된다. 왜냐하면 어떤 기법은 장기예측에 알맞고, 어떤 기법은 단기예측에 좋은 결과를 가져오기 때문이다. 질적 방법의 대부분은 장기예측을 위하여 사용되는데, 이는 역사적 데이터를 필요로 하지 않기 때문이다. 새로운 제품을 도입하는 경우에는 역사적 데이터가 없기 때문에 델파이법 또는 위원회 합의법에 의존하게 된다. 이에 반하여 역사적 데이터를 이용하는 기법 중에서 이동평균법이나 지수평활법 등은 단기예측을 위해서 사용되고 인과형 예측방법이나 추세선에 의한 방법은 중기예측을 위해서 사용된다.

예측의 정확성과 비용도 중요한 요인이다. 예측에 소요될 비용은 얼마이며, 정확한 예측으로부터 기대되는 혜택은 무엇인가를 고려해야 한다. 예측의 정확성은 더 많은 비용의 사용에 의하여 향상된다. 따라서 비용과 정확성의 상충관계를 고려해야 한다. 일반적으로 장기계획을 위해서는 단기계획에 비하여 정확한 예측을 요구하지는 않는다. 그러나 인력계획, 자재계획, 기계부하계획 등 단기계획은 정확한 단기예측에 의존한다.

01 수요예측이 전략적으로 중요한 이유를 설명하라.

02 수요에 영향을 미치는 요인을 설명하라.

03 수요예측기법을 설명하라.

04 시계열 분석방법을 설명하라.

05 시계열 분해법을 설명하라.

06 인과형 예측방법을 설명 하라.

07 예측오차의 측정과 통제방법을 설명하라.

08 예측적 분석론과 데이터 마이닝을 설명하라.

09 아래와 같이 6개월의 실제치가 주어졌다고 가정하자.

월	실제치	월	실제치
1	735	4	810
2	720	5	765
3	785	6	750

다음의 방법을 사용하여 7월의 예측치를 계산하라.
① 전기수요법

② 3개월 이동평균법

③ 가장 가까운 과거의 데이터순으로 0.5, 0.3 및 0.2의 가중치를 부여하는 가중이동 평균법

④ 전기수요법과 $\alpha=0.3$을 이용하는 단순지수평활법

⑤ 선형회귀분석

⑥ MAD를 기준으로 할 때 위 다섯 가지 기법 가운데 어느 기법이 가장 좋은가?

10 종로 수퍼마켓은 지난 10주 동안의 평균 정오 기온(화씨)과 판매된 코카콜라 상자 수에 관한 데이터를 이용하여 판매예측을 하려고 한다.

주	평균 정오 기온	상자 수	주	평균 정오 기온	상자 수
1	75	100	6	86	124
2	70	82	7	87	122
3	76	104	8	80	118
4	76	110	9	84	126
5	80	120	10	81	120

① 상관계수를 구하고 그 값의 의미를 말하라.

② 회귀방정식을 구하라.

③ 다음 주의 예상평균 기온이 82도일 때 몇 상자가 팔릴 것이라 예상되는가?

11 테니스화(260mm)를 제조판매하고 있는 동대문 물산(주)는 지난 4년 간의 데이터를 이용하여 수요를 예측하고자 한다.

연	분기	판매량	연	분기	판매량
1	1	9.5	3	1	13
	2	20		2	25
	3	18.5		3	22
	4	15		4	18
2	1	11	4	1	15
	2	22		2	26
	3	20		3	23
	4	16		4	19

① 각 분기별 계절요소를 구하라.

② 최소자승법을 이용하여 추세선을 구하라.

③ 연 5의 판매예상량을 구하라.

④ 연 5의 계절조정 판매량을 구하라.

12 어느 세탁소에서는 그의 설비사용을 예측하기 위하여 단순지수평활법을 사용하고 있다. 1월 중 설비사용률은 92%라고 예측했으나 실제로는 95%이었다.

① $\alpha = 0.3$일 때 2월 중 설비사용률을 예측하라.

② $\alpha = 0.3$일 때 2월 중 실제 설비사용률이 90%라고 가정할 때 3월 중 설비사용률을 예측하라.

13 어느 사무용품 상회의 201A년도 각 분기별 타자기에 대한 수요량은 다음과 같다. 1/4분기의 수요예측은 2,000대이었다.

분기	수요량	분기	수요량
1/4	1,650	3/4	3,000
2/4	2,750	4/4	5,000

$\alpha = 0.2$인 지수평활법을 사용하여 201B년 1/4분기의 수요를 예측하라.

14 다음과 같이 실제치와 예측치에 대한 데이터가 주어졌을 때 추적지표를 계산하고 예측의 정확성에 대하여 논평하라.

월	실제치	예측치	월	실제치	예측치
1	81	88	4	94	94
2	90	85	5	70	98
3	111	93	6	83	95

15 다음 데이터는 평화식당에서 취급한 도가니탕의 값과 팔린 그릇 수이다.

가격(원)	2,700	3,500	2,000	4,200	3,100	4,000
그 릇 수	780	510	980	250	320	480

① 값이 5,000원이 된다면 몇 그릇이 팔릴 것인가?

② 두 변수 사이의 상관계수를 구하고 그 값의 의미를 설명하라.

16 지난 9개월 동안의 판매량이 다음과 같다.

월	1	2	3	4	5	6	7	8	9
판매량	44	52	50	54	55	55	60	56	62

① 산포도를 그려라.

② 추세선을 구하라.

③ 추세선을 이용하여 10월의 판매예측치를 구하라.

17 다음과 같이 201A년도 전반기의 실제치와 서로 상이한 기법을 이용하였을 때의 예측치가 주어졌다. *MAD*를 기준으로 할 때 어떤 기법이 좋은 결과를 보였는가?

월	수요	기법 1	기법 2	월	수요	기법 1	기법 2
1	900	910	890	4	920	910	925
2	875	890	900	5	905	915	900
3	910	900	915	6	930	920	910

18 다음 데이터는 지난 3년간 서산농장에서 오리를 판매한 실적(단위: 1,000마리)이다. 201D년 각 계절에 얼마의 오리가 판매될 것인지 예측하라.

연도	봄	여름	가을	겨울	합계
201A	12.8	8.6	6.3	17.5	45.2
201B	14.1	10.3	7.5	18.2	50.1
201C	15.3	10.6	8.1	19.6	53.6
합계	42.2	29.5	21.9	55.3	148.9

19 Excel 대학교 미식 축구팀은 전국적으로 성적이 아주 우수하다. 대학교 예산당국은 내년도 예산편성을 위하여 관중 수를 예측하려고 한다. 당국은 승리 횟수와 관중 수는 아주 밀접하게 관련되어 있다는 사실을 알고 지난 8년 간의 데이터를 작성하였다. 당국은 내년도에 8번 승리할 것으로 예측한다. 관중 수는 몇 명일까?

승리 횟수	관중 수
4	36,300
6	40,100
6	41,200
8	53,000
6	44,000
7	45,600
5	39,000
7	47,500

20 성동구에 있는 평화식당에서는 지난 6주 동안 닭 날개를 다음과 같이 구매하여 사용하였다.

주	1	2	3	4	5	6
구매량	650	521	563	735	514	596

① 5주 이동평균법에 의한 주7의 수요를 예측하라.

② 가까운 과거일수록 0.5, 0.3, 0.2의 가중치를 사용하여 주7의 수요를 예측하라.

③ 지수평활계수 $\alpha = 0.1$을 사용하여 주7의 수요를 예측하라. 주6의 수요예측치는 600개였다.

21 어떤 회사는 수요예측치를 검토하기 위하여 ±4의 한계치를 적용하는 추적지표를 사용한다. 이 제품의 MAD는 2로 계산이 되어 있다.

주	실제치	예측치	편차	누적편차	추적지표
1	9	10		4	2
2	11	10			
3	12	10			
4	14	10			

① 위 역사적 데이터를 이용하여 추적지표를 계산하라.

② 수요예측치는 언제 검토해야 하는가?

제 3 편

생산운영시스템의 설계

제품설계

21세기에 전개되는 무한경쟁에서 성공하기 위해 기업은 첫째, 우수한 품질을 갖는 혁신적인 신제품을 빨리 개발하고 설계하며, 기존 제품에 대해서는 꾸준히 설계를 개선하는 정책을 유지하고 둘째, 고객의 변화하는 욕구에 빨리 부응하여 우수한 품질과 저렴한 가격의 제품을 생산할 수 있는 유연한 생산시스템을 확보해야 한다.

이러한 목적을 달성하기 위해서는 목표시장과 제품의 차별화를 결정한 비즈니스 전략에 따라 제품과 생산 프로세스의 설계 및 개발방식을 근본적으로 고려하지 않으면 안 된다. 세계적 일류기업은 제품설계와 개발노력에 있어 큰 변화를 이룩하였다. 연구·개발, 마케팅, 생산, 재무담당 전문가로 구성된 자율적 작업팀은 개발과 설계과정에 있어 더 많은 자율권과 책임을 부여받았다. 이러한 결과로 새로운 제품을 시장에 출시하는 데 막대한 시간과 비용을 절감할 수 있었다.

제품(what)과 생산 프로세스(how)의 개발과 설계는 거의 동시에 진행되는데 이는 오늘날 글로벌 경쟁에서 성공적 전략수립의 중요한 요소가 되었다. 제품과 프로세스의 설계는 고객만족, 제품품질, 생산비용 등에 직접적으로 영향을 미치기 때문이다.

본장에서는 전통적 및 현대적 신제품 개발과정 및 그와 관련된 사항들을 공부할 것이다.

6.1 제품개발/설계의 필요성

오늘날 기업은 혁신적인 신제품과 서비스를 꾸준히 개발하고 이를 생산할 프로세스를 설계할 압력을 그 어느 때보다 더욱 심하게 받고 있다. 이는 통신시설의 향상, 무역장벽의 완화, 운송의 스피드화 등으로 인하여 글로벌 경쟁이 치열할 뿐만 아니라 디지털 기술의 진보로 인하여 가중되고 있다.

4차 산업혁명 시대가 도래하여 인공지능, 사물인터넷, 로봇 등 첨단기술을 적용하여 성능을 향상시키고 프로세스를 개선한 신제품들이 쏟아져 나오고 있다. 신제품 개발에 뒤떨어지는 기업은 시장을 빼앗기고 있다. 전 세계의 일본 가전 기업들은 삼성과 LG에 밀려 세계 시장을 잠식당하는 게 현실이다.

이와 같은 환경의 변화 속에서 기업이 신속하게 제품과 서비스를 개발하고 설계하는 목적은 진보하는 새로운 기술을 활용해서 변화하는 고객의 욕구와 기대를 만족시키려는 것인데 이는 기업의 경쟁력을 제고하고 기업성장과 이윤증가의 길이기도 하다. 신제품을 신속하게 시장에 내놓는 기업은 그렇지 못한 기업에 비하여 경쟁우위를 갖는다. 이는 시간경쟁(time-based competition)에서 이기기 때문이다. 이는 [그림 6-1]에서 보는 바와 같다. [그림 6-1](a)는 빠른 시장 진입은 시장점유가 쉬운데 특히 경쟁자가 없는 경우에는 판매액이 급상승하게 됨을 보여주고 있다. 예를 들면 자동차 모델이나 PC 모델의 경우 빠른 시장진입으로 시장을 점유하여 판매액 증대에 도움이 되었음을 알려주고 있다.

[그림 6-1](b)는 시장진입이 빠른 경우에는 프리미엄 가격을 책정하여 이윤마진을 높일 수 있음을 보여주고 있다.

[그림 6-1](c)는 경쟁자보다 빨리 제품을 시장에 출시하면 시장점유율이 확대되고 프리미엄 가격을 책정하게 되면 제품 수명기간 동안 총이익에 좋은 영향을 미칠 수 있음을 보여주고 있다.

이와 같이 신제품의 개발뿐만 아니라 기존 제품의 개량은 시장에서의 경쟁우위를 통한 시장점유율을 확대하고 새로운 수요를 창출하고 생산시설능력을 효율적으로 이용하기 위하여 필요하다.

제품설계(product design)란 기업이 생산하는 제품에 대해 독특한 특성(예컨대 외관, 컬러, 자재, 치수, 성능)이나 특징을 결정하는 행위를 말한다. 따라서 제품설계는 자재, 측정치, 치수, 청사진 등의 결정을 포함한다.

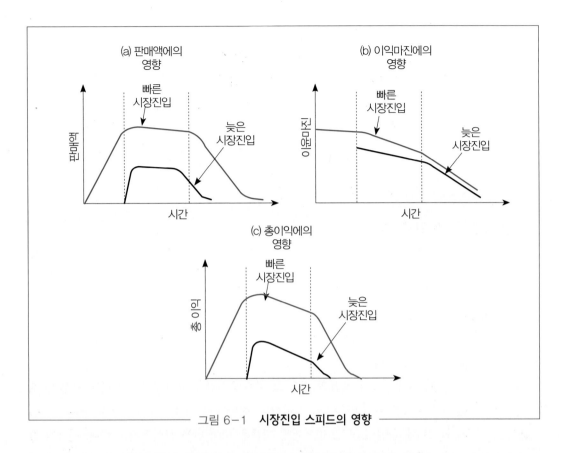

(a) 판매액에의 영향

(b) 이익마진에의 영향

(c) 총이익에의 영향

빠른 시장진입

늦은 시장진입

판매액

이익마진

총이익

시간

시간

시간

그림 6-1 **시장진입 스피드의 영향**

제품과 서비스의 설계는 기업에 있어서 매우 중요한 과정이다. 제품설계와 프로세스 선정은 제품품질, 원가, 고객만족 등에 영향을 미칠 뿐만 아니라 잘못 설계되는 경우에는 원자재, 장비, 노동력의 비효율적 사용으로 인한 높은 가격으로 시장에서 경쟁이 어렵게 된다.

고객은 특정 제품의 설계상에 불만이 있으면 그 기업에 직접 불만을 표시하든가, 또는 그 기업의 규제기관에 고발하든가, 또는 간접적으로 구매를 중단(수요감소)함으로써 그 기업으로 하여금 제품의 재설계에 착수하도록 압력을 가한다.

기업은 그의 활동을 제약하는 수많은 정부의 규제에 직면하고 있다.

예를 들면, 탄소 연료를 쓰는 자동차는 공기를 오염시키기 때문에 배터리를 사용하는 전기 자율주행자동차(self-driving car)로 모두 교체될 날도 멀지 않았다. 자율주행자동차는 4차 산업혁명이 진행하면서 발전하는 전자, 센서, 5G 이동통신 기술, 인공지능 같은 첨단기술이 총동원되어 운전자 없이도 목적지까지 갈 수 있기 때문에 자동차 시장의 판도를 바꾸어놓을 것이다. 이는 택시와 화물 배송차에도 영향을 미칠 것이다.

제조물 책임(product liability)도 설계향상에 대한 강한 자극이 된다. 제조물 책임이란 제조업자의 서툰 솜씨나 완벽치 못한 설계 때문에 발생한 불량제품의 사용으로 인한 손해와 손상에 대해 책임을 지는 것을 말한다. 근래 소비자 고발센터 같은 소비자 보호운동과 제품과 관련된 소송의 증가로 인하여 기업은 안전을 기하고 위험을 방지하는 제품설계에 각별한 신경을 쓰고 있다.

6.2 제품 수명주기

오늘날 소비자의 취향은 급속도로 변화하고 있다. 이에 따라 신기술이 계속해서 개발되어 기업은 신제품을 공급해야만 한다. 신제품이 언제나 신제품으로 남아 있는 것은 아니다. 시간의 경과에 따른 제품의 흐름을 제품수명주기(product lifecycle)라고 한다.

제품개발은 기존제품의 경우 그의 수명주기를 고려해서 이루어진다. 많은 제품은 수요에 있어 수명주기를 경험한다. 첨단기술 제품이나 패션제품 등은 전주기가 1~2년에 끝날 수도 있지만 어떤 제품은 10여 년을 끌어오기도 한다. 전략적 결정이 제품의 수명주기상의 상대적 위치에 따라 크게 영향을 받는다. 즉 제품라인의 비용, 가격 및 생산전략이 수명주기의 위치에 따라 다르게 결정된다.

제품 수명주기(product life cycle)는 시장에 제품을 처음으로 도입한 이후 흐르는 시간에 따른 판매량의 변화를 나타낸다. 모든 제품은 특정 시점에 특정 단계에 있게 된다. 따라서 성공적인 기업은 여러 가지 개발단계에 있는 제품의 균형된 포트폴리오(portfolio)를 유지하도록 노력한다.

제품 수명주기 단계는 [그림 6-2]에서처럼 도입기, 성장기, 성숙기, 그리고 쇠퇴기이다. 도입기에는 제품에 대한 정보가 부족하고 제품에 있을 수 있는 결점이 곧 제거되고 가격도 하락할 것이라는 기대심리 때문에 수요가 적다. 성장기에는 설계가 향상되어 신뢰할 수 있고 비용이 싼 제품이 생산되므로 판매량과 이익이 동시에 증가한다.

성숙기에는 판매량이 안정되고 단위당 이익이 감소하기 시작한다. 결국 쇠퇴기에 이르면 제품에 대한 필요성이 감소하고 새로운 대체상품이 개발되므로 판매

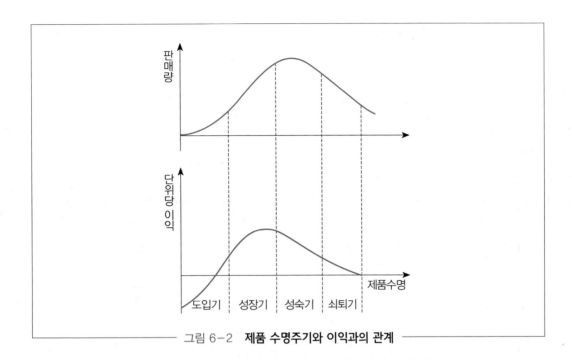

그림 6-2　제품 수명주기와 이익과의 관계

량이 격감한다. 수명주기의 길이, 각 단계의 기간 및 곡선의 형태는 제품에 따라 상이하다.

　　제품의 이익주기(profit cycle)는 판매량주기(sales cycle)와 상이하다. 도입기에는 초기의 착수비(start-up cost) 때문에 이익을 남길 수 없고, 성장기에서의 총이익은 판매량 증가에 따라 계속 증가추세를 보이지만 단위당 이익은 최절정에 이른 후 점차 감소하기 시작한다. 성숙기에는 경쟁이 심화되어 이익마진(profit margin)이 크게 감소되고 따라서 총이익도 감소한다. 마지막으로 쇠퇴기에는 판매량의 격감으로 결국 비용을 증가시켜 이익을 발생시키지 못한다.

　　판매전략이 각 단계마다 다르기 때문에 제품이 한 단계에서 다음 단계로 이동하는 것을 확인할 필요가 있다. 도입단계에서는 제품개발과 설계가 중시되고 성장단계에서는 제품의 신뢰도에 바탕을 둔 명성이 중요하다. 성숙단계에서는 판매촉진, 서비스 및 판매활동이 요청되며 쇠퇴기에는 원가관리(cost control)가 중요한 요소가 된다.

　　오늘날 기업들은 제품 수명주기관리(product lifecycle management: PLM) 전략을 수립한다. PLM이란 제품의 전 수명주기 동안 생성되는 제품 관련 각종 정보를 체계적으로 통합 관리하여 기업 내부의 관련 부서 및 외부 협력업체 간에 공유함으로써 제품의 개발기간을 단축하고 개발비용을 절감하며, 제품 품질을 향상시켜 기업 경쟁력을 제고시키고자 하는 전략을 말한다.

우리가 제12장에서 공부할 기업자원계획(ERP)이 생산 과정에 초점을 맞춘다면 PLM은 제품개발과 설계단계 프로세스의 관리에 초점을 맞춘다.

6.3 신제품 개발전략

제품설계는 비즈니스 전략에 부응해야 한다. 기업에서 전략적 방향과 경쟁 우선순위의 선택은 사명과 비전, 나아가 비즈니스 전략을 지원하도록 해야 한다. 비즈니스 전략은 목표시장이라든가 제품의 차별화정책을 명시하는 것이기 때문에 이는 신제품 설계의 출발점이기도 하다. 이러한 신제품 설계전략은 비즈니스 전략을 반영하지만 반대로 신제품 설계에 맞추어 비즈니스 전략이 조정될 수도 있다.

이와 같이 신제품 설계에 관한 방향이 결정되면 이를 구체화시켜야 하는데 여기에는 세 가지 접근법을 고려할 수 있다.

- 시장지향적 전략(market pull strategy): 비록 기술수준이 좀 낮더라도 시장수요가 분명하면 기업은 자원과 프로세스를 동원해서 고객의 요구를 충족시켜야 한다.
- 기술지향적 전략(technology push strategy): 비록 시장수요가 충분치 않더라도 기업이 기술을 가지고 있으면 이를 이용하여 신제품을 설계해야 한다. 기술기반 우위를 이용한 고급제품을 개발하여 시장에 내놓아야 한다.
- 기능간 협력전략: 신제품을 설계하려면 시장요구에도 맞고 기술우위도 보유해야 하는데 이를 달성하기 위해서는 마케팅, 엔지니어링, 생산운영, 재무, 설계 등 모든 기능간 협력이 필요하다. 물론 이러한 협력이 쉬운 일은 아니지만 달성만 한다면 좋은 결과를 초래할 것이다.

6.4 신제품 개발과정: 전통적 방법

제품설계는 제품이나 서비스의 품질에 절대적인 영향을 미친다. 따라서 제품설계 시 고객욕구를 만족시킬 특성을 갖도록 하고, **빠른** 시간 내에 저렴한 비용으

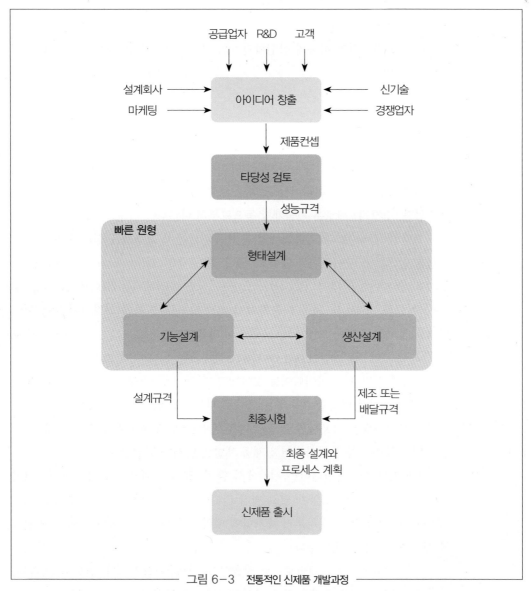

그림 6-3　전통적인 신제품 개발과정

출처: Russell & Taylor, *Operations & Supply Chain Management*, 10th ed.(Wiley), 2019, p. 160.

로 생산할 수 있어야 하며, 자주 변경하는 일이 없도록 해야 한다.

제품설계는 제품의 외관을 결정하고, 성능의 표준을 설정하고, 사용할 자재를 명시하고, 치수와 오차를 결정한다.

새로운 제품개발은 고객이 누구이며 이들의 욕구는 무엇인지 이해하는 것으로부터 시작한다. 이를 위해 전통적 제품개발 과정은 아이디어 창출로부터 시작하여 기업 내의 개별 부서에서 순차적으로 기획, 개발·설계, 생산준비, 제조 등 여러 과정을 거쳐 진행되었다. 많은 아이디어로부터 새로운 제품이 선정되고 설계 및 프로세스가 결정되어 제품의 상업화가 이루어지는데 이러한 과정을 [그림 6-3]이 보여주고 있다.

1. 신제품 아이디어 창출

신제품 개발의 첫 단계는 아이디어 창출(idea generation)이다. 신제품이나 기존 제품의 개선을 위한 아이디어는 고객의 불평이나 제안, 시장조사, 판매원, R&D, 공급업자, 경쟁자, 새로운 기술개발 등으로부터 나온다.

고객의 구매패턴과 취향의 변화를 연구한다든지 고객들을 상대로 직접 시장조사를 함으로써 아이디어를 얻을 수 있다. 즉 고객의 소리(voice of customers)를 제품개발 단계부터 반영하여야 한다. 스마트 제조 환경에서는 사이버 물리시스템(CPS) 기술과 빅데이터 등을 이용하여 소비자의 요구 변화에 최적화된 제품 아이디어를 분석하고 오픈 소싱(open sorcering: 제품 개발자가 오픈 소싱 사이트를 통해 불특정 다수로부터 제품 개발에 대한 아이디어를 입수하는 것)을 통해 소비자가 직접 참여함으로써 최적의 제품 아이디어를 찾아낸다. 한편 근래 빅데이터 분석이 마케팅뿐만 아니라 사회적 변화를 예측하는 도구로 사용되고 있다. 마케팅 분석을 위해 빅데이터 분석기법을 사용하면 특정 분야의 제품들에 대한 소비자의 구매 패턴, 관심, 분석, 선호도 등을 찾아내어 신제품 개발의 단서를 발견할 수 있다.

시장지향적인 아이디어는 시장에서 팔 수 있다고 여기는 고객의 욕구로부터 유발된다. 예를 들면, 영양가 있고 먹기 편리한 새로운 아침식사거리에 대한 요구가 있을 수 있다. 맞벌이 부부가 증가함에 따라 세탁서비스, 어린이 돌보기에 필요한 제품수요가 늘어나고 있다.

아이디어는 새로운 기술로부터 창출한다. 나일론, 플라스틱, 반도체, 컴퓨터, 전자레인지의 출현은 수많은 제품 아이디어의 원천이다.

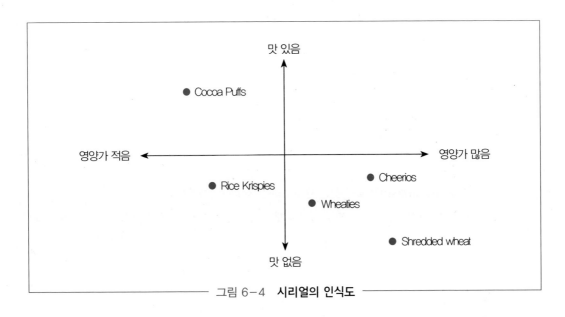

맛 있음

● Cocoa Puffs

영양가 적음 ←————————————→ 영양가 많음

● Cheerios

● Rice Krispies

● Wheaties

● Shredded wheat

맛 없음

———— 그림 6-4 **시리얼의 인식도** ————

경쟁제품 또한 아이디어의 원천이다. 인식도, 벤치마킹, 리버스 엔지니어링 (reverse engineering, 역전공학) 등은 경쟁자로부터 배우는 데 이용되는 방법이다. 인식도(perceptual map)는 자기 회사의 제품과 경쟁회사의 제품에 대해 고객이 인식하는 것을 비교하기 위하여 사용되는 그림이다. [그림 6-4]는 맛과 영양의 관점에서 본 아침식사용 시리얼(cereal)의 인식도이다. [그림 6-4]에서 맛있고 영양가 많은 시리얼의 개발이 요구됨을 알 수 있다.

벤치마킹(benchmarking)은 자신의 기업과 직접적 경쟁관계에 있는 기업의 디자인, 가격책정, 원가관리, 제조와 판매 등 모든 부문에 대하여 비교·분석하여 개선의 아이디어를 찾아내는 과정이다. 미국의 Zerox는 일본의 Cannon을 벤치마킹 대상업체로 선정하여 잠식당한 시장을 회복하는 데 성공한 바 있다.

리버스 엔지니어링이란 경쟁제품을 조심스럽게 분해하고 검사하여 발전한 우수한 설계특성을 자기 회사제품에 반영하는 방법을 말한다. Ford는 Toyota, BMW, Audi 등의 설계특성을 받아들여 Taurus를 설계하는 데 이러한 방법을 이용하였다.

공급업자도 제품설계 아이디어의 공급원이 될 수 있다. 따라서 제품설계의 초기 단계에 공급업자도 참여시켜야 한다.

신제품 아이디어의 또 다른 원천은 기업의 연구·개발(research and development: R&D)시스템이다. 연구·개발활동은 기술 진보가 근래 급격히 이루어지기 때문에 더욱 중요시되고 있다.

2. 타당성 검토: 제품선정

새로운 제품개발을 위한 다수의 아이디어가 창출되었을 때 이에 대해 마케팅 부서는 제품 컨셉(product concept)[1]을 개략적으로 정의하고 이의 성공 가능성을 검토하는 심사(screening) 과정을 적용하여 선별한다. 이러한 아이디어의 사업성 분석(business analysis)을 타당성 검토(feasibility study)라고 한다.

타당성 검토는 시장분석, 경제분석, 기술분석을 포함한다. 시장분석(market analysis)은 제품개발을 위해 투자할 가치가 있는지 알기 위하여 개발되는 제품에 대한 충분한 수요가 있을지 시장잠재력을 평가하는 것을 말한다.

경제분석(economic analysis)은 수요잠재력이 있을 때 제품개발과 생산에 따르는 비용을 추산하고 이를 수요예측과 비교함으로써 이익 잠재력을 평가하는 것이다. 이를 위해서는 여러 가지 계량적 기법이 사용된다.

기술 및 전략분석(technical analysis and strategic analysis)이란 새로운 제품은 새

표 6-1 신제품 아이디어 체크리스트

제품 특성	중요성 (가중치)	상대적 평점			평가
		수(3)	미(2)	가(1)	
현 제품라인에의 적합성	0.05	∨			0.15
현 프로세스, 기계에의 적합성	0.10		∨		0.20
기대되는 수명주기	0.05			∨	0.05
현 유통채널과의 일치성	0.10			∨	0.10
판매량 예측	0.17	∨			0.51
특허가능성	0.03			∨	0.03
크기, 형태, 무게의 고려	0.05		∨		0.10
수요의 변동	0.10	∨			0.30
장기자금 소요량	0.15		∨		0.30
이익마진의 잠재력	0.20	∨			0.60
합계	1.00				2.34

---

1 제품 컨셉이란 소비자들이 중시하는 제품의 대략적인 형태, 기능, 특성 등을 기술하는 것을 말한다. 예를 들면, 초기 휴대폰은 부피가 컸기 때문에 소형화·경량화라는 컨셉을 개발하고 이를 달성하기 위해서 반도체 기술과 통신 기술을 적용하여 소형화되었다. 제품 컨셉의 원천은 기술 발전 또는 소비자의 욕구일 수 있다.

로운 기술을 요하는가, 위험 또는 자본투자가 지나친 것은 아닌가, 충분한 노동력과 관리기술을 보유하고 있는가, 생산시설능력은 충분한가, 새로운 제품생산은 경쟁우위를 제공할 것인가, 기업의 핵심 사업에 부합하는가? 등을 기술적 측면에서 생산가능성을 분석하는 것을 말한다.

타당성 검토를 통과하여 개발하기로 결정된 제품 컨셉에 대해서는 성과시방(performance specification)을 작성하는데 이는 고객의 욕구를 만족시키기 위해서 무엇을 해야 하는가 하는 제품의 기능을 기술하는 것이다.

제품 선정(product selection) 분석을 위한 기법에는 여러 가지가 있으나 체크리스트가 자주 이용된다. 체크리스트(checklist)는 [표 6-1]처럼 일련의 제품 특성을 정하고, 그들 상호 간의 상대적 중요성에 따른 가중치를 부여한 다음, 특정 아이디어를 제품 특성별로 평점을 주어 종합한 누적평균치를 그 아이디어의 총점으로 산정하는 것이다. 만일 총점이 사전에 기업이 결정한 하한선보다 낮으면 이 아이디어는 더 이상 고려할 필요없이 제거한 후 남은 아이디어 가운데서 제품개발 대상으로 선정한다.

3. 예비설계

일단 제품 컨셉이 타당성 검토과정을 통과하여 제품으로 선정이 결정되면 설계부서에서는 개념적 특성(conceptual features)을 충족시킬 몇 가지 설계안을 개발하는 예비설계(preliminary design)로 들어간다. 이 단계에서 설계 엔지니어들은 전반적인 성과시방을 기술시방(technical specification)을 갖는 유형의 제품이나 서비스로 변형시킨다. 예컨대 냉장고 제조업자가 냉동실을 제조한다고 할 때 스타일, 저장용량, 모터의 크기 등의 문제에 부닥친다. 즉 예비설계는 규모, 색상, 에너지 소요, 수명 등에 관한 제품의 개략적인 특성을 설계하는 것이다.

제품설계와 동시에 프로세스 예비설계가 이루어져야 한다. 즉 제품의 최종설계가 이루어진 이후에 프로세스를 설계해서는 안 된다. 두 설계를 동시에 하게 되면 제품에 있을 수 있는 변경을 마침으로써 생산 프로세스를 촉진할 수 있다.

4. 디자인, 원형 개발 및 테스트

일단 기술시방이 결정되면 제품의 디자인(design)을 결정하고, 원형(prototype)

을 제작하고, 여러 가지 조건에서 테스트하고 분석하고 수정한다. 제품의 디자인은 제품의 성능 사양을 실현하기 위한 외양, 모양, 크기, 색상 등 기술적, 물리적 사양의 결정을 말한다. 원형은 설계안의 성능과 내구성을 평가하기 위하여 제조되는데 시장에서의 성공가능성을 평가하기 위하여 시험시장(test market)에 출시하거나, 실험실에서 실험을 통하여 물질적 특성, 행동적 결과 및 전반적인 결함 등을 기술적인 관점에서 검토한다.

예를 들면, 모든 새로운 전투기는 원형을 사용하여 시험한다. 결함이 발견되면 원형설계는 수정된다. 이러한 과정은 최종제품의 성능을 보장할 때까지 계속된다. 이러한 과정에서 원가, 품질 및 성능 등의 절충(trade-offs)이 이루어진다.

5. 가상현실 제품 개발

가상현실 제품 개발(virtual product development: VDP)이란 디지털 기술을 활용한 2차원/3차원 환경에서 제품을 개발하는 활동을 일컫는다. 그런데 가상현실 기술에 의한 제품 개발은 다음의 다섯 가지 구성요소로 되어 있다.[2]

① 가상현실 제품 디자인: 디지털 기술을 활용하여 3차원 모양을 이용한다.

② 가상현실 시뮬레이션: 디지털 기술을 이용하여 제품에 대해 낙하 시험이나 충돌 시험을 행한다.

③ 가상설계를 통한 제품 개발 일정의 단축: 제품의 문제점을 미리 파악하고 신속하게 해결할 수 있다. 제품 개발 과정에서 획득한 고객 정보나 시뮬레이션 결과를 축적하여 제품의 개발력을 강화한다. 가상 공간에서 실험과 테스트를 거친 설계로 시제품을 제작해 개발기간을 단축할 수 있다.

④ 가상현실 제품 연출: 가상현실 기술을 활용하여 소비자 행동을 연구한다.

⑤ 디지털 제조: 디지털 기술을 이용하여 공정계획 및 공장 설계를 실시하고 조립과 제조는 가상현실 기술로 구현한다. 아이디어 제안자, 디자이너, 제조업자, 소비자, 유통 관계자 등이 Internet을 기반으로 실시간으로 연결되어 효율적이고 신속한 제품 개발 활동을 실현한다.

---

2 박춘엽 외 2인, 4차 산업혁명의 핵심전략, 책연, 2018. p. 155.

6. 최종설계

　세부설계 또는 최종설계(final design) 단계에서는 제품의 완전한 시방(규격), 그의 구성품 및 절차(설계도), 정책 등이 확정된다. 최종설계와 동시에 프로세스의 최종설계가 이루어져야 함은 말할 필요가 없다. 세부설계는 제품의 기능, 형태 및 생산설계로 이루어진다. 기능설계는 제품의 성능, 형태설계는 제품의 외관, 생산설계는 생산의 비용에 관심을 갖는다.

▌기능설계

　기능설계(functional design)는 제품의 성능에 관심을 둔다. 이는 고객의 용도의 적합성을 위한 성과시방을 만족시키려는 것이다. 이 과정에서 고려하는 특성은 신뢰성, 보전성, 사용가능성(usability)이다.

▌형태설계

　형태설계(form design)는 제품의 외관이나 모양에 관심을 둔다. 형태는 기능을 따르지만 미적 특징은 기능과는 아무런 관련이 없어도 최종제품의 형태에 영향을 미친다. 소비자에게는 기능보다 색상, 크기, 스타일 및 패션이 더욱 중요한 경우가 있다.

▌생산설계

　생산설계(production design)는 낮은 비용으로 높은 품질의 제품을 생산하는 가장 경제적인 생산방법에 관심을 둔다. 비용한도 내에서의 생산가능성과 생산용이성에 관심을 둔다. 비용에 영향을 미치는 영역은 자재선정, 부품결합 방법, 허용오차, 제품복합성 및 제품가변성 등을 들 수 있다.

　제품단순화, 제품다양화, 표준화, 모듈화, 제조를 위한 설계 및 가격분석 등은 생산설계에서 고려해야 할 중요한 개념이다.

6.5 기능설계 시 고려사항

1. 신뢰성

제품의 수명은 그의 설계, 제조품질, 사용되는 환경, 그리고 우연성에 의존한다. 따라서 고장은 여러 원천으로부터 발생할 수 있는데 정확하게 예측할 수 없다.

신뢰성(reliability)이란 제품 또는 부품이 특정 기간 동안 정상적인 조건하에서 그의 주어진 기능을 고장 없이 수행할 확률로 표현된다. 만일 어느 품목의 신뢰성이 0.9라 함은 그 품목이 의도한 기능을 특정 기간 동안 수행할 확률이 0.9이고 고장날 확률이 0.1임을 뜻한다. 즉 평균적으로 10개의 품목 가운데 한 개가 고장나고 아홉 개는 고장이 나지 않음을 기대할 수 있다.

제품의 신뢰성은 그의 구성부품 신뢰성의 함수이다. 한 제품이 직렬로 여러 개의 구성품으로 이루어졌을 때 그 제품의 신뢰성은 다음과 같이 구한다.

$$R_p = R_1 \cdot R_2 \cdot R_3 \cdots R_n$$

R_p=제품의 신뢰성
R_i=구성품 i의 신뢰성($i=1, 2, \cdots, n$)

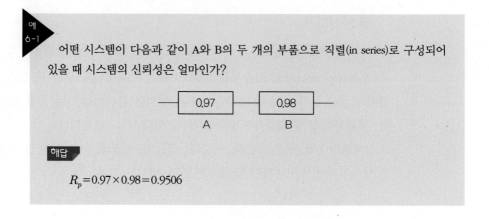

예
6-1

어떤 시스템이 다음과 같이 A와 B의 두 개의 부품으로 직렬(in series)로 구성되어 있을 때 시스템의 신뢰성은 얼마인가?

```
    ┌──────┐     ┌──────┐
────┤ 0.97 ├─────┤ 0.98 ├────
    └──────┘     └──────┘
       A            B
```

해답

$R_p = 0.97 \times 0.98 = 0.9506$

한 부품의 고장이 상당히 중요할 때 중복부품이나 중복부품시스템을 추가하면 고장날 가능성을 줄일 수 있다. 높은 신뢰성이 요구될 때 중복부품이 필요하다. 한 제품이 병렬(parallel)의 중복부품을 가질 때의 제품 신뢰성은 다음과 같이 구한다.

$$R_p = R_2 + R_1(1 - R_2) = 1 - (1 - R_1)(1 - R_2)$$

n의 병렬중복부품을 가질 때의 신뢰성은 다음과 같이 구한다.

$$R_p = 1 - [(1 - R_1)(1 - R_2) \cdots (1 - R_n)]$$

예 6-2

한 시스템이 다음과 같이 부품 A, B, C, D, E의 다섯 개로 구성되어 있을 때 시스템의 신뢰성은 얼마인가? 부품 D와 E는 중복부품이다.

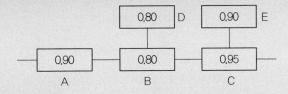

해답

$$R_p = 0.90[1 - (1 - 0.80)(1 - 0.80)][1 - (1 - 0.95)(1 - 0.90)] = 0.86$$

신뢰성은 제품이나 서비스가 고장나기 전에 작동하는 시간의 길이, 즉 평균 고장간 시간(mean time between failures: MTBF)으로 표현할 수 있다. 이는 고장률 (failure rate)과 반비례 관계이다.

한편 고장률은 다음과 같은 공식을 사용하여 구한다.

$$고장률(\%) = \frac{고장개수}{시험개수} \times 100\%$$

$$고장률(개수) = \frac{고장개수}{작동시간(operating\ time)}$$

$$평균고장간\ 시간 = \frac{1}{고장률(개수)}$$

예 6-3

실험실에서 100개의 인공심장 밸브를 20,000시간 동안 테스트하였다. 6개의 밸브는 테스트 도중에 고장이 났다.

① 고장률은 몇 %인가?

② 연간 고장개수는 얼마인가?

③ 100개의 인공심장 밸브 50묶음의 설치에 대해 연간 예상되는 고장개수는 얼마인가?

④ 평균고장간 시간은 얼마인가?

해답

① 고장률 $= \dfrac{6}{100} = 0.06 = 6\%$

② 작동시간 $=$ 총시간 $-$ 비작동시간 $= 100(20,000) - 6(20,000)/2$

$\qquad = 1,940,000$ 단위시간

고장률 $= \dfrac{6}{1,940,000} = 0.000003$ 연/단위시간

$0.000003(24$시간/일$)(365$일/연$) = 0.026$개/연

③ $(0.026$개/연$)(50$개$) = 1.355$개/연

④ MTBF $= \dfrac{1,940,000}{6} = 323,333.3$ 단위시간/개

2. 보전성

보전성(maintainability)이란 적당한 노력으로 제품이나 시스템을 사용가능한 상태로 보전할 수 있는 능력을 말한다. 즉 제품이 고장났을 때 그것을 최소의 시간과 비용으로 곧 사용할 수 있는 상태로 회복시키는 것이다.

보전성은 평균수리시간(mean time to repair: MTTR)으로 측정할 수 있다. 신뢰성을 측정하는 MTBF와 이를 결합하여 시스템 유용성(system availability: SA)은 다음과 같이 구한다.

$$\text{시스템 유용성} = \frac{\text{신뢰성}}{\text{신뢰성} + \text{보전성}} = \frac{\text{MTBF}}{\text{MTBF} + \text{MTTR}}$$

예 6-4

김 사장은 회사의 전자 상거래 사이트(site)를 위한 서비스 제공자를 선택하려고 한다. 다른 조건이 모두 동일하다면 서버 유용성을 기준으로 결정하려고 한다. 다음과

같은 서버의 성과 데이터가 주어질 때 어떤 제공자를 선택해야 하는가?

제공자	MTBF(시간)	MTTR(시간)
A	70	5
B	40	3
C	25	2

해답

$$SA_A = \frac{70}{70+5} = 0.933$$

$$SA_B = \frac{40}{40+3} = 0.930$$

$$SA_C = \frac{25}{25+2} = 0.926$$

제공자 A를 선택한다.

6.6 생산설계 시 고려사항

1. 제품단순화 및 다양화

기업이 당면한 가장 까다로운 문제의 하나는 제품다양화의 정도를 결정하는 것이다. 제품이 다양하면 비용이 증가하고 단순하면 판매가 줄어든다. 불필요하게 다양할 필요가 없고 별로 중요치도 않은 제품차이는 근절해야 한다.

제품의 단순화(simplification)는 제품의 수와 종류를 줄이는 것을 말한다. 이것은 한계 제품라인, 형태 및 모델의 제거를 의미한다. 단순화는 설계의 복잡성을 줄이고 제품의 다양성을 줄임으로써 여러 가지 구입을 줄이고, 재고를 낮추며, 생산비용을 절감시킨다. 물론 단순화는 고객의 입장에서 볼 때 선택의 여지가 줄어들기 때문에 수익에 영향을 미칠 수 있다. 따라서 제품의 단순화는 판매량과 이익에 별로 공헌하지 못하는 제품의 제거에 한정해야 한다.

제품다양화(diversification)는 제품단순화의 반대개념으로서 풍부한 제품라인, 형태 및 모델을 의미한다. 경쟁이 심한 기업은 고객을 끌기 위하여 다양화를 추구하게 되고, 심하지 않은 기업은 단순화를 추구하게 된다. 다양화는 위험을 분산시키고 어느 특정 제품의 수요감소를 보호한다. 또한 초과 또는 유휴시설이 있으면 다양화를 추진할 수 있다.

한편 제품이나 서비스의 수를 줄여 다양성을 감소시키는 외에 기업은 하나의 제품을 만들 때 옵션, 부품, 중간조립품 등의 수를 줄여 기능을 발휘하면서 생산성도 향상토록 해야 한다.

2. 표 준 화

공업국가에서 생산성 향상에 크게 공헌한 요소는 부품의 표준화(standar-dization)이다. 표준화란 부품이 특정한 표준에 맞도록 만들어졌으므로 언제, 어디서 그 부품을 만들더라도 똑같은 형태의 다른 부품과 상호 교환하여 사용될 수 있음을 뜻한다. 다시 말하면, 표준화는 크기, 모양, 색상, 수량, 성능, 작업방법, 장비, 절차 및 프로세스 등에서 균일성을 보장하려는 노력을 말한다. 표준화는 부품의 호환성을 통하여 대량생산을 가능케 한다. 자동차의 경우 동일한 크기와 모양을 갖는 핸들이 여러 상이한 모델의 자동차에 사용될 수 있다.

3. 모듈 설계

고객의 욕구를 만족시킬 다양한 제품라인을 공급하고 동시에 낮은 생산비 및 표준화의 장점을 살리기 위하여 모듈 설계(modular design)가 이용된다. 즉 이로 말미암아 제품의 다양화가 가능하고 제품생산에 사용되는 구성품의 단순화가 가능하게 된다.

모듈(module)이란 다수의 부품으로 구성된 표준화된 중간조립품(sub-assembly) 또는 제품의 기본 구성품을 말한다. 소비자에게는 다양한 제품이 있는 것처럼 보이고, 생산자에게는 프로세스와 장비의 표준화를 통하여 제한된 수의 기본적인 구성품의 생산을 더욱 효율적으로 할 수 있게 된다.

예를 들면, 자동차산업에서 엔진, 변속기, 외부색상, 그리고 실내장식물 같은 모듈을 통해 다양한 자동차를 공급할 수 있다. 만일 엔진크기 두 가지, 변속기형태 두 가지, 외부색상 열 가지, 실내장식물 다섯 가지라고 할 때 모듈은 2 + 2 + 10 + 5 = 19가지뿐이지만, 이 19가지의 모듈을 결합하면 2 × 2 × 10 × 5 = 200가지의 서로 상이한 자동차를 공급할 수 있다. 모듈들을 사전에 제작한 후 고객의 요구에 따라 조립하게 되면 고객에게는 다양한 제품을 제공할 수 있고 생산에는 한정된 수의 모듈만을 사용할 수 있다.

모듈 설계의 장점은 비교적 적은 부품이 사용되므로 결점을 찾고 교정하기가 쉽다는 것이다. 또한 모듈 설계는 불량모듈을 제거하고 양호한 모듈로 대체하기가 쉽다. 모듈의 제조와 조립으로 단순화를 꾀할 수 있다. 즉 부품의 수가 적기 때문에 구매 및 재고관리가 더욱 쉽고, 조립업무가 더욱 표준화되어 훈련비용이 감소한다.

모듈 설계의 단점은 첫째, 다양성의 감소이고 둘째, 불량부품을 제거하기 위하여 모듈을 분해할 수 없다는 것이다. 즉 모듈 전체를 폐기해야 하므로 이로 인한 비용이 발생한다.

둘째, 전통적인 제품설계 방법에 있어서는 같은 라인에 속하더라도 각 제품을 개별적으로 설계하여 제품 자체로서는 최적화가 가능하지만 제품라인 전체로서의 최적화는 불가능한 것이다.

4. 가치분석

경쟁에서 이기기 위해서는 제품이나 서비스를 꾸준히 향상시킬 필요가 있다. 혁신은 이러한 일을 하는 데 기본적인 필수요건이다. 제품과 서비스의 가치를 향상시키기 위하여 혁신을 조직적으로 하는 편리한 방법이 가치분석(value analysis) 또는 가치공학(value engineering)이다.

가치분석은 비용을 발생시키는 어느 것이라도 제거시키는 이념이기 때문에 제품이나 서비스의 가치 또는 기능에 공헌하지는 못한다. 그것은 가능한 가장 낮은 비용으로 제품의 요구되는 성능과 고객의 욕구를 만족시키는 데 목적이 있다. 가치분석은 절차와 기법을 사용하여 제품이나 서비스를 분석하는 체계적이고 조직적인 방법이다.

가치는 고객의 욕구를 가장 낮은 비용으로 만족시키는 것이다. 이와 같이 제품의 가치는 같은 비용으로 고객의 유용성을 증가시킴으로써 또는 비용을 절감하여 같은 유용성을 제공함으로써 향상된다. 더 좋은 가치는 비용을 증가시키지 않고서도 기능을 향상시킴으로써 또는 기능을 해치지 않고 비용을 절감함으로써 얻어진다. 가치는 비용뿐 아니라 기능에 강조를 둔다. 따라서 가치는 비용과 기능의 비율로서 다음과 같이 표현할 수 있다.

$$가치 = \frac{기능}{비용}$$

　　전형적인 가치분석은 일련의 질문을 통하여 진행된다. 그것이 무엇인가? 그것의 기능은? 비용은 얼마인가? 그것의 가치는 무엇인가? 다른 어떤 것이 그 기능을 수행할 수 있는가? 그것은 단순화될 수 있는가? 그것은 꼭 필요한가?

　　이러한 방법은 대체, 제거, 표준화, 결합 또는 단순화 등을 통하여 개선의 여지를 찾는 것이다.

5. 제조를 위한 설계

　　좋은 설계의 중요한 측면은 설계된 제품이 쉽게 그리고 적은 비용으로 생산할 수 있어야 한다는 것이다. 제조를 위한 설계(design for manufacture: DFM)란 제품을 보다 경제적이고 용이하게 생산가능하도록 제품을 설계하는 방법을 뜻한다. 제품설계단계에서 기업의 생산 설비능력과 인적자원의 한계 내에서 제품을 쉽고 비용절약적으로 생산할 수 있도록 설계해야 한다는 것이다. 이를 위해 제품설계시 설계단순화와 설계표준화 같은 지침을 따라야 한다.

　　기업이 제조를 위한 설계의 결과는 제품설계의 품질을 향상시키고 제품설계에 수반되는 비용과 시간을 감소시킨다는 것이다.

　　효과적인 제조를 위한 설계의 결과는 제품설계의 품질을 향상시키고 제품설계에 수반되는 비용과 시간을 감소시킨다는 것이다.

　　제조를 위한 설계 외에도 기업에서는 조립을 위한 설계, 보전을 위한 설계, 로지스틱스를 위한 설계, 환경을 위한 설계 등을 고려한다.

　　좋은 제품설계란 제품을 어떻게 제조할 것인가는 물론 어떻게 조립할 것인가도 고려해야 한다. 조립을 위한 설계(design for assembly: DFA)는 조립할 때 부품의 수를 줄이고 조립방법과 조립순서에 관심을 갖는다. 제품을 쉽게 제조하고 조립하는 의미로 제조가능성(manufacturability)이라는 말을 사용한다.

　　보전을 위한 설계((design for manufacturability: DFM)란 제품의 서비스 가능성(serviceability)을 증진하기 위하여 설계·개발과정에서 제품의 예상 수명주기 동안 얼마나 쉽게 보전가능성(maintainability)을 확보할 수 있는지 체계적으로 고려하는 방법을 말한다.

　　로지스틱스를 위한 설계(design for logistics: DFL)란 운송과 관련된 비용을 고려하는 제품설계방법이다.

환경을 위한 설계(design for environment: DFE)란 제품설계 시 환경, 안전, 건강 등의 문제를 고려하는 방법이다. 이는 법적 채무의 가능성을 줄여야 한다든지 규제조건에 따라야 하는 기업의 경우에는 아주 중요한 개념이다. 여기에는 제조 프로세스(에너지 보전 등), 포장(재사용, 낭비감소), 처분, 재활용 등에 관심을 갖는 것이 포함된다.

6. 환경을 고려한 설계

환경보호에 대한 관심이 고조되면서 환경을 고려한 설계에 대한 압력이 점증하고 있다. 환경을 위한 설계(design for environment)란 제품의 전 수명주기 동안 제품설계와 프로세스 설계로 인해 환경에 미칠 유해한 영향을 최소로 하자는 것이다. 예를 들면, 이산화탄소의 배출량을 아주 줄이고, 에너지 사용과 위험한 자재의 사용을 최소로 하기 위해 자재와 포장방법을 제대로 선택하고 나아가서 제품의 재사용과 재활용을 최대로 하는 방안을 강구해야 한다.

환경을 위한 설계로서는 재활용된 자재를 사용하여 제품을 설계한다든지, 위험한 화학약품의 사용을 줄이고, 수명이 다한 이후에 재활용할 수 있는 자재 또는 구성품을 사용하고, 버리기보다는 수리해서 사용할 수 있도록 하고, 불필요한 포장은 최소화하는 등 여러 가지 측면을 고려할 필요가 있다.

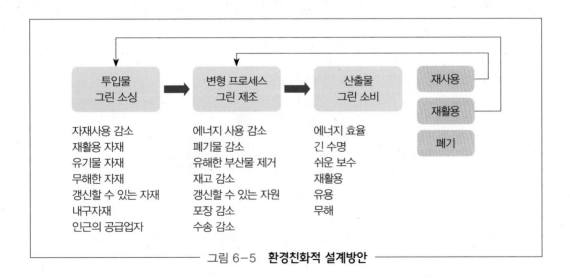

그림 6-5 **환경친화적 설계방안**

[그림 6-5]는 제품의 수명주기 동안 환경친화적 설계방안을 제시하고 있다.

6.7 신제품 개발과정: 현대적 방법

1. 개   념

오늘날 격심한 경쟁에서 이기기 위해 기업은 제품개발 속도와 시장에의 신속한 출하기간에 기초한 시간경쟁(time-based competition)에 몰두하고 있다. 이러한 목적 외에 제품설계를 생산으로 원활하게 전환하려는 목적을 달성하는 현대적 제품개발 과정이 동시공학이다.

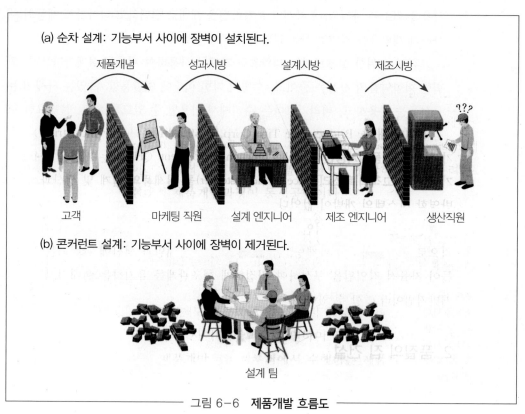

(a) 순차 설계: 기능부서 사이에 장벽이 설치된다.

제품개념 · 성과시방 · 설계시방 · 제조시방

고객 · 마케팅 직원 · 설계 엔지니어 · 제조 엔지니어 · 생산직원

(b) 콘커런트 설계: 기능부서 사이에 장벽이 제거된다.

설계 팀

그림 6-6 제품개발 흐름도

출처: R. Russell and B. Taylor, *Operations Management,* 10th ed.(John Wiley & Sons, 2019), p. 162.

모든 부서는 제품의 설계과정에 중요한 역할을 수행한다. 설계사, 제조 엔지니어, 마케팅부서, 재무부서, 구매부서, 생산부서 등 모든 기능부서는 제품에 관심을 갖는다. 따라서 모두 함께 제품개발·설계와 생산 프로세스 개발에 참여해야 한다.

그럼에도 불구하고 앞절에서 공부한 바와 같이 전통적인 제품개발 과정은 관련 부서 사이의 장벽으로 인하여 서로 협조 없이 수행되어 왔다. 많은 기업에서 제품개발은 설계부서에서 수행하는 제품의 설계가 생산부서에 넘어온 후 생산부서에서 수행하는 생산 프로세스의 설계가 별개의 활동으로 연속적·순차적·직렬식 과정으로 진행되었다. [그림 6-6]의 윗부분은 전통적인 순차공학(sequential engineering: SE)을 보여주고 있다. 각 단계는 선행단계의 작업이 완료되어야 시작할 수 있다. 변화, 수정, 품질개선을 위한 제안이 있으면 각 부서를 한 번 더 통과해야 한다.

2. 콘커런트 엔지니어링

연속 엔지니어링은 분업에 의한 효율화와 전문화를 추구한 결과 관련자간 상호 작용의 부족으로 인해 의사소통의 문제를 야기하고 제품 개발기간이 길어지게 된다. 왜냐하면, 제품설계 과정에서 각 부서들을 장벽으로 분리시켜 하나씩 독립적으로 수행하며 문제가 발생하면 프로젝트를 해당 분야에 되돌려 과정을 처음부터 시작하기 때문이다.

이러한 문제를 완화하기 위하여 사용되는 방법이 동시공학 또는 콘커런트 엔지니어링(concurrent engineering: CE)이다. CE는 제품개념부터 판매에 이르는 제품개발 과정에 관련되는 모든 주요 기능부서로부터 전문가가 동시에 처음부터 참여하여 구성한 자율적 작업팀에 의한 제품설계, 생산방법, 프로세스 설계, 생산계획 등 설계의 통합화를 통해 한 번에 수행토록 함으로써 제품이 고객의 욕구와 기대를 완전히 만족시키도록 하는 방법이다.

[그림 6-6]의 아랫부분은 병렬식 콘커런트 엔지니어링을 나타내고 있다.

콘커런트 엔지니어링은 여러 가지 혜택을 제공한다. 제품개발 사이클이 짧아지고 시행착오로 인한 재설계작업을 크게 줄일 수 있다. 한편 품질이 향상되면서 비용은 오히려 감소하게 된다. 중요한 도구가 필요한 경우 조기에는 설계 또는 구매할 기회를 갖는다. 특정 설계의 기술적 타당성을 일찍 고려할 수 있다.

6.8 신제품 개발과정: 품질기능전개

1. 개　념

1970년대 초 Bridgestone Tire Corp.와 Mitsubishi Heavy Industries Ltd.가 처음으로 품질기능전개(quality function deployment: QFD)라는 기법을 사용하기 전에는 고객의 소리(voice of the customer)를 신제품의 설계 및 생산과정에 반영할 시스템의 개발이 없었다. 여기서 고객의 소리란 욕구와 니즈를 포함하는 고객의 요구를 뜻한다.

QFD는 다소 추상적인 고객의 욕구, 필요성, 기호, 기대를 제품의 기술규격으로 전환시키도록 마케팅, 설계, 제조 등 제품개발과 설계 및 생산에 관련되는 사람들이 자율적으로 작업팀을 구성하여 밀접하게 협조관계를 유지하는 현대적 신제품 개발기법이라고 할 수 있다. 즉 QFD는 고객의 요구를 기반으로 종합적 품질경영(TQM) 원칙을 따르는 제품을 개발하기 위한 행렬 기반의 체계적이고 시각적인 방법이라고 할 수 있다.

2. 품질의 집 건설

QFD는 고객의 요구를 엔지니어의 설계 및 생산에 이용될 수 있는 기술적 설계특성(features)으로 변형시킴에 있어서 품질의 집(house of quality)이라는 잘 짜여진 행렬을 이용한다. 품질의 집은 [그림 6-7]에서 보는 바와 같이

- 고객요구(customer requirements)
- 경쟁력 평가(competitive assessment)
- 설계특성(design characteristics)
- 관계 행렬(relationship matrix)
- 설계특성의 상관관계 행렬(correlation matrix)
- 목표치(target values)

의 여섯 개 부문으로 구성되어 있다.

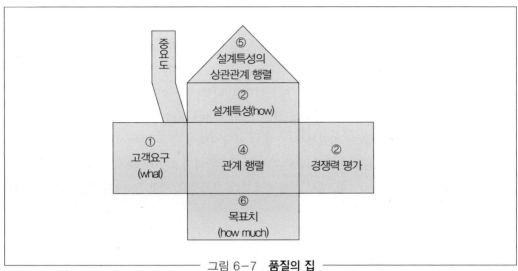

그림 6-7 **품질의 집**

이제 품질의 집을 건설하는 절차를 자동차 문의 설계문제를 예로 들어 설명하고자 한다.[3]

▌고객요구와 그의 중요도

품질의 집은 고객의 요구 또는 제품의 중요한 고객 특성(customer attributes: CA)이 무엇인지를 규명하는 것으로부터 시작한다. 이는 설문조사, 시장조사, 그룹 인터뷰 등을 통하여 결정하는 잠재고객의 소리(voice of the customer: VOC)로서 [그림 6-7]에서 집의 왼쪽 편에 있는 'what'으로 나타내는 방(room)에 나열된다.

자동차 문의 경우 예를 들면 "쉽게 닫혀야 한다", "언덕에서 문을 열 때 열린 상태로 있어야 한다", "빗물이 새지 않아야 한다" 등의 특성을 표현한다.

나열된 각 고객요구에 대해서는 고객의 견해에 따라 상대적 중요도(relative importance)가 1부터 10까지의 수치로 주어지는데 높은 수치가 더욱 중요한 요구를 의미한다. 이러한 중요도는 제품의 품질개선을 필요로 하는 분야의 우선순위를 결정하는 데 도움이 된다.

---

3 John, R. Hauser and D. Clausing, "The House of Quality," *Harvard Business Review*(May–June 1988), pp. 63~73.

┃경쟁력 평가

경쟁에서 이기고자 하는 기업은 경쟁기업과의 상대적 위치를 알아서 차별화해야 한다. 집의 오른편에 나열된 각 고객요구에 관해 자사제품을 포함한 경쟁제품에 대해서 1부터 5까지의 평가결과를 나열한다. 이러한 각 고객요구에 대한 경쟁력 평가(competitive assessment)는 고객에 대한 서베이를 통해서 실시한다.

경쟁제품과의 비교는 시장에서 자사제품이 갖는 절대적 강점과 약점을 나타내기 때문에 품질개선의 우선순위를 제시한다. [그림 6-8]에서 자사제품은 "달릴 때 소음이 없어야 함"에서 경쟁제품보다 강점을 갖지만 "밖에서 문닫기가 용이함"에서는 약점으로 보인다.

┃설계특성

고객의 요구(what)를 어떻게 하여(how) 측정가능한 설계특성(design characteristics)으로 전환해야 할 것인가를 결정해야 한다. 각각의 고객요구와 관련된 설계특성, 즉 기술특성(technical feature)은 엔지니어의 소리(voice of engineers)로서 설계팀에 의하여 작성되는데 [그림 6-7]에서 보는 바와 같이 집의 지붕 밑에 있는 'how'라는 방에 나열한다.

이러한 기술특성은 고객요구의 하나 또는 둘 이상에 영향을 미친다. 고객의 요구는 애매하고 추상적인 용어로 표현되지만 기술특성은 측정가능한 기술적 용어로 표현되어야 한다. 왜냐하면, 이는 객관적 목표치와 비교할 수 있어야 하기 때문이다. 설계 프로세스에서 고객의 소리를 반영해야 하는 기술특성의 예를 들면, 자재의 유형과 양, 부품의 크기와 형태, 강도, 서비스 절차 등에 관한 것이다.

┃관계 행렬

일단 고객의 요구(what)와 이에 대응하는 기술특성(how)이 나열되면 각 기술특성이 각 고객요구에 어떻게 관련이 있는지를 나타내는 관계행렬(relationship matrix)을 집의 몸체에 [그림 6-8]과 같이 작성한다. 이러한 관계는 기술자의 경험, 고객의 반응, 통계적 연구 등을 통해서 평가된다. 그런데 각 기술특성은 하나 이상의 고객요구에 영향을 미칠 수 있고, 또한 어떤 고객요구에 대응하는 기술특성이 다른 고객요구에는 역효과를 나타낼 수가 있기 때문에 이러한 상관관계는 매우 복잡하다고 할 수 있다.

고객요구와 기술특성 사이에는 서로 다른 정도의 상관관계가 존재하므로 일련의 부호를 사용하여 관계의 강도를 표시한다. 관계가 비례적이면 ∨, 반비례적이면 ×를 표시하고 관계가 아주 강하면 ○를 사용한다. 이러한 관계행렬을 작성함으로써 고객의 요구 혹은 기대를 충분히 반영시킬 기술특성이 있는지를 밝힐 수 있다.

▌ 설계특성의 상관관계 행렬

일단 모든 기술특성이 나열되면 그들 사이의 상관관계를 [그림 6-8]에서 보는 바와 같이 집의 지붕(roof)에 표시한다. 이러한 상관관계표는 각 기술특성이 다른 기술특성(들)에 어떻게 영향을 미치는가를 보여 준다. 이러한 상호 작용은 설계대안을 고려할 때 꼭 필요하다.

예를 들면, '문 닫는 데 필요한 에너지'는 '문의 밀폐저항력'과 '주행 시 소음감소'와 반비례적 관계에 있다. 이러한 상관관계에 관한 정보는 '문 닫는 데 필요한 에너지'의 목표치를 결정할 때 고려된다. 두 특성 간에 반비례가 존재하면 이들 사이에 절충이 벌어지게 된다.

▌ 목표치

일단 팀이 고객의 소리를 규명하고 이를 기술특성에 연관을 지은 후에는 각 기술특성에 대한 객관적 측정치(objective value)를 [그림 6-8]에서와 같이 관계 행렬 밑에 추가한다. 여기에는 자사제품뿐만 아니라 경쟁제품의 측정치도 포함하여 서로 비교한다.

목표치를 설정하기 위해서는 [그림 6-8]과 같이 객관적 측정치, 고객의 경쟁력 평가(자사 제품의 강점과 약점), 예상비용과 기술적 난이도(technical difficulty)에 대한 정보 등을 고려하여 팀은 최종적으로 각 기술특성에 대한 이상적인 목표치(target value)를 설정한다.

예컨대 자사제품의 문을 여는 데 필요한 에너지는 '7.5피트-파운드'로 설정할 수 있는데 이는 경쟁제품보다 훨씬 우수한 목표이기 때문에 밖에서 문 닫기가 용이해야 하는 고객의 요구를 충분히 만족시킬 수 있고 따라서 경쟁제품과 차별화할 수 있게 된다. 이러한 목표치는 기술규격(technical specification)으로 사용된다.

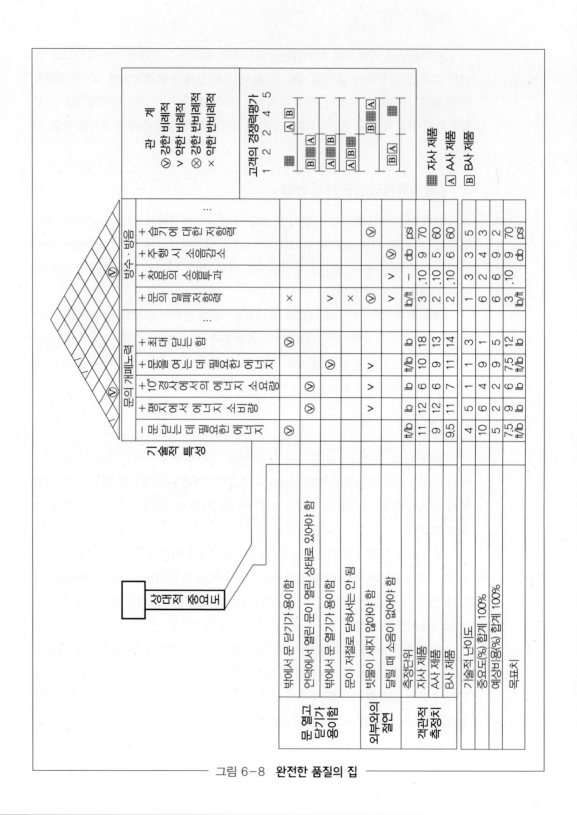

그림 6-8 완전한 품질의 집

3. QFD 원리의 연장

지금까지 설명한 QFD 원리는 제조기능과 고객만족 사이의 분명한 관계를 설정하는 노력에 적용할 수 있다. 쉽게 닫히는 문이 고객의 중요한 요구이고 이에 대응하는 기술특성이 문 닫히는 데 필요한 에너지라고 할 때, 이 에너지의 목표치는 단순히 목적일 뿐이므로 더욱 의미 있도록 하기 위해서 문을 만드는 과정과 연결이 되어야 한다.

문을 만들기 위해서는 프레임(frame), 문틈 마개, 돌쩌귀, 판금 등 올바른 부품(right part), 이들 부품을 제조하고 제품을 조립할 올바른 프로세스(right process), 그리고 제품을 제조할 올바른 생산계획(right production plan)이 필요하다.

한 품질의 집의 'what'에 대응하는 'how'는 이제 다른 집의 'what'이 되어야 한다. 예컨대 제품계획(product planning) 단계에서의 열(column)에 나열된 'how'의 하나인 '문 닫는 데 필요한 에너지(피트-파운드)'는 부품설계 단계에서는 'what'이 되어 행(row)에 나열된다. 이때 문틈 마개의 굵기와 같은 부품의 특성은 이 집의 열에 나열된다.

부품설계의 집에서 'how'인 문틈 마개의 굵기는 이제 프로세스 계획의 집에서는 'what'이 된다. 한 단계의 'how'는 다음 단계의 'what'이 되는데 이러한 과정은 생산계획을 수립할 때까지 계속된다. 이러한 과정을 [표 6-2]와 [그림 6-9]에서 요약하고 있다. 서로 연결된 네 개의 집을 통해 암암리에 고객의 소리를 제조단계까지 전달한다. 설계·제조·마케팅 분야 등의 전문가로 구성된 자율팀이 QFD의 적용에 적극 참여해야 하는 이유가 여기에 있다.

표 6-2 QFD 원리의 연장

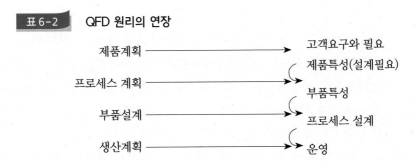

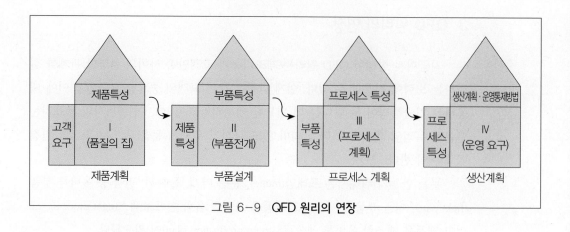

그림 6-9 QFD 원리의 연장

6.9 로버스트 설계

제품이 환경적 조건과 작동하는 조건에 취약하면 품질상 문제가 있다고 한다. 제품이 제대로 작동하지 못하게 하는 조건은 통제가능요인과 통제불능요인으로 구분할 수 있다.

품질의 변동(variation)을 유발하고 비용을 발생시키는 요인은 온도, 조명, 습도, 진동, 먼지, 사용기간, 유지보수 등 통제불능요인(uncontrollable factor)인데, 이는 잡음 또는 노이즈(noise)라고도 한다. 이러한 통제불능요인은 제거하기가 거의 불가능하므로 일본의 산업공학자인 Taguchi 방법에 있어서는 그들의 영향을 최소화하려는 노력을 경주한다. 다시 말하면, 제품이나 프로세스를 처음에 설계할 때 환경변화에 따라 영향을 덜 받도록 하자는 것이다. 이렇게 하면 환경상의 변동요인들을 생산 프로세스에서 통제하는 것보다 훨씬 비용 절약적이다.

로버스트 설계는 생산과정에서뿐만 아니라 제품을 실제로 사용할 때에 환경변화에 따른 품질변동을 감소시켜 사용품질을 향상시키기 위해 제품을 설계할 때도 사용된다. 사실 제품 수명주기 동안 실제로 사용할 때 환경변화에 따른 성능변동을 줄이는 것이 아주 중요하다.

이를 위해서 로버스트 설계(robust design)라는 개념을 사용하는데, 이에 입각하여 중요한 통제가능요인(controllable factor: 예컨대 자재, 크기, 길이, 반경 등 부품의 치수, 가공형태)의 설계변수에 대한 최적수준을 결정해야 한다. 즉 모든 통제불능요인에 둔감한, 즉 이에 영향을 받지 않고(insensitive) 동시에 중요한 통제가능요인에 대한 최적수준을 설정하여 품질특성이 이러한 최적수준에 이르도록 강요함으로써 효과적이고 비용절약적인 제품/프로세스의 로버스트 설계를 실시하는 것이다.

이와 같이 제조상의 변동이나 환경상의 변동에 둔감하도록 제품이나 프로세스 설계단계에서 파라미터들에 대한 최적수준을 추구하면 추후 생산 중에 품질변동을 통제하는 것보다 비용이 훨씬 적게 든다.

연습 문제

01 제품개발 및 제품설계의 필요성을 설명하라.

02 제품 수명주기를 설명하라.

03 제품의 이익주기와 판매량주기를 비교설명하라.

04 신제품개발 과정을 설명하라.

05 기능설계의 고려사항은 무엇인가?

06 생산설계의 고려사항은 무엇인가?

07 가치분석을 설명하라.

08 콘커런트 엔지니어링을 설명하라.

09 동시공학과 순차공학을 비교설명하라.

10 품질기능전개를 설명하라.

11 QFD원리와 생산계획과의 관계를 설명하라.

12 로버스트 설계는 어떻게 하는가?

13 비행기 수압통제시스템은 각각 $R_1=0.90$, $R_2=0.95$, $R_3=0.85$의 신뢰성을 갖는 직렬로 연결된 세 개의 단위로 구성되어 있다. 시스템의 고장은 비행기의 파멸을 초래한다.

① 시스템의 신뢰성을 구하라.

② 세 개의 단위에 대해 중복시스템이 가설되면 새로운 시스템의 신뢰성은 어떻게 되는가?

14 다음과 같은 시스템이 주어졌을 때 시스템의 신뢰성은 얼마인가?.

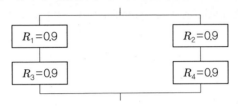

15 신제품에 대한 세 가지 아이디어가 제안되었다. 이들 아이디어의 등급은 아래와 같이 정해졌다. Poor=1, Fair=2, Good=3, Very Good=4, Excellent=5일 때 세 가지 아이디어의 순위를 결정하라.

특 성	제 품			가중치
	A	B	C	
개발비용	P	F	VG	15%
판매량전망	VG	E	G	20%
생산가능성	P	F	G	15%
경쟁유리성	E	VG	F	10%
기술적 위험	P	F	VG	10%
특허보호	F	F	VG	20%
회사목적과의 부합	VG	F	F	10%

16 남산 전구주식회사는 전구 200개를 시험하였다. 2,000시간이 지난 후 네 개가 고장을 일으켰다. 나머지는 4,000시간 동안 시험하는 중 제대로 기능을 발휘하였다.

① 고장률(%)을 구하라.

② 개 – 시간당 고장개수를 구하라.

③ 개 – 연당 고장개수를 구하라.

④ 전구 500개를 판매할 때 1년 기간 내에 고장날 전구는 몇 개일까?

17 의료기기 제조업자인 강 사장은 100개의 심장 맥박 조절기를 5,000시간 테스트하였다. 도중에 다섯 개의 맥박 조절기가 고장났다.
① 고장률은 몇 %인가?
② 단위 시간당 고장개수는 얼마인가?
③ 단위 – 연간 고장개수는 얼마인가?
④ 만일 1,100명이 맥박 조절기를 설치한다면 다음 1년 동안 몇 개가 고장날 것인가?

18 세 회사의 복사기에 관한 신뢰성과 보전성에 관한 데이터가 다음과 같을 때 어느 회사의 복사기를 구입해야 하는가?

회 사	MTBF(시간)	MTTR(시간)
A	840	1
B	880	4
C	240	8

19 상업용 항공기 제조업 사장 김씨는 자동착륙에 사용되는 조종실 레이더 시스템의 신뢰성에 관심이 많다. 10시스템에 대해 각각 500회의 모의 비행시험을 실시하였다. 항공기가 착륙하는 시간은 평균 20분이었다. 두 시스템이 고장났는데 하나는 121회 후에, 다른 하나는 273회 후에 고장이 났다.
① 레이더 시스템의 고장률(%)을 계산하라.
② 비작동시간(nonoperating hour)을 계산하라.
③ 작동시간(operating hour)을 계산하라.
④ 작동시간당 고장개수를 구하라.

20 다음 시스템의 신뢰성은 얼마인가?

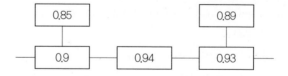

21 어떤 제품이 제대로 기능하기 위해서는 세 개의 구성품이 모두 기능해야 한다. 그 제품의 전체 신뢰성이 92% 이상이어야 한다면 첫째 구성품의 신뢰성은 적어도 얼마 이상이어야 하는가?

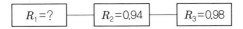

22 한 전자부품이 100시간 사용하는 도중에 다섯 번 고장이 났다. 그의 MTBF는 얼마인가? 고장률은 얼마인가?

23 다음 시스템의 신뢰성을 구하라.

24 다음 각 문제의 답을 구하라.
① 어떤 제품이 500시간 작동하는 도중에 열 번 고장을 일으켰다. 그의 MTBF는 얼마인가?
② 위 문제에서 고장률은 얼마인가?
③ 어떤 부품의 MTBF는 500시간이고 MTTR은 10시간이라고 할 때 그의 유용성은 얼마인가?
④ 어떤 로봇은 0.98, 0.95, 0.94, 0.9의 신뢰성을 갖는 네 개의 구성품을 갖는다. 모든 구성품이 작동하여야 로봇도 제대로 작동한다. 0.92의 신뢰성을 갖는 하나의 중복부품을 부착하려고 하는데 전체 시스템의 신뢰성을 높이기 위해서는 어떤 구성품에 부착하여야 하는가?

25 다음 두 시스템의 신뢰성은 동일함을 증명하라.

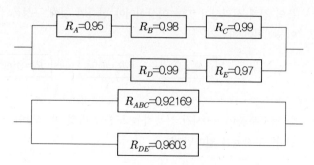

제 7 장

프로세스 선정

고객에 판매할 제품(what)이 결정되면 기업은 그 제품을 어떤 방법(how)을 사용하여 가장 경제적으로 생산할 것인가를 결정해야 한다. 생산할 제품을 결정하고 설계할 때 이 제품의 생산 프로세스를 동시에 고려한다는 사실은 이미 앞장에서 공부한 바와 같다. 이와 같이 결정되는 프로세스는 효과적이고, 효율적이며 유연한 성격을 갖게 된다. 그런데 현실적으로는 신제품 개발보다 프로세스 개발이 더욱 중요하다. 미국의 기업들은 R&D 투자의 $\frac{2}{3}$를 신제품 개발에 투자하지만 일본의 기업들은 40~50%를 프로세스 개발에 투자하여 품질향상과 원가절감으로 오히려 경쟁우위에 놓여 있다.

프로세스 선정(process selection)이란 사용할 생산 프로세스의 형태와 이의 소유 범위를 결정함을 의미한다. 예를 들면, 패스트 푸드 레스토랑(fast-food restaurant)에서 고객의 주문을 받은 후 음식을 만들기 시작할 것인가, 아니면 재고로 미리 준비하여 둘 것인가를 결정할 것이다. 제조업의 경우에 대량생산을 위한 흐름 프로세스를 선택할 것인가, 아니면 소량생산을 위한 배취생산(batch production) 프로세스를 선택할 것인가를 결정할 것이다.

구체적으로 말하면 프로세스 선정은 생산기술, 작업자, 원자재, 기계, 설비, 생산방법 등의 결정을 의미한다. 프로세스 선정은 기업의 흐름전략과 일치해야 하고 이러한 전략을 지원하는 데 필요한 자원을 획득할 능력과 일치해야 한다.

프로세스 선정은 장기적이고 자본집약적이고 환경적 지속가능성 변경이 쉽지 않기 때문에 최고경영층이 프로세스 전략(process strategy)하에서 결정할 사항이다. 프로세스 결정은 기업의 사명이나 공급사슬(supply chain)은 물론 제품생산의 원가, 품질, 납품, 유연성, 조직구조 등에 영향을 미치기 때문이다. 프로세스 결정은 장비, 시설, 노동력의 형태, 자본집약(capital intensity)의 정도에 구속을 하게 된다. 프로세스는 전략에 변화가 있다든지, 생산량에 변화가 있다든지, 새로운 기술이 출현하면 계획·분석·재설계 등 프로세스 유연성(process flexibility)이 이루어져야 한다.

본장에서는 여러 가지 형태의 프로세스 분류, 프로세스 선정의 경제적 분석, 제품선정과 프로세스 선정의 연계전략, 기술경영 등을 공부하고자 한다.

7.1 프로세스 설계

우리는 제1장에서 프로세스(process)란 여러 가지 투입물을 혼합 사용해서 가장 경제적으로 제품이나 서비스를 생산하는 데 필요한 다양한 활동, 방법, 수단을 의미한다고 공부하였다. 고객에 판매할 제품을 결정할 때 동시에 이 제품을 생산할 프로세스도 고려해야 한다.

이러한 프로세스에 관한 결정은 기업의 품질, 비용, 유연성 및 시간과 조직구조 등에 절대적인 영향을 미치기 때문에 최고경영층이 전략적으로 결정하게 된다.

기업은 제품개발 과정에서 작성한 설계도에 따라 가장 경제적으로 고객이 원하는 제품을 생산하는 데 필요한 자원과 기술 등을 결정해야 한다. 예를 들면, 원자재, 부품, 기계, 설비, 작업자, 소프트웨어 기술 등 생산의 방법과 수단을 옳게 결합해야 하는데 이러한 결정이 프로세스 설계(process design)이다.

일반적으로 프로세스 설계 시에는 생산량, 품질수준, 사용할 기술수준 등 요소들을 고려해야 한다.

기업이 생산해야 할 제품의 생산량 규모에 따라 프로세스 설계의 내용이 달라진다. 생산량은 수요예측 기법을 사용해서 비교적 정확하게 추산해야 한다. 생산량의 규모가 결정되면 생산설비와 생산방법에 대한 결정이 가능하다. 설비와 기계의 유형이 결정된다.

한편 생산량의 규모는 기업이 채택해야 할 프로세스의 형태에도 영향을 미친다. 대량생산의 경우에는 자동화된 설비를 사용하는 라인 프로세스를 선정하게 된다. 그러나 생산량이 소량인 경우에는 다양한 기능을 수행할 수 있는 범용기계를 사용하는 잡샵 프로세스의 형태를 선정할 수 있다.

제품의 품질수준 결정은 프로세스 설계에 결정적 영향을 미친다. 따라서 품질수준이 결정되면 이에 알맞은 부품의 종류와 조립방법, 기계의 유형과 가공방법 등을 결정해야 한다.

제품생산에 필요한 기계, 설비, 장비, 도구 등은 물론 기계를 운전할 기술자의 확보 등을 결정해야 한다. 기계나 기술수준은 어느 정도이면 충분할 것인지 결정하는 것은 프로세스 결정에 큰 영향을 미치게 된다.

7.2 제품설계, 프로세스 선정 및 생산능력의 관계

제품설계, 프로세스 선정, 생산능력계획(capacity planning)은 제품에 대한 장기수요예측이 이루어지면 이를 만족시키기 위하여 동시에 고려해야 하는 결정들이다. 제품의 설계방식은 많은 사람들로 하여금 그 제품을 구매하려는 데 영향을 미치고, 생산자의 생산능력계획의 결정에 영향을 미치며, 제품을 생산하는 프로세스와 비용에 영향을 미친다. 전통적으로 제품설계가 이루어지면 이를 생산할 프로세스를 설계할 엔지니어에게 전달함으로써 제품설계와 프로세스 설계는 서로 독립적으로 진행되었다. 그러나 오늘날에는 이러한 활동들은 서로 연관되어 동시에 고려하게 되었다.

이러한 논리는 [그림 7-1]에서 보는 바와 같이 고객을 중앙에 둔 원으로 나타낼 수 있다. 이 원은 시작도 없고 끝도 없어 하나의 전체로 생각해야 한다.

제품설계결정과 프로세스 선정결정은 서로 영향을 미친다. 예를 들면, 침대를 황동으로 만든다면 목재취급 장비는 필요 없는 것이다. 한편 프로세스 기술이 사용가능한 범위에서 제품설계가 이루어져야 한다. 이와 같이 제품설계와 프로세스 선정은 별개의 것이 아니다.

제조업에서는 설계 엔지니어와 프로세스 엔지니어가 제품설계 팀을 구성하여 앞장에서 설명한 동시공학(concurrent engineering)을 적용함으로써 고객을 위하고, 제품출하 기간을 단축시키려고 한다.

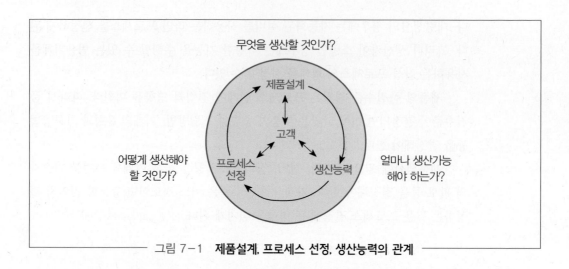

무엇을 생산할 것인가?

제품설계

고객

프로세스 선정

생산능력

어떻게 생산해야 할 것인가?

얼마나 생산가능 해야 하는가?

그림 7-1　**제품설계, 프로세스 선정, 생산능력의 관계**

프로세스 선정은 시장에서의 수요량과 관련이 있다. 만일 제품에 대한 시장수요가 연 1,000만 개로 예측이 되면 고가의 특수 장비의 사용은 정당화될 것이고 생산능력 결정에 영향을 미칠 것이다. 이때 프로세스와 생산능력에 막대한 투자를 해야 하므로 도중에 변경하기가 쉽지 않다.

프로세스 선정은 신제품이나 서비스가 계획되면 당연히 필요하지만 제품이나 장비의 기술이 변경되거나 경쟁압력이 있으면 주기적으로 발생하게 된다. 수요예측, 제품/서비스 설계, 기술향상은 프로세스 선정과 생산능력계획에 영향을 미친다. 프로세스 선정과 생산능력의 결정은 장비와 시설의 선정, 시설배치, 작업시스템(work system) 설계에 영향을 미친다.

7.3　생산 프로세스의 형태: 제품흐름

[그림 7-2]에서 보는 바와 같이 생산 프로세스 구조에는 연속성이 있지만 생산 프로세스는 보통 제품흐름, 유연성, 생산량 등에 입각하여 다음과 같이 분류한다.

- 프로젝트 프로세스
- 잡샵 프로세스　　　　단속적 프로세스
- 배취 프로세스

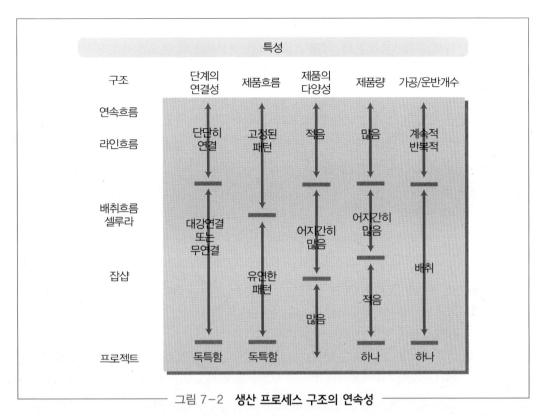

특성

구조	단계의 연결성	제품흐름	제품의 다양성	제품량	가공/운반개수
연속흐름					
라인흐름	단단히 연결	고정된 패턴	적음	많음	계속적 반복적
배취흐름 셀루라	대강연결 또는 무연결		어지간히 많음	어지간히 많음	
잡샵		유연한 패턴		적음	배취
프로젝트	독특함	독특함	많음	하나	하나

그림 7-2 **생산 프로세스 구조의 연속성**

- 라인 프로세스
- 연속 프로세스
- 셀루라제조

} 반복적 프로세스

프로세스의 선정은 기업의 전략, 생산의 형태, 고객의 형태, 수요량, 기업의 생산능력(capability)에 따라 결정된다.

▌프로젝트 프로세스

프로젝트 프로세스(project process)는 영종도 공항, 댐 건설, 경부 고속철도, 연구·개발, 제품개발 등과 같이 비반복적이고 유일한 제품생산을 위해 사용된다. 엄격하게 말하면, 프로젝트를 위한 제품흐름은 존재하지 않는다. 어떤 특정 장소에서 생산이나 건설이 이루어진다. 그러나 프로젝트의 각 활동을 수행하는 데 있어서는 순서를 꼭 지켜야 한다.

자재, 작업자, 정보 등은 작업장에 모이거나 떠나기도 하지만 제품 자체는 실제로 움직이지 않는다. 어떤 프로젝트를 생산하는 데 필요한 자재와 프로세스는 다른 프로젝트를 생산하는 데 사용되지만 프로젝트들은 서로 고유한 성격을 갖는다.

프로젝트는 비반복적이고 한 번만 하는 건설이므로 생산관리의 기법을 적용할 수 없고 이에 알맞은 PERT/CPM이라는 기법을 사용하여 활동들을 관리하고 스케줄링을 수립하게 된다. 프로젝트는 자동화할 수 없으므로 범용장비가 노동요구를 줄이기 위하여 사용된다.

잡샵 프로세스

프로세스 중심(process-focused)시스템이라고도 하는 잡샵 프로세스(job shop process)는 다품종 소량생산이나 고객으로부터의 소량의 주문생산처럼 제품이 서로 상이한 작업을 요하고 그의 흐름경로가 상이한 소규모로 운영되는 프로세스를 말한다. 따라서 표준화하지 않고 오히려 범용기계를 이용하여 개별화가 요구되는 제품생산에 알맞은 프로세스이다.

이러한 프로세스에서는 기능이나 장비가 같은 형태끼리 작업장에 배치되어 있다. 이러한 배치형태를 프로세스(기능)별 배치(process layout)라고 한다. 예컨대 모든 선반이 한 작업장에, 그리고 모든 밀링기계가 다른 작업장에 배치되어 있는 경우와 같다. 따라서 동일한 기능을 수행하는 모든 숙련된 작업자와 장비가 같은 작업장에 모여 비슷한 활동이 수행된다.

작업이 진행 중인 제품은 미리 설정된 작업순서에 따라 한 작업장에서 다른 작업장으로 자유경로형의 운반설비를 이용하여 계속 이동한다. 상이한 제품은 아주 상이한 프로세스 요구와 작업순서를 나타낸다.

잡샵이 다양한 제품과 서비스를 소량으로 생산하는 유연성을 갖는다는 이점이 있는 반면에 단위당 비용이 높다는 단점도 갖는다. 자재가 작업장 사이를 이동하고 기다리는 시간이 길어 비용이 발생할 뿐만 아니라 일거리가 없는 작업장은 쉬게 되기 때문에 모든 시설이 완전가동하지 않는 데 따르는 비용이 발생하게 된다.

항공기 제조업, 조선업, 맞춤 양복점, 기계수리업, 공작기계 제조업, 주방, 학교, 병원, 은행, 백화점 등에서 잡샵 프로세스를 찾아볼 수 있다.

배취 프로세스

다품종 소량생산을 하는 잡샵과 소품종 대량생산을 하는 반복적인 연속 프로세스 사이에 배취 프로세스(batch process)가 있다. 즉 배취 프로세스는 잡샵 프로세스와 달리 몇몇 표준화된 품목을 배취(묶음), 즉 로트(lot)를 교대하면서 단속적으로 같은 생산시스템에서 생산하는 프로세스이다. 한 품목만을 생산하기에는 충분하지 못하여 몇 가지 품목(주문)을 큰 양으로 그룹화하고 프로세스별로 좀더 자동화된 배치된 장비와 시설을 이용하여 생산하게 된다. 따라서 유연성은 덜 요구된다.

물론 각 품목은 작업장을 흐를 때 서로 다른 경로를 따를 수 있고 어떤 작업장은 건너 뛸 수도 있다. 한 품목의 배취생산이 완료되면 장비를 교체하는 등 생산준비를 하여 다른 품목의 배취를 생산하게 된다. 이와 같이 몇 가지 품목의 생산을 반복하여 계속하기 때문에 숙련노동자가 필요하다.

이러한 프로세스에서 생산장비는 몇 가지 품목을 생산할 수 있어야 하지만 잡샵에서처럼 다양하지는 않다. 다른 품목을 생산하기 위한 생산준비는 매우 빨리 이루어져야 한다. 따라서 동일한 또는 거의 동일한 생산과정을 요하는 품목군을 생산하게 되면 생산준비는 그만큼 빨리 이루어질 수 있고 자재흐름의 경로도 거의 같게 된다. 이러한 경우에는 자재취급장비를 자동화할 수 있다. 따라서 완성재의 완료시간은 잡샵 프로세스의 경우보다 더욱 짧게 된다.

따라서 배취 프로세스에서는 제품별 배치(product layout) 형태를 취한다. 이는 [그림 7-3]에서 보는 바와 같다.

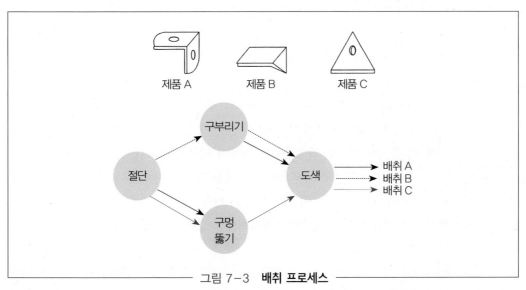

그림 7-3 **배취 프로세스**

출처: R. Schroeder, S. Goldstein & M. Rungtusanathen, *Operations Management*, 5th ed.(McGraw-Hill, 2011), p. 63.

배취 프로세스의 예를 들면, 제빵, 영화관, 아이스크림, 페인트, 음료수, 잡지, 책, 가구, 보트, 제화, 도자기, 각종 크기의 드릴과 스크루 드라이버(screw driver) 등을 생산하는 회사이다. 공항에서 해외여행을 떠나는 단체의 스케줄링 업무도 또 다른 예이다.

앞에서 설명한 프로젝트 프로세스, 잡샵 프로세스, 배취 프로세스는 단속적 프로세스(intermittent process)라고 한다.

배취 프로세스와 다음 절에서 설명할 라인 프로세스, 연속 프로세스는 제품중심(product-focused)시스템이라고도 한다.

▎라인 프로세스

소품종 대량생산을 위해 표준화된 자재와 부품이 고정된 작업순서에 따라 하나의 생산라인 또는 조립라인을 따라 이동하는 프로세스를 라인 프로세스(line process) 또는 흐름 프로세스(flow process)라고 한다. 제품을 대량으로 효율적으로 계획생산하기 위하여 자재는 프로세스의 처음부터 끝까지 중단하지 않고 흐르게 된다. 이와 같이 라인 프로세스에서는 제품과 작업이 표준화되어 있고 작업장도 작업순서에 따라 조직되어 있기 때문에 제품이나 생산량의 변경이 매우 어려워 유연성 측면에서는 불리하다고 할 수 있다.

대량의 제품이나 고객의 시스템을 통한 원활하고 빠른 흐름을 달성하기 위하여 제품별 배치형태가 사용된다. 이는 고도로 반복적인(repetitive) 프로세스 작업을 요하는 표준화된 제품이나 서비스에 의하여 가능하다. 작업은 일련의 표준화된 과업으로 분해가 가능하여 노동과 설비의 전문화가 용이하다. 대량생산으로 단위당 비용이 절감되므로 설비와 직무설계에 많은 투자를 하더라도 경제적이다.

하나 또는 몇 개의 품목이 생산되므로 제품이나 서비스의 기술적 프로세스 요구에 따라 작업장을 배치해야 한다. 즉 제품이 생산되는 작업순서에 따라야 한다. 더욱 각 품목이 동일한 작업순서를 따르기 때문에 품목을 운반하는 데 컨베이어(conveyer)같은 고정통로(fixed path)용 자재운반설비를 사용할 수 있다.

제품별 배치는 노동 및 설비의 높은 이용률을 달성한다. 따라서 이는 단위당 생산비용 절감과 함께 이러한 배치형태에 수반하는 높은 설비비용을 상쇄하게 된다. 품목은 한 작업에서 다른 작업으로 빨리 이동하므로 재공품 재고는 쌓이지 않는다. 그러나 작업들이 서로 밀접하게 연관되어 있으므로 기계의 고장이나 빈번한 결근이 발생하면 전체 시스템을 중지할 가능성이 높다. 그러므로 예방적 보전이

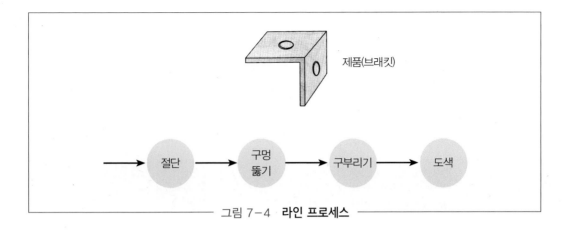

작업 중 기계고장의 확률을 감소시키기 위하여 사용된다.

[그림 7-4]는 흐름 프로세스 구조를 보여 주고 있다.

전자레인지, TV, PC, 전구, 볼트, 너트, 냉장고, 자동차, 가전제품, 장난감, 카페테리아, 패스트 푸드 식당 등은 라인 프로세스에서 생산된다.

연속 프로세스

연속 프로세스(continuous process)는 정유, 화학제품, 맥주, 비료, 제지, 시멘트, 발전소, 제철소 등과 같이 표준화된 제품이 대량으로 고도로 자동화된 시설을 쉼 없이 흐르는 프로세스를 말한다. 이러한 시설을 갖춘 기업들을 장치산업(process industry)이라고 한다. 프로세스는 자본집약적이고 가동률을 최대로 하며 재고수준은 최소로 유지함과 동시에, 끄고 다시 시작하는 값비싼 과정의 반복을 피하기 위하여 밤낮 가동된다. 이렇게 하여 총비용을 최소로 함으로써 가격이 예민한 시장에서 경쟁력을 갖게 된다.

연속 프로세스에서 작업자와 관리자가 해야 할 일은 자재의 흐름을 감시하여 프로세스가 안정되고 중단됨이 없도록 하는 것이다.

라인 프로세스와 연속 프로세스는 반복적 프로세스(repetitive process)라고 한다.

셀루라 제조

셀루라 제조(cellular manufacturing)는 한 가지 종류 또는 많은 종류의 기계가 하나의 셀(혹은 칸)을 단위로 해서 그룹지어지는 프로세스의 한 형태이다. 그룹핑(grouping)은 유사 프로세스를 요구하는 유사부품 또는 부품군에 따라 이루어지게

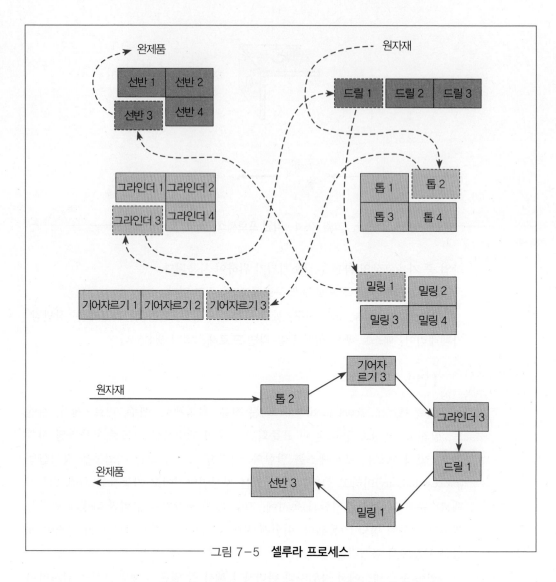

그림 7-5 **셀루라 프로세스**

되는데, 실제적으로 이러한 칸들은 제조 프로세스의 축소형이 된다.

칸의 종류에는 단독기계 형태와 기계들 사이에 컨베이어식 부품이동이 없는 단독적인 기계그룹, 그리고 컨베이어에 연결된 흐름라인형태가 있다.

[그림 7-5]는 전형적인 셀루라 프로세스인데 기계가 크기, 가공단계, 자재 등에 있어서 유사부품군에 필요한 모든 작업을 처리할 수 있도록 배치되어 있어 모든 부품들이 동일경로를 따르게 되어 있다.

프로세스를 셀루라 제조방식으로 설계할 경우 생산시간이 단축되며, 준비시간과 재고가 줄어들고 자재흐름이 단순화되는 이점이 있다.

7.4 생산 프로세스의 형태: 고객주문

생산 프로세스는 고객주문과 관련하여 다음과 같이 세 가지 형태로 분류할 수 있다.

- 주문생산 프로세스
- 계획생산 프로세스
- 조립생산 프로세스

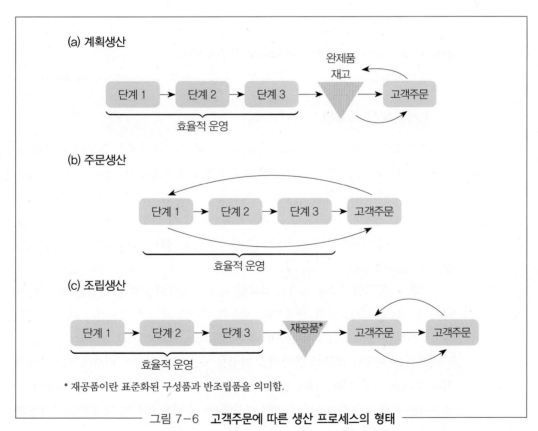

그림 7-6 **고객주문에 따른 생산 프로세스의 형태**

출처: M. Davis and J. Heineke, *Operations Management*, 5th ed.(McGraw-Hill, 2005), p. 221.

이는 [그림 7-6]에서 보는 바와 같다.

주문생산 프로세스

주문생산 프로세스(make-to-order process)에서는 프로세스에서의 모든 활동이 개별 고객주문에 따라 이루어진다. 따라서 대부분의 경우 주문을 받고 나서 고객의 명세서에 따라 설계하고 생산하기 시작한다.

주문생산 프로세스에서는 고객의 주문이 있으면 생산자는 가격과 납기에 대해 견적서를 발행하고 고객이 이를 동의하면 주문주기(order cycle)는 시작한다. 즉 구성품을 사용하여 조립을 하거나 고객명세서에 따라 설계하고 필요한 자재를 구입하여 제품을 완성한 후 이를 고객에게 납품한다. 이러한 일련의 과정은 제품이건 서비스이건 동일하게 전개된다.

주문생산 프로세스에 있어서 성과측정은 납기(delivery time)로 이루어진다. 생산자가 제시한 납기를 고객이 수용하면 프로세스에서는 납기준수를 위해 주문통제(order control)가 수행된다. 이럴 경우 성과측정은 납기의 길이 또는 납기준수율(percentage of orders delivered on time)로 이루어진다.

앞절에서 공부한 프로젝트 프로세스와 잡샵 프로세스는 여기에 해당한다.

계획생산 프로세스

계획생산 프로세스(make-to-stock process)에서는 프로세스 활동이 제품의 수요예측에 의해서 이루어지고 생산된 제품은 재고로 보유한다. 계획생산 프로세스는 제품라인에서 표준품을 생산하고 이들을 재고로 보유하였다가 고객의 주문이 있으면 즉시 납품하게 된다. 물론 재고부족으로 즉시 납품하지 못하는 경우도 발생하게 되는데 이러한 프로세스의 기업에서는 수요예측, 재고관리, 생산능력계획을 잘 수행해야 한다.

계획생산 기업에서는 고객의 주문이 아니라 재고의 보충에 초점을 맞춘다. 따라서 주기는 생산자로부터 시작한다. 가격이 알맞고 재고가 있으면 고객의 주문은 재고로부터 충당하고 그렇지 못하면 추후납품(back order)하기로 합의할 수도 있다.

생산은 미래의 주문을 만족시킬 재고를 보충하기 위하여 이루어지므로 현재의 주문과는 거의 상관관계가 없게 된다. 이와 같이 고객의 주문주기와 재고의 보충주기는 서로 일치하지 않음으로써 계획생산시스템은 이들이 일치하는 주문생산시스템과 대조를 이룬다.

표 7-1	주문생산과 계획생산의 비교	
	주문생산	계획생산
제품	고객이 규정(고객 명세서)	생산자가 규정
	다양성 높음	다양성 낮음
	고가	저가
목표	납기 및 생산능력 관리	재고, 생산능력, 서비스의 균형
주요문제	납기	수요예측
	납기준수	재고관리
		생산계획

계획생산 프로세스는 주문생산 프로세스에 비하여 저렴한 가격으로 빠른 서비스를 고객에 제공하지만 제품선택에 있어서 유연성은 떨어지는 결점을 갖는다.

계획생산 프로세스에서 성과는 재고회전율, 생산능력 가동률, 잔업시간의 사용, 재고로부터 충족된 주문의 비율 등으로 측정된다.

앞절에서 공부한 배취 프로세스, 라인 프로세스, 연속 프로세스는 여기에 해당한다.

주문생산과 계획생산을 비교하면 [표 7-1]과 같다.

▌조립생산 프로세스

조립생산 프로세스(make-to-assemble process)에서는 구성품과 중간조립품을 미리 생산하여 재고로 보유하였다가 고객으로부터 주문이 있으면 고객명세서에 따라 최종 제품을 조립하게 된다. 이렇게 함으로써 중간조립품의 제한된 재고를 가지고 다양한 고객욕구를 충족시킬 수 있다. 조립생산 프로세스는 중간조립품은 계획생산하여 재고로 보유하고 완제품은 고객의 주문에 따라 생산하는 주문생산 프로세스와 계획생산 프로세스의 혼합형태라고 할 수 있다.

7.5 프로세스 선정

우리는 앞절에서 프로세스를 제품흐름과 고객주문의 형태에 따라 분류하였다. 이러한 기준에 따라 프로세스를 분류하면 여섯 개의 서로 다른 프로세스가 가능한데 이는 [그림 7-2]에서 보는 바와 같다.

기업에서 생산하는 어떤 제품도 제품이나 시장수요에 따라서 이 중의 한 프로세스를 이용한 결과이다. 물론 한 기업에서 여러 가지 제품을 생산하게 되면 몇 가지 프로세스가 혼재하기도 한다. 따라서 같은 프로세스 내에 여러 가지 유형의 프로세스가 존재할 수 있다.

여섯 가지 프로세스는 모두 실제로 사용된다. 라인 프로세스의 경우 계획생산을 위해 사용하는 것이 일반적이지만 주문생산에 사용하는 예도 있다. 조립라인에서 생산되는 자동차는 표준화된 계획생산을 위한 제품이지만 고객이 요구하는 옵션을 따르기 때문에 주문생산이라고 할 수 있다.

여섯 가지 프로세스로 분류하는 목적은 두 가지가 있다. 첫째, 비용, 품질, 맞춤, 생산, 재고관리, 스케줄링 등에 관한 결정은 프로세스의 형태에 따라 크게 다르므로 이러한 결정문제의 형태를 분류하기 위함이다. 둘째, 프로세스 선정을 위함이다.

프로세스 선정을 할 때 고려해야 할 요인은 무엇인가? 프로세스 선정은 다음과 같은 요인에 의하여 영향을 받는다.

- 제품/서비스의 수요: 프로세스 선정에 영향을 미치는 한 요인은 생산하고자 하는 제품 또는 서비스의 수요량과 수요패턴이다. 즉 장기적인 수요예측과 생산능력계획이 프로세스 선정에 앞서 이루어져야 한다.

생산 프로세스는 제품이나 서비스의 생산량에 따라 달리 결정된다. 생산능력과 생산 프로세스는 제품의 수요패턴에 따라서 확장 또는 축소되어야 한다. 조립라인 프로세스는 저렴한 제품에 대한 대량수요가 있는 경우에 알맞고 배취 프로세스는 시장수요가 적은 경우에 알맞다.

- 수직적 통합의 정도: 원료의 확보나 기술, 생산 및 유통과정에 있어서의 경영합리화를 도모하기 위하여 관련 기업 간에 기업결합이 행해지는데 이를 수직적 통합(vertical integration)이라 한다. 예를 들면, 제철회사가 철광석 광산을 소유한다든지 신문회사가 제지회사와 결합하는 경우이다.

기업 내에서 구성품을 제조할 것이냐 또는 납품업자로부터 아웃소싱(outsourcing)을 할 것이냐는 간단한 문제는 아니다. 제조비용이 구매비용보다 싸느냐, 생산능력이나 기술능력을 확장하는 데 필요한 투자자금이 충분하느냐, 또는 생산 프로세스가 독점적이냐 등을 따져야 한다.

그러나 오늘날에는 고객의 수요, 경쟁자의 행동, 새로운 기술 등의 변화에 신속히 대응하기 위하여 전략적 아웃소싱이 추세인 것이다. 다시 말하면 수직적 통합을 통한 생산 프로세스의 소유 범위는 좁아지고 있다고 볼 수 있다.

- 생산 유연성: 생산 프로세스가 설계될 때 제품유연성(product flexibility)과 수량유연성(volume flexibility)이 결정된다. 제품유연성이란 생산제품의 변경을 의미하고 수량유연성은 생산하는 제품의 수량을 신속하게 증감하는 것을 의미한다.

제품유연성은 생산량이 적은 맞춤생산을 하거나 새로운 제품을 신속히 도입하고자 할 때 필요하다. 한편 수량유연성은 제품의 수요가 변동이 심하거나 고객의 수요를 예상하여 제품을 재고로 보유하는 것이 비현실적인 경우에 필요하다.

- 자동화의 정도: 생산 프로세스를 설계할 때는 생산시스템을 어느 정도 자동화하느냐를 결정해야 한다. 자동화된 장비를 사용하면 노무비와 다른 비용을 절감하는 효과는 크지만 이를 설치하는 데는 막대한 자금이 소요되기 때문에 여러 가지 문제를 고려해서 결정해야 한다.

자동화의 목적은 제품품질과 제품유연성의 증진이어야 한다. 생산 프로세스의 선정에 영향을 미치는 다른 요인들과 함께 자동화의 정도는 기업의 생산운영전략을 수립할 때 고려될 사항이다.

- 제품/서비스의 품질: 생산 프로세스 설계의 선택은 우수한 제품품질에 대한 필요성에 의해 영향을 받는다. 프로세스 설계하는 모든 과정에서 제품품질이 의사결정에 고려되어야 한다. 많은 기업의 경우 제품품질의 수준은 생산 프로세스의 자동화의 정도에 밀접하게 관련되어 있다.

7.6 제품-프로세스 연계전략

프로세스는 한 단계에서 다음 단계로 시간의 흐름에 따라 발전해 간다. 더욱이 프로세스 선정은 제품결정과 밀접하게 관련되어 있다. 따라서 한 기업의 제품구조와 프로세스 구조 사이에는 연계가 고려되어야 한다. 잡샵 프로세스는 제품 또는 제품라인이 처음 도입되면 흔히 선정된다. 그러나 제품의 판매량이 증가하고 설계변경이 안정되면 이에 따라 그의 프로세스도 계속적인 흐름 프로세스를 향하여 점차 발전하게 된다. 이와 같이 제품이 발전함에 따라 그의 프로세스도 동시에 발전하게 된다.

Hayes Wheelwright는 제품-프로세스 수명주기 매트릭스(product-process life cycle matrix)를 개발하여 제품구조의 주기와 프로세스 구조의 주기를 함께 고려한 후 프로세스 구조를 전략적으로 결정해야 함을 강조한다.[1] [그림 7-7]은 제품-프로세스 매트릭스이다. 이 매트릭스의 열은 도입기, 성장기, 성숙기, 쇠퇴기로 나타내는 제품 수명주기(product life cycle)의 각 단계와 관련된 제품의 다양성과 판매량을 나타낸다. 제품구조는 제품라인이 성숙기로 발전해 감에 따라 매트릭스의 왼쪽에서 시작하여 오른쪽으로 이동해 간다.

매트릭스의 행은 프로세스 구조를 나타내는데 프로세스 수명주기(process life cycle)에 따라 상단의 유동적 형태(fluid form)인 잡샵 프로세스로부터 하단의 체계적 형태(systematic form)인 연속흐름 프로세스로 발전해 간다.

제품이 수명주기에 따라 발전함에 따라 프로세스도 이에 맞추어 그의 수명주기에 따라 발전하게 된다. 기업은 매트릭스의 대각선상에 위치한다. 예를 들면, 좌상단에 고객의 주문을 받아 소량으로 다양한 제품을 범용설비로 생산하는 잡샵형태의 인쇄업체가 있다. 이와 같이 잡샵 프로세스는 제품의 도입기에 알맞은 형태이다. 제품이 성장기와 성숙기로 발전함에 따라 제품은 더욱 표준화되고 판매량은 증가한다. 이에 따라 범용장비는 특수장비로 교체된다. 한편 잡샵 프로세스는 배치 프로세스와 반복(라인) 프로세스로 발전되어 간다. 대각선을 따라 계속 내려가면 마지막으로 우하단에 표준품을 대량생산하는 연속 프로세스 형태의 제당공장이 위치한다.

---

1 R. H. Hayes & S. G. Wheelwright, "The Dynanics of Process-Product Life Cycles," *Havard Business Review*(Mar.-Apr. 1979), p. 137.

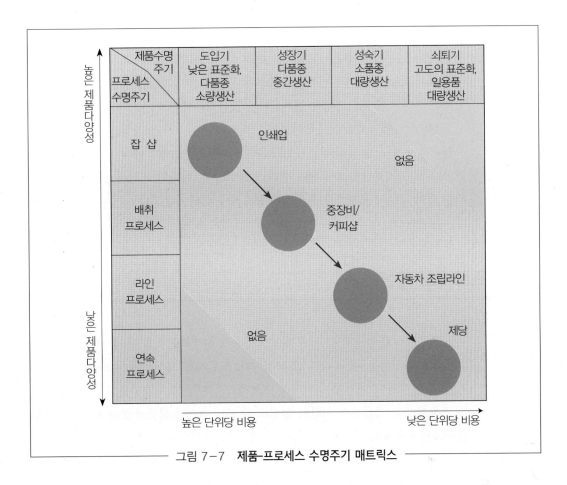

그림 7-7 제품-프로세스 수명주기 매트릭스

7.7 비즈니스 프로세스 리엔지니어링

1990년대에 소개된 비즈니스 프로세스 리엔지니어링(business process reengineering: BPR)은 비즈니스에서 비용, 품질, 서비스, 속도와 같은 전략적으로 중요한 성과의 비약적인 향상을 위해 비즈니스 프로세스를 근본적이고 급진적으로 재설계하는 것을 의미한다. 이는 치열한 경영환경에서 경쟁우위를 확보하기 위한 수단으로 기존의 업무처리 방식의 재설계(redesign)와 정보기술을 결합하는 경영혁신 기법이다. 변하는 환경에 대응하고 새로운 도전을 하는 경영혁신의 수단으로 BPR이 주창되었다.

기업을 리엔지니어링한다는 것은 지금까지 존재하여 온 구조, 절차, 시스템 등 종전의 업무방식이나 사고방식을 버리고 비즈니스 과정의 과감한 재구성을 통해 보다 적은 투자 노력, 인원으로 효율성과 효과성에 과감한 증진을 가져오는 총체적인 경영의 재창조 과정을 취하겠다는 것을 의미한다.

4차 산업혁명시대가 진행되면서 스마트 팩토리, 기업 자원관리(ERD)와 공급사슬관리(SCM) 등을 구축하면서 BPR은 반드시 병행되어야 한다. BPR은 정보기술을 이용해 조직혁신을 추구해야 한다. 정보기술은 현재의 프로세스를 자동화하기 위한 것이 아니라 새로운 프로세스를 창조하기 위해 사용된다.

7.8 프로세스 개선

프로세스 관리에서 각 프로세스가 어떻게 수행되는지를 분석하는 것은 그 프로세스를 개선하는 데 꼭 필요한 과정이다. 프로세스 개선(process improvement)은 이와 같이 제품이 어떻게 생산되며 프로세스가 어떻게 제공되는지 분석함으로써 그 프로세스를 개선하기 위하여 실제로 각 프로세스의 활동과 흐름을 체계적으로 연구하는 노력이다.

프로세스 개선의 목적은 고객만족, 품질수준, 생산성, 납기준수, 안전 등은 증가시키고 낭비, 비용, 실수, 가공시간 등은 줄이려는 것이다.

프로세스를 개선하기 위해서는 첫째로 조립도표(Goginto chart), 작업 프로세스 도표(operation process chart), 프로세스 흐름도표(process flow chart) 등을 이용하여 프로세스를 정확하게 표현하고 프로세스에 관한 정보를 수집한다. 이러한 기법은 새로운 프로레스를 설계할 때뿐만 아니라 기존 프로세스를 재설계할 때에도 이용된다. 프로세스 분석가는 단순화시킬 작업을 부각시키고 생산성이 향상된 작업을 개선한다.

둘째로 프로세스를 분석한다. 예를 들면, 흐름이 논리적인가, 어떤 활동이나 단계(step)가 누락된 것은 아닌가 등 프로세스에 관해 질문을 하고 각 단계에 대해서는 제거해도 되는가, 가치를 부가하는가, 시간을 단축할 수 있는가, 단계들을 결합해도 되는가 등의 질문을 던질 수 있다.

셋째로 프로세스를 재설계한다. 분석의 결과를 이용해서 프로세스를 재설계할 때는 감소시켜야 할 부분과 향상시켜야 할 부분을 문서화한다.

7.9 경제분석

프로세스의 형태를 결정할 때 고려해야 할 분석방법이 경제분석이다. 경제분석(economic analysis)에는 각 프로세스 형태의 비용함수, 손익분기점 분석, 재무분석 등이 포함된다.

1. 프로세스 대안의 비용함수

각 프로세스 형태에 따라 요구되는 자본액은 다르다. 자본에는 매달 지불해야 하는 고정비용과 같은 자본비용이 따른다. 장비, 빌딩, 다른 고정자산에의 시초의 비용은 고정비용이다. 매월 생산하는 생산량의 크기에 따라 변동하는 비용이 변동

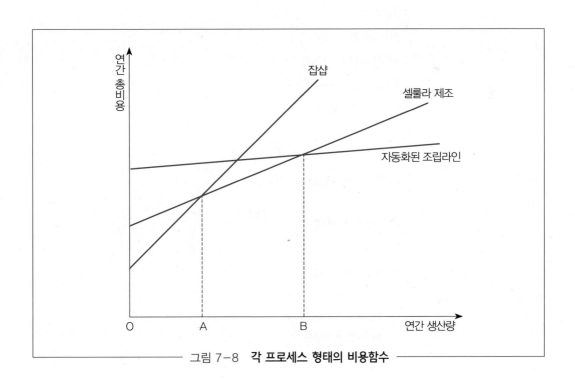

그림 7-8 **각 프로세스 형태의 비용함수**

비용이다.

[그림 7-8]은 각 프로세스 형태의 비용함수를 보여 주고 있다. 자동화된 조립라인 프로세스는 값비싼 로봇, 컴퓨터 시스템, 자재취급장비 등을 보유하여 높은 고정비용을 보이지만 노무비, 자재비, 간접비 등 변동비용은 아주 낮으므로 생산량 B 이상인 경우에는 총비용이 다른 프로세스 형태에 비하여 최소가 된다. 한편 생산량이 A 이하인 경우에는 잡샵 프로세스가 가장 낮은 총비용을 나타내고 생산량이 A~B인 경우에는 셀루라 제조 프로세스가 총비용면에서 유리하다고 할 수 있다.

2. 손익분기점 분석

손익분기점 분석(break-even analysis)은 프로세스 선정을 위한 계량적 분석방법으로 자주 사용된다. 손익분기점은 일정 기간의 총매출액과 총비용이 일치하여 이익 또는 손실이 발생하지 않는 점으로 매출액 또는 매출량으로 나타낼 수 있다.

손익분기점을 구하는 공식은 다음과 같다.

$$TR = TC$$
$$P \cdot Q = FC + VC$$
$$P \cdot Q = FC + V \cdot Q$$
$$P \cdot Q - V \cdot Q = FC$$
$$Q(P - V) = FC$$

$$\text{손익분기점(매출량)} = Q = \frac{FC}{P - V}$$

$$\text{손익분기점(매출량)} \cdot P = Q \cdot P = \frac{FC}{P - V} \cdot P$$

$$\text{손익분기점(매출액)} = \frac{FC}{1 - \dfrac{V}{P}} = \frac{FC}{1 - \dfrac{V \cdot Q}{P \cdot Q}} = \frac{FC}{1 - \dfrac{TC}{TR}}$$

TR = 총매출액(총수익)
TC = 총비용
VC = 총변동비용
FC = 총고정비용

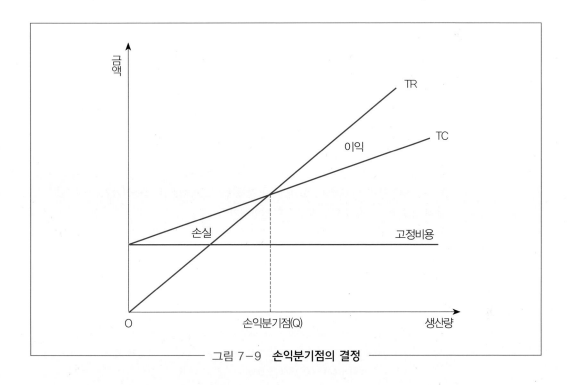

그림 7-9 **손익분기점의 결정**

Q=매출량(생산량)
V=단위당 변동비용
P=단위당 판매가격

　　손익분기점은 [그림 7-9]에서 보는 바와 같이 그래프를 그려 총비용과 총수입이 일치하는 점에서 결정된다.

　　손익분기점 분석은 새로운 제품을 생산할 것인가를 결정하고, 서로 다른 프로세스를 평가·선정하는 데 이용될 뿐만 아니라 제품을 구매(아웃소싱)할 것인가 또는 자체 내에서 제조할 것인가를 결정하는 데 이용된다.

3. 재무분석

　　생산 프로세스에 투자할 자금이 막대하고 이러한 자금이 회수될 기간이 길면 화폐의 시간가치가 중요한 개념이 된다. 회수기간법(payback period), 순현가법(net present value), 내부수익률법(internal rate of return), 수익성지수(profitability index) 등은 투자안의 경제성을 평가하는 데 널리 이용되고 있다.

　　자동화 프로세스(A), 셀루라 제조 프로세스(C), 잡샵 프로세스(J)의 비용구조는 다음과 같다.

프로세스	연간 고정비용	단위당 변동비용
A	110,000	2
C	80,000	4
J	65,000	6

① 연간 생산량이 10,000단위일 때 가장 경제적인 프로세스는 무엇인가?
② 각 프로세스가 선호되는 생산량은 얼마인가?
③ 제품의 판매가격이 단위당 16일 때 자동화 프로세스의 연간 손익분기점(매출량)은 얼마인가?

해답

①　$TC = FC + V(Q)$

　　$TC_A = 110,000 + 2(10,000) = 130,000$

　　$TC_C = 80,000 + 4(10,000) = 120,000$

　　$TC_J = 65,000 + 6(10,000) = 125,000$

　　가장 경제적인 프로세스는 셀루라 제조 프로세스이다.

②　$TC_J = TC_C$

　　$65,000 + 6(Q) = 80,000 + 4(Q)$

　　$Q = 7,500$

　　$TC_C = TC_A$

　　$80,000 + 4(Q) = 110,000 + 2(Q)$

　　$Q = 15,000$

　　연간 생산량이 7,500단위 이하이면 잡샵 프로세스를,

　　7,500~15,000단위이면 셀루라 제조 프로세스를,

　　15,000단위 이상이면 자동화 프로세스를 선정하는 것이 유리하다.

이를 그림으로 나타낸 것이 [그림 7-10]이다.

③　손익분기점(매출량) $= \dfrac{FC}{P-V} = \dfrac{110,000}{16-2} = 7,857$

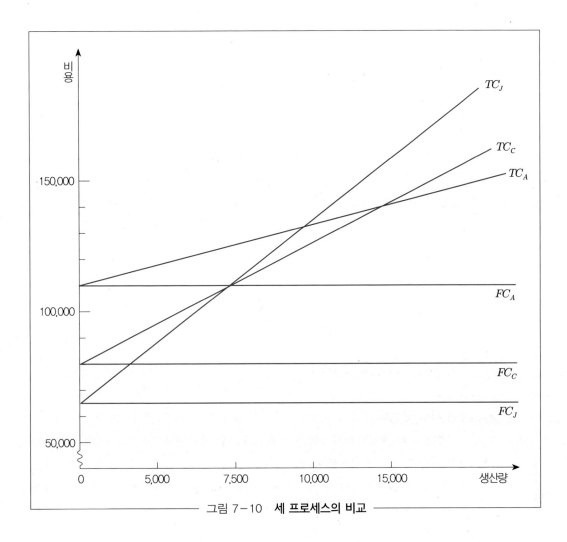

그림 7-10 세 프로세스의 비교

7.10 대량맞춤

기업은 일반적으로 비교적 저렴한 제품을 대량으로 생산할 수 있기 때문에 표
준화를 선호한다. 물론 이는 옵션의 다양성을 무시하게 된다. 그런데 고객들은 저
가를 원하면서 다양성(variety)을 선호한다. 고객은 다양한 선택권을 행사할 수 있
도록 제품라인이나 서비스의 종류를 확대하기를 원한다.

이러한 문제를 해결하기 위하여 어떤 기업에서는 대량맞춤(mass customization)전략을 구사한다. 대량맞춤이란 개별 고객의 요구에 맞추어 맞춤제품을 대량으로 생산하는 것을 말한다. 개인화 생산기술은 고객 요구를 제품화하는 설계기술과 설계제품을 생산하는 기술의 결합이 필수적이다. 대량생산과 대량맞춤(제품 다양성)이라는 이분법은 컴퓨터, 로봇, 모듈 설계, 3D 프린터(적층형 제조기술), Internet, 컴퓨터를 이용한 설계, 컴퓨터가 통제하는 기계 등과 같은 기술의 개발로 가능하게 되었다. 특히 사물인터넷(IoT)을 활용하여 수집한 고객 데이터를 인공지능 기술을 적용하여 분석한 후 소비자들의 다양한 요구와 수요 파악이 가능해졌고, 모듈 시스템을 통해 각기 다른 개인 맞춤형 제품의 대량생산이 스마트 팩토리(smart factory)에서 가능해지고 있다.

개인 맞춤형 생산이란 고객 개인마다 서로 상이한 취향의 디자인을 반영하여 제품을 생산하고 공급하는 것을 말한다. 따라서 이는 개발된 모듈들을 조합하여 다양한 제품을 대량으로 생산하는 대량맞춤 생산으로부터 진일보한 방식이다. 그러나 대량맞춤은 대량생산과 거의 비슷한 비용으로 가능할 수 있다. Dell Computer 회사는 고객의 상이한 주문을 충족시키는 컴퓨터를 대량 맞춤생산하고 있으며 GM과 Toyota에서도 일부 차종에 대해 10일의 리드타임 내에 자동차를 맞춤생산하고 있다. 4차 산업혁명 시대에는 여러 가지 첨단기술과 3D 프린터를 이용하여 개인 맞춤형 대량생산이 가능하게 되었다. 이는 제2장에서 공부한 바와 같다.

전통적인 대량생산시스템은 몇몇 표준화된 제품이나 서비스를 대량으로 생산하기 때문에 규모의 경제(economy of scale)를 기반으로 하고 있는 반면에 대량맞춤은 하나의 프로세스에서 다양한 제품이나 서비스를 생산하기 때문에 범위의 경제(economies of scope)에 기반을 두고 있다.

대량 맞춤생산이 가능하게 된 수단은 다음과 같다.

- 모듈 생산과 조립생산(assemble-to-order)
- 빠른 변경(주문 사이의 생산준비시간)
- 옵션의 연기

옵션의 연기(postponement)란 고객의 주문을 배송할 때까지 생산의 마지막 일부를 늦추는 것을 말한다.

고객으로부터 주문을 받을 때까지 거의 완성품을 재고로 보유하였다가 고객으로부터 요구사항이 있게 되면 이에 따라 완제품을 만들어 즉시 고객에 배송하는 것이다. 예를 들면, 가구회사가 식탁을 준비하여 두었다가 고객으로부터 착색제(stain)의 선택을 받고나서 즉시 식탁에 착색제를 칠한 후 곧바로 배송하는 경우이다.

7.11 기술경영

기술 향상은 프로세스 설계에 막대한 영향을 미친다. 기술 향상은 제품을 더욱 빨리, 더 좋게, 낮은 비용으로 생산토록 한다. 기술은 정보를 실시간으로 공유토록 하고, 프로세스의 스피드와 품질을 향상시키며, 혁신제품을 설계할 수 있도록 돕는다. 따라서 기술은 기업의 경쟁우위를 달성하는 데 필요한 중요한 요소가 되었을 뿐만 아니라 핵심 역량을 증진하는 데 도움을 준다.

기술은 제품을 개발하고 프로세스를 개선하는 데 중요한 역할을 수행한다. 여러 연구결과에 의하면 새로운 기술에 막대한 자본을 투자하고 이를 적용하는 기업은 그렇지 않는 기업보다 판매액, 재고회전율, 이익 등 재무성과뿐만 아니라 경쟁적 지위에 있어서 우위를 점하고 있다.

기술의 개발과 혁신적 사용은 기업에 차별적 능력(distinctive competence)을 제공한다. 경쟁우위는 새로운 기술을 개발함으로써뿐만 아니라 기존 기술들을 적용하고 통합함으로써 결과한다.

기술은 단조로움과 위험한 작업을 제거하는 데 아주 유용하고 새로운 기량과 재능을 개발하는 데 도움을 주지만 한편으로는 임파워먼트(impowerment)와 창의력을 빼앗아 가는 단점도 갖는다.

1. 기술의 의미와 종류

기술(technology)이란 제품과 서비스의 개발과 향상을 위하여 또는 제품을 생산하거나 서비스를 제공하는 프로세스를 위하여 사용되는 노하우(know-how), 장비와 도구, 그리고 절차 같은 과학적 지식이라고 정의할 수 있다. 노하우란 장비와 절차를 어떻게 언제 사용할 것인가에 관한 지식, 판단력, 경험 등을 의미한다. 절차란 장비를 사용하고 작업을 수행할 룰과 기법을 의미한다. 한편 기술혁신

(technological innovation)이란 새로운 또는 개량된 제품, 서비스, 프로세스의 발견 또는 개발을 말한다. 보통 하이테크(high technology)란 고도로 발전된 첨단 장비나 방법을 의미한다. 이러한 기술은 비용, 생산성, 경쟁력에 큰 영향을 미친다.

기술은 그의 내용이 하드이냐 또는 소프트이냐에 따라 하드 기술과 소프트 기술로 분류할 수 있다.

하드 기술(hard technology)이란 제품과 서비스를 창출하고 제공하는 데 소요되는 각종 과업들을 수행하는 데 사용되는 장비와 장치를 의미한다. 예를 들면, 컴퓨터, 마이크로 프로세서, 센서, 로봇, 자동기계, 바코드 스캐너, RFID(radio-frequency identification: 무선인식) 태그 등은 하드 기술에 속한다. RFID 태그는 출하 컨테이너, 개별 제품, 신용카드, 여권, 동물 등에 부착하는 컴퓨터 칩인데 위치와 이동경로를 추적하기 위해 라디오 주파수를 이용한다.

소프트 기술(soft technology)이란 데이터, 정보, 분석결과를 제공하고 제품과 서비스를 창출하기 위하여 Internet, 컴퓨터 소프트웨어, 정보시스템 등을 적용하는 것을 의미한다. 예를 들면, 데이터베이스 시스템, 인공지능 프로그램, 음성인식 소프트웨어 등은 소프트 기술에 속한다.

이러한 두 형태의 기술은 따로따로 기능하는 경우보다 통합해서 사용하여 생산관리자로 하여금 더 좋은 결정을 하게 하고 가치사슬에 걸쳐 정보를 공유하게 한다.

기술은 생산관리적 측면에서 다음 세 가지 형태로 구분할 수 있다.

- 제품기술
- 프로세스 기술
- 정보기술

제품기술(product technology)이란 생산하고 있는 제품의 성능과 특성에 관련되는 기술을 말한다. 새로운 제품기술을 개발하기 위하여 R&D 부서와 엔지니어링 부서는 꾸준히 고객 요구의 변화를 파악해야 하고 제품과 서비스를 효과적으로 생산하기 위해서는 마케팅 등 다른 기능부서와 협력해야 한다. 기술진보가 이루어지면 이를 반영할 제품이나 서비스를 생산할 생산시스템을 설계해야 하기 때문에 제품기술은 아주 중요하다.

프로세스 기술(process technology)이란 제품이나 서비스를 생산할 프로세스,

도구, 방법, 절차 등에 관련된 기술을 말한다. 프로세스 기술은 4차 산업혁명이 진행되면서 컴퓨터 및 정보통신기술의 발전에 따라 눈부신 진보를 거듭하고 있다. 프로세스 기술은 현재의 생산시스템에서 사용되고 있는 기법이나 방법을 개선할 수 있기 때문에 중요하다.

정보기술(information technology: IT)이란 데이터와 정보의 수집 처리, 전달, 저장 등을 위한 기술을 말한다. 여기에는 전자자료처리, 바코드의 사용, RFID 태그, 데이터 전송, Internet, e-상거래, e-메일 등이 포함된다. 사실 과거에는 생산관리 측면에서 가장 관심의 대상이 된 기술은 프로세스 기술이었다. 그러나 3차 산업혁명 이후 정보화 혁명이 진행됨에 따라 정보기술이 생산 현장에 접목되어 프로세스 기술에 영향을 미치게 되었다. 4차 산업혁명이 진행되면서 빅데이터, 인공지능, 사물인터넷, 3D 프린팅 등 핵심기술들이 생산시스템에 융합되어 생산방식에 큰 변화를 초래하고 있다.

기술은 근래 눈부신 발전을 거듭하여 왔다. 특히 4차 산업혁명이 진행되면서 기술은 기업으로 하여금 전 세계적으로 실시간 정보를 공유토록 하고 생산 프로세스의 품질과 스피드를 증진하고 혁신적 제품을 설계하는 데 도움을 준다.

기술은 기업이 경쟁우위를 확보하는 데 결정적 요인이 되고 있다. 기술을 도입함으로써 기업은 경쟁업체에 비해서 품질을 향상시키고, 비용을 절감하고, 제품배달을 향상시켜 시장점유율을 확대시킬 수 있다.

기술은 기업의 비즈니스 전략과 선정된 경쟁 우선순위를 지원하는 기술이어야 한다. Internet이 일반화하면 전통적 기업방식이 바뀔 것으로 생각하였지만 출하, 창고, 수송 등 물리적 접촉은 아직도 수행되고 있다. 기술을 성공적으로 사용하기 위해서는 기술을 통합하는 전략을 개발해야 한다. 기술을 도입한다는 것은 중요한 전략적 결정사항이다.

2. 기술전략

새로운 많은 기술들은 통합해서 제조업에서 사용되어 관리자들이 좋은 결정을 내리고 정보를 공유하도록 해야 한다.

첫째, 선정된 기술은 고객에게는 제품의 가치를 증진하고 시장에서는 가격을 절감시킴으로써 경쟁우위를 유발해야 한다. 새로운 기술을 사용함으로써 비용절감, 판매액 증가, 빠른 납기, 환경개선, 재고감소 등이 이룩되어야 한다.

둘째, 선정된 기술은 기업전략과 생산운영전략을 달성하는 데 도움이 되어야 한다.

셋째, 새로운 기술은 새로운 생산능력을 수반해야 한다. 기업으로 하여금 변화하는 기회에 빨리 적응할 수 있는 핵심역량(core competence)과 핵심기술(core technology)을 개발해야 한다. 이러한 능력과 기술은 사용하더라도 진부화하지 않고 오히려 더욱 강하게 된다. 또한 이러한 핵심기술은 쉽게 구매할 수도 없고 모방할 수도 없다.

넷째, 새로운 기술로 만든 제품을 시장에 제일 먼저 출하해야 한다. 이렇게 하면 이미 투자한 자금을 회수할 뿐만 아니라 다른 기업이 시장에 침투하지 못하도록 장벽을 쳐 높은 시장점유율을 향유할 수 있다.

다섯째, 새로운 기술에의 투자가 경제적으로 타당한지 평가하기 위하여 재무분석을 실시해야 한다. 투자로부터 결과하는 세금 후 현금흐름이 화폐의 시간가치를 고려한 비용을 상쇄할 수 있는지 여러 가지 재무분석 기법을 사용하여 예측하여야 한다.

3. 새로운 제조 혁신의 중요성

새로운 기술은 끊임없이 진보한다. 이러한 기술은 경영자와 작업자들이 하는 일을 더욱 쉽고 빠르게 하도록 돕는다. 기술향상으로 새로운 제품이나 서비스가 창출되고, 생산기법이 적용되고, 관리와 커뮤니케이팅의 길이 뚫린다. 한편 기술이 진보하면 새로운 시장, 산업, 경쟁적 일자리가 탄생한다. 예를 들면, 생물공학에 일찍 뛰어든 기업은 늦게 뛰어든 기업에 비해서 지배적 지위를 누리고 있다.

기술향상은 예를 들면, 케이블 TV 회사가 Internet 서비스 시장에 진입하기 위하여 그들의 기술을 활용한 것처럼 새로운 시장에 뛰어들게 만든다.

새로운 기술은 또한 새로운 생산기법을 제공한다. 제조업에서 고도의 로봇은 3D 업종에서 무난하게 일을 처리한다. 유전에 센 압력으로 증기를 주입하는 새로운 방법을 사용해서 석유회사들은 고갈되었다고 여겼던 곳에서 값진 자원을 추출하고 있다.

한편 새로운 기술의 발전으로 관리와 커뮤니케이트 하는데 새로운 방법을 사용하고 있다. 컴퓨터화된 경영정보시스템(management information system: MIS)으로 가능한 정보를 쉽게 얻을 수 있다. 컴퓨터로 생산성을 모니터할 수 있고 성과의 결함이 발견되면 바로 알려준다.

정보기술(information technology: IT)의 발전으로 컴퓨터 네트워크를 통해 상품이나 서비스를 사고 파는 전자 상거래(e-commerce)가 일반화되었고 나아가 사업을 영위함에 있어 모든 부문을 용이하게 하는 e-business의 성장을 초래하였다. e-mail, 문자 메시지, 네트워크를 통해 타인과 대화가 가능한 Facebook과 Twitter 같은 소셜 미디어(social media)를 이용하여 커뮤니케이션이 활발하게 진행되고 있다.

우리나라의 제조업은 GDP의 30% 정도나 차지할 정도로 국민경제에 미치는 영향이 세계 제일이다. 이제 제조업과 정보통신기술(ICT) 관련의 기술 융합을 기반으로 다품종 유연생산을 통한 생산기술과 생산시스템에의 변화로 제조업 성장방식에 올인해야 한다. 그러면 제조 혁신은 왜 중요한가? 제조 혁신은 제조업 제품의 수출에 크게 의존하는 한국 경제에는 아주 중요하다.

① 제조 기술은 핵심 경쟁력: 제조업의 기술은 국가의 산업 경쟁력을 결정하는 핵심 요소이다.

② 제조 기술은 첨단기술의 총망라: 4차 산업혁명에서 제조업은 인공지능, 로봇, 사물인터넷, 3D 프린터 등 모든 첨단기술이 총동원된다.

③ 수출 경쟁력의 원천: 제조업 기반 수출 경제를 추구하는 한국 경제의 수출 경쟁력은 제조 기술에 크게 의존한다.

4. 생산기술

▌컴퓨터 지원 설계

오늘날 생산자동화를 추구함에 있어 가장 중요한 추세는 제품을 설계하고 제조하는 데 컴퓨터를 사용하는 것이다.

컴퓨터 지원 설계(computer-aided design: CAD)라는 용어는 원래 엔지니어들이 디자인 기능을 컴퓨터의 도움으로 처리하는 데 주로 사용하여 왔다.

CAD를 이용하기 위한 최초의 도면입력은 컴퓨터 터미널이나 제품 디자인이 화면에서 처리될 수 있도록 고안된 특별한 장치를 통해 이루어졌다.

디자인된 각 부품의 형상은 컴퓨터 데이터 베이스에 저장되어 필요할 때 제조부문과 연결함으로써 각종 도면정보 및 회로 디자인정보 등을 전해 주도록 되어 있다. 이와 같이 CAD는 제조시설과 연결되어 사용하기도 하지만, 때로는 단독으로 각종 공학적 설계도면의 작성과 수정을 위해 사용된다.

이상과 같이 현재의 CAD는 자동도면작성기의 의미를 넘어서서 디자인과 관련한 계산, 부품분류, 제조시설의 연계성에 더 접근되어 있다.

- 디자인 관련 계산: 일단 부품형상이 기억되면 부품에 대한 강도, 온도 등 공학적 특성을 계산할 수 있기 때문에 현재 행해지고 있는 제품원형을 제조함으로써 발생하는 여러 가지 비용상의 문제나 공학적인 결함을 해결할 수 있다.
- 부품의 분류: 제조에 사용되는 각종 부품의 코드화는 데이터 베이스에 자료를 축적하기 위한 필수적 단계이다. 코드체계는 부품형상이나 기능에 따라 현재 사용하고 있는 코드를 이용할 수 있다. 이와 같이 각종 부품을 분류해서 데이터 베이스에 저장해 놓으면 새로운 제품이나 기능을 설계할 때 이미 준비된 데이터 베이스를 검색함으로써 제품설계에 도움을 받을 수 있다.
- 제조 프로세스와의 연계성: 제품을 생산하는 데는 부품설계가 우선 이루어지고, 다음으로 제조 프로세스를 설계한다. 이것은 제품생산설비에서 이용되는 도구나 기계의 적절한 형태를 선택하는 과정인데, 제품의 설계규격(specification)이 데이터 베이스에 저장되어 있다면 간단히 해결할 수 있다.

이와 같이 종합적 CAD의 사용은 디자인부문과 제조부문을 연결할 때 그의 효율성이 증대되는 한편, 다양한 프로세스상 운영에 대한 많은 대안을 시뮬레이션할 수 있을 뿐만 아니라 비용의 절약도 가져올 수 있다.

| 컴퓨터 지원 제조

컴퓨터 지원 제조(computer-aided manufacturing: CAM)는 디스크(disk), 플로피 디스크(floppy disk), 자기테이프(magnetic tape), 마이크로 프로세서(micro processor) 등의 장치에 기억된 제조지시를 컴퓨터 프로그램에 의해 작동시키는 NC 기계와 로봇 등에 전달시켜 그 기계들을 작동하게 함으로써 제조 프로세스를 자동화하는 것이다.

CAM 시스템을 구성하는 NC 기계에는 개별 기계들이 각각의 컴퓨터를 가지고 있는 컴퓨터화된 수치조작(computerized numerical control: CNC)과 한 대의 컴퓨터가 여러 대의 수치제어기계를 통제하는 직접수치조작(direct numerical control: DNC)방법이 있다.

CAM은 대형 컴퓨터에 프로세스 계획, 생산예측, 재고관리, 생산계획, 스케줄링 등을 입력시켜 데이터 베이스화시켜 놓은 다음 이러한 생산정보를 다음 생산지시를 위해 하부의 제어 컴퓨터에 연결시켜 생산을 통제한다.

CAM을 사용하게 되면 라인제조 프로세스에서 얻을 수 있는 이점을 배취제조 시스템에 적용시킬 수 있다. 즉 주문생산형태일지라도 생산의 유연성과 효율성을 높일 수 있는 이점을 준다. 다품종 소량생산형태가 지니고 있는 단점인 소량의 생산, 생산품의 다양화, 자재흐름의 어려움, 생산계획의 빈번한 변경 등의 비효율성을 컴퓨터의 통제로 제거시켜 획기적인 생산성 향상을 기대할 수 있다.

최근 CAM은 CAD와 연결되어 제조 프로세스와 제품설계 사이의 커뮤니케이션을 극대화시켜 통합된 컴퓨터제어시스템으로 생산 프로세스의 자동화를 추진하고 있다.

❘ 로봇

로봇(robot)은 생산용으로 제조 작업을 수행하는 데 있어 인간의 동작을 모방한 여러 가지 형태의 기능을 반복적으로 수행하도록 프로그램화된 자동화 기계이다.

산업용 로봇(industrial robot)은 제조 공장에서 사람을 대신해서 위험하거나 힘들거나 지저분한 일을 주로 해왔다. 그동안 로봇은 프로그램대로 정해진 일을 반복하는 기계였다.

최근 들어 인공지능 기술이 로봇에 접목되어 작업자로부터 작업을 배우고 같은 공간에서 작업자와 협업하는 협업로봇(collaborative robot)으로 진화하고 있다.

인공지능과 결합한 로봇이 이제 인간보다 더 복잡하고 정교한 일을 처리하게 되었다.

로봇은 4차 산업혁명 과정의 주요 기술로서 인간을 노동으로부터 해방시키고 제조업에서 생산성과 효율성을 제고시키는 핵심적인 역할을 수행하고 있다.

❘ 자동화된 자재관리

자재관리(material handling)라 함은 제조부문 또는 서비스부문에서 제품을 이동시키고, 포장하고, 재고창고에 보관하는 등의 일반적 내용이라 할 수 있다. 그러나 이러한 모든 과정에서는 시간과 비용이 소요될 뿐 제품에 가치를 부가시키지는 않는다.

자동화된 자재관리(automated materials handling)시스템은 전통적인 자재관리에서 행하던 컨베이어 시스템을 통한 자재의 이동 대신에 컴퓨터화된 도구를 이용하게 된다. 자동화된 자재관리시스템에서는 재고의 위치(positioning)와 시간의 변화가 가장 중요한 요소인데, 이는 집중관리, 재고작업의 다양한 경로 등을 컴퓨터화함으로써 자재관리의 비반복성을 실현할 수 있고 이로 인해 비효율성을 줄일 수 있다. 오늘날 자재운반 기기는 어느 위치로 가야 할 것인가를 알려주는 바코드를 이용한다. 이러한 기기가 자동화된 운반시스템이다.

자동화된 운반시스템(automated guided vehicles: AGV)은 자재를 어디든 이동시키는데 배터리를 사용하는 조그만 트럭이다. 이는 전자적으로 통제되는 기구를 사용해서 제조현장에 부품과 도구를 이동·저장, 방향을 결정시키도록 고안되었는데, 이는 컴퓨터통합 제조시스템(CIM)의 자재관리에 대한 하위시스템으로 반드시 필요한 부분이다.

자동저장 및 자동인출장치(automated storage and retrievals system: AS/RS)는 구매된 물품을 데이터 베이스에 입력된 위치에 정확히 저장시키는 기능을 하며, 자동인출장치를 통해 AGV에 정확히 탑재시킬 수 있도록 기능을 발휘한다. 이는 재고창고의 전체적인 자동화에 필수적 요소이다.

▌유연생산시스템

유연생산시스템(flexible manufacturing system: FMS)은 컴퓨터로 통제되는 CNC, DNC, 자동화 자재관리, 로봇 등의 개별 자동화체계와 기술이 하나의 생산시스템 내에서 통합된 공장자동화 생산형태이다. 즉 중앙컴퓨터의 통제하에 기계그룹을 연결하고 자재흐름도 자동화시켜 유사 프로세스를 가지고 있는 다양한 부품을 생산하며, 수요의 변화에 따른 프로세스의 변경과 장비들의 조합을 신속하게 할 수 있는 생산형태이다.

현재의 시장수요는 소비자 욕구의 다양화로 인해 생산형태가 다품종 소량생산으로의 변경이 불가피한데, 이러한 생산형태에는 많은 비경제적인 요소가 내재되어 있어 FMS의 등장은 당연한 현상이라 할 수 있다.

이러한 FMS의 구성요소는 다음과 같이 정리해 볼 수 있다.

① 수치제어기계들로 구성된 작업장

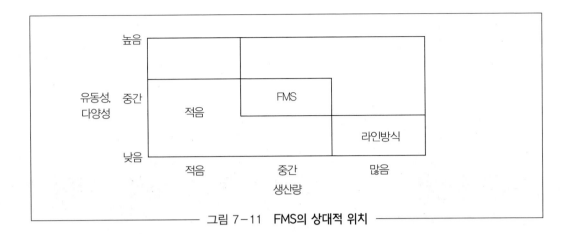

그림 7-11 FMS의 상대적 위치

② 자동화된 자재관리시스템

- 자동화된 운반시스템(AGV)
- 자동저장 및 자동인출장치(AS/RS)

③ 유연 프로세스 시스템을 통제하는 컴퓨터 제어시스템

④ 생산 프로세스 정보 및 생산 프로세스 통제에 관한 전반적인 데이터 베이스

　FMS는 라인방식의 대량생산형태와 NC 기계의 소량생산형태의 중간형태인 생산시스템이다. 따라서 FMS는 단속 프로세스의 유연성과 반복 프로세스의 효율성을 동시에 추구하는 시스템이라고 할 수 있다. 이러한 FMS의 상대적 위치는 [그림 7-11]에 그려져 있다.

　라인방식의 생산형태는 소품종으로 대량생산하는 방식이기 때문에 부품설계 등에 유동성이 적고, 설계변경시에는 프로세스를 중단해야 하는 어려움이 있다. 또한 단속 NC 기계에 의한 생산형태는 프로세스 변경이 용이하도록 설계되어 여러 품종을 소량으로만 생산할 수 있다. 즉 제품이나 부품의 설계변경은 새롭게 만들어진 프로그램을 NC 기계에 입력시키면 되는 것이다. 그러나 이들 생산방식은 중간형태의 생산량(200~2000단위/연)과 부품설계의 제한된 범위 내에서는 유동성을 제공하지는 못한다. 그러므로 FMS는 생산량과 프로세스 유동성의 상충관계를 컴퓨터로 통제되는 각종 설비에 의해 해결하고자 하는 것이다.

　FMS를 구성하는 데 있어 가장 중요한 것은 셀(cell)을 형성하는 것이다. 이러한 셀들은 서로 다른 물리적 특성을 가지고 있어 그룹 테크놀로지(group technology: GT)개념을 여기에 도입해야 한다.

　FMS는 같은 부품군에 속한 유사한 제품만을 생산하고 투자비용이 막대하여

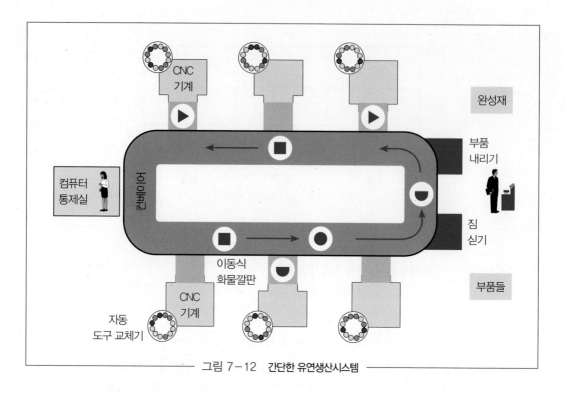

그림 7-12   간단한 유연생산시스템

널리 사용되지는 않고 있다. [그림 7-12]는 기계가 가동할 수 있을 때까지 부품들이 컨베이어 위를 회전하는 간단한 FMS를 보여주고 있다. FMS 배치는 가공할 부품들의 다양성, 그들 부품들의 크기, 부품의 평균 가공시간 등에 따라 형태가 다르다.

컴퓨터 통합제조시스템

컴퓨터 통합제조시스템(computer-integrated manufacturing: CIM)은 전통적인 생산관리분야의 3대 주요 기능이라고 할 수 있는 제품 및 프로세스 설계, 계획 및 통제, 제조 프로세스를 여섯 개의 자동화기법으로 대치한 것이라고 말할 수 있다. 여섯 개의 자동화기법은 컴퓨터에 의한 설계(CAD), 그룹 테크놀로지(GT), 자동화된 제조계획 및 통제시스템, 자동화된 자재관리시스템, 컴퓨터에 의한 제조(CAM), 로봇 등이다. [그림 7-13]은 전통적인 제조시스템의 요소와 CIM의 요소를 비교한 것이다.

그러나 아직 이 분야는 FMS나 CAD/CAM과 같이 명확한 정의를 내리기는 어렵기 때문에 일반적으로 유연 프로세스 시스템(FMS)에 컴퓨터화된 기계들과 각종

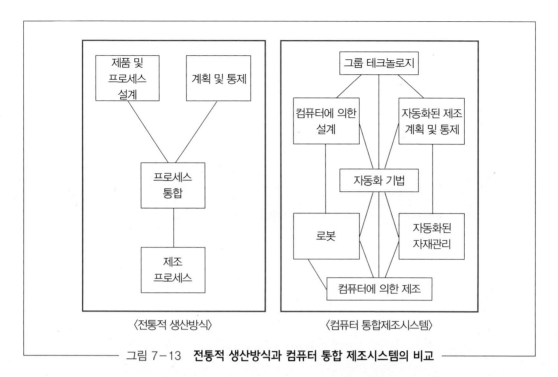

〈전통적 생산방식〉　　　　　〈컴퓨터 통합제조시스템〉

그림 7-13 **전통적 생산방식과 컴퓨터 통합 제조시스템의 비교**

자재관리, 재고 등의 자동화된 시스템이 확장적용될 때 이를 컴퓨터 통합 제조시
스템이라 한다. 즉 CIM은 공장의 자동화된 운영을 포함하여 경영 전반적인 수준에
서의 정보처리를 포괄하고 있는 총괄적 최적화개념으로 이해해야 한다.

　미래의 공장(factory of the future)이라는 개념은 생산 프로세스에 컴퓨터가 널
리 이용되면서 주목을 받기 시작하였다. 미래의 공장에서는 로봇이 작업자의 도움
없이 제품을 생산한다. 이러한 무인공장(peopleless factory)은 이미 출현한 바 있지
만, 가까운 미래에는 더욱 많이 건설될 것이다.

　이러한 미래공장의 개념은 또한 컴퓨터 통합 생산시스템(CIM)이라고도 한다.

01 생산 프로세스를 제품흐름면으로 분류하라.

02 생산 프로세스를 고객주문면으로 분류하라.

03 프로세스를 선정할 때 고려해야 할 요인은 무엇인가?

04 제품설계와 프로세스 선정을 연계하기 위하여 사용되는 기법을 설명하라.

05 대량맞춤생산을 설명하고 제품 – 프로세스 매트릭스와의 관계를 설명하라.

06 기술의 의미와 새로운 기술을 선정할 때 고려해야 할 요인을 설명하라.

07 CAD와 CAM을 비교 설명하라.

08 어떤 기술을 도입할 때 기업의 경쟁우위를 확보할 수 있는가?

09 유연생산시스템을 설명하라.

10 CIM을 설명하라.

11 미래의 공장은 어떤 공장인가?

12 지리산 제조회사는 새로운 제품을 생산하기 위하여 프로세스를 선정하려고 한다.

각 프로세스의 비용 데이터가 다음과 같을 때 생산량이 얼마일 때 각 프로세스가 선호되는지를 밝혀라.

	프로세스 A	프로세스 B	프로세스 C
고정비용	10,000	20,000	50,000
변동비용/단위	5	4	2

13 남산 주식회사는 가위를 생산하고자 프로세스를 건설하려고 한다. 월 고정비는 9,200원, 단위당 변동비는 70원, 단위당 판매가격은 90원으로 예상한다.
① 매달 생산해야 하는 손익분기점은 얼마인가?
② 월 생산량이 61,000개일 때 실현될 이익은 얼마인가?
③ 월 이익 16,000원을 실현하기 위한 생산량은 얼마인가?

14 종로 제조주식회사는 다음과 같은 비용 데이터를 갖는 프로세스 A, B, C 중에서 한 프로세스를 선정하려고 한다. 수요량이 얼마일 때 각 프로세스가 선호되는지를 밝혀라.

	프로세스 A	프로세스 B	프로세스 C
고정비용	10,000	40,000	70,000
변동비용/단위	5	2	1

15 신촌 주식회사는 납품업자로부터 한 부품을 구매할 것인가, 수동 조립시스템 또는 자동 조립시스템을 사용하여 부품을 직접 생산할 것인가를 결정하려고 한다.
회사는 부품의 연간 사용량은 185,000개라고 예상하고 있다. 각 대안에 대한 비용 데이터가 다음과 같다.

	구매	수동	자동
고정비용(연간)	0	260,000	875,000
변동비용(단위)	18.60	16.75	16.25

① 가장 경제적인 대안은 어느 것인가?
② 연간 생산량이 얼마일 때 부품을 구매하는 것과 자동 조립시스템을 사용하여 부품을 생산하는 것이 무차별적인가?
③ 연간 생산량이 얼마일 때 수동 조립시스템을 사용하는 것과 자동 조립시스템을

사용하는 것이 무차별적인가?

16 세 개의 생산 프로세스—자동(A), 셀루라 제조(C), 잡샵(J)—과 그들의 비용 데이터가 다음과 같다.

	프로세스 A	프로세스 C	프로세스 J
고정비용(연간)	150,000	85,000	70,000
변동비용(단위)	3	5	7
판매가격(단위)	14	14	14

① 연간 생산량이 l5,000일 때 비용면에서 가장 경제적인 프로세스는 어느 것인가?
② 생산량이 얼마일 때 각 프로세스가 선호되는가?
③ 각 프로세스의 연간 손익분기점을 구하라.

17 김 사장은 현재 있는 시설을 이용하여 새로운 제품을 생산할 것인가를 고려하고 있다. 그는 연간 고정비용은 50,000원, 단위당 변동비용은 60원으로 추산하고 있다.
① 판매가격이 80원일 때 손익분기점은 몇 개인가? 그래프를 그려라.
② 80원씩 4,000개를 판매한다면 예상되는 이익은 얼마인가?
③ 김 사장은 새로운 시설을 구입하여 효율적으로 그 제품을 생산할 것인가를 고려하고 있다. 고정비용은 100,000원, 변동비용은 40원, 판매가격은 80원으로 추산하고 있다. 판매량이 얼마일 때 각 프로세스를 선택할 것인지를 밝혀라.

18 다음과 같이 202A년 데이터가 주어졌다.

고정비 : 40,000원
판매량 : 3,000개
단위당 가격 : 200원
변동비 : 판매액의 60%

① 판매량으로 표시한 손익분기점을 구하라.
② 목표이익이 60,000원일 때의 손익분기점은 몇 개인가?

생산능력 계획, 시설의 입지 및 설비 배치

어떤 제품 또는 서비스를 어떻게 생산할 것인가를 결정한 후에는 그의 프로세스의 생산능력(capacity planning)을 계획하고 입지(location)와 배치(layout)를 결정해야 한다. 생산능력이란 어떤 시설(프로세스)에서 생산할 수 있는 산출물의 최대 생산율을 말한다. 시설이란 작업장을 의미할 수도 있지만 기업 전체를 의미한다. 고객으로부터의 수요를 충족시키기 위하여 생산능력이 필요한데 이것이 부족하면 성장과 이익의 기회를 놓칠 수도 있다.

생산능력 결정은 생산 리드타임(lead time), 고객에의 납기, 생산비용, 기업의 경쟁력에 영향을 미친다. 불충분한 능력은 고객을 잃고 성장에 제약을 가한다. 과도한 능력은 자원을 낭비하고 다른 투자기회를 막는 결과를 초래한다. 따라서 생산능력을 언제, 얼마만큼 증가시키고 이를 어디에 입지할 것인가는 중요한 결정이라고 할 수 있다.

생산능력 계획은 생산설비의 적정규모와 시기를 결정하기 때문에 기업의 생산량에 물리적 제약을 가하고 희소자본의 투자를 요하므로 시설의 입지계획과 함께 최고경영층의 전략적 의사결정에 속한다.

본장에서 우리는 생산능력의 측정, 결정, 전략, 계획수립 과정, 결정 기법과 입지선정 및 설비 배치에 관한 내용과 방법 등을 공부할 것이다.

8.1 생산능력 계획의 종류

생산능력 계획은 [그림 8-1]에서 보는 바와 같이 장기 생산능력계획, 중기 총괄계획 및 단기 스케줄링으로 구분할 수 있다. 장기의 생산능력계획은 장기에 걸친 수요의 변화에 대응하기 위하여 얼마의 생산능력, 예컨대 공장, 빌딩, 자본재, 시설, 프로세스 선정 등이 언제 그리고 어디에 설치되어야 하는가를 생산전략에 맞도록 결정한다. 장기의 생산능력계획은 중기 및 단기의 계획에 제약을 가함으로써 그 시스템이 생산할 수 있는 생산의 수량에 상한을 설정하게 된다. 이는 시스템 설계능력으로서 본장의 내용이 된다.

시스템 설계능력에 의하여 제한된 범위 내에서 생산운영관리자는 계절변동 및 순환변동에 기인한 수요의 변동을 충족시키기 위하여 1~2년에 걸쳐 생산능력에 제한된 수정을 가할 수 있다. 총괄계획은 제11장에서 공부한다.

단기에 있어서의 생산능력조정은 수요의 우연변동에 대처하기 위하여 필요하다. 예컨대 다음 주 잔업시간의 수, 성수기 콜센터에 근무할 작업자의 수 등이다. 스케줄링은 가용자원을 작업, 주문 또는 활동에 배분하는 결정에 관한 것이다. 스케줄링에 대해서는 제15장에서 공부한다.

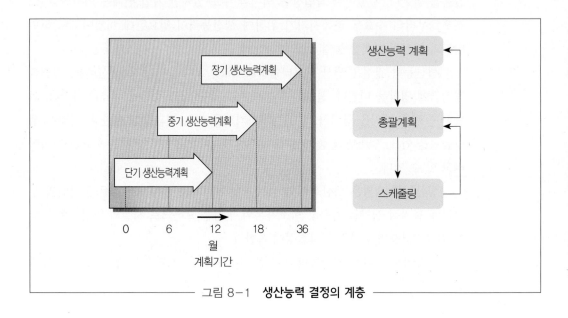

그림 8-1 **생산능력 결정의 계층**

8.2 생산능력의 개념과 측정

생산능력이란 일정한 기간 동안(예: 매일, 주, 월, 연) 한 기업, 시설, 프로세스, 작업장 등이 제공할 수 있는 최대의 생산량(maximum output)을 말한다. 한 가지의 제품 또는 몇 가지의 표준화된 제품을 대량으로 생산하는 기업의 생산능력은 비교적 측정하기가 쉽다. 이러한 경우에는 산출율(output rate)로 측정한다. 예컨대 일정한 기간 동안에 생산된 전기의 메가와트(megawatt), 철강의 톤, 자동차의 대수, 맥주의 배럴(barrel) 등이다.

그러나 복잡한 제품믹스(product mix)가 같은 시설에서 생산될 때는 생산능력을 측정하기는 곤란하다. 왜냐하면 이들 산출물을 측정하는 공통단위가 없기 때문이다.

이러한 소량생산의 유연한 프로세스에 대해서는 가용자원, 즉 투입물(input)의 단위로 측정한다. 예컨대 여러 가지 메뉴를 제공하는 식당의 경우 하루에 봉사한 고객 수로써 표시한다든지, 항공회사의 경우 매월 가능한 좌석—마일수(available seat—miles)로써 생산능력을 표시한다. 병원에서는 그의 능력을 하루에 사용가능한 침대의 수로 측정한다. [표 7-1]은 공통적으로 사용되는 생산능력 측정의 예이다.

장기적 생산능력은 다음 세 가지 개념으로 구분할 수 있다.

- 설계능력(design capacity): 현재의 제품설계, 제품믹스, 운영정책, 노동력, 시설, 장비 등이 주어졌을 때 한 공장이 생산할 수 있는 가능한 최대의 생산율(maximum possible rate of output)을 말한다. 이는 설계대로 이상적인(ideal) 조건에서 달성할 수 있는 이론적 능력(theoretical capacity)이다. 설계능력은 잔업과 같은 단기적인 조치에 의하여 달성된다.
- 유효능력(effective capacity): 제품믹스, 스케줄상 어려움, 기계수리보전, 품질요소 등 정상적인(normal) 작업조건이 주어졌을 때 생산할 수 있는 가능한 가장 높은 생산율(highest reasonable output rate)을 말한다. 유효능력은 설계능력보다 항상 작은데 이는 장비의 정기적 보전, 제품믹스의 변경, 휴식시간, 스케줄상 어려움 등 때문이다.
- 실제생산량(actual output): 실제로 달성할 수 있는 생산율을 말한다. 실제생

산량은 유효능력보다 항상 적을 뿐만 아니라 시간에 따라 변동한다. 기계고장, 폐기물과 재작업, 결근, 품질문제, 자재부족 등으로 실제 생산량은 낮아진다.

이상에서 설명한 생산능력의 측정척도는 시설사용의 유효성, 즉 효율(efficiency)과 시설 이용률(utilization)을 측정하는 데 필요하다.

$$효율 = \frac{실제\ 생산량}{유효능력}$$

$$이용률 = \frac{실제\ 생산량}{설계능력}$$

기업에서는 실제 이용률(가동률)을 높이려고 노력하지만 유효능력의 100%에 가까운 이용률은 위험하므로 80~85%의 이용률을 유지한다. 85% 이상의 이용률은 품질과 생산성 저하의 원인이 되고 따라서 주문을 잃게 될 위험이 따른다.

많은 기업에서는 수요급증, 자재부족, 작업자 결근, 장비고장 등에 대비하기 위하여 여유능력(capacity cushion)을 사용하는데 이는 다음과 같이 계산한다.

$$여유능력(\%) = 100\% - 시설\ 이용률(\%)$$

여유능력은 유연성을 확보하기 위하여 필요생산능력에 추가되는 능력이다. 여유능력은 수요가 기대수요보다 클 때 도움이 된다. 최대생산능력에 가까운 기업은 규모의 비경제로 인한 비용의 발생과 품질저하를 경험하게 된다.

예 8-1

① 목수인 김씨는 나무 책상을 설계하고 제조한다. 그는 일주일에 5일간, 하루에 8시간 작업한다. 한편 그는 매년 4주일 간의 휴가를 취한다. 책상 1개를 만드는 데 평균 20시간이 소요된다. 설계능력을 계산하라.
② 김씨는 예방보전으로 일주일에 3시간, 소모품 조달에 2시간을 소비한다. 유효능력을 계산하라.
③ 기계고장, 재작업, 아파서 쉬는 시간 등이 연간 200시간이다. 실제 생산량을 계산하라.
④ 효율과 이용률을 계산하라.
⑤ 여유능력을 계산하라.

해답

① 설계능력 $= \dfrac{8 \times 8 \times (52-4)}{20} = \dfrac{1,920}{20} = 96$개/연

② 유효능력 $= \dfrac{1,920 - (52-4)(3+2)}{20} = \dfrac{1,680}{20} = 84$개/연

③ 실제 생산량 $= \dfrac{1,680 - 200}{20} = \dfrac{1,480}{20} = 74$개/연

④ 효율 $= \dfrac{74}{84} = 0.88$

   이용률 $= \dfrac{74}{96} = 0.77$

⑤ 여유능력 $= 100\% - 77\% = 23\%$

8.3 장기 생산능력 결정과 전략

생산능력 결정은 기존 시설을 확대하거나 새로운 시설을 건립할 때 생산량에 물리적 제약을 가하고 희소자원의 투자를 요하기 때문에 최고경영층이 비즈니스 전략과 생산전략에 맞추어 수행한다.

생산능력 결정이란 다음과 같은 질문에 대한 답을 채택하는 것을 말한다.

- 필요한 생산능력의 규모(how much)
- 증설하는 각 시설의 규모(how large)
- 생산능력의 필요시기(when)
- 시설증설의 입지(where)
- 생산능력/시설의 형태(what type)

생산능력 전략은 생산능력의 규모, 시설의 크기, 생산능력 변경의 타이밍, 시설의 입지, 시설의 형태 등을 고려할 때 이에 영향을 미치는 재무, 마케팅, 인적자원, 회계, 엔지니어링 등 다른 기능 부서들과 조정을 해야 한다. 그런데 생산능력

전략은 다음의 요인들에 의하여 영향을 받는다.

1. 미래 수요의 예측

생산능력의 건립이나 확장 또는 축소의 결정을 위해서는 기업이 생산하는 제품이나 서비스의 미래의 장기적 수요를 매우 신중하게 예측해야 한다. 이를 위해서는 질적 방법이나 인과형 예측방법이 사용된다. 장기적 수요예측은 경제의 기본적 상황 변화, 소비자 욕구변화, 기술진보, 정부 규제 변경, 정치적·군사적 사태 발생 등으로 영향을 받는다.

2. 생산능력의 추가 요구량 결정

미래의 장기적 수요예측은 위험도를 고려한 후 생산능력 요구량(capacity requirements)으로 환산한다. 다음에는 생산능력 요구량과 현존 가용능력(available capacity)을 비교하며 생산능력의 추가 요구량과 타이밍을 결정한다.

3. 생산능력의 변경 방법

장기 생산능력 추가 요구량이 결정되면 생산능력을 변경할 여러 가지 대안을 고려할 수 있다. 생산능력이 수요를 충족시키기 위하여 추가 요구량이 발생하는 경우에는 다른 기업에 하청(subcontract)을 준다든지, 다른 기업을 인수한다든지, 현존 시설을 확장하거나 수정하든지, 부지를 확보하고 빌딩을 건축하고 장비를 구입하여 새로운 생산능력을 신축할 수 있다.

기업이 생산능력 추가 요구량의 가장 좋은 대안으로서 새로운 시설을 신축하기로 결정하면 개별 공장의 생산능력에 관한 적정 크기를 결정해야 한다.

▌규모의 경제와 비경제

장기적으로 기업은 단위당 평균비용의 관점에서 조업의 이상적 최적수준을 실현한다. 단위당 평균비용이 최소인 생산능력의 이용률을 최적 조업도(best operating level)라고 한다. 이는 [그림 8-2]에서 보는 바와 같다. 생산량이 적으면 시설과 장비의 고정비 부담이 커서 단위당 평균원가가 높게 된다.

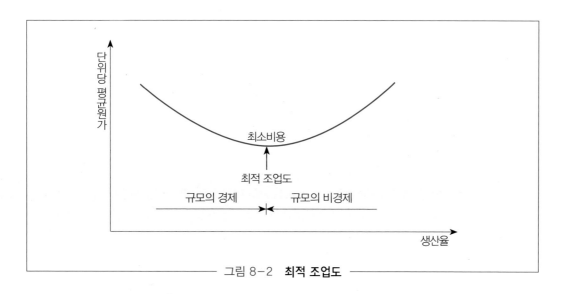

─── 그림 8-2 **최적 조업도** ───

생산량이 증가하면 단위당 평균원가가 감소하여 시설의 최적 조업도에 이르게 된다. 이 수준을 넘으면 작업자 피로, 결근, 기계고장, 커뮤니케이션의 감소, 스케줄상 문제점 등으로 평균원가는 증가하게 된다.

4차 산업혁명의 진행에 따라 기술 기업들은 단위 생산요소를 투입할수록 생산량 증가분이 늘어나는 수확체증(increasing returns of scale)을 경험하고 있다.

역사적으로 기업들은 생산능력 결정시 규모의 경제(economies of scale)라는 개념을 사용한다. 시설의 규모(크기)가 커질수록 생산량이 증가하므로 그 생산량의 단위당 평균원가는 감소한다. 이러한 감소는 시설이 너무 커서 커뮤니케이션의 어려움, 관리비용의 증가, 자재흐름의 조정문제, 복잡성 등이 발생할 때까지 계속한다. 시설의 규모가 너무 커 효율적 운영이 어려우면 규모의 비경제(diseconomies of scale)가 발생한다. 이는 [그림 8-2]가 보여 주고 있다. 특히 한 시설에서 여러 가지 제품을 생산하게 되면 프로세스, 기술, 작업자 숙련 등이 달라 오히려 단위당 비용이 증가하고 중요한 경쟁 우선순위가 약화하게 된다. 여기에 집중화 공장의 타당성이 강조된다.

인공지능의 등장으로 과거 산업혁명 시대의 비즈니스를 이끌던 규모의 경제나 범위의 경제(economies of scope)가 이제 사라지고 있다. 비즈니스 프로세스를 전면적으로 수정하고 조직의 구조와 인적자원을 변화시키면 단위 생산요소를 투입할수록 생산량 증가분이 늘어나는 수확체증과 네트워크 효과가 일어나 생산 단위당 평균비용이 줄어든다.

미래의 기업은 규모가 작더라도 절감된 생산비용과 물류비용을 통해 제품과 데이터 생산에 효과적임과 동시에 고객들이 집중된 소비시장을 공략하기 위하여 그의 인근으로 분산 입지하는 것을 선호할 것이다.

집중화 공장

규모가 큰 시설이 규모의 경제를 가져와 성공에 필수적이라는 생각에 정면으로 대립되는 개념이 일본에서 유행한 집중화 공장(focused factory)이다. 이는 시설과 능력에 큰 투자를 하지 않고 목표시장을 대상으로 몇 가지 제품을 정교한 프로세스와 기술로 생산하여 고객수요에 효율적으로 대응하기 위한 집중화된 전문공장이다. 이는 규모가 작더라도 규모의 경제를 달성할 수 있음을 보여주는 예이다. 제13장에서 공부할 적시시스템(just-in-time system)의 한 성공요인이기도 하다.

오늘날 제품과 기술의 수명주기가 짧고 유연성이 중요한 기업 환경에서 제품유연성과 수량 유연성에 적절히 대처하기 위해서는 집중화 공장이 옳은 선택이라고 할 수 있다. 규모가 큰 시설에도 집중화 공장의 개념을 적용할 수 있다. 공장 내 공장(plant within a plant: PWP)이라고 하는 작고 더욱 전문화된 공장으로 쪼개서 운영, 경쟁 우선순위, 기술, 노동력 등을 독립적으로 수행할 수 있다.

시설증설의 시기

수요가 꾸준히 증가하고 시설을 큰 규모로 증설해야 하는 경우 기업이 취할 수 있는 타이밍 전략은 세 가지이다. 이는 [그림 8-3]이 보여 주고 있다.

- 사전확장전략(proactive strategy): 이는 수요에 앞서서 시설을 큰 규모로 가끔 증설하는 확장주의 전략(expansionist strategy)이다. 이러한 전략을 사용하

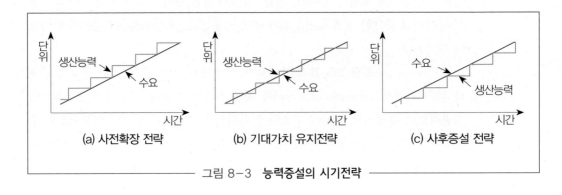

그림 8-3 **능력증설의 시기전략**

면 여유능력(초과능력)이 존재하는데 이러한 여유능력 유지비용보다 품절비
용이 상당히 클 때 고성장산업에서 추구한다.

- 기대가치 유지전략(expected value strategy): 사전확장 전략과 사후증설 전략
의 중간적 형태로서 소규모 생산능력을 자주 증설하여 예상수요에 가급적
맞추려는 전략이다. 따라서 초과능력을 갖게 될 가능성이나 부족능력을 갖
게 될 가능성이 같게 된다.

- 사후증설전략(reactive strategy): 이는 가장 보수적인 관망전략(wait and see
strategy)이다. 이러한 전략을 구사하면 부족능력이 발생하므로 여유능력의
유지비용이 품절비용보다 상당히 클 때 선호된다. 이러한 전략은 능력이용
률과 투자수익률을 높이는 효과를 갖는다. 그러나 잔업, 재고, 하청 등을 통
한 단기 생산능력의 증대는 기업이익을 장기적으로 감소시킬 뿐만 아니라
시장점유율의 감소를 초래할 가능성이 높다고 하겠다.

8.4 생산능력 결정 기법: 의사결정 나무

시설계획 결정의 대안은 몇 가지 기법을 이용하여 분석할 수 있다. 손익분기
점 분석(break-even analysis)은 두 개 이상의 시설 대안의 비용함수를 비교하기 위
하여 흔히 사용된다. 현가분석(present-value analysis), 컴퓨터 시뮬레이션(computer
simulation), 대기행렬분석(waiting line analysis), 선형계획법(linear programming) 등
도 장기적 생산능력계획 결정을 분석하는 데 이용된다.

이러한 기법 외에 의사결정 나무분석(decision tree analysis)이 널리 사용되므로
이에 대해 설명하고자 한다. 자본투자의 크기와 시기를 결정할 때 사용되는 계량
적 도구가 의사결정 나무이다. 의사결정 나무는 차례로 내려야 하는 상호 의존적
인 결정들을 포함하는 다단계결정(multiphase decisions) 문제의 해결에 이용된다.

의사결정 나무는 가장 큰 기대가치(expected value)를 갖는 해에 이르도록 내려
져야 하는 의사결정의 순서를 나타내는 논리적 그림이다. 의사결정 나무는 왼쪽에서
오른쪽으로 그려 나가지만 해를 구하기 위해서는 오른쪽에서 왼쪽으로 진행한다.

의사결정 나무를 사용할 때는 몇 가지 가정이 전제되어야 한다. 첫째, 기업은
모든 대안과 모든 실제 상황(state of nature)을 알고 있다. 둘째, 모든 결과가 발생할

확률을 알고 있다. 셋째, 기업은 성과(payoff)를 정확하게 평가할 수 있다.

의사결정 나무에는 두 종류의 마디가 있는데 가장 왼쪽에서 시작하는 마디를 의사결정 마디(decision node)라 하고 □ 로 표현한다. 이는 의사결정을 내려야 하는 시점을 의미한다. 이 마디에서 가지가 발생하는데 이는 각 대안을 나타낸다. ○으로 표현되는 마디는 기회마디(chance node)라 하는데 확률적 상황이 전개되는 시점을 의미한다. 각 기회마디에 대해 기대 화폐가치(expected monetary value: *EMV*)를 다음과 같이 계산한다.

$$EMV(A_i) = \sum_{j=1}^{n} (P_j)(O_{ij})$$

$EMV(A_i)$: 대안 A_i의 기대 화폐가치

P_j: 실제 상황 j가 발생할 확률

O_{ij}: 대안 A_i와 실제 상황 j가 발생할 때 결과하는 금전적 성과

이와 같이 각 실제 상황에 대해 *EMV*를 계산한 후 가장 큰 *EMV*를 갖는 대안을 선정하게 된다.

> **예 8-2**
>
> 병원에서 사용하는 가운을 생산하는 최 사장은 공장 확장을 고려하고 있다. 공장의 규모는 소, 중, 대이다. 새로운 시설에서는 새로운 타입의 가운을 생산할 예정인데 이 제품에 대한 판매가능성은 모르는 상태이다. 각 대안과 시장 상황에 대한 예상 이익과 발생확률은 다음과 같다. 의사결정 나무를 그리고 기대 화폐가치에 입각한 대안의 선정을 결정하라.
>
> | 공장 규모 | 시장 상황 | 확률 | 이익 |
> |---|---|---|---|
> | 대규모 | 유리한 시장 | 0.4 | 100,000 |
> | | 불리한 시장 | 0.6 | −90,000 |
> | 중규모 | 유리한 시장 | 0.4 | 60,000 |
> | | 불리한 시장 | 0.6 | −10,000 |
> | 소규모 | 유리한 시장 | 0.4 | 40,000 |
> | | 불리한 시장 | 0.6 | −5,000 |

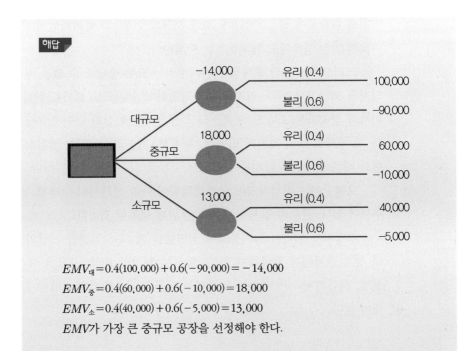

해답

$$EMV_{대} = 0.4(100,000) + 0.6(-90,000) = -14,000$$
$$EMV_{중} = 0.4(60,000) + 0.6(-10,000) = 18,000$$
$$EMV_{소} = 0.4(40,000) + 0.6(-5,000) = 13,000$$
EMV가 가장 큰 중규모 공장을 선정해야 한다.

8.5 입지결정의 성격

생산시스템의 물리적 구조물의 입지(location)는 장기적인 경영에 영향을 미치는 중요한 전략적 의사결정문제이다.

그 이유는 첫째, 입지라는 것은 미래의 불확실성하에서 대량의 장기적인 자본투자를 포함한다는 것이다. 둘째, 입지는 생산시스템의 제약조건, 즉 관계 법규, 노동 구매시장, 지역사회 등을 결정하며, 이들 조건은 일단 입지하면 거의 반영구적으로 고정된다. 셋째, 입지는 생산비용 및 시장에의 분배비용의 최저한계를 설정함으로써 기업의 경쟁적 위치에 심각한 영향을 미친다는 것이다.

그러면 입지문제는 언제 발생하는가? 먼저 신설되는 기업에 입지문제가 당연히 발생한다. 다음에 기존 기업들의 경우에도 생산시스템에의 투입요소, 즉 노동, 원자재, 에너지 등의 변화로 입지문제가 거론될 수 있다. 즉 요소들의 가격 및 품질의 변화 혹은 어업, 임업, 광업 등과 같이 투입요소의 일시적인 고갈 등으로 재

입지의 필요성이 생길 수 있다. 또한 시장의 이동, 즉 지리적인 수요분포의 심각한 변화가 있는 경우에도 입지문제는 발생한다.

그리고 수요량의 증가를 기존시설로는 모두 충당할 수 없을 때 새로운 시설의 입지를 고려하게 된다. 입지를 마케팅전략의 일환으로 보기도 한다. 특히 직접 소비자와 접촉하는 소매점, 은행, 식당 등은 판매확장의 수단으로써 입지를 고려한다. 그 외에도 여러 가지의 법률적, 경제적, 기술적, 사회적, 정치적 환경의 동적인 변화 때문에 기업은 입지를 정기적으로 검토하는 것이 바람직하다.

오늘날에는 기업경영이 글로벌화함에 따라 생산시설을 세계 곳곳에 입지하는 추세에 있다. 글로벌 입지에 대해서는 뒤에 설명할 것이다.

경영자가 이러한 입지문제에 직면했을 때 그는 입지를 기업의 다른 기능들과의 상호 관계에서 파악해야 한다. 입지는 환경의 분석, 수요의 예측, 프로세스의 설계, 시설의 배치와 관계가 있으므로 이들을 시스템적 관점에서 전체적으로 고려해야 한다.

8.6 입지선정의 영향요인

입지문제에 대한 보다 명확한 이해를 위해서는 생산운영시스템을 그의 환경과의 관계하에서 공부해야 한다. 이것이 [그림 8-4]에 나타나 있다. [그림 8-4]와 같이 생산시스템은 각종의 사회적, 법적, 정치적, 기타의 제약 아래에서 인적자원과 자재, 에너지 등의 천연자원 및 기타 투입물을 입력하여 프로세스 기술로 가공한 후 그 산출물을 지리적으로 분산되어 있는 잠재 고객들의 시장에 배급한다.

이 과정에서 입지선정에 영향을 미치는 중요한 비용을 고려한다면 다음과 같다. 먼저 요소의 공급비용이 있는데 그것은 노동력과 원료, 에너지 등을 구입하는 비용이다. 프로세스 비용은 주어진 기술하에서의 가공비용이며, 유통비용은 제품의 수송 혹은 고객에의 서비스에 드는 비용이다. 이 비용들은 입지에 있어서의 유형적인 요인이 된다.

그 외에도 유형, 무형의 입지요인들이 있는데, 그것은 [그림 8-4]에 나타나는 바와 같이 생산투입요소, 시장, 프로세스 기술, 환경에 관련된다. 결론적으로 말하면 기업의 시장에의 근접성, 노동력·원자재·용수·에너지의 유무와 비용, 지역사

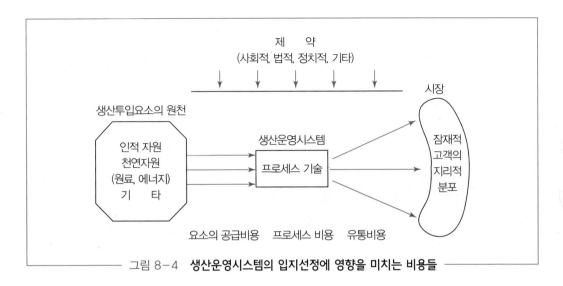

그림 8-4 생산운영시스템의 입지선정에 영향을 미치는 비용들

회의 사회간접시설 등이 종합적으로 입지결정에 영향을 미친다. 기업이 이러한 많은 요인들을 고려하는 것은 사실이지만 실제로는 하나의 기준이 절대적 요인으로 작용한다.

1. 투입요소

다량의 노동력 혹은 특정한 기술입력을 필요로 하는 기업에게는 적절한 노동시장에의 근접성이 지배적인 요인이 된다. 예컨대 노동집약적인 조립라인 공장은 대도시나 그 근처에 입지하려는 경향이 있다. 그 외에도 임금의 수준, 노동력의 생산성, 통근의 편의성, 노동조합의 특성 등이 고려된다.

2. 고   객

서브하는 시장 가까이 입지하는 것은 많은 기업, 특히 서비스업에게는 절대적인 요인이 된다. 서비스업은 인구가 밀집된 지역에 입지하여 고객들에게 빠른 서비스를 제공할 수 있다. 예를 들면, 소매점, 주요소, 세탁소, 꽃집 등 다양하다.

3. 프로세스 기술

기술에 의해 입지가 제한받는 경우가 많다. 제지공장은 다량의 용수를, 알루미늄 공장은 대량의 전기에너지를 소요하며, 프로세스가 특정한 습도와 온도를 요구하는 경우도 있다. 소음을 내거나 악취를 내는 프로세스가 사용되는 경우에는 주거지에서 멀리 떨어져 입지할 것이 요구된다.

4. 환   경

환경적 요인은 생산시스템에의 제약과 관련되는 것으로 이에는 경제적 기간시설(infrastructure), 사회 및 문화적 여건, 법률적 및 정치적 여건을 들 수 있다.

경제적 기간시설이란 기업을 지원해 줄 동력, 용수, 소방, 도로, 통신 등 공공시설의 적합성, 신뢰성, 비용을 말한다.

사회 및 문화적 여건이란 그 지역의 인구학적 변수, 즉 인구 수, 분포, 연령, 이동상태와 지역사회의 관습, 새로운 기업에 대한 태도 등을 말한다. 그리고 주택 및 일반적인 생활여건도 고려된다.

법률적 및 정치적 여건은 최종결정을 하기 전에 주의깊게 검토해야 할 여러 가지의 제약 및 기회이다. 지역에 따라 공해, 건축, 조세 등에 대한 규제가 다양하다. 어떤 산업의 입지가 금지되어 있는 지역도 있다. 어떤 지역에서는 산업을 유치하기 위해 다양한 유인을 제공하기도 한다. 이에는 조세감면, 부지가격의 할인, 자금대여, 인허가 절차의 간소화 등이 있다. 여러 가지의 혜택이 고루 갖추어진 산업단지는 유인의 또 다른 형태이다.

8.7 글로벌 입지

공장의 입지선정에 영향을 미치는 중요한 요인들을 고려하면서 기업은 오늘날 글로벌화(globalization)가 추세라는 사실도 생각해야 한다.

글로벌화란 시설을 세계에 걸쳐 입지하는 과정을 의미한다. 통신시설과 교통수단의 발달로 인하여 거리와 국경이 문제시되지 않고 있다. 팩스기, e-mail, 화상회의, 밤샘배송 등으로 시장과 경쟁이 점점 글로벌화하고 있다.

비용에 입각하여 경쟁하기 위하여 기업들은 자원공급을 찾아 세계 곳곳에 영업을 확장하고 있다. 이제 거리 이외의 다른 요인들이 입지선정에 중요한 요인이 되고 있다.

글로벌화는 여러 가지 장점을 제공한다.

- 외국시장의 침투이다. 외국으로부터의 수입제품에 대한 수요가 확대되고 있어 이러한 시장은 경쟁의 새로운 무대가 되고 있다. 외국에 생산시설을 입지함으로써 수입품을 구매하는 데 관련된 나쁜 인상을 줄일 수 있다.
- 무역장벽의 완화이다. 많은 나라에서는 외국제품의 수입을 막기 위하여 수입 쿼터제를 적용하는데, 해외진출은 이러한 무역장벽을 완화하는 데 기여한다.
- 저렴한 노동력의 이용이다. 우리나라의 기업들도 값싼 노동력을 이용하기 위하여 중국이나 동남아 국가로 진출하는 경향이 있다(이제 인건비는 글로벌 입지 결정의 결정적 요인은 되지 않는 시대가 도래할 것이다).
- 적시(just-in-time: JIT)제조시스템을 적용하기 위해서이다. 납품업자는 제조회사에 근접하여 적시에 납품하여야 한다. 반대로 제조회사는 납품업자에 근접하기 위하여 이동하기도 한다.

그러나 해외영업을 위해서는 고려해야 할 사항도 많다.

- 서로 상이한 문화의 영향을 고려해야 한다. 가치관, 규범, 윤리, 표준 등이 서로 상이한 문화 때문에 현지에 적응하는 데 오랜 시간이 걸리게 된다.
- 언어의 장벽은 또 다른 문제점이다. 상이한 언어의 사용으로 인하여 작업자들과의 커뮤니케이션이 쉽지 않고 작업지시와 토의에 오해를 유발할 소지가 있기 때문에 언어의 장벽을 무너뜨릴 준비가 철저히 진행되어야 한다.
- 국가간 법과 규정의 차이로 관행에 변화를 초래할 수도 있다. 오염에 관한 규정이나 노동관련 법규가 서로 다를 수 있다. 또한 문화의 차이로 인하여 뇌물이 허용되는 나라도 있지만 법으로 금지된 나라도 있다.
- 불안정한 정부를 가진 나라에서는 정치적 위험이 따른다. 정치가 불안정한 기간에는 기업의 기술이 몰수될 수도 있는 것이다.

- 인프라(infrastructure)가 잘 갖추어져 있는가 하는 것이다. 개발도상국은 개발국과 달리 인프라가 부족하여 외국에서 영업하는 데 아주 어려움이 있을 수 있다.

기업의 글로벌 입지 결정에 큰 영향을 미친 요소는 인건비라든가 노동조합의 과도한 요구 등이었다. 인건비의 부담 때문에 상대적으로 저렴한 중국, 인도네시아, 베트남 등 동남아시아 국가로 공장을 이전하는 경우가 많았다. 그러나 이제 공장의 입지 결정에 인건비는 더 이상 결정적인 변수는 되지 않는다. 독일의 Adidas와 Siemens는 중국으로부터 본국으로 리쇼어링(reshoring)한 예이다. 생산시스템을 완전히 자동화·지능화·최적화함으로써 사람없는 공장을 만들고 불량률을 극도로 낮추고 생산 효율성을 극대화함으로써 가격경쟁력과 품질경쟁력에서 밀리지 않게 되었다. 4차 산업혁명은 선진국의 다국적 기업으로 하여금 리쇼어링 붐을 일으킬 것이다.

8.8 계량적 접근방법

전술한 바와 같이 고려해야 할 요인들의 수가 많고 다양하기 때문에 보편적이고 정형적인 하나의 모델을 개발하기란 매우 어렵다. 또한 모든 가능한 부지에 대하여 평가한다는 것은 엄청난 시간과 비용을 소요할 것이다.

따라서 최적결정을 추구하기보다는 근사에 의한 만족스러운 결정을 추구하는 것이 좋다. 더욱이 입지결정이란 장기적인 결정이며 미래의 각 입지요인들에 대한 정확한 예측은 어렵기 때문에 더욱 만족스러운 결정에 의존하게 된다.

제품에 대한 수요량이 입지 의사결정의 중요한 요인이므로 손익분기점 분석이 유용할 수 있다.

각 입지의 고정비와 변동비의 비용구조는 다를 것이다. 입지가 수요량에 영향을 미치지 않는다면 각각에 대하여 손익분기점 분석을 해 봄으로써 최적입지를 선택할 수 있게 된다. 즉 특정 수요량에 대하여 최소비용을 나타내는 입지가 어디인가를 찾는 것이다. 이는 공장이나 창고의 입지와 같이 시설의 위치에 따라 수요의 변동이 발생하지 않고 다만 수송비와 같은 변동비에 차이가 있는 경우에 적용된다.

예를 들어 입지 A, B, C가 있고 비용구조가 다음과 같을 때 각 입지가 바람직하게 되는 수요량의 범위는 얼마인가?

입 지	연 고정비	단위당 변동비
A	100	6
B	200	5
C	400	4

생산량을 Q라고 하면 각 입지의 총비용은 다음과 같다.

$$TC_A = 100 + 6Q$$
$$TC_B = 200 + 5Q$$
$$TC_C = 400 + 4Q$$

이를 그림으로 나타내면 [그림 8-5]와 같다. 즉 $TC_A = TC_B$로 놓으면 $Q = 100$이고, $TC_B = TC_C$로 놓으면 $Q = 200$이 된다.

따라서 각 입지가 유리한 생산량의 범위는 다음과 같다.

입 지	생산량(단위)
A	0~100
B	100~200
C	200 이상

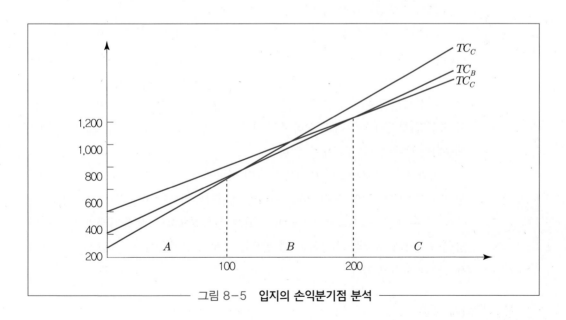

그림 8-5 입지의 손익분기점 분석

8.9 기본적인 배치형태

부 또는 작업장의 시설 내 배열은 작업흐름의 일반적 형태에 의하여 결정된다. 배치형태로는

- 프로세스별 배치
- 제품별 배치
- 위치고정형 배치
- 셀루라 배치
- 혼합형 배치

가 있다.

프로세스(기능)별 배치

프로세스별 배치(process layout, job-shop layout, functional layout)는 예컨대 모든 선반이 하나의 부 또는 지역에, 그리고 모든 밀링기계는 다른 일정한 지역에 배열하는 것처럼 동일한 작업기능을 수행하는 모든 프로세스(작업자와 장비)가 한 지역에 모여 비슷한 활동이 수행되는 배치형태이다.

프로세스별 배치의 목적은 작업장 사이에서 왕래하는 물량의 이동거리를 최소화하는 것이므로 부서간 자재취급비용을 최소화하는 방향으로 이루어져야 한다.

아주 상이한 프로세스 요구와 작업순서를 갖는 다양한 제품을 소량으로 생산하기 위해서는 같은 기능을 수행하는 설비는 같은 작업장에 배치하여 필요에 따라각 작업장을 찾아 이동하도록 하는 것이 효율적이다. 그렇지만 작업흐름의 패턴은제품마다 매우 심하다고 할 수 있다.

이와 같이 프로세스별 배치는 단속적 프로세스, 즉 잡샵(job shop)이나 배취생산 프로세스에서 찾아볼 수 있다. 이러한 배치형태에서는 포크리프트 트럭(forklift truck) 같은 자유통로(variable path)용 운반설비가 필요하다. 범용기계의 사용이 다양한 프로세스 요구를 취급하는 데 필요한 융통성을 제공한다. [그림 8-6]은 프로세스별 배치의 예이다.

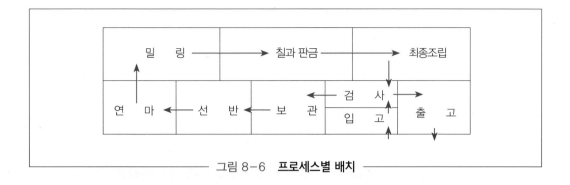

그림 8-6　**프로세스별 배치**

제품(라인)별 배치

제품별 배치(product layout, flow-line layout)는 수요가 안정적인 대량의 제품이나 고객의 시스템을 통한 원활하고 빠른 흐름을 달성하기 위하여 사용된다. 이는 고도로 반복적이고 표준화된 프로세스 작업을 요하는 제품이나 서비스에 의하여 가능하다. 작업은 일련의 표준화된 과업으로 분해가 가능하여 노동과 설비의 전문화가 용이하다.

각 제품별로 제품이 만들어지는 작업순서에 따라 작업장과 기계설비가 보통 라인으로 배열된다. 따라서 작업의 흐름은 라인을 따라 한 작업장에서 다른 작업장으로 순서 있게 효율적으로 진행한다.

더욱 각 품목이 동일한 작업순서를 따르기 때문에 품목을 운반하는 데 컨베이어 같은 고정통로용 자재운반설비를 사용할 수 있다.

이러한 배치의 결과는 [그림 8-7]과 같은 라인을 형성한다. 제조업에서 그 라

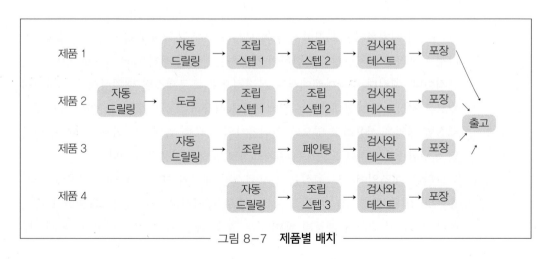

그림 8-7　**제품별 배치**

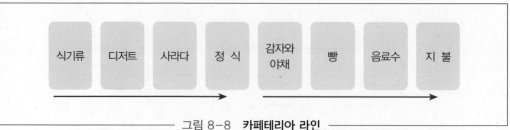

그림 8-8 **카페테리아 라인**

인은 생산라인(production line) 또는 조립라인(assembly line)이라고 한다. 비제조업에서도 라인이라는 용어를 쓸 수 있다. 예컨대 [그림 8-8]과 같은 라인을 카페테리아(cafeteria) 라인이라 한다.

▌위치고정형 배치

위치고정형 배치(fixed-position layout)에 있어서 작업진행 중인 제품은 한 작업에서 다른 작업으로 이동하지 않고 한 장소에 고정되어 있고 다만 작업자, 자재, 공구 및 설비가 작업할 제품이 있는 장소를 찾아 이동한다. 제품의 성격상 고정형 배치형태를 취할 수밖에 없는 경우가 있다. 즉 무게, 크기, 부피 등으로 제품을 이동하기가 곤란한 경우에 이러한 형태를 취한다.

위치고정형 배치는 대규모 건설공사, 조선, 대형비행기 제작 등 프로젝트 프로세스에 적합한 형태이다.

▌혼합형 배치

위에서 설명한 기본적인 배치형태는 각각 장·단점을 가지고 있으므로 어느 한 가지의 배치형태가 특정한 경우의 모든 요구를 정확하게 충족시킬 수 없다. 따라서 기본적인 배치형태를 혼합하여 사용하는 혼합형 배치(hybrid layout) 형태가 일반적이다. 예컨대 수퍼마켓에서는 본질적으로 프로세스별 배치형태를 취하지만 재고품 저장소와 계산대에서는 컨베이어를 사용하는 경우가 많다. 병원 또한 프로세스별 배열을 사용하고 있으나 입원환자의 치료를 위해서는 의사, 간호사, 약품 및 특수설비가 환자에 모여드는 위치고정형 방법을 사용하게 된다.

많은 제조업에서도 시설을 프로세스별 배치와 제품별 배치를 혼합하여 사용한다. 예를 들면, 한 층은 프로세스별로 배치하고 다른 층은 제품별로 배치한다. 또한 전 공장을 제품별 배치(건조, 부품조립, 최종조립)로 배열한 후 건조부

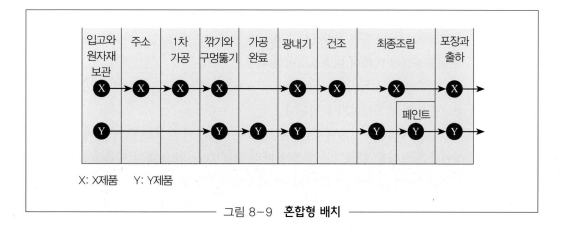

입고와 원자재 보관	주소	1차 가공	깎기와 구멍뚫기	가공 완료	광내기	건조	최종조립	포장과 출하

X: X제품   Y: Y제품

그림 8-9 **혼합형 배치**

(fabrication)에서는 프로세스별 배치형태를 취하고 조립부에서는 제품별 배치형태를 취하는 경우도 있다. [그림 8-9]는 혼합형 배치형태의 한 예이다.

8.10 혼합형 배치

혼합형 배치는 제품별 배치와 프로세스별 배치의 좋은 측면을 결합하는 형태이다. 여기에는 셀루라 배치, 유연생산시스템, 혼합모델 조립라인이 속한다.

1. 그룹 테크놀로지

대량생산형태에서는 제품의 질적 균등성을 유지하면서 시장성 있는 제품을 단종으로 대량생산하며 그로 인해 적절한 기계와 공구가 설계되고 표준화될 수 있지만, 다품종 소량생산형태에서는 생산운영관리의 성격상 많은 문제점을 내포하고 있다.

첫째, 생산해야 할 제품의 종류가 많고 생산량과 납기가 다양하다는 점이다. 둘째, 소재로부터 제품까지의 변환과정이 복잡하고 생산 프로세스가 개개의 제품에 따라 다르다. 셋째, 다양한 제품에 대한 수요의 동적 특성 때문에 설비의 과부족이 생기기 쉽다. 넷째, 주문품의 규격변경에 기인하는 프로세스 계획이나 복잡한 재료흐름 때문에 스케줄링이 어렵고 정확한 정보의 부족 때문에 작업견적을 세우기가 어렵다.

그러므로 다품종 소량생산은 이러한 모든 요인들로 인하여 제품 표준화에 의한 대량생산에 비하여 비효율적이며 비경제적이다.

따라서 그룹 테크놀로지(group technology: GT) 개념을 도입한 새로운 형태의 생산관리 및 계획분야가 요청된다.

그룹 테크놀로지는 부품의 형상, 치수, 재질, 가공 프로세스, 설비 등의 유사성이나 동질성을 합리적인 방법에 따라 그룹핑(grouping)하여 다품종 소량생산에서 로트(lot)의 크기를 대량화하고 프로세스 설계를 합리화하며, 각 그룹 내에서 기기와 공구를 공동사용하고 준비시간, 프로세스간 운반거리, 가공대기를 감소시키며 그룹 내에서의 반복작업에 따라 작업자의 숙련도를 높일 수 있어 대량생산에서 얻을 수 있는 생산성 향상을 실현시킬 수 있는 생산기술과 관리기술이 복합된 기법의 체계라 할 수 있다. 이와 같이 그룹 테크놀로지를 적용하면 프로세스 흐름이 동일하거나 유사한 부품을 [그림 8-10]에서 보는 바와 같이 부품군(part family)으로 그룹핑하여 이들의 생산을 위한 설비들을 [그림 8-11]에서처럼 일관된 프로세스 형태로 배치하면 소량의 표준품 대량생산시스템의 제품별 배치가 갖는 이점을 누릴 수 있게 된다.

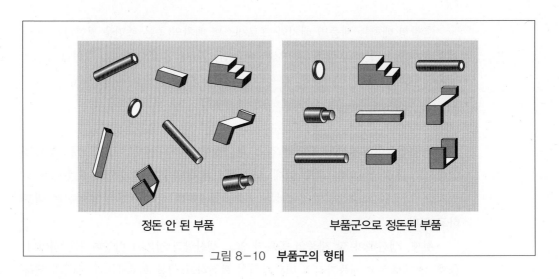

정돈 안 된 부품   부품군으로 정돈된 부품

그림 8-10 **부품군의 형태**

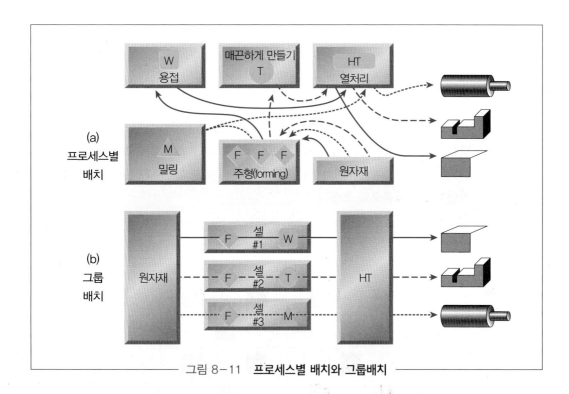

그림 8-11 **프로세스별 배치와 그룹배치**

2. 셀루라 배치

셀루라 배치(cellular layout)는 프로세스별 배치의 유연성을 유지하면서 동시에 소수의 제품을 대량생산할 때 이용하는 제품별 배치의 효율성을 결합하는 혼합형 배치형태이다. 그룹 테크놀로지와 같은 개념에 입각하여 동일한 형상(shape)의 부품군을 가공하는 셀(cell)이라고 부르는 작업장에 동일하지 않은 기계들을 그룹화한다. 어떤 특정의 프로세스를 하나의 셀에서 취급한다는 점에서는 프로세스별 배치와 비슷하고, 정해진 범위 내의 제품만을 생산한다는 점에서는 제품별 배치와 유사하다.

제조 셀(manufacturing cell)은 프로세스별 배치를 취하는 기능별 부서에 대한 좀더 효율적인 대안이라고 생각할 수 있다.

셀루라 배치는 다음과 같이 네 단계를 거쳐 진행된다.

* 동일한 흐름경로를 갖는 부품군을 규명한다.
* 각 부품군의 가공조건에 따라 프로세스별로 배치된 기계들을 제조 셀로 다

시 그룹화한다.

- 자재이동이 최소화되도록 제조 셀을 조정한다.
- 큰 기계들은 이들을 사용하는 셀에 가깝게 위치시킨다.

[그림 8-12]를 보면 기계들은 프로세스별로 배치되어 있다. 같은 기능을 수행하는 기계들이 네 개의 부에 모여 있다. 대표적인 세 개의 부품 A, B, C가 서로 다른 경로를 따라 흐른다. 이러한 프로세스를 거쳐 제조되는 구성품은 나중에 조립라인에서 완제품으로 조립된다.

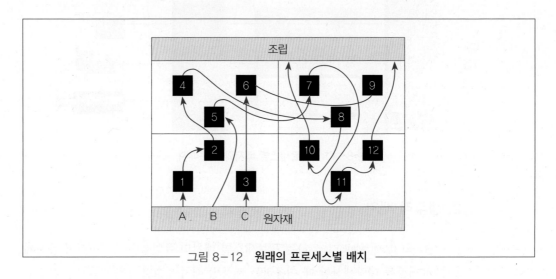

그림 8-12 **원래의 프로세스별 배치**

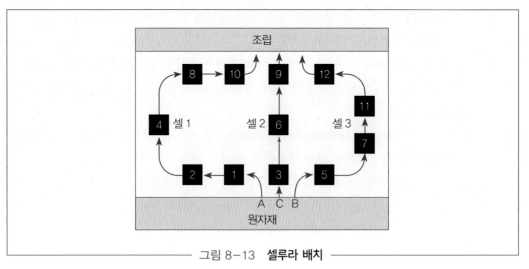

그림 8-13 **셀루라 배치**

[그림 8-12]는 대표적인 부품 A, B, C가 세 개의 셀을 흐르는 완전한 셀루라 배치이다. 각각의 셀은 특정 부품군만을 생산하도록 설계되어 있다. 각 셀에는 그 부품군을 생산할 수 있도록 필요한 인력자원과 기계들이 배치되어 있다.

[그림 8-13]에서 보는 바와 같이 셀 1과 셀 3은 U형을 취하는 것이 일반적이다. 이렇게 함으로써 작업자들이 몇 대의 기계를 운전할 수 있기 때문이다.

셀루라 배치는 현대적 공장에서는 일반화된 형태이다. 셀들은 크기, 자동화, 부품의 다양성에 있어서 큰 차이를 나타낸다. 셀은 서비스 배치에 있어서도 보편화되고 있다.

8.11 제품별 배치의 설계: 조립라인 균형

제품별 배치에서는 라인 프로세스에서 작업하는 순서가 제품설계에 의하여 고정되어 있으므로 제품은 한 작업장에서 다음 작업장으로 흐르는 라인을 따라 순차적으로 만들어진다. 따라서 조립라인의 설계에 있어서 풀어야 할 문제는 특정 제품의 생산량을 가장 효율적으로 생산하기 위해서는 작업장의 수는 얼마로 해야 하며 각 작업장에서 수행하는 과업들은 무엇인가를 결정하는 것이다.

제품별 배치의 장점은 필요한 작업을 일련의 요소과업(elemental task)으로 분할하여 미숙련노동자 또는 전문기계에 의하여 빨리, 그리고 반복적으로 수행할 수 있게 하는 것이다. 일반적으로 조립라인에서 작업장들은 제품의 작업순서에 따라 고정되는데 이동컨베이어(moving conveyer)가 일정한 시간간격마다 앞으로 이동하여 작업장 사이를 연결해 준다([그림 8-14] 참조). 그리고 이 일정한 시간간격 동안 모든 작업장은 주어진 과업들을 수행하게 된다.

조립라인 균형(assembly line balancing)이란 각 작업장에서 수행할 작업시간이 일정한 시간간격에 알맞도록 과업을 각 작업장에 할당하는 과정이다.

라인균형의 목적은 각 작업장에 할당된 과업의 수가 조정되어 각 작업장에서 그 과업들을 수행하는 데 거의 동일한 시간간격이 소요됨으로써 제품이 생산라인을 원활하게 흐르도록 하는 것이다. 이런 일정한 시간간격을 주기시간(cycle time)[1]

---

1 주기시간은 조립라인의 마지막 작업장에서 완성된 제품이 연속적으로 생산되어 나오는 시간간격이라고 할 수 있다.

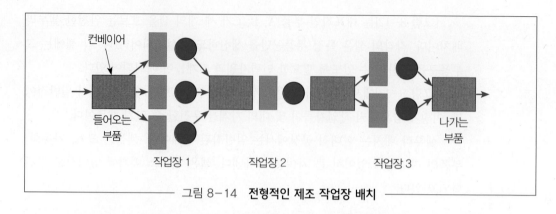

컨베이어

들어오는
부품

작업장 1   작업장 2   작업장 3

나가는
부품

── 그림 8-14 **전형적인 제조 작업장 배치** ──

이라고 하는데 각 작업장에 주기시간에 거의 가까운 시간이 소요되도록 과업들을 3당하는 것이다. 완전한 균형은 각 작업장이 주기시간과 동일한 시간을 소요할 때 가능한데, 이렇게 되면 각 작업장에 유휴시간(idle time)이 존재하지 않으므로 작업자와 설비의 효율성이 높게 된다. 그러나 실제로는 다른 작업장에 비하여 작업시간이 긴 애로작업장(bottleneck operation)이 존재하므로 완전한 균형을 기대하기는 어렵다. 문제를 더욱 복잡하게 하는 것은 제품설계와 프로세스 기술에 의하여 결정되는 과업의 순서를 나타내는 기술적 선행관계(precedence relationship)이다.

1. 조립라인 균형의 절차

하루에 여덟 시간씩 작업하면서 매일 40개의 VTR을 생산하는 조립라인에서 작업장의 수와 각 작업장에서 처리해야 하는 과업들을 결정하는 조립라인 균형문제를 절차에 따라서 설명하기로 하자.

VTR의 생산에 요구되는 과업들과 그들의 직전 선행관계는 [표 8-1]에서 보는 바와 같다.

첫째, 과업 간의 직전 선행관계를 나타내는 선행도표(precedence diagram)를 작성한다.

선행도표는 원(○)과 화살표(→)로 구성되어 있는데 원은 개별 과업을, 그리고 화살표는 과업수행의 순서를 나타낸다. 이와 같이 선행도표는 원 또는 마디(node)로 나타내는 과업과 마디들을 연결하는 화살표로 나타내는 선행관계로 구성되는 네트워크(network)이다. [그림 8-15]는 VTR 네트워크이다.

둘째, 다음 공식을 사용하여 주기시간(C)을 결정한다.

표 8-1	VTR의 조립시간 및 선행관계		
과업	과업시간(분)	직전 선행관계	
A	11	–	
B	11	A	
C	15	B	
D	14	B	
E	12	A	
F	13	C, D	
G	18	F	
H	11	E	
I	13	G, H	
	68		

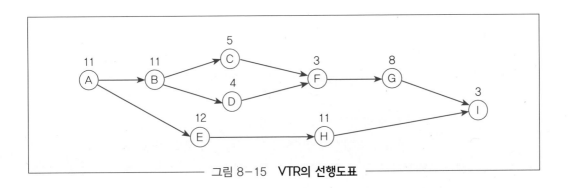

그림 8-15 **VTR의 선행도표**

$$주기시간 = \frac{1일\ 작업시간}{1일\ 생산량}$$

하루 여덟 시간 작업하여 40개의 VTR을 생산한다면 주기시간은 다음과 같다.

$$C = \frac{8 \times 60분}{40} = 12분/개$$

VTR 문제에서 최대 과업시간은 과업 E의 12분이므로 최소 주기시간은 12분이 되고 총과업시간은 68분이므로 최대 주기시간은 68분이 된다. 계산된 주기시간이 최소 주기시간과 최대 주기시간 사이에 들어오므로 아무런 문제가 발생하지 않는다.

셋째, 다음 공식을 이용하여 이론적 최소 작업장 수(N_t)를 결정한다.

$$N_t = \frac{\sum_{j=1}^{n} t_i}{C} = \frac{총과업시간}{주기시간}$$

작업장의 수는 원하는 생산율과 각 작업장에서 처리할 과업들을 할당할 능력의 함수이다. 각 작업장에서 처리하는 총과업시간이 주기시간과 동일하면 완전균형(perfect balance)이 이루어진다. 그러나 각 작업장에서 소요되는 과업시간이 똑같을 수가 없으며 또한 선행관계를 꼭 지켜야 하기 때문에 완전균형은 실제로 불가능하게 된다. 이러함에도 불구하고 완전균형이나 100% 효율을 전제하고 작업장의 수를 가능한 한 적게 유지하려고 한다.

N_t가 소수점 이하의 값을 가지면 이를 가까운 큰 숫자에 절상한다. 그러나 실제 작업장 수(Na)는 각 작업장에 과업들을 그룹화할 수 있는가에 따라 절상된 작업장 수 이상이 될 수 있다.

VTR 문제에서 최소 작업장의 수는 다음과 같다.

$$N_t = \frac{총과업시간}{주기시간} = \frac{68}{12} = 5.67 ≒ 6$$

따라서 실제 작업장 수는 6 이상이다.

넷째, 과업을 작업장에 할당하는 규칙을 선정하고 이에 따라 할당한다. 프로세스 균형문제를 풀기 위하여는 본서에서는 각 과업의 시간과 그의 후속과업들의 시간의 합이 가장 큰 과업부터 우선 할당하는 순위가중배열법(ranked positional weight method)을 이용하기로 한다. 이는 다음의 단계를 거친다.

- 각 과업의 시간과 그의 모든 후속과업의 시간을 합하여 순위가중치를 구한다. 예를 들어 과업 A와 과업 D의 순위가중치는 [그림 8–13]으로부터 다음과 같이 구한다.

  과업 A: 11 + 11 + 5 + 4 + 12 + 3 + 8 + 11 + 3 = 68
  과업 D: 4 + 3 + 8 + 3 = 18

- 순위가중치의 내림차순으로 과업들을 재배열한다. 이는 [표 8–2]와 같다.
- 가장 높은 순위가중치를 갖는 과업부터 시작하여 차례로 과업을 작업장에 할당한다.

표 8-2 순위가중치 및 그의 순서

과업	과업시간	순위가중치	순위가중치 순서	과업	과업시간	작업장
A	11	68	68	A	11	I
B	11	34	34	B	11	II
C	5	19	26	E	12	IV
D	4	18	19	C	5	IV
E	12	26	18	D	4	III
F	3	14	14	F	3	IV
G	8	11	14	H	11	VI
H	11	14	11	G	8	V
I	3	3	3	I	3	VI

과업을 작업장에 할당할 때 과업의 선행관계를 고려하면서 과업시간이 주기시간을 넘치지 않도록 주의해야 한다.

VTR 문제에서 작업장 I에는 과업 A만 할당한다. 왜냐하면, 다른 과업을 추가하면 과업시간의 합이 주기시간 12분을 넘치기 때문이다.

작업장 II에는 과업 B만 할당한다. 작업장 III에는 과업 E만 할당한다. 작업장 IV에는 과업 C, 과업 D, 과업 F를 할당할 수 있다. 이는 선행관계에도 문제가 없고 과업시간 5 + 4 + 3 = 12분이 주기시간 12분을 초과하지 않기 때문이다.

작업장 V에는 과업 H를 할당하고 작업장 VI에는 과업 G와 과업 I를 할당한다. 이의 결과가 [그림 8-16]에 정리되어 있다.

다섯째, 다음의 공식을 이용하여 조립라인의 실제 효율(efficiency)을 평가한다.

$$효율 = \frac{총과업시간}{실제 \ 작업장 \ 수(Na) \times 주기시간(C)}$$

VTR 문제에서 효율은 다음과 같다.

$$효율 = \frac{68}{6 \times 12} = 94.45\%$$

따라서 하루 작업시간 8시간 중 94.45%는 실제로 작업에 투입되었고 나머지 5.55%는 유휴시간임을 알 수 있다.

여섯째, 만일 조립라인의 효율이 만족스럽지 않으면 다른 규칙을 사용하여 재균형을 시도해야 한다.

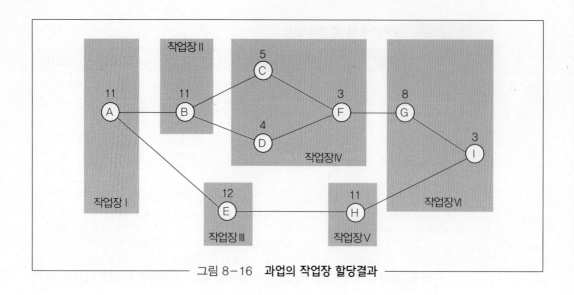

그림 8-16 과업의 작업장 할당결과

01 생산능력의 개념과 측정방법을 설명하라.

02 생산능력 결정이 중요한 이유를 설명하라.

03 생산능력 전략에 대하여 설명하라.

04 최적 조업도, 규모의 경제와 비경제를 설명하라.

05 시설의 입지선정에 미치는 영향요인을 설명하라.

06 조립라인 균형화의 목적을 설명하라.

07 그룹 테크놀로지의 개념을 설명하라.

08 남해 화학(주)는 에칠렌에 대한 연간 수요량을 다음과 같이 예측하였다.

갤런	200	220	240	260	280
확률	0.10	0.20	0.30	0.30	0.10

① 생산능력을 260갤런에 맞춘다면 여유능력(capacity cushion)은 얼마인가?
② 유효능력이 발생할 확률은 얼마인가?
③ 생산능력을 260갤런에 맞출 때 공장의 평균이용률은 얼마인가?
④ 품절비용은 갤런당 100,000원이고 건축비용은 갤런당 5,000원이라고 할 때 200 갤런의 생산능력을 건축할 때의 총비용은 얼마인가?

09 어떤 회사가 1년에 3,000단위를 생산하여 판매하고 있으며 관련된 비용은 다음과 같다.

고정비/연   100,000(천 원)
변동비/단위   100(천 원)
판매가격/단위   300(천 원)

① 이 판매량에서 얼마의 이익을 보고 있는가?
② 고정비가 80,000천 원으로 감소한다면 이익에는 어떤 변화가 있는가?
③ 원 문제에서 만약 변동비가 200천 원으로 증가한다면 현재의 이익을 유지하기 위하여 생산량은 얼마나 되어야 하는가?

10 아시안 제조회사에서는 새 제품을 만들기 위하여 설비를 임차하였다. 비용 및 수요를 예측해 보니 다음과 같다.

연 수 요: 20,000단위
연간비용:
재 료 비: 100,000천 원
직접노무비: 23,000
경   비: 25,000
일반관리비: 28,000

한편 판매경비는 총판매액의 10%가 되리라고 예측한다. 또한 단위당 천 원의 이익을 보려고 한다.
① 단위당 판매가격은 얼마나 되어야 하는가?
② 만약 경비와 일반관리비만 고정비이고 나머지는 변동비라고 할 때 손익분기점은 몇 개인가?

11 서해 전자(주)는 최근에 새로운 제품을 개발하여 생산하고자 한다. 새로운 제품을 생산하기 위하여 회사는 두 가지 대안을 고려하고 있다. 이 제품에 대한 연간수요와 그의 발생확률, 각 대안과 각 상황이 발생할 때 결과할 5년 동안의 총수익이 다음 표와 같다. 현재의 공장을 증설하는 데는 0.8억 원이 소요되고 새로운 공장을 건립하는 데는 1.4억 원이 소요된다고 한다. 의사결정 나무를 이용하여 최적결정을 구하라.

수요의 확률 / 대안	$P($수요$=150,000)=0.4$	$P($수요$=100,000)=0.5$	$P($수요$=50,000)=0.1$
신 축	3.75	1.25	−1.25
증 설	1.50	1.50	−0.50

12 금강 화학(주)는 어떤 제품에 대한 수요를 확률적으로 예측하였다.

갤런	100	110	120	130	140
확률	0.1	0.2	0.3	0.3	0.1

① 생산능력이 130갤런이라고 하면 여유생산능력은 얼마인가? (여유생산능력=생산능력−평균수요)
② 유휴생산능력이 발생할 확률은 얼마인가?
③ 생산능력이 130갤런이라고 할 때 공장의 평균 가동률은 얼마인가?

13 다음과 같은 고정비와 변동비를 갖는 네 후보지 가운데서 한 곳에 새로운 시설을 입지하려고 한다. 수요가 3,200단위라고 할 때 어떤 후보지가 가장 유리한가?

입지	고정비	변동비/단위
가	72,000	2
나	35,000	10
다	25,000	8
라	50,000	5

14 남산 공구(주)에서는 새로운 공장을 신축하려고 한다. 각 후보지별 연간 고정비와 단위당 변동비는 다음 표와 같다.

입지	고정비	단위당 비용		
		자재	노임	경상비
군산	2,000,000	0.20	0.50	0.40
울산	1,800,000	0.25	0.80	0.75
광양	1,700,000	1.00	1.00	1.00

① 총비용선을 그려라.
② 각 입지가 경쟁우위를 가질 수 있는 연간 생산량 범위를 구하라.

15 테니스 라켓을 생산하는 종로 산업(주)는 XL-300 모델의 조립라인을 계획하고 있다. 아래와 같이 여섯 개의 작업장에 여덟 개의 과업이 할당되어 있다. 하루의 작업시간이 여덟 시간이라고 가정할 때 아래 물음에 답하라.

작업장	과 업	시간(초)	작업장	과 업	시간(초)
1	A	12		E	12
	B	9	4	F	18
2	C	24	5	G	15
3	D	12	6	H	18

① 생산주기시간은 얼마인가?
② 테니스 라켓의 매일 생산량은 얼마인가?
③ 조립라인의 효율은 얼마인가?
④ 각 작업장의 매일 유휴시간은 얼마인가?
⑤ 조립라인의 매일 유휴시간은 얼마인가?

16 조립라인을 통하여 생산되는 제품 X에 대한 정보가 다음과 같을 때 물음에 답하라.
    단 하루의 생산량은 15개이며 하루의 작업시간은 420분이라고 한다.

작업장	시간(분)	직전 선행관계	과 업	시간(분)	직전 선행관계
A	25	–	F	22	D, E
B	15	A	G	10	F
C	20	A	H	8	F
D	15	B, C	I	5	G, H
E	12	A			

① 선행관계도표를 작성하라.
② 생산주기시간을 계산하라.
③ 이론적 최소 작업장 수를 계산하라.
④ 순위가중배열법을 사용하여 과업을 할당하라.
⑤ 조립라인의 효율을 계산하라.

17 17개의 과업으로 구성되는 조립라인을 균형화하려고 한다. 가장 긴 과업은 2.4분이
    고, 모든 과업을 수행하는 데 소요되는 시간은 18분이다. 하루의 작업시간은 450분
    이다.
    ① 최소 및 최대 주기시간을 결정하라.
    ② 이론적으로 가능한 하루의 생산량 범위를 결정하라.
    ③ 최대 생산량을 추구한다면 필요한 최소 작업장 수는 얼마인가?
    ④ 하루의 생산량이 125단위라면 생산 주기시간은 얼마인가?

18 하루 여덟 시간 작업하면서 60개의 생산량을 달성하고자 한다. 과업에 관한 정보가
    다음과 같을 때 생산라인을 균형화하기 위한 질문에 답하라.

과 업	시간(분)	직전 선행관계	과 업	시간(분)	직전 선행관계
A	5	–	E	6	C
B	3	A	F	1	C
C	4	B	G	4	D, E, F
D	3	B	H	2	G

① 선행관계도표를 작성하라.

② 주기시간을 결정하라.

③ 필요한 최소 작업장 수를 결정하라.

④ 순위가중배열법을 사용하여 과업을 할당하라.

⑤ 효율을 계산하라.

19 시간당 30개의 제품을 생산하는 조립라인을 균형화하고자 한다. 과업, 과업시간, 선행관계가 다음 표와 같다.

과 업	과업시간	직전 선행과업
A	25	–
B	30	A
C	15	A
D	30	A
E	40	C, D
F	20	D
G	10	B
H	15	G
I	35	E, F, H
J	25	I
K	25	J
	270	

① 선행관계도표를 작성하라.

② 주기시간을 계산하라.

③ 필요한 최소 작업장 수를 계산하라.

④ 순위가중배열법을 사용하여 과업을 할당하라.

⑤ 실제 작업장 수는 얼마인가?

⑥ 조립라인의 효율을 계산하라.

20 여섯 개의 과업으로 제품을 생산하는 조립라인을 균형화하고자 한다. 과업, 선행관계, 소요시간이 다음 표와 같다.

과업	직전 선행관계	소요시간(분)
A	–	0.15
B	A	0.43
C	A	0.45
D	A	0.17
E	C, D	0.60
F	B, E	0.50

① 선행도표를 그려라.

② 하루 여덟 시간, 일 주일 5일간 작업하면서 4,000개를 생산한다. 주기시간을 구하라.

③ 이론적 작업장 수와 실제 작업장 수를 구하라.

④ 순위가중배열법을 사용하여 과업을 작업장에 할당하라.

⑤ 조립라인의 효율을 구하라.

21 시간당 $33\frac{1}{3}$개씩 생산하는 조립라인에서 과업을 작업장에 효율적으로 할당하고자 한다.

과업	직전 선행관계	소요시간(분)
A	–	1.4
B	A	0.5
C	B	0.6
D	B	0.7
E	B	0.8
F	C	0.5
G	D, E	1.0
H	F, G	0.5

① 선행관계도표를 그려라.

② 시간당 60분 작업할 때의 주기시간을 구하라.

③ 필요한 최소 작업장 수를 결정하라.

④ 순위가중배열법에 따라 과업을 작업장에 할당하라.

⑤ 라인의 효율을 구하라.

22 시간당 50개를 생산하는 조립라인에서 과업을 작업장에 효율적으로 할당하고자 한다.

과업	직전 선행관계	과업시간(초)
A	–	26
B	A	60
C	B	36
D	B	46
E	B	10
F	C, D, E	52
G	F	20
		250

① 선행도표를 그려라.

② 원하는 생산율을 달성하기 위한 주기시간을 구하라.

③ 이론적 최소 작업장 수를 구하라.

④ 과업을 각 작업장에 할당하라.

⑤ 조립라인의 효율을 구하라.

제 4 편

생산운영시스템의 관리

공급사슬 관리

1970년대에는 품질경영이 기업의 주된 전략적 관심이었고 1980년대에는 제 13장에서 설명할 린 생산시스템이 글로벌 시장에서 경쟁우위를 확보할 수단으로 여겨 왔었다.

그런데 우리 경제의 대 중국 수출 의존도는 약 25%나 된다. 이는 우리 기업과 중국 기업과의 상호 관련성이 높아 서로 공급사슬을 이루고 있음을 의미한다. 중국은 글로벌 제조의 허브 역할을 해왔다. 그러나 2020년에 창궐한 코로나−19 이후, 그리고 미국 바이든 정부의 중국 경제 때리기가 지속되어 이제 중국의 세계 공장으로서의 역할은 왜소해지고 있으며 중국에 진출했던 우리 기업들이 중국을 탈출하게 되어 그동안 유지되어 왔던 공급사슬이 재편되고 있다.

기업은 원자재와 부품 등을 구매하여 제품이나 서비스를 생산하여 이를 필요로 하는 소비자에 판매한다. 이러한 과정에서 자재, 자금, 정보가 흐르게 되고 재고가 쌓이는 현상이 발생하여 대고객 서비스가 나빠지는 등 관리 부실로 인한 경쟁력 상실을 경험하게 된다. 따라서 효과적으로 공급사슬을 관리하면 낮은 재고와 원가, 높은 생산성과 이익, 짧은 리드타임, 수요 변동에의 대응능력 향상 등 많은 혜택을 제공한다.

최근에는 4차 산업혁명의 핵심원천기술을 결합하여 지능형 공급사슬관리로 발전하고 있다. 과거에는 재고관리와 비용절감에 초점이 맞춰졌지만 지금은 나아가 수요에 공급을 맞춰 재고수준을 낮추며 배송 서비스를 향상시키고 고객에 대한 대응능력을 높여 고객 만족도를 고양시키고자 한다.

본장에서는 공급사슬과 공급사슬관리의 개념과 필요성을 살펴보고 공급사슬 전략 및 공급업체 선정과정 그리고 Internet과 전자 상거래가 공급사슬에 미치는 영향 등을 공부할 것이다.

9.1 공급사슬의 의의와 구성요소

1. 의 의

한 기업이 제품을 생산하기 위해서는 제1차 공급업자, 제2차 공급업자 등을 거치면서 만들어진 원자재, 부품, 구성품 등을 구입하여 완제품을 제조 또는 조립한 후 창고회사, 도매점, 소매점 등 유통업자들을 거쳐 최종 소비자들이 이를 구매하게 된다. 이와 같이 최초의 공급업체로부터 자재를 구입하여 이를 중간재와 최종재로 변형시키고 이들 완제품을 최종 소비자에게 공급하는 데 관련된 모든 활동의 통합을 공급사슬(supply chain)이라고 정의할 수 있다. 즉 공급사슬이란 원자재와 부품의 공급업자, 제조업자, 운송업체, 도매상, 소매상, 최종 소비자 사이의 물류체계를 총칭한다. 공급사슬은 제품이나 서비스가 사슬을 통해 진행할 때 가치가 부가한다는 가치사슬(value chain)과 동의어로 사용된다.

공급사슬은 제품이나 서비스의 생산 또는 공급과 관련된 모든 시설, 기능, 활동들의 연속을 말한다. 여기서 연속(sequence)이란 맨 처음 원자재의 공급업자로부터 시작하여 최종 소비자에 이르는 모든 과정에 연장됨을 의미한다. 시설이란 창고, 공장, 대리점, 소매 아울렛(outlet) 등을 의미한다. 또한 기능과 활동은 수요예측, 구매, 재고관리, 정보관리, 품질보증, 생산 스케줄, 유통, 납품, 고객 서비스 등을 포함한다. 공급사슬관리는 이러한 모든 활동들을 조정함으로써 고객에게 저가의 품질 좋은 제품을 제공하게 된다. 성공적인 공급사슬관리는 기업에 경쟁우위를 제공하고 낭비는 줄이며 최종 고객에 가치를 최대화하게 된다.

공급사슬에는 기본적으로 세 가지의 흐름이 존재한다. 공급사슬의 시작(최초의 공급업자)으로부터 제조 프로세스를 거쳐 사슬의 끝(최종 소비자)을 향한 자재,

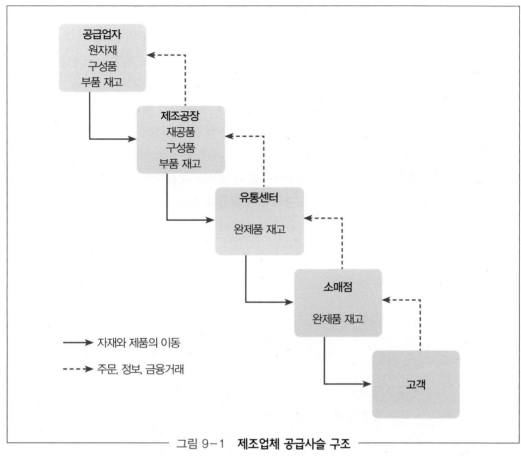

그림 9-1 제조업체 공급사슬 구조

출처: David A. Collier & James R. Evans, *Operations & Supply Chain Management*, 2nd ed.(Cengage Learning, USA, 2020), p. 19.

제품, 서비스의 이동과 공급사슬의 역방향으로 흐르는 재무의 흐름 그리고 사슬의 각 부분 사이에서 양방향으로 흐르는 정보의 교환이다. 이는 [그림 9-1]이 보여 주고 있다. 여기서 제조업과 관련된 자재의 흐름이란 원자재, 구성품, 조립품, 소모품의 구매, 저장, 이동, 가공을 의미한다.

재무의 흐름 속에는 신용조건, 자금 지불, 위탁판매 등이 포함되고, 정보의 흐름 속에는 판매예측 및 판매 데이터의 공유, 주문발송, 화물의 추적, 주문상태의 갱신 등이 포함된다. 오늘날 정보기술의 발달로 이러한 흐름을 효율적으로 관리할 수 있게 되었다. 정보 송·수신에 따른 비용의 격감과 통신의 스피드로 말미암아 공급사슬 활동을 조정·통합하고 적시결정의 능력이 크게 향상되었다.

공급사슬관리에 있어서는 공급사슬을 통과하는 자재, 서비스, 자금, 정보의 흐름을 전체 시스템의 관점(total systems approach)에서 관리함으로써 흐름을 효과적, 효율적으로 관리하고 불확실성과 위험을 줄임으로써 재고수준은 낮추고 리드타임과 대고객 서비스수준은 향상시키려고 하는 목적을 갖는다.

공급사슬관리(supply chain management: SCM)의 목적은 공급사슬에 속한 공급부문과 수요부문을 연결함으로써 전 사슬에 걸쳐 시장수요를 효율적으로 충족시키려는 것이다. 즉 공급업체, 제조, 물류, 유통업체 등 전체 유통공급사슬에 속하는 기업들이 정보기술을 활용하여 불확실성을 감소시키고, 재고수준을 최적화하고, 리드타임을 대폭적으로 단축하여 양질의 제품과 서비스를 고객에게 제공함으로써 고객 만족도를 높이고 고객 가치를 극대화하려는 것이다.

2. 구성요소

모든 회사의 공급사슬 구조는

- 외부 공급업자
- 내부 생산기능
- 외부 유통업자

라는 세 개의 구성요소를 갖는다.

공급사슬 구조는 [그림 9-2]에서 보는 바와 같이 한 기업의 여러 분야를 포함하는 내부 공급사슬(internal supply chain)을 중심으로 왼쪽으로 외부 공급업자(external suppliers)와 오른쪽으로 외부 유통업자(external distributors)를 포함한다. 여

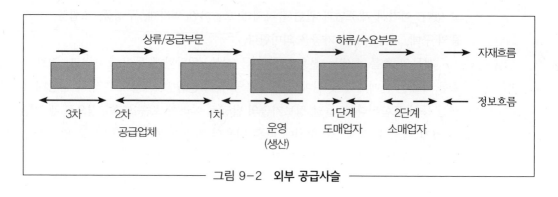

그림 9-2 **외부 공급사슬**

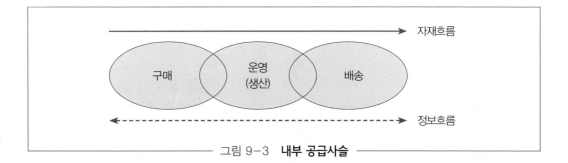
그림 9-3 내부 공급사슬

기서 외부 공급업자와 외부 유통업자를 합치면 외부 공급사슬이 된다.

공급사슬에 속한 각 기업은 공급부문과 수요부문을 갖는다. 공급부문은 사슬의 맨 앞에서 시작하여 기업의 내부운영(생산)에서 끝난다. 이는 외부 공급업자라고 한다. 특히 제조업체의 내부 생산기능은 구매, 창고, 검사, 자재취급, 프로세싱, 생산계획 및 통제, 품질관리, 출하, 배송 등을 포함한다. 이는 [그림 9-3]에서 보는 바와 같다.

제조업체는 외부로부터 제품생산에 필요한 원자재 또는 부품을 공급받는다. 예를 들어 유제품 가공 및 포장회사는 [그림 9-4]에서 보는 바와 같이 많은 회사로부터 원료를 공급받는다. 특히 가공시설에 자재를 직접 공급하는 업자를 1차 공급업체(tier one supplier)라고 한다. 그림에서 우유 농장, 판지 용기 제조업자, 플라스틱 용기 제조업자, 레이블(label) 회사 등이다.

종이공장과 화학공장은 1차 공급업체에 직접 판지와 화학제품을 공급하기 때문에 2차 공급업체(tier two supplier)라고 한다. 목재회사와 화학추출공장은 3차 공급업체(tier three supplier)이다.

기업은 공급업자 관리에 많은 신경을 쓰는데 이는 자재비가 판매가의 50~60%를 차지하기 때문이다.

유제품 생산업체의 기능은 다음과 같은 내용을 포함한다.

- 우유를 유제품으로 가공하고 포장하여 소매업체에 유통시킨다
- 좋은 관계를 유지할 공급업자를 선정하고 구매한다.
- 우유를 유제품으로 가공할 생산계획과 통제를 실시한다.
- 유제품의 품질관리를 실시한다.
- 유제품의 품질을 보증한다.

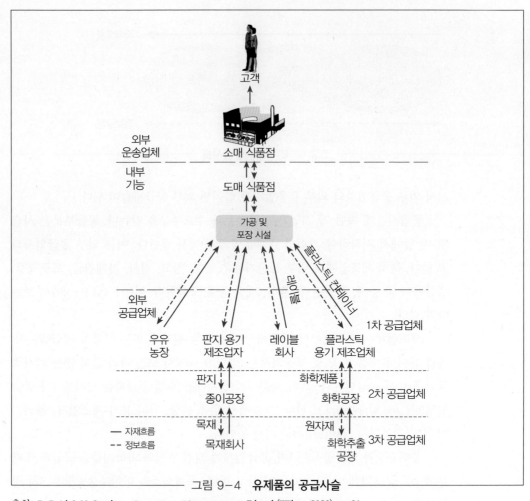

그림 9-4 **유제품의 공급사슬**

출처: R. Reid & N. Sanders, *Operations Management*, 7th ed.(Wiley, 2020), p. 91.

이와 같이 내부 생산기능은 구매, 프로세싱, 생산계획 및 통제, 품질관리, 출하 등을 포함한다.

외부 유통업체는 완제품을 최종 소비자에게 판매할 수 있도록 필요한 장소로 수송하는 일을 담당한다. 물류관리자는 교통관리와 유통관리를 하면서 제품이 장소 사이를 흐르도록 한다. [그림 9-4]에서 1차 고객(tier one customer)은 도매 식품점, 2차 고객(tier two customer)은 소매 식품점, 3차 고객(tier three customer)은 최종 소비자이다.

9.2 공급사슬 파트너들의 협력

공급사슬관리는 [그림 9-5]에서 보는 바와 같이 모든 공급사슬 내의 여러 가지 활동을 조정하는 것을 의미한다. 즉 공급사슬을 흐르는 자재, 제품, 서비스, 자금, 정보의 흐름을 총비용은 낮추면서 고객의 욕구를 만족시키도록 관리하고 조정하는 것이다. 이와 같이 SCM은 기업의 물류비용, 재고비용, 생산비용 등 제조에서 유통에 이르는 모든 가치사슬에서 많은 효율성을 제고한다. 전통적으로는 공급사슬의 각 부분이 자신의 목적만을 달성하기 위하여 따로따로 품질관리도 하고 재고관리도 하였지만 오늘날에는 글로벌 시장에서 경쟁하기 위해서는 모든 파트너들이 공동으로 노력을 해야 한다.

공급업자와 그의 고객들은 서로 협조하고 협력하면서 정보를 공유하고 커뮤니케이션을 원활히 해야 한다. 오늘날 공급사슬관리의 특징은 공급업자, 생산자, 유통업자, 고객 사이에 정보가 신속하게 흐르는 것이다.

공급업자와 그의 고객들은 동일한 목적을 가져야 한다. 서로 신뢰하여야 한다. 고객은 공급업자가 제공하는 제품과 서비스의 품질을 믿어야 한다. 특히 공급

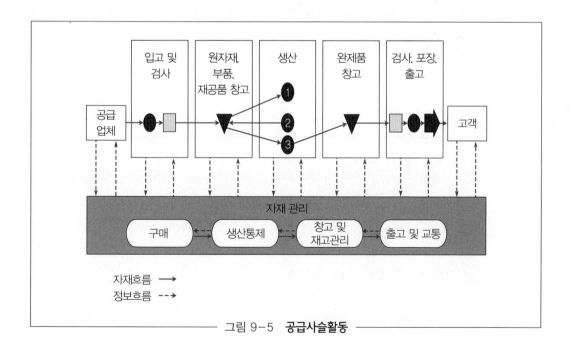

그림 9-5 **공급사슬활동**

업자와 고객은 공급사슬의 설계에 동참함으로써 목적을 공유하고 커뮤니케이션과 정보의 흐름을 증진하도록 해야 한다.

공급사슬에 속한 모든 회사들을 조정하고 이들 사이에 효과적으로 커뮤니케이션이 이루어지도록 하는 것은 품질 좋은 제품을 저가로 적시에 공급하기 위해서는 아주 필수적이다. 공급사슬의 중심에 있는 특정 회사의 생산운영관리 관점에서 보면 공급사슬의 어떤 일부분이라도 관심을 가지고 잘 관리해야 한다.

따라서 모든 회사의 경우 공급사슬관리에 가장 관련있는 부문은 회사의 직전 공급업자로부터 직후 고객으로의 자재의 흐름과 관련있는 관리기능은 물론 구매, 창고관리, 검사, 생산, 자재취급, 출하, 운송 등이다. [그림 9-5]는 제조업에서 볼 수 있는 공급사슬관리와 관련된 활동들을 보여 주고 있다.

4차 산업혁명이 진행됨에 따라 인공지능, 사물인터넷, 로봇 등이 융합되어 스마트 팩토리가 출현하게 되어 과거와 같이 단편적이고 간헐적으로 연결된 공급사실이 상호 복잡하게 연계된 네트워크 공장으로 발전될 것이다. 디지털 기술을 통해 실시간으로 수집·분석된 데이터를 전체 네트워크에서 공유함으로써 미래 상태의 예측, 고장예측, 수요예측 등의 정확도를 높일 수 있다. 이렇게 되면 스마트 SCM 시스템 내에서 최적화가 진행되고 최적 의사결정이 가능하게 된다. 디지털 기술은 공장뿐만 아니라 네트워크를 통해 구매, 생산, 유통, 물류 등이 온라인으로 연결이 가능하게 되었다. 이제 전체 공급사슬이 하나의 거대한 디지털 세상으로 연결되고 있다.

9.3 공급사슬관리의 필요성

과거에는 모든 기업이 공급사슬을 관리하는 데 관심이 적었다. 대신 자신의 생산운영과 직전 공급업체(immediate supplier)에만 강조하였다. 이제는 기존의 제품 브랜드 파워와 품질개선 전략만으로는 경쟁업체와의 경쟁에 한계를 느낄 수밖에 없다. 오늘날에는 다음과 같은 여러 가지 요인으로 기업은 공급사슬관리를 적극적으로 수행할 필요성을 갖는다.

• 운영의 향상: 그동안 많은 기업에서는 린 생산시스템(lean production system)

과 종합적 품질경영(TQM)을 채택하여 원가를 낮추면서 품질향상을 달성할 수 있었다. 그러나 지금도 구매, 유통, 물류면에서 향상의 기회는 상존한다.

- 아웃소싱의 증가: 기업은 제품이나 서비스를 외주하는 아웃소싱(out-sourcing)의 수준을 증가함으로써 대신 분류, 포장, 짐 싣기와 부리기, 이동 등 많은 시간과 비용을 투입하게 된다. 그러나 공급사슬관리를 잘하면 이런 시간과 비용의 상당부분을 감축할 수 있다.
- 운송비의 증가: 운송비는 증가하는데 이를 잘 관리할 필요가 있다.
- 경쟁압력: 신제품 수의 증가, 제품개발 사이클의 단축, 맞춤에 대한 수요증가 등에 대한 경쟁압력이 증가하고 있다. 이러한 압력에 대해 공급사슬관리는 효과적으로 대응할 수 있다.
- 글로벌화: 글로벌화의 증가로 공급사슬의 길이가 확대된다. 모든 기업이 글로벌 환경에서 영업하는 것은 아니지만 기술과 운송으로 국제적으로 영역을 넓히는 다국적 공급사슬을 개발하는 것이 어렵지 않게 되었다. 다국적 기업은 비용은 줄이면서 이익과 고객만족은 증대시키기 위하여 존재한다.
- 전자상거래의 증가: 기업이 구매와 판매에 있어 전자 상거래를 이용하는데 이는 기업에 새로운 차원과 도전을 제공한다.
- 공급사슬의 복잡성: 공급사슬은 복잡하고 불확실성을 내포한다. 불확실한 예측, 늦은 배달, 장비고장, 주문의 취소 및 변경 등 불확실성을 완화해야 한다.
- 재고관리의 필요성: 공급사슬에 걸쳐 재고수준을 조정할 필요가 있다. 재고의 과다 및 부족은 막대한 비용과 생산상의 차질을 가져올 수 있다.

특히 비용이 막대한 과다재고의 보유 없이 고객수요의 불확실성(uncertainty)에 대비해야 한다. 공급사슬에서 불확실성과 변동을 유발하는 요소들은 다음 절, 채찍효과에서 설명할 것이다.

수요의 불확실성과 변동은 주문이 늦게 또는 불완전하게 도착하게 하여 제품과 서비스의 흐름을 지연시켜 대고객 서비스를 훼손시키는 결과를 초래한다.

공급사슬 파트너들은 불확실성의 부정적 영향을 최소화하고 공급업자들로부터 최종 소비자들 사이에 제품과 서비스가 원활히 흐를 수 있도록 안전재고(buffer inventory)를 보유하려고 한다. 한편 기업들은 주문비와 수송비를 절약하기 위하여, 또는 수량할인을 받기 위해서 대량으로 구입하여 재고를 쌓아두기도 한다. 이러한 재고는 공급사슬관리를 제대로 하면 최소수준으로 낮출 수 있게 된다.

9.4 공급사슬 설계의 결정

운영관리자는 글로벌 공급사슬을 설계할 때 수많은 결정을 내려야 한다. 이러한 결정의 대부분은 전략적 성격을 띠게 되는데 기업의 전략, 사명, 경쟁능력을 지원하는 내용이어야 한다. 이들 결정을 요약하면 다음과 같다.

- 전략: 공급사슬은 기업의 전략, 목적, 경쟁능력을 지원해야 한다. 따라서 공급사슬의 유형도 이에 맞추어야 한다.
- 통제: 중앙 집중적으로 할 것인가 또는 지방 분산적으로 통제할 것인가를 결정해야 한다. Walmart는 구매와 유통에 집중하지만 중앙에서 통제하고 GE는 다양한 사업을 영위하기 때문에 글로벌로 분산해서 통제한다.
- 입지: 공급사슬의 시설의 위치는 비용이나 고객 서비스에 영향을 미치기 때문에 신중히 결정해야 한다.
- 지속가능성: 공급사슬을 설계할 때 환경적, 사회적, 경제적 지속가능성 (sustainability)을 고려해야 한다.
- 기술: 지적자산 문제는 다국적 기업에는 중요한 이슈이다. 외국 기업에 기술을 면허하는 것은 위험한 일이다. 특허를 보호하는 것도 중요하다.
- 디지털 콘텐츠: 자동차와 스마트폰 등은 사물인터넷(internet of things: IoT)을 수단으로 디지털 콘텐츠를 포함함으로써 성능이 향상된다.
- 소싱: 구매를 위한 공급업체 선정 시 하나로 할 것이냐 또는 다수로 할 것이냐는 위치 결정과 함께 중요한 것이다.
- 운송과 물류: 글로벌 공급사슬에서는 운송 수단으로 항공이나 선적을 고려해야 한다. 수송 인프라가 잘 갖추어져 있어야 한다.
- 아웃소싱: 많은 기업은 제조, 물류와 수송, 정보시스템 같은 활동을 아웃소싱한다.
- 리스크 관리: 글로벌 공급사슬의 경우에는 리스크가 따를 수 있기 때문에 리스크 관리 전략과 계획을 수립해야 한다.

9.5 공급사슬의 유형

기업은 제공하는 제품이나 서비스의 성격에 따라 이들 수요를 만족시키도록 공급사슬을 설계해야 한다. 패션제품이나 기술 같은 일부 제품그룹은 혁신적인 성격을 띠어 수요예측이 쉽지 않아 고객의 취향이 변화한다든지 수요가 변동할 때 이에 신속하게 대처해야 한다. 반면 자동차나 전자제품 같은 표준품은 수요예측이 가능하여 생산운영에 있어서 효율(efficiency)이 강조된다.

이와 같이 기업이 생산하는 제품의 수요 성격에 따라 구성하는 공급사슬의 형태도 차이가 있게 된다. 제품의 성격에 따른 경쟁 우선순위를 유연성에 두느냐 또는 효율성에 두느냐에 따라 공급사슬도 반응적 공급사슬과 효율적 공급사슬로 구분할 수 있다.

한편 공급사슬은 푸쉬 시스템과 풀 시스템으로 구분할 수 있다.

1. 반응적 공급사슬과 효율적 공급사슬

제품 수명주기가 짧고 고객의 취향이 쉽게 변하는 패션제품의 경우와 같이 신제품의 도입과 시장수요의 변화에 민감하게 반응하도록 설계된 공급사슬을 반응적 공급사슬(responsive supply chain)이라고 하는데 혁신적 공급사슬(innovative supply chain)이라고도 한다.

반응적 공급사슬의 파트너들은 신제품이 도입되고 수요가 변할 때 신속하게 반응하기 위하여 신제품 도입에 따른 고객반응에 관한 정보와 고객이 미래 제품에 대해 기대하는 것에 관한 정보를 서로 교환하도록 해야 한다. 반응적 공급사슬의 파트너가 되기 위해서는 속도와 유연성, 시장정보를 전송할 능력을 갖추어야 한다. 반응적 공급사슬의 파트너들은 개발속도, 빠른 배송, 맞춤, 다양성, 수량 유연성, 높은 품질과 같은 경쟁 우선순위를 갖추어야 한다. 기업은 고객이 주문할 때까지 어떤 제품을 공급해야 할지 모른다. 반응적 공급사슬의 초점은 값비싼 재고를 피할 수 있도록 반응시간을 짧게 유지하려는 것이다.

긴 제품 수명주기와 안정적이고 예측가능한 수요를 갖는 제품을 대량으로 생산하는 기업은 비용을 절감하기 위해 효율적 운영을 강조하는 효율적 공급사슬(efficient supply chain)을 설계해야 한다. 효율적 공급사슬의 파트너가 되기 위해서는 비용을 절감하고 재고수준을 최소화하는 능력을 갖추어야 한다. 이러한 파트너는 제품을 계획생산하기 때문에 신제품을 자주 도입할 필요도 없고 다양성이 요구되지도 않는다. 효율적 공급사슬의 파트너들은 저가, 지속적 품질, 적시 배송과 같은 경쟁 우선순위를 갖추어야 한다. 효율적 공급사슬의 초점은 재고수준은 최하수준으로 유지하면서 서비스, 자재, 돈, 정보의 흐름을 효율적으로 관리하려는 것이다.

[표 9-1]은 반응적 공급사슬과 효율적 공급사슬의 설계특성을 비교하고 있다. 또한 [그림 9-6]은 잡샵과 배취 프로세스를 갖는 기업에는 반응적 공급 사슬이 알

표 9-1 공급사슬의 유형에 따른 설계특성

요인	반응적 공급사슬	효율적 공급사슬
생산운영전략	조립생산, 주문생산, 설계생산, 맞춤생산, 다양성 강조	계획생산, 표준품, 대량생산
여유능력	높음	낮음
재고투자	빠른 배송기간에 필요한 재고	낮음, 높은 재고회전
리드타임	매우 짧음	짧음
공급업자 선정	빠른 배송시간, 맞춤, 다양성, 수량 유연성 등 강조	저가, 꾸준한 품질, 적시배송 등 강조

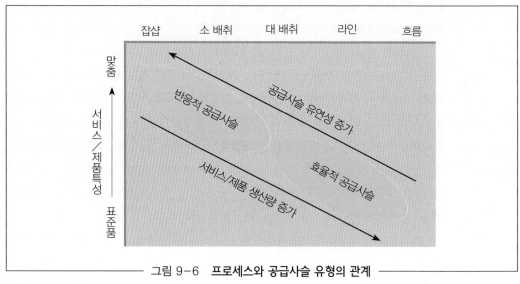

그림 9-6 **프로세스와 공급사슬 유형의 관계**

출처: L. Kraijewski, L. Ritzman & M. Malhotra, *Operations Management*, 10th ed., (Pearson, 2013), p. 395.

맞고 라인이나 흐름 프로세스를 갖는 기업에는 효율적 공급사슬이 알맞음을 보여주고 있다.

2. 푸쉬 시스템과 풀 시스템

공급사슬은 자재, 정보, 제품이 공급업자로부터 고객으로, 즉 왼쪽 상류로부터 오른쪽 하류로 이동하거나 밀어내게 되면 푸쉬 시스템이라고 한다. 푸쉬 시스템(push system)은 하류로부터 판매예측에 따른 고객 수요가 있기 전에 제품을 미리 생산해서 공급사슬을 따라 완성재 재고로 쌓아두는 판매지점(point of sales)으로 이동시키는 시스템이다. 푸쉬 시스템은 주로 소매점이나 백화점에서 볼 수 있다.

푸쉬 시스템은 고객의 수요에 바로 제품을 공급하는 한편 유통센터에 트럭 가득히 제품을 실어가므로 운송비를 절감할 수 있는 장점을 가진다. 반면에 고객 수요가 심히 변동하는 경우에는 예측이 어려워 과잉재고 아니면 재고부족 현상이 발생하여 높은 재고비용이 발생할 수 있는 단점도 갖는다. 따라서 푸쉬 시스템은 판매가 비교적 고르고 유통센터에 쌓아 둘 제품의 수가 적은 경우에 사용된다.

반면에 공급사슬의 오른쪽으로부터 왼쪽으로, 즉 수요를 상류 프로세스로 옮기는(상류 프로세스에 수요가 발생한 것처럼) 경우는 풀 시스템이라고 한다.

풀 시스템(pull system)은 공급사슬의 하류로부터 고객 수요의 시그널이 있을 때 상류에서 필요한(요구된) 만큼 생산하는 시스템이다. 공급사슬의 각 단계에서 고객 수요에 의해서 제품이 하류로 끌려간다. 이때 제품이 팔리는 수량만큼만 생산한다. 따라서 재고비용과 생산비용이 최소화된다.

풀 시스템은 과잉재고를 보유할 가능성은 낮지만 고객 수요가 갑자기 증가한다든지 스케줄에 이상이 생기게 되면 재고부족 현상이 발생할 수 있다. 풀 시스템은 생산시설이 많고 유통의 지점이 많고, 많은 제품을 생산하는 경우에는 효과적인 시스템이다. 풀 시스템은 클라우드 컴퓨팅(cloud computing)과 같은 정보기술을 이용하기 때문에 보다 쉬워지고 있다.

풀 시스템을 사용하는 예를 들면, 주문생산에 의존하는 Dell 컴퓨터와 Boeing 같은 항공기 제조회사이다. 실제로는 많은 공급사슬에서는 풀 시스템과 푸쉬 시스템을 결합해서 사용한다.

[그림 9-7]은 공급사슬의 형태 예를 보여주고 있다.

푸쉬 시스템과 풀 시스템을 분리하는 공급사슬의 지점을 푸쉬-풀 경계(push-

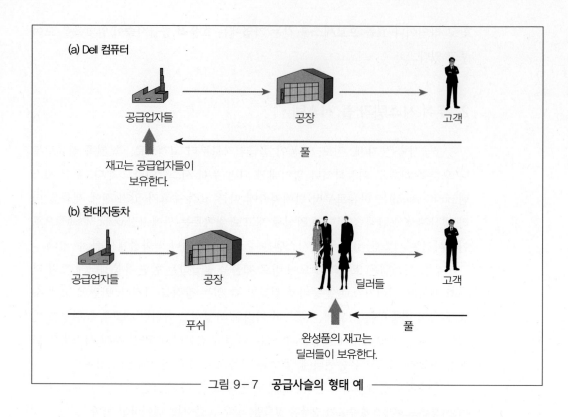

(a) Dell 컴퓨터

공급업자들 → 공장 → 고객

풀

재고는 공급업자들이
보유한다.

(b) 현대자동차

공급업자들 → 공장 → 딜러들 → 고객

푸쉬 풀

완성품의 재고는
딜러들이 보유한다.

그림 9-7 공급사슬의 형태 예

pull boundary)라고 한다. [그림 9-7](a)에서 푸쉬-풀 경계는 공급업자들이 재고를 보유하다가 Dell 회사 공장으로 자주 배송하는 공급사슬의 맨 앞에 있게 된다. Dell 회사는 유통센터나 소매점을 거치지 않고 바로 고객에 컴퓨터를 배송한다. 현대자동차는 완성차를 공장으로부터 딜러 샵에 밀어내고 고객들은 딜러 샵으로부터 자동차를 끌어간다. 그래서 현대자동차의 경우 푸쉬-풀 경계는 딜러 샵이 된다.

9.6 공급사슬 전략

공급사슬관리는 오늘날 품질 좋은 제품이나 서비스를 저가로 적시에 공급해야 하는 기업에서 전략적 고려의 대상으로 부상하였다. 첫째, 자재가 모든 공급사슬을 흐르는 데는 보통 6개월 이상이 소요된다. 이와 같이 자재가 재고로 기다리는 시간이 길기 때문에 공급사슬 주기시간을 단축함으로써 재고를 줄이고 유연성을 높이며 비용을 줄이면서 빨리 배송할 수 있기 때문이다.

둘째, 많은 기업이 내부업무를 향상시킨 후에 이제는 외부의 공급업자와 고객과의 관계를 파악함으로써 내부업무를 더욱 향상시키고자 하기 때문이다. 마지막으로 시스템적 사고를 적용하여 부서 간의 장벽을 허물고 기업의 내부적인 통합을 추구하면서 기업 내·외의 가치창출 활동과정을 관리하고자 하기 때문이다.

한 기업(구매업체)이 자재를 구매할 때 공급사슬전략을 결정해야 한다. 보통 기업이 취할 수 있는 전략으로서는 다음의 네 가지이다.

- 공급업체의 수
- 수직적 결합
- 케이렛수 네트워크
- 가상회사

1. 다수 공급업체와 소수 공급업체

기업이 공급업체를 선정할 때 고려하는 중요한 기준은 가격, 품질, 배달 등이다. 그런데 기업이 공급업체와 유지하는 관계의 성격도 그 기업이 구입하는 제품과 서비스의 가격, 품질, 적시에 영향을 미친다.

전통적으로 한 기업은 다수의 공급업체(many suppliers)와 거래를 하였지만 근래에는 TQM과 JIT를 사용하는 기업에서는 소수의 공급업체(few suppliers)와 거래를 하는 경우가 일반적이다.

오늘날에는 구매업체는 단기적 낮은 가격에 바탕을 두지 않고 완벽한 품질의 부품을 소량으로 자주 공급할 수 있는 납품(공급)업체를 선호하게 된다. 구매업체는 상호 신뢰에 입각하여 납품업체와 장기계약을 체결하고 부품의 품질을 보장받는다. 이와 같이 구매업체와 납품업체의 관계는 파트너의 협조관계로서 상호 이익을 추구하려는 관계이다.

이러한 관계는 공급업체의 수를 소수로 제한할 때 가능한데 심지어는 단일 부품업체(single-sourcing)라는 제도가 일반적이다. 공급사슬에서 공급업체의 수를 감축하는 것은 공급사슬을 관리함에 있어 복잡성을 덜어 준다는 이점 외에도 규모의 경제(economies of scale)와 학습곡선(learning curve)을 가져와 유통비와 생산비를 절감시키는 효과를 가져오게 된다. 그러나 반면에 예기치 않은 상황에서 발생하는 공급의 중단이라는 위험도 따른다.

2. 수직적 통합

모든 기업은 그의 생산 프로세스에 필요한 투입물로서 원자재, 부품, 또는 서비스를 다른 제조업체로부터 구매한다. 수직적 통합(vertical integration)이란 제6장에서 공부한 바와 같이 전에는 구매하던 제품이나 서비스를 생산할 능력을 갖추거나 아예 공급업체와 유통업체를 실제로 소유·경영하는 것을 의미한다.

한 기업이 공급사슬에 있는 더 많은 프로세스를 스스로 수행하면 더욱 수직적으로 결합되고 반대로 어떤 프로세스들을 스스로 수행하지 않으면 아웃소싱(outsourcing)에 의존하여 공급업체나 유통업체로 하여금 이러한 프로세스를 수행토록 하여 필요한 서비스 또는 자재를 구매하게 된다. 이와 같이 수직적 결합과 아웃소싱은 동전의 양면과 같다. 이러한 결정은 제조 또는 구매(make or buy)결정이라고도 한다. 제조결정은 많은 결합을 의미하고 구매결정은 많은 아웃소싱을 의미한다. 기업은 무엇을 구매하고 무엇을 제조할 것인가를 결정한 이후에는 모든 프로세스와 공급사슬을 조정하고 통합하도록 해야 한다.

오늘날 많은 기업에서는 자체 내에서 제조하기보다 아웃소싱에 의존하는 경우가 증가하고 있다. 예를 들면, PC회사는 컴퓨터에 필요한 거의 모든 부품을 공급업체에서 구매하고 단순히 컴퓨터를 조립하여 판매한다. 서비스도 아웃소싱에 의존하기도 한다. 예를 들면, 자료처리, 보수, 음식 서비스 등이다.

기업은 여러 가지 이유로 아웃소싱을 선호한다. 외부의 공급업체가 규모의 경제를 누려 자재, 부품, 서비스 등을 더욱 값싸고 더욱 좋게 만들어 공급할 수 있다면 구태여 스스로 제조할 필요가 없는 것이다. 외부 공급업체가 전문기술이나 지식 또는 특허를 보유하고 있는 경우에는 더욱 아웃소싱에 의존하게 된다.

한편 아웃소싱은 기업에 유연성을 증가시킨다. 기업이 다운사이징(downsizing)할 때 아웃소싱은 증가한다. 기업이 핵심활동에 전념하고자 할 때 다른 활동들은 다른 기업에 하청을 줄 수 있다.

아웃소싱은 혜택도 주지만 위험도 따른다. 아웃소싱에 의존하면 통제의 권한을 행사할 수 없고 공급업체에 너무 의존하게 된다. 따라서 기업이 아웃소싱을 결정하기 위해서는 다음과 같은 요인들을 고려해야 한다.

- 제조가격과 구매가격
- 수요의 안정성과 가능한 계절성
- 품질상의 차이
- 운영에 통제를 유지하고자 하는 욕망
- 기업 내의 유휴능력
- 리드타임
- 전문기술 또는 특허의 소유
- 기술의 안정성
- 기업전략

3. 케이렛수 네트워크

일본에서 대부분의 제조업 대기업들은 소수의 공급업체로부터 구매하는 것과 수직적 결합을 취하는 것의 중간형태를 선호한다. 이러한 제조업체들은 소유 또는 대출을 통하여 공급업체에게 재정적 지원을 제공한다. 공급업체는 케이렛수(keiretsu)라고 하는 기업연합(company coalition)의 한 멤버가 된다.

기업연합의 멤버가 되면 장기적 관계를 맺어 제조업체에 전문기술과 안정된 품질생산을 제공한다. 케이렛수의 멤버는 다시 제2, 또는 제3의 기업연합의 멤버를 가질 수 있다.

4. 가상회사

가상회사(virtual company)는 종업원이나 빌딩도 없이 컴퓨터와 Internet을 이용하여, 제품이나 서비스를 생산하는 회사이다.[1] 이는 설계, 생산, 유통 등을 수행하는 회사들을 조정하기 위하여 존재한다. 가상회사는 쉽게 파트너십을 형성하지만 필요치 않으면 이를 해체한다.

가상회사를 설립하기 위해서는 사무실, 컴퓨터, 전화를 전세로 얻고 사무직원을 몇 명 고용한다. 생산하고자 하는 제품을 설계하기 위해서는 설계전문회사와 계약을 맺고 유통과 마케팅을 위해서는 시장조사 회사와 계약을 맺는다. 설계가

---

1 가상회사는 hollow company 또는 network company라고도 부른다.

완료되면 이를 생산할 제조회사를 선정한다. 다음에는 이 제품의 운송, 배분, 창고업무를 수행할 회사들과 계약을 체결한다. 이와 같이 가상회사는 시설과 종업원 없이 제품이나 서비스를 생산·판매할 수 있다.

이러한 가상회사는 시장이 급속히 변화하고 이에 빨리 대응할 수 있을 때는 효율적이지만 반대로 시장이 안정적인 경우에는 비용의 부담으로 전통적인 회사들과 경쟁할 수 없는 약점을 갖는다.

가상회사는 컴퓨터와 Internet의 사용을 통해 설립할 수 있다. 빠른 커뮤니케이션과 공급업체 및 계약업체에 관한 정보의 접근으로 같은 곳에 위치하지 않은 많은 사람들을 끌어 모을 수 있게 되었다. 회의는 양방 비디오 연동장치를 이용하여 진행할 수 있고 서신은 e-mail을 통하여 취급할 수 있다.

9.7 공급사슬의 품질경영

제3장에서 우리는 한 기업 내에서 프로세스, 제품, 서비스의 품질경영과 품질향상에 대해서 공부하였다. 그러나 공급사슬의 상호 의존성으로 이제 품질경영은 한 기업의 벽을 넘어 공급업자에게까지 확대되고 있다.

즉 기업들은 고객을 만족시키기 위해서는 품질에 대한 자신의 공약과 함께 공급업자의 지원과 자원도 필요하다는 것을 알고 있다. 특히 기업활동의 상당부분을 공급업자에게 아웃소싱하는 경우에는 더욱 그렇다.

공급사슬에 함께 참여하는 기업과 공급업자들은 기업의 고객욕구를 충족시키는 데 동참해야 한다. 공급업자가 효과적으로 품질경영을 하면 기업은 공급업자가 제공하는 자재, 부품, 서비스의 품질을 믿을 수가 있는데 이런 경우 기업과 공급업자 사이에는 파트너십이 존재하게 된다.

많은 기업들은 공급업자의 품질과 배송성과에 대해 직접적인 영향력을 행사하기 위하여 공급업자의 수를 줄이려고 한다. 기업이 공급업자 사업의 대부분을 차지하게 되면 공급업자는 그 기업의 품질표준을 기꺼이 만족시키려는 노력을 경주하게 된다.

기업과 공급업자 사이에 파트너십이 형성되면 공급업자는 기업의 품질표준을 충족하게 되고 기업은 공급업자에 장기적 구매를 보장하여 안정된 주문과 배송 스케줄이 가능하게 된다.

공급업자가 기업의 품질표준을 준수할 수 있도록 기업은 공급업자에게 자신의 품질경영시스템(quality management system: QMS)을 채택할 것을 요구한다. 아직도 어떤 기업들은 ISO 9000:2000 시리즈의 인증을 획득할 것을 요구하기도 한다.

한편 기업은 자신의 고객들과 직접적인 관계를 맺고 있다. 기업은 QMS를 이용하여 고객이 무엇을 원하고 있는지 듣고, 고객만족을 측정할 능력을 보유한다. 기업은 자신의 QMS가 효과적인지 알 필요가 있다. QMS는 적정 형태의 측정시스템으로 하여금 기업이 고객의 기대를 충족시키고 있으며 제품이나 서비스가 용도에 대한 적합성을 충족시키고 있는지 등의 질문에 답을 할 수 있도록 요구함과 동시에 고객들의 만족수준에 관한 데이터를 제공하도록 요구하고 있다.

9.8 공급사슬의 재고관리

기업에서 공급사슬을 효율적으로 관리하려는 목적의 하나는 입고하는 원자재, 부품, 구성품, 서비스 등의 상류흐름을 생산 및 하류의 유통과 일치시킴으로써 과잉재고로 인한 비용발생 없이 고객수요의 불확실성과 변동에 대응하려는 것이다. 다시 말하면, 공급사슬의 공급부문과 수요부문을 효율적, 효과적으로 맞추려는 것이다. 그러나 과거에 재고는 비용을 통제할 영역이라고 생각해 오지 않았다. 전통적으로 경쟁자도 적고 경쟁제품도 별로 없는 시장 환경에서 기업은 장기적인 고객수요를 충족시키기 위해 충분한 재고를 보유하여 왔다.

사실 기업이 재고를 보유하는 목적은 기업 내부에서의 수요와 외부의 고객 수요를 충족시키기 위함이다. 이러한 고객 서비스 수준(level of customer service)을 높이기 위해서는 재고비용이 증가하지만 반대로 고객상실이나 판매상실과 같은 품질관련 고객 서비스비용은 감소한다. 따라서 전통적인 재고관리 방법은 재고비용과 고객 서비스 사이의 절충관계를 반영하는 재고수준을 유지하려는 것이다. 즉 언제, 얼마를 주문해야 할 것인가를 결정하는 것이다.

그러나 오늘날 글로벌 환경에서는 경쟁자들도 많고 새로운 제품이 꾸준히 도입되는 다양한 시장의 출현으로 재고비용은 급속한 제품 진부화로 인하여 계속 증가하고 있다. 동시에 기업들은 저가의 품질 좋은 제품을 공급하기 위하여 비용절감의 길을 계속하여 추구하고 있다.

재고는 비용절감의 확실한 후보감이다. 미국 상무부의 추산에 의하면 미국 기업들은 1.1조 달러의 재고를 보유하는데 그 중에서 30%는 평균 재고유지비용이라고 한다.

이제 세계의 일류기업들은 재고비용 절감을 위해 효율적인 공급사슬관리와 품질관리에 관심을 쏟고 있다. 공급사슬을 따라 모든 단계에서 불확실성을 감소시키면 재고는 상당히 줄일 수 있다고 믿는다. 공급사슬에서 수요의 불확실성이나 변동을 유발하는 요인으로서는 부정확한 수요예측, 주문의 길고 변동하는 리드타임, 늦은 배송, 제품변경, 배취(묶음)주문, 가격변동과 할인, 부풀린 주문량 등을 들 수 있다. 이런 불확실성과 변동의 부정적 영향은 늦은 배송으로 나타난다. 이로 인해 공급사슬 내 제품과 서비스의 흐름을 지연시켜 대고객 서비스에 타격을 주는 것이다. 따라서 기업에서는 이러한 불확실성과 늦은 배송에 대처하기 위해서도 재고를 보유하려 한다.

공급사슬을 효율적으로 관리하면 고객과 공급업체 사이에 꾸준한 케뮤니케이션에 힘입어 제품이나 서비스가 한 단계에서 다음 단계로 원활하게 흐르게 된다. 이렇게 되면 지연된 배송, 비효율적인 서비스, 불량품질, 불확실한 수요를 보상하기 위하여 각 단계에서 과도한 안전재고를 보유할 필요가 없게 된다.

이와 같이 효율적 공급사슬관리는 불확실성을 감소시키고 나아가서 재고를 상당한 수준까지 낮출 수 있는 것이다.

9.9 채찍효과

1. 정 의

공급사슬에서 나타나는 비효율성의 대표적인 현상으로 채찍효과를 들 수 있다.

채찍효과(bullwhip effect)란 공급사슬 속에 있는 소매점이 고객으로부터 제품에 대한 약간의 수요증가를 경험한 후 도매점에 주문할 때 품절을 방지하기 위하여 주문량을 약간 부풀리고, 도매점은 소매점으로부터 주문량이 증가하였음을 알고 품절을 방지하기 위하여 주문량을 더욱 부풀려 공장에 주문하고, 공장은 제품

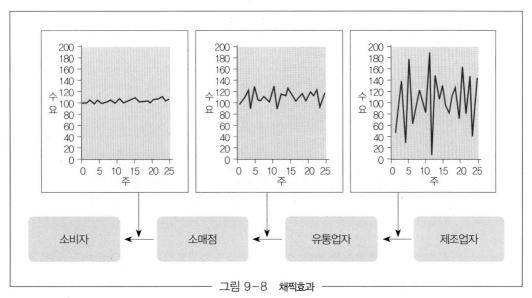

그림 9-8 채찍효과

출처: G. Cachon & C. Terwiesch, *Operations Management*, 2nd ed.(MoGraw Hill, 2020), p. 334.

을 만드는 원자재의 공급업자에게 상당히 많은 양의 주문을 하게 되는데 이와 같이 소매점에서의 약간의 수요변동이 공급사슬의 상류로 올라갈수록 원자재에 대한 상당한 수요증가를 초래하는 수요정보의 왜곡현상을 말한다.

공급사슬의 각 파트너가 서로 다른 데이터에 입각하여 수요를 예측하고 하류 (downstream)로부터 공급사슬을 따라 상류(upstream)로 올라갈수록 이러한 데이터는 소매점의 수요를 더욱 더 반영할 수 없기 때문에 수요의 변동이 눈덩이처럼 증폭되는 채찍효과는 이와 같은 부정확한 수요 데이터 또는 수요예측과 같은 정보의 왜곡 또는 정보의 부족 때문에 발생한다. [그림 9-8]은 이러한 채찍효과를 나타내고 있고 [그림 9-9]은 채찍효과를 유발하는 수요예측의 전통적인 방법을 나타내고 있다.

채찍효과는 공급사슬을 이루는 파트너가 자기 이익만을 생각하고 주문결정을 내리고 또한 인접 파트너로부터 정확한 수요정보를 갖고 있지 않기 때문에 발생한다. 만일 각 파트너가 공급해 주는 하류의 다음 파트너에 대한 실제 수요가 얼마인지 정확하게 모르는 상태에서 자신의 수요예측을 하게 되면 불확실을 보상하기 위해 과도한 재고를 쌓아 두게 된다.

[그림 9-9]에서 소매점에 대한 수요는 비교적 안정적이다. 그러나 수요가 약간 변동하고 도매점이 이의 원인을 정확하게 알지 못하면 이에 과민반응하여 그

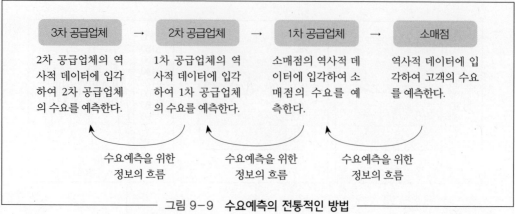

| 3차 공급업체 | → | 2차 공급업체 | → | 1차 공급업체 | → | 소매점 |

2차 공급업체의 역사적 데이터에 입각하여 2차 공급업체의 수요를 예측한다.

1차 공급업체의 역사적 데이터에 입각하여 1차 공급업체의 수요를 예측한다.

소매점의 역사적 데이터에 입각하여 소매점의 수요를 예측한다.

역사적 데이터에 입각하여 고객의 수요를 예측한다.

수요예측을 위한 정보의 흐름   수요예측을 위한 정보의 흐름   수요예측을 위한 정보의 흐름

그림 9-9 **수요예측의 전통적인 방법**

의 주문량을 증대하게 된다. 이와 반대로 소매점으로부터 주문이 예상 외로 줄어들면 자신의 주문량을 더욱 감소시킨다. 이러한 현상은 상류로 올라갈수록 더욱 증폭된다.

2. 발생원인과 결과

채찍효과는 다음과 같은 네 가지 원인에 의하여 발생한다.[2]

▌수요예측의 업데이트(demand forecast updating)

공급사슬의 각 파트너가 직접 고객의 주문에 근거하여 수요예측을 하게 되면 상류로 올라갈수록 수요변동은 크게 나타난다. 예컨대 도매업자가 최종 소비자의 실제 수요가 아닌 소매업자의 주문에 근거하여 주문하게 되면 증폭하게 된다. 이는 [그림 9-9]에서 보는 바와 같다.

품절현상을 미리 방지하고자 안전재고(safety stock) 수준도 높게 책정하여 발주량의 변동폭이 더욱 더 커지게 된다. 이와 같이 안전재고가 채찍효과의 큰 원인이라고 할 수 있는데 주문의 리드타임이 긴 제품의 경우에는 수요가 더욱 불확실하여 안전재고가 더욱 증가하는데 이러한 현상이 공급사슬의 모든 단계에서 채찍효과를 더욱 확대시킨다.

---

2 H. L. Lee, V. Padmanabhan, and S. Whang, "The Bullwhip Effect in Supply Chains," *Sloan Management Review* 38, no. 3(1997), pp. 93~102.

▎일괄주문(order batching)

주문량의 크기가 커지면 채찍효과가 발생한다. 공급사슬 파트너들은 주문비용을 절감하기 위해서 또는 수량할인을 이용하기 위해서 재고를 보충할 주문을 자주 발령하지 않고 기다렸다가 실제 수요량을 고려치 않고 한 번에 많은 양을 일괄적으로 주문하게 된다.

이러한 현상은 최종 소비자의 수요가 비교적 안정적이더라도 발생하기 때문에 불필요한 재고를 오랫동안 쌓아두게 된다.

▎가격변동(price fluctuation)

최종 소비자가 세일할 때 어떤 품목을 더 많이 사는 경우처럼 제조업자가 가격할인, 쿠폰, 리베이트 등을 제시하면 도매업자는 선구매(forward buy)를 하게 된다.

이러한 도매업자의 선구매 행위는 최종 소비자의 실제 수요량 이상으로 주문하게 되어 공급사슬을 올라갈수록 채찍효과를 더욱 발생시키게 된다.

▎공급자의 분배현상(rationing and shortage gaming)

공급물량의 부족현상이 예상되면 도매업자나 소매업자는 고객을 위해 물량을 확보하기 위하여 실제로 필요한 양 이상으로 그리고 사전에 제조업자에게 주문하게 된다.

이 경우 제조업자는 비현실적인 수요량을 경험하면서 제한된 물량을 이들 도매업자와 소매업자에게 분배하는 문제에 봉착하게 된다.

공급사슬에서 채찍효과가 나타나면

- 과도한 재고투자
- 열악한 대고객 서비스
- 높은 생산 및 수송비용
- 잘못 사용되는 제조능력
- 수입감소

등이 나타난다.

3. 억제방안

예를 들면, 제품을 대량으로 수송하여 비용을 절감하려는 인센티브가 있는 한 채찍효과를 완전히 제거하기는 어렵지만 그의 발생원인을 이해한다면 이를 완화할 수 있는 방안을 실천해야 한다.

정보기술이 발전함에 따라 채찍효과를 완화할 수 있는 방안이 제시되었다.

- 수요예측의 정확성을 기하기 위하여 공급사슬의 모든 파트너 사이에 정보를 공유해야 한다. 최종 소매업자의 판매 데이터에 관한 정보가 공급사슬의 모든 파트너에 직접 공유될 수 있도록 해야 한다. [그림 9-10]은 수요예측의 현대적 방법을 나타내고 있다.

이는 공급사슬의 모든 공급업체들이 동일한 소매점의 판매 데이터에 입각하여 그들의 수요를 예측하는 것을 의미한다. 공급업체들은 역사적인 일괄(묶음)주문 (batched order)을 사용한 수요예측이 아니고 고객의 실제 수요 데이터에 입각하여 바로 생산하고 배송할 수 있는 것이다.

- 주문비용이 비교적 높기 때문에 일괄주문하므로 파트너들 간에 전자 데이터 교환(electronic data exchange: EDI)을 사용하여 정보를 전송함으로써 주문비용을 아주 낮출 수 있다. 따라서 소량주문을 자주 할 수 있게 된다.
- 제조업자들이 서로 관계를 공고히 하여 균일한 도매가격 정책을 고수함으로써 가격할인을 통한 소매점의 선구매 인센티브를 제거할 수 있다.
- 공급업자가 재고부족현상에 처하게 되면 주문량이 아니라 과거 판매실적에

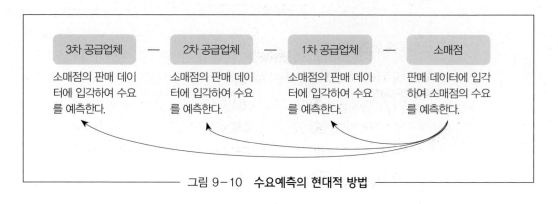

그림 9-10 **수요예측의 현대적 방법**

비례하여 고객에게 배분하도록 한다.

공급사슬상에서 원자재 공급량 예측의 실패 정도에 따라 다음 단계의 제품 생산량을 예측하는 데 큰 폭의 오차가 발생하고 따라서 실제 판매량과의 격차는 더욱 벌어지게 된다. 이때 여러 센서로부터 실시간 생산되고 수집되는 빅데이터로 정밀한 예측과 조정을 하면 실제 판매 시점에서의 제품 공급량과 수요량의 간격을 최소화하여 재고비용과 물류비용을 줄임으로써 생산성을 향상시킬 수 있다.

9.10 구매관리

구매부에서는 생산시스템에서 사용되는 원자재, 부품, 기계, 조립품, 사무용품, 제품, 서비스 등을 구매한다.

오늘날 구매의 중요성은 다음과 같은 요소로 인하여 점증하고 있다.

- 이익에 미치는 자재비
- 제조의 자동화
- 전자 상거래
- 글로벌 경쟁

평균적으로 구매비가 판매액의 60%를 점한다. 예를 들면, 자동차 제조회사는 60%, 식료품 가공업자는 70%, 정유회사는 80%를 지불한다. 그런데 이 비율은 증가할 것이다.

제조업에서 자동화가 진전함에 따라 생산비 가운데서 노무비의 비율은 감소할 것이기 때문에 생산비 관리에 있어서 자재비에 대한 관심이 높아질 것이다. 한편 설계가 잘 되고 품질 좋은 자재가 적시에 적량으로 공급되어야 한다.

Internet과 정보기술이 발전함에 따라 기업간 전자 상거래가 일반화될 것이다. 이제 구매자는 자재가 있는 곳을 쉽게 찾고, 온라인으로 구매계약을 체결하며, 구매주문은 공급업체의 웹 사이트(Web site)에 전달하며, 주문의 이동과정을 Internet을 통하여 추적할 수 있게 되었다.

세계시장을 향한 글로벌 경쟁의 심화로 모든 제조업체는 생산비를 낮추려고 노력한다. 이를 위해서는 자재비를 감소시켜야 하기 때문에 구매기능이 매우 중요시되고 있다.

구매관리를 잘 수행하는 것은 결국 다음과 같은 목표를 달성하기 위함이다.

- 적정가격으로 구매한다.
- 적시에 공급한다.
- 제품이나 서비스의 고급품질을 보증한다.
- 적량으로 공급한다.
- 자격자로부터 구매한다.

9.11 물류관리

물류(logistics)란 공장 내에서 자재와 정보의 이동, 공급업체로부터 자재의 입고 및 고객에 대한 제품의 출고 등을 관리하는 기능을 말한다. 자재라 함은 생산 프로세스에서 사용되는 원자재와 재공품 외에도 연료, 장비, 부품, 도구, 주유, 사무용품 등을 포함한다.

1. 공장내 자재의 이동

제조시설 내에서의 자재의 이동은 생산운영관리의 한 부분이다. 생산운영관리는 스케줄 수립, 생산능력통제, 총괄계획 등 본서의 내용이 주가 되지만 다음과 같은 활동도 포함한다.

- 들어오는 자동차에서 자재를 받아 도크에 내려놓는다.
- 도크로부터 자재를 검사실로 이동한다.
- 검사실로부터 자재를 창고로 이동한다.
- 창고로부터 자재를 생산현장으로 이동한다.
- 생산현장 사이에서 자재를 이동한다.

- 완제품을 창고로 이동한다.
- 창고로부터 완제품을 이동하여 포장한다.
- 포장한 완제품을 도크로 이동한다.
- 도크에서 완제품을 출하한다.

2. 입고와 출고

기업에서 수송과는 화물발송의 일정, 방법, 시간표, 급송방법 등을 관장한다. 오늘날 발송비용이 막대하기 때문에 기업에서는 공장, 창고, 기타 시설은 발송비용을 최소화하도록 위치하고 있다.

유통시스템을 통해서 완제품을 고객에 출하하는 것을 유통(distribution)이라고 한다. 유통시스템이란 공장에서 출발하여 고객에 끝날 때까지에 존재하는 제품의 발송점과 수령점의 네트워크를 말한다. 오늘날 세계 일류기업은 그들의 핵심역량에 전념하기 위해서 창고업무와 유통업무 등은 물류관리를 전문으로 하는 업체에 아웃소싱하고 있다.

9.12 정보기술

정보기술(information technology: IT)이란 기업 간 또는 기업 내 데이터와 정보의 수집·저장·가공·전달, 커뮤니케이션 등을 가능케 하는 기술로서 3차 산업혁명의 정보화 혁명으로 크게 발전하면서 세상의 급속한 변화가 초래되었고 기업경영에도 다방면에 놀랄 만한 영향을 미치고 있다. 정보기술이라 하면 사물인터넷, 클라우드, 빅데이터, 모바일 등 소위 ICBM을 의미하지만 지금은 4차 산업혁명으로 연장되면서 인공지능을 포함하는 ICBA 외에 로봇, 3D 프린팅, AR/VR, 블록체인 등을 포함해서 디지털 기술로 진보하면서 우리의 일상생활은 물론 산업 경쟁력에도 큰 변화를 몰고오고 있다.

특히 기업 내부 구성원과 공급사슬 파트너 사이에 발생하는 정보 흐름을 원활하게 하여 실시간 커뮤니케이션을 가능케 하는 기술이다. 효과적인 공급사슬관리를 위한 가장 중요한 정보기술이라고 할 수 있는 몇 가지 형태에 관해서 설명코자 한다.

1. Internet

Internet은 세계 어디서나 사업 파트너, 고객, 구매자, 공급업자 사이에 실시간으로 네트워크를 통해 정보와 데이터를 교환하고 활용하여 경영 의사결정을 빠르게 내릴 수 있게 해주고, 환경의 변화에 빠르게 대응할 수 있어 기업운영의 효율성을 높일 수 있는 기술이 되었다. Internet을 통하여 시장의 범위가 확대되었고 비즈니스 영역이 확장되었다. 인트라넷(intranet)으로 조직 구성원 간 정보의 공유가 가능하게 되어 과거의 수직적인 조직 구조를 유연한 수평적인 구조로 만들게 되었다.

Internet의 사용은 커뮤니케이션의 가속화로 공급사슬에의 접근성과 속도를 더해 준다. 기업은 Internet을 통하여 공급업체, 공장, 유통업체, 고객에 직접 연결함으로써 전통적으로 주문하고 구매하는 활동에 소비하였던 시간을 획기적으로 단축하는 데 성공하였다.

Internet을 통한 고객에의 직접판매는 전통적으로 사용해 왔던 소매상과 유통센터 같은 마케팅 채널의 변화를 초래하였다. 트럭을 이용하여 창고 또는 소매상에 대량의 제품을 수송하는 대신에 고객에 직접 택배하는 시스템의 정착으로 말미암아 창고정책, 운송시스템, 유통네트워크, 포장시스템, 자재운반시스템 등은 큰 영향을 받게 되었다.

기업은 제품개발 시간을 단축하고 부품과 자재의 주문과 리드타임을 가속화시키고 주문과 판매의 진행 상황을 바로 추적할 수 있으며 고객과 공급업체로부터 정보를 즉시 피드백 받을 수 있게 되었다.

즉 가격, 자재의 위치, 화물의 진행 상황, 부품의 입수가능성 등에 대한 정보를 쉽게 얻을 수 있다. 이와 같은 믿을 수 있는 정보와 속도는 기업으로 하여금 재고를 최소화하는 데 큰 도움을 준다. 공급업체들은 구매업체의 재고와 생산계획에 쉽게 접근할 수 있고 자재의 납품 스케줄을 잘 준수할 수 있기 때문에 구매업체의 재고수준은 격감할 수 있다.

Internet의 사용은 공급사슬에서 사업을 수행하는 기본적인 성격을 변화시키고 있다. Internet은 제조업체, 공급업체, 유통업체 사이의 전통적 역할을 흐리게 하고 중개자들을 제거함으로써 새로운 형태의 연결고리를 형성하고 있다. Internet

은 또한 지역적 장벽을 허물고 전에는 불가능하였던 세계 어느 나라의 시장과 고객을 개척할 수 있게 만들었다.

2. 전자 데이터 교환

전자 데이터 교환(electronic data exchange: EDI)이란 표준화된 양식을 사용하는 일상적인 업무서류를 두 기업간 컴퓨터 네트워크를 통하여 서로 교환하는 기술을 말한다.

EDI가 취급할 수 있는 일상적인 서류 속에는 송장(invoice), 구매주문서, 지급명세서 등인데 이는 전화나 서류발송을 위한 우편을 통하지 않는다.

예를 들면, 고객이 공급업체로부터 제품을 구매코자 하면 전자 카타로그(catalog)를 찾아 그 품목을 클릭함으로써 주문을 한다. 그러면 공급업제의 컴퓨터는 고객의 신용상태를 체크하고 그 품목의 재고를 확인한다. 공급업체의 출고부는 전자적으로 이 사실을 알고 즉시 제품을 출하하고 회계부는 고객에게 전자적으로 대금을 청구하게 된다.

EDI는 기업에 정보에의 신속한 접속, 향상된 대고객 서비스, 서류작업의 감소, 커뮤니케이션의 향상, 생산성 증가, 추적 및 재촉, 비용 감축 등 여러 가지 혜택을 제공한다.

한편 EDI의 사용으로 기업간 수요정보를 실시간 공유함으로써 수요예측을 좀더 정확하게 할 수 있게 된다.

공급사슬을 따라 흐르는 자재의 실시간 추적을 위해 사용되는 자동화된 자재정보 입력기술로는 다음과 같이 바코드, RFID, RTLS(real-time locating systems), 바이오메트릭(biometric), 카드 등이 있는데 그의 일부만 설명하고자 한다.

3. 바코드

바코드(bar code)시스템에서 컴퓨터가 읽을 수 있는 코드를 공급사슬을 통해 흐르는 품목, 예컨대 제품, 컨테이너, 짐, 또는 차량에 부착한다. 바코드는 그 품목에 관한 여러 가지 정보, 예컨대 제품에 관한 설명, 품목번호, 출발지와 목적지, 특별 취급절차, 가격, 주문번호 등을 보유한다.

회사의 컴퓨터에 전자 스캐너(scanner)를 사용하여 정보를 바코드에 주사(走

査)하면 이는 공급사슬의 파트너에 그 품목의 위치에 관한 중요한 정보를 제공하게 된다.

바코드 기술은 공급사슬관리에 막대한 영향을 미쳤다. 예를 들면, 택배회사인 FedEx와 UPS는 즉시 상세한 추적정보를 자신과 고객에게 공급하기 위하여 바코드를 사용한다. 수퍼마켓이나 항공회사 등은 바코드를 사용함으로써 재고관리와 짐관리를 효과적으로 수행할 수 있다.

4. RFID

RFID(radio frequency identification: 무선인식)는 바코드와 같은 기능을 수행할 수 있는 기술로서 스캐너와 출하 컨테이너 같은 품목 사이에 데이터를 전송하기 위하여 라디오 주파수를 사용하는 인식시스템이다.

RFID는 코드화된 정보를 안테나를 통해 전송하기 위하여 마이크로칩을 내장한 태그(tag)를 모든 제품에 부착하여 공급사슬 사이에서 각 제품의 판매 현황과 제품의 위치와 이동까지 실시간으로 파악함으로써 인건비 절감과 재고관리를 통한 생산성 향상에 기여하고 있다.

RFID는 제조업과 서비스업에서 많이 응용되고 있다. 소매점, 국방, 수송, 헬스 케어에서 응용되고 있다. RFID는 자재, 가방, 짐의 취급과 수송에 안전을 높여 준다. 한편 병원 응급실에서는 의사, 간호사, 장비의 이동을 추적할 수 있다.

5. 글로벌 포지셔닝 시스템

무선 커뮤니케이션 기술(wireless communication technology)은 정보기술을 이용하는 기술이다. 무선 자동 유도장치(homing devices)와 착용 컴퓨터가 창고에서 작업자들에게 제품의 위치를 알려주도록 이용되고 있다. 무선 기술은 위성 통신장치에 힘입어 정보를 빠르게 전송할 수 있다. 미국의 Wal-Mart는 회사 소유의 위성을 이용하여 판매 시점(point of sale) 데이터를 창고에 있는 컴퓨터에 자동으로 전송한다.

정확한 위치를 알려주기 위하여 위성 통신장치를 사용하는 무선 기술의 또 다른 예가 글로벌 포지셔닝 시스템(global positioning system: GPS)이다. 큰 트럭 회사들은 그들 트럭의 정확한 위치를 확인하기 위하여 GPS 기술을 활용한다. 한편 농

부들은 트랙터에 올라탈 때 그의 정확한 위치를 나타내기 위하여 GPS를 이용한다.

6. 사물인터넷, 클라우드 컴퓨팅, 블록체인의 역할

공급사슬관리에 영향을 미치는 최신의 디지털 혁신으로 사물인터넷, 클라우드 컴퓨팅, 블록체인을 들 수 있다.

사물인터넷(internet of things: IoT)은 디지털 세계를 실체와 결합시킨다. 즉 데스크톱, 랩톱, 스마트폰, 태블릿과 같은 표준 기기와 차량이나 기계의 부속품 같은 비인터넷 실물 기기의 네트워크에 인터넷을 통해 연결시키는 역할을 한다.

사물인터넷은 RFID 센서를 이용하여 적송품을 추적하고 모니터하여 위치, 온도, 징후 등 실시간 정보를 고객에게 제공할 수 있다. 사물인터넷은 사람의 관여 없이 주문하고 보충할 필요성을 자동적으로 인식하여 준다. 예를 들면, 자동판매기는 스스로 주문할 품목을 알아차리고 제때 발주할 수 있는 능력을 갖추고 있다.

사물인터넷은 센서를 사용하여 기계의 상태를 미리 모니터하여 품질관리와 예방보전에 필요한 정보를 제공한다. 이는 자율주행자동차나 공장에서는 없어서는 안 될 중요한 정보기술이 되었다.

클라우드 컴퓨팅은 공급사슬의 파트너들을 서로 연결시켜 업무를 통합하는 중요한 기술이다. 공급사슬의 파트너들은 서로의 미래수요 예측, 출하, 주문, 구매, 판매, 재고수준, 고객 수요 등에 관한 중요한 정보를 속속들이 들여다 볼 수 있기 때문에 여기에 맞춰 자신의 운영을 조정할 수 있다. [그림 9-11]은 공급사슬 파트너들의 통합을 보여주는 클라우드 기반 플랫폼이다.

클라우드 속의 공급사슬 파트너들은 각자의 재고수준과 운송비용을 낮추고 재고회전율은 높이며 리드타임은 단축시키는 효과를 공유한다.

그러나 클라우드 컴퓨팅은 비용을 감축시킬 수 있는 좋은 기술이지만 데이터의 안전과 사생활 침해에 허점이 있을 수 있다. 클라우드 속의 데이터들은 중앙집중식 데이터베이스에 저장되기 때문에 경쟁자들에 해킹당할 위험이 상존한다. 이러한 문제를 해결해 주는 기술이 블록체인이다.

블록체인(block chain)이란 개인과 개인의 금융 거래 내역이 블록에 담기고 이 블록들이 사슬처럼 계속 연결되는 일종의 전자 장부를 말한다. 블록체인은 암호화된 모든 거래 장부를 네트워크 참가자들에게 공개하고 분산하여 공유하고 관리하기 때문에 강력한 보안성과 신뢰성, 익명성, 투명성을 보장할 수 있다.

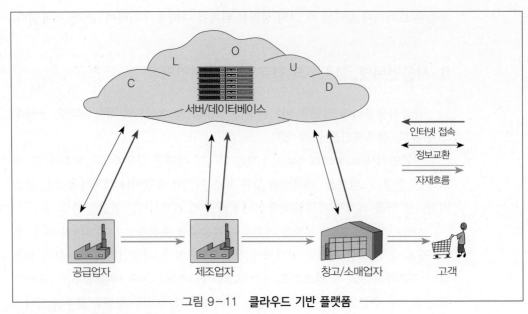

그림 9-11 **클라우드 기반 플랫폼**

출처: L. Krajewski & M. Malhotra, 전게서, p. 601.

블록체인은 방대한 데이터를 효율적으로 관리할 수 있기 때문에 특정한 사용자의 시스템 통제가 불가능하여 데이터의 중요성이 날로 커지는 4차 산업혁명의 대표적인 정보기술로 여겨진다. 과거에는 거래 데이터를 중앙집중형 장부에 보관하였지만 블록체인을·이용하게 되면 분산형 장부를 사용하여 거래 참가자 모두에게만 거래 정보를 공개한다.

현재 블록체인은 금융 분야에서, 특히 비트코인(bitcoin)의 거래를 위해 사용하고 있지만 사물인터넷과 인공지능 등의 기술과 융합되면 유통, 에너지, 헬스케어, 미디어, 콘텐츠, 의료, 보험업무, 정부 기록 등 많은 분야에서 활용될 것이다. 특히 블록체인 플랫폼은 [그림 9-12]에서 보는 바와 같이 수많은 사물인터넷 기기 사이에 실시간으로 공유되는 데이터 교환이 안전하게 진행될 수 있도록 할 수 있다. 블록체인은 제2의 Internet이라고 불릴 만큼 사회적 파급력은 상당하다.

공급사슬 파트너 사이에는 신뢰가 부족하여 정보공유를 기피하려 하는데 블록체인으로 하여금 신뢰를 쌓는 것은 큰 혜택이 될 수 있다. 공급사슬에서 사용되는 블록체인은 철저히 비밀이 지켜진다. 가입한 공급사슬 파트너만이 블록체인의 소유자(예: Walmart, 애플, IBM)로부터 데이터를 열람하여 블록체인 속의 데이터 블록을 추가하거나 갱신할 허가를 받을 수 있다. 공급사슬 파트너 사이에서 이루어

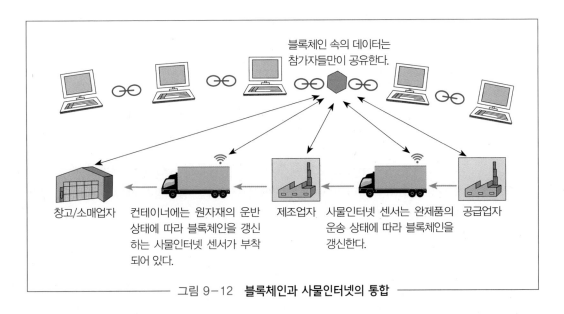

블록체인 속의 데이터는
참가자들만이 공유한다.

| 창고/소매업자 | 컨테이너에는 원자재의 운반 상태에 따라 블록체인을 갱신하는 사물인터넷 센서가 부착되어 있다. | 제조업자 | 사물인터넷 센서는 완제품의 운송 상태에 따라 블록체인을 갱신한다. | 공급업자 |

── 그림 9-12 **블록체인과 사물인터넷의 통합** ──

지는 거래 방식과 거래되는 품목들을 실시간으로 추적하는 방식에 향상을 가져올 것이다. 따라서 거래의 정확성과 보안성으로 인한 파트너 사이에서 발생하는 분쟁을 피할 수 있게 된다.

9.13 전자 상거래

e-비즈니스(e-business)란 컴퓨터 네트워크상에서 디지털 과정에 의하여 발생하는 모든 행위를 말한다. 예를 들면, 기업 내에서 이루어지는 온라인 재고관리 시스템과 같은 거래와 프로세스를 일컫는다. Internet상에서 고객, 파트너, 공급업체, 종업원 등이 전자적으로 연결되어 있다.

e-비즈니스에 있어서는 공급사슬거래가 다양한 전자미디어, 예컨대 EDI, e-mail, 전자인쇄, 이미지 가공, 전자 게시판, 공유된 데이터 베이스, 바코딩, 팩스, 자동음성메일, CD-ROM 카타로그, Internet, 웹사이트 등을 통하여 진행된다. 공급업체와 고객 사이에 필요한 정보를 전자적으로 전송하는 과정을 자동화함으로써 노무비와 시간을 절약할 수 있다.

전자 상거래(e-commerce)는 e-비즈니스보다 좁은 개념인데 전자적으로 발생하는 교환 또는 거래를 지칭하는 용어이다. 법률적으로 전자 상거래는 제품이나 서비스의 거래에 있어 전부 또는 일부가 전자 데이터 교환(EDI) 등 전자적 방식에 의하여 처리되는 거래로 정의하고 있다.

전자 상거래(e-commerce)와 가상 시장(virtual marketplace)은 Internet의 발달로 탄생한 새로운 거래방식이다. 전자 상거래는 Internet을 이용하여 제품과 서비스를 거래하는 비즈니스 활동을 말한다. 예를 들면, 미국의 Amazon.com은 네트워크를 통해 서적과 음반을 판매하기 시작하여 지금은 농산물 등 다양한 품목을 판매하고 있다. 우리나라의 케이블 TV에서 취급하는 홈쇼핑(home shopping)도 전자 상거래에 속한다. 고객들은 사고자 하는 제품이나 서비스에 관한 정보를 쉽게 얻을 수 있게 되었고 생산, 유통, 물류에 큰 변화가 불가피하게 되었다.

2020년에 전 세계적으로 창궐한 코로나-19로 인하여 바이어와 공급자 간의 면대면 오프라인 만남이 타격을 받게 되었다. 따라서 가상공간에서의 거래, 예컨대 Amazon 비즈니스와 같은 온라인 플랫폼(구매하고자 하는 기업이 판매 기업과 가상공간에서 상호 소통하고 계약하는)의 활용 등 새로운 변화가 진행되고 있다.

전자 상거래를 거래 주체에 따라 구분하면 다음과 같다.

▮ 기업 간 전자 상거래

기업 간 전자 상거래(Business to Business: B2B)란 Internet과 같은 전자적인 방식을 이용하여 기업들 사이에서 발생하는 각종 상거래(예컨대 원자재 판매 및 구매)와 업무(예컨대 제품의 공동개발 및 생산, 금융결제) 등을 처리하는 것을 말한다.

오늘날 B2B 상거래에서 괄목할 추세는 B2B 시장의 개설이다. B2B 시장(B2B marketplace)이란 많은 판매자와 구매자가 모여 제품이나 서비스를 사고 파는 상거래의 중심(hub) 역할을 하는 중개자(intermediary)가 개설하는 전자시장을 말한다. 예를 들면, Internet상 자동차 경매시장과 중고차시장 등은 여기에 속한다.

▮ 기업과 고객 간 전자 상거래

기업과 고객 간 전자 상거래(Business to consumer: B2C)란 소비자가 Internet을 통하여 기업의 제품과 서비스를 구매·이용하는 방식을 말한다. 여기에는 Internet 쇼핑몰, Internet 방송 및 신문 등이 속한다.

지금 4차 산업혁명이 진행하면서 사물인터넷(IoT) 등 디지털 기술로 인하여 전통 산업의 경계가 무너지고 있다. 기업에 제품을 판매하는 기업(B2B)과 고객에게 제품을 판매하는 기업(B2C)을 구분하는 과거의 경계가 흐려지고 있어 B2B2C라는 기업이 출현하고 있다. 디지털화 덕분에 B2B 기업들이 비즈니스 모델을 확장해 최종 소비자들에게 다가가고 있다.

▌기업과 정부 간 전자 상거래

기업과 정부 간 전자 상거래(Business to government: B2G)란 정부가 구매코자하는 상품목록과 수량, 조건 등을 사이트에 공시하면 기업들이 입찰하여 거래를 성사시키는 방식을 말한다. 여기에는 정부가 Internet을 통하여 세금을 징수하는 것과 기업대상 각종 서비스를 제공하는 것도 포함된다.

▌정부와 소비자 간 전자 상거래

정부와 소비자 간 전자 상거래(government to consumer: G2C)란 전자매체를 이용하여 정부가 세금을 부과·징수하고 각종 주민 생활 서비스를 제공하며 면허 등의 발급/경신 업무를 수행하는 방식을 말한다.

▌소비자 간 전자 상거래

소비자 간 전자 상거래(consumer to consumer: C2C)란 벼룩시장(www.findall.co.kr)에서처럼 소비자들 사이에서 자동차와 부동산 등의 매매가 이루어지는 방식을 말한다. 여기에는 Internet을 통하여 개인 서비스 광고나 지식 및 전문기술을 판매하는 경우라든지 경매 사이트에서 개인 물건을 경매에 부치는 경우 등이 포함된다.

01 공급사슬과 공급사슬관리의 개념을 설명하라.

02 공급사슬관리는 왜 필요한가?

03 공급사슬의 설계시 고려할 점은 무엇인가?

04 공급사슬전략에 관해 설명하라.

05 가상회사의 성격을 설명하라.

06 채찍효과는 왜 발생하는가?

07 구매관리에 관하여 설명하라.

08 공급업체 선정과정을 설명하라.

09 물류관리를 설명하라.

10 공급사슬관리를 위하여 사용되는 정보기술을 요약하라.

11 Internet이 공급사슬에 미치는 영향은 무엇인가?

12 전자 상거래를 설명하라.

판매 및 생산운영 계획

우리는 제5장에서 장기, 중기, 단기에 해당하는 수요예측 방법을 공부하였다. 이러한 예측은 수요를 만족시킬 생산을 위한 장기계획, 중기계획, 단기계획으로 변형시켜야 한다. 수 년에 걸친 장기계획을 위해서는 최고경영층이 수립하는데 생산능력과 자본투자, 시설입지, 신제품과 프로세스, 공급사슬 개발과 같은 이슈에 대한 정책이나 전략을 수립해야 한다.

중기계획은 최고경영층이 수립한 장기계획과 전략에 맞춰 앞서 수립한 전략적 결정에 의한 자원의 제약(resource constraint) 속에서 시장의 수요변동에 생산을 일치시키려는 계획이다. 생산관리자는 보통 2개월~1년까지의 기간 동안 계절 요인에 의한 수요의 변동을 만족시킬 중기 생산계획을 수립하게 되는데 이는 판매 및 생산운영 계획(sales and operation plainning: S&OP)이라고도 말한다.

판매 및 생산운영 계획은 생산운영, 재무, 엔지니어링 등과 공유하는 정보에 입각하여 마케팅 그룹이 수립하는 마케팅계획으로부터 시작한다. 다음에는 마케팅계획을 지원하기 위하여 총괄계획, 즉 생산계획을 수립하게 된다.

판매 및 생산운영 계획은 기업의 마케팅, 생산운영, 재무, 엔지니어링 등 부서가 수요와 공급(생산)을 균형시키기 위하여 작성하는 중기의 기능계획을 통합하여 수립하게 된다. 판매 및 생산운영계획은 공급사슬에 걸쳐 영향을 미치는 계획정보로서 모든 공급사슬 파트너들과 공유하도록 해야 한다.

4차 산업혁명이 한창 진행되는 빅데이터 시대에는 생산계획을 수립하는 데에도 데이터 분석 결과를 이용할 수 있다. 과거에는 고객으로부터 주문이 있을 경우 생산용량과 재고 현황을 바탕으로 생산 스케줄을 수립하고 작업 지침으로 생산 현장에 하달하였지만 앞으로는 단기 수요상황을 예측하고 현재 생산 공정의 실시간 공정용량 및 작업 상태를 반영하여 실제적인 생산계획을 수립하여 수요와 공급을 일치시켜 생산완료 시점과 납기를 정확하게 예측할 수 있고 재고를 줄일 수 있다.

본장에서는 총괄계획의 수립과정과 전략 등에 관하여 공부한다.

10.1 판매 및 생산운영 계획의 수립

최고경영층은 보통 2~10년의 계획기간 동안에 기업의 방향과 목표를 설정하고 이를 완수하기 위하여 재무, 마케팅, 생산운영 및 엔지니어링 부문으로부터 데이터를 수집한 후 장기적이고 전략적인 비즈니스 계획을 수립한다. 이 전략적 비즈니스계획은 매년 갱신하고 재평가한다.

장기적이고 전략적인 비즈니스 계획은 중기계획인 판매 및 생산운영계획(S&OP)의 출발점이다. 판매 및 생산운영계획은 기업의 장기적 목적과 전략에 부합해야 하고 장기적 시설과 자본예산 결정으로 만들어지는 제약 속에서 수립된다. S&OP는 마케팅, 생산운영, 재무, 엔지니어링 부문에서 수립하는 기능별 계획(functional plan)을 교차기능팀(cross-functional team)[1]이 통합하는 계획이다. S&OP는 수요가 변동하고 불확실한 환경에서 제품의 공급과 수요를 일치시키기 위하여 2개월에서 12개월 정도 기간 동안 매월 갱신함으로써 공급과 수요의 불일치를 해결하려고 한다.

1. 마케팅계획

판매 및 생산운영계획은 생산운영, 재무, 엔지니어링 부문과 공유하는 정보를 가지고 마케팅 그룹이 수립하는 마케팅계획(marketing plan)으로 시작한다.

---

1 교차기능팀은 자율적 작업팀이라고도 한다.

마케팅계획은 전략적 비즈니스 계획에서 명시한 이익수준, 성장률, 투자수익을 달성하는 데 필요한 판매고를 제시한다. 이 외에 마케팅계획은 목표시장, 시장점유율, 가격·품질·유연성·시간과 같은 경쟁요인, 예상 이익마진 등을 포함한다.

2. 총괄계획

판매 및 생산운영계획의 결과물인 총괄계획(aggregate plan) 또는 생산계획(production plan)은 생산운영그룹이 마케팅계획을 지원하기 위하여 필요로 하는 자원을 규명한다. 여기서 자원이라 함은 자재, 장비, 시설, 정보, 기술, 노동력, 자금, 재고 등을 말한다. 따라서 총괄계획은 자원계획(resource planning)의 출발점이다. 총괄계획이란 2개월~1년까지의 짧은 기간 동안에는 새로운 시설의 신축이나 장비를 구매할 수 없기 때문에 작업자의 채용과 해고, 작업일의 증감, 잔업, 재고의 증감, 하청 등의 방법을 통하여 고르지 않은 수요를 만족시키는 계획을 말한다. 총괄계획은 제4장에서 취급한 예측모델을 사용하여 구한 개별 제품이나 서비스의 수요에 입각하지 않고 이들 수요를 제품라인 또는 제품군(product family)으로 총합하는 총괄수요(aggregate demand)를 만족시키기 위한 계획이다. 예를 들면, 19인치, 21인치, 25인치 컬러 TV를 생산하는 회사의 경우 제품 크기를 고려하지 않고 이들 모델의 수요를 합산하여 하나의 TV 제품으로 취급하여 전체 수요와 전체 공급능력에 관해 계획을 수립하는 것이다. 이와 같이 총괄계획은 총수요예측을 분기별 또는 월별 생산계획으로 변형시키는 계획이다.

총괄계획은 생산율과 노동력 크기를 세분화하는데 이는 보유재고량, 잔업량, 하청량, 작업자의 고용과 해고, 고객주문의 추후납품 등을 결정하는 데 도움을 준다.

총괄계획을 작성하는 기본 목적은 기업에서 이용가능한 자원, 예컨대, 생산율, 노동력 수준, 재고수준, 잔업작업, 하청률, 기타 통제가능 변수들을 조정하여 가장 합리적으로 고르지 않은 제품 수요를 만족시키는 월별 생산량과 시기를 결정하려는 것이다. 즉 총괄계획을 수립함으로써 비용, 재고투자, 생산율 변화 및 작업자 수준 변화 등은 극소화하면서 고객 서비스와 공장 및 장비의 이용은 극대화함으로써 기대수요와 시설능력을 균형화시키려고 한다. 일단 생산계획이 완료되면 작업자, 구매, 물류 계획 등이 결정되고 따라서 생산계획은 달성된다.

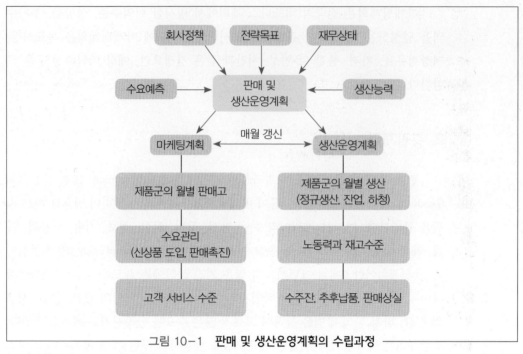

──── 그림 10-1 **판매 및 생산운영계획의 수립과정** ────

출처: Roberta S. Russel and Bernard W. Taylor III, *Operations & Supply Chain Management*, 10th ed., (John Wiley & Sons, Inc., 2019), p. 608.

총괄계획은 중기계획으로서 생산능력 계획 같은 장기계획 결정의 제한을 받음과 동시에 스케줄링이나 자재소요계획 같은 단기계획 결정에 제한을 가한다.

총괄계획은 넓은 의미로 판매 및 생산운영계획의 한 부분이지만 좁은 의미로는 동의어로 사용되기도 한다. [그림 10-1]은 지금까지 설명한 판매 및 생산운영계획의 수립과정을 나타내고 있다.

10.2 총괄계획의 수립단계

총괄계획을 수립하는 데는 일반적으로 [그림 10-2]에서처럼 네 단계를 거친다. 각 단계를 개괄적으로 설명하면 다음과 같다.

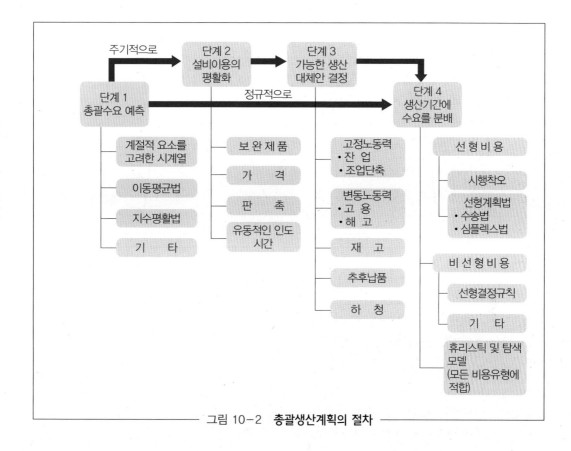

그림 10-2 총괄생산계획의 절차

1. 총괄수요의 예측

총괄수요의 예측은 계획대상기간(planning horizon) 동안의 각 기간별로 제공하고자 하는 모든 제품 및 서비스에 공통되는 단위로 기대되는 수요를 총합하여 제품그룹별로 구한다. 예를 들면, 페인트 제조회사의 경우 총괄수요는 용기의 크기에 관계 없이 갤론으로 표현한다든가, 병원의 경우 침대의 크기에 관계 없이 침대 수로 표현하는 것이다.

2. 수요옵션의 사용

수요가 안정적이고 충분한 능력이 있으면 수요를 만족시키는 데는 별로 문제가 없다. 그러나 [그림 10-3]에서 보는 바와 같이 수요가 평균 능력수준 위 또는 아

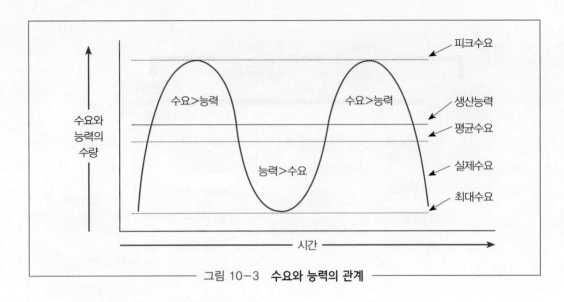

그림 10-3 **수요와 능력의 관계**

래로 변동하는 경우에는 수요와 생산능력(공급)을 일치시키기 위하여 기업은 다음과 같은 선택을 해야 한다.

- 수요를 이동시키거나 촉진시켜 능력을 관리한다.
- 능력수준을 조정하여 능력을 관리한다.

총괄계획전략에는 능동적 전략, 수동적 전략, 혼합전략이 있다. 능동적 전략은 수요옵션(demand option)을 사용한다. 즉 수요를 변경시켜 생산능력과 균형시키려는 것이다. 수동적 전략은 생산능력 옵션(capacity option)을 사용한다. 즉 생산능력을 변경시켜 수요와 균형시키려는 것이다. 혼합전략은 수요와 생산능력의 변경을 통해 이들을 균형시키려는 것이다.

수요 옵션은 다음과 같다.

- 가격정책을 통하여 수요의 수준과 시기에 영향을 미치는 것이다. 즉 수요가 많을 때는 가격을 높여 이를 줄이고 수요가 적을 때에는 가격을 낮추어 이를 증가시키도록 차별가격정책을 사용하는 것이다. 야간 전화료의 할인, 극장의 조조할인, 야간 비행기 요금의 할인, 소비재의 창고할인 등은 그 예이다.
- 수요의 수준과 시기에 영향을 미치는 광고, 판매촉진, 개인 판매 활동을 사용할 수 있다.

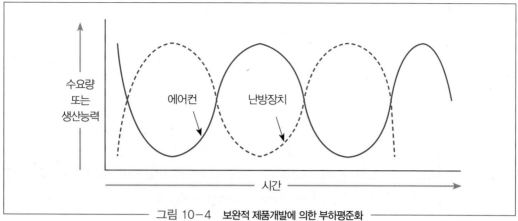

그림 10-4 보완적 제품개발에 의한 부하평준화

- 기존 제품의 수요가 없는 계절에 잘 팔리는 보완적 제품(complementary or counterseasonal product)을 개발하는 것이다. 동일한 생산기술을 사용하되 수요패턴이 기존 제품에 보완적인 새로운 제품을 개발함으로써 [그림 10-4]와 같이 공장의 부하(load)를 평준화할 수 있는 것이다. 예컨대 여름에 잘 팔리는 에어콘과 겨울에 잘 팔리는 난방장치를 동시에 취급하는 기업의 경우이다.
- 수요가 넘치는 기간에 수주잔(backlog)과 추후납품(backorder)의 정책을 사용할 수 있다.[2]

3. 생산능력(공급) 옵션의 사용

다음에는 제품과 서비스의 공급을 변경함으로써 수요를 가장 경제적으로 만족시키는 생산능력 옵션을 이용한 생산방안을 결정하는 것이다.

- 고용수준을 일정하게 유지하고 잔업(overtime)이나 유휴시간(idle time, under

---

2 맞춤제품이나 서비스를 주문생산하여 판매하는 기업에서 고객으로부터 주문을 받은 후 일정한 기간이 지난 뒤에 충족시켜주는 경우가 있다. 수요가 많은 성수기에는 backlog가 형성되는데 backlog란 이러한 주문의 축적을 말한다. 이는 수주잔, 적체, 체화라고도 한다. 이러한 현상은 비행기나 선박 주문의 경우에 볼 수 있다. 한편 표준품을 계획생산하는 기업에서 일시적으로 품절이 되어 있는 제품을 주문받았을 때 다음 기간 생산하는 대로 주문을 충족시켜주겠다는 제의를 고객이 받아들이면 이는 backorder로서 추후납품(후납)이라고 한다. 고객이 이러한 제의를 거절하면 이는 판매상실(lost sales)이 된다. 이때 품절비용(stockout costs)이 발생한다.

time)을 사용하여 생산율(production rate)을 변경하는 것이다. 생산율이란 단위 기간(시간, 일) 동안 완료되는 제품의 수를 말한다. 이러한 변수들은 수요의 변화가 일시적일 때 주로 사용된다. 잔업의 경우에는 더 높은 임률을 적용하므로 비용이 많이 들게 되며 작업자들도 기피하는 단점이 있다.

유휴시간은 잔업의 반대개념으로서 작업자의 해고 대신에 봉급은 제대로 지불하면서 작업속도를 늦추어 생산율을 감소시키는 방안이다. 유휴시간은 노동능력이 수요 요구량보다 클 때 재고증가를 피하기 위하여 이용되며, 특히 고급 기술자를 보유한 프로세스 중심(process focus)의 기업에서 해고할 수 없기 때문에 이용된다.

- 수요변동에 따라 고용 또는 해고를 통하여 고용수준 및 생산율을 변경하는 것이다. 수요가 잔업이나 유휴시간으로 만족시킬 수 있는 한계를 벗어 변동하게 되면 고용이나 해고를 통하여 작업자의 수를 증감할 수 있다. 고용이나 해고는 노조와의 관계, 생산성, 그리고 사기에 영향을 미칠 뿐만 아니라 많은 비용이 수반되는 결점이 있으나, 작업자의 특수한 기술을 요하지 않는 경우에는 이용될 수 있다.
- 고용수준과 생산율을 모두 일정하게 유지하고 재고증감을 통하여 수요를 만족시키는 것이다. 비수기에 정상가동하여 재고를 유지하였다가 성수기에 이로써 수요를 흡수하는 방안이다. 제조업의 경우에 많이 사용되는 전략이지만, 특히 유행에 민감한 의류나 부패하는 제품 등에는 사용할 수 없고 또한 서비스업에서도 사용할 수 없다.
- 고용수준과 생산율을 모두 일정하게 유지하고 하청(subcontracting)을 이용하여 수요를 만족시키는 것이다. 이상에서 설명한 변수들을 이용하더라도 수요를 만족시킬 수 없을 때에는 다른 기업에 의뢰하여 완제품, 중간조립품 또는 부품 등을 공급받는 것이다. 하청업자는 사전에 정한 품질수준 및 납품날짜를 준수해야 한다. 하청을 주는 경우에는 자기회사에서 제조하는 경우보다 많은 비용이 소요되는 것이다.
- 임시고용 또는 다른 기업과의 시설의 공동이용을 선택하는 것이다.

4. 최적 생산전략의 결정

모든 가능한 생산방안이 밝혀지고 그의 단위당 비용이 결정되면 최적전략을 결정할 수 있다. 최적전략이란 전 계획기간 동안 총비용을 최소로 하는 생산방안을 사용하여 각 기간별로 예측된 수요를 할당하는 것을 말한다.

10.3 총괄계획 수립의 전략

총괄수요는 매월 변동하기 때문에 고르지 않다. 이 고르지 않은 수요변동에 대처하기 위해 사용할 수 있는 변수들은 채용과 해고를 통한 고용수준의 변동, 잔업과 유휴시간에 의한 작업시간의 조정, 재고 및 추후납품, 하청 등이다.

총괄계획을 수립함에 있어서는 상충하는 목표들을 균형화해야 한다. 재고투자, 생산율의 변동, 작업자 수준의 변동, 총비용 등을 최소로 하면서 대고객 서비스, 공장과 장비의 이용, 이익 등을 최대로 해야 하기 때문에 이러한 상충하는 목표를 균형 있게 만족시킬 전략의 수립이 필요하다.

변동하는 수요를 만족시키기 위하여 사용되는 총괄계획의 전략으로서는

- 순수전략 $\begin{cases} \text{추적전략} \\ \text{균등생산전략} \end{cases}$

- 혼합전략

이 있다.

변동하는 수요를 흡수하기 위하여 여러 통제가능변수 중에서 추적전략과 균등생산전략처럼 하나의 변수를 사용하면 순수전략(pure strategy)이라 하고, 두 개 이상의 변수를 사용하면 혼합전략(mixed strategy)이라 한다. 기업에서는 일반적으로 혼합전략을 많이 사용한다.

어떤 변수와 어떤 전략을 사용하느냐 하는 것은 그 기업이 처한 환경과 그 기업의 생산운영전략에 따라 다르게 된다. 일반적으로 프로세스 중심(process focus)의 기업은 수요변동에 쉽게 대응할 수 있기 때문에 잔업, 하청 혹은 작업자 수준

변동 같은 변수를 이용해서 수요를 만족시킬 수 있지만, 제품중심(product focus)의 기업은 수요의 변동을 흡수하기 위하여 주로 재고변동, 휴가 또는 단축근무 등을 사용할 수 있다.

추적전략(chase strategy)이란 각 기간에 변동하는 생산소요량에 맞추도록 작업자수준이나 생산율을 조정하는 전략이다. 즉 자원을 수요에 맞추기 때문에 어떤 기간에도 계획된 산출량과 기대수요가 일치하게 된다. 따라서 재고의 증감이나 유휴시간 등은 사용되지 않는다. 대신 작업자를 채용하거나 감원하고, 잔업이나 하청 등이 사용될 수 있다. 추적전략에서는 재고투자, 잔업, 하청, 품절가능성이 최저가 되는 장점이 있는 반면에, 작업자 증감에 따르는 비용과 생산성 및 품질의 저하를 초래하는 단점이 있다. 이러한 전략은 주로 주문생산업체에서 사용한다.

균등생산전략(level strategy)은 전계획기간 동안의 평균수요(average demand)를 만족시킬 작업자 수준을 일정하게 유지하여 정규작업시간에 의한 생산율을 일정하게 유지하는 전략이다. 그러나 변동하는 수요는 다음과 같은 변수를 사용함으로써 만족시킨다.

- 잔업이나 유휴시간의 사용
- 재고의 증감
- 수요가 증가할 때에 품절을 일시적으로 허용하고 추후납품의 사용
- 하청의 사용
- 임시고용(비정규직)이나 다른 기업과의 시설의 공동이용

이러한 전략은 고용안정의 효과는 있으나 재고증가 또는 추후납품에 따른 고객 서비스의 불만족을 초래하는 단점을 갖는다. 이러한 전략은 주로 계획생산업체에서 사용한다.

기업에서는 회사정책, 신축성, 비용 등 요인을 고려하면서 전략을 선정한다. 예를 들면, 해고와 하청의 금지, 파트타임 작업자의 근무시간 제한 같은 정책을 따라야 하고, 정유공장이나 자동차 조립공장에서는 추적전략에 필요한 유연성을 기대할 수 없다. 따라서 총괄계획은 기업의 정책이나 협정을 지켜야 하는 제약 속에서 비용을 최소로 하는 전략을 추구하게 된다.

[그림 10-5]는 수요패턴과 이에 대응하는 두 전략을 나타내고 있다.

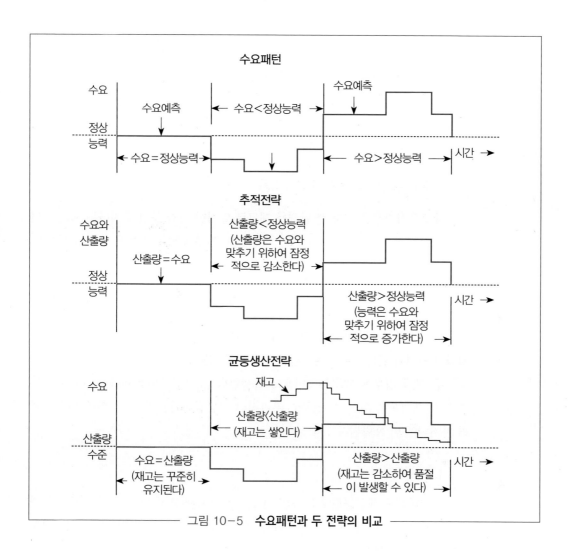

수요패턴

추적전략

균등생산전략

그림 10-5 **수요패턴과 두 전략의 비교**

10.4 총괄계획 비용

▌채용비용과 해고비용

채용비용은 모집비용, 선발비용, 훈련비용 등을 포함하고 해고비용은 퇴직수당과 같은 해고를 보상하는 데 소요되는 제반 비용을 포함한다.

▌잔업비용과 유휴시간비용

잔업비용은 하루 8시간씩 1주일에 40시간 작업하는 데 지불하는 정상작업 임금 이상으로 지불하는 비용으로 40시간 이상의 초과시간에 대해서는 정규임금의 150%를 지불한다. 한편 유휴시간비용은 정규시간 이하로 공장을 가동할 때 발생하는 유휴시간에 정규임금을 지불하는 것이다.

▌재고유지비용과 재고부족비용

재고유지비용은 제품 한 단위를 재고로 일정한 기간 동안 유지하는 데 소요되는 비용으로서 자본비용, 기회비용, 보관비용, 진부화에 따른 비용 등을 포함한다. 이 비용은 재고가의 퍼센트로 표현하기도 한다.

재고부족비용(shortage cost)은 고객의 수요가 가용재고보다 큰 경우에 발생한다. 이와 같이 일시적으로 품절이 발생하면 고객이 주문을 취소함으로써 판매상실 (lost sale)에 따른 이익과 신용의 상실이 불가피하든지 또는 고객이 주문이 충족될 때까지 기꺼이 기다려주는 추후납품이 있을 수 있다.

두 가지 경우에 재고부족비용이 발생한다. 추후납품비용(backorder cost)에는 벌과금, 생산독촉비용, 가격할인, 부가적인 서류정리비용 등 납품지연에 따른 여러 가지 비용이 포함된다.

▌하청비용

하청비용은 생산능력부족 등의 이유로 자체 내에서 생산할 수 없는 경우에 제품생산에 따른 하청업자에게 지불하는 비용으로서 보통 자체에서 생산하는 비용보다 더 많이 지불한다.

10.5 총괄계획의 수립기법

총괄계획을 수립하는 기법으로서는 여러 가지가 있다. 그러나 이들은 크게 다음과 같이 분류할 수 있다.

- 도시법
- 수리적 모델
- 휴리스틱기법

기업에서는 실제적으로 그래프나 차트를 이용하는 방법이 널리 이용되고 있다. 이 방법은 여러 가지 변수들을 이용한 전략들에 대하여 관련 비용을 계산하여 총비용이 최소인 전략을 선택하는 것이다. 그러나 근래 선형계획법, 선형결정기법, 휴리스틱 계획모델, 탐색결정기법 등에 대한 연구가 활발히 진행되고 있다.

1. 도시법

도시법(graphic and charting method)이란 예측된 수요와 현존생산능력을 비교할 수 있도록 간단한 표와 그래프를 작성하는 방법이다. 그래프나 차트를 이용하는 방법은 시행착오적 방법이므로 최적계획을 항상 결과하는 것은 아니라는 단점을 가지고 있다.

그래프나 차트를 이용하는 방법은 다음과 같은 절차를 거친다.

- 각 기간별로 총괄수요를 결정한다.
- 각 기간별로 정규시간, 잔업시간, 하청 등 생산능력을 결정한다.
- 정규시간, 잔업시간, 하청, 재고유지 또는 추후납품에 대한 단위 비용을 결정한다.
- 안전재고수준, 최대재고수준, 희망하는 고용수준 등에 대한 기업의 정책을 결정한다.
- 각 대안을 작성하고 비용을 계산한다.
- 만족할 수 있는 계획이면 최소비용의 대안을 선택하고, 그렇지 않으면 다른 대안을 작성한다.

하나의 예로서 윌슨(주)가 6개월 동안 테니스 라켓을 생산할 총괄계획을 수립하는 문제를 들기로 하자. [표 10-1]은 생산소요량(수요예측)과 매월 작업일 수 그리고 비용정보를 나타내고 있다. 재고유지비용은 월말 재고수준에 대하여 계산한다. 1월 1일 회사의 작업자 수는 40명이다.

표 10-1	생산소요량과 비용정보				
월	생산소요량	작업일 수	일 평균 생산소요량	항목	비용
				채용비용	4,000원/인
				해고비용	6,000원/인
1	2,000	23	87	재고유지비용	110원/단위/월
2	2,500	20	125	추후납품비용	130원/단위/월
3	2,500	23	109	하청비용	90원/단위
4	3,500	22	159	정규임금	10원/인/시간
5	3,000	21	143	잔업임금	15원/인/시간
6	2,000	23	87	작업시간	3시간/단위
	15,500	132			

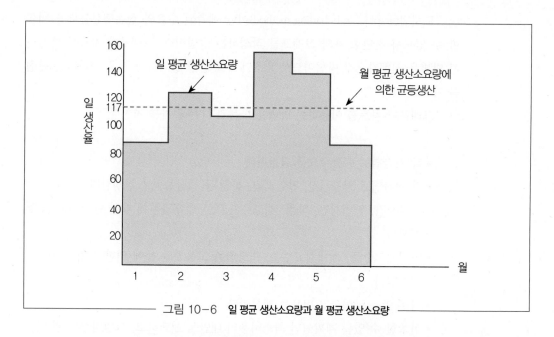

그림 10-6 일 평균 생산소요량과 월 평균 생산소요량

이 문제에 대해 매일 평균 생산소요량과 월 평균 생산소요량을 그래프로 나타
내면 [그림 10-6]과 같다.

$$월평균\ 생산소요량 = \frac{15,500}{132} = 117개/일$$

회사가 고려하는 생산계획은 다음과 같다.

계획 1: 작업자 수준을 증감시켜 매월 생산소요량만큼 생산하는 순수 추적전략을 추구한다. 작업자들은 1주일에 5일간 매일 8시간씩 정상적으로 작업한다.

계획 2: 작업자 수를 월평균 생산소요량에 해당하는 수준으로 매월 일정하게 유지하고 변동하는 수요는 재고증가와 추후납품(backorder)으로 흡수하는 순수 균등생산전략을 추구한다. 따라서 품절이 발생하면 다음 달 생산하여 곧 바로 추후납품하고 이의 비용을 계산한다.

계획 3: 작업자 수를 현재의 40명으로 매월 일정하게 유지하고 변동하는 수요는 재고증가와 하청으로 흡수하는 혼합전략을 추구한다.

▌계획1

계획 1은 월 생산소요량에 맞추어 생산함으로써 필요에 따라 작업자들을 고용하고 해고하는 전략이다. 생산소요량을 생산하기 위해서는 필요한 작업자 수가 얼마인지 매월 계산해야 한다. 이를 구하는 공식은 다음과 같다.

$$월\ 작업자\ 수 = \frac{월\ 생산소요량 \times 단위당\ 작업시간}{월\ 작업일\ 수 \times 8시간}$$
$$= \frac{월\ 생산소요시간}{작업자\ 1인당\ 월\ 작업시간}$$

이 공식을 이용하여 1월의 작업자 수를 구하면 다음과 같다.

$$1월\ 작업자\ 수 = \frac{2,000 \times 3}{23 \times 8} = 32.6 \fallingdotseq 33$$

1월 1일의 작업자 수는 40명인데 1월의 필요 작업자 수는 33명(사사오입하기로 함)이므로 7명을 해고해야 한다. 이러한 방식으로 매월 필요한 작업자 수를 계산하고 전월의 작업자 수와 비교하여 채용인원이나 해고인원을 계산하면 된다.

정규임금이란 회사의 모든 작업자들이 시간당 10원씩, 하루 8시간씩 한 달간 정규적으로 작업하여 받는 총액임금을 말하는데 다음과 같은 공식을 이용하여 계산한다.

$$월\ 정규임금 = 월\ 작업자\ 수 \times 8시간 \times 월\ 작업일\ 수 \times 시간당\ 임금$$
$$= 월\ 생산소요시간 \times 10원$$

표 10-2 계획 1의 결과

항목 \ 월	1	2	3	4	5	6	합계
① 생산소요량	2,000	2,500	2,500	3,500	3,000	2,000	15,500
② 생산소요시간 (① × 3)	6,000	7,500	7,500	10,500	9,000	6,000	
③ 작업일 수	23	20	23	22	21	23	132
④ 생산시간/인 (③ × 8)	184	160	184	176	168	184	
⑤ 필요 작업자 수 (② ÷ ④)	33	47	41	60	54	33	
⑥ 채용인원		14		19			
⑦ 해고인원	7		6		6	21	
⑧ 채용비용 (⑥ × 4,000)		56,000		76,000			132,000
⑨ 해고비용 (⑦ × 6,000)	42,000		36,000		36,000	126,000	240,000
⑩ 정규임금 (② × 10)	60,000	75,000	75,000	105,000	90,000	60,000	465,000
⑪ 총비용 (⑧ + ⑨ + ⑩)	102,000	131,000	111,000	181,000	126,000	186,000	837,000

이와 같이 계산한 결과가 [표 10-2]이며 이때의 관련 비용은 837,000원이다.

계획 2

계획 2는 월평균 생산소요량에 해당하는 수준으로 작업자 수를 매월 일정하게 유지하고 변동하는 수요는 재고증가와 추후납품으로 흡수하는 전략이기 때문에 필요한 작업자 수를 다음과 같은 공식을 이용하여 구해야 한다.

$$필요\ 작업자\ 수 = \frac{6개월간\ 생산소요량 \times 단위당\ 작업시간}{6개월간\ 작업일\ 수 \times 8시간}$$

$$= \frac{15,500 \times 3}{132 \times 8} ≒ 44$$

매월 작업자 수는 44명으로 일정하므로 1월 초에 4명을 채용한다. 이 44명에 1인당 월 생산시간을 곱하면 월 생산가능시간이 나온다. 월 생산가능시간을 단위당 생산시간으로 나누면 월 실제 생산량이 나오는데, 이를 월 생산소요량과 비교하면 월말 재고수준 또는 추후납품의 수량을 알 수 있다.

예를 들어 1월말 재고수준은 다음과 같이 구한다.

$$\text{실제 생산량} = \frac{44 \times \text{작업일 수} \times 8\text{시간}}{\text{단위당 생산시간}} = \frac{\text{월 생산가능시간}}{\text{단위당 생산시간}}$$

$$= \frac{44 \times 23 \times 8}{3} = 2,699$$

$$\text{1월말 재고수준} = \text{1월의 실제 생산량} - \text{1월의 생산소요량}$$
$$= 2,699 - 2,000$$
$$= 699$$

만일 재고부족(품절)이 발생하면 추후납품비용을 계산하고 다음 달 생산해서 납품해야 한다.

표 10-3　계획 2의 결과

월 항목	1	2	3	4	5	6	합계
① 생산소요량	2,000	2,500	2,500	3,500	3,000	2,000	15,500
② 작업일 수	23	20	23	22	21	23	132
③ 작업시간/인 　(②×8)	184	160	184	176	168	184	
④ 작업자 수	44	44	44	44	44	44	
⑤ 채용인원	4						
⑥ 생산가능시간 　(③×④)	8,096	7,040	8,096	7,744	7,392	8,096	
⑦ 실제 생산량	2,699	2,347	2,699	2,581	2,464	2,699	
⑧ 기말재고	699	546	745	−174	−710	−11	
⑨ 채용비용 　(⑤×4,000)	16,000						16,000
⑩ 재고유지비용	76,890	60,060	81,950				218,900
⑪ 추후납품비용				22,620	92,300	1,430	116,350
⑫ 정규임금	80,960	70,400	80,960	77,440	73,920	80,960	464,640
⑬ 총비용	173,850	130,460	162,910	100,060	166,220	82,390	815,890

2월말 재고＝699 + 2,347 − 2,500 ＝ 546

예컨대 4월말 재고부족은 745 + 2,581 − 3,500 = − 174이고 이 부족분은 5월 생산하여 추후납품하게 된다. 따라서 5월말 재고부족은 − 174 + 2,464 − 3,000 = − 710이 된다.

이상에서 설명한 바와 같이 계산한 결과가 [표 10-3]이며 이 때의 관련 비용은 815,890원이다.

┃ 계획 3

계획 3은 작업자 수를 현재의 40명으로 계속 유지하면서 재고부족(품절)이 발생하면 하청으로 메우는 전략이다.

이와 같이 계산한 전략 3의 결과가 [표 10-4]이며 이때의 관련 비용은 882,790원이다.

표 10-4 계획 3의 결과

월 항목	1	2	3	4	5	6	합계
① 생산소요량	2,000	2,500	2,500	3,500	3,000	2,000	15,500
② 작업일 수	23	20	23	22	21	23	132
③ 작업시간/인 (②×8)	184	160	184	176	168	184	
④ 작업자 수	40	40	40	40	40	40	
⑤ 생산가능시간	7,360	6,400	7,360	7,040	6,720	7,360	
⑥ 실제 생산량	2,453	2,133	2,453	2,347	2,240	2,453	
⑦ 기말재고	453	86	39	−1,114	−1,874	−1,421	
⑧ 재고유지비용	49,830	9,460	4,290				63,580
⑨ 하청비용				100,260	168,660	127,890	396,810
⑩ 정규임금	73,600	64,000	73,600	70,400	67,200	73,600	422,400
⑪ 총비용	123,430	73,460	77,890	170,660	235,860	201,490	882,790

[표 10-5]는 각 대안의 관련 비용을 요약하여 종합한 결과이다. 이 외에도 많은 대안을 고려할 수 있지만 이상에서 계산한 네 개의 대안만을 놓고 볼 때 계획 2가 최소의 비용을 나타내고 있다. 그러나 대안을 선택할 때에는 비용 외에도 고객서비스, 자원(노동, 장비)의 사용, 고용의 안정 등을 고려해야 한다.

표 10-5 비용비교

	계획 1	계획 2	계획 3
채용비용	132,000	16,000	
해고비용	240,000		
재고유지비용		218,900	63,580
추후납품비용		116,350	
잔업비용			
하청비용			396,810
정규임금	465,000	464,640	422,400
총비용	837,000	815,890	882,790

2. 수리적 모델

1950년대 이후 많은 학자들이 총괄생산계획을 수립하는데 이용할 많은 수리적 기법을 제안하였다. 예를 들면, 수송모델, 선형 및 목적계획법 등이 있으나 이들의 설명은 생략하고자 한다.

10.6 주일정계획 수립

1. 총괄계획 분해

총괄계획은 재고 또는 추후납품의 수준, 고용 또는 해고인원 수, 하청량, 잔업량, 정규생산량 등을 제품군별로 나타낸 전반적 계획이다. 따라서 각 개별 제품을 특정 시기에 얼마 생산할 것인가라는 기업의 현실적인 생산계획의 문제와는 거리가 있게 된다. 그러므로 실행가능한 구체적이고 단기의 생산계획 및 자원배분을 얻기 위해서는 총괄계획을 개별 제품별로 분해(disaggregation)할 필요가 있다.

총괄계획을 분해한 결과가 일시적 주일정계획(master schedule: MS)이다. 이는 각 기간에 각 개별 최종품목(end item)이나 완제품(finished product)을 총괄계획에서 허용된 자원에 입각하여 실제로 얼마 생산해야 하는가를 나타내는 계획이다. MS가 작성되면 자재와 부품을 구입할 수 있게 되고 스케줄링을 수립하게 되며 인력

표 10-6 총괄계획과 주일정계획

월	1	2
매트리스 생산	680	680

모델 \ 주	1	2	3	4	5	6	7	8
모델 100	150					150		
모델 200				130			130	
모델 300		200	200		200			200

계획 및 재고계획을 수립할 수 있게 된다. *MS*는 마케팅부와 생산부에 아주 중요한 정보를 내포하고 있다. 고객으로부터 받은 주문의 생산 스케줄이 언제 수립되고 완성된 주문이 언제 발송이 될지를 보여 준다.

[표 10-6]은 매트리스의 총괄계획으로부터 8주 동안의 모델별 *MS*를 작성한 예이다. *MS*는 보통 주 단위로 작성된다. 이러한 단위를 타임버킷(time bucket)이라고 한다. *MS*의 계획기간은 6개월부터 12개월 정도이지만 제품생산에 참여하는 부품 중 가장 긴 리드타임보다 길어야 수요를 계획대로 충족할 수 있는 것이다.

월 생산량을 모델별 주별 생산량으로 분해하기 위해서는 과거의 수요패턴과 마케팅부의 의견을 고려해서 효율적으로 결정해야 한다.

2. 개략능력계획

일단 일시적 *MS*가 작성되면 이의 타당성을 평가하기 위하여 각 기간별, 각 작업장별 총생산시간을 계산할 수 있는데 이를 개략능력계획(rough-cut capacity planning)이라고 한다.

기계 또는 노동, 저장공간, 운전자금 같은 능력의 제한 또는 애로는 *MS*의 시기와 수량에 영향을 미칠 수 있다. 따라서 일시적 *MS*가 총괄계획에서 결정한 기계능력, 노동력, 잔업, 하청 등 자원으로 생산가능한지 검정을 해야 한다.

개략능력계획의 목적은 일시적 *MS*에 의한 생산 스케줄이 특정 기간에 초과부하 또는 과소부하는 걸리지 않는지 검토한 후 그의 내용을 필요에 따라 조정하려는 것이다.

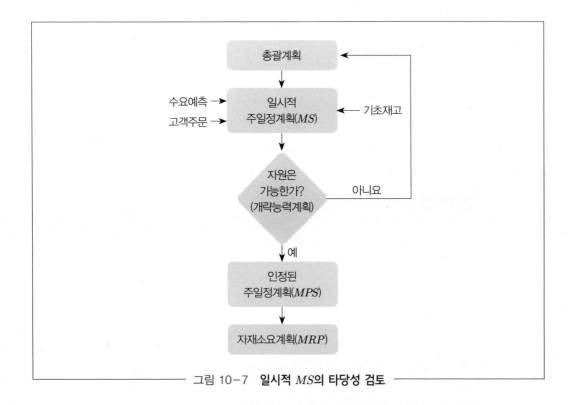

그림 10-7 **일시적 _MS_의 타당성 검토**

만일 작업장이 초과부하되면 잔업이나 하청 등 조치를 강구하든지 또는 _MS_
를 수정해야 한다. 반대로 작업장이 과소부하되면 _MS_의 변경을 통하여 더 많은
작업을 추가하든지 또는 작업자의 일부를 그 작업장으로부터 다른 작업장으로 이
동시켜야 한다. 이러한 과정은 매 기간 반복해야 한다.

일시적 _MS_의 타당성 검토과정은 [그림 10-7]이 보여 주고 있다.

10.7 주일정계획 수립과정

_MS_는 제품의 수량과 시기(예컨대 배송시기)를 나타낼 뿐 계획된 생산량
(planned production)을 알려 주지는 않는다. _MS_가 언제 얼마의 제품을 배송할 것
을 요구하더라도 현재고(on-hand inventory)에 따라 생산 여부를 결정할 수 있고 또
한 생산 로트크기(production lot size)를 생산할 경우에는 다음 기간의 수요를 충족

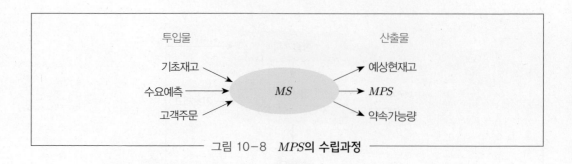

그림 10-8 *MPS의 수립과정*

| 표 10-7 | 기초재고, 수요예측, 고객 주문 |

기초재고 = 30	1월				2월			
	1	2	3	4	5	6	7	8
수요예측	30	30	30	30	35	35	35	35
고객주문	40	27	25	8	0	0	0	0
예상현재고								
MPS								
ATP								

시키기 위하여 초과재고를 유지할 수도 있다.

확정적 주일정계획(master production schedule: *MPS*)는 원하는 배송량과 그 시기는 물론 현재고를 고려한 계획된 생산의 수량과 시기를 나타낸다.

*MPS*의 수립과정은 매우 동태적이고 복잡하다. 몇 단계를 거치면서 많은 절충이 이루어져 최종 품목별 생산계획이 수립된다. *MS*의 투입물은 [그림 10-8]이 보여 주는 바와 같이 전기로부터 이월된 기초재고, 고객으로부터 받은 확실한 주문(firm order), 각 기간별 수요예측이다.

[표 10-7]은 계획생산하는 매트리스 모델 100의 기초재고, 수요예측, 예약된 고객주문을 나타내고 있다. *MS*의 산출물은 예상현재고(projected on-hand inventory), 주일정계획(*MPS*), 미래 고객에의 약속가능(재고)량(available-to-promise: *ATP*)이다.

▍예상현재고의 계산

예상현재고는 다음의 공식을 이용하여 각 주별로 음수가 될 때까지 계산해 나간다.

$$\text{예상현재고} = \text{전 주로부터 이월한 기초재고} - \text{금주의 소요량}$$

여기서 금주의 소요량(requirement)이란 수요예측과 고객주문 중에서 큰 것을 의미한다. 첫째 주의 예상현재고는 다음과 같이 계산한다.

$$\text{예상현재고} = 30 - 40 = -10$$

첫째 주의 예상현재고는 -10인데 이는 재고를 보충하기 위하여 생산이 이루어져야 함을 의미한다. 여기서 로트크기(lot size)는 150이라고 가정한다.

| MPS와 예상현재고의 계산

10이 부족한데 150을 생산하므로 그 차이인 $150 - 10 = 140$은 미래수요를 위해 재고로 보유한다. 이러한 계산을 전 기간 동안 하게 되는데 예상현재고가 음수가 될 때마다 150을 생산해야 한다. [표 10-8]은 이와 같이 계산하여 얻은 MPS와 예상현재고를 보여 주고 있다.

[표 10-8]에서 주 1의 MPS는 150인데 이를 계획하지 않으면 10의 재고부족이 발생하기 때문이다. 만일 매트리스 모델 100의 리드타임(lead time)이 1주일이라면 이미 1주일 전에 150개의 매트리스 생산이 시작되었음을 의미한다. 똑같이 150개의 매트리스 생산을 주 5에 시작해야 주 6에 매트리스를 고객에게 배송할 수 있는 것이다.

표 10-8 MPS와 예상현재고의 결정

주	기초재고 (A)	소요량 (B)	MPS 전의 순재고 C=(A−B)	MPS (D)	예상현재고 (C+D)
1	30	40	−10	150	140
2	140	30	110		110
3	110	30	80		80
4	80	30	50		50
5	50	35	15		15
6	15	35	−20	150	130
7	130'	35	95		95
8	95	35	60		60

| 약속가능량의 결정

고객의 주문은 계속해서 들어오기 때문에 특정 주에 약속할 수 있는지를 결정하기 위해서는 약속가능량을 계산해야 한다. 이 약속가능량은 다음 MPS 전에 계산해야 언제든지 배송을 약속할 수 있는 수량이다.

약속가능량의 계산은 다음과 같이 한다.

- 계획의 첫 기간에는 전기로부터 이월된 현재고(기초재고)와 첫 기간의 MPS를 합치고 이로부터 첫 기간의 고객주문과 다음 MPS 전의 고객주문들의 합을 뺀다.
- 다음 기간부터는 MPS가 있는 주에만 ATP를 계산한다(MPS가 없는 기간의 APT=0이다). 다음 MPS 전의 고객주문들의 합을 그 주의 MPS로부터 뺀다. 이때 예상현재고는 고려하지 않는다.

이러한 절차에 따라 각 주의 ATP를 계산한 결과는 [표 10-9]와 같다.

여기서 80은 주 1부터 주 5 사이에 한꺼번에 또는 분할하여 고객에게 추가로 공급을 약속할 수 있는 매트리스의 수를 의미한다.

표 10-9 약속가능량의 결정

기초재고=30	1월				2월			
	1	2	3	4	5	6	7	8
수요예측	30	30	30	30	35	35	35	35
고객주문	40	27	25	8	0	0	0	0
예상현재고	140	110	80	50	15	130	95	60
MPS	150					150		
ATP	80					150		

주 1의 $ATP=(30+150)-(40+27+25+8+0)=80$
주 6의 $ATP=150-(0+0)=150$

01 총괄계획을 설명하라.

02 생산운영관리에서 계획을 수립하는데 그들의 유형을 설명하라.

03 총괄계획을 수립하는 단계를 설명하라.

04 총괄계획에서 추구하는 전략을 설명하라.

05 삼천리 자전거(주)는 6개월 간의 수요예측에 입각하여 자전거의 몇 가지 모델을 생산할 총괄계획을 수립하고자 한다.

　회사는 연초보유재고를 갖지 않으며 6월 말에도 보유하지 않으려고 한다. 수요예측과 비용자료는 다음과 같다. 재고유지비용은 월말 재고를 기준으로 한다.

월	수요예측	생산 데이터	
1	2,400	재고유지비용	$1.50/대/월
2	1,200	추후납품비용	$300/대/월
3	2,800	채용비용	$200/인
4	3,600	해고비용	$300/인
5	3,200	대당 노동시간	2시간
6	3,600	임금	$8.00/시간
		작업시간	8시간/인·일
		작업일	20일/월
		현재 작업자	30인

계획 1: 고용수준의 변동을 통하여 매월의 수요를 만족시키는 추적전략을 사용한다.

계획 2: 월 평균생산소요량을 매월 균등생산하면서 변동하는 수요는 재고와 추후납품으로 흡수한다.

06 문경 산업(주)에서는 다음과 같이 6개월의 수요예측에 의하여 총괄계획을 수립하려고 한다. 계획수립에 필요한 비용정보가 다음과 같을 때 총비용을 최소로 하는 전략은 어느 것인가?

전략 1: 하루 여덟 시간씩 정상적으로 작업하는 작업자 수의 증감을 통하여 월간 수요량을 생산한다.

전략 2: 6개월 간의 평균수요량을 만족시킬 작업자 수를 일정하게 유지하면서 재고수준의 변동을 통하여 수요를 만족시킨다. 재고부족이 발생하면 이는 바로 다음 달의 생산으로 납품한다.

전략 3: 6개월 간의 평균수요량을 만족시킬 작업자 수를 일정하게 유지하고 하루 여덟 시간씩 정규적으로 작업하게 하면서 재고수준의 증가 및 하청을 통하여 수요를 만족시킨다.

	1월	2월	3월	4월	5월	6월
수요예측	3,000	4,100	7,000	5,900	4,500	4,450
작업일 수	22	19	21	21	22	20
작업시간	176	152	168	168	176	160

재고유지비용 : $2/단위/월

추후납품비용 : $5/단위/월

하청비용　　 : $20/단위

고용비용　　 : $300/1인

해고비용　　 : $400/1인

작업시간　　 : 5시간/단위　　　　잔업임금　　　 : $6/시간

정규임금　　 : $4/시간　　　　　1월　작업자 수 : 130

07 평화 제조(주)에서는 아래와 같은 4개월 간의 수요를 만족시키면서 비용을 최소로 하는 전략을 사용하여 총괄계획을 수립하려고 한다. 어느 전략이 더욱 효과적인가?

전략 1: 고용수준의 변동을 통하여 수요를 만족시킨다. 5월 초에 작업자 수는 35명이다.

전략 2: 5월 초의 작업자 수 35명을 계속 유지하면서 수요의 변동은 재고의 증감을 통하여 만족시킨다. 재고부족은 바로 다음 달의 생산으로 만족시킨다.

월	수 요	작업일 수
5	550	22
6	600	19
7	800	21
8	400	21

1인당 평균임금	: $1000/월
단위당 작업시간	: 8시간
고용비용	: $300/1인
해고비용	: $400/1인
재고유지비용	: $5/단위/월
추후납품비용	: $100/단위/월

08 성균 산업(주)는 아래와 같은 정보와 전략에 따라 8개월의 총괄계획을 수립하고자 한다. 총비용(단위: 원)면에서 어느 전략이 가장 바람직한가?

비용 자료:

정규임금/시간	: 12.50
잔업임금/시간	: 18.75
하청비용(노동)/시간	: 125.00
추후납품비용/단위/월	: 25.00
재고유지비용/단위/월	: 10.00
채용비용/인	: 800.00
해고비용/인	: 500.00

능력 자료:

시초의 작업자 수	: 90
기초재고	: 0
작업시간/단위	: 8시간
정규작업시간/월	: 160시간/인
잔업시간/월	: 40시간/인

수요예측 :

	1월	2월	3월	4월	5월	6월	7월	8월
	1,920	2,160	1,440	1,200	2,040	2,400	1,740	1,500

전략 1: 재고와 추후납품정책을 사용하는 균등생산전략(시초의 작업자 수 유지)에 의하여 총비용을 최소로 한다.

전략 2: 추후납품(재고부족)은 허용하지 않고 다만 재고증가를 통한 균등생산전략(시초의 작업자 수 유지)에 의하여 매월의 수요를 만족시킨다.

전략 3: 고용수준의 변동을 통하여 매월의 수요를 만족시키는 추적전략을 사용한다.

전략 4: 시초의 고용수준을 유지하면서 재고증가와 필요하면 잔업을 통하여 매월의 수요를 만족시키는 혼합전략을 사용한다.

09 다음과 같은 수요예측, 비용 및 능력 데이터를 사용하여 6개월의 총괄계획을 수립하고자 한다. 총비용면에서 어느 전략이 가장 효과적인가?

채용비용	: 2,000원/인
해고비용	: 3,000원/인
재고유지비용	: 20원/단위/월
추후납품비용	: 30원/단위/월
정규임금	: 12.5원/시간
잔업임금	: 18.75원/시간
작업시간	: 4시간/단위
작업일	: 22일/월
기초재고	: 200단위
현재의 작업자 수	: 10인

	1	2	3	4	5	6
수요예측	500	600	650	800	900	700

계획 1: 작업자 수의 증감을 통해 매월 생산소요량만큼 생산하는 순수 추적전략을 사용한다. 작업자들은 1주일에 5일간, 매일 8시간씩 정상적으로 작업한다.

계획 2: 작업자 수를 현재의 10명으로 일정하게 유지하고 변동하는 수요는 재고증가와 추후납품으로 충족시키는 순수 균등전략을 사용한다.

계획 3: 작업자 수를 현재의 10명으로 일정하게 유지하고 변동하는 수요는 재고증가와 잔업으로 충족시키는 혼합전략을 사용한다.

10 다음과 같은 데이터를 이용하여 각 기간별 *MPS*와 *ATP*를 계산하라.

기초재고＝60 로트크기＝200	기간					
	1	2	3	4	5	6
수요예측	100	100	100	100	100	100
고객주문	90	120	130	70	20	10
MPS						
ATP						

11 다음과 같은 데이터를 이용하여 각 기간별 MPS와 ATP를 구하라.

기초재고＝0 로트크기＝100	기간			
	1	2	3	4
수요예측	70	70	70	80
고객주문	80	50	30	20
예상현재고				
MPS				
ATP				

12 다음과 같은 데이터를 이용하여 각 월별 MPS와 ATP를 구하라.

기초재고＝10 로트크기＝100	월		
	7	8	9
수요예측	50	100	150
고객주문	70	110	150
예상현재고			
MPS			
ATP			

13 다음과 같이 수요예측과 능력 데이터가 주어졌을 때

기간	1	2	3	4	5	6
수요	5,500	4,600	7,600	5,800	6,560	4,000

기초재고 　　　 : 400단위
기초 작업자 수 : 210명
작업시간 　　　 : 6시간/단위
가능한 정규시간 : 160시간/기간
재고유지비용 　 : 8원/단위/기관
추후납품비용 　 : 15원/단위/기관
정규임금 　　　 : 12원/시간
잔업임금 　　　 : 16원/시간

계획 1: 재고와 추후납품 정책을 사용하여 수요변동에 대처하면서 기간별 균등생산을 실시할 때 발생하는 기간별 기말재고와 추후납품량 그리고 총비용을 구하라.

계획 2: 기초 작업자 수를 계속 유지하면서 변동하는 수요는 잔업으로 만족시키려고 한다. 총비용을 구하라.

재고관리: 독립수요 품목

재고관리는 기업이 직면한 가장 중요하고 복잡한 부문 중의 하나이다. 대부분의 기업에서 재고자산은 전체 자산의 10~25%를 차지하고 재고유지비용은 전체 재고가치의 30%에 해당한다. 따라서 효과적인 재고관리는 재고비용을 획기적으로 감축할 수 있어 기업의 성공에 필수적인 요소가 된다.

재고(inventory)란 미래에 생산하거나 고객에 판매할 목적으로 유지하는 원자재, 재공품, 완제품, 부품, 소모품 등을 말한다. 재고를 너무 많이 보유하면 자본비용, 저장비용, 세금, 보험료 등 비용이 발생하고 너무 적게 보유하면 고객 서비스 등 문제가 발생한다. 재고는 고객의 수요를 만족시키기 위해서 필요하지만, 한편으로는 이들을 유지하는 데 비용이 수반된다.

따라서 재고관리의 기본 목적은 첫째, 적시적량의 재고로 고객에 대한 서비스 수준을 최대로 하며 둘째, 이에 부수되는 제 비용을 최소로 하는 것이라 할 수 있다. 이러한 목적은 서로 상충한다. 따라서 비용과 서비스 수준 사이에 균형을 이루도록 해야 한다. 즉 재고의 과다보유 또는 품절을 피하는 적정수준의 재고를 보유하도록 해야 한다. 재고관리의 기본 목적은 다음과 같이 재고주문의 시기와 양에 대한 가장 좋은 결정을 내림으로써 보유해야 할 적정수준의 재고를 관리하려는 것이다.

• 재고를 보충할 때 1회 주문량은 얼마로 해야 하는가?

- 보충을 위해서 주문은 언제 해야 하는가?

전자는 경제적 1회 주문량(economic order quantity: EOQ)에 관한 결정이고 후자는 주문시기, 즉 재주문점(reorder point: ROP)에 관한 결정이다.

본장에서는 독립수요 품목의 재고관리를 위한 기본적인 개념과 모델들을 공부하게 될 것이다.

11.1 재고의 기능

재고가 수행하는 기능은 이를 보유하는 업체의 성격이 무엇이냐에 따라 다르다. 예컨대 백화점은 고객의 수요를 충족시키기 위하여 많은 완제품을 보유하고, 조립라인 같은 대량생산 프로세스에서는 원활한 생산흐름을 유지하기 위하여 많은 부품을 쌓아 둔다. 이와 같이 재고는 여러 가지 기능을 수행하기 위하여 보유하는데 이를 좀더 자세히 설명하면 다음과 같다.

- 예상되는 고객의 계절적 수요를 충족시키기 위하여 재고를 보유한다. 예컨대 에어컨의 수요는 여름에만 매우 높기 때문에 예상되는 미래의 높은 수요를 충족시키기 위하여 비수기에 미리 생산하여 재고로 쌓아 둔다. 이러한 재고는 기대수요를 만족시키기 위하여 보유하기 때문에 예상재고(anticipation inventory)라고 한다.
- 재고는 연속적인 프로세스는 물론 공급업자와의 관계를 분리시키는 (decoupling) 역할을 한다. 두 프로세스를 분리시켜 독립시킴으로써 뒤 프로세스가 앞 프로세스의 영향을 받지 않도록 한다. 연속적인 제조 프로세스에서 충분한 재공품의 재고가 없게 되면 어느 프로세스에 사고가 발생할 때(예컨대 기계고장 또는 부품부족) 후 프로세스들은 자동적으로 중지할 수밖에 없다.

  공급업자로부터의 늦은 공급 또는 품절로 인한 생산 프로세스의 지연을 방지하고 공급업자로부터의 영향을 덜 받을 수 있기를 원한다. 이러한 목적으로 보유하는 재고를 분리재고(decoupling inventory)라고 한다.

- 재고는 수요, 리드타임 혹은 공급량의 불확실성에 대비하여 보유한다. 기후, 품절, 품질 문제 등에 따른 납품의 지연과 예상치 못한 수요의 증가는 품절의 위험을 증가시킨다. 이러한 품절의 위험은 기대되는 평균수요 이상으로 완충재고(buffer stock) 또는 안전재고(safety stock)를 보유함으로써 줄일 수 있다. 제10장 공급사슬관리에서 공부한 채찍효과로 공급사슬의 하류에서 상류로 올라 갈수록 수요에 대한 불확실성이 증폭되어 배송업자, 제조업자, 공급업자 등은 더욱 많은 안전재고를 쌓아 두려고 한다.

- 낮은 단위당 가격 또는 수량할인 등의 이점을 살리기 위하여 현재 필요한 양 이상으로 경제적 주문량을 구입하는 경우 남는 부분은 일정 기간 재고로 유지된다. 또한 필요한 수량 이상의 경제적 생산량을 생산할 때 초과 생산량은 추후 사용될 때까지 유지되어야 한다. 이러한 재고를 주기재고(cycle inventory)라고 한다.

- 물류시스템(material flow system)에서 재고는 한 지점에서 다른 지점으로 이동한다. 예컨대 납품업자로부터 공장으로, 공장 내의 한 프로세스에서 다음 프로세스로, 공장에서 유통센터 또는 소매점으로 이동 중인 자재를 파이프라인 재고(pipeline inventory) 또는 운송재고(transit inventory)라고 한다. 이러한 재고는 운송시간이 필요하기 때문에 발생한다.

- 상당한 가격인상이 예상되는 경우 자금을 은행에 예금하는 것보다 재고투자에 활용하는 것이 수익면에서 훨씬 유리한 경우가 있다. 이러한 경우에는 재고유지비용이 발생하더라도 인플레이션에 대한 방지책으로 재고 사재기가 이용될 수 있다.

- 수량할인을 받기 위하여 필요한 양 이상으로 대량구매하는 경우 재고는 증가하게 된다. 이와 같이 대량구매에 따른 가격할인의 이점도 있지만 재고비용, 부패, 도난, 보험료 등 고려할 점도 많다.

11.2 독립수요와 종속수요

재고에 대한 수요는 독립수요(independent demand)와 종속수요(dependent demand)로 구분할 수 있다. 어느 재고품목에 대한 수요율이 기업 외부의 시장조건에 의하여 결정되면, 이는 사전에 분명히 알 수 없으므로 예측해야 한다. 이와 같이 어느 품목에 대한 수요가 다른 품목에 대한 수요와 아무런 관계가 없으면 그 품목에 대한 수요를 독립수요라 한다. 완제품, 용품, 수리용 부품 등은 독립수요 품목의 예이다.

종속수요는 최종제품의 생산에 필요한 원자재, 부품, 구성품(component)의 수요이다. 그러므로 어느 품목에 대한 종속수요는 예측에 의하여 결정하는 것이 아니고, 그 품목을 이용하여 만드는 모품목(parent item)에 대한 수요로부터 계산할 수 있는 것이다. 대부분의 종속수요 품목은 독립수요 품목을 생산하기 위하여 사용된다. 따라서 기업이 언제, 얼마의 독립수요 품목을 생산할 것인가의 생산계획을 수립하면 이로부터 종속수요 품목이 언제, 얼마나 필요한가를 계산해 낼 수 있다.

독립수요와 종속수요를 구분하기 위하여 자동차의 예를 들기로 하자. 자동차라는 완제품에 대한 수요는 시장에서 결정되고 다른 제품의 구성품이 아니므로 독립수요라 할 수 있으며, 따라서 예측에 의하여 결정한다. 그러나 자동차를 만드는 데 필요한 타이어나 핸들 등에 대한 수요는 자동차에 대한 고객의 수요로부터 유발되므로 종속수요라 할 수 있으며, 이들에 대한 수요(소요량)는 자동차의 생산계획으로부터 계산할 수 있다.

독립수요와 종속수요는 [그림 11-2]에서 보는 바와 같이 서로 상이한 수요패턴을 보이고 있다. 독립수요 품목은 그에 대한 수요가 언제나 비교적 안정하게 발생하기 때문에 재고로써 꾸준히 유지해야 한다. 독립수요 품목에 대해서는 재고의 보충(replenishment)이 아주 중요하다. 재고가 일정 수준 이하로 떨어지면 재고를 보충하기 위하여 즉시 주문을 발령해야 한다. 독립수요 품목에 대해서는 품절의 가능성을 줄이기 위하여 안전재고(safety stock)가 필요하다.

그러나 종속수요 품목은 독립수요 품목을 생산할 때에만 필요하기 때문에 항상 재고로 유지할 필요가 없으며, 안전재고는 전혀 필요가 없는 것이다. 많은 기업에서는 완제품에 대한 수요가 계속적이더라도 이들을 생산할 때 로트생산(lot or batch production)방식을 취하기 때문에 원자재나 부품, 중간조립품 등에 대한 수요는 [그림 11-1]에서처럼 산발적이고 일괄적(lumpy)으로 발생한다. 이와 같이 일정한 양의 종속수요 품목에 대한 소요(requirement)는 그 로트의 생산이 이루어질 때만 발생하는 것이다.

[그림 11-1]은 테이블에 대한 독립수요의 패턴과 다리에 대한 종속수요의 패턴을 보여주고 있다. 테이블에 대한 수요는 매주 50개씩 꾸준히 이루어지지만 다

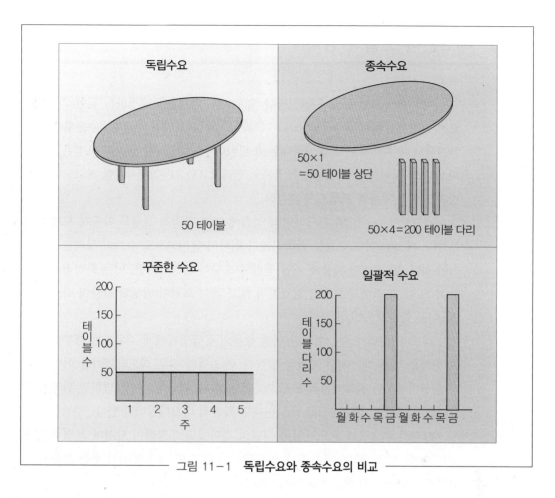

그림 11-1 **독립수요와 종속수요의 비교**

리에 대한 수요는 금요일에만 조립하기 때문에 $50 \times 4 = 200$개가 매주 금요일에 일괄적으로 이루어진다.

이와 같이 두 가지 유형의 수요는 서로 다른 재고시스템에 의하여 관리된다. 즉 독립수요 품목은 본장에서 취급할 고정 주문량시스템 또는 정기 주문시스템에 의하여 통제되지만, 종속수요 품목은 제13장에서 공부할 자재소요계획에 의하여 통제된다.

11.3 재고관리 모델의 성격

　　재고관리 모델은 앞에서 설명한 '얼마?'와 '언제?'를 결정하기 위한 기준변수로서의 총비용(total inventory cost: TC)과 결정변수로서의 주문량, 주문횟수 혹은 안전재고 수준과의 관계를 나타내는 모델이다. 주어진 상황에 따라 모델은 비용의 최소화 또는 이익의 최대화를 목적으로 한다. [그림 11-2]에서처럼 재고모델은 확정적 모델과 확률적 모델로 구분한다.

　　재고모델은 수요와 리드타임의 성격에 따라 확정적 모델과 확률적 모델로 구분한다. 재고는 미래 수요를 만족시키기 위하여 유지되므로 수요의 성격을 예측하여야 한다. 만일 어떤 제품에 대한 연간 수요량이 일정하다면, 이는 확정적 수요라 할 수 있다. 그러나 수요량이 일정하지 않고 각 수요량이 발생할 확률이 따르게 되면, 이는 확률적 수요라 한다.

　　리드타임(lead time: LT)이란 어떤 품목의 공급업자에게 주문하는 때부터 그것을 실제로 받는 때까지의 기간을 말한다. 제조업의 경우 리드타임이란 어떤 품목의 생산지시부터 완료까지의 모든 기간을 말한다. 리드타임이 분명하면 확정적 리드타임이라 하고, 확률분포로써 나타내면 확률적 리드타임이라 한다.

　　따라서 수요량과 리드타임이 시간의 경과에도 일정하며 사전에 분명히 알고 있으면, 이 때의 재고모델은 확정적 모델이라 하고 이 가운데 하나 또는 모두가 확률분포로 나타나면 확률적 모델이라 한다.

　　수요와 리드타임의 성격이 뚜렷하면 리드타임 동안의 수요량의 성격을 예측할 수 있다. 리드타임 동안의 수요량은 리드타임의 성격이나 이 기간 동안의 수요

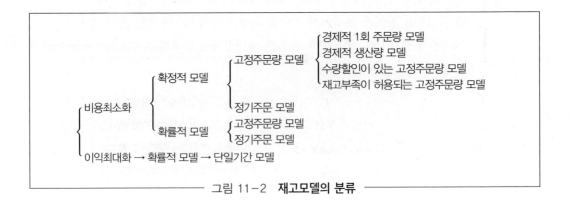

그림 11-2　**재고모델의 분류**

의 성격에 따라 확정적일 수도 있고 확률적일 수도 있다. 만일 리드타임이 10일이고 이 기간 동안 매일 다섯 단위씩 수요가 된다면, 리드타임 동안의 예상 수요량은 50단위로서 확정적 모델이기 때문에 재고부족 현상이 발생하지 않는다.

그러나 리드타임 또는 수요량이 확률분포를 나타내면 당연히 리드타임 동안의 수요량 또한 확률분포를 나타낸다. 따라서 이러한 경우에는 품절현상이 발생할 가능성이 존재한다. 이러한 품절현상을 미연에 방지하기 위하여 안전재고를 유지할 필요가 있는 것이다.

11.4 재고비용

한 번에 얼마를 주문할 것인가에 대한 답은 너무 많이 주문했을 때의 비용과 너무 적게 주문했을 때의 비용의 함수이다. 너무 많이 주문하면 재고유지비용이 발생하고, 너무 적게 주문하면 주문비용과 재고부족비용이 발생할 수 있다.

1. 주문비용

필요한 자재나 부품은 외부의 공급업자로부터 구입하든지, 또는 회사 자체 내에서 생산하든지 한다. 외부에서 구입할 때 소요되는 제 비용, 예를 들면 주문발송비, 통신료, 물품수송비, 검사비, 입고비, 관계자의 봉급 등을 주문비용(ordering cost)이라 한다. 주문비용은 주문량의 크기와는 관계 없이 일정액으로 표시된다. 제품을 외부로부터 구매하지 않고 회사 자체 내에서 생산하는 경우에는 주문비용은 발생하지 않고 그 대신 생산준비비용(set-up cost) 또는 생산변경비용(production change cost)이 발생한다.

준비비용은 어떤 제품의 제조에 필요한 공구의 교체, 공원의 교체, 원료의 준비 등에 소요되는 비용을 말한다. 이는 동일한 기계설비에서 여러 종류의 제품을 생산하는 경우, 즉 한 제품에서 다른 제품으로 생산을 변경할 때 발생한다.

2. 재고유지비용

재고유지비용(inventory holding cost or carrying cost)은 재고를 실제로 유지보관하는 데 소요되는 제 비용을 말한다. 재고유지비용은 재고의 수준에 따라 직접적으로 변동하는 비용인데, 여기에는 저장비, 보험료, 세금, 감가상각비, 진부화에 의한 손실, 재고투자에 묶인 자금에 관련한 기회비용 등이 포함된다. 재고유지비용은 그 품목의 구매가격에 대한 퍼센트로 표시하거나, 한 단위를 일정 기간 유지하는 데 드는 비용으로 표시한다.

3. 재고부족비용

재고부족비용(shortage cost)은 재고가 소진되어 그 품목에 대한 수요는 취소되거나 추후에 보충되는 대로 충족시키는 데에 따른 비용으로서 판매기회의 상실과 고객의 상실로 인한 기회비용, 조업의 중단, 신용의 상실 등을 주관적으로 평가하는 비용을 일컫는다.

재고부족비용은 판매는 하였지만 재고가 없어 보충되는 대로 바로 납품하기로 약속한 추후납품에 의해 수요가 충족될 때 발생하는 추후납품비용(backorder cost: 예컨대, 벌과금, 생산독촉비용, 신용상실)과 재고가 없어 고객으로부터 수요가 취소될 때 발생하는 품절비용(stockout cost)으로 구분된다.

11.5 확정적 모델

수요량과 리드타임이 일정한 모델을 확정적 모델이라 한다. 여기에는 고정주문량 모델의 대표적인 경제적 1회 주문량 모델과 경제적 생산량 모델 등이 포함된다.

1. 경제적 1회 주문량 모델

가장 널리 알려져 있는 기본적인 재고모델이 EOQ 모델인데 이는 1915년 F.

W. Harris에 의하여 고안되었으며 다음과 같은 가정에 입각하고 있다.

- 연간 수요량(사용량)은 알려져 있다.
- 단위 기간당 사용률은 일정하며 균일하다.
- 리드타임은 일정하다.
- 주문량은 리드타임이 지남과 동시에 일시에 전량이 배달된다.
- 수량할인이 인정되지 않는다.
- 재고부족현상이 발생하지 않는다.
- 하나의 품목에 대해서만 고려한다.

위의 가정에 입각하여 시간의 경과에 따른 재고수준의 변동을 [그림 11-3]이 보여 주고 있다.

주기는 주문량 Q를 배달받은 때부터 시작한다. 단위 기간당 사용률이 일정하므로 재고수준은 시간의 경과에 따라 일정하게 감소한다. 재고수준이 리드타임 동안에 예측되는 수요량, 즉 재주문점(ROP)까지 하락하면 일정한 주문량 Q를 주문한다. 일정한 리드타임이 끝나 재고수준이 0으로 됨과 동시에 주문했던 Q가 일시에 도착하여 새로운 주기가 시작한다.

수요와 리드타임이 확정적이므로 안전재고가 필요 없으며, 재고부족을 인정하지 않으므로 재고부족비용은 이 모델에서 제외된다. 또한 품목의 연간 구매비용은 일정하고 주문량에 무관하므로 이 모델에서 제외된다. 따라서 총비용은 주문비

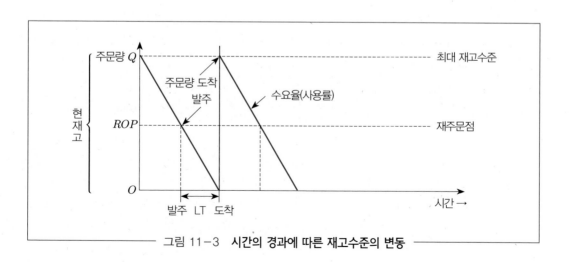

그림 11-3 **시간의 경과에 따른 재고수준의 변동**

용과 재고유지비용으로 구성된다.

$$\text{연간 총비용} = \text{연간 주문비용} + \text{연간 재고유지비용}$$

연간 수요량은 일정하므로 1회 주문량이 커지면 주문횟수가 적어져 연간 주문비용이 적어지는 반면, 연간 재고유지비용은 증가한다. 반대로 1회 주문량이 작아지면 연간 주문비용은 증가하는 반면, 연간 재고유지비용은 감소한다. 따라서 한 번에 얼마를 주문해야 하느냐 하는 것은 이들 비용의 합계인 총비용을 최소로 하는 Q, 즉 경제적 주문량을 찾는 것과 같은 것이다. 여기서 사용되는 단위 기간은 주, 월, 연이 될 수 있으나 보통 연간 단위당 재고유지비용을 사용하므로, 본절에서도 1년을 단위 기간으로 사용하고자 한다.

▎연간 재고유지비용

재고수준은 최대 Q로부터 최소 0까지 일정한 율로 감소하므로 평균재고는 $\frac{Q+0}{2} = \frac{Q}{2}$이다. 만일 연간 단위당 재고유지비용이 C_h라면 연간 재고유지비용은 다음과 같이 계산한다.

$$\text{연간 재고유지비용} = (\text{평균재고})(\text{연간 단위당 재고유지비용})$$

$$= \frac{Q}{2} \cdot C_h \tag{11·1}$$

▎연간 주문비용

연간 수요량과 1회 주문량이 알려져 있으므로 연간 주문횟수는 연간 수요량을 1회 주문량으로 나누어 구한다. 연간 수요량을 D라 하고 1회 주문비용을 C_0라 하면

$$\text{연간 주문비용} = \left(\frac{\text{연간 수요량}}{\text{1회 주문량}} \right) \cdot (\text{1회 주문비용})$$

$$= \frac{D}{Q} \cdot C_0 \tag{11·2}$$

가 된다.

표 11-1	주문량에 따른 총비용의 결과		
주문량	연간 재고유지비용	연간 주문비용	연간 총비용
5,000	1,875	312	2,187
4,000	1,500	390	1,890
3,000	1,125	520	1,645
2,000	750	780	1,530
1,000	375	1,560	1,935

연간 총비용

식 (11·1)과 (11·2)를 이용하면

연간 총비용 = 연간 재고유지비용 + 연간 주문비용

$$TC = \frac{Q}{2} \cdot C_h + \frac{D}{Q} \cdot C_0$$

가 된다. 예컨대 $D = 156,000$, $C_h = 0.75$, $C_0 = 10$이라고 할 때 Q의 여러 가지 값에 대한 연간 재고유지비용과 연간 주문비용을 계산하면 [표 11-1]과 같고 이를 그림으로 표시하면 [그림 11-5]와 같다.

EOQ 공식의 유도

[그림 11-4]에서 보는 바와 같이 총비용은 재고유지비용과 주문비용이 동일한 주문량에서 최소가 된다. 따라서 총비용이 최소가 되는 최적 주문량 Q^*는 다음과 같이 구한다.

연간 재고유지비용 = 연간 주문비용

$$\frac{Q}{2} \cdot C_h = \frac{D}{Q} \cdot C_0$$

$$Q^2 = \frac{2C_0 D}{C_h}$$

$$\therefore Q^* = \sqrt{\frac{2C_0 D}{C_h}}$$

한편 EOQ 공식은 미분방법을 사용하여 유도할 수 있다. 총비용곡선의 최소점

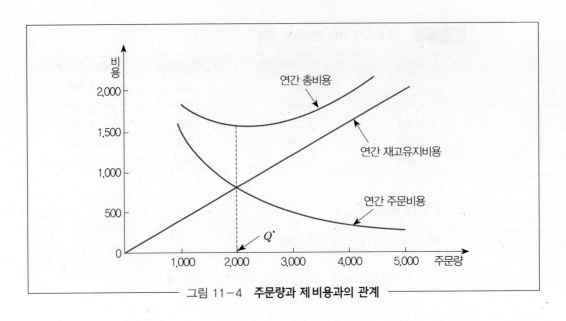

──── 그림 11-4 **주문량과 제 비용과의 관계** ────

을 나타내는 Q^*는 TC를 Q에 관하여 1차 미분한 후 이를 0으로 놓고 풀면 나온다.

$$TC = \frac{Q}{2} \cdot C_h + \frac{D}{Q} \cdot C_0$$

$$\frac{dTC}{dQ} = \frac{C_h}{2} - \frac{D \cdot C_0}{Q^2} = 0$$

$$\text{따라서 } Q^* = \sqrt{\frac{2C_0 D}{C_h}}$$

TC를 Q에 관하여 2차 미분하면

$$\frac{d^2 TC}{dQ^2} = \frac{2C_0 D}{Q^3} > 0$$

이다. 왜냐하면 C_0, D, Q는 0보다 큰 값이기 때문이다. 따라서

$$Q^* = \sqrt{\frac{2C_0 D}{C_h}}$$

일 때 TC는 최소가 된다.

또한 총비용(TC), 연간 최적 주문횟수(N^*), 최적 주문 간 시간(주문간격, 주문주기, time between orders: TBO)는 다음과 같이 구한다.

$$TC = \frac{Q^*}{2} \cdot C_h + \frac{D}{Q^*} \cdot C_0$$

$$N^* = \frac{D}{Q^*}$$

$$TBO = \frac{1년\ 작업일\ 수}{N} = \frac{Q^*}{D} \times 1년\ 작업일\ 수$$

2. 재주문점

연간 수요량과 리드타임이 사전에 알려져 있는 확정적 모델의 경우에는 재주문점을 계산하기 쉽다. 여기서 재주문점(reorder point)이란 새로운 주문을 발령해야 할 때의 현재고(on-hand inventory)로서 사전에 정한 양으로 떨어질 때 주문해야 한다.

일반적으로 수요율과 리드타임이 일정할 때의 재주문점은 다음과 같은 공식을 이용한다.

$ROP =$ 리드타임 동안의 수요량
     $=$ 매일의 수요율 $\times$ 리드타임(일)
     $= d \cdot LT$

[그림 11-5]는 재주문점을 그래프로 표시한 것이다. 직선의 기울기는 매일의

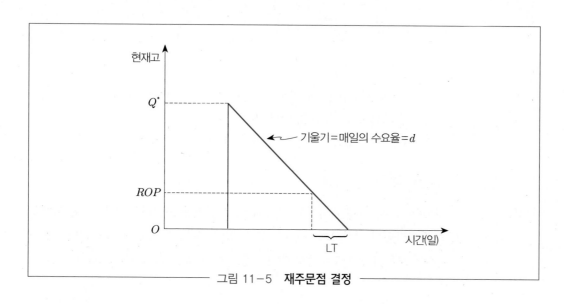

그림 11-5 **재주문점 결정**

재고 사용률 d이다. 만일 재고수준이 ROP에 이를 때 주문을 발령하면 재고수준이 0이 될 때 새로운 재고는 도착하여 최대재고수준은 최적 주문량 Q^*가 된다.

예
11-1

대학로 약국에서는 고급 머리염색약을 판매하는데 그의 제조회사로부터 경제적 1회 주문량을 결정하고자 한다. 그에 필요한 데이터는 다음과 같다.

$D = 10,000$병/연　　　　$C_h = 150$원/병/연

$C_0 = 3,000$원/주문　　　$LT = 3$일　　　　　　영업일 = 250일/연

① 경제적 1회 주문량을 계산하라.
② 재주문점을 계산하라.
③ 연간 총비용을 계산하라.
④ 연간 주문횟수를 계산하라.
⑤ 주문 간 시간(주문간격)을 계산하라.
⑥ 재고정책을 간단히 설명하라.

해답

① $EOQ = \sqrt{\dfrac{2C_0 D}{C_h}} = \sqrt{\dfrac{2(3,000)(10,000)}{150}} = 632.5$병

② $ROP = d \cdot LT = \dfrac{10,000}{250}(3) = 120$병

③ $TC = \dfrac{Q^*}{2}(C_h) + \dfrac{D}{Q^*}(C_0) = \dfrac{633}{2}(150) + \dfrac{10,000}{633}(3,000) = 94,868$원

④ $N^* = \dfrac{D}{Q^*} = \dfrac{10,000}{633} = 15.8$회/연

⑤ $TBO = 250\left(\dfrac{Q^*}{D}\right) = 250\left(\dfrac{633}{10,000}\right) = 15.8$일

⑥ 재고수준이 120병으로 떨어지면 즉시 633병을 주문한다. 그러면 3일 후에 주문했던 633병이 일시에 도착한다.

경제적 생산량 모델

기본적 EOQ 모델에서는 주문량이 일시에 전량 도착하는 것을 전제로 하였다. 즉 리드타임이 일정하기 때문에 리드타임이 끝나 재고수준이 소진되면 주문량이 일시에 도착하여 재고수준은 최대수준인 Q에 껑충 뛰게 된다. 그러나 이러한

가정은 현실적으로 맞지 않는 경우가 있다. 납품업자에 품목을 주문했을 때 한 번에 모두 이를 공급받지 않고 조금씩 계속하여 공급받는 경우가 허다하다.

예컨대 철근 1,000톤을 주문하였을 때 이들 모두를 하루에 공급하기는 어렵기 때문에 하루에 몇 톤씩 며칠 동안 계속해서 공급받을 수 있다. 특히 주문한 철근을 오랫동안 사용하는 경우에는 더욱 그렇다.

이러한 환경에서는 공급되는 기간에도 계속 사용하기 때문에 재고수준은 일시적이 아니라 완만하게 증가한다. 재고는 공급이 끝날 때 최고수준에 도달하였다가 매일의 수요량(사용량)만큼씩 감소하기 시작한다.

이러한 재고의 증감패턴은 기업이 어떤 품목의 생산자이면서 동시에 사용자인 경우에도 적용된다. 기업이 매일 꾸준하게 그 품목을 생산하여 바로바로 사용한다면, 즉 생산율과 사용률이 같으면 재고는 쌓이지 않는다. 그러나 기업은 일반적으로 큰 묶음의 로트생산(lot or batch production)방식을 취한다. 생산기간 동안에도 그 품목을 사용하기 때문에 재고는 한 번에 쌓이는 것이 아니라 일정한 생산기간 동안 점진적으로 쌓이게 된다.

생산의 경우 생산율이 사용률보다 크기 때문에 생산기간 동안에는 (생산율－사용률)의 율로 증가한다. 예컨대 하루의 생산율이 30개이고 사용률이 10개이면 하루에 30－10＝20개의 율로 재고는 증가한다. 만일 이 품목을 10일 동안 생산한다면 최대 재고수준은 20×10＝200이 된다. 이제 다른 품목을 생산하기 위하여 이 품목의 생산이 중단되는데 그러나 비생산기간에도 사용률은 그대로 발생하므로 재고는 매일 사용률만큼씩 감소하기 시작한다. 결국 이 품목의 재고는 소진이 되고 다시 경제적 생산량(economic production quantity: EPQ)의 생산에 착수해야 한다. 만일

$$d = \text{사용률(usage rate) 또는 수요율(demand rate)/일}$$
$$p = \text{생산율(production rate)/일}$$
$$t = \text{생산일 수}$$

라고 정의하면 이러한 재고패턴이 [그림 11-6]에 표시되어 있다.

▎연간 준비비용

품목을 외부에 주문하는 것이 아니라 자체공장에서 생산하므로 주문비용 대신에 생산준비비용(setup cost)이 발생한다. 그런데 준비비용은 기본적 EOQ 모델의

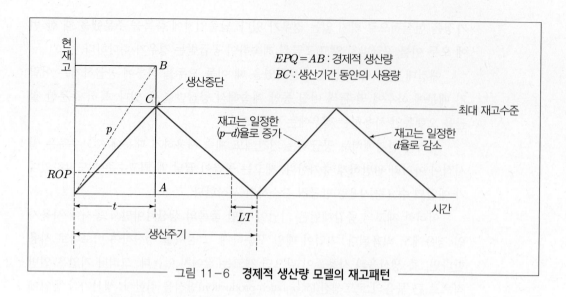

그림 11-6 **경제적 생산량 모델의 재고패턴**

주문비용과 성격상 아주 유사하다. 준비비용은 생산량의 크기에 관계 없이 매 로트마다 일정하며 생산량 규모가 크면 클수록 생산횟수는 적어지고 따라서 연간 준비비용도 감소한다. 만일

> D : 연간 수요량(d: 평균 매일 수요율)
>
> P : 연간 생산량(p: 매일 생산율)
>
> C_S : 1회 준비비용

이라고 정의하면 연간 준비비용은 다음과 같다.

$$연간 준비비용 = (연간 생산횟수)(1회 준비비용)$$

$$= \left(\frac{D}{Q} \right) C_s$$

연간 재고유지비용

앞에서 언급한 바와 같이 본절에서는 생산율 p가 수요율 d보다 큰 것을 전제로 하므로, 매일의 초과생산량 $(p-d)$단위가 재고로 t일 동안 쌓이게 되어 최대 재고수준은 다음과 같다.

$$최대 재고수준 = (p-d)t$$

생산기간 동안 매일 p단위씩 생산량 Q단위를 생산하므로 $Q=p \cdot t$ 즉 $t=\dfrac{Q}{P}$ 이다.

따라서

$$\text{최대 재고수준}=(p-d)\frac{Q}{p}=\left(1-\frac{d}{p}\right)Q$$

이다. 평균 재고수준은 최대 재고수준의 $\dfrac{1}{2}$이므로

$$\text{평균 재고수준}=\frac{1}{2}\left(1-\frac{d}{p}\right)Q$$

이다. 그러므로 연간 재고유지비용은 다음과 같이 표현할 수 있다.

$$\text{연간 재고유지비용}=(\text{평균 재고수준})(\text{단위당 연간 재고유지비용})$$
$$=\frac{1}{2}\left(1-\frac{d}{p}\right)QC_h$$

| 연간 총비용

연간 총비용은 연간 재고유지비용과 연간 준비비용의 합이므로

$$TC=\frac{1}{2}\left(1-\frac{d}{p}\right)QC_h+\frac{D}{Q}C_s \tag{11·3}$$

이다. 만일 공장이 1년에 250일 가동하면서 P단위(연간생산율) 생산한다면

$$d=\frac{D}{250} \qquad p=\frac{P}{250}$$

이다. 따라서 다음 식이 성립한다.

$$\frac{d}{p}=\frac{D/250}{P/250}=\frac{D}{P}$$

그러므로 식 (11·3)은

$$TC=\frac{1}{2}\left(1-\frac{D}{P}\right)QC_h+\frac{D}{Q}C_s \tag{11·4}$$

로 표현할 수 있다.

▌경제적 생산량의 결정

식 (11·4)를 Q에 관해서 1차 미분하고 이를 0으로 놓으면 다음과 같은 결과를 얻을 수 있다.

$$\frac{dTC}{dQ} = \frac{1}{2}\left(1 - \frac{D}{P}\right)C_h - \frac{D}{Q^2}C_s = 0$$

$$= \frac{1}{2}\left(1 - \frac{D}{P}\right)C_h = \frac{D}{Q^2}C_s$$

$$Q^2 = \frac{2C_sD}{\left(1 - \dfrac{D}{P}\right)C_h}$$

$$Q^* = \sqrt{\frac{2C_sD}{\left(1 - \dfrac{D}{P}\right)C_h}}$$

1차 미분한 결과를 Q에 관해서 다시 2차 미분하면

$$\frac{d^2TC}{dQ^2} = \frac{2DC_s}{dQ^3} > 0$$

이므로 Q^*는 총비용을 최소로 하는 경제적 생산량이다.

생산주기(cycle time)와 생산기간(run time)은 다음과 같이 구한다.

$$\text{생산주기(일)} = \frac{Q^*}{d} \qquad \text{혹은 생산주기(연)} = \frac{Q^*}{D}$$

$$\text{생산기간(일)} = \frac{Q^*}{p} \qquad \text{혹은 생산기간(연)} = \frac{Q^*}{P}$$

> **예 11-2**
>
> [예 11–1]에서 대학로 약국이 머리 염색약을 직접 제조하는 시설을 보유한다고 가정하자. 생산준비비용은 주문비용과 같은 3,000원이라고 하고 작업일은 250일이라고 하자. 생산시설에서 하루에 150병을 생산할 수 있다고 한다면 경제적 생산량, 총비용, 최대 재고수준, 연간 생산횟수, 생산주기, 생산기간을 계산하라.

해답

$C_S = 3,000$원 $\qquad C_h = 150$원/병/연 $\qquad D = 10,000$병/연

$$d = \frac{10,000}{250} = 40\text{병/일} \qquad p = 150\text{병/일}$$

$$EPQ = \sqrt{\frac{2C_s D}{\left(1 - \dfrac{d}{p}\right)C_h}} = \sqrt{\frac{2(3,000)(10,000)}{\left(1 - \dfrac{40}{150}\right)(150)}} = 738.5\text{병}$$

$$TC = \frac{1}{2}\left(1 - \frac{d}{p}\right)QC_h + \frac{D}{Q}C_s = \frac{1}{2}\left(1 - \frac{40}{150}\right)(738.5)(150) + \frac{10,000}{738.5}(3,000)$$

$$= 81,240.4\text{원}$$

최대 재고수준 $= Q\left(1 - \dfrac{d}{p}\right) = 738.5\left(1 - \dfrac{40}{150}\right) = 541.6$병

생산횟수 $= \dfrac{D}{Q} = \dfrac{10,000}{738.5} = 13.5$회/연

생산주기 $= \dfrac{Q^*}{d} = \dfrac{738.5}{40} = 18.5$일

생산기간 $= \dfrac{Q^*}{p} = \dfrac{738.5}{150} = 4.9$일

11.6 확률적 모델

1. 고정주문량 결정

매일의 수요가 일정하지 않으므로 그의 변동이 확률분포를 이루고 있으나 리드타임은 일정하여 미리 알고 있다는 전제가 받아들여지는 경우에는 고전적 EOQ 공식을 이용하여 주문량을 결정할 수 있다. 수요가 일정하지 않은 모델을 그림으로 표시하면 [그림 11-7]과 같다. 그림에서 볼 때 수요는 주문주기 T기간 동안 변동하지만 결정적인 것은 리드타임 동안의 수요량의 변동으로서 주문량이 도착할 당시 재고부족(stockout), 재고잔여 또는 재고소진 등의 현상이 발생할 수 있다. 이러한 모델의 주문량 Q^*는 다음 공식에 의하여 구한다.

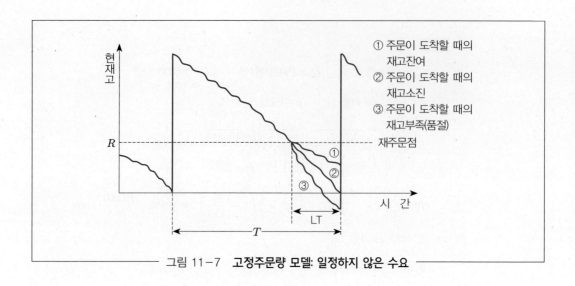

그림 11-7 **고정주문량 모델: 일정하지 않은 수요**

$$Q^* = \sqrt{\frac{2C_0\overline{D}}{C_h}}$$

$\overline{D}$ = 연간 평균수요 또는 이의 근사치

예를 들어 전구를 도매하는 청계 전구도매상은 1회 주문비용은 15원, 하나의 전구값은 10원, 단위당 연간 재고유지비용은 전구값의 20%라는 것은 알고 있지만, 고객으로부터의 수요는 매일 또는 매주 크게 변동하므로 확실히는 모르고 있다고 하자. 그러나 다만 연간 평균수요(average demand, expected demand)의 근사치로서 9,000개의 전구가 팔린다는 것은 과거 자료를 통하여 알고 있다고 하자. 이럴 경우 EOQ 모델을 이용하여 주문량을 구하면 다음과 같다.

$$Q^* = \sqrt{\frac{2C_0\overline{D}}{C_h}} = \sqrt{\frac{2(15)(9,000)}{(0.2)(10)}} = 367$$

2. 재주문점 결정

매일의 수요율이나 리드타임이 일정하지 않고 변동하는 경우에는 실제 수요가 기대수요를 초과할 가능성이 있어 품절이 발생할 수 있다. 이러한 경우에는 리드타임 동안의 수요를 만족시키기 위하여 여분의 재고를 보유해야 한다. 이와 같이 리드타임 동안 기대되는 수요보다 더 많이 보유하는 재고를 안전재고(safety stock) 또는 완충재고(buffer stock)라 한다.

[그림 11-8]은 매일의 수요는 불확실하고 리드타임은 일정한 경우 리드타임 동안의 품절의 위험성을 감소시키기 위해서 안전재고가 유지되어야 함을 보여 주고 있다.

일반적으로 수요율(demand rate) 또는 리드타임에 변동이 있는 경우의 재주문점(reorder point: ROP)은 다음과 같이 결정된다.

$$ROP = 리드타임 동안의 평균수요 + 안전재고$$

비교적 일반적인 모델은 수요율은 변동하나 리드타임이 일정한 경우이므로, 본장에서는 이에 대해서만 공부하고자 한다. 안전재고 및 재주문점의 적정수준은 재고부족비용을 알고 있는 경우에도 결정할 수 있으나, 대부분의 경우 재고부족비용을 결정한다는 것은 상당히 어려운 일이므로 산업계에서는 안전재고나 재주문점을 산정하기 위하여 서비스 수준이라는 개념을 사용한다.

서비스 수준(service level)이란 리드타임 동안 보유재고의 수준이 충분하여 기대수요를 충족시킬 확률, 즉 리드타임 동안에 품절이 발생하지 않을 확률을 말한다. 예를 들어 1년 동안 300명의 고객이 제품을 주문해 왔으나 실제로는 285명의 주문은 만족이 되고, 15명의 주문은 재고부족으로 만족이 되지 않았다고 하면 서비스 수준은 $\frac{285}{300} = 95\%$이다. 이 때 품절확률은 5%이다. 따라서 서비스 수준과 품절확률(probability of stockout)과의 관계는 다음과 같다.

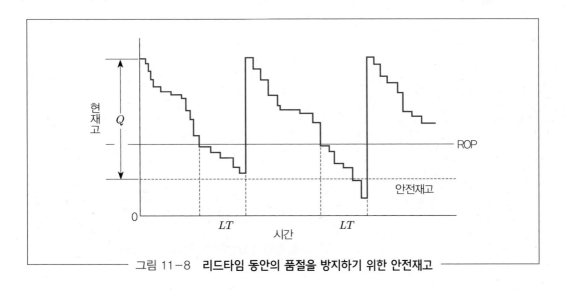

그림 11-8 **리드타임 동안의 품절을 방지하기 위한 안전재고**

$$서비스\ 수준 = 1 - 품절확률$$

안전재고의 수준을 결정하기 위해서는 리드타임 동안의 수요량의 변동에 대한 패턴을 알 필요가 있다. 리드타임 동안의 수요량 M은 [그림 11-9]와 같이 정규분포를 따른다. 정규분포로써 나타낼 때에는 첫째, 리드타임 동안의 평균수요($\bar{M}$)를 알아야 하고 둘째, 리드타임 동안 수요량의 분포에 대한 표준편차(standard deviation)를 알아야 한다.

리드타임은 일정하지만 리드타임 동안 매일의 수요량은 변동하여 정규분포로 나타낼 수 있고, 매일의 수요량은 상호 독립적이라고 가정하자. 매일의 평균수요량(average daily demand)을 $\bar{d}$, 매일 수요량 분포의 분산을 σ_d^2로 표시하면 리드타임 동안의 평균수요 $\bar{M}$는 매일의 평균수요량에 리드타임을 곱하여 구한다.

$$\bar{M} = \bar{d} \cdot LT$$

한편 리드타임 동안의 수요량 분포의 분산은 매일 수요량 분포의 분산 σ_d^2에 리드타임을 곱하여 구한다. 따라서 리드타임 동안 수요량 M의 분포에 대한 표준편차는 $\sigma_M = \sqrt{LT \cdot \sigma_d^2} = \sqrt{LT} \cdot \sigma_d$이다. 이를 그림으로 표시하면 [그림 11-9]와 같다.

[그림 11-10]에서 안전재고를 유지하여 서비스 수준이 95%라면 ROP 왼쪽 곡선 밑의 면적이 95%이고, ROP 오른쪽 면적(재고부족발생 확률)이 5%임을 뜻한다. 서비스 수준이란 결국 리드타임 동안의 수요가 ROP를 초과하지 않을 확률을 말한다.

여기서 안전재고의 크기는 평균수요로 충족시킬 수 있는 서비스 수준(50%)을 초과해서 보유하는 재고수준(45%)에 해당하는 부분을 말한다.

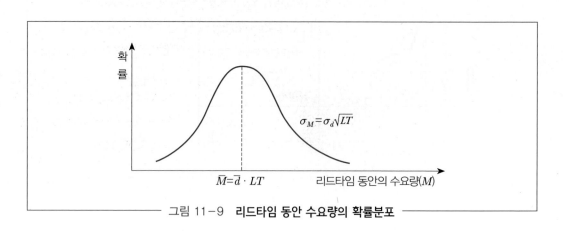

그림 11-9　리드타임 동안 수요량의 확률분포

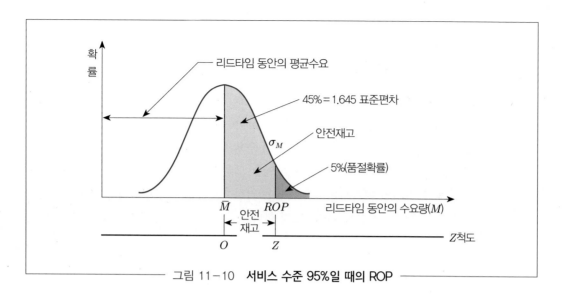

확
률

리드타임 동안의 평균수요

45% = 1.645 표준편차

안전재고

σ_M

5%(품절확률)

$\overline{M}$　안전　ROP　　리드타임 동안의 수요량(M)
　　　재고

O　　　Z　　　　　　　　Z척도

— 그림 11-10　**서비스 수준 95%일 때의 ROP** —

ROP의 값을 찾기 위해서는 다음의 공식을 이용한다.

$$Z = \frac{\text{ROP} - \overline{M}}{\sigma_M}$$

$$\text{ROP} = \overline{M} + Z\sigma_M$$

$$= \overline{d}\,LT + Z\sigma_d\sqrt{LT}$$

　여기서 Z는 ROP와 $\overline{M}$ 사이의 거리를 표준편차의 수로 나눈 것인데 서비스 수준이 결정되면 Z값은 부표 I(정규분포표)로부터 찾을 수 있다.

예
11-3

　[예 11-1]에서 대학로 약국의 머리 염색약에 대한 하루의 수요는 평균 30병이고 표준편차는 5병인 정규분포를 따른다고 한다. 새로운 주문의 리드타임은 3일이라고 한다. 대학로 약국이 서비스 수준 95%를 원한다고 할 때 재주문점과 안전재고수준을 계산하라.

해답

$\overline{d} = 30$병/일　　　　$LT = 3$일　　　　$\sigma_d = 5$병/일

안전재고 $= Z\sigma_d\sqrt{LT} = 1.645(5)\sqrt{3} = 14.2$

$\text{ROP} = \overline{d}\,LT + Z\sigma_d\sqrt{LT} = 30(3) + 14.2 = 104.2$병

11.7 재고통제시스템

재고관리시스템은 재고품목의 주문시기와 주문량을 어떻게 결정하느냐에 따라 고정 주문량 모델(fixed-order-quantity model)과 정기주문 모델(fixed-order-interval model)로 나눌 수 있다. 그런데 수요율과 리드타임이 일정하면 이들 모델은 동일하게 기능한다. ROP 모델처럼 이들 모델도 수요율과 리드타임의 변동을 전제로 할 수 있지만 여기서는 리드타임은 일정하고 수요율만 변동하는 경우에 국한하여 두 모델의 차이점을 설명하고자 한다.

1. 고정 주문량 모델

고정 주문량 시스템에서의 주문은 재고 위치(inventory position: IP)가 재주문점이라는 미리 정해진 수준까지 떨어지면 고정 주문량 Q를 발주한다. 이때 재고 위치는 다음 공식을 사용하여 구한다.

재고 위치 = 현재고 + 예정수취량 + 추후납품량

예정수취량(scheduled receipts)이란 주문은 이미 발령되었지만 아직 도착하지 않은 주문량으로 오픈 오더(open order)라고도 말하고 한편 추후납품량(backorder)이란 고객과의 합의에 따라 이미 판매는 이루어졌지만 재고부족으로 제때 만족시키지 못해 다음 주문량이 도착하는 즉시 공급해야 하는 미충족주문을 말한다.

예정수취량 > 0인 경우 이를 무시하면 현재고가 재주문점보다 낮아져 계속 주문하게 된다.

그런데 이미 발령된 주문이 곧 도착하게 되면 불필요한 주문을 한 결과가 된다. 이를 피하기 위해서는 예정수취량과 추후납품량을 감안한 재고 위치와 재주문점을 비교하여 재주문을 결정해야 한다. 따라서 예정수취량과 추후납품량이 없는 경우에는 현재고나 재고 위치는 동일하게 된다.

고정 주문량 모델에서 주문량 Q는 EOQ모델에 의해 결정된 대로 주문할 때마다 고정되어 있다. 이와 같이 주문량은 언제나 일정하지만 주문 간 시간(time between orders: TBO)은 바로 전의 주문주기 동안의 수요율에 따라 변동하므로 일정하지 않고 변동한다. 따라서 정상적인 수요보다 더 많이 수요가 있게 되면 주문 간 시간(주문간격)은 짧아진다.

재고 위치가 재주문점에 언제 도달하는가를 알기 위하여 재고 위치는 계속 실사할 필요가 있다. 지금은 컴퓨터와 현금등록기가 재고기록철에 연결되어 있기 때문에 거래마다 재고의 계속 실사는 이루어진다. 따라서 이를 계속실사시스템 (continuous review system), Q시스템 또는 재주문점 시스템(ROP system)이라고도 한다. 재고 위치는 미래 수요를 만족시킬 능력을 가늠한다.

Q시스템은 두 개의 매개변수인 주문량 Q와 ROP에 의하여 결정된다. Q는 평균 수요 $\bar{D}$를 이용하여 EOQ 공식으로부터 얻고 ROP는 $\bar{M}$와 $Z\sigma_d$의 합으로 얻는다.

이와 같이 주문은 재고 위치가 ROP에 도달할 때 이루어지므로 리드타임 동안에 품절이 발생하지 않도록 안전재고를 유지하면 된다.

고정 주문량 시스템은 단위당 가격이 비싸거나 아주 중요한 품목에 적용되지만 동일한 공급업자로부터 수많은 품목을 구입하는 경우라든지 소매점, 백화점 등에서는 정기주문시스템을 적용하는 것이 유리하다. 오늘날 정보기술(information technology), 예컨대 제품의 바코딩(bar coding), 바코드 스캐너 등의 사용으로 고정 주문량시스템이 더욱 선호된다. 예를 들면, 백화점에서는 컴퓨터와 연결된 금전등록기에 제품번호를 입력하면 자동으로 재고 위치를 경신하고 새로운 주문을 발령

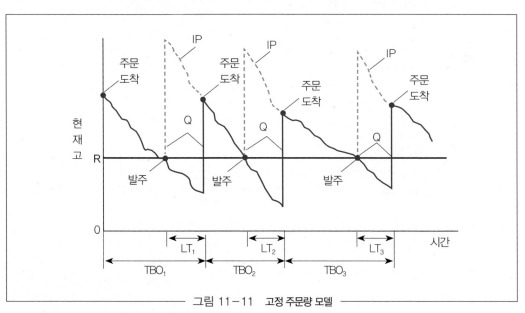

그림 11-11 고정 주문량 모델

자료: Lee Krajewski & M. Malhotra, 전게서, p. 372.

해야 할지 결정해 준다.

리드타임은 일정하지만 사용률이 변동하는 경우의 고정 주문량 시스템은 [그림 11-11]과 같이 표시할 수 있다. 그림에서 물결치는 하향 경사선은 매일 수요가 변동한다는 것을 의미한다. 두 번째 주기의 수요율이 높기 때문에 기울기가 더욱 가파르다. 수요율이 변동한다는 것은

$$TBO_1 \neq TBO_2 \neq TBO_3$$

라는 것을 의미한다.

리드타임 동안의 수요량은 평균 수요량으로부터 변동하나 주문량은 언제나 동일하므로, 주문 간 시간이 매번 다를 뿐더러 최대 재고 위치도 리드타임 동안의 수요량에 따라 변동한다.

예 11-4

냉장고를 전문적으로 판매하는 성동점에서는 부산에 있는 공장으로부터 냉장고를 주문한다. 이때 필요한 정보는 다음과 같다.

리드타임: 5일
재주문점: 280개
고정 주문량: 230개
일1 말 현재고: 400개

일	1	2	3	4	5	6	7	8	9	10
수요량	50	60	80	40	75	55	95	50	65	55

예정수취량과 추후납품량이 없으며 모든 수요와 수취는 매일 말에 이루어지며 재고 위치는 이때 경신된다. Q시스템을 사용할 때 주문은 언제 해야 하는지 결정하라.

해답

일	수요량	현재고	예정수취량	추후납품량	재고 위치	주문량
1	50	400			400+0=400	
2	60	400−60=340			340+0=340	
3	80	340−80=260	230(주문 후)		260<ROP(주문 전) 260+230=490(주문 후)	230 (일8 도착)
4	40	260−40=220	230		220+230=450	

5	75	220−75=145	230	145+230=375	
6	55	145−55=90	230	90+230=320	
7	95	0	230+230=460 (주문 후)	5	0+230−5=225＜ROP (주문 전) 225+230=455 (주문 후)	230 (일12 도착)
8	50	0+230−50−5=175	230	175+230=405	
9	65	175−65=110	230	110+230=340	
10	55	110−55=55	230	55+230=285	

2. 정기주문 모델

고정 주문량 시스템에 대립되는 개념이 정기주문 모델(fixed-period model)이다. 정기주문 시스템에서는 주문 간 시간(TBO)이 일정하지만 예컨대 2주마다 또는 매월 1일에 주문하게 되어 주문량은 주문할 때마다 변동하게 된다. 따라서 실사 사이의 수요가 정상적인 수요보다 더 많이 있게 되면 주문량이 더욱 많아지게 된다.

재고 위치의 계속적인 관찰이 필요한 고정 주문량 시스템과 달리 정기주문 시스템에서는 정해진 주문시점마다 얼마를 주문할 것인가를 결정하기 위하여 재고 위치의 정기적 실사가 필요하다. 따라서 이를 정기실사 시스템(periodic review system) 또는 P시스템이라고도 한다.

P시스템은 Q시스템과 달리 재주문점이 없고 대신에 요구되는 목표 재고수준(target inventory level: T)이 있으며, 주문량이 수요율에 따라 변동하므로 일정하지 않으며 실사기간(review period=P)이 고정되어 있다. 각 실사가 끝나면 새로운 주문이 발주된다.

P시스템은 두 개의 매개변수인 실사기간 P와 목표 재고수준 T에 의하여 결정된다. 실사기간은 매일 평균수요를 $\bar{d}$라 하면 $P = \dfrac{EOQ^*}{\bar{d}}$로 결정한다.

정기주문 시스템은 약국 같은 소규모 소매점이나 할인점에서처럼 단위당 가격이 저렴한 품목을 통제하는 데 알맞은 시스템이며, 하나의 공급업자로부터 상이한 수많은 품목을 구매할 때 주문비용을 절약하고 가격할인 등 혜택을 받기 위하

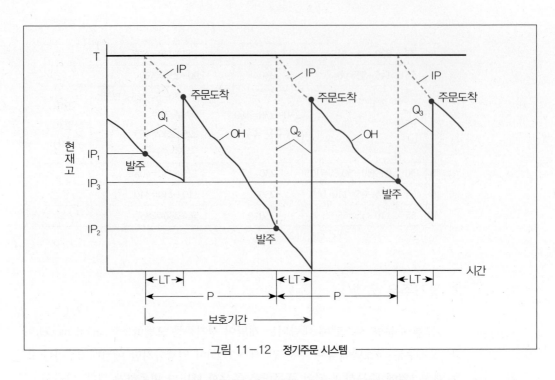

그림 11-12 정기주문 시스템

여 이용되는 시스템이다. 예를 들면, 편의점에서는 공급업자가 매주 월요일에 방문하여 여러 가지 음료수를 실사한 후 다음 주 월요일까지 팔 수 있는 안전재고를 포함한 재고를 쌓아둔다.

리드타임과 사용률이 모두 일정한 경우에는 계속실사 시스템과 정기실사 시스템은 똑같다. 그러나 일정한 리드타임과 변동하는 사용률을 전제하는 경우의 정기주문 시스템은 [그림 11-12]와 같이 표시할 수 있다.

TBO는 P로 고정된다. 하향 경사선은 현재고를 나타낸다. 사전에 결정된 P가 끝나면서 IP와 목표 재고수준 T와의 차이를 주문하게 된다. 첫 실사의 주문량은 Q_1인데 이는 IP_1과 T 사이의 차이와 같다. 즉 주문량 $Q = T - IP$이다. 계속실사 시스템처럼 리드타임 기간에만 IP와 현재고는 다르지만 리드타임 끝에 주문이 도착할 때는 IP와 현재고는 동일하게 된다. 두 번째 실사에서 IP가 너무 낮기 때문에 목표 재고수준을 달성하기 위하여 많은 양의 주문이 이루어져야 한다.

예 11-4에서 P시스템을 사용한다고 가정하자. 재고의 첫 실사는 일2의 말에 진행한다고 하자. 각 날의 말에 수요와 수취가 정리된 후에 재고 보충을 위한 주문이 발주된다. 다음과 같은 조건이 주어질 때 주문은 얼마를 해야 하는가?

현재고: 400

리드타임: 5일

T: 600

P: 6일

일	1	2	3	4	5	6	7	8	9	10
수요량	50	60	80	40	75	55	95	50	65	55

해답

일	수요량	현재고	예정 수취량	추후 납품량	재고 위치	주문량
1	50	400			400	
2	60	400−60=340	260 (주문 후)		340(주문 전) 340+260=600(주문 후)	600−340=260 (일7 도착)
3	80	340−80=260	260		260+260=520	
4	40	260−40=220	260		220+260=480	
5	75	220−75=145	260		145+260=405	
6	55	145−55=90	260		90+260=350	
7	95	90+260−95=255	0		255+0=255	
8	50	255−50=205	395 (주문 후)		205+0=205(주문 전) 205+395=600(주문 후)	600−205=395 (일13 도착)
9	65	205−65=140	395		140+395=535	
10	55	140−55=85	395		85+395=480	

고정 주문량 시스템에서는 다만 리드타임 동안의 재고부족을 방지할 필요가 있는 반면, 정기주문 시스템에서는 리드타임 동안뿐만 아니라 다음 실사기간, 즉 보호기간(protection interval) 동안의 재고부족을 방지하기 위하여 더욱 많은 안전재고를 유지해야 한다. 따라서 높은 재고유지비용을 수반하는 것이 이 시스템의 결점이다.[1]

---

1 고정 주문량 시스템에서의 보초기간은 리드타임(LT)이지만 정기주문 시스템에서의 보호기간은 실사기간 P+리드타임(LT)이다.

P시스템에서 재고는 P기간마다 실사하여 주문량 Q가 발주되고 주문량은 LT이 지나면서 도착한다. 품절은 보호기간($P+LT$) 동안 언제라도 발생할 수 있기 때문에 안전재고는 다음과 같이 구한다.

$$안전재고 = Z(\sigma_{P+LT})$$

여기서 σ_{P+LT}는 보호기간 동안 수요분포의 표준편차이다. 매일 수요분포의 표준편차 σ_d는 보통 주어지기 때문에 ($P+LT$) 동안 수요의 분산은 서로 독립적인 매일 수요분포의 분산 σ_d^2을 합한 것과 같다. 즉 보호기간 동안의 수요분포의 표준편차는

$$\sigma_d^2 + \sigma_d^2 + \cdots \sigma_d^2 = (P+LT)\sigma_d^2$$
$$\sigma_{P+LT} = \sqrt{(P+LT)\sigma_d^2} = \sqrt{(P+LT)}\sigma_d$$

가 성립한다.

따라서 목표 재고수준은 다음과 같이 구한다.

$$목표\ 재고수준 = 보호기간\ 동안의\ 평균수요 + 보호기간\ 동안의\ 안전재고$$
$$= \bar{d}(P+LT) + Z(\sigma_{P+LT})$$

P시스템에 있어서 실사시점의 주문량은 다음의 공식에 의하여 결정되는데 주문시점의 현재고에 따라 매번 다르게 된다.

$$주문량 = 목표\ 재고수준 - 현재고$$
$$= 보호기간\ 동안의\ 평균수요 + 보호기간\ 동안의\ 안전재고 - 현재고$$
$$= \bar{d}(P+LT) + Z\sigma_d\sqrt{P+LT} - 현재고$$

표 11-2 Q시스템과 P시스템의 차이점

시스템	주문량	주문시기	재고수준의 검토
Q시스템	매번 일정함	재고수준이 ROP에 도달할 때 (주문시점은 매번 다름)	계속 실사
P시스템	매번 다름	미리 정해진 실사기간의 말 (주문시점은 매번 일정함)	주문시점에 실사

고정 주문량 모델과 정기주문 모델의 기본적인 차이점은 〈표 11-2〉에 요약되어 있다.

예
11-6

T-셔츠를 전문적으로 판매하는 동대문 상점에서는 그의 기본적인 T-셔츠를 주문하는데 정기 실사시스템을 사용하려고 한다. 주어진 정보는 다음과 같다.

연간 수요량＝4,500개

주문비용＝50원

셔츠의 가격＝10원

구매주문의 LT＝6일

매일 평균수요＝15개

매일 수요분포의 표준편차＝3개

회사는 최적 실사기간을 사용하고자 하며 서비스 수준은 95%를 유지하려고 한다.

(1) 목표 재고수준을 구하라.

(2) 보호기간을 구하라.

(3) 주문시점의 현재고가 300일 때 주문량은 얼마인가?

(4) 회사의 재고정책을 설명하라.

해답

(1) $EOQ = \sqrt{\dfrac{2CoD}{Cb}} = \sqrt{\dfrac{2(5c)(4,500)}{0.15(10)}} = 548$

$P = \dfrac{EOQ}{\overline{d}} = \dfrac{548}{15} = 37$일

(2) 보호기간 $= P + LT = 37 + 6 = 43$일

(3) $T = \overline{d}(P+LT) + Z\sigma_d\sqrt{P+LT}$

$= 15(43) + 1.645(3)\sqrt{43}$

$= 645 + 32.36$

$= 677.36$

주문량 $= T -$ 주문시점의 현재고

$= 677.36 - 300$

$= 377.36$

(4) 회사는 매 37일마다 T-셔츠를 실사해야 하는데 이번에는 377.36개를 주문하면 6일째 되는 날에 주문량이 도착한다.

11.8 ABC 관리방식

　　실제적으로 모든 재고품목은 똑같이 통제되지는 않는다. 어느 품목은 투자된 금액, 사용량, 재고부족비용 등에 있어 중요하기 때문에 계속해서 그의 수준을 실사할 필요가 있는 반면 다른 품목은 별로 중요하지 않기 때문에 통제활동을 강화할 필요가 없다. 이와 같이 재고품목의 상대적 중요성에 따라 통제노력을 차별하는 절차가 ABC 분류시스템이다.

　　ABC 분류시스템은 재고품목의 연간 사용금액(단위당 금액×연간 사용량)에 의하여 A품목, B품목, C품목으로 구분한다. 일반적으로 총재고품목 가운데 일부가 전체 사용금액의 대부분을 차지하고, 총재고품목 가운데 대부분이 사용금액의 일부분을 차지하는 것이다. 이러한 현상은 수많은 여러 가지 품목을 보유할 때 발생한다.

　　ABC 시스템에서 사용되는 분류는 기업마다 다르지만 일반적으로 다음과 같다.

　　A(고가품): 전체 재고품목의 20%로서 연간 사용금액의 80%를 차지한다.

　　B(중가품): 전체 재고품목의 30%로서 연간 사용금액의 15%를 차지한다.

　　C(저가품): 전체 재고품목의 50%로서 연간 사용금액의 5%를 차지한다.

　　여기서 유의할 점은 ABC 분류시스템은 개별 품목의 가치에 의존하지 않는다는 것이다. 아무리 고가품이더라도 연간 사용률이 낮으면 C품목으로 분류하는 것이다.

01 재고의 기능을 설명하라.

02 독립수요와 종속수요를 비교하라.

03 적시재고를 설명하라.

04 기본적 경제적 주문량 모델의 가정을 설명하고 그의 공식을 유도하라.

05 경제적 생산량을 구하는 공식을 유도하라.

06 고정주문량 모델과 정기주문 모델을 비교하라.

07 구로 전자회사에서는 전압계 제조에 필요한 전자부품을 구입한다. 연간 사용량은 72,000단위이다. 회사의 자본비용은 부품가격의 $16\frac{7}{8}$%이고, 주문비용은 1회 주문에 30원이다. 부품의 가격은 개당 10원일 때
① 최적 주문량을 결정하라.
② 만일 리드타임이 2일이라면 재주문점은 얼마인가?(1년은 360일)
③ 1년에 주문은 몇 번 하게 되는가?

08 수도 자동차회사에서는 생산자로부터 직접 자동차 발전기 제조에 필요한 부품을 구입한다. 연간 부품 사용량은 12,000개이다. 주문비용은 1회 주문하는 데 250원이 소요되며 부품의 개당 가격은 250원이다. 연간 재고유지비용은 구매가격의 20%라고 한다.
① 부품의 EOQ를 계산하라.

② 주문주기의 길이는 얼마인가?

③ 연간 총비용을 계산하라.

09 대동 기계(주)회사는 매 시간당 제품 M을 20개씩 생산하는 구멍뚫는 기계를 가동시키고 있다. 이 기계는 하루 다섯 시간 가동하며, 제품 M을 생산하기 위하여 준비하는 데 두 시간 동안 기계가 가동중지된다. 준비비용은 시간당 150원이다. 제품 M에 대한 수요는 하루 40개씩 1년에 10,000개이다. 재고유지비용은 연간 개당 10원이다.

① 경제적 생산량을 계산하라.

② 생산기간을 계산하라.

③ 최대 재고수준을 계산하라.

④ 연간 총비용을 계산하라.

10 연간 수요량이 약 1,000개인 어느 상점의 C_0는 255원이고, C_h는 80원이다. 수요량은 변동하여 리드타임 동안의 수요량은 정규분포를 하고, 이 때 $\overline{M}$는 25개이며, σ_M은 5개이다.

① 최적 주문량을 결정하라.

② 매 주문주기마다 서비스 수준이 98%인 경우의 재주문점 및 안전재고를 결정하라.

11 K-마트에서는 42인치 디지털 TV를 판매하는데 하루 판매량은 평균 다섯 대, 표준편차 두 대로 정규분포를 따른다고 한다. 이 TV의 리드타임은 4일로 일정하다고 할 때 95% 서비스수준을 유지하고자 하면 ROP는 얼마나 될 것인가?

12 명륜 대학교 컴퓨터실에서는 하루 평균 1,000장의 펀치 카드(punch card)를 사용한다. 이 사용률은 정규분포를 이루는데, 표준편차는 매일 100장이다. 아래의 각 조건에서 99% 서비스 수준을 달성하는 데 필요한 안전재고를 결정하라.

① 리드타임은 5일이고 ROP 모델이 사용된다.

② 리드타임은 5일이고 주문 사이의 기간은 21일로 고정되어 있다.

13 종로에 소재하는 한 010 휴대폰 대리점에서는 모델 A의 하루 수요는 정규분포를 하며 관련 데이터는 다음과 같다고 하는데 고정주문량 시스템을 취할 때의 최적 재고 정책을 구하라.

하루 평균수요($\bar{d}$): 100개

하루 수요의 표준편차(σ_d): 30개

리드타임(LT): 3일

연간 재고유지비용(C_h): 10원/개

주문비용(C_0): 35원/주문

서비스수준: 95%

영업일 수: 1주일 5일, 연간 52주

14 희망 약국에서는 고급 머리 염색약을 판매하는데 하루 판매량은 평균 6병, 표준편차는 1.2병으로 정규분포를 따른다고 한다. 약국은 매 30일마다 재고수준을 실사하는데 10병이 재고로 남은 사실을 발견하였다. 염색약의 리드타임은 3일로 일정하다고 한다. 서비스 수준 95%를 유지하고자 할 때 주문량은 얼마나 될 것인가?

15 1년에 250일 근무하는 종로 제조(주)에서 부품 X-50을 1년에 20,000개 사용한다. 생산율은 하루에 100개이고 리드타임은 4일이다. 단위당 유지비용은 10원/연이다. 1회 생산준비비용은 20원이라고 한다.

① 경제적 생산량을 결정하라.

② 1년에 몇 회 생산하는가?

③ 재주문점을 계산하라.

④ 연간 총비용은 얼마인가?

16 종로 제조(주)에서는 부품 KS-100을 1년에 4,000개를 사용한다. 회사는 이 부품을 자체 생산하는데 생산준비비용은 100원, 부품 1개의 비용은 266.67원, 1년 1개의 재고유지비용은 부품 비용의 30%라고 한다. 생산시설은 1년 50주 동안 매주 5일씩 가동한다고 한다.

　　이 부품에 대한 리드타임은 9일이고 하루 수요의 표준편차는 두 개이다. 회사는 이 부품에 대한 서비스수준을 95%로 유지하고자 한다. 고정주문량 시스템을 사용할 때

① 최적 주문량 Q^*를 계산하라.

② 재주문점은 얼마인가

③ 계산한 결과를 이용하여 재고정책을 말하라(정기주문 시스템을 사용할 때).

④ 최적 주문주기를 구하라.

⑤ 목표 재고수준은 얼마인가?

⑥ 계산한 결과를 이용하여 재고정책을 말하라.

17 청계천 공구점은 여러 가지 상이한 아이템을 취급한다. 그런데 이런 작은 공구들에 계속실사 시스템을 적용하는 것은 적절치 않아 비용과 수요량에 있어 아주 유사한 공구들을 묶어서 정기적으로 실사하고 한 공급업자에게 일괄주문하려고 한다. 이들 공구들의 연간 수요율은 10,000개, 주문비용은 주문당 25원, 연간 단위당 유지비용은 0.02원이다.

① EOQ를 계산하라.

② 주문간격을 계산하라.

③ 문제 ①과 ②에서 공구들의 묶음 중에서 공구 A의 연간 수요는 1,000개, 리드타임은 0.1년이다. 보호기간(주문간격과 리드타임) 동안의 수요는 정규분포를 따르고 표준편차는 100개라고 한다. 서비스 수준 95%일 때 공구 A의 목표 재고수준을 계산하라.

18 어느 연구소의 실험실에서는 매월 30일에 동일한 공급업자로부터 여러 가지 화학 약품을 주문한다. 그런데 주문하면 5일 만에 받는다. 이 화학약품의 매일 사용량은 평균 15.2ml와 표준편차 1.6ml로 정규분포를 따른다고 한다. 주문하는 날 재고는 25ml짜리 항아리 11개였다. 서비스 수준 95%를 원한다고 할 때,

① 몇 항아리를 주문해야 하는가?

② 평균 안전재고의 양은 얼마인가?

19 서울 문방구에서는 서울 시내의 고객들에게 레이저 프린터 종이를 판매한다.

    종이 한 통의 값=$3.80
    주문비용=$45.00/주문
    연간 재고유지비용률= 가격의 20%/통/연
    연 평균수요량= 15,000통
    주중 수요의 표준편차=71
    LT=2주

Q시스템을 사용한다고 할 때 다음을 구하라.
① EOQ

② 서비스 수준 95%일 때의 ROP

   P시스템을 사용한다고 할 때 다음을 구하라.

③ P(주)

④ 서비스 수준 95%일 때의 T

20. 부품번호 AB-100의 연간 독립수요는 4,000개이다. 생산준비비용은 100원, 재고유지비용은 연간 30%, 품목비용은 266.67원이다. 생산시설은 주 5일간, 연 50주 동안 가동된다. 이 제품의 리드타임은 9일이고 매일 수요의 표준편차는 2개이다. 회사는 서비스 수준을 95%로 유지하고자 한다.

   회사가 Q시스템을 사용할 때

① EOQ를 구하라.

② ROP를 구하라.

③ 계산결과를 해석하라.

   회사가 P시스템을 사용할 때

④ 위 제품에 대한 발주는 얼마나 자주 이루어져야 하는가?

⑤ T를 구하라.

⑥ 이 제품에 대한 특정 결정규칙을 설명하라

⑦ 정기실사의 시간이 되어 이 제품에 대해 재고를 조사한 결과 현재고는 60개, 예정수취량이 100개라고 할 때 주문량은 얼마인가?

21. 성동 장난감 회사는 덤프 트럭용 바퀴를 연간 48,000개씩 필요하여 하루에 800개씩 자체 생산한다. 장난감 트럭은 연간 내내 균일하게 조립한다. 재고유지비용은 1년 바퀴당 1원이다. 바퀴 생산을 위한 준비비용은 45원이다. 회사는 1년에 240일 영업한다. 다음을 구하라.

① 최적 생산량

② 총비용

③ 생산주기

④ 생산기간

22. 희망약국은 감기약을 판매하는데 매일 평균 수요는 6봉지이고 표준편차는 1.2봉지이다. 이 감기약의 제조회사는 60일마다 희망약국의 감기약 재고를 방문하여 체크한다. 이번 방문에서 감기약 8봉지가 남아 있음을 알았다. 주문을 받는 리드타임은 5일

이다. 서비스 수준 95%를 유지하고자 할 때의 주문량은 얼마인지 계산하라.

23. 다음과 같이 데이터가 주어졌다.

$$\bar{d} = 200$$
$$\sigma_d = 50$$
$$LT = 3일$$
$$C_h = 9.4원/개/연$$
$$Co = 35원/주문$$
$$작업일 = 260일/연$$
$$서비스 수준 = 95\%$$

Q시스템을 사용할 때
① EOQ와 ROP를 구하라.
② 연간 총비용을 구하라.
③ 만일 현재고가 40, 오픈 오더가 440일 때 새로운 주문을 발령해야 하는가?

P시스템을 사용할 때
④ P를 구하라.
⑤ T를 구하라.
⑥ 연간 총비용을 구하라.
⑦ 지금 재고를 실사하여 보니 현재고는 40, 오픈 오더는 440일 때 얼마를 주문해야 하는가?

제12장

PRODUCTION OPERATIONS MANAGEMENT

재고관리: 종속수요 품목

제11장에서 공부한 재고시스템은 독립수요 품목에 관한 것이었다. 독립수요 품목은 시장조건에 의하여 결정되므로 항상 변동한다. 따라서 이들 품목에 대한 수요는 예측에 의하여 결정할 수밖에 없다.

종속수요 품목은 시장조건에 의하여 결정되지 않는다. 원자재 및 제조 프로세스에서 사용되는 중간조립품, 조립품, 부품 등 각종 구성품 등의 종속수요 품목에 대한 수요는 이들을 이용하여 제조하는 상위품목(higher-level item) 혹은 모품목(parent item)에 대한 수요가 있기 때문에 파생하는 것이다.

종속수요 품목이 언제, 그리고 얼마만큼 필요하느냐 하는 것은 이들을 이용하여 생산하는 상위품목 또는 최종품목(end item, finished product)의 생산계획과 제조 과정으로부터 바로 계산할 수 있다. 따라서 종속수요 품목의 양과 시기를 결정하고, 이들을 통제하기 위해서는 EOQ와 ROP 기법이 아닌 본장에서 공부할 자재소요계획(material requirements planning: MRP)과 제13장에서 취급할 린 생산시스템 개념이 사용되어야 한다.

본장에서는 MRP 시스템이 사용되는 예와 MRP 시스템의 결과를 이용하는 능력소요계획(capacity requirements planning: CRP) 및 제조자원계획(manufacturing resources planning: MRP Ⅱ) 등에 관하여 공부하고자 한다.

12.1 MRP 시스템의 개념

앞장에서 공부한 바와 같이 독립수요 품목(최종제품)에 대한 수요는 예측에 의해서 결정하기 때문에 EOQ/ROP 기법을 사용해야 한다. 그러나 최종제품 생산에 필요한 원자재, 부품, 중간 조립품 등의 종속수요 품목에 대한 소요량의 크기와 생산 또는 주문시기는 그 최종제품의 생산계획, 제조과정 및 품목의 리드타임이 주어지면 쉽게 계산할 수 있다. 이때 사용되는 컴퓨터화된 재고통제 및 생산계획시스템이 MRP 시스템이다. MRP 시스템은 종속수요 품목을 위해서 사용되지만 복잡한 제품, 잡샵생산, 주문생산 등을 위해서도 사용된다. MRP는 최종품목의 주일정계획(MPS)에 나타난 생산량과 생산시기로부터 이를 생산하는 데 필요한 원자재, 부품, 중간조립품 등이 얼마나, 언제 필요한가를 결정하고, 이에 맞추어 언제 이들을 외부에 주문하거나 또는 자체 생산해야 할 것인가를 취급하기 위하여 설계된 컴퓨터 정보시스템이다.

즉 MRP는 최종제품을 생산하는 데 필요한 원자재와 구성품의 양은 최종제품의 생산량과 제조과정으로부터 계산하고 시기는 최종제품의 생산시기로부터 각 원자재와 구성품의 리드타임을 차감하여 결정하는 후진적 스케줄링(backward scheduling) 기법에 따라 결정한다.

MRP 시스템은 최종제품을 적기에 생산하기 위해 부품(자재)이 투입되는 시점과 양을 관리하기 위한 생산관리시스템이다. MRP는 제품의 수량 및 생산 스케줄을 토대로 제품 생산에 필요한 원자재, 부품, 조립품 등의 소요량 및 소요시기를 역산해서 자재조달계획을 수립함으로써 재고관리를 효율적으로 수행한다.

오늘날 MRP 시스템은 단순히 재고관리의 범위를 벗어 생산능력(capacity)을 계획하고 통제하는 데 사용될 뿐만 아니라 현금, 인사, 설비, 자본재 등 기업의 제조자원계획(manufacuring resource planning)과 기업자원계획(enterprise resource planning: ERP)을 수립하고 통제하는 데 사용된다.

MRP 시스템을 이용하여 주일정계획을 전개(explosion)하면 적기에 적량의 구매주문(purchase order) 및 현장주문(shop order), 즉 제조주문(manufacturing order)을 생성하는데, 현장주문은 능력소요계획(capacity requirements planning: CRP)을 수립하는 데 이용된다. 실제로는 제조주문이 공장에서 발령되기 전에 이 주문을 생산하는 데 능력이 충분한지 검토하여 불충분하면 능력이나 또는 주일정계획에 변

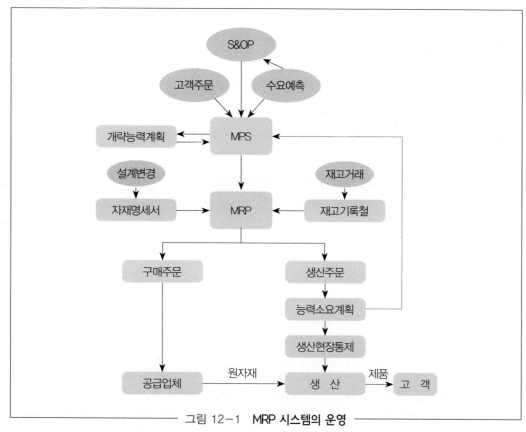

그림 12-1   MRP 시스템의 운영

출처: R. Schroeder 등 전게서, p. 398.

화를 가해야 한다. 이렇게 하여 제조주문이 현장통제 시스템으로 들어가면 적시에 생산완료되도록 해야 한다. 이와 같이 MRP 시스템은 재고를 통제하고 생산에 필요한 자원의 능력을 통제하는 정보시스템이라고 할 수 있다. 이는 [그림 12-1]에서 보는 바와 같다.

12.2 MRP 시스템의 목표

오늘날 대기업은 물론 중·소기업에서도 MRP시스템을 폭넓게 사용하고 있는데 이는 다음과 같은 목표를 달성하기 위함이다.

- 자재 소요의 양과 시기를 결정하고 가급적 낮은 수준의 재고를 유지하고자 한다.
- 우선순위를 유지한다.
- 고객 서비스를 증진한다.
- 재고투자를 낮춘다.
- 공장운영의 효율성을 높인다.

MRP 시스템은 다음과 같은 질문에 답을 제공한다.

- 무엇을 주문할 것인가?: 최종제품의 주일정계획과 자재명세서를 참조한다.
- 얼마 주문할 것인가?: 특정 품목의 로트크기 규칙을 참조한다.
- 언제 주문할 것인가?: 자재의 (필요일 – 리드타임) 하여 결정하는 후진적 스케줄링을 사용한다.
- 언제 배달토록 할 것인가?: 필요일에 도착하도록 한다.

MRP 시스템은 자재의 필요일(needed date)에 주문의 납기(완성)예정일(due date)을 일치시켜 줌으로써 우선순위(priority)를 유지시켜 준다. 고객이 주문량과 시기를 변경하거나, 납품업자가 납기를 지연시키거나, 장비가 고장이 나서 생산이 지연되는 등 예기치 않은 사태로 말미암아 자재의 필요일이 바뀌게 되면 납기예정일을 앞당기거나 늦추도록 조치를 취함으로써 구매주문 또는 현장주문의 우선순위를 유지시켜 준다.

고객 서비스를 증진시키기 위해서는 주문을 받는 즉시 이를 충족시켜야 할 뿐만 아니라 고객에 대해 약속하는 납기를 단축시키고 납기를 준수하는 노력이 필요하다. MRP 시스템은 납기일 약속을 위해 필요한 정보를 제공해 줄 뿐만 아니라 약속된 납기일을 지키도록 MRP 시스템으로 하여금 생산이 이루어지도록 만들 수 있다.

종속수요 품목을 관리하기 위하여 EOQ/ROP 시스템을 사용하게 되면 재고가 ROP에 도달하면 EOQ를 보충하게 되는데 부품의 수요는 꾸준히 발생하는 것이 아니라 그의 생산시기에만 집중적으로 발생하므로 평소에 그 부품의 평균재고 수준은 매우 높게 유지되는 문제를 초래하게 된다.

그러나 MRP 시스템을 사용하게 되면 부품의 필요한 수량과 시기에 맞추어 구매주문이 도착하거나 현장주문이 완료되기 때문에 재고수준은 극히 낮게 유지된다.

MRP 시스템은 생산에 필요한 자재가 적시에 도착하도록 할 뿐만 아니라 생산 스케줄의 변경에 맞춰 생산의 흐름을 늦추거나 가속화할 수 있다. 이와 같은 조절 능력은 인건비, 자재비, 간접비 등을 감축시켜 생산 효율성을 향상시키는 결과를 초래한다.

12.3 MRP 시스템의 기본 요소

MRP 시스템이 제대로 기능을 발휘하기 위해서는 다음과 같은 전제 또는 요구가 충족되어야 한다.

- 주일정계획
- 자재명세서
- 재고기록철

1. 주일정계획

주일정계획(master production schedule: MPS)은 언제, 얼마를 생산할 것인가를 나타내는 최종품목(end item) 또는 완제품(finished product)의 생산계획이다. [표 12-1]은 최종품목 A의 주일정계획인데 이는 8주 초에 200개를 생산완료하여 고객에 인도해야 함을 나타내고 있다. 주일정계획은 계획대상 기간(planning horizon)을 수많은 시간대(time bucket)로 나누어 표시하는데 보통 기간은 주를 단위로 한다.

주일정계획은 제품그룹이나 제품라인으로 작성되는 총괄계획으로부터 특정 개별 제품이나 최종품목으로 다시 분해한 결과라는 것은 제10장에서 설명한 바와 같다. 여기에 고객주문, 수요예측, 계절적 재고를 쌓아 두기 위한 창고로부터의 주문 등을 감안하여 작성한다. 따라서 주일정계획은 MRP 시스템의 주요한 입력이며, MRP 시스템을 작동하게 하는 원동력이기도 하다. MRP 시스템은 최종품목의 주일정계획을 받아들여 각 구성품의 기간별 소요량을 계산하고 구매주문 및 현장

표 12-1   최종품목 A의 주일정계획(예)

품목: A	주							
	1	2	3	4	5	6	7	8
수 량								200

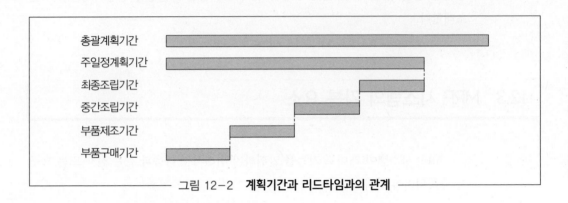

그림 12-2   계획기간과 리드타임과의 관계

주문의 계획을 수립하도록 한다.

주일정계획의 계획대상기간은 품목마다 다르지만, 총괄계획의 그것보다는 짧으나 그 품목을 만드는 데 필요한 원료, 부품, 중간조립품, 그리고 최종조립 등 구입 및 제조에 필요한 누적리드타임(cumulative lead time)보다 좀 길어야 한다. 이러한 최소 계획기간에는 고객의 주문이 취소되는 것과 같은 극단적인 상황을 제외하고는 주일정계획에 대한 변화가 허용되지 않는다. 주일정계획의 최대 계획기간은 수요의 예측능력에 따라 결정된다. 계획기간과 리드타임과의 관계는 [그림 12-2]에서 보는 바와 같다.

2. 자재명세서

일단 주일정계획이 작성되면 MRP는 주일정계획에 표시된 최종품목의 한 단위를 생산하는 데 필요한 각종 원자재 및 부품들을 결정하기 위하여 최종품목의 자재명세서(bill of materials: BOM)를 사용한다. 이와 같이 각 최종품목은 그의 고유한 자재명세서를 갖는다.

자재명세서는 최종품목의 생산에 필요한 모든 부품을 단순히 나열한 것이 아니고, 그 최종품목 한 단위를 생산하는 데 필요한 원자재, 부품, 중간조립품, 조립

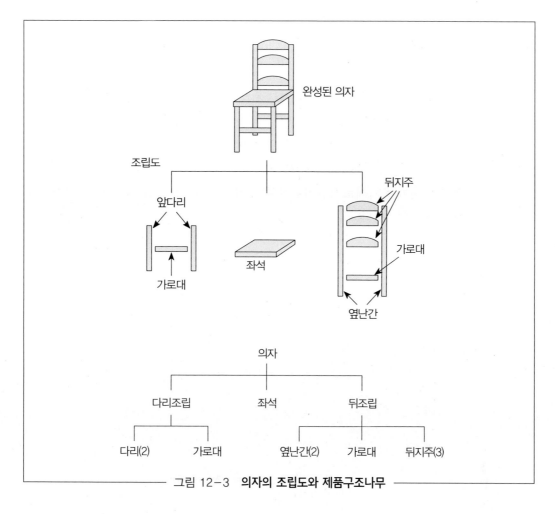

완성된 의자

조립도

앞다리

뒤지주

가로대

가로대

좌석

옆난간

의자

다리조립   좌석   뒤조립

다리(2)   가로대   옆난간(2)   가로대   뒤지주(3)

그림 12-3　의자의 조립도와 제품구조나무

품 등의 조립순서와 함께 필요한 수량을 보여 준다.

[그림 12-3]은 최종제품인 의자의 조립도(assembly diagram)와 제품구조나무 (product structure tree)이고 [그림 12-4]는 최종품목 X의 제품구조나무이다.

자재명세서는 제품이 어떻게 만들어지는가를 보여주기 때문에 제품구조나무 라고도 부른다. 자재명세서는 최종품목으로부터 시작하여 각 상위품목 한 단위를 생산하는 데 필요한 품목과 그의 수량을 나타낸다.

자재명세서는 가장 높은 단계 0에 최종품목을 표시하고 그 최종품목을 만드 는 데 직접 필요한 중간조립품이나 부품 등은 단계 1에 표시한다. [그림 12-4]에서 최종품목 X는 단계 0에 표시하고 이를 생산하는 데 필요한 품목 B와 C는 단계 1에 표시한다. 이때 품목 X는 상위품목(모품목), 품목 B와 C는 하위품목(자품목)이라고 한다. 품목 B의 옆에 있는 괄호 속의 숫자 2는 품목 X의 한 단위를 만드는 데 품목 B는 두 단위가 필요함을 의미한다. 품목 B의 한 단위를 만드는 데 품목 D 세 단위와 품목 E 한 단위가 필요하다. 이와 같이 자재명세서는 최종품목으로부터 시작해서 원자재에 이르기까지 각 단계별로 체계적으로 부품과 필요한 수량을 나열한다.

주일정계획에 최종품목의 생산시기와 수량이 명시되면 MRP는 그 최종품목의 자재명세서를 전개하여 최종품목을 생산하는 데 필요한 각종 구성품의 수량, 시기, 발주일 등을 결정한다. 자재명세서를 전개(explosion)한다는 것은 자재명세서의 모든 단계를 차례로 내려가면서 각 구성품의 필요한 소요량과 발주계획을 결정하는 것을 의미한다.

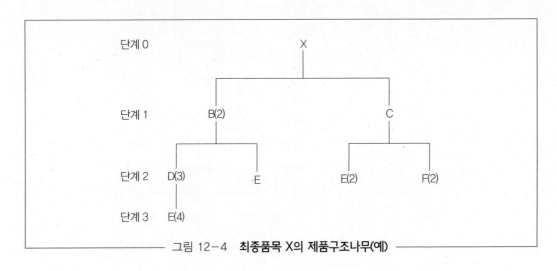

━━━ 그림 12-4 **최종품목 X의 제품구조나무(예)** ━━━

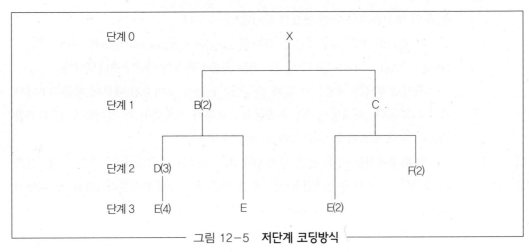

━━━ 그림 12-5 **저단계 코딩방식** ━━━

MRP 시스템에서 각 구성품의 소요량을 계산하기 위해서는 컴퓨터가 단계 0에서 시작하여 각 단계별로 제품구조나무를 따라 내려간다. 만일 어느 구성품이 상이한 단계에 나타나면 그의 총소요량을 계산하기 위해서는 저단계 코딩(low-level coding: LLC)방법을 사용하는데, 이는 가장 낮은 단계에 있는 품목과 일치시키도록 동일한 품목의 단계를 낮추는 것이다. [그림 12-4]에서 품목 E는 단계 2와 3에 나타나는데 이를 단계 3으로 낮추는 것을 저단계 코딩방식이라 한다. 이는 [그림 12-5]가 보여 주고 있다.

▌재고기록철

재고기록철(inventory record file)은 각 품목의 주문량을 결정하기 위해 그의 재고 상태에 관한 모든 정보를 제공한다. 모든 재고품목은 각각 고유번호를 가져야 한다. 이러한 기록은 원자재, 부품 혹은 중간조립품의 수취, 생산을 위한 인출, 폐기물의 발생, 주문취소 등 모든 재고거래를 적시에 경신하여 기록의 정확성을 유지해야 한다.

재고기록은 또한 리드타임, 현재고, 주문 중에 있어 곧 도착할 것으로 기대되는 예정수취량, 로트크기 또는 품목의 특성 등에 관한 정보를 포함한다.

12.4 MRP 계산과정

MRP 과정은 주일정계획에 명시된 최종품목의 소요량을 받아들이고 자재명세서에 따라 리드타임을 차감하여 최종품목의 소요량을 조립품, 부품, 원자재 등의 기간별 소요량으로 전개한다. 이러한 과정은 제품구조나무의 마지막 단계에 있는 품목의 스캐줄이 수립될 때까지 계속한다.

MRP 시스템에서 부품전개를 위해 사용하는 양식은 [표 12-2]와 같다. 이 양식에서 사용되는 용어를 설명하면 다음과 같다. 본서에서는 주문이 기간(주) 초에 발생하고 배달되며 수요 또한 기간 초에 충족되는 것으로 가정하고 필요한 계산을 할 것이다.

| 표 12-2 | MRP 양식 |

품목명: 품목번호: 리드타임: 로트크기:	주							
	1	2	3	4	5	6	7	8
총소요량								
예정수취량								
예상현재고								
순소요량								
계획수취량								
발주계획								

1. 총소요량

총소요량(gross requirements)이란 자재명세서를 전개함으로써 결과하는 최종 품목과 각 구성품의 기간별 총요구량을 말한다. 최종품목(end item)의 총소요량과 시기는 주일정계획에 나타나 있는 바와 같다. 그러나 각 구성품의 총소요량과 시기는 그의 바로 위 모품목(들)의 발주계획에 의하여 결정된다. 어떤 품목은 여러 개의 모품목을 갖는 경우가 있다. 따라서 각 구성품의 총소요량은 그의 모든 모품목들의 발주계획에 의거하여 제품구조나무에 나타난 그 구성품과 모품목과의 제조비율을 고려해서 결정한다. 그리고 그 구성품의 총소요량의 시기는 각 모품목(들)의 발주계획 시기와 동일하다.

2. 예정수취량

예정수취량(scheduled receipts)이란 이미 발령된 주문(on-order, open order)이라고도 하는데, 구매주문(purchase order)의 경우에는 외부에 그리고 작업주문(work order)인 경우에는 생산현장에 이미 발주가 되어 리드타임이 경과하는 기간 초에 도착 또는 생산완료되도록 예정된 주문량을 말한다.

3. 예상현재고

예상현재고(projected on-hand)란 각 기간 초에 실제로 보유하리라고 기대하는 재고로서 그 기간의 총소요량을 만족시키기 위하여 사용된다. 어떤 기간 초의 예상현재고는 다음과 같이 계산한다.

$$\text{예상현재고}_t = \text{예상현재고}_{t-1} + \text{예정수취량}_t$$

4. 순소요량

순소요량(net requirements)이란 기간별 총소요량에서 그 기간의 예상현재고를 뺀 차이로서 각 기간에 MPS에 의해 생성되는 수요를 실제로 충족시키기 위해 필요한 양이다. 기간 초의 순소요량은 다음과 같이 계산한다.

$$\text{순소요량}_t = \text{총소요량}_t - \text{예상현재고}_t + \text{안전재고}$$

그러나 문제를 단순화하기 위하여 안전재고는 고려치 않기로 한다.
계산된 필요한 순소요량은 계획수취량에 의하여 충당되어야 한다.

5. 계획수취량

계획수취량(planned order receipts)이란 순소요량을 충당하기 위하여 예정된 시기의 초에 수취하리라고 기대할 수 있는 계획된 주문량이다. 이때 계획수취량은 기업의 주문정책(ordering policy)에 따라 다르다. MRP 시스템에서도 생산준비비용과 재고유지비용을 감축하기 위하여 로트크기(lot size)는 여러 가지 공식을 사용하여 구한다. 본서에서는 EOQ 공식을 이용하여 구한 로트크기 주문방식(lot-size ordering)과 함께 lot-for-lot(L4L)방식을 이용할 것이다. 로트크기 방식을 사용하면 계획수취량이 순소요량을 초과할 수 있기 때문에 초과분은 다음 기간의 예상현재고에 가산한다고 가정한다. 그러나 L4L방식을 사용하면 계획수취량이 언제나 순소요량과 동일하게 된다.

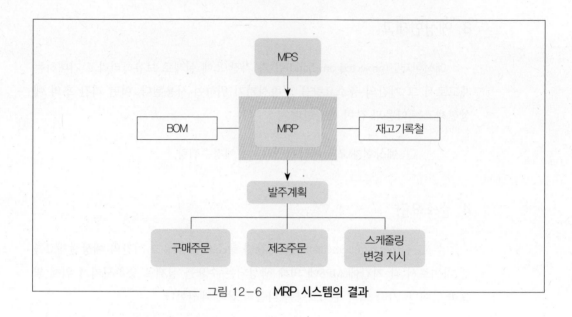

그림 12-6 **MRP 시스템의 결과**

6. 발주계획

발주계획(planned order release)이란 계획수취량을 예정된 시기의 초에 수취할 수 있도록 앞으로 각 기간에 구매주문이나 작업주문을 실제로 발령해야 하는 계획된 수량으로서([그림 12-6] 참조) 이는 계획수취량과 동일하지만 그의 발령시기는 계획수취량의 기간(납기예정일)에서 리드타임을 차감하여(offsetting) 결정한다. 이를 시간차감법(time phasing)이라고 한다.

어떤 단계의 발주계획은 다음 단계의 자품목들의 총소요량을 결정하는 데 이용된다. 시간이 흘러 발주계획이 실행되면, 이는 MRP 양식의 계획수취량행(row)과 발주계획행으로부터 사라지고 다음 기간에 예정수취량행에 기록된다.

12.5 MRP 적용례

MRP 컴퓨터프로그램을 이용하여 부품전개 과정을 설명하기 위하여 본장에서 사용한 예를 들어 보기로 하자. [표 12-1]은 최종품목 A의 주일정계획이다. 즉 8주 초에 200개가 생산되어 고객에 납품하여야 한다. [그림 12-7]은 이 최종품목의 제

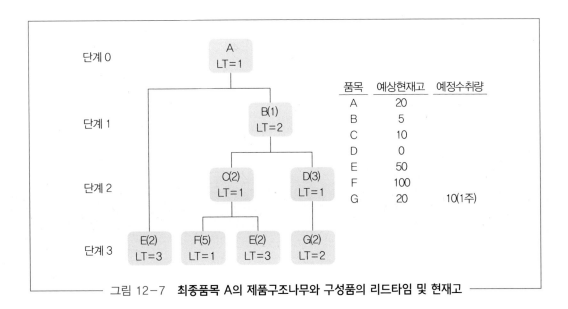

품목	예상현재고	예정수취량
A	20	
B	5	
C	10	
D	0	
E	50	
F	100	
G	20	10(1주)

그림 12-7   **최종품목 A의 제품구조나무와 구성품의 리드타임 및 현재고**

품구조나무이며 그들의 리드타임, 제조비율, 예상현재고, 예정수취량 등을 나타내고 있다.

일단 주일정계획, 자재명세서, 그리고 예상현재고 등에 관한 정보가 주어지면 자재소요계획을 작성할 수 있다. [표 12-3]은 lot-for-lot 주문방식을 사용하여 계산한 최종제품 및 그의 모든 구성품의 자재소요계획이다.

최종품목 A의 총소요량은 주일정계획에 나타난 바와 같이 8주 초에 200개를 고객에 인도하여야 한다. 예상현재고가 8주 초에 20개이므로 순소요량은 8주 초에 200-20=180개가 된다. 이때 8주 말의 예상현재고는 0이 된다.

순소요량만큼 주문하는 lot-for-lot 주문방식을 취하기 때문에 계획수취량은 순소요량과 똑같은 8주 초에 180개이다. 즉 8주 초에 180개가 생산완료되어 있어야 한다. 그런데 품목 A의 리드타임은 1주일이므로 생산지시가 떨어져야 할 발주계획은 1주일을 차감한 7주 초가 된다.

이와 같이 7주 초에 품목 A를 180개 생산하기 시작해야만 8주 초에 완성하게 되어 이 180개와 현재고 20개를 합하여 200개를 8주 초에 계획대로 고객에 전달할 수 있는 것이다.

품목 B는 품목 A의 자품목이므로 그의 총소요량과 시기는 모품목인 품목 A의 발주계획의 시기와 양에 의하여 결정된다. 이와 같이 단계 0의 제품의 발주계획은 단계 1의 구성품의 총소요량을 창출한다.

표 12-3 자재소요계획(lot-for-lot 주문방식)

품목	항목	기초	1	2	3	4	5	6	7	8	9	10
A (LT=1)	총소요량									200		
	예정수취량											
	예상현재고	20	20	20	20	20	20	20	20	0	0	0
	순소요량									180		
	계획수취량									180		
	발주계획								180			
B (LT=2)	총소요량							×1	180			
	예정수취량											
	예상현재고	5	5	5	5	5	5	5	5	0	0	0
	순소요량								175			
	계획수취량								175			
	발주계획						175					
C (LT=1)	총소요량					×2	350					
	예정수취량											
	예상현재고	10	10	10	10	10	10	0	0	0	0	0
	순소요량						340					
	계획수취량						340					
	발주계획					340		×3				
D (LT=1)	총소요량						525					
	예정수취량											
	예상현재고	0	0	0	0	0	0	0	0	0	0	0
	순소요량						525					
	계획수취량						525					
	발주계획					525	×2			×2		
E (LT=3)	총소요량						680		360			
	예정수취량											
	예상현재고	50	50	50	50	50	0	0	0	0	0	0
	순소요량						630		360			
	계획수취량						630		360			
	발주계획			630	×5	360						
F (LT=1)	총소요량					1,700						
	예정수취량											
	예상현재고	100	100	100	100	0	0	0	0	0	0	0
	순소요량					1,600						
	계획수취량					1,600						
	발주계획				1,600	×2						
G (LT=2)	총소요량					1,050						
	예정수취량		10									
	예상현재고	20	30	30	30	0	0	0	0	0	0	0
	순소요량					1,020						
	계획수취량					1,020						
	발주계획			1,020								

제품구조나무에 의하여 품목 A의 한 단위를 생산하는 데 품목 B의 한 단위가 필요하므로 품목 B의 총소요량은 7주 초에 180(=180×1)개이다. 이와 같이 7주 초에 품목 B 180개가 준비되어 있어야만 이를 이용하여 품목 A를 계획대로 생산하기 시작할 수 있는 것이다.

품목 B의 총소요량 결정을 표로 나타내면 다음과 같다.

품목: A 발주계획	1	2	3	4	5	6	7	8
							180	

$\downarrow$

$\times 1$

$\downarrow$

품목: B 총소요량							180	

품목 B의 예상현재고는 7주 초에 다섯 개이므로 순소요량은 7주 초에 175개이고, 이는 계획수취량에 의하여 충당되어야 한다. 리드타임은 2주일이므로 2주 전, 즉 5주 초에 175개를 생산하기 시작해야 한다.

품목 C는 품목 B의 구성품이므로 그의 총소요량은 품목 B의 발주계획의 시기와 크기에 의하여 결정된다. 품목 B의 한 단위를 생산하기 위해서는 품목 C의 두 단위가 필요하므로 품목 C의 총소요량은 5주 초에 350(=175×2)개이다. 예상현재고가 10개이고 리드타임이 1주일이므로 340개를 4주 초에 생산하기 시작해야 한다.

품목 D도 품목 B의 구성품이고 품목 B의 한 단위 생산에 품목 D의 세 단위가 필요하므로 품목 D의 총소요량은 5주 초에 525(=175×3)개이다. 품목 D는 예상현재고가 없고 리드타임이 1주일이므로 4주 초에 525개를 생산하기 시작해야 한다.

품목 E는 품목 A와 품목 C의 자품목이므로, 이의 총소요량은 품목 A와 품목 C의 발주계획으로부터 계산한다. 품목 A의 한 단위 생산에 품목 E는 두 단위 필요하므로 품목 E의 총소요량을 구하기 위해서는 품목 A의 발주계획에 2를 곱하여 7주 초에 180×2=360개를 얻는다. 동시에 품목 C의 한 단위 생산에 품목 E는 두 단위 필요하므로 품목 C의 발주계획에 2를 곱하여 품목 E의 총소요량을 구한다. 따라서 품목 E의 총소요량은 4주 초에 680개, 7주 초에 360개가 된다. 예상현재고가 4주 초에 50개이므로 630개의 순소요량(계획수취량)을 충당해야 하므로 리드타임 3주를 차감하여 1주 초에 630개를 외부의 공급업자에 주문해야 한다. 그리고 7주 초에 예상현재고는 0이므로 360개를 4주 초에 주문해야 한다.

품목 E의 총소요량을 결정하는 과정을 그림으로 나타내면 다음과 같다.

품목: A 발주계획	주							
	1	2	3	4	5	6	7	8
							180	
품목: C 총소요량				340				
				↓			↓	
				×2			×2	
품목: E 총소요량				↓			↓	
				680			360	

품목 F와 품목 G의 소요량, 주문량 및 그의 시기를 계산하는 요령은 위에서 설명한 바와 같다. 다만 품목 G의 예정수취량은 1주 초에 10개이므로 이에 예상현재고 20을 합치면 1주 초의 예상현재고는 30개가 된다. 총소요량은 4주 초에 1,050개이고 이때의 예상현재고는 30개이므로 순소요량 및 계획수취량은 1,020개가 된다. 이는 리드타임 2주를 차감하여 2주 초에 주문해야 한다.

[표 12-3]으로부터 각 품목별 제조주문 또는 구매주문량과 그의 발주시기를 종합하면 [표 12-4]와 같다.

지금까지는 순소요량=계획수취량인 lot-for-lot 주문방식을 사용했을 때의 자재소요계획이었다. 만일 사전에 결정된 로트크기 주문방식을 사용하면 부품전개 과정은 lot-for-lot 방식과 같으나, 다만 계획수취량이 순소요량보다 많을 경우

표 12-4 품목별 주문량 및 시기(발주계획)

품 목	주문량	발주일(주초)
A	180	7
B	175	5
C	340	4
D	525	4
E	{ 630 360	1 4
F	1,600	3
G	1,020	2

표 12-5   자재소요계획(로트크기 주문방식)

품목	구분	초기	1	2	3	4	5	6	7	8	9	10
A (LT=1) 로트크기 =280	총소요량									200		
	예정수취량											
	예상현재고	20	20	20	20	20	20	20	20	20	100	100
	순소요량									180		
	계획수취량									280		
	발주계획								280			
B (LT=2) 로트크기 =순소요 량	총소요량								280			
	예정수취량											
	예상현재고	5	5	5	5	5	5	5	5	0	0	0
	순소요량								275			
	계획수취량								275			
	발주계획						275					
C (LT=1) 로트크기 =550	총소요량					×2	550					
	예정수취량											
	예상현재고	10	10	10	10	10	10	10	10	10	10	10
	순소요량						540					
	계획수취량						550					
	발주계획					550						
D (LT=1) 로트크기 =450	총소요량						825					
	예정수취량											
	예상현재고	0	0	0	0	0	0	75	75	75	75	75
	순소요량						825					
	계획수취량						900					
	발주계획					900						
E (LT=3) 로트크기 =100	총소요량					1,100			560			
	예정수취량											
	예상현재고	50	50	50	50	50	50	50	50	90	90	90
	순소요량					1,050			510			
	계획수취량					1,100			600			
	발주계획		1,100			600						
F (LT=1) 로트크기 =1,000	총소요량					2,750						
	예정수취량											
	예상현재고	100	100	100	100	100	350	350	350	350	350	350
	순소요량					2,650						
	계획수취량					3,000						
	발주계획				3,000							
G (LT=2) 로트크기 =순소요 량	총소요량					1,800						
	예정수취량		10									
	예상현재고	20	30	30	30	30	0	0	0	0	0	0
	순소요량					1,770						
	계획수취량					1,770						
	발주계획			1,770								

가 있다. 이때 그 차이는 다음 기간의 예상현재고에 포함된다. 예컨대 순소요량은 125개인데 로트크기가 100개라면 200개(100개씩 두 묶음)를 주문해야 하고 나머지 200 - 125 = 75개는 다음 기간의 예상현재고에 포함된다.

로트크기 방식을 사용하였을 때의 자재소요계획은 [표 12-5]와 같다. [표 12-5]에서 로트크기=순소요량이라 함은 특별한 로트크기가 사전에 결정된 것이 아니므로 순소요량만큼 주문하라는 L4L을 뜻한다.

품목 A의 총소요량은 200개(8주 초)이지만 예상현재고가 8주 초에 20개이므로 순소요량은 180개가 된다. 그러나 로트크기가 280개이므로 그 차이인 100개가 9주 초의 예상현재고가 된다.

품목 E의 순소요량은 1,050(4주 초)이지만 로트크기가 100개 묶음이므로 1,100개를 주문해야 하며 나머지 50개는 4주 초의 예상현재고로 놓이게 된다. 또한 품목 E의 순소요량은 510개(7주 초)가 되지만 600개를 주문해야 하므로 나머지 90개는 8주 초의 예상현재고로 놓이게 된다.

[표 12-5]에 따라 각 품목별 발주계획을 정리하면 다음과 같다.

품 목	주문량	발주일(주초)
A	280	7
B	275	5
C	550	4
D	900	4
E	$\begin{cases} 1,100 \\ 600 \end{cases}$	1 4
F	3,000	3
G	1,770	2

12.6 MRP 시스템의 출력 보고서

MRP 시스템의 중요한 출력 보고서로서는 다음의 네 가지를 들 수 있다.

▍발주계획 보고서(planned order release report)

발주계획 보고서는 주문이 미래에 발령될 기간별 계획이다. [표 12-4]는 발주계획 보고서이다. 발주계획은 얼마의 제조주문 또는 구매주문이 언제 발령되어야 하는가를 보여 준다. 따라서 구매부서와 생산부서에서는 이에 따라 외부에 주문을 발주하거나 현장에 생산지시를 발령하게 된다. 이러한 주문이 시간이 경과하여 실제로 발령되면, 이제 계획주문이 아니라 발령된 주문, 즉 예정수취량으로 신분이 바뀐다.

▍주문실행 보고서(order action report)

주문실행 보고서는 이번 기간에 어느 주문이 발령되어야 하며, 또는 이미 발령된 주문 가운데 어느 것이 취소가 되어야 하는지를 보여 준다.

▍발령된 주문 보고서(open orders report)

발령된 주문 보고서는 어느 주문이 독촉되어야(expedite) 하고, 어느 주문이 지연되어야(deexpedite) 하는지를 보여 준다. 따라서 MRP 시스템은 납기예정일과 필요일을 서로 일치시키기 위하여 이미 발령된 주문을 늦추거나, 재촉하거나 또는 취소하도록 고지해 준다.

▍재계획 보고서(reschedule report)

이미 발령된 주문의 납기예정일을 변경해야 하는 경우에 변경되는 일자를 알려 준다. MRP 시스템은 주문의 납기예정일을 재계획함으로써 우선순위를 경신한다.

12.7 MRP 시스템의 관련 사항

지금까지는 MRP의 기본적 개념을 설명하고, 완제품생산을 위한 주일정계획으로부터 그의 구성품의 순소요량과 발주계획을 도출하는 과정을 공부하였다. 그러나 주일정계획은 완제품보다 낮은 단계인 최종품목에 대해서도 수립되는 경우가 있다. 본절에서는 모듈 자재명세서 외에 안전재고에 대하여 공부하고자 한다.

1. 모듈 자재명세서

모듈 자재명세서(modular bills of materials)는 많은 옵션(option)을 갖는 복잡한 제품을 생산할 때 사용된다. 예컨대 자동차제조업에서는 엔진, 변속기, 차체, 차내의 장식, 에어콘 등의 모델선택이 가능하기 때문에 이들을 조합한 수많은 옵션이 가능하게 된다. 모듈화는 고객의 다양한 욕구를 만족시키면서 구성품재고를 낮출 수 있다.

제품라인이 많은 옵션을 갖게 되면 그의 조합은 무수하여 이들의 각각에 대하여 수요를 예측하고 주일정계획을 수립하는 것은 거의 불가능하다. 또한 각 조합에 대하여 BOM을 작성하게 되면 기록철을 유지하는 데 많은 비용이 소요된다. 이러한 문제를 해결하기 위하여 사용되는 것이 모듈 BOM이다.

예로써 자동차제조업자가 고객에게 20가지 엔진, 30가지 색상, 네 가지 차체 및 두 가지 뼈대(frame)를 제공할 수 있다면, 결국 그는 (20)(30)(4)(2)=4,800가지의 서로 다른 모델을 제조할 수 있다. 이 경우에 4,800개의 완제품에 대한 BOM과 주일정계획을 작성하게 되면 비합리적이다. 따라서 (20+30+4+2)=56개의 모듈에 대하여 BOM을 작성해야 한다. 자동차에 대한 수요는 각 모델에 대하여 실시하지 않고 전체 자동차에 대하여 실시한다.

각 모델에 대한 수요는 전체 자동차의 예측으로부터 과거 고객의 주문에 입각한 모델선정 확률을 이용하여 계산할 수 있다. 예컨대 과거 일정한 기간 동안 주문의 75%가 엔진 A였고 25%가 엔진 B였고 자동차의 수요가 100이라고 하면, 그 기간 동안 엔진 A는 75개, 엔진 B는 25개를 만들면 된다.

이상에서 설명한 바와 같이 옵션이 많은 제품의 경우에는 각 완제품(모델)에 대하여 BOM과 주일정계획을 작성하지 않고 한 단계 아래인 최종품목(모듈)에 대하여 이들을 작성한다.

2. 안전재고

이론적으로 말하면 종속수요 품목인 구성품에 대해서는 안전재고를 유지할 필요가 없다. 사실 이 점이 MRP 방법의 이점이다. 그러나 실제적으로 말하면 여기에 예외가 있을 수 있다. 예를 들면, 높은 폐기율을 갖는 애로 프로세스는 후 프로세스에서의 구성품 부족을 유발할 수 있다. 더욱 구성품 및 원자재의 부족은 이들의 주문이 늦게 도착하게 되면 발생할 수 있다. 또한 종업원의 결근, 재작업, 기계고장 등은 생산기간을 변동시키게 한다.

이러한 불확실성으로 구성품에 대한 안전재고를 유지할 필요성이 발생하게 된다. 이런 경우에는 변동의 원인이 리드타임이면 안전재고 대신에 안전기간(safety lead time)의 개념을 사용하여 주문이 실제로 필요한 시간 훨씬 전에 도착 또는 생산완료되도록 해야 한다. 만일 변동의 원인이 수량이면 안전재고(safety stock)를 유지해야 한다.

안전재고의 유지는 고객의 주문변동을 고려하여 최종품목에 대해서 할 수 있고, 믿을 수 없는 납품업자인 경우에는 구입하는 품목에 대해서 할 수 있다.

12.8 능력소요계획

기업의 생산능력(공장, 설비 및 작업자)을 계획하고 통제하는 것은 경영층의 중요한 책임이다. 생산운영관리자는 가용능력을 현명하게 계획하고 통제하여 기업의 목적을 달성하기 위한 그의 이용도를 높이도록 해야 한다. 만일 초과능력이 존재하면 과다한 자본이 여기에 묶이게 되고 운영자금이 필요하게 된다. 반면 능력이 부족하게 되면 고객의 수요를 제대로 만족시키지 못하여 이익을 상실하게 된다.

능력소요계획(capacity requirements planning: CRP)은 주일정계획으로 표현된 생산계획과 생산능력을 일치시키고자 하는 노력이다. 따라서 능력소요계획이 정확하고 효과적이기 위해서는 자재소요계획과 조정되어야 한다. 만일 자재는 존재하나 능력이 불충분하면 생산계획은 달성될 수 없고 자재의 유지비용이 발생한다. 반대로 능력은 존재하는데 자재가 부족하면 생산계획이 달성될 수 없으며 유휴능력에 비용이 발생한다. 그러므로 MRP와 CRP 프로그램을 동시에 이용하여 주일정계획으로부터 구성품 및 능력의 소요량을 결정해야 한다.

MRP의 주요 특성 중의 하나는 생산능력계획을 수립하는 데 필요한 기초 데이터를 제공한다는 것이다. 이미 앞에서 언급한 바와 같이 주일정계획은 현실적이어야 하며, MRP는 이 주일정계획을 수행하는 데 충분한 능력이 존재함을 전제로 한

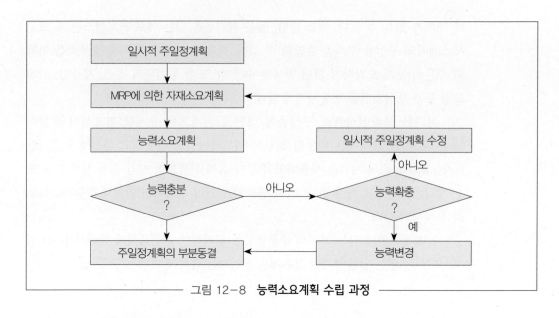

그림 12-8 능력소요계획 수립 과정

다. 그러나 이러한 주일정계획이 표면적으로는 실현가능한 것 같지만, 사실은 구성품의 제조에 필요한 자원(능력)소요량의 관점에서 보면 아주 실현불가능한 경우가 있다.

[그림 12-8]은 생산능력계획의 과정을 보여 주고 있다. 그 과정은 일시적(잠정) 주일정계획으로부터 시작하는데 이는 동결하기 전에 실현가능성을 체크하게 된다. 즉 주일정계획은 MRP를 사용하여 자재소요량을 산출하는 데 이용된다. MRP로부터의 산출은 발주계획과 발령된 주문인데, 이들은 바로 능력계획 수립의 입력이 된다. 제조주문인 경우 발령된 주문과 앞으로 발령될 계획된 주문은 프로세스 경로표(route sheet)에 따라 각 작업장(work center)을 흐르게 된다. 프로세스 경로표는 각 작업의 경로, 실시순서 및 표준시간 등을 명시한다.

이상과 같이 생산능력계획은 MRP 전과 후에 실시되는데 MRP 전에는 개략생산능력계획으로서 넓은 총괄개념으로 실시된다. MRP 후의 생산능력계획은 생산능력소요계획의 형태로 실시되는데 계획된 주문과 발령된 주문에 입각하여 각 작업장별, 기간별 작업부하를 측정하는 것이다. 따라서 생산능력계획은 현존능력과 능력소요량을 비교하는 반복적 과정이라 할 수 있다.

[그림 12-9]는 능력소요계획의 입력 데이터와 산출물을 나타내고 있다.

[표 12-6]은 MRP 시스템의 산출물인 작업장 A에 할당된 작업(발령된 주문), 그리고 앞으로 할당될 작업(계획된 주문)과 그들의 작업시간 등의 예를 나타내는 부하

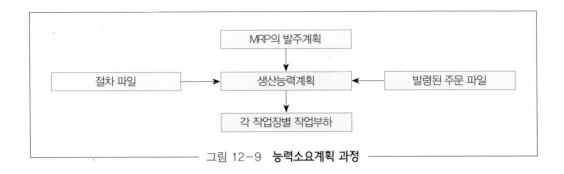

그림 12-9 **능력소요계획 과정**

표 12-6 작업장 A의 부하 보고서

주	할당여부	작업# (주문)	단위 수 (주문량)	준비시간	단위당 가공시간	총작업시간	주별 총시간
1	할당	200	100	2.5	0.15	17.5	
	할당	205	80	3.0	0.30	27.0	
	할당	203	200	4.5	0.20	44.0	89.0
2	할당	232	90	5.0	0.35	36.5	
	할당	225	100	4.0	0.25	29.0	
	할당	241	200	3.5	0.10	23.5	89.0
3	할당	217	300	5.0	0.15	50.0	
	할당	219	150	4.0	0.15	26.5	
	미할당	215	30	4.5	0.10	7.5	84.0

보고서(load report)이다.

여기서 총작업시간(능력소요량)은 다음 공식을 이용하여 구한다.

$$총작업시간 = 생산준비기간(setup + time) + (가공시간/단위 × 주문량)$$

[그림 12-10]은 [표 12-6]의 결과를 나타낸 것이다.

이와 같이 계획된 주문과 발령된 주문의 합계는 기간별, 작업장별 능력소요량으로 환산된다. 능력소요계획은 주일정계획을 만족시킬 기간별, 작업장별 생산 표준시간을 계산하는 것이다. 그의 목적은 이를 만족시킬 충분한 시설능력이 있는지 밝히는 것이다. [그림 12-10]에서 작업장 A의 1주와 2주의 능력소요량은 생산능력보다 초과하고 3주에는 미달한다. 초과하는 경우에는 주일정계획을 수정하든지 또는 생산능력을 확장해야 한다. 생산능력을 확장하기 위해서는 잔업시간을 연장하

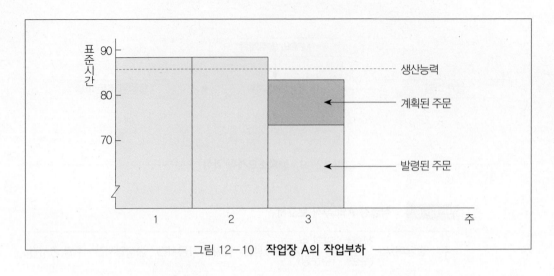

그림 12-10 **작업장 A의 작업부하**

든지, 또는 하청을 주는 것이다. 만일 이러한 방안을 취할 수 없는 경우에는 초과 작업량을 수행할 다른 작업장을 구한다든지, 또는 1주, 2주의 초과작업량을 3주로 뒤로 미룰 수도 있다. 능력소요계획은 가급적 부하(load)를 기간별로 평준화시킴으로써 현존 생산능력으로 주일정계획을 만족시키도록 도와 주는 것이다.

생산능력통제(capacity control)는 현존능력이 능력소요계획대로 이용되는 것을 보증하기 위한 노력이다. 이는 노동 및 시설의 사용률을 측정하고, 이러한 정보를 시스템의 데이터 베이스(data base)에 피드백시키고 CRP에 의해 설정된 표준시간과 비교하고, 실제 산출량(actual output)이 계획산출량(planned output)과 상당히 차이가 나면 수정조치를 취하는 것이다. 수정조치란 잔업 또는 유휴시간을 사용한다든지 작업자를 다른 작업장에 보낸다든지, 외부에 하청을 준다든지를 의미한다. 생산능력통제를 위해서는 투입-산출통제(input-output control)가 사용되는데, 이에 대해서는 제15장의 스케줄링에서 설명한다.

12.9 제조자원계획

MRP는 자재소요를 관리하는 방법으로부터 재고관리와 생산계획을 위해 우선 순위계획과 생산능력계획을 포함하는 방법으로 발전하여 왔다. MRP 시스템이 생산능력계획을 포함하기 위해서는 정보의 피드백이 가능한 폐쇄경로시스템의 형태를 취해야 한다.

그러나 1980년대 초 MRP는 제조기업의 자재뿐만 아니라 생산에 필요한 모든 자원을 효율적으로 관리할 고도의 통합된 시스템으로 발전하게 되었다. 이러한 MRP의 연장을 MRPⅡ 또는 제조자원계획(manufacturing resource planning)이라고 부른다. 제조자원계획은 계획수립과정에 모든 기능분야, 예컨대 생산, 재무, 마케팅, 인사, 엔지니어링, 구매 등을 통합하는 총괄의사결정 시스템이다.

MRP는 [그림 12-11]에서 보는 바와 같이 계획과정의 중심이다. 과정은 고객

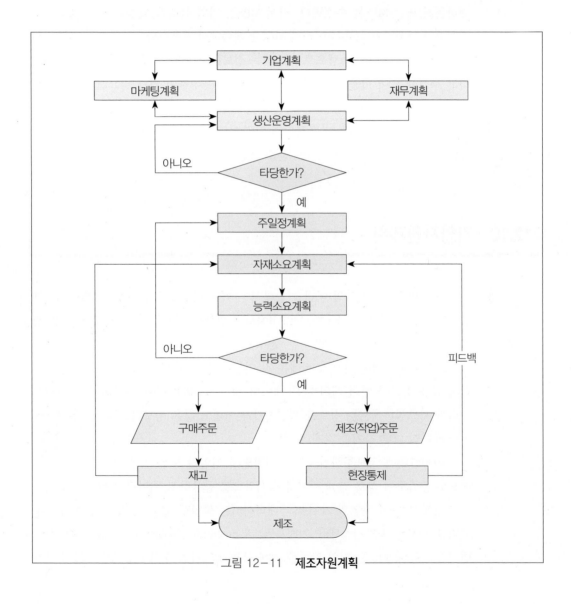

그림 12-11 **제조자원계획**

의 확정주문, 예측, 안전재고 요구 등으로부터 결정되는 수요를 총괄하는 것으로 부터 시작한다. 생산, 재무, 마케팅을 담당하는 사람들이 모여 함께 MPS를 작성한다. 계획을 지원하는 데는 제조자원이 필요하지만 재무자원도 필요하고 이의 계획도 수립해야 한다. 이와 마찬가지로 마케팅자원도 또한 필요하다. 이러한 모든 자원이 필요한 만큼 존재하면 MPS는 고정되지만 그렇지 못하면 이를 수정해야 한다.

여기서 MRP는 중요한 역할을 하는데 동결된 MPS를 기초로 하여 자재소요와 현장주문을 발생시킨다. 능력소요계획의 결과 MPS를 달성할 수 없으면 능력을 증대하든지 또는 MPS를 수정한다. 사실 MPS는 기업 목적을 달성하는 데 필요하면 수정하고 갱신하기 때문에 이러한 과정은 계속해서 진행한다.

폐쇄순환 MRP 시스템으로부터 얻는 정보는 자재와 능력 이외의 자원을 계획하고 조정하는 데 이용할 수 있다. 어떤 자재와 구성품이 언제 필요한가를 결정하게 되면, 구매예산을 편성할 수 있고 구매계약을 체결할 수 있다. 능력계획으로부터 각 작업장별 노동시간이 결정되면 인력소요 및 노동예산을 편성할 수 있다. 자재의 재고수준을 결정하면 재고예산을 편성할 수 있다.

12.10 기업자원계획

MRP II는 제조기업의 여러 기능부서 사이에 정보를 공유하도록 MRP 시스템을 연장하는 것이다. 이와 같이 MRP II에서는 생산정보를 중앙에 저장하고 이를 필요로 하는 부서에 접근을 허용하는 것이다.

MRP II 시스템이 나오기 전에는 각 기능부서가 별개의 컴퓨터 시스템을 보유하여 같은 정보가 여러 개의 다른 데이터 베이스(data base)에 저장되었다. 따라서 이러한 시스템하에서는 정보를 갱신하기가 어렵고 같은 정보라도 다른 데이터 베이스에 따라 다른 가치를 갖게 되었다.

1990년대에 정보통신기술이 발전하면서 기업의 모든 업무 프로세스를 유기적으로 통합하여 상호 간에 정보를 실시간으로 공유하고 주어진 자원을 효율적으로 사용토록 하여 기업의 가치를 극대화시키는 통합형 업무시스템이 출현하였다. 이러한 새로운 정보시스템을 기업자원계획(enterprise resource planning: ERP) 시스템이라고 한다. ERP는 기업 활동을 위해 사용되는 기업 내의 모든 인적·물적 자원을 효율적으로 통합 관리하여 기업의 경쟁력을 강화하고자 하는 전사적 자원관리 시스템이다.

　ERP 시스템이란 기업, 공급업자, 고객 등이 공용으로 사용할 수 있는 데이터 베이스를 중앙에 구축하여 여러 기능부서 사이에 정보를 통합하고 공유함으로써 생산계획 및 통제, 재고관리, 품질관리, 물류, 판매, 구매, 유통, 회계, 재무, 마케팅, 고객 서비스 제공, 인적자원관리 등 기업의 기능은 물론 고객과 공급업자들을 관리하기 위해 설계된 소프트웨어이다.

　예컨대 완제품의 판매량은 공급사슬에 걸쳐 모든 파트너들이 공유할 유용한 정보이다. 고객에 실제로 판매한 데이터를 알면 생산부에서는 이를 보충할 양과 시기를 정확하게 결정할 수 있다. 공급업자들은 제품 생산에 필요한 자재와 구성품을 결정할 수 있다. 이와 같이 공급사슬의 모든 파트너들이 무엇을 해야 할지 정확하게 계획을 수립할 수 있게 된다.

　이러한 ERP 시스템의 목적은 기업의 내·외 모든 부서와 기능을 하나의 컴퓨터 시스템에 통합하여 기업의 필요에 따른 정확한 정보를 실시간(real time)으로 교류하는 것이다. [그림 12-12]는 전형적인 ERP 시스템을 보여 주고 있다.

　ERP 시스템은 기업의 내부적인 생산운영활동을 담당하는 기능들과 외부와의 관계인 고객 및 공급업자들을 관리하기 위하여 다양한 모듈(module)로 구성되어

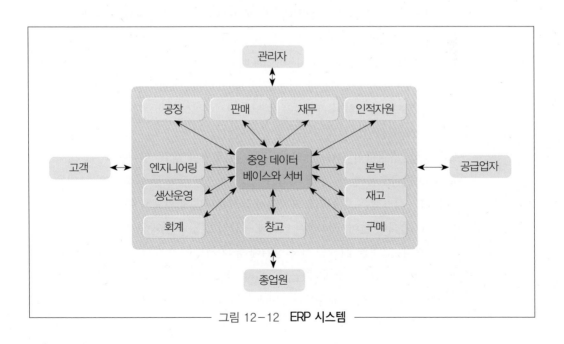

그림 12-12　ERP 시스템

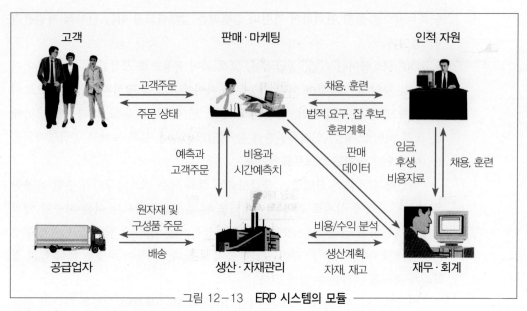

그림 12-13   **ERP 시스템의 모듈**

출처: Russell and Taylor, *Operations Management*, 8th ed.(John Wiley Sos, 2014), p. 516.

있다([그림 12-13] 참조). 예를 들면, 기업은 정보시스템에 들어가 공급업자에 관한 정보를 조회할 수 있고 고객은 이 정보시스템을 통해 주문한 제품에 대한 재고와 배달과정의 정보를 추적할 수 있다.

     ERP 시스템은 중앙집중식 데이터 베이스와 서버(central database and server)를 활용함으로써 한 번만 입력되면 모든 사용자들은 이 데이터를 공유하게 된다.

     ERP 시스템은 중앙집중식 데이터 베이스를 활용함으로써 기업 내부의 부서와 기능들은 물론 공급사슬에 있는 모든 파트너들을 통합가능하게 되었다. 따라서 필요한 정보를 공유하여 재고수준을 낮추면서 수요를 만족시키고 생산변경 등을 효율적으로 수행함으로써 리드타임을 단축시킬 수 있다. 한편 ERP 시스템은 업무 효율 향상, 경영혁신, 신속한 의사결정, 경영투명성 제고, 인력감축, IT 및 구매비용 감소, 현금흐름 향상, 고객 서비스 향상, 유연성 강화 등 여러 가지 혜택을 제공한다. ERP 시스템은 오늘날 효과적인 공급사슬관리에 필요한 구조를 제공한다.

     2000년대에 들어서는 기존 ERP에 공급업자 및 고객과의 관계를 관리하는 공급사슬관리, 고객관계관리, 전자 상거래 등의 기능이 추가된 확장형 ERP(extended ERP, e-ERP)로 발전하였다. 최근에는 4차 산업혁명이 진행되면서 빅 데이터 분석 기술과 인공지능 기법이 적용된 스마트 ERP(smart ERP)로 더욱 발전하고 있다. 스

마트 ERP의 특징을 요약하면 다음과 같다.[1]

첫째, 스마트 ERP는 인공지능 등 혁신기술과 융합되어 보다 지능화된 기업경영이 가능한 통합시스템으로 발전된다.

둘째, ERP와 제조실행시스템(manufacturing execution system: MES), 그리고 제품 수명주기 관리시스템(product lifecycle management: PLM)을 통합하여 각 생산과정을 체계화하고 빅 데이터 분석을 통해 최적화와 예측이 가능해진다.

셋째, 스마트 ERP는 생산 지능화를 구현하고 실시간 의사결정을 지원할 수 있다.

ERP 시스템은 오늘날 실시간으로 변화하는 외부환경에 역동적으로 대응하기 위하여 공급사슬관리(SCM), 고객관계관리(customer relationship management: CRM) 등을 통합해 확장된 ERP 시스템으로 발전하고 있다.

---

1 배재권, 4차 산업혁명과 스마트 비즈니스, 박영사, 2020, p. 101.

01 MRP 시스템의 성격을 설명하라.

02 MRP 시스템의 목표는 무엇인가?

03 MRP 시스템의 입력데이터와 출력보고서를 설명하라.

04 주일정계획을 설명하라.

05 자재명세서를 설명하라.

06 MRP 시스템과 능력소요계획과의 관계를 설명하라.

07 제조자원계획을 설명하라.

08 기업자원계획을 설명하라.

09 최종품목 Y의 50단위를 생산하고자 할 때, 그의 부품 A, B 및 C의 순소요량을 계산하라.

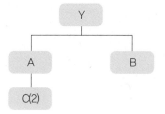

품목	현재고
A	15
B	20
C	50

10 다음과 같이 제품구조나무가 주어졌을 때, 저단계 코딩방식을 사용하여 적절한 BOM을 설계하라.

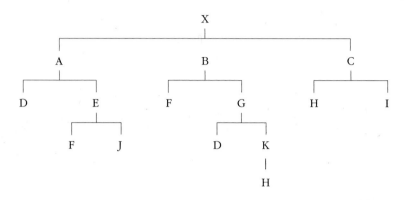

11 다음 자재소요계획에서 빈칸을 메워라.

LT=1, 로트크기=L4L		1	2	3	4	5	6	7
총소요량			50		100	120		200
예정수취량		60						
예상현재고	120							
순소요량								
계획수취량								
발주계획								

12 최종품목 X는 A와 B의 중간조립품으로 구성된다. A의 한 단위를 생산하기 위해서 구성품 한 단위의 C, 한 단위의 D와 두 단위의 E가 필요하다. B의 한 단위를 생산하기 위해서 구성품 한 단위의 F와 세 단위의 G가 필요하다. 또한 구성품 F는 두 단위의 부품 H를 필요로 한다.
① X의 제품구조나무를 그려라.
② 1,000단위의 X를 생산하고자 할 때 각 구성품의 소요량을 계산하라.
③ X의 MPS와 각 구성품의 예상현재고 및 LT가 아래와 같이 주어졌을 때 로트크기 =L4L을 이용한 자재소요계획을 작성하라.

품목: X 생산량	1	2	3	4	5	6	7	8
						500		300

품목	예상현재고	LT
X	200	1
A	100	2
B	50	1
C	0	2
D	30	1
E	20	1
F	50	1
G	30	3
H	0	1

13 다음과 같은 제품구조나무를 갖는 최종품목 X를 생산하는 회사가 9주에 200단위를 고객에 공급하기로 계약을 맺었다. 최종품목 및 구성품의 현재고는 없을 때 이들 발주계획의 시기와 양을 결정하라. 만일 구성품 B의 리드타임이 1주가 아니고 2주라면 어떤 현상이 발생하는가? 최종품목 X를 계획대로 공급할 수 있는가?

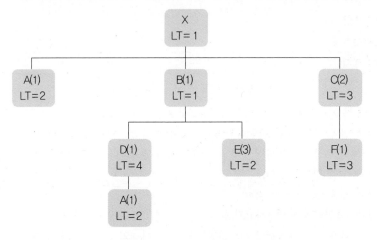

14 아래와 같은 제품구조나무를 갖는 최종품목 Y를 주 5에 500단위, 그리고 주 6에 400단위를 생산하려고 한다. 각 구성품별 예상현재고 및 리드타임(주)이 주어졌을

때 아래 물음에 답하라.

① 모든 품목에 대한 자재소요계획을 작성하라.

② 어떤 조치가 지금 취해져야 하는가?

③ 품목 D와 E는 같은 기계로 만든다고 한다. 품목 D는 개당 0.1시간이 소요되고 품목 E는 개당 0.2시간이 소요된다. 몇 시간의 기계시간이 각 주에 필요한가?

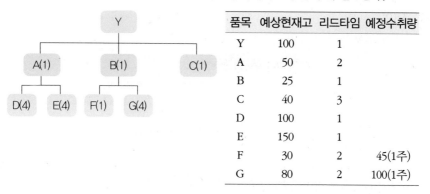

품목	예상현재고	리드타임	예정수취량
Y	100	1	
A	50	2	
B	25	1	
C	40	3	
D	100	1	
E	150	1	
F	30	2	45(1주)
G	80	2	100(1주)

15 종로 제조(주)에서는 A와 B라는 두 가지 제품을 생산하는데 그들의 제품구조나무가 아래와 같다. MPS, 재고, 로트크기, LT 등 관련 데이터가 다음과 같을 때 각 품목의 자재소요계획을 계산하라.

품목	현재고	예정수취량	로트크기	MPS
A	10	0	L4L	100(기간 8)
B	5	0	L4L	200(기간 6)
C	140	0	150	
D	200	250(기간 2)	250	

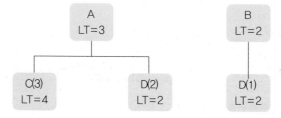

16 종로(주)는 X, Y라는 두 제품을 생산한다. 또한 두 제품은 A, B, C라는 세 가지 구성품을 사용하여 제조한다. 제품 X는 A(2), B(3), C(4)의 수량으로 제조하고 제품 Y는 A(3), B(2), C(1)의 수량으로 제조한다.
각 품목에 관한 정보는 다음과 같다.

품목	현재고	예정수취량	로트크기	MPS	LT
X	0	0	L4L	150(8주)	1
Y	0	0	L4L	100(6주)	2
A	250	200(4주)	200		4
B	25	0	300		2
C	0	0	L4L		3

① 제품구조나무를 그려라.
② 각 품목의 발주계획보고서를 작성하라.
③ 지금 취해야 하는 조치는 무엇인가?
④ 만일 제품 Y의 MPS가 100(5주)로 변경된다면 어떤 일이 발생하는가?

17 가위 생산의 제품구조나무와 그의 생산에 필요한 정보는 다음과 같다.

품목	현재고	LT	예정수취량	MPS
가위	200	1		200(주4) 500(주5)
왼쪽	60	2	100(주2)	
스크루	350	1	200(주1)	
오른쪽	75	2	200(주2)	

품목별 발주계획을 작성하라.

제13장

PRODUCTION OPERATIONS MANAGEMENT

린 생산시스템

린 생산시스템(lean production system)은 시스템으로부터 모든 낭비를 제거하고 적은 재고, 적은 작업자, 적은 공간을 사용하여 더욱 많은 것을 만들어 낸다는 의미로서 지금 세계에서 가장 효율적이라고 인정하는 도요타 생산시스템(Toyota production system)보다 넓은 의미로 붙여진 이름이다.[1]

도요타 생산시스템은 Taiichi Ohno 등이 개발한 적시(just-in-time: JIT) 생산시스템으로 알려져 있는데, 재고감소와 자재의 원활한 흐름을 통하여 자재가 필요한 때 적시에 도착할 것을 강조한다.

즉 모든 품목을 필요한 때에 적시에, 적량으로 공급함으로써 만일의 경우에 대비하여(just-in-case: JIC) 안전재고를 쌓아두는 전통적인 방법과 다르다. 또한 린 생산시스템은 작은 로트크기로, 즉 소량생산을 반복함으로써, 대량생산을 통한 비용절감을 추구하려는 전통적인 방법과 다르다.

린 생산시스템에서는 생산활동에서 가치를 부가하지 않는 활동, 자재, 운영 등 모든 낭비의 원천을 근본적으로 제거하여 모든 자원을 효율적으로 사용하고 공급사슬을 통해 자재와 정보의 원활한 흐름을 조장함으로써 생산비용을 절감시키고, 프로세스 개선을 통한 제품품질의 향상을 기하며, 재고감소를 통한 비용 및 생

---

1 J. Womack and D. Jones, *The Machine that Changed the World* (New York: Macmillan, 1990).

산 리드타임(manufacturing lead time)의 단축으로 고객의 수요변화에 빨리 대응토록 해 준다. 이러한 결과로 이익과 투자수익률이 증대하여 경쟁력이 강화된다. 이 외에도 린 생산시스템의 혜택으로는 공간요구의 감소, 생산성 증가, 유연성 증대, 공급업자와의 돈독한 관계, 인적자원의 효율적 이용, 제품 다양성, 스케줄링과 통제 활동의 단순화 등을 들 수 있다.

본장에서는 린 생산시스템의 원리와 요소들을 설명하고 MRP 시스템과의 관계 등을 공부하고자 한다.

13.1 린 생산시스템의 원리

린 생산시스템은 1980년대 일본에서 시작된 이후 세계의 제조 방식을 지배해 온 원칙으로서 하나의 접근방법, 이념, 또는 전략이라고 볼 수 있다. 일본에서 처음 시작할 때의 JIT는 재고관리 또는 품질관리의 한 방법으로 여겨졌으나 오늘날 린 생산시스템은 넓은 개념으로 생산 스케줄링 등 다른 분야에도 응용되고 있다.

린 생산시스템의 근본적 원리는 다음과 같이 요약할 수 있다.

- 낭비와 비효율의 제거
- 유연한 자원
- 품질, 비용, 스피드와 대응능력에 있어서 꾸준한 향상

1. 낭비와 비효율의 제거

JIT 시스템의 뿌리는 일본의 특수한 환경에서 연유한다. 공간과 자원의 부족으로 낭비(waste)와 비능률(inefficiency)을 배격하게 되었다. 제품에 가치를 부가하지 않는 어떤 것도 낭비로 여겨진다.

낭비의 예를 들면, [그림 13-1]에서 보는 바와 같다.

- 초과생산(overproduction): 꼭 필요한 때에 필요한 수요량만큼만 생산한다. 필요 이상의 생산과 미리 생산하는 것은 초과재고를 유발하고 공간을 차지

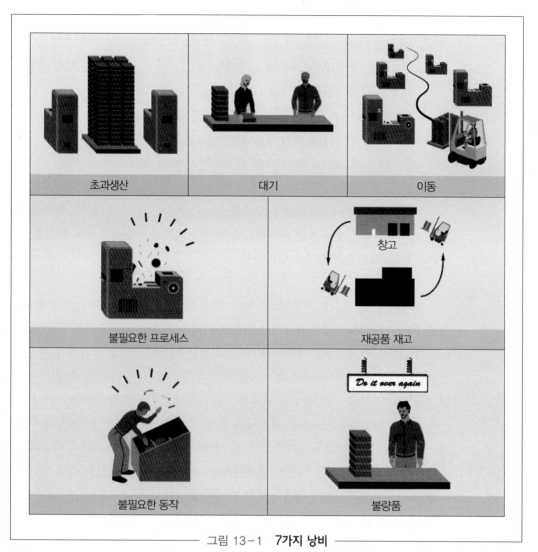

그림 13-1 **7가지 낭비**

출처: Russell & Taylor, *Operations & Supply Chain Management*, 10th, ed. (Wiley, 2019), p. 719.

한다. 따라서 지금 필요한 양만큼 생산한다.

- 대기(waiting): 고객 주문, 재고, 완제품, 고객이 다음 프로세스를 위해 대기하는 것은 가치를 부가하지 않고 금융비용만 유발하기 때문에 프로세스 사이의 자재흐름을 조정하고 유연한 작업자와 장비를 사용하여 부하의 불균형을 완화한다.
- 이동(transportation): 자재취급을 최소화하도록 시설배치와 프로세스 설계를

실시한다.

- 불필요한 생산(unneeded production): 불필요한 생산행위를 근절한다.
- 프로세스: 가치를 부가하지 않거나 비용을 유발하는 프로세스상의 불필요한 절차를 제거한다.
- 재공품(work-in-process: WIP) 재고: 생산준비시간의 감소, 생산율의 증가, 작업장간 생산율의 조정을 통한 재고감소를 추구한다.
- 동작과 노력(motion and effort): 불필요한 동작을 제거하여 생산성을 향상시킨다.
- 불량품(defective product)과 폐기물(scrap): 불량품은 재고, 노동, 능력을 낭비하기 때문에 비용을 유발하므로 완전한 제품을 생산함으로써 불량품, 재작업, 폐기물의 발생을 방지한다.

낭비는 두 관점으로 구분할 수 있다. 자원의 관점에서 본 낭비는 노동력이나 생산 장비의 낭비로서 유휴시간이나 기계 사이의 이동 같은 비부가가치 작업(non-value-adding work) 등을 의미한다. 한편 흐름물체(flow unit)의 관점에서 본 낭비는 이의 흐름시간(flow time)으로서 이를 단축시키면 재고수준을 낮출 수 있는 것이다. 이와 같이 낭비는 생산능력의 낭비뿐만 아니라 흐름시간의 낭비도 포함한다.

린 생산시스템을 사용하는 제조업에 있어서는 필요 이상의 부품, 원자재, 재공품 및 완제품 등은 공간을 차지하고 돈을 낭비하는 놀고 있는 자원이기 때문에 그 자체가 악일 뿐만 아니라 이들은 품질문제를 덮어두기 때문에 더욱 나쁜 것이다. [그림 13-2]는 재고수준과 품질문제의 관계를 나타내고 있다. 그림(a)는 재고수준이 높아 문제를 감추고 있는 경우이고, (b)는 재고수준이 낮아 문제가 노출되는 경우이고, (c)는 재고수준을 완전히 낮추고 문제를 제거하는 경우이다.

이러한 모든 낭비는 또한 고객에 대해 비용을 증가시키기 때문에 모든 프로세스에서의 불량과 실수를 원천봉쇄하는 노력이 필요하다.

린 생산시스템은 낭비의 제거를 위해서 프로세스의 생산성을 증진하고 재고를 줄이고 품질을 향상시키고 작업자 참여를 유도한다. 이러한 낭비의 제거는 비용감소를 통한 수익성을 증진시키고 고객에 가치를 부가한다.

이와 같이 린 생산시스템은 생산 프로세스에서 발생하는 비능률과 비생산적 요소를 제거하여 생산성 향상과 품질개선을 추구하는 이념이요 철학이라고 할 수 있다.

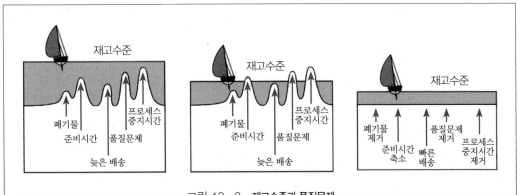

그림 13-2 재고수준과 품질문제

2. 유연한 자원

린 생산시스템은 낭비를 제거하는 것 외에 작업자들을 의사결정 과정에 적극 참여시키려고 한다. 작업자들은 매일 프로세스에서 작업하기 때문에 누구보다도 프로세스를 잘 알고 있다. 이와 같은 프로세스에 관한 지식과 재능으로 낭비를 제거할 수 있는 것이다.

다기능 작업자(multifunctional worker)와 공급업자(supplier)는 린 생산시스템에서 다음 생산 프로세스를 지원하기 위하여 적시에 품질 좋은 부품을 생산할 책임을 갖는다. 만일 이러한 책임을 준수할 수 없으면 생산 프로세스를 중단하고 이를 고친다든지 협조를 구해야 한다.

작업자들은 다기능 보유자로서 U자형 시설배치에서 3~4대의 기계를 운전하고 범용기계를 사용할 수 있도록 교육과 훈련을 받는다.

린 생산시스템에서 작업자와 공급업자의 능력이 최대한 발휘되도록 그들은 많은 책임과 권한을 갖는다. 린 생산시스템에서 작업자들은 전통적인 시스템에서 보다 더욱 큰 품질에 대한 권리와 책임을 갖는다. 한편 작업자들은 꾸준한 향상 또는 개선(kaizen)을 위해서 통계적 프로세스 관리, 품질향상, 문제해결을 위한 강도 높은 훈련과 교육을 받는다.

3. 꾸준한 향상

꾸준한 향상이란 품질향상뿐만 아니라 재고의 감소, 생산준비비용과 시간의 감소, 생산율의 증가, 낭비와 비효율의 제거, 스피드와 대응능력의 향상 더욱 생산적인 능력과 시설 등을 의미한다.

꾸준한 향상은 어떤 부서나 개인이 해야 하는 일이 아니다. 모든 부서, 모든 계층에 있는 작업자들이 참여해야 한다. 린 생산시스템이 성공하기 위해서는 작업자들이 품질문제를 찾아내고, 필요하면 생산(라인)을 중단하고, 개선을 위한 아이디어를 생각해 내고, 프로세스를 분석하고, 다른 기능을 수행하고자 하는 향상의 의지가 있어야 한다.

13.2 린 생산시스템의 기본 요소

1950년대 일본 자동차산업에서 만든 자동차는 미국 자동차 업계의 반나절 생산량보다 적은 30,000대에 불과하였다. 이와 같이 수요가 적은 환경에서 미국처럼 대량생산체제를 적용할 수 없었고, 자본과 공간도 부족한 상태였다.

여기서 일본 사람들은 재고를 줄임으로써 성과를 증진시키기 위한 노력을 집중하게 되었다. 그러나 원래는 재고수준의 감소가 주목적이었지만 오늘날에는 생산운영의 모든 부문을 꾸준히 향상시키고자 하는 린 생산시스템으로 발전하였다.

린 생산시스템의 기본 요소는 다음과 같이 세 부문으로 그룹화할 수 있고 각 부문은 더욱 구체적인 요소들을 포함한다.

적시제조

- 공장부하의 균일화
- 유연한 자원
- 풀 시스템
- 칸반 생산
- 빠른 생산준비와 작은 로트크기
- 시설배치

종합적 품질경영

- 원천적 품질관리

- 예방보전

▌인간존중

- 생산근로자의 역할
- 종신고용
- 경영층의 역할
- 공급업자와의 관계

13.3   적시제조

JIT는 낭비의 제거와 부가가치 제조에 기반을 둔 이념이다. JIT는 고객의 요구를 충족시키면서 저비용, 고품질의 대량생산을 달성할 수 있다.

JIT에서 제조 프로세스는 주일정계획(master production schedule: MPS)으로부터 시작한다. MPS는 모든 작업장과 공급업자들로 하여금 자기들의 계획을 수립할 시간을 주기 위하여 몇 달 동안은 고정되어 있다. 즉 각 품목의 동일한 양이 똑같은 순서로 매일 생산되어 작업장과 공급업자들에 일정한 수요를 창출한다.

이는 하루 한 번에 한 품목을 대량으로 생산하여 재고로 쌓아두는 전통적 방법과 다르다.

JIT에서는 필요한 부품을 칸반(kanban)이라는 카드를 사용하여 선행작업장에 청구하기 때문에 JIT는 풀 시스템(pull system)이라고도 한다. 칸반에는 품목과 수량이 적혀 있기 때문에 초과생산은 할 수 없다. 이에 반하여 전통적 방법은 후속작업장에서 필요하지 않더라도 품목을 생산하여 밀어내는 무쉬 시스템(push system)이라고 할 수 있다.

전통적 방법에서 각 품목을 한 번에 대량으로 생산하는 이유는 높은 생산준비비용 때문이다. 필요하지 않은 수량은 재고로 쌓아두어야 하기 때문에 높은 재고유지비용을 유발한다.

JIT에서 생산준비시간을 거의 0으로 만들려는 노력은 그의 핵심이다. 생산준비시간이 짧기 때문에 필요한 만큼 소량생산이 가능하고 생산 리드타임(lead time)이 짧게 된다.

1. 균일한 공장부하

안정된 스케줄과 생산의 평준화를 통해 매일 매일 최종 조립라인을 지원하는 각 작업장에 대한 부하가 비교적 균일하면 JIT는 성공적이다. 균일한 부하(uniform load)는 각 모델의 일정한 생산량을 매일 반복함으로써 가능하다. 이와 같이 균일한 생산율을 유지하려는 것은 첫째, 기업의 공급업자로부터 각 생산 프로세스를 거쳐 고객에 이르기까지 균일한 부하를 통하여 자재의 원활한 흐름을 달성하려는 것이다. 둘째, 최종 조립라인을 지원하는 모든 작업장에 균일한 작업부하를 부과하려는 것이다. 생산의 평준화는 첫째, 생산계획 및 스케줄링에 의하여 달성되고 둘째, 제조 프로세스를 재설계하여 로트크기와 생산준비시간을 단축함으로써 달성된다. 이들에 대해서는 다음 절에서 설명할 것이다.

생산계획을 수립하는 과정은 장기생산계획으로부터 시작하여 연간, 월간, 그리고 일간계획으로 세분된다. MPS는 월간 그리고 일간 수준으로 작성되는데 이는 생산현장의 균일한 부하를 달성하기 위함이다. 특정 모델을 위한 MPS의 기간은 생산 리드타임, 구매, 그리고 생산능력 변동에 따라 다르지만 적어도 1개월이고 경우에 따라서는 2, 3개월이 될 수도 있다. 따라서 월간 생산계획이 확정되면 매일의 생산율은 다음의 공식을 이용하여 결정하며 한 달 동안 일정하게 유지된다.

$$\text{일간 필요생산량} = \frac{\text{월간 필요생산량}}{\text{월간 작업일 수}}$$

일본의 제조업에서는 총생산량이 적더라도 매일 균등하게 제품믹스를 어떻게 결정하는지 보기로 하자. 세단, 하드탑(hardtop), 웨건 등 세 가지 종류의 자동차를 조립한다고 가정하자. 월 생산일 수는 20일이므로 매일의 생산량은 각각 250, 125, 그리고 125이다.

일간 생산계획이 수립되면 생산을 평준화하는 다음 단계는 각 모델의 필요한 주기시간(cycle time)을 계산하는 것이다. 주기시간이란 두 개의 동일한 모델이 생산라인으로부터 차례로 빠져나가는 데 소요되는 시간간격을 말한다. 이러한 주기시간은 산출물의 스피드를 나타낸다. 주기시간은 다음과 같은 공식을 이용하여 계산한다.[2]

---

2 cycle time은 takt time과 비슷한 용어이다. Takt는 독일어로서 오케스트라 지휘자가 각 단원이 연주할 시점을 알려줄 때 사용하는 지휘봉을 의미한다.

$$주기시간 = \frac{일간\ 작업시간}{일간\ 필요생산량(수요량)}$$

따라서 세단의 주기시간은 480/250＝1분 55초이고, 하드탑 및 웨건의 주기시간은 480/125＝3분 50초이다. 다시 말하면 세단은 1분 55초마다 한 대씩, 그리고 하드탑과 웨건은 3분 50초마다 한 대씩 생산해야 한다. 이와 같이 주기시간 개념을 이용하여 매우 짧은 기간 동안 시장의 수요율에 생산율을 일치시키는 것이다. 주기시간의 아이디어는 평균수요와 똑같은 소량을 지속적으로 생산함으로써 생산량의 과·부족이 없도록 하고 소량을 빈번히 배송함으로써 재고수준을 최소화하려고 한다.

예 13-1

옥수 장난감 회사의 하루 수요량은 80개이다.

회사는 이를 만족시키기 위하여 한 교대에 480분씩 두 교대로 작업한다. 한 교대에 커피 휴식으로 두 번 15분, 식사시간으로 40분을 허용한다. 주기시간을 구하라.

해답

하루의 순생산시간＝2(480－2(15)－40)－820분/일

$$주기시간 = \frac{순생산시간/일}{매일\ 수요량} = \frac{820분}{80개} = 10.25분/주기$$

다음에는 여러 가지 모델을 조립하는 순서를 결정하는 것이다. 전통적인 큰 로트의 생산(대량생산)에 있어서는 생산준비시간(비용) 때문에 하루에 생산해야 할 예컨대 A 10대, B 20대, C 5대, D 5대, E 10대를 [표 13-1]에서 보는 바와 같이 한 꺼번에 차례로 생산하게 된다. 그러나 일본의 제조업에서는 하나의 모델을 모두 생산하고 다른 모델을 생산하는 것이 아니다. 하루에 생산해야 할 모든 모델을 혼합하여 작은 로트(소량생산)를 반복하여 생산하게 된다. 이와 같이 똑같은 제품믹스가 매일 소량으로 생산되는 균등 생산스케줄(level production schedule)은 수요를 만족시키면서 재고수준을 낮추려는 목적을 갖는다. 모델의 순서를 결정할 때 주의할 점은 특정 모델의 조립 사이의 시간을 그 모델의 주기시간과 일치시키는 것이다.[3]

---

3 이러한 순서는 한 모델과 다른 모델 생산 사이에 발생하는 생산변경에 따른 생산준비비용 (changeover cost)이 0이거나 이에 가까운 것을 전제한다. 실제로는 생산준비비용과 재고유지

표 13-1		조립순서의 비교			

제품별 1주일 생산량

A: 12대/주
B: 24대/주
C: 6대/주
D: 6대/주
E: 12대/주

월	화	수	목	금	
AAAAAA	BBBBBB	BBBBBB	DDDDDD	EEEEEE	전통적 생산계획
AAAAAA	BBBBBB	BBBBBB	CCCCCC	EEEEEE	

월	화	수	목	금	
AABBBB	AABBBB	AABBBB	AABBBB	AABBBB	JIT 생산계획
ACDEEA	BCDEEB	BCDEEB	CDEECE	CDEEDE	

이러한 순서는 한 달 동안 매일 반복된다. 이러한 반복적인 주기는 작업장에 균일한 부하를 가져오게 된다. 린 생산시스템은 매일 계획된 생산량 이상으로 초과생산하는 것을 허용하지 않는다.

> **예 13-2**
>
> Excel 자동차(주)는 하루 여덟 시간씩 20일 동안에 다음과 같이 세 모델을 생산하려고 한다.
>
> | 모델 | 월 생산량 | 일 생산량 |
> |---|---|---|
> | A | 1,920 | 96 |
> | B | 1,200 | 60 |
> | C | 960 | 48 |
>
> ① 각 모델의 주기시간을 구하라.
> ② 모델의 믹스를 달성하기 위한 모델의 생산순서를 결정하라.
>
> **해답**
>
> ① 모델 A의 주기시간 $= \dfrac{8 \times 60}{96} = 5분$

비용을 감안한 아주 작은 크기의 경제적 생산량을 구한다.

$$모델 B의 주기시간 = \frac{8 \times 60}{60} = 8분$$

$$모델 C의 주기시간 = \frac{8 \times 60}{48} = 10분$$

② 5, 8, 10의 최소공배수는 40이므로

　　매 40분마다 A는 8대

　　매 40분마다 B는 5대

　　매 40분마다 C는 4대를

생산해야 한다.

모델을 혼합하여 생산할 때 모델의 순서는 여러 가지가 있을 수 있는데 한 예는 다음과 같다.

BACABACABACABACAB··· 반복

이러한 순서는 매 40분마다 하루에 12회(=480분÷40분) 반복한다.

2. 유연한 자원

다수기능 작업자(multifuctional worker)와 범용기계로 특징지을 수 있는 유연한 자원(flexible resource)은 린 시스템의 기본적 요소이다. 한 작업자는 [그림 13-3]에서 보는 바와 같이 U형으로 정렬된 3~4대의 기계를 동시에 운전할 수 있다. 이러한 기계들은 잡샵에서처럼 같은 형태가 아니고 셀루라 배치형태 같은 서로 다른 기계들이다.

한 작업자가 여러 기계를 다루기 때문에 기계 자체도 조정능력을 갖추게 되었다. 기계에 억제 스위치가 설치되어 한 작업이 끝나면 자동적으로 기계가 멈추게 된다. 도구와 비품은 추가로 구입하여 작업장 부근에 비치함으로써 작업자가 이들을 필요로 할 때 작업장을 떠나 구하러 가는 일이 없도록 한다.

다른 제조업자들은 한 가지 기능만 수행하는 더욱 전문화된 자동화 장비를 구매하려고 하지만 Toyota는 여러 가지 기능을 수행하는 조그만 범용기계를 선호한다. 범용기계는 운영의 유연성을 제공할 뿐만 아니라 공간의 낭비, 한 기계에서 다른 기계로의 이동 등을 감소시켜 준다.

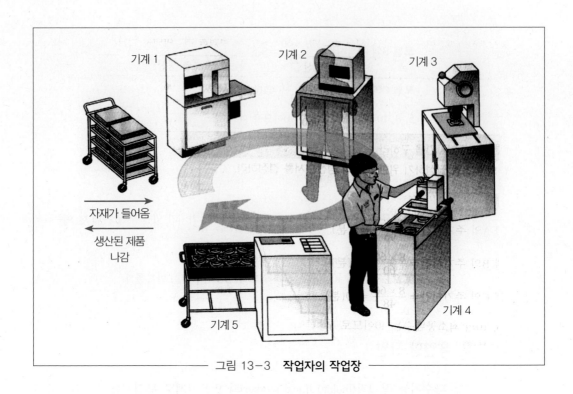

기계 1 　　기계 2 　　기계 3

자재가 들어옴

생산된 제품
나감

기계 5 　　기계 4

그림 13-3　**작업자의 작업장**

3. 풀 시스템

　　자재의 흐름(flow of materials)을 다스리는 기본적인 원칙으로 푸쉬 방법(push method)과 풀 방법(pull method)이 있다. 이러한 방법상의 차이는 선행(공급)작업장에서 후속(사용)작업장으로 자재가 흐를 경우 선행작업장에서 자재를 후속작업장으로 밀어내느냐, 그렇지 않으면 후속작업장에서 필요한 때에 선행작업장으로부터 끌어가느냐의 차이이다.

　　푸쉬 시스템에 있어서는 MRP 시스템처럼 선행작업장은 생산한 자재를 후속작업장에서 즉시 필요로 하든지, 또는 필요로 하지 않든지 간에 후속작업장으로 밀어낸다. 완제품의 경우에도 시장으로부터 수요가 있을 때 제품을 바로 공급하기 위하여 미리 생산하여 쌓아둔다. 전통적인 대량생산 시스템에서는 푸쉬 방법을 사용하는데, 이는 비용을 줄이기 위하여 기계와 프로세스를 최대능력으로 활용해야 하기 때문이다. 푸쉬 시스템에서 선행작업은 사용할 수 있는 자재가 있는 한 계속해서 생산한다. 기계와 작업자가 항상 바쁘게 작업해야 하므로 주문을 공장으로 밀어내야 한다. 따라서 재고는 쌓이게 되는데, 이 방법에서 재고는 값진 자산으로

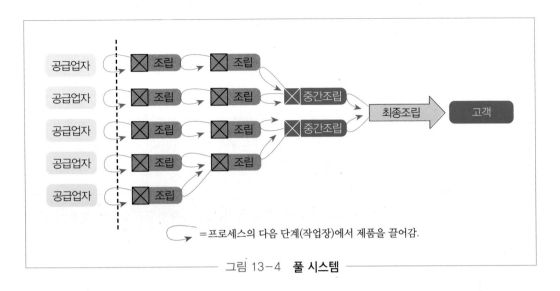

그림 13-4 풀 시스템

취급된다. 따라서 후속작업장에서 그 자재를 즉시 필요로 하지 않는 경우에는 당분간 쌓이게 된다.

풀 방법은 적시생산시스템에서 사용하는 방법인데, 후속작업장에서 필요한 때에 필요한 양을 선행작업장에 요구하면 그 때부터 원하는 만큼만 생산한다. 따라서 후속작업장에서는 [그림 13-4]에서 보는 바와 같이 필요한 자재를 선행작업장으로부터 끌어간다. 후속작업장에서 자재를 끌어가면서 새로운 자재의 생산을 요구할 때에만 선행작업장에서는 생산을 시작하기 때문에 불필요한 자재는 두 프로세스 사이에 쌓이게 되지 않는다. 즉 후속작업장에서 자재가 필요할 것이라는 예상하에서 미리 생산해 두지는 않는다. 이것이 풀 시스템의 큰 장점이다.

많은 작업장으로 구성된 생산시스템에서는 푸쉬 방법의 경우 맨 처음 작업장으로부터 생산을 시작하여 다음 작업장으로 이를 밀어냄으로써 결국 마지막 작업장으로 자재가 흐르면서 진행되는 반면에, 풀 방법에 있어서는 마지막 작업장에서부터 생산이 진행되어 선행작업장으로부터 필요한 자재를 끌어가기 때문에 맨 처음 작업장은 마지막에 작업을 시작하게 된다.

이와 같이 린 생산시스템에서의 커뮤니케이션은 생산라인의 마지막 작업장으로부터 시작하여 후진하면서 진행한다. 각 작업장은 꼭 필요한 양만 선행작업장에 요구하면 이때부터 선행작업장은 작업을 시작한다.

린 생산시스템을 사용하는 반복적 제조업에서는 풀 방법이 이용된다. 그러나 비반복적으로 소량생산에 의존하는 주문생산의 경우에는 자재소요계획(MRP) 같은 추진식(푸쉬) 방법이 효과적이다.

4. 칸반 시스템

칸반은 린 생산시스템에서 생산허가와 자재운반의 방법이다. 즉 공장 내에서 생산의 흐름을 통제한다. 일본어로 칸반은 카드를 의미한다. 칸반은 인접 작업장을 통과하는 작업의 순서를 통제하는 수단이다. 칸반은 린 생산시스템을 지원하는 정보시스템의 일부분이다.

칸반 시스템(kanban system)의 주요 목적은 후속작업장으로부터 부품이 필요하다는 것을 선행작업장에 신호하고 선행작업장에서는 그러한 부품을 적시에 생산하였음을 확실히 하는 것이다. 이와 같이 후속 작업장의 수요와 선행 작업장의 공급을 일치시켜 준다. 칸반 시스템은 최종 조립라인으로부터 부품을 끌어감으로써 시작한다. 매일매일 동일한 스케줄은 최종 조립라인만 받는다.

모든 작업장과 공급업자는 후속작업장으로부터 칸반을 이용하여 생산주문을 받는다. 이와 같이 생산 또는 공급허가가 후속작업장으로부터 나오기 때문에 칸반 시스템은 청구식(풀) 방법이라고 볼 수 있다. 만일 사용하는 후속작업장에서 생산이 중단되면 공급하는 선행작업장에서도 더 이상 생산주문이 없기 때문에 곧 생산을 중단해야 한다. 이와 같이 칸반 시스템은 카드와 컨테이너를 사용하여 작업장간을 그리고 작업장과 공급업자 간을 통제하는 매우 간단하고 효과적인 방법이다.

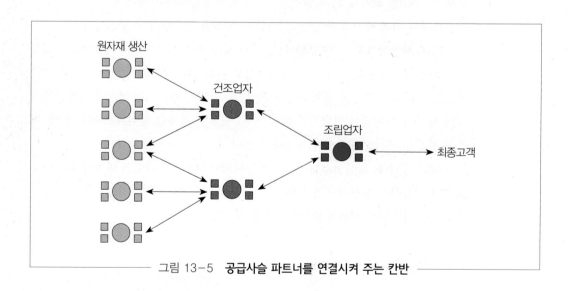

그림 13-5 **공급사슬 파트너를 연결시켜 주는 칸반**

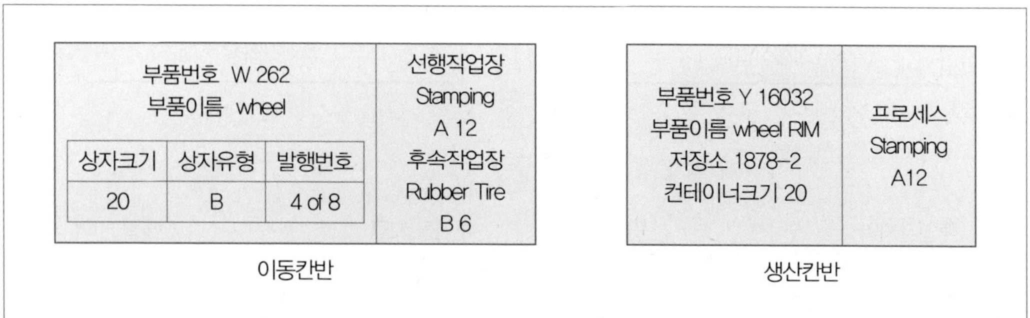

부품번호 W 262 부품이름 wheel			선행작업장 Stamping A 12 후속작업장 Rubber Tire B 6
상자크기	상자유형	발행번호	
20	B	4 of 8	

이동칸반

부품번호 Y 16032 부품이름 wheel RIM 저장소 1878-2 컨테이너크기 20	프로세스 Stamping A12

생산칸반

그림 13-6 **칸반 형태**

다시 말하면, 칸반은 공장에서 작업장 간은 물론 작업장과 공급사슬 파트너 간을 연결시켜 주는 수단이다. [그림 13-5]는 칸반이 공급사슬의 여러 파트너 사이에 제품의 생산과 이동이 가능토록 어떻게 사용되는지를 보여주고 있다.

칸반에는 기본적으로 두 가지 유형이 있다. 하나는 생산용(production kanban)이고 다른 하나는 이동용(conveyance or withdrawal kanban)이다. 생산용 칸반은 칸반에 명시된 하나의 표준 컨테이너에 담을 자재의 생산을 허용하기 위해서 사용되고, 이동용(인출용) 칸반은 칸반에 명시된 대로 선행작업장에서 후속작업장으로 특정 부품을 담은 컨테이너의 이동을 허가하는 데 사용된다. 자재는 빈 컨테이너에 부착된 생산용 칸반이 없으면 생산할 수 없다. 따라서 모든 컨테이너가 가득하면 생산을 중단하기 때문에 컨테이너(칸반)의 수에 따라 재고는 제한된다. 한편 이동용 칸반 없이는 이동할 수 없다. 컨테이너에 담을 특정 부품의 수는 언제나 일정하다. 일반적으로 칸반은 [그림 13-6]과 같은 정보를 포함한다.

칸반 시스템이 여하히 작용하는가를 살펴보기 위하여 [그림 13-7]과 같이 생산 프로세스상에 있는 두 개의 연속적인 작업장의 경우를 예로 들기로 하자.

두 작업은 작업장 A와 작업장 B에서 수행된다고 가정한다. 작업장 A는 작업장 B의 선행작업장이다. 두 작업장은 거리상으로 분리되어 있으며 작업장 A의 재공품을 작업장 B로 옮긴다(그림에서 작업장 C는 작업장 B의 후속작업장이라고 가정한다).

두 작업장 사이에 지연이 없도록 적당한 양의 재공품재고가 작업장 A의 투입물지역에, 그리고 작업장 B의 투입물지역에 저장되어 있다. 그림에서는 부품을 가득 채운 세 개의 컨테이너가 작업장 A의 투입물지역에, 그리고 산출물지역에는 한 개의 컨테이너가 놓여 있고 작업장 B의 투입물지역과 산출물지역에는 각각 한 개의 컨테이너가 놓여 있다.

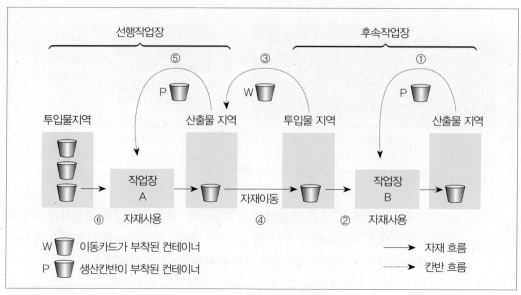

그림 13-7 **칸반 시스템**

출처: R. Reid & N. Sanders, *Operations Management*, 7th ed. (Wiley & Sons, 2020), p. 222.

각 작업장에서 작업이 수행되는 과정은 다음과 같다.

- 단계 1: 작업장 B의 작업자는 생산 칸반이 부착된 빈 컨테이너를 작업자 C
  로부터 받아 생산할 준비를 갖춘다. 그는 생산 칸반의 내용대로 빈 컨테이
  너를 채울 자재의 생산허가를 받았기 때문이다.

- 단계 2: 작업자 B는 생산 칸반의 요구대로 생산을 시작하기 위하여 그의 투
  입물 지역으로부터 자재를 담은 컨테이너 한 개(이동 칸반이 부착되어 있음)를
  작업장으로 옮긴다(여기서 생산이 끝나면 이 컨테이너에 작업장 C에서 넘어온 생
  산 칸반을 부착하여 작업장 B의 산출물 지역으로 옮긴다).

- 단계 3: 작업자 B는 그의 투입물 지역에서 방금 이동해 간 컨테이너 한 개
  를 보충하기 위하여 그 컨테이너에 부착되었던 이동 칸반을 작업장 C에서
  넘어온 빈 컨테이너에 부착하여 작업장 A의 산출물 지역으로 옮긴다.

- 단계 4: 작업자 B는 작업장 A의 산출물 지역에 있는 가득한 컨테이너로부
  터 생산 칸반을 떼고 자기가 가지고 간 이동 칸반을 부착하여 그의 투입물
  지역으로 옮긴다.

- 단계 5: 한편 작업자 B는 방금 뗀 생산 칸반을 자기가 가지고 간 빈 컨테이

너에 부착하여 작업자 A에게 전달함으로써 생산을 허가한다.

- 단계 6: 작업자 A는 생산하기 위하여 그의 투입물 지역으로부터 가득한 컨테이너 한 개를 옮겨 온다. 컨테이너를 채우면 작업자 B가 놓고 간 생산 칸반을 부착하고 그의 산출물 지역으로 옮긴다.

이러한 단계를 모든 작업장 사이에서 반복한다.

이와 같이 작업장 A와 B 사이에 허용된 재공품의 재고수준은 칸반의 수에 의하여 통제된다. [그림 13-5]에서 칸반의 수는 여섯 개이므로 각 컨테이너가 30개의 부품을 담을 수 있다면 작업장 A와 B 사이에 흐르는 부품의 최대재고는 180개이다.

두 작업장 사이를 왕래하는 컨테이너의 수는 재공품과 안전재고에 바로 영향을 미친다. 컨테이너는 생산준비 중에, 생산 중에, 운반 중에 또는 운반대기 중에 시간을 보낸다. 컨테이너가 얼마나 필요할 것인가는 한 컨테이너의 부품을 생산하여 이 컨테이너가 후속작업장을 거쳐 선행작업장으로 되돌아오는 데 소요되는 순환시간(circulating time), 즉 리드타임(lead time: LT)에 크게 의존한다.

후속작업장을 지원하는 데 필요한 컨테이너의 수는 다음과 같은 공식을 이용하여 구한다.

$$n = \frac{\text{순환시간 동안의 평균수요} + \text{안전재고}}{\text{컨테이너의 부품 수}}$$

$$= \frac{d \cdot LT + S}{m}$$

n = 컨테이너 수(컨테이너당 카드 1개)

d = 후속작업장의 수요율

LT = 순환시간(리드타임)

S = 안전재고, 리드타임 동안 평균수요의 %

m = 표준 컨테이너에 담는 부품의 수(보통 하루 사용량의 10% 이하)

d, LT는 분, 시간, 일 등 같은 시간단위를 사용해야 한다. 한편 두 작업장 사이에 흐르는 최대 재고수준 M은 다음과 같다.

$$M = m \cdot n$$

예 13-3

후속작업장에서의 부품 수요율은 시간당 평균 150개이다. 부품의 한 컨테이너가 후속작업장을 갔다 오는 데 소요되는 순환시간은 30분이다. 한 컨테이너에 부품 25개를 담을 수 있으며 안전재고는 리드타임 동안의 수요의 10%라고 한다.
① 칸반의 수는 얼마인가?
② 최대 재고수준은 얼마인가?

해답

$$① \ n = \frac{(150 \times 0.5) + 0.1(150 \times 0.5)}{25} = 3.3 \fallingdotseq 4$$

$$② \ n(m) = 4 \times 25 = 100$$

예 13-4

기계부에서 최종 조립라인에 부품을 공급하는 기업에서 칸반 시스템을 사용하고 있다. 다음과 같이 데이터가 주어졌을 때 칸반 컨테이너는 얼마 필요한지 계산하라.
매일의 수요＝2,000개
생산 리드타임＝3일(가공시간, 이동시간, 대기시간 포함)
안전재고: 하루용
한 컨테이너 담는 양: 800개

해답

리드타임 동안의 수요량 ＝ 리드타임 × 매일 수요량 ＝ 3 × 2,000 ＝ 6,000개/일

1일 안전재고 ＝ 1 × 2,000

$\qquad\qquad = 2,000$개/일

$$컨테이너의 \ 수 = \frac{리드타임 \ 동안의 \ 수요량 + 안전재고}{컨테이너 \ 크기}$$

$$= \frac{6,000 + 2,000}{800} = 10$$

각 작업장 사이의 재고는 컨테이너의 크기 또는 컨테이너의 수를 줄임으로써 감소한다. 이는 컨테이너의 순환시간을 단축시킴으로써 가능하게 된다.

기업에서 프로세스는 수많은 작업으로 이루어지므로 위에서 설명한 인접작업장 사이에서의 관계가 모든 작업에 그리고 공급업자에까지 적용될 수 있다.

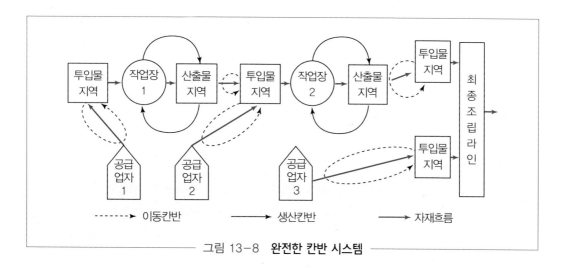

투입물 지역 · 작업장 1 · 산출물 지역 · 투입물 지역 · 작업장 2 · 산출물 지역 · 투입물 지역 · 최종조립라인

공급업자 1 · 공급업자 2 · 공급업자 3

- - - - → 이동칸반　　　——→ 생산칸반　　　——→ 자재흐름

———— 그림 13-8　완전한 칸반 시스템 ————

칸반은 [그림 13-8]에서처럼 생산공장에 있는 모든 작업장들을 연결시킬 뿐 아니라 이들과 공급업자를 서로 연결시키는 역할도 수행한다.

5. 빠른 생산준비시간

생산준비시간의 단축은 가용생산능력을 증가시키고, 수요의 변화에 따른 스케줄의 변경에 대해서는 유연성을 증진하며, 칸반의 수를 줄임으로써 재고를 감소시키는 역할을 하므로 린 생산시스템에서는 매우 중요하다.

칸반 시스템에서는 소규모 로트가 생산되므로 이것이 가능하기 위해서는 생산준비시간의 단축이 절대적으로 필요하다. 소규모 로트생산은 필연적으로 생산준비의 빈도를 증가시키는데 만일 생산준비시간이 길면 노동자와 장비 등 자원의 비능률을 초래하게 된다. 생산준비시간의 단축은 가용생산능력을 증가시키고 일반계획변화에 대처할 유연성을 증가시키는 한편, 재고를 줄이기 때문에 중요하다.

전통적인 반복생산에서는 단위당 생산시간(run time)의 단축에 관심을 두고 생산준비시간에는 별로 관심을 두지 않았다. 생산준비는 비용을 수반하고 생산을 중단케 하므로 이의 횟수를 최소로 줄이고 대량생산을 꾀하게 된다. 이러한 환경에서는 재공품재고가 쌓이게 되고 생산준비가 자주 발생하는 것도 아니므로 생산준비는 전문기능인에 의하여 수행된다.

그러나 칸반 시스템에서는 사정이 다르다. 대량생산이 아닌 소량생산을 하면서 수시로 모델을 교체하므로 생산준비가 빈번하게 발생하기 때문에 이는 그 기계의 작업자들에 의하여 수행된다.

칸반 시스템을 적용하기 위해서는 작업자들이 다수의 기능을 보유해야 한다. 다수의 기능이란 몇 개의 상이한 기계를 운전할 능력뿐만 아니라 이들 기계의 정비능력 및 작업준비를 위한 공구와 금형(die)의 교체능력 등을 포함한다. 작업자가 다수의 작업을 수행할 수 있도록 훈련을 받았기 때문에 생산준비시간의 단축이 가능하게 된다.

한편 린 생산시스템에서는 생산준비시간을 단축하기 위해 기계부근에 공구와 금형을 저장할 장치를 세운다든가, 공구와 금형을 쉽게 이동하고 설치할 지침을 설정하는 등 여러 가지 작업단순화 방법을 적용하고 있다. 한편 그룹 테크놀로지(group technology: GT) 같은 방법을 사용하여 비슷한 품목군을 차례로 가공하도록 한다.

Toyota 회사는 현재 10분 이내의 한 자리 숫자로 줄이는 'single setup'의 목표를 세우고 있다. 이 목표가 달성되는 부문에 대해서는 1분 이내로 단축하는 'one-touch setup'의 목표를 실천하고 있다.

경제적 생산량, 즉 로트크기를 결정하는 공식은 제12장에서 공부한 바와 같이 다음과 같다.

$$Q^* = \sqrt{\frac{2C_s D}{\left(1 - \dfrac{D}{P}\right)C_h}}$$

D = 월간 수요량
C_s = 1회 생산준비비용
P = 월간 생산량
C_h = 단위당 월간 재고유지비용

전통적인 생산시스템에서처럼 칸반 시스템에서도 경제적 생산량을 결정하기 위하여 똑같은 공식을 사용한다. 전통적인 생산시스템에서는 생산준비시간(준비비용)을 고정비로 보고 상당한 크기의 경제적 생산량을 구하는 반면, 칸반 시스템에서는 경제적 생산량을 낮추기 위하여 생산준비시간을 하나의 변수로 보고 이를 단축시키려고 한다. 준비시간이 0에 접근할 때 로트크기는 이상적인 한 단위 로트크기가 가능하게 된다.

$D=5,000$, $Cs=2,700$원, $P=15,000$, $C_h=100$원이라면

① 경제적 생산량 Q^*는 얼마인가?

② 꾸준한 노력의 결과 생산준비시간이 단축되어 생산준비비용이 2,700원으로부터 300원으로 감소되었다면 새로운 경제적 생산량 Q^*는 얼마인가?

해답

$$① \quad Q^* = \sqrt{\frac{2(2,700)(5,000)}{\left(1-\dfrac{5,000}{15,000}\right)(100)}} = 636$$

$$② \quad Q^* = \sqrt{\frac{2(300)(5,000)}{\left(1-\dfrac{5,000}{15,000}\right)(100)}} = 212$$

위 예에서 본 바와 같이 경제적 생산 로트크기를 636단위에서 212단위로, 즉 1/3로 감소시키기 위해서는 생산준비비용은 1/9로 감소해야 한다. 이와 같이 칸반시스템에서는 로트크기를 줄이기 위해서 생산준비비용의 격감이 필요하다. 일반적으로 표시하면 경제적 생산량을 $1/n$로 줄이기 위해서는 생산준비비용을 $1/n^2$로 줄여야 한다.

6. 작은 로트크기

생산준비기간(setup time)이란 어떤 품목의 생산 런(production run)에 필요한 장비의 준비에 필요한 시간으로써 장비를 소제하고 바르게 정리하고, 날개깃(blade)이나 다른 도구의 교체, 기타 다른 일거리 등을 하는 시간을 포함한다.

생산준비시간의 단축을 통한 로트크기 및 제조기간(lead time)의 축소는 린 생산시스템을 가능케 하는 원동력이다. 이상적인 로트크기는 한 단위이다. 그러나 이는 몇 가지 품목을 동시에 가공하는 기계들, 몇 가지 품목을 동시에 가공하는 열처리 장비, 매우 긴 준비시간을 요하는 기계들 때문에 실현하기는 사실 어렵다. 그럼에도 불구하고 목표는 로트크기를 가능한 한 축소하려는 것이다. 생산 프로세스에서 또는 공급업자로부터의 배송에 있어서 작은 로트크기는 몇 가지의 혜택을 가져온다.

- 작은 로트크기는 주문들 사이에 유지하는 안전재고 이상의 재고인 주기재고(cycle inventory)를 감축하는 역할을 한다. 평균주기재고는 로트크기의 1/2과 같다. 즉 로트크기가 작을수록 주기재고도 줄어든다. 주기재고를 줄인다는 것은 제조시간과 재고유지 공간을 줄인다는 것을 의미한다.

재고가 감소하면 유지비용, 저장할 공간, 작업장에서의 어질러짐, 검사비용, 재작업비용 등을 줄인다.

- 작은 로트크기는 제조기간(lead time)을 단축시켜 고객이 원하는 특정 제품을 신속하게 공급하는 역할을 한다. 제조기간의 단축은 재공품재고, 즉 파이프라인 재고(pipeline inventory)를 줄이는데 이는 각 작업장에서의 총가공시간은 작은 로트인 경우보다 큰 로트인 경우에 크기 때문이다. 큰 로트는 다음 작업장이 다른 큰 로트를 완료할 때까지 가공을 좀더 기다려야 하는 경우도 있다. 또한 만일 불량품이 발견되는 경우에는 큰 로트는 재작업할 품목이 있는지 전체를 검사해야 하므로 오랫동안 지체해야 한다.
- 작은 로트크기는 작업장의 균일한 부하를 가능케 하며 시설을 더욱 효율적으로 사용하게 한다. 또한 각 생산 프로세스에서 대기하는 시간을 축소함으로써 여러 가지 모델의 반복생산이 가능하게 된다.
- 로트크기가 소량이면 품질상의 문제를 빨리 노출시킨다. 작은 로트크기란 적은 재고를 의미하고 재고는 곧 사용하게 되므로 발생하는 문제를 숨길 수 없는 것이다. 품질문제를 재고로 오랫동안 덮어두게 되면 결국 재작업, 폐기물 등 비용이 발생하게 되고 노동시간을 낭비하게 된다. 따라서 노출된 문제는 그 원인을 바로 제거시킬 필요가 있다.
- 소량으로 여러 가지 품목을 자주 교체하면서 생산하는 유연성(flexibility)으로 말미암아 변화하는 고객의 요구(수요)에 더욱 신속하게 대응할 수 있다.

작은 로트크기를 달성하는 하나의 방법은 작업장 간을 흐르는 재고를 꼭 필요한 때에 한정하는 풀 시스템을 사용하는 것이다.

7. 설비배치 및 집중화 공장

린 생산시스템이 가능하게 하기 위해서 일본 기업은 모든 것을 수행할 수 있는 거대한 한 제조공장을 건설하지 않고 전문화할 수 있는 소규모의 집중화 공장을 건설한다. 이러한 소규모 공장을 선호하는 이유는 첫째, 대규모 공장은 관리하기가 어렵고 둘째, 대규모 공장보다 더욱 경제적으로 운영할 수 있기 때문이다.

집중화 공장(focused factory)이란 제한된 수의 생산 프로세스로 제한된 수의 몇몇 제품을 전문적으로 생산하는 공장을 말한다. 유연성(flexiblility)이 중요시되는 린 생산시스템에서 집중화 공장이 정당화되기 위해서는 한 가지 제품 또는 똑같은 생산요구를 갖는 제품그룹에 대한 충분하고도 꾸준한 수요가 있어야 한다.

집중화 공장에서는 제품흐름과 재공품의 흐름시간을 최소로 하고자 한다. 이를 위해서 시설의 배치와 제품의 생산방식에 단순화가 이룩되어야 하고 시스템의 복잡성이 배제되어야 한다. 평균적으로 볼 때 린 생산시스템을 사용하는 일본의 제조공장은 미국의 공장보다 규모는 작지만 공급하는 제품 수에 있어 다양성과 유연성을 보이면서 더 많은 양을 생산하고 있다.

일본에는 수많은 소규모의 집중화된 단위 공장들이 있는데 이들 상호 간은 최종조립 프로세스에 이를 때까지 생산의 연속적 단계로서 상호간 부품 및 중간조립품을 하루에 보통 두 번 내지 열 번씩 배달한다.

린 시스템에서 설비배치는 생산준비의 빈도를 줄여 낭비를 제거하기 위하여 라인흐름이 설계된다. 특정 제품의 생산량이 충분하면 기계와 작업자의 그룹이 라인흐름 배치로 조직된다. 그러나 생산량이 충분하지 않으면 한 제품을 생산하도록 여러 작업자들을 한 라인에 배치하지 않는다. 이런 경우 단순한 자재취급, 낮은 생산준비 횟수, 노무비의 감축 같은 라인흐름 배치의 장점을 이용하기 위하여 린 시스템에서는 다음과 같은 두 가지 기법을 사용한다.

- 한 작업자, 여러 기계 셀
- 그룹 테크놀리지 셀

생산량이 충분하지 않을 경우에는 한 셀(작업상) 내에서 한 작업자(one worker)가 동시에 여러 다른 기계(multiple machines)를 운전할 수 있도록 U형 설비를 배치한다. 이러한 배치형태는 재고를 감소시키고 작업자 수를 줄이는 효과를 가져오기 때문에 이는 [그림 13-2]에서 이미 설명한 바와 같다. 제조업자들이 선호하는 방식이다.

소량생산을 위해 라인흐름 배치를 사용하는 그룹 테크놀로지(group technology: GT)는 유사한 크기, 형태, 가공형태(예: 드릴)를 갖는 부품군(parts family)을 가공하기 위하여 각 작업장에 상이한 기계들을 그룹으로 배치하는 기법이다([그림 13-8] 참조). 이와 같이 GT 배치는 프로세스별 배치 환경에 제품별 배치의 효율성을 가져

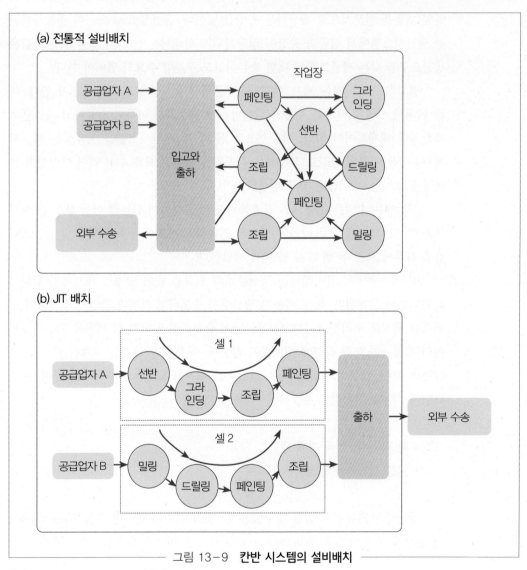

그림 13-9 칸반 시스템의 설비배치

출처: D. Reid and N. Sanders, 전게서, p. 227.

오려는 혼합형 배치형태이다.

공장 내에서 자재가 능률적으로 흐르고 로트크기가 감소하며 자동화가 가능하도록 문제가 계속 해결되어야 하므로 모든 설비는 GT에 맞게 배치되어야 한다. 일본의 생산설비들은 적시납품 개념을 지원하기 위하여 GT를 기초로 조직되어 있다. 이를 위해 제품생산에 필요한 상이한 모든 기능을 수행하는 일련의 개별적인 기계들을 그룹화하여 그들이 하나의 조립라인처럼 배치되도록 하는 것이다. 일본의 공장은 제품중심적으로 되어 있어 한 그룹의 작업자들이 각 셀에서 제품생산에 필요한 모든 작업을 수행한다.

린 생산시스템은 생산준비시간을 줄이고 생산의 효율을 가져오는 기본적인 도구이다. 이는 또한 자동화의 첫 단계이며 적시생산에 절대적으로 필요하다.

[그림 13-9]에서 처럼 GT기법을 도입한 린 생산시스템의 라인흐름 설비배치는 각 셀 내에서 부품이 한 작업장에서 다음 작업장으로 원활하게 흐를 수 있도록 작업장을 배치한 형태이다. 즉 부품이 이동하는 방식으로 작업장이 배치되어 부품은 프로세스를 빨리 이동하게 된다. 부품이 흐를 때 각 기계 옆에 있던 안전재고는 완전히 제거된다. 이렇게 함으로써 로트크기가 한 단위에 접근할 때 자동화는 가능하게 된다. 한 작업자가 몇 개의 기계를 운전할 능력을 갖추므로 작업자의 효율이 증가하고, 작업장 사이를 흐르는 부품의 이동시간 및 기다리는 시간이 단축된다. 이리하여 생산성은 향상되고 재공품재고는 최소로 유지된다.

13.4 종합적 품질경영

린 생산시스템의 중요한 요소는 조직의 모든 기능과 계층을 통합하는 종합적 품질경영(total quality management: TQM)이다. 린 생산시스템의 토대는 고객이 원하는 제품을 생산하는 것이다. 따라서 품질의 개념도 규격의 준수를 강조하는 생산자적 관점이 아니고 고객의 기대를 충족시켜야 한다는 소비자적 관점에서 설정해야 한다. 왜냐 하면 고객의 요구와 표준이 생산시스템을 이끌어 가기 때문이다.

린 생산시스템에서는 제품의 무결점을 전제로 한다. 이는 전통적 방법과 사뭇 다르다. 전통적 방법에서는 어느 정도의 불량품을 인정하기 위하여 합격품질수준(acceptable quality level: AQL)이라는 개념을 사용한다.

린 생산시스템에서는 불량품질을 낭비로 여긴다는 사실은 여러 차례 강조한 바와 같다. 폐기물이나 재작업은 비용을 수반하기 때문에 철저히 배격하려는 것이다.

제품의 품질에 대한 책임과 소유권은 이를 만드는 작업자의 몫이다. 따라서 작업자에게는 많은 권한과 책임이 부여된다. 작업자는 불량부품을 절대로 다음 작업자에게 넘겨서는 안 된다. 불량품질을 원천적으로 봉쇄한다. 품질문제의 근본 원인을 규명하고 원천적으로 해결함으로써 품질완벽주의를 추구한다. 이는 전통적인 방법에서 불량품을 솎아내기 위해 샘플링 검사(sampling inspection)를 하는 것과는 판이하게 차이가 있는 것이다.

지속적인 개선노력은 TQM의 핵심이다. 린 생산시스템에서 꾸준한 향상노력은 불량품의 수를 낮추려는 것으로부터 생산준비비용과 로트크기를 축소시키려는 것까지 모든 것을 지배한다.

지속적인 개선노력은 여기서 끝나는 것이 아니다. 이는 작업자 기능의 향상, 공급업자의 품질 및 그와의 관계 증진, 심지어 경영층의 성과향상까지도 포함한다.

1. 원천적 품질관리

린 생산시스템이 제대로 작동하려면 품질은 극도로 우수해야 한다. 불량품을 대비한 재고는 하나도 없기 때문이다. 불량품을 생산하고 재작업하는 일은 낭비이기 때문에 절대로 허용되지 않는다. 린 생산시스템이 원활하게 작용하기 위해서는 작업자가 동시에 품질관리도 담당해야 한다.

Toyota의 품질목표는 무결점이다. 이를 추구하기 위하여 프로세스에 품질을 주입하려고 하지만 품질문제가 발생하면 그의 원천을 규명하여 이를 즉시 해결하고 절대로 불량품을 다음 프로세스로 보내지 않는다. 이에 따라 작업자 자신이 제품품질에 대한 책임을 지고 품질의 소유권을 갖게 된다. 이러한 책임을 지도록 하기 위하여 작업자에게 품질문제가 발생하였을 때 생산라인을 중단시킬 권한인 지도카(Jidoka)를 부여한다.

소량의 부품이 사용 직전에 생산되므로 그리고 작은 로트를 만들 때 처음 부품과 마지막 부품을 검사함으로써 사실상 100% 검사활동을 수행하는 것이다. 이와 같이 불량품 생산을 원천적으로 방지함으로써 모든 프로세스에서의 검사활동을 거쳐 생산된 완제품에 대한 최종검사는 불필요하게 된다.

작업자들은 작업상태에 따라 세 가지 불을 켤 수 있는데 품질문제의 발생을 신호하기 위하여 사용하는 불을 안돈(andon)이라고 한다. 푸른 불은 작업이 순조롭게 진행하고 있음을 의미하고, 노란 불은 도움을 요청하는 불이며, 빨간 불은 라인 중단을 의미한다. 빨간 불이 켜지면 작업자들은 그 곳으로 모여들어 문제가 무엇인지 찾아내려고 한다.

린 생산시스템에서는 원천적 품질관리(quality at the source)를 실시하기 때문에 이러한 과정에서 있을 수 있는 프로세스 중단으로 인한 생산량에의 영향보다 그 제품의 품질을 더욱 우선하여 품질제일주의를 실천한다. 이는 전통적 제조방식과 다르다. 전통적으로는 대량생산이 이루어지므로 문제가 발견되기에는 긴 시간이 지나야 한다. 즉 불량품이 언제 발생하였으며, 그의 원인이 무엇인지 결정하기가 꽤 어렵다.

또한 전통적으로는 품질상의 문제가 발생하면 품질관리기사가 이를 개선토록 하며 후속 프로세스 작업자들은 계속 작업을 수행한다. 또한 완제품에 대한 최종 검사도 품질관리 기사에 의해 수행된다.

2. 예방보전과 작업장 정비

린 생산시스템에서는 재공품 재고가 거의 없기 때문에 장비에 고장이 나면 큰 일이 발생한다. 이러한 고장을 최소화하기 위하여 기업은 예방보전(preventive maintenance) 프로그램을 실시한다. 고장이 발생하면 생산량이 감소하고, 납기를 맞출 수 없고, 작업 스케줄에 차질이 오고, 고객의 불만을 유발하게 된다. 이러한 일들은 린 생산시스템에서 낭비로 취급된다.

예기치 못한 기계멈춤을 방지하기 위하여 작업자들은 자기가 사용하는 장비를 깨끗이 닦고, 기름을 칠하고, 눈금 같은 것을 바르게 하고, 자주 고장나는 부품을 갈아끼우고, 조정도 하는 예방보전활동을 일상적으로 수행한다.

예방보전비용이 꽤 많지만 기계고장에 따른 비용보다 훨씬 낮기 때문에 린 시스템에서는 장비를 돌보는 데 신경을 많이 쓰고, 작업자들이 기계를 잘 보전하여 언제나 작동할 수 있도록 하기 위하여 훈련과 교육에 많은 투자를 한다.

작업자들은 그들의 사기, 환경안전, 프로세스 효율성을 증진하기 위하여 생산현장, 사무실 공간, 공구실 같은 작업장 정비(workplace organization)에도 신경을 써야 한다. 이는 5S 기법으로 [그림 13-10]에서 보는 바와 같이 Seiri, Seiton,

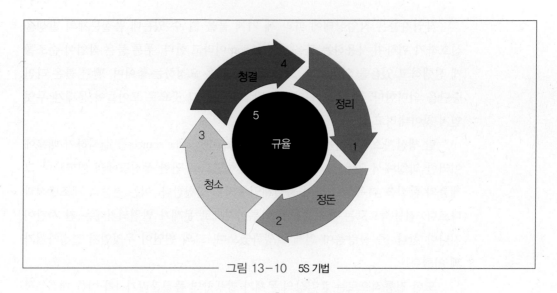

그림 13-10   5S 기법

Seiso, Seiketsu, Shitsuke라는 일본어의 영문 표기에서 나온 것이다.

- Seiri(정리): 불필요한 재공품, 유휴설비, 자재, 쓰레기 등을 치워 정리된 작업환경을 유지한다.
- Seiton(정돈): 작업장 안의 모든 공구와 자재를 놓아 둘 위치를 결정하고 항상 정돈상태를 유지한다.
- Seiso(청소): 작업장, 기계설비, 공구의 청소와 보전에 만전을 기하여 기계고장을 사전에 예방한다.
- Seiketsu(청결): 작업환경을 언제나 청결하게 유지한다.
- Shitsuke(규율): 모든 작업자들이 이러한 규칙을 이해하고 준수하며 이 운동에 적극적으로 참여한다.

13.5   인간존중

인간존중(respect for people)도 린 생산시스템의 중요한 요소이다. 작업자들의 관여도 린 생산시스템의 핵심이다. 기업에 종사하는 모든 사람들이 동등하게 중요하고 평등하게 참여한다. 린 시스템에서는 모든 기능이 공동으로 일하여 고객의 요구를 충족시켜야 한다. 경영층도 행정적인 일만 하면서 고립되어 있는 것은 아니고 생산현장에서 시간을 보내야 한다.

린 생산시스템은 사람을 회사의 가장 귀중한 자원이라고 생각한다. 작업자들을 존경으로 대하고, 직장안정을 보장하고, 우수한 업무성과에 대해서는 상당한 보상을 서슴치 않는다.

이러한 인간존중 태도는 종업원의 범위를 넘어서 공급업자에게까지 확대된다. 공급업자는 동반자 관계로서 장기적 관계를 유지하려고 한다.

작업자들은 품질분임조 같은 의사결정 과정에 자발적으로 참여하여 작업수행과 관련된 문제를 해결하고 제안하는 데 아주 협조적이다. 작업자들은 자율팀(self-managed team)에 속하여 감독관, 검사자, 시계, 노조임원 없이 생산성, 품질, 비용, 생산 및 사람 등 자기들이 하는 모든 일에 대해 책임을 갖는다.

1. 작업자의 역할

전통적인 방법에서 작업자들은 자동적인 방식으로 자기들의 직무를 수행함으로써 생산과정에서의 품질과 프로세스 개선 등에 있어 권한부여와 참여의 기회가 주어지지 않았다. 그러나 린 생산시스템에서는 작업자들이 기업의 목표를 추구하는 데 적극적으로 관여한다. 즉 작업자들은 여러 상이한 기계를 운전하면서 작업을 수행할 능력을 갖는 다기능 작업자이다. 작업자들의 교육수준이 향상되고, 특히 기술분야에서는 작업자가 관리자보다 더 높은 기능을 갖게 되었다.

작업자들은 생산 프로세스를 개선하고 품질기사의 일을 하고 품질문제를 해결하는 데에 적극 참여하고 있다. 지속적인 개선은 직무에 대한 작업자들의 지식과 재능에 크게 의존하는 것이다. 품질수준은 제품을 생산하는 작업자의 태도에 크게 의존한다는 사실에 입각하여 작업자에게 많은 권한과 책임을 부여하고 작업자에게 품질개선을 위한 동기를 부여해야 하며, 조직 내의 모든 계층에서 이루어지는 의사결정 과정에 참여하도록 유도해야 한다는 주장이 실천되고 있는 것이다.

작업자들은 생산 프로세스의 품질을 항상 체크하고 감시해야 한다. 자신이 만드는 부품을 검사하고, 선행 프로세스에서 넘겨 받은 부품 또한 검사함으로써 불량부품이 후속 프로세스로 넘어가지 못하도록 철저한 검사노력을 경주한다. 원천적 품질관리를 실천함으로써 품질문제의 근본 원인을 찾아 이를 해결하는 책임을 갖는다.

린 생산시스템에서 작업자들의 역할은 많은 책임과 자율권을 갖는다는 점에서 전통적인 시스템에서의 역할과 상당히 다르다. 린 생산시스템에서 작업자들의 역할의 중요한 요소를 요약하면 다음과 같다.

- 작업자는 다기능 보유자로서 몇 대의 기계를 운전한다.
- 작업자는 생산 및 품질문제를 해결하는 데 적극적으로 참여한다.
- 작업자는 생산 및 품질결정에 동기부여되어 있다.
- 품질은 조직 구성원 모두의 책임이다.
- 작업자는 성과 데이터를 기록하고 시각적으로 나타낼 책임을 갖는다.
- 작업자는 팀의 구성원으로 문제해결에 참여한다.
- 의사결정은 조직 구성원 모두가 참여한 가운데 이루어진다.
- 작업자는 예방보전에 책임을 갖는다.

2. 경영층의 역할

린 생산시스템에서 작업자의 역할이 변화한 것처럼 경영층의 역할도 많이 변화하였다. 작업자들은 얼마 전까지만 해도 교육과 훈련의 기회도 없이 미숙련공으로서 단순하고 육체적으로 수행하는 과업에 전념하였다.

군대식으로 조직된 계층적 구조에서 관리자들은 작업자들에게 과업을 할당하고, 이들이 과업을 제대로 수행하고 있는지 감독할 뿐이었다. 즉 관리자들에게는 검사, 명령, 감독, 통제, 의사결정의 능력이 절대적으로 필요하였다.

그러나 작업자들의 교육수준이 향상되고 작업환경이 많이 개선되어 관리자의 권위나 지시만으로는 젊고 능력 있고 의욕적인 작업자들을 관리할 수 없게 되었다.

이와 같이 관리자의 역할은 전통적인 명령과 통제의 방식으로부터 벗어나 촉진자 내지 코치로서 작업자들이 자발적으로 목표를 설정하고 수행할 과업을 결정하고 결과를 측정할 환경을 조성하는 방식으로 바뀌었다.

제품과 서비스의 품질은 조직 구성원에 의하여 고객을 위해 창조된다. 고객의 품질요구와 규격을 충족시키는 것 이상으로 생산성과 품질향상을 기하기 위해서는 기업의 전 구성원으로 하여금 이렇게 하고자 하는 동기를 유발할 최고경영층의 리더십이 필요하다.

제품과 서비스의 품질은 작업자의 능력뿐만 아니라 능력을 발휘코자 하는 자발적인 의욕에 크게 의존한다. 우수한 품질의 제품을 생산하기 위해서는

- 기술을 개발함으로써 고객요구를 충족시킬 제품과 프로세스를 개선하도록 해야 한다.
- 기업 전체에서 품질을 최우선 목적으로 삼는 품질문화(quality culture)를 조성해야 한다.

품질을 생각하는 생산적인 작업자를 만드는 길은 그들을 조직의 일부분으로 인정하여 의사결정 과정에 적극적으로 참여할 기회를 부여하고, 직무수행에 있어 더 많은 책임과 권한을 부여해야 한다.

전원 참여(total involvement)는 린 생산시스템의 핵심적 개념이다. 모든 조직구성원의 적극적인 참여는 관리자, 작업자, 협력업체의 노력을 통합하고 서로 협력하도록 해 준다. 작업자 참여는 조직에 있어 큰 자산이다. 최고경영층의 리더십은 전 구성원의 참여에 절대적 영향을 미친다. 상호 신뢰와 긴밀한 협조관계의 분위기를 조성할 조직문화의 창조는 경영층의 몫이다.

경영층의 역할을 요약하면 다음과 같다.

- 경영층은 조직문화를 조성할 책임을 갖는다.
- 경영층은 보스(boss)가 아닌 촉진자와 코치가 되어야 한다.
- 경영층은 작업자들의 노력을 보상할 인센티브 시스템을 갖추어야 한다.
- 경영층은 작업자들로 하여금 여러 가지 기능을 개발할 교육과 훈련을 제공해야 한다.
- 경영층은 작업자들이 팀워크를 형성하도록 권장한다.

3. 공급업자와의 관계

린 생산시스템에서 작업자가 변해야 하는 것처럼 기업의 공급업자(vendor)도 변해야 한다. 린 생산시스템에서는 공급업자도 하나의 작업장으로 취급된다. 공급업자도 칸반 카드와 특정 컨테이너를 이용하여 다음 생산단계에 적시에, 그리고 소량으로 자주 품질우수한 부품을 공급하여 바로 생산에 사용하도록 한다. 적시구

매도 적시생산처럼 소량의 자재를 원활하고 균일하게 흐르도록 하여 생산의 어떤 단계에서도 재고가 쌓이지 않도록 한다. 공급업자가 다량으로 공급하게 되면 재고가 감소하지 않는다. 부품이나 자재를 공급할 때는 특정 컨테이너에 담아서 시간에 맞추어서 공급해야 한다.

린 생산시스템에서 공급업자는 하루에 보통 네 번 부품을 공급하는 경우도 있다. 심지어 자동차 의자의 경우 하루에 50여 번 공급하게 된다. 따라서 공급업자는 고객의 공장부근에 위치하도록 권장된다. 하루에 여러 번 배달하려면 수송비가 발생하기 때문에 이를 감축하기 위해서이다. 만일 공급업자가 멀리 위치하면 공장부근에 창고를 보유하여 고객의 요구를 만족시켜야 한다. 경우에 따라서는 하루에 여러 번 배달하면 큰 비용이 발생하므로 수송비를 줄이기 위하여 몇 개의 공급업자가 합동하여 번갈아 가면서 다른 공급업자의 부품을 수집하여 배달하기도 한다.

공급업자는 부품을 배달해야 할 시간을 지정받는다. 공급업자는 배달할 때마다 빈 컨테이너와 칸반 카드를 회수하여 다음 배달할 때 컨테이너에 규정된 수량의 부품을 담아야 한다. 부품의 배달은 수량검사나 품질검사 없이 곧바로 생산라인에 해야 한다. 이와 같이 공급업자의 부품에 대한 완전한 신뢰에 바탕을 두고 있다. 이렇게 함으로써 번거로운 서류작성도 피하고 리드타임 및 재고를 단축할 수 있다.

공급업자에는 두 가지 종류가 있다. 하나는 수많은 고객에게 공급하는 공급업자이고 다른 하나는 하나의 고객에게만 여러 가지 부품을 공급하는 공급업자이다. 일반적으로 후자가 일본에서는 통용된다. 이는 상호 신뢰에 입각하여 적은 수의 공급업자와 장기계약을 체결하고 부품의 품질을 보장받기 위해서이다. 장기적 관계를 유지함으로써 공급업자로 하여금 잦은 운반에 따른 수송비 같은 불이익을 감수토록 한다. 이와 같이 고객과 공급업자와의 관계는 적대관계가 아닌 협조관계로서 상호 이익을 보장할 수 있는 관계이다.

공급업자의 대부분은 규모가 작고 자본이 부족하므로 고객은 자금을 융통해 주기도 한다. 고객은 엔지니어 또는 품질관리기사를 공급업자에 보내 엄격한 품질수준과 배달기준을 충족하도록 협조해 주기도 하고, 이익을 가져오도록 생산 프로세스에서 비용을 절감할 수 있는 기술지도와 경영지도를 지원해 주기도 한다. 그러나 불경기에는 이들 하청업체를 이용하여 경영의 통제를 조절함으로써 종신고용제(lifetime employment)에 의한 자기의 작업자들을 보호유지한다.

13.6 MRP 시스템과 린 생산시스템의 비교

일본의 린 생산시스템과 미국의 전통적 제조업에서 사용하는 MRP 시스템 사이에는 [표 13-2]에서 보는 바와 같이 많은 차이가 있다. MRP는 계획이념을 사용하고 있어 타당한 자재계획의 작성과 이에 따른 시행을 강조한다. 린 생산시스템

표 13-2 린 생산시스템과 MRP 시스템의 비교

	린 생산시스템	MRP 시스템
재　고	부채. 재고를 줄이기 위한 부단한 노력을 경주함.	자산. 재고는 예측오차를 보호함. 안전재고는 미래의 불확실성 때문에 필요함.
로트크기	꼭 필요한 양만큼 부품제조 및 구매. 최소량의 로트크기 추구함.	생산준비비용(혹은 주문비용)과 재고유지비용을 균형하는 로트크기 결정. 너무 많지도 않고 적지도 않음.
생산준비	빠른 생산준비로 생산에 미치는 영향을 최소화함. 빠른 교체는 작은 로트크기를 가능케 하고 다종의 부품을 자주 생산토록 함.	관심이 적음. 최대생산량이 목표임. 빠른 교체를 위한 노력이 부족함.
대기행렬	대기시간을 최소로 함. 문제 발생시 바로 원인을 규명하여 개선함. 대기시간이 짧을 때 문제개선이 쉬움.	필요한 투자임. 대기물은 전속작업에 문제가 있을 때 후속작업을 계속하게 해 줌.
납품업자	우호관계. 시스템의 일부로 생각함. 소량의 부품을 수시로 배달함.	적대관계. 동일한 부품의 공급업자가 다수임.
품　질	무결점. 품질이 100% 아니면 생산에 지장이 있음. 품질상의 문제는 근원지에서 개선함. 100% 검사함.	약간의 폐기물 인정. 불량품이 발생한 이후에 품질관리기사에 의하여 표본검사함.
장비정비	자주 효과적으로 함. 기계고장은 최소화함.	필요한 때에 함. 대기물이 있기 때문에 결정적임은 아님.
리드타임	짧게 유지함. 이는 독촉의 필요성을 줄이므로 마케팅, 구매 및 제조를 단순하게 함.	길면 길수록 좋음. 감독관과 구매부서도 긴 리드타임을 바람.
작 업 자	합의에 의한 경영. 합의 후 변화가 가능함. 다수기능을 보유함.	명령에 의한 경영. 새로운 시스템이 작업자에 관계 없이 설치됨. 전문화 요구됨.

출처: Walter E. Goddard, "Kanban versus MRP II−Which is Best for You?" *Modern Materials Handling* (November 1982).

은 낭비의 제거를 강조한다. 이는 재고를 줄이고 문제를 노출시키고 자재를 끌어가는 방식을 채택함으로써 가능하다.

MRP는 컴퓨터와 정교한 정보처리를 이용하여 고단계부품이나 조립품의 스케줄링 계획에 입각하여 구성품의 주문을 발령할 적기를 계산하는 반면, 린 생산시스템은 단순한 시각적 통제시스템을 이용한다. MRP는 공장을 통제하기 위하여 제조주문, 구매주문, 예외보고서 및 많은 서류처리가 발생한다. 린 생산시스템은 제조주문이나 구매주문의 역할을 하는 칸반 카드를 사용하기 때문에 서류 처리도 적고 계산도 요하지 않는다. 그러나 적시의 부품 주문을 목적으로 하는 점에서는 MRP와 린 생산시스템은 같다고 볼 수 있다.

린 생산시스템은 매일 일정한 안정된 주일정계획을 필요로 한다. 이에 반하여 MRP는 자주 변경하는 주일정계획에 의존한다. MRP의 잦은 변경은 재고감소의 장애요인이다. 재생시스템의 경우 구성품 주문의 시기가 1주일만에 수정되기 때문이다. 반면에 칸반을 이용하게 되면 한 시간 미만의 시간간격으로 주문을 할 수 있다.

린 생산시스템은 생산준비시간과 로트크기를 최소한 줄이려고 노력한다. MRP에서는 생산준비시간이 주어진 것으로 받아들이고 로트크기는 생산준비비용과 재고유지비용을 고려하여 결정된다. 따라서 MRP에서는 큰 로트를 바라고 있다. MRP가 비록 적시의 주문발령을 통하여 안전재고를 줄일 수 있지만 린 시스템처럼 로트크기를 줄이는 데는 실패하였다.

린 생산시스템에서 공급업자는 시스템의 일부로 생각되어 장기계약에 의한 소량의 부품을 수시로 배달하도록 요구한다. 한편 MRP에서는 공급업자가 가끔 적대관계로 여겨지며 공급업자가 여러 명이다.

린 생산시스템에서 작업자들은 품질이 좋은 부품을 후속작업장에서 필요로 할 때에 생산할 의무가 있으며 문제해결활동에 참가하고 품질 및 생산성을 향상시킬 책임이 있다. 한편 MRP 시스템에서 작업자는 시스템의 한 부분으로서 하나의 작업에 전문화할 것이 요구된다. 작업자의 역할은 계획을 따르는 것이다.

이상과 같은 차이에도 불구하고 MRP 시스템과 린 생산시스템은 모두 고유의 사용영역이 있다. 반복적 생산(repetitive production)의 경우에는 린 생산시스템이 지금까지 설명한 여러 가지 조건(예컨대 안정된 MPS, 협조적인 공급업자, 다기능의 작업자 등등)이 구비되면 좋은 결과를 가져오는 것이다. MRP 시스템은 주문생산이나 소량의 로트생산 같은 비반복적 생산(nonrepetitive production)의 경우와 매일매일의 생산율이 크게 변동하는 경우에 좋은 결과를 가져오는 것이다.

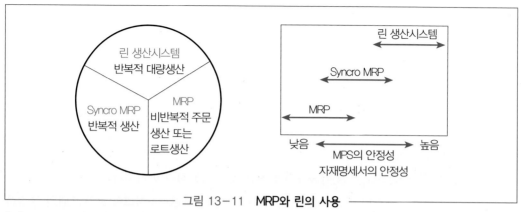

───── 그림 13-11 **MRP와 린의 사용** ─────

출처: J. Nakane, "Japanese Production System," in S. M. Lee and Schwendiman(eds.), *Management by Japanese Systems*(New York, N. Y.: Praeger Publishers, 1982), pp. 121~129.

위의 두 가지 생산형태의 중간형태인 반반복적 생산(semirepetitive production)의 경우에는 린 생산시스템과 MRP 시스템의 혼합된 시스템이 더욱 효과적이다. 이러한 경우에 MRP 시스템은 자재계획을 수립하는 데 사용되고, 린 생산시스템은 현장을 통제하는 데 사용된다. 이러한 MRP 시스템과 린 생산시스템의 혼합형태를 Syncro-MRP라 하며 일본의 Yamaha자동차회사에 의하여 개발되었다. [그림 13-11]은 MRP와 린 생산시스템의 사용영역을 보이고 있다.

13.7 린 6시그마

오늘날 많은 기업에서는 린 시스템과 6시그마 프로그램을 결합한 린 6시그마(lean 6 sigma)라는 방법론을 사용하여 큰 성공을 거두고 있다. 비록 대부분의 기업에서 처음에는 린과 6시그마 프로그램을 별개의 개념으로 시작하는 것이 일반적이지만 오늘날에는 두 프로그램이 경쟁관계가 아닌 상호 보완관계임을 인식하고 동시에 시작하고 있다.

사실 린 시스템과 6시그마 사이에는 차이점도 있다.

첫째 그들은 다른 형태의 문제를 공격한다. 린 시스템은 재고, 자재흐름, 안전 등과 같은 가시적인 문제를 대상으로 하면서 낭비를 줄이고 프로세스 흐름을 향상시키는 등 효율성(efficiency)에 관심을 둔다. 반면에 6시그마는 성과에 있어서 변동과 같은 덜 가시적인 문제를 대상으로 하면서 실수와 결함을 줄이는 등 효과성 (effectiveness)에 관심을 둔다.

둘째 그들은 서로 다른 도구를 사용한다. 린 시스템에서 사용하는 도구는 더욱 직관적이라서 작업장에서 그 누구나 쉽게 사용할 수 있다. 반면에 6시그마 도구는 고도의 통계적 훈련과 재능이 필요하여 블랙벨트 이상의 전문가를 필요로 한다.

이러한 두 시스템의 성격상 차이로 인하여 기본적인 린 시스템으로 시작하여 정교한 6시그마 방법론으로 발전하는 것이 바람직스럽지만 기업의 성과향상이라 는 공통 목적을 가진 이들을 통합하는 것이 중요하다고 하겠다.

린 6시그마 프로그램은 린 생산시스템의 장점과 6시그마 프로그램의 장점을 결합하여 시너지 효과를 기하려는 목적을 갖는다. 린 생산시스템의 목표는 각종 낭비를 제거하고 불필요한 일체의 재공품 재고를 축소하며 프로세스 및 제조의 리 드타임을 단축하고 프로세스에서 가치를 부가하지 않는 일체의 활동을 제외시킴 으로써 궁극적으로는 전체 공급사슬 내에서 자재와 제품의 흐름속도를 높여 고객 들에게 적시에 공급하고 고객가치를 높이자는 것이다.

6시그마에서 사용하는 방법이나 도구는 시간에는 별로 관심이 없고 오로 지 프로세스 변동을 줄이고 불량(defects)을 제거하는 데에만 초점을 맞추려 한다. 1996년 GE의 Jack Welch는 6시그마에 의존해서는 고객들이 원하는 배송날짜를 맞출 수 없음을 알고 프로세스에서의 리드타임과 고객에의 배송날짜를 단축하는 것 또한 품질에 있어 변동을 단축하는 것 이상으로 중요하다는 사실을 인정하게 되었다. 그래서 2000년경 GE는 리드타임의 단축을 새로운 목표로 삼게 되었다. 즉 신속하고 신뢰할 수 있도록 프로세스 리드타임을 단축하고 경상비용과 재고비용 을 단축하기 위해서는 린 시스템이라고 하는 새로운 원칙과 도구를 사용하는 길이 있음을 실천하기 시작하였다.

이와 같이 린 6시그마는 프로세스에서 품질변동을 축소하고 불량을 제거하려 는 목적을 갖는 6시그마 프로그램과 각종 낭비와 불필요한 비용을 제거하고 리드 타임의 축소를 통한 스피드의 강화를 목적으로 하는 린 시스템을 결합하여 시너지 효과를 극대화하려는 방법론이라고 요약할 수 있다.

기업에서 높은 품질, 빠른 속도(speed), 낮은 비용이라는 목적을 달성하려면 린 6시그마 프로그램을 실천해야 한다. 린 6시그마는 고객만족, 비용, 품질, 프로 세스, 스피드, 자본투자, 효율적 운영 등에 있어서 빠른 향상을 가져와 결국 투자 자들이 가치를 극대화하는 방법론이라고 말할 수 있다. 린 6시그마는 작업자라든가 기계를 속도화하는 것이 아니라 가치를 부가하는 프로세스 사이에서의 불필요한 대기시간을 단축함으로써 목적을 달성하려 한다. 이와 같이 린 6시그마의 결합이 필요한 이유는 린 시스템에 의해서 프로세스를 통계적 관리하에 놓을 수 없고 6시그마 프로그램에 의해서는 프로세스 스피드의 향상과 투자 자본의 감축을 획기적으로 실현할 수 없기 때문이다.

13.8 디지털 린

가장 효율적인 린 생산방식을 사용하는 기업이 디지털 기술을 도입하여

- 비용 절감
- 낭비 요소 제거
- 생산의 최적화 추구

등을 통하여 생산성을 획기적으로 향상시켜 경쟁력을 더욱 강화시키는 것을 디지털 린(digital lean)이라고 한다.[4]

정확한 수요예측을 통해 주문생산을 하기 때문에 재고비용이 줄어들고 예방적 유지관리와 에너지 소비의 감축, 그리고 자동화 수송 시스템 로봇의 사용으로 비용을 더욱 감축할 수 있다. 예방적 유지관리를 통해 가동 중단 사태를 미연에 방지하고 장비 고장을 줄이고 쓰레기와 폐기물 등 낭비 요소를 줄임으로써 생산성을 높이는 것이다. 디지털 린 생산방식은 과거와 같은 목표를 추구하지만 데이터 분석, 로봇의 활용, 3D 프린팅과 같은 디지털 기술의 활용으로 생산성은 과거보다 크게 향상될 것이다. 연구 보고에 의하면 디지털화는 생산을 15~20% 효율화시키는 잠재력을 갖고 있다고 한다.

디지털화는 업무 과정과 도구 같은 기술 시스템, 조직과 성과관리 같은 관리 시스템, 기술과 직원 태도 같은 인적자원 시스템이라는 세 분야를 중심으로 진행된다.

---

4 J. Meffert & A. Swaminathan, 고영태 역, 디지털 대전환의 조건, 청림출판, 2020, p. 214.

연습 문제

01 린 생산시스템을 설명하라.

02 린 생산시스템의 원리를 간단히 설명하라.

03 린 생산시스템과 전통적 생산시스템의 차이점을 설명하라.

04 린 생산시스템에서 작은 로트크기는 왜 중요하며 이를 달성하기 위한 수단은 무엇인 가?

05 린 생산시스템에서 작업장의 균일한 부하를 달성하기 위해 어떻게 스케줄링을 수립 하는가?

06 칸반시스템을 설명하라.

07 린 생산시스템과 MRP 시스템을 설명하라.

08 자동차 공장에서 자동차의 앞면에 필요한 방풍유리 와이퍼는 칸반시스템에 의해 보 충된다. 다음과 같은 정보를 이용해서 필요한 칸반 컨테이너의 수를 구하라.
- 와이퍼에 대한 매일의 수요는 800쌍이다.
- 생산 리드타임은 가공시간, 이동시간, 대기시간 포함하여 3일이다.
- 안전재고는 0.5일분이다.
- 한 컨테이너에는 400쌍을 담는다.

09 린 생산시스템 작업장에서 컨테이너 크기 25단위와 후속작업장의 수요율이 시간당 100단위인 상태로 작업한다고 가정하자. 만일 한 컨테이너가 후속작업장까지 갔다가

순환하는 데 120분이 소요된다고 할 때 아래 물음에 답하라. 안전재고=0이라고 가정한다.
① 이 시스템을 운영하는 데 컨테이너는 몇 개 필요한가?
② 최대 재고수준은 얼마나 되는가?
③ 칸반 카드는 몇 개 필요한가?

10 한 작업장에서 부품 50개를 만드는 데 준비시간과 생산시간으로 30분을 소비한다. 50개 부품의 표준 컨테이너를 후속작업장으로 이동하는 데 10분을 소비하고, 후속 작업장의 수요율은 하루 종일 분당 부품 한 개씩이라고 할 때 컨테이너의 수를 계산하라(안전재고=0).

11 어느 작업을 수행하는 데 생산준비시간은 10분이고 비용은 $10이다. 생산시간은 부품 400개의 표준로트를 생산하는 데 50분이다. 재고유지비용은 $2/단위/월이다. 생산율은 월 20,000부품이고, 한 컨테이너가 다음 작업장까지 갔다가 되돌아오는 데 세 시간이 소요된다고 할 때 다음 물음에 답하라. 단 25일간 하루 여덟 시간씩 작업한다(안전재고=0).
① 이 부품에 대한 EOQ를 계산하라
② 표준 컨테이너는 몇 개 필요한가?
③ 생산준비시간이 1분으로 단축할 수 있을 때 로트크기와 필요한 컨테이너의 수를 계산하라.

12 한 프로세스에서 시간당 80개 부품을 수요하고 있다. 각 컨테이너는 부품 45개를 담는 데 다른 작업장을 갔다가 돌아오는 순환시간으로 평균 75분을 소요한다고 할 때, 이동칸반의 수는 얼마일까?(단, 안전재고는 리드타임 동안 수요의 35%라고 함)

13 종로 모터사이클(주)는 변속장치 조립라인을 지원하기 위하여 칸반시스템을 사용하려고 한다. 다음 데이터를 이용하여

준비비용=20
연간 재고유지비용=250/단위
일 생산량=300개
연간 사용량=20,000(=50주×5일/주×일 사용량 80개)
리드타임=3일

안전재고＝일 생산량의 $\frac{1}{2}$

컨테이너 크기＝66개

변속장치 조립을 위한

① 칸반의 크기
② 필요한 칸반의 수

를 결정하라.

14 김씨는 아스피린 생산공장에서 시간당 250병을 채우는 일을 하고 있다. 공장에서는 칸반 생산시스템을 사용하고 있는데 각 컨테이너는 23병을 담는다. 김씨가 필요한 병들을 선행작업장으로부터 받는 데는 30분이 소요된다. 안전재고는 리드타임 동안 수요의 10%라고 한다. 아스피린을 담는 프로세스에 필요한 칸반의 수는 얼마인가?

15 작업장 A에서 생산하는 부품을 작업장 B에서 사용한다. 칸반 컨테이너는 50개의 부품을 담는다. 후속작업장 B의 분당 수요율은 6개이다. 각 작업장에서 소요하는 부품당 시간(분)은 다음과 같다.

	작업장	
	A	B
생산준비	4	3
생산시간/단위	0.2	0.4
이동	3	6
대기	10	15

① 두 작업장 사이에 필요한 컨테이너의 수는 얼마인가?
② 두 작업장이 추가비용 없이 두 컨테이너를 사용한다면 이들 두 작업장 사이를 흐를 것으로 예상할 수 있는 부품은 분당 최대로 몇 개인가?

16 정 사장은 여러 가지 종류의 베어링을 생산하는데 재고수준을 최소화하기 위하여 고객의 수요에 생산율을 일치시키려는 정책을 사용하고 있다. 정 사장은 월요일 아침에 고객으로부터 100,000개의 주문을 받았는데 주말에 배송해야 한다. 생산라인에서 작업자들은 일주일에 40시간 작업한다. 이 주문 간(초)은 얼마인가?

제14장

PRODUCTION OPERATIONS MANAGEMENT

스케줄링

모든 비즈니스의 생산운영관리자는 매일 작업일정계획(operation scheduling)과 작업순서(operation sequence)를 결정한다.

스케줄링(scheduling)이란 가용능력 또는 자원(장비, 노동력, 공간 등)을 작업, 활동, 주문 또는 고객에게 시간에 따라 배분하는 단기의 생산능력계획을 말한다. 즉 스케줄링은 언제, 어디에서, 누구에 의해서, 어느 장비를 사용하여 어떤 작업과 서비스가 수행되어야 하는가를 결정하는 시간표를 의미한다. 이와 같이 스케줄을 작성하는 것은 제품과 서비스에 대한 고객수요에 자원을 매치시키기 위함이다.

의사결정의 계층으로 볼 때 스케줄링 결정은 실제로 산출물이 생산되기 전의 마지막 단계이다. 모든 계획의 출발점은 장기적 생산능력계획이다. 생산능력계획에서는 시설의 규모와 장비의 구입에 관한 전략적인 결정이 이루어진다. 이는 장기계획에 해당한다. 중기계획 또는 총괄계획에서는 장기적 생산능력계획의 제약 하에서 시설, 작업자 및 하청 등에 관한 결정이 이루어진다. 총괄계획에 의해 확보된 자원을 마지막으로 스케줄링을 통해 배분한다. 즉 생산능력이 뒷받침되는 실행가능한 MRP가 확정이 되면 생산주문이 현장에 발령이 되어 작업(생산주문)을 각 작업장에 할당하고 각 작업장에서는 작업별 납기일과 생산시간 등을 감안하여 구체적인 작업일정계획을 마련하게 된다. 이와 같이 생산현장으로 발령이 되는 작업들의 작업장 할당(assignment)과 작업장 내에서의 작업순서(job sequence)에 관한 결정은 단기결정으로서 스케줄링의 내용이 된다.

스케줄링의 목적은 조직의 생산목표를 효율적으로 그리고 효과적으로 달성하도록 설비, 장비, 작업자 등 가용능력을 사용하고자 하는 것이다. 이 외에도 주문 완료일 준수, 배달 사고의 최소화, 작업 LT 최소화, 재고수준의 최저화 등 여러 가지 목표를 갖는다. 그런데 고객 서비스 사이에 높은 효율성, 낮은 재고수준 등은 서로 상충이 발생하므로 적어도 단기적으로는 효율성과 재고수준 사이에 상충관계(trade-off) 결정이 불가피하게 된다.

스케줄링의 내용과 기법은 생산시스템의 형태에 따라서 달라진다. 본장에서는 단속 프로세스 및 라인 프로세스의 스케줄링을 공부하고 프로젝트의 스케줄링에 관해서는 다음 장에서 공부할 것이다.

14.1 생산통제시스템

생산시스템의 형태에 따라서 스케줄링의 문제도 다르다. 생산시스템은 제품중심(product-focused) 시스템과 프로세스 중심(process-focused) 시스템으로 나눌 수 있다. 제품중심생산은 다시 배취(batch)생산과 연속(continuous)생산으로 나눈다. 프로세스 중심 시스템은 단속생산 시스템이라고도 한다. 연속생산 시스템은 언제나 조립라인 균형(line balancing)이 문제가 되고 단속생산 시스템에서는 주문의 부하와 작업순서에 관심을 둔다.

연속생산을 위한 통제시스템을 흐름통제(flow control)라 하고, 단속생산을 위한 통제시스템을 주문통제(order control)라 한다. 연속생산은 조립라인을 통해 이루어지는데, 예컨대 장치산업(process industry)도 연속생산을 한다.

단속생산은 생산통제에 관한 한 더욱 복잡한데, 이는 다수 제품이 소량으로 생산되기 때문이다. 이와 같이 주문통제는 흐름통제보다 복잡하다. 한편 흐름통제와 본질적으로 같으나 몇 가지 제품 또는 모델이 동일한 생산라인을 이용하기 때문에 생산라인이 다른 제품을 생산하기 위하여 변경(changeover)되기 전에 한 제품의 생산기간(length of production run)을 결정하여 이 기간 동안에 생산할 경제적 1회 생산량을 통제하는 배취통제(batch control)도 있다. 이 외에도 프로젝트 통제(project control)와 서비스 통제(service control)가 있는데, 이들에 대해서 간단히 설명하고자 한다.

1. 흐름통제

　흐름통제의 근본적인 목적은 제품이 시설을 통하여 흐르는 생산율을 통제하는 것이다. 제품, 장비, 그리고 작업할당 등이 표준화되어 있으며, 이들이 대량으로 연속생산 시스템을 통하여 생산된다. 이는 표준화 제품이 대량으로 생산되므로 계획생산(production to stock)이라 할 수 있으며, 제품을 중심으로 생산의 흐름이 선형화되어 있기 때문에 작업의 순서가 고정되어 있으므로 스케줄링은 시설의 배치설계 단계에서 고려된다. 전문화, 노동의 분업화, 효율 등이 조립라인의 설계에 고려된다. 따라서 각 작업장에서는 동일한 작업을 반복적으로 수행하므로 낮은 수준의 기능이더라도 무난하다. 또한 프로세스가 고정되어 있고 반복적이므로 자재와 부품의 준비가 꼭 필요하다. 극소수의 제품을 계속적으로 생산하므로 생산준비(또는 변경)가 자주 발생하지 않는다. 예를 들면, 정유, 화학제품제조, 표준화된 서비스(예컨대 생명보험) 등은 여기에 속한다.

2. 배취통제

　표준화된 제품이 대량으로 생산되는 시스템이라는 점에서 배취통제 시스템도 본질적으로 흐름통제 시스템과 같다고 할 수 있으나, 배취통제 시스템에서는 흐름통제 시스템에서처럼 동일한 품목이 조립 프로세스를 통하여 계속적으로 생산되는 것이 아니고 동일한 생산라인에 속하는 몇 가지 품목이 번갈아가면서 생산되는 것이다. 따라서 배취량 생산 사이에는 생산준비가 발생하여 이러한 시스템하에서는 각 품목의 경제적 생산량(배취량)과 그의 생산기간의 결정이 중요시된다.

　배취통제 시스템의 예로써 냉장고, 에어컨, 세탁기 등 가전제품, 의복제조, 가구제조, 식품가공, 페인트제조, 서비스의 예로는 비행운송이나 교회에서의 예배 등을 들 수 있다. 현실적으로 거의 모든 산출량은 제한된 투입량으로 인하여 배취량으로 생산되기 때문에 연속생산, 배취생산, 그리고 단속생산으로의 구분은 인위적이라 할 수 있다.

3. 주문통제

단속생산 형태는 잡샵(job shop)에서 보는 바와 같이 수많은 독립된 주문을 취급하므로 주문생산 형태라고도 한다. 각 주문은 소량이며 작업장 사이를 흐르는 경로가 주문마다 서로 상이하다. 이와 같이 수많은 주문과 서로 상이한 경로 때문에 단속생산 업체에서의 스케줄링은 매우 복잡하다.

주문통제에 있어서는 어느 제품의 특정 주문을 그의 필요한 경로에 따라 각 작업장에서 작업지시에 따라 작업하게 된다. 경로표(route sheet)와 작업표(operation sheet)는 각 품목의 생산지침이다. 경로표는 각 품목의 흐름경로를 의미하고, 작업표는 각 작업장에서 필요한 작업의 범위(scope of work)를 나타낸다.

주문통제에 있어서 스케줄링의 방법으로는 후진적 방법(backward schedu-ling)과 전진적 방법(forward scheduling)이 있다. 후진적 방법은 제품의 납기예정일(due date)을 기준으로 마지막 작업으로부터 시작하여 후진하면서 전속작업의 일정계획을 수립하면서 맨 처음의 작업에 도달할 때까지 계속한다. 이 방법은 MRP처럼 리드타임 차감법을 사용한다. 따라서 구성품은 꼭 필요한 때에 배달된다.

이와 반대로 전진적 방법은 생산요소가 준비되는 대로 맨 처음의 작업으로부터 시작하여 전진하면서 후속작업의 스케줄링을 수립하면서 맨 마지막 작업에 도달할 때까지 계속한다. 이런 경우에는 작업이 제품의 납기일 훨씬 전에 완료될 수

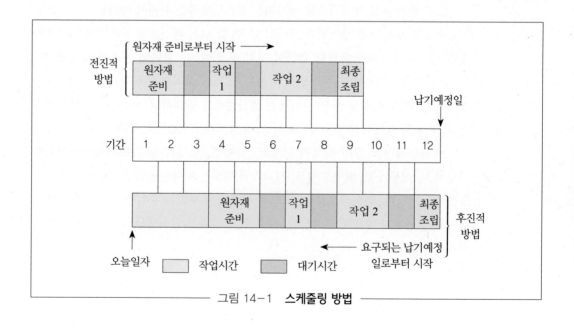

그림 14-1 **스케줄링 방법**

도 있다. [그림 14-1]은 두 가지 스케줄링 방법을 나타내고 있다.

주문생산 형태를 취하는 예는 제조업의 경우 수없이 많지만, 서비스부문에도 학교, 병원, 식당, 경찰서 등 그 예는 많다.

4. 프로젝트 통제

특수 프로젝트란 비반복적이고 작업을 완료하는 데 긴 시간이 필요한 일련의 특수 활동을 의미한다. 예를 들면, 댐, 비행장, 공장, 고속도로 등 대규모 건설공사나 연구, 개발사업 등이 이에 해당한다. 프로젝트 통제를 위한 기법으로는 PERT/CPM이 있는데 이에 대해서는 제16장에서 설명하기로 한다.

5. 서비스 통제

제조업과 서비스업에 있어 생산통제상의 큰 차이는 제조업에서는 각종 자재 및 완제품의 재고가 존재하지만 서비스업에서는 여하한 재고도 존재하지 않는다는 것이다. 예컨대 비행기나 극장의 좌석이 오늘 비었다고 해서 이 좌석을 내일 사용하기 위하여 예약할 수 없는 것이다. 그러므로 서비스 통제는 서비스 능력에 직접 관련이 있으므로 시설의 설계단계에서 고려된다.

14.2 흐름시스템의 스케줄링

스케줄링은 특정 작업장에 작업부하(load)를 할당하고 각 작업장에서 수행하는 작업의 순서(sequence)를 결정하는 것을 내용으로 한다. 대량생산시스템에서는 한 생산라인에서 표준화된 장비와 활동을 통하여 품질이나 크기가 동일한 제품만을 생산한다.

각 작업이 하나의 작업장으로부터 다음 작업장으로 정해진 경로에 따라 흐르는 극히 반복적인 성격을 가져 작업의 부하나 순서의 결정은 시스템의 설계단계에서 고려된다. 전문화된 공구 및 장비의 사용, 장비의 배치, 전문화된 자재운반장비의 사용, 노동의 분업 등이 시스템을 통하는 작업의 흐름을 원활히 하기 위하여 설계된다.

흐름시스템(flow system)의 설계에서 고려할 점은 조립라인 균형이다. 각 작업장에 할당된 과업(task)을 수행하는 시간이 작업장 간에 일정하게 균형이 되면 작업 흐름이 원활하여 장비와 작업자의 이용도가 최대가 되고 또한 산출률도 최대가 될 수 있다. 이때 단기의 스케줄링이란 작업일을 단축 또는 연장하여 조립라인을 운영하는 것이 된다.

14.3 배취시스템의 스케줄링

배취생산시스템에서는 흐름시스템(대량생산시스템)에서처럼 표준화된 제품을 계획생산하지만, 한 제품의 생산량을 계속생산하기에는 불충분한 양이다. 따라서 이런 제품을 단속적으로 생산하는 것이 경제적이다. 이와 같이 동일한 생산라인에서 몇 가지 상이한 모델의 제품을 생산하게 되면, 각 제품은 배취(묶음)로 생산하게 되고 라인변경(line changeover)이 다음 제품생산을 위해 계속해서 필요하게 된다.

몇 가지 제품을 생산하는 배취시스템의 스케줄링 문제는 제품의 로트배취 크기와 제품의 생산순서를 결정하는 것이다. 그런데 로트크기는 경제적 생산량(economic production quantity: EPQ) 공식을 이용하고 생산순서는 재고소진기간을 계산하여 결정한다.

생산준비비용과 재고유지비용의 총비용을 최소로 하는 경제적 생산량은 제11장에서 공부한 바와 같이 다음의 공식을 이용하여 구한다.

$$Q^* = \sqrt{\dfrac{2C_s D}{\left(1 - \dfrac{d}{p}\right) C_h}}$$

D = 연간 총수요량
C_s = 1회 준비비용
p = 생산율/일
d = 사용률/일
C_h = 재고유지비용/단위/연

제품의 생산순서 결정은 재고소진기간(runout time: ROT)을 계산하는 방법이 이용된다. 만일 어떤 특정 제품의 재고가 미래수요에 비하여 상대적으로 낮으면, 곧 소진이 되기 때문에 그 제품은 상대적으로 높은 제품보다 우선적으로 생산해야 한다는 이론이다.

제품 i의 소진기간은 다음 공식을 이용하여 계산한다.

$$ROT_i = \frac{\text{제품 } i \text{의 현재고}}{\text{제품 } i \text{의 단위 기간당 수요량}}$$

14.4 주문시스템의 스케줄링

단속생산시스템의 스케줄링은 연속생산시스템이나 배취생산시스템의 스케줄링보다 다음의 이유로 훨씬 복잡하다.

- 주문공장은 작업장들을 흐르는 상이한 흐름패턴을 갖는 무수한 제품을 주문에 의하여 생산한다. 따라서 모든 제품은 생산요구, 사용자재, 생산기간 등에 있어서 상이하다.
- 주문공장에서 사용되는 장비는 여러 가지 주문을 생산할 수 있는 범용기계이다.
- 상이한 주문들이 상이한 우선순위에 의하여 지배된다.
- 실제로 작업주문을 받기 전에 스케줄링을 수립하는 것은 불가능하다.

단속생산시스템의 스케줄링의 내용은 다음과 같다.

- 특정 작업장에 작업을 할당하는 부하
- 각 작업장에 할당된 모든 작업의 우선순위를 결정하는 작업순서
- 변경이 발생한 경우 우선순위의 수정과 작업의 진도관리를 위한 생산활동 통제

주문시스템의 스케줄링은 주문들을 각 작업장 또는 작업장에 있는 기계들에 어떻게 분배할 것인가라는 공장부하(shop loading)와 각 작업장에서는 쌓이는 주문들을 어떤 순서로 처리해야 할 것인가라는 작업순서(sequence)를 결정하는 두 가지 문제에 관한 것이다.

사실 어떤 주문이 특정 작업장에서만 처리할 수 있다면 부하는 별로 문제가 될 수 없다. 그러나 둘 이상의 주문을 많은 작업장에서 처리할 수 있는 경우에는 주문의 작업장에의 할당문제는 처리 및 준비비용의 최소화, 작업장의 유휴시간의 최소화, 주문 완료기간의 최소화라는 관점에서 신중하게 고려되어야 한다.

1. 공장부하 방법

MRP 시스템을 사용하건 또는 사용하지 않건 간에 주문이 계획에 따라 자체공장에 발령이 되면 각 작업은 작업장에 부하 할당된다.

부하방법으로는 유한부하와 무한부하로 구분할 수 있다. 무한부하(finite loading)는 작업장의 생산능력을 고려치 않고 작업장에 작업을 할당한다. 반대로 유한부하(infinite loading)는 생산능력을 절대로 초과하지 않도록 작업장에 작업을 할당한다. [그림 14-2]는 부하방법의 차이를 보여 준다.

무한부하의 경우에는 초과부하(overload)와 미달부하(underload)가 발생할 수 있다. 무한부하방법은 이러한 초과부하가 언제 발생하는지 규명하고, 어떠한 능

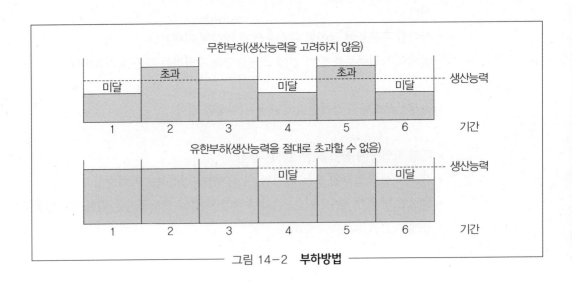

그림 14-2 **부하방법**

력이 실제로 필요한지를 나타내 준다. 무한부하를 갱신하고 수정하는 것은 아주 간단하다. 왜냐하면, 완성된 작업은 제외하고 새로운 작업은 추가하기 때문이다. 무한부하는 MRP 시스템을 이용하여 결과하는 발령된 주문(open order)과 발주계획(planned order release)에 입각하면 이는 능력소요계획(capacity requirements planning: CRP)이라고 할 수 있다.

반면 유한부하방법은 절대로 초과부하를 허용하지 않기 때문에 넘치는 작업은 다른 기간으로 예정한다. 유한부하의 경우에는 완성된 작업은 제외하고 새로 추가하는 작업과 기존의 작업에 대하여 우선순위를 결정하여 새로이 부하를 해야 한다.

유한부하는 타당한 부하방법이 아니다. 만일 종속수요 품목의 초과부하가 발생하면 생산능력을 초과하는 작업에 대해서는 다른 기간으로 예정하는 것보다 주일정계획을 수정하는 것이 더욱 현실적이다. 작업을 작업장에서 기간 내에 완성할 수 없으면 주일정계획을 수정하든지, 그렇지 않으면 잔업 또는 하청 같은 방법을 사용해야 한다.

스케줄링 방법으로는 전진 스케줄링법과 후진 스케줄링법으로 구분할 수 있다. 전진 스케줄링법(forward scheduling)은 납기예정일을 고려치 않고 현재일로부터 시작하여 앞으로 작업을 처리해 나가는 방법이다. 각 작업은 가능한 한 빨리 그의 완료일을 결정하게 된다. 이 경우 필요하다면 납기예정일을 초과할 수도 있으나 일반적으로는 그 전에 완료된다. 작업이 납기예정일 전에 완료되어 주문이 고객에 전달되지 않는다면 재고가 쌓일 가능성이 발생한다.

한편 후진 스케줄링법(backward scheduling)은 주문의 납기예정일에 최종 작업이 마무리되도록 시간상 거꾸로 각 작업의 처리시간을 각 작업장에 할당해 나간다. 이 경우 필요하다면 생산능력을 초과할 수도 있다.

2. 공장부하 기법

작업처리를 위한 작업장의 선정은 생산 및 준비비용, 작업자의 기능, 경쟁하는 다른 작업 등에 의존한다. 주문생산시스템에서 사용하는 부하기법으로는 차트법과 선형계획법을 이용한 할당법이 있다.

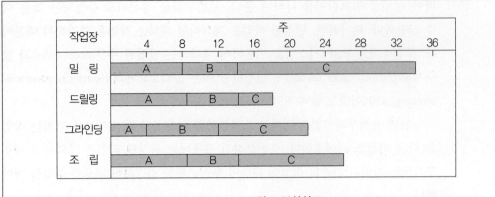

그림 14-3   간트 부하차트

차 트 법

부하를 위한 차트의 형태도 여러 가지이다. 즉 그래프, 표 혹은 판(board)의 형태를 취한다. 이들은 수동화 또는 컴퓨터화되어 있다. 차트의 가장 간단한 형태는 간트 차트(Gantt chart)인데 이는 부하차트(load chart)와 진도차트(progress chart)로 구분할 수 있다. 간트는 횡축에 시간을, 그리고 종축에 작업장을 나타내는 차트를 개발하였는데 이는 작업의 흐름을 시각적으로 파악하는 데 도움을 준다. [그림 14-3]은 부하차트의 한 예이다.

그림에서 작업장은 4개의 기계군을 가지고 있는데 각 기계군은 하나 이상의 기계를 가질 수 있다. 각 기계군에 할당된 누적적 시간이 차트에 그려져 있는데 이는 상대적 작업부하를 나타낸다. 어느 기계군이 초과부하되어 있으면 다른 기계군으로 작업을 재할당하여 문제를 시정한다.

진도차트는 작업의 진척상황을 한 눈에 볼 수 있으므로 계획보다 지체된 작업이 있는지 또는 추가적으로 작업해야 할 긴급한 품목이 있을 때 이를 제시간에 처리할 수 있는지 등을 쉽게 알 수 있다.

차트는 널리 이용되고 있으며 이해하기 쉽다. 그러나 동일한 작업을 여러 작업장에서 수행할 때 작업장에 할당하는 데에는 별로 도움이 되지 않는다. 따라서 할당하는 문제는 여전히 계획수립자가 담당하게 된다.

할 당 법

할당모델(assignment model)은 선형계획문제의 특수 형태로서 기업에서 의사결정하는 데 빈번히 발생하는 문제의 하나이다. 예를 들면, 작업을 기계에 할당한 다든지, 작업자를 직무에 할당한다든지, 판매요원을 판매지역에 할당한다든지 하는 것은 할당모델에 속한다.

할당모델은 처리해야 할 작업의 수와 이들을 처리할 수 있는 작업장이나 기계의 수가 다수인 경우 총처리비용이나 총처리시간이 최소가 되도록 어떤 작업이 어느 작업장에서 처리되어야 할 것인가를 결정하는 기법이다.

할당모델을 수식으로 표현하면 다음과 같다.

$$\text{최 소 화:} \quad Z=\sum_{i=1}^{m}\sum_{j=1}^{n}C_{ij}X_{ij}$$

$$\text{제약조건:} \quad \sum_{i=1}^{m}X_{ij}=1 \qquad (j=1, 2, \cdots, n)$$

$$\sum_{j=1}^{n}X_{ij}=1 \qquad (i=1, 2, \cdots, m)$$

$$X_{ij}=0 \text{ 혹은 } 1$$

위의 식은 작업의 수와 기계의 수가 동일한, 다시 말하면 균형된 문제인 경우이다.

할당문제를 풀기 위해서는 헝가리의 수학자 D. König에 의하여 고안된 헝가리법(Hungarian method)이라고 하는 할당법이 주로 사용된다.

작업의 수와 기계의 수가 세 개인 균형된 할당문제를 헝가리법에 의하여 풀기 위하여 [표 14-1]이 주어졌다고 하자.

할당법의 첫째 단계는 주어진 비용표로부터 총기회비용표(total opportunity cost matrix)를 도출하는 것이다. 이를 위해 각 행에 있는 모든 비용에서 그 행에 있는 가장 낮은 비용을 빼서 행기회비용표(row opportunity cost matrix)를 만든다. [표 14-2]는 [표 14-1]의 행기회비용표이다.

행기회비용표가 작성되면 이 표의 각 열에 있는 모든 비용으로부터 그 열에

표 14-1 비용표

작 업	기 계		
	I	II	III
A	10	15	9
B	9	18	5
C	6	14	3

표 14-2	행기회비용표		
작 업	기 계		
	I	II	III
A	1	6	0
B	4	13	0
C	3	11	0

표 14-3	총기회비용표		
작 업	기 계		
	I	II	III
A	0	0	0
B	3	7	0
C	2	5	0

있는 가장 낮은 비용을 빼서 총기회비용표를 만든다. [표 14-2]로부터 총기회비용표를 만들면 [표 14-3]과 같다.

총기회비용표는 각 행과 열에 적어도 1개의 0을 가지고 있다. 0을 나타내는 칸은 작업을 기계에 할당할 수 있는 후보가 될 수 있다. 왜냐하면, 0이란 기회비용을 가리키고, 0을 갖는 칸에 할당하면 기회비용이 발생하지 않기 때문이다.

둘째 단계는 총기회비용표에서 최적할당이 가능한지 검토하는 것이다. 이를 위해서 가장 적은 수의 직선을 수직 또는 수평으로 그어 모든 0을 지우는 것이다. 만일 이 직선의 수와 작업(또는 기계)의 수가 동일하면 이는 최적할당이 가능함을 의미한다. 그런데 [표 14-4]는 0을 지울 수 있는 가장 적은 수의 선은 두 개로써 이는 작업의 수, 세 개보다 적음을 알 수 있다. 이와 같이 최적할당이 불가능하면 다음의 단계로 넘어가야 한다.

셋째 단계는 총기회비용표를 수정하는 것이다. [표 14-4]에서 직선의 수는 행 또는 열의 수보다 한 개가 적으므로 직선으로 지워지지 않은 가장 작은 기회비용 하나를 0으로 만들어야 한다. 이렇게 하기 위해서 직선으로 지워지지 않은 가장 작은 수(여기서는 2)를 직선으로 지워지지 않은 모든 수로부터 빼고, 한편 가장 작은 수를 두 직선의 교차점에 있는 수에 더해 준다. 이러한 절차를 거친 수정된 총기회비용표가 [표 14-5]이다.

표 14-4	0을 지우는 데 필요한 최소의 직선		
작 업	기 계		
	I	II	III
A	0	0	0
B	3	7	0
C	2	5	0

표 14-5	수정된 총기회비용표		
작 업	기 계		
	I	II	III
A	0	0	2
B	1	5	0
C	0	7	0

이와 같이 수정된 총기회비용표가 최적할당을 가능케 해 주는지 검토하기 위하여 둘째 단계로 되돌아가 직선을 다시 긋는다. 그 결과가 [표 14-5]에 표시되어 있다. 모든 0을 지우는 데 필요한 최소의 직선이 세 개이고, 이는 행의 수와 같으므로 최적할당임을 의미한다.

각 행과 각 열에 0이 하나씩 되도록 선정한다. 즉 최적할당은 A를 II에, B를 III에, 그리고 C를 I에 할당하는 것이다.

이 최적할당의 총비용을 계산하기 위해서는 최초의 비용표 [표 14-1]을 이용해야 한다. 이 때의 총비용은 15 + 5 + 6 = 26이다.

3. 작업순서

부하는 특정 작업을 처리할 기계 또는 작업장을 결정할 뿐 그 작업장에서 기다리는 작업을 처리할 순서를 결정하지는 않는다. 일단 작업들이 각 작업장에 부하되면 다음에는 작업순서를 결정해야 한다.[1] 작업순서(job sequence)는 각 작업장에서 처리할 작업의 우선순위를 말한다. 이는 각 작업장의 효율성을 높이기 위한 중요한 의사결정이다.

---

1 무한부하인 경우에 그렇다. 유한부하인 경우에는 부하와 순서가 동시에 수행된다.

작업순서를 결정하는 데는 작업의 수(n)와 거쳐야 할 작업장의 수(m)가 영향을 미친다. 작업의 수와 작업장의 수가 증가하면 순서의 결정은 더욱 복잡하게 된다. 작업순서를 결정하는 기법으로는 여러 가지가 있으나, 본서에서는 하나의 작업장에서 다수의 작업을 취급하는 데 사용되는 우선순위 규칙(priority rule)과 다수의 작업이 두 개의 작업장을 거치는 경우에 사용되는 최적화방법(optimization method)에 관해서 설명하고자 한다.

▌우선순위 규칙: m=1인 경우

작업순서를 위한 우선순위 규칙은 주문생산 업체에서 흔히 사용한다. 우선순위 규칙의 목적은 기다리는 작업의 순위를 결정하여 작업장에서 다음에 수행할 작업을 미리 결정하여 놓는 것이다. 우선순위 규칙은 하나의 작업장(m=1)에서 많은 작업(n개의 작업)의 순위를 결정하는 데 사용되는 간단한 지침을 제공하는 탐색적 기법으로서 배정규칙(dispatching rule)이라고도 한다.

우선순위 규칙과 그의 사용방법이 [표 14-6]에 기술되어 있다. 우선순위 규칙에 따라 작업순서를 결정하면 그의 성과를 측정할 평가기준이 필요하게 된다. 일반적으로 사용되는 작업순서의 평가기준은 다음과 같다.

- 총처리시간(makespan): 계획 초기에 주어진 모든 작업이 완료될 때까지 소요되는 기간으로서 이는 짧을수록 좋다.
- 평균흐름시간(average flow time): 총흐름시간을 작업 수로 나눈 값으로서 이

표 14-6 우선순위 규칙

규 칙	부 호	사 용 방 법
선착순	FCFS	작업장에 먼저 도착하는 작업의 순서로
최단작업시간	SPT	처리시간이 짧은 작업의 순서대로
최소납기일	DD	가장 빠른 납기를 갖는 작업의 순서로
잔여작업의 최소여유시간	S/O	$\dfrac{\text{납기일까지 남은 기간} - \text{잔여 작업일 수}}{\text{잔여 작업 수}}$ 의 값이 가장 작은 작업의 순서로
긴급률	CR	$\dfrac{\text{납기일까지 남은 기간}}{\text{남은 작업일 수}}$ 의 값이 가장 작은 작업의 순서로

표 14-7	작업의 처리시간 및 납기일	
작 업	처리시간(일)	납 기 일(일)
A	5	11
B	11	13
C	7	8
D	13	21
E	9	15

는 짧을수록 좋다.

- 시스템 내 평균작업 수(average number of jobs): 작업장 내에 머무는 평균작업 수를 말하는데 총흐름시간을 총처리시간으로 나누어 구한다.
- 평균납기지연시간(average tardiness): 총납기초과시간을 작업 수로 나눈 값으로서 작을수록 좋다.
- 유휴기간: 작업장, 기계 또는 작업자가 작업을 하지 않고 기다리는 시간으로서 없을수록 좋다.

[표 14-7]은 하나의 작업장에서 처리해야 할 다섯 개의 작업의 도착순서, 처리시간 및 납기일을 나타내고 있다. 이 다섯 개 작업의 총처리시간은 45일로써 어떤 규칙을 사용하더라도 동일하며, 또한 계속해서 다른 작업을 처리하므로 작업장의 유휴시간도 없게 된다. 따라서 많은 작업이 하나의 작업장을 거치는 경우에는 평균흐름시간, 시스템 내 평균작업 수, 평균 납기지연시간만을 고려하게 된다.

앞에서 제시한 우선순위 규칙에 따라 작업순서 및 성과측정을 수행해 보도록 하자.

첫째, 선착순(first come, first served: FCFS) 규칙에 의하면 A － B － C － D － E 의 순서로 작업이 처리된다. 이 규칙에 의할 때의 성과측정은 [표 14-8]과 같다. 흐름시간(flow time)이란 각 작업이 완료될 때까지 작업장에서 보낸 총시간(대기시간과 처리시간의 합계)을 의미한다. 예를 들면, [표 14-8]에서 작업 A는 대기시간 없이 바로 처리하는데 5일이 소요되므로 흐름시간은 5일이 된다. 작업 B는 작업 A를 처리하는 5일 동안 대기하였다가 자신을 처리하는데 11일이 소요되므로 흐름시간은 5＋11＝16일이 된다.

둘째, 최단작업시간(shortest processing time: SPT) 규칙에 의하면 A－C－E－B－

표 14-8 선착순 규칙에 의한 성과측정

작업순서	(1) 처리시간	(2) 흐름시간	(3) 납기일	(3-2) 납기초과일 수
A	5	5	11	0
B	11	16	13	3
C	7	23	8	15
D	13	36	21	15
E	9	45	15	30
	45	125		63

$$평균흐름시간 = \frac{총흐름시간}{총작업\ 수} = \frac{125}{5} = 25일$$

$$평균납기초과시간 = \frac{총지연일\ 수}{총작업\ 수} = \frac{63}{5} = 12.6일$$

$$시스템\ 내\ 평균작업\ 수 = \frac{총흐름시간}{총처리시간} = \frac{125}{45} = 2.78개$$

표 14-9 최단작업시간 규칙에 의한 성과측정

작업순서	(1) 처리시간	(2) 흐름시간	(3) 납기일	(3-2) 납기초과일 수
A	5	5	11	0
C	7	12	8	4
E	9	21	15	6
B	11	32	13	19
D	13	45	21	24
	45	115		53

$$평균흐름시간 = \frac{115}{5} = 23일$$

$$평균납기초과시간 = \frac{53}{5} = 10.6일$$

$$시스템\ 내\ 평균작업\ 수 = \frac{115}{45} = 2.56개$$

D의 순서로 작업이 처리된다. 이 규칙에 의할 때의 성과측정은 [표 14-9]와 같다.

셋째, 최소납기일(earliest due date) 규칙에 의하면 C-A-B-E-D의 순서로 작업이 처리된다. 이 규칙에 의할 때의 성과측정은 [표 14-10]과 같다.

넷째, 긴급률(critical ratio: CR) 규칙에 의하면 C-B-D-E-A의 순서로 작업

| 표 14-10 | | 최소납기일 규칙에 의한 성과측정 | | |

작업순서	(1) 처리시간	(2) 흐름시간	(3) 납기일	(3-2) 납기초과일 수
C	7	7	8	0
A	5	12	11	1
B	11	23	13	10
E	9	32	15	17
D	13	45	21	24
	45	119		52

평균흐름시간 $= \dfrac{119}{5} = 23.8$일

평균납기초과시간 $= \dfrac{52}{5} = 10.4$일

시스템 내 평균작업 수 $= \dfrac{119}{45} = 2.64$개

| 표 14-11 | | 최소납기일 규칙에 의한 성과측정 | | | |

작업순서	(1) 처리시간	(2) 흐름시간	(3) 납기일	(4) 납기초과일 수	(3)÷(1) CR	작업순서
C	7	7	8	0	8/7=1.143	1
B	11	18	13	5	13/11=1.181	2
D	13	31	21	10	21/13=1.615	3
E	9	40	15	25	15/9=1.667	4
A	5	45	11	34	11/5=2.2	5
	45	141		74		

평균흐름시간 $= \dfrac{141}{5} = 28.2$일

평균납기초과시간 $= \dfrac{74}{5} = 14.8$일

시스템 내 평균작업 수 $= \dfrac{141}{45} = 3.1$개

이 처리된다. 이 규칙에 의할 때의 성과측정은 [표 14-11]과 같다.

이상에서 공부한 네 가지 규칙에 의한 성과측정의 결과를 종합한 것이 [표 14-12]이다. [표 14-7]의 예를 이용하였을 때 긴급률 규칙과 선착순 규칙은 모든

표 14-12	네 규칙의 비교
규　칙	평균흐름시간	평균납기초과시간	시스템 내 평균작업 수
선　착　순	25	12.6	2.78
최단작업시간	23	10.6	2.56
최 소 납 기 일	23.8	10.4	2.64
긴　급　률	28.2	14.8	3.10

경우에 가장 나쁜 결과를 가져왔고, 평균흐름시간 및 시스템 내 평균작업 수에 있어서는 최단 작업시간 규칙이, 그리고 평균 납기초과시간에 있어서는 최소 납기일 규칙이 가장 좋은 결과를 가져왔다.

　　선착순 규칙은 비효율적임에도 불구하고 고객이 관련된 서비스 시스템에서는 공정성 때문에 지배적으로 사용된다. 최단작업시간 규칙은 흐름시간의 최소화로 인한 시스템 내 평균작업 수와 평균 흐름시간의 최소화라는 관점에서 볼 때 가장 우수한 규칙이다. 평균시간의 최소화로 인하여 재공품재고가 최소로 되고 평균작업 수의 최소화로 인하여 작업장이 덜 혼잡하게 된다. 그러나 이 규칙은 납기일을 전혀 고려하지 않는 결점이 있다. 이러한 문제는 작업이 기다릴 수 있는 시간에 한계를 정함으로써 해결할 수 있다.

　　어느 한 규칙이 모든 경우에 가장 좋은 결과를 가져오는 것은 아니다. 또한 작업의 처리시간과 납기일에 따라 그 결과는 달라진다. 따라서 필요에 가장 부응하는 규칙을 선정해서 사용해야 한다.

▎최적화방법: $m=2$인 경우

　　최적화방법은 선정된 가치기준에 입각할 때 가장 좋은 해를 도출한다. 그러나 이러한 방법은 조그만 문제에 적용될 뿐이고 작업장이 세 개 이상인 경우에는 문제가 복잡하여 최적해를 도출하기가 쉽지 않다.

　　n개의 작업이 일정한 순서로(예컨대 작업장 1에서 작업장 2로) 두 개의 작업장($m=2$)을 통과하면서 처리될 때에는 존슨의 규칙(Johnson's rule)이 사용되어 최소의 완료시간에 입각한 최적해를 도출한다. 이 기법은 모든 작업이 두 개의 작업장을 같은 순서로 통과할 때 각 작업장에서의 총유휴시간을 최소로 한다.

　　이 기법을 사용하기 위해서는 다음의 조건이 만족되어야 한다.

- 각 작업장에서 각 작업의 준비시간 및 처리시간인 작업시간이 일정하고 알려져 있다.
- 작업시간은 작업순서에 영향을 받지 않는다.
- 모든 작업은 일정한 순서로 두 개의 작업장을 통과한다.
- 모든 작업은 똑같이 중요하다.

위와 같은 조건이 만족되면 다음과 같은 절차를 거쳐 최적 순서를 결정한다.

단계 1: 각 작업이 작업장에서 소요되는 시간을 나열한다.

단계 2: 가장 짧은 시간을 갖는 작업을 찾는다. 만일 그 시간이 작업장 1에 해당하면 그 작업을 가능한 한 먼저 놓고, 만일 작업장 2에 해당하면 그 작업을 가능한 한 뒤에 놓는다. 만일 그 시간이 두 개의 작업장에 동시에 해당하면 임의로 결정한다.

단계 3: 일단 작업의 일정이 결정되면 그 작업은 더 이상 고려치 않는다.

단계 4: 순서의 중앙을 향하여 모든 작업의 스케줄이 결정될 때까지 단계 2와 단계 3을 반복한다.

[표 14-13]은 다섯 개의 작업이 작업장 1과 작업장 2를 통과하면서 처리되는 시간이 주어졌을 때 존슨의 규칙을 이용하여 모든 작업의 총완료시간을 최소로 하는 작업순서를 결정하는 예이다. 작업장 2에서 작업 C의 처리시간이 두 시간으로서 가장 짧기 때문에 가장 뒤에 놓는다. 다음에는 작업 C를 제외하고 나머지 작업에 대하여 고려하면 작업장 1에서 작업 B의 처리시간이 세 시간으로서 가장 짧기 때문에 가장 앞에 놓는다. 이제 작업 C와 작업 B를 제외한 나머지 작업에 대하여

| 표 14-13 | 존슨의 규칙을 이용한 작업순서의 결정 |

작 업	처 리 시 간(시간)	
	작 업 장 1	작 업 장 2
A	6	4
B	3	7
C	5	2
D	8	9
E	13	11

B	D	E	A	C

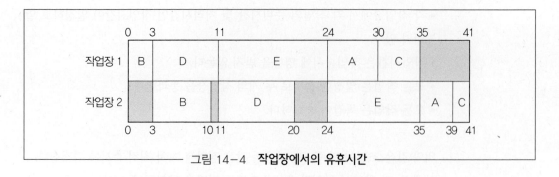

그림 14-4 **작업장에서의 유휴시간**

고려하면 작업장 2에서 작업 A의 처리시간이 가장 짧기 때문에 가능한 한 뒤에 놓는다. 이러한 절차를 거쳐 작업의 순서를 결정하면 B→D→E→A→C가 된다.

각 작업장에서 모든 작업을 완료하는 데 소요된 총시간 및 각 작업장에서의 유휴시간을 결정하기 위해서는 [그림 14-4]와 같은 차트를 그리면 된다. 그림에서 보는 바와 같이 다섯 개의 작업을 모두 완료하는 데는 41시간이 소요된다. 작업장 2에서는 여덟 시간의 유휴시간이, 그리고 작업장 1에서는 여섯 시간의 유휴시간이 발생한다.

14.5 생산활동 통제

생산활동 통제(production activity control)란 각 작업장의 운영을 실행하고 통제하는 활동들을 말하는데 작업현장통제(shop-floor control)라고도 한다.

스케줄링이 수립되어 각 주문이나 작업이 작업장에서 예정대로 진척되고 있는지, 장애요인은 없는지, 작업장의 투입과 산출 간에 문제가 없는지 생산통제를 위한 모니터링(monitoring)이 계속되어야 한다.

사실 작업의 진도에 영향을 미치는 원인은 다양하다. 예컨대 작업자의 결근율이 높다든지, 기계의 고장과 불량률이 높다든지, 돌발작업이나 급한 주문이 발생한다든지, 다양한 작업의 현상파악이 제대로 안 된다든지, 이러한 원인은 원활한 생산진행을 방해한다.

따라서 작업배정에서부터 완료에 이르기까지 각 작업의 진행상황을 조사하여 계획과의 차이가 있는지를 밝히고 이를 시정토록 해야 한다.

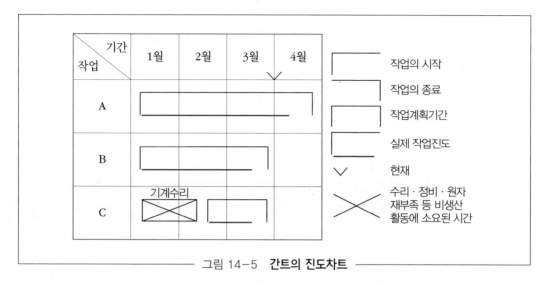

——— 그림 14-5 **간트의 진도차트** ———

생산활동 통제를 위해서는 간트의 진도차트, 투입 – 산출통제, 균형선법(line of balance: LOB) 등이 있는데 본서에서는 균형선법의 설명은 생략하고자 한다.

1. 간트 차트

간트의 진도차트는 작업계획과 그의 진척상황을 눈으로 볼 수 있도록 작성되는 차트인데 각 작업이 예정대로 진행되고 있는지를 통제하는 데 이용된다. [그림 14-5]는 간트차트의 한 예이다.

그림에서 작업 A는 계획보다 앞서 진행되고 있지만 작업 B는 계획보다 지연되고 있으며 작업 C는 기계수리관계로 계획보다 상당히 지연되고 있음을 알 수 있다.

2. 투입-산출 통제

출발작업장(starting work center)의 계획된 투입률은 주일정계획이 수립될 때 결정되므로 주일정계획이 실행가능하게 수립되어야 한다. 출발작업을 수행하는 작업장의 실제 투입률은 작업이 발령되는 율에 의하여 어느 정도 변동할 수 있다. 계획된 투입량과 실제 투입량이 여러 기간 계속하여 발생하면 주일정계획은 달성될 수 없다. 작업장의 산출률은 잔업 및 추가 교대조의 사용과 작업자 및 장비의 투입 같은 능력의 변화를 통하여 증가할 수 있다.

어떤 작업장의 산출률이 변하면 바로 다음 작업장의 투입률도 변한다. 그러나 어떤 작업장에서 실제 가공시간이 측정된 표준시간과 다를 수도 있고, 대기하고 있는 작업의 상대적 우선순위도 새로 도착하는 작업에 따라 변할 수도 있으므로, 바로 다음 작업장에 특정 작업이 언제 도착할지 결정하기 어렵다. 이와 같이 후속 작업장의 투입률을 통제하기란 쉬운 것이 아니다. 따라서 후속작업장의 투입률은 출발작업장의 그것보다 더욱 변동적이다. 후속작업장의 투입률은 산출률과 같아야 한다. 그렇지 않으면 작업의 적체(backlog)가 증가하거나 감소하거나 한다.

적체는 매주 실제 투입률과 실제 산출률의 차이만큼 증가한다. [표 14-14]은 투입-산출통제 보고서의 예이다. 11/7의 적체는 225(실제투입) - 210(실제산출) = +15이고 11/14의 적체는 +15 + 220 - 225 = +10이다. 여기서 5주 말에 40표준시간의 적체가 발생하였음을 알 수 있다. 작업은 계획보다 약간 많게 투입되고 또한 계획보다 적게 산출되므로 작업장의 능력이 증가되지 않는 한 적체는 증가하고 작업은 후속작업장에 계획대로 도착할 수가 없게 된다.

투입-산출통제는 몇 가지 중요한 요소에 영향을 미친다. 투입산출 통제는 적체통제 또는 대기행렬크기 통제라고도 한다. 왜냐하면, 이는 작업장에서 기다리는 작업의 대기행렬크기를 통제하기 때문이다. 투입률을 감소시키고 산출률을 증가시키면 작업의 대기행렬이 감소하고 따라서 제조기간이 단축된다. 반대로 투입률이 산출률보다 장기간 크게 되면 적체가 증가하고 프로세스상의 작업에 대한 투자가 증가한다. 적체의 발생은 여러 가지 부정적 영향을 미친다. 현재의 작업뿐만 아니라 후속 관련 작업도 지연이 되어 고객 서비스는 불만족스럽게 된다. 한 작업장

표 14-14 투입-산출 통제 보고서

주 말	11/7	11/14	11/21	11/28	12/5
투입계획(표준시간)	220	210	215	225	210
실제투입	225	220	210	230	220
누적편차	+5	+15	+10	+15	+25
산출계획(표준시간)	220	220	220	220	220
실제산출	210	225	210	200	220
누적편차	-10	-5	-15	-35	-35
적 체	+15	+10	+10	+40	+40

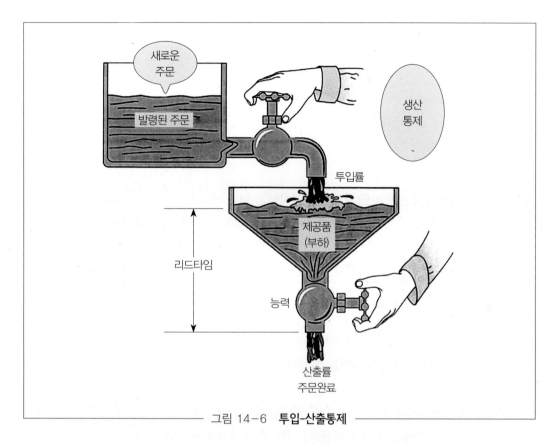

그림 14-6 **투입-산출통제**

에 작업이 쌓이게 되면 혼잡이 발생하고 작업처리가 비효율화된다. 한편 후속작업 장으로의 작업흐름이 원활하지 않고 산발적으로 된다. 이러한 현상은 [그림 14-6] 에서 보는 바와 같이 물의 흐름에 비유할 수 있다.

14.6 제약이론

1. 운영의 목적

스케줄링 수립의 한 접근방법으로 제약이론(theory of병목현상 constraints: TOC) 이 있다. 이 이론은 Goldratt이 1980년대 그의 저서 *The Goal*에서 기업이 이익의 최대화와 자원의 효율적 사용이라는 목표를 향해 나아가는 데 걸림돌이 되는 제약

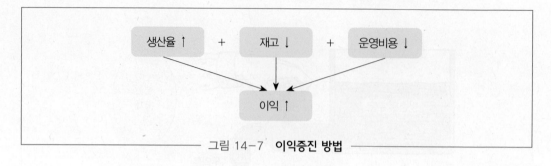
그림 14-7 **이익증진 방법**

들을 어떻게 관리할 것인가를 제시하고 있다.

제약이론은 기업운영의 목적은 돈을 버는 것이라고 주장한다. 경영을 평가할 수 있는 지표는 순이익, 투자수익, 현금흐름이고 전통적으로 중요시해 왔던 생산성 향상, 비용절감, 직접노동이용, 납기준수, 품질향상 등은 부차적이라는 것이다. 제품을 생산하는 것 자체는 충분하지 않고 이를 고객에 판매하여 돈을 벌 때 의미가 있는 것이다.

기업이 돈을 버는 목적을 달성함에 있어서 어떻게 잘 하는지 평가하기 위해서는 다음 세 요인에 초점을 두어야 한다.

- 생산율(throughput): 판매를 통해 돈을 벌어들이는 비율, 생산 자체가 아니라 판매를 통해서만 들어온 돈, 즉 판매액에서 그를 생산하는 데 사용한 자재비를 차감한 결과
- 재고(inventory): 판매를 위해 원자재를 구매하는 것에 투자한 돈
- 운영비용(operating expenses): 재고를 생산율로 바꾸기 위하여 소비한 돈으로 노무비와 간접비를 포함함

이러한 세 측정치를 사용할 때 이익을 증가시키는 길은 [그림 14-7]에서 보는 바와 같이 생산율은 증가시키고 재고와 운영비용은 감소시키는 것이다.

2. 제약의 영향

제약이론에서 제약이란 기업이 그의 목적에 비해 높은 성과를 내는 것을 방해하는 요소를 말한다. 기업의 산출물은 다음과 같은 세 가지의 제약에 의해 결정된다.

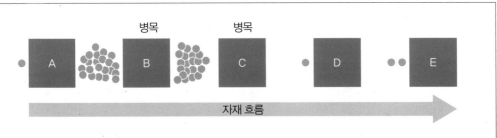

병목   병목

자재 흐름

— 그림 14-8   **병목현상** —

- 내부자원제약(internal resource constraints): 높은 성과를 제한하는 기업 내의 능력과 같은 자원. 예컨대 자재 병목, 비훈련 작업자, 결함 있는 장비 등이다.
- 시장제약(market constraints): 기업의 생산능력에 비해 제품에 대한 시장수요가 부족한 경우
- 정책제약(policy constraints): 높은 성과를 제한하는 잔업사용의 금지와 같은 기업의 정책. 예컨대 부실한 훈련 프로그램, 예방보전 절차의 결여, 부실한 경영결정 등이다.

제약이론은 거의 모든 제품이나 서비스는 일련의 연결된 프로세스(linked processes)를 통하여 창출된다는 인식에 기반하고 있다. 이러한 프로세스 사슬은 한 기업 내에 뿐만 아니라 공급사슬처럼 여러 기업에 걸쳐 존재한다. 각 프로세스 단계는 특정 생산능력을 갖기 때문에 전체 사슬의 생산율을 제한하는 프로세스 단계가 있기 마련이다.

일련의 프로세스 단계를 통한 제품이나 고객의 이동은 파이프라인을 통한 액체의 흐름과 같다. 각 프로세스 단계는 그의 능력을 갖는다. [그림 14-8]에서 프로세스 A와 D는 가장 큰 능력을 갖는 반면 프로세스 C는 가장 작은 능력을 갖는다. 따라서 프로세스 단계 B와 C는 제약이다. 프로세스 B와 C는 가장 작은 생산능력을 가지기 때문에 전체 프로세스 사슬의 생산율을 제한하는 병목(bottleneck)이다. 전체 프로세스 사슬의 생산율을 증가시키기 위해서는 프로세스 단계 B와 C의 능력을 확대시켜야지 다른 프로세스 단계의 능력을 확대시켜서는 아무 소용이 없다.

3. 제약관리

전통적 경영에서는 프로세스 사슬의 매 단계에서 산출물을 최대로 하는 것을 강조하지만 제약이론에서는 전체 시스템을 통한 흐름을 최대화하려고 한다. 따라서 이 이론에서는 상이한 프로세스 사이의 흐름을 균형화시킬 것을 강조한다. 조립라인의 균형이 좋은 예이다.

기업에서 성과를 증진하기 위해서는 우선 제약요소를 찾아내고 이를 개선하려는 노력을 경주해야 한다. 기업이 제약관리(constraint management)를 위해 취하는 절차는 다음과 같다.

- 제약의 규명: 프로세스 사슬의 상류 또는 하류 어디에도 제약은 있을 수 있다. 기업 내에서 발생하는 제약을 내부제약이라 하고 기업 외에서 발생하는 제약을 외부제약이라고 한다. 고객의 수요율이 기업의 생산율에 못 미치면 프로세스가 아니라 고객수요가 제약이 된다. 시스템의 제약요소를 식별하는 것이 우선이다.
- 제약의 이용: 제약 단계에서 1시간의 생산율 감소는 전체 공급사슬에서의 1시간의 생산율 감소와 같다. 제품의 원활한 흐름을 위하여 제약관리를 수행한다. 제약을 최대한 이용하여 유휴가 없도록 한다.
- 단계 2에서의 결정에 나머지 모든 것을 종속시킴: 제약의 효과적인 이용이 최우선이고 비제약요소들에 관한 결정은 부차적이다.
- 제약의 향상: 단계 1부터 3까지 아직도 병목이 제약으로 남아 있다면 병목의 능력을 증가시켜 제약을 극복하고 생산율을 증가시킨다. 여기서 병목의 능력을 증가시킨다는 것은 장비를 더 많이 구입하지 않고 창의적인 스케줄링, 생산준비시간의 단축, 일시적인 노동과 기계의 추가, 작업자의 잔업시간 사용, 좋은 노동력 정책의 사용 등을 통하는 것을 의미한다.
- 새로운 제약의 발견과 단계의 반복: 새로운 제약을 식별하고 이용하는 노력을 반복한다.

4. 병목 프로세스의 스케줄링

제약이론은 제약을 최대한 이용하고 나아가 이를 극복하는 방안을 제시하고

그림 14-9 **병목현상의 예**

있다.

병목이란 생산시스템을 통한 제품과 자재의 원활한 흐름을 제약하는 부, 작업장, 프로세스를 말한다. 병목은 처리능력이 처리요구량 이하인 자원을 말한다. 불충분한 능력을 사용하다 보면 유휴시간이 없게 된다. 한편 비병목이란 처리능력이 처리요구량보다 큰 자원을 말한다. 그런데 병목은 능력과 생산율을 감소시키고 주문 리드타임을 증가시키며 대고객 서비스에 부정적 영향을 미치는 제약이다.

제약이론이 병목 프로세스에 초점을 맞추는 이유는 병목 프로세스가 전체 프로세스 사슬의 산출률을 결정하기 때문이다. [그림 14-9]에서 보는 바와 같이 두 기계를 통한 최종 산출률은 시간당 20개이고 기계 B가 병목기계인 반면 기계 A는 비병목기계이다.

이러한 예로부터 다음과 같은 두 가지 원칙을 유도할 수 있다.

- 병목 프로세스에서 1시간 생산시간의 상실은 전체 생산시스템으로부터 1시간 산출물을 뺀 것과 같다.
- 비병목 프로세스에서 1시간의 절약은 유휴시간에 1시간을 더하는 것과 같다.

병목 프로세스는 귀중한 자원이기 때문에 유휴시간을 최소로 하여 최대 산출량을 달성하도록 스케줄링을 수립하는 것이 기본이다. 병목 프로세스가 효과적으로 이용되는 한 비병목 프로세스의 유휴시간은 전체 시스템의 생산성을 결정하는 요인은 아닌 것이다. 비병목 프로세스는 자원의 이용률을 높이기 위하여 재고를 생산할 필요는 없다. 차라리 유휴시간을 갖는 것이 낫다. 병목 프로세스에 추가되는 1시간의 능력은 전체 시스템에 1시간의 추가와 같은 결과이다. 병목 프로세스에 자재가 부족하지 않도록, 판매용 주문을 계속해서 처리하도록 비병목 프로세스의 스케줄링이 수립되어야 한다. 대기행렬이 병목 프로세스 앞에 형성되어야 한다. 비병목 프로세스는 병목 프로세스가 계속 바쁘도록 하면 되기 때문에 능력을 완전 가동할 필요는 없다. 따라서 어떤 비병목 프로세스에서는 스케줄링에서 유휴시간을 가질 수 있다. 비병목 프로세스에서는 자원의 이용률을 높이기 위하여 재고를 생산할 필요는 없다.

병목 프로세스에 능력을 증가시키기 위해서는 작업장에서 한 로트에서 다음 로트로 빨리 변경하도록 생산준비시간(setup time)의 단축을 꾀할 수 있다. 또한 병목 프로세스에서는 하루 24시간 쉬지 않고 생산시스템을 가동할 수 있고 가능하면 노동력과 기계를 추가로 투입할 수 있다.

01 스케줄링을 설명하라.

02 생산통제시스템의 유형을 설명하라.

03 흐름시스템의 스케줄링의 특징을 설명하라.

04 배취시스템의 스케줄링의 특징을 설명하라.

05 주문시스템의 스케줄링의 특징을 설명하라.

06 한 조립라인을 통하여 네 가지의 상이한 제품을 계획생산한다. 그의 자료가 다음과
같을 때 물음에 답하라.

제품	재고(개)	수요량(개/주)	생산율(개/주)	로트크기
A	3,000	750	3,000	3,000
B	6,000	2,000	4,000	4,000
C	1,000	500	2,000	1,000
D	1,600	500	1,500	1,500

① 소진기간에 의한 잠정적 작업순서를 결정하라.
② 5주 동안의 생산을 시뮬레이션하라. 재고와 소진기간을 이용하여 5주 동안의 생
산 스케줄을 결정하라.

07 한 작업장에 처리를 기다리는 여섯 개의 작업에 관한 정보가 다음과 같다. ① FCFS,
② STP, ③ DD, ④ CR에 의한 작업순서를 결정하라.

각 방법에 대하여 평균흐름시간, 평균납기초과시간, 작업장 내 평균작업 수를 계산하라.

작 업	처리시간(일)	납기일(일)
A	2	4
B	5	18
C	3	8
D	4	4
E	6	20
F	4	24

08 네 개의 작업을 네 개의 작업장에서 수행할 수 있다. 한 작업당 비용이 다음과 같을 때 최소비용의 할당을 결정하라. 작업분할은 허용하지 않는다.

작 업	작 업 장			
	1	2	3	4
A	19	24	17	16
B	12	15	18	19
C	16	22	14	13
D	17	18	20	15

09 다음의 정보를 이용하여 ① FCFS, ② SPT, ③ DD에 의한 작업순서를 결정하라. 각 방법에 대하여 평균흐름시간, 평균납기초과시간, 시스템 내 평균작업 수를 계산하라.

작 업	처리시간(일)	납기일(일)
A	4.5	10
B	6.0	17
C	5.2	12
D	1.6	27
E	2.8	18
F	3.3	19

10 긴급률에 의하여 작업순서를 결정하라. 오늘은 43일이라고 가정하라. 어느 작업이

예정보다 늦었는지 밝혀라.

작 업	처리시간(일)	납기일(일)
A	50	3
B	45	2
C	44	2
D	53	5
E	46	4

11 두 대의 기계를 사용하여 여덟 개의 작업을 완성하는 데 소요되는 시간이 아래와 같다. 각 작업은 동일한 순서에 의하여 기계 1에서 기계 2로 이동한다. 총유휴시간이 최소가 되도록 작업의 순서를 결정하고, 기계 2의 유휴시간은 얼마인지 밝혀라.

작 업	시 간	
	기계 1	기계 2
A	6	5
B	3	13
C	9	6
D	8	7
E	2	14
F	12	4
G	18	14
H	20	11

12 두 대의 기계를 사용하여 다섯 개의 작업을 완성하는 데 소요되는 시간이 다음과 같다. 각 작업은 동일한 순서에 의하여 기계 1에서 기계 2로 이동하여 처리된다. 기계들의 총유휴시간이 최소가 되도록 작업의 순서를 결정하라. 각 기계의 유휴시간은 얼마인가?

작 업	기계 1	기계 2
A	5	2
B	3	6
C	8	4
D	10	7
E	7	12

13 다음과 같은 투입-산출계획에서 기간 8 말의 적체는 얼마인가?

기간	4	5	6	7	8
투입계획	40	50	50	60	60
실제투입	25	35	35	40	40
편 차					
산출계획	40	50	50	60	60
실제산출	45	45	45	55	60
편 차					
적 체	75				

14 어떤 작업장에 대해 투입-산출계획을 수립하려고 한다.

기간	1	2	3	4
투입계획	65	65	70	70
실제투입				
편 차				
산출계획	75	75	75	75
실제산출				
편 차				
적 체	30			A

① 생산이 계획대로 진행한다면 적체 A는 얼마인가?

② 만일 실제투입이 순서대로 60, 60, 65, 65이고 실제산출이 75를 초과할 수 없다면 이 작업장에서 기대할 수 있는 산출은 얼마인가? 적체 A는 얼마인가?

제15장

PRODUCTION OPERATIONS MANAGEMENT

PERT/CPM

프로젝트의 스케줄링 및 통제, 수송시스템 및 통신시스템의 설계 등의 경영문제는 네트워크 모델(network model)을 이용하여 성공적으로 해결할 수 있다. PERT(program evaluation and review technique)와 CPM(critical path method)은 빌딩, 교량, 댐, 선박, 비행기, 공항, 고속도로 등과 같은 대규모 건설공사, 연구·개발사업, 영화제작, 신제품 개발, 광고캠페인의 설계 등 프로젝트를 계획하고 스케줄링을 수립하고 통제하는 데 널리 이용되는 네트워크 분석기법이다.

프로젝트 관리는 작업의 비반복적 성격에 의하여 일상적인 생산관리와는 다르다. PERT와 CPM은 비반복적, 1회적 프로젝트(one-time project)를 대상으로 한다. 프로젝트의 제조 프로세스는 거의 고정되어 있기 때문에 자재와 유일한 인력이 프로젝트를 중심으로 이동하게 된다.

프로젝트 관리(project management)란 프로젝트의 시간, 비용, 기술적 제약조건을 충족시키도록 인력, 장비, 자재 등 여러 가지 자원을 계획, 지휘 및 통제하는 모든 관리활동을 일컫는다.

프로젝트 관리는 다음과 같은 특성을 가지고 있다.

- 프로젝트를 끝내는 데는 수주일, 수개월, 심지어는 수년이 걸리기 때문에 이 기간 동안 예측할 수 없는 변화가 발생할 수 있으며 이러한 변화는 프로

젝트비용, 기술 및 자원에 큰 영향을 미친다.

- 프로젝트는 여러 연속 활동으로 구성되어 성격상 복잡하다.
- 프로젝트 완료기간의 지연은 큰 비용 및 손해를 초래할 수 있다.
- 프로젝트는 작업순서를 지켜야 하므로 어떤 활동은 다른 활동이 끝난 뒤에야 시작할 수 있는 것이다.

본장에서는 PERT와 CPM이 프로젝트의 계획, 스케줄링, 통제를 위해 어떻게 사용되는지를 공부하고자 한다.

15.1 프로젝트 관리

모든 프로젝트를 수행하는 데 필요한 관리결정의 일반적 순서는 프로젝트 계획, 프로젝트 스케줄링(project scheduling), 프로젝트 통제이다. 이는 [그림 15-1]에서 보는 바와 같다.

프로젝트 계획(project planning)이란 프로젝트를 시작하기 전에 필요한 결정을 말하는데 프로젝트의 일반적 성격과 방향을 설정하게 된다. 여기서는 중요한 목표, 필요한 자원, 사용할 조직의 형태, 프로젝트를 관리할 책임자로서 프로젝트 관리자(project manager)와 프로젝트 팀(project team)에 관한 결정을 포함한다.

대규모 프로젝트는 수많은 활동을 수반하기 때문에 프로젝트 팀은 프로젝트를 완료하는 데 얼마나 시간이 소요될 것인지, 그리고 비용은 얼마나 필요한지를 예측하기 위하여 작업분해 구조도를 작성하게 된다.

작업분해 구조도(work breakdown structure: WBS)란 프로젝트를 구성하고 있는 수많은 활동들을 계층적으로 나열한 것, 즉 이들을 규명하는 논리적 틀을 말한다. [그림 15-2]는 작업분해 구조도의 한 예이다.

그림에서 단계 2는 프로젝트의 중요한 요소들을 나타낸다. 단계 3은 중요한 요소들을 지원하는 중요한 활동들을 나타낸다. 단계 4는 각 지원활동을 완료하는 데 필요한 활동들을 나타낸다.

작업분해 구조도를 작성함으로써 활동리스트는 프로젝트를 계획하고 수행하는 데 있어서 초점이 될 뿐만 아니라 프로젝트 완료시간과 비용을 추산하는데 기

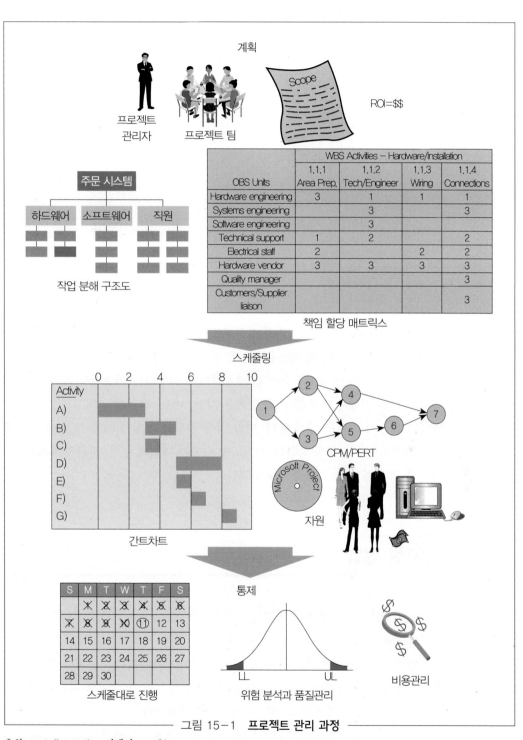

계획

프로젝트
관리자

프로젝트 팀

Scope

ROI=$$

주문 시스템

하드웨어 소프트웨어 직원

작업 분해 구조도

| OBS Units | WBS Activities – Hardware/Installation | | | |
	1.1.1 Area Prep.	1.1.2 Tech/Engineer	1.1.3 Wiring	1.1.4 Connections
Hardware engineering	3	1	1	1
Systems engineering		3		3
Software engineering		3		
Technical support	1	2		2
Electrical staff	2		2	2
Hardware vendor	3	3	3	3
Quality manager				3
Customers/Supplier liaison				3

책임 할당 매트릭스

스케줄링

간트차트

CPM/PERT

Microsoft Project

자원

통제

스케줄대로 진행

위험 분석과 품질관리

비용관리

그림 15-1 **프로젝트 관리 과정**

출처: Russell & Taylor, 전게서, p. 364.

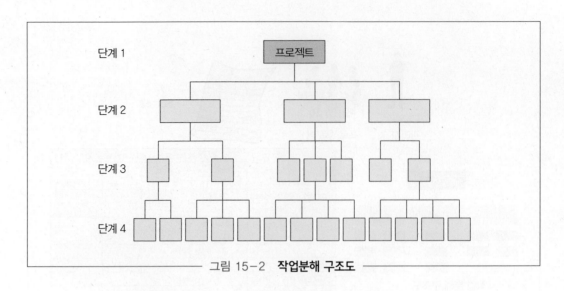

단계 1 　プロジェクト

단계 2

단계 3

단계 4

　　　　　　　　　그림 15-2　**작업분해 구조도**

초가 된다.

　작업분해 구조도가 작성되면 프로젝트 스케줄링이 가능하다. 각 활동의 시간 스케줄이 설정되면 기간별 예산을 책정할 수 있고 각 활동에 팀원을 할당할 수 있다.

　프로젝트 통제(project control)는 프로젝트가 진행되는 과정에서 각 활동을 감시하는 팀에 의해서 수행된다. 각 활동은 시간, 비용, 성과에 있어서 원래의 계획과 일치하는지 검토를 해야 한다. 만일 실제 결과와 계획 사이에 큰 차이가 있게 되면 시정조치를 강구해야 한다. 시정조치 속에는 계획의 수정, 자금의 재배분, 인원교체, 자원의 다른 변경 등이 포함된다.

15.2　스케줄링 방법

　프로젝트의 스케줄링을 위해서는 간트 차트(Gantt chart)와 CPM/PERT와 같은 네트워크(network) 방법이 사용된다.

　간트 차트는 [그림 15-3]에서 보는 바와 같이 막대차트를 이용한다. 막대는 활동기간의 길이를 나타낸다. 간트 차트는 각 활동의 시작과 완료의 시간을 나타내기 때문에 프로젝트의 스케줄링을 수립하는 데 이용된다.

　그러나 복잡한 프로젝트의 경우에는 각 활동들의 선행관계를 나타낼 수 없기

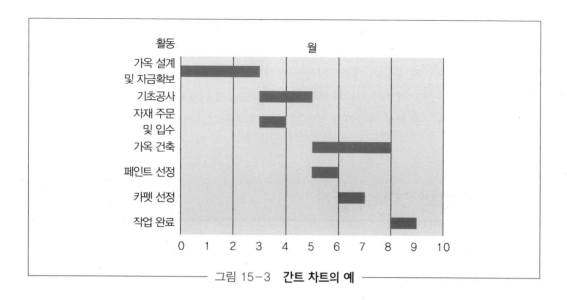

活動   월

가옥 설계
및 자금확보

기초공사

자재 주문
및 입수

가옥 건축

페인트 선정

카펫 선정

작업 완료

0 1 2 3 4 5 6 7 8 9 10

———— 그림 15-3 **간트 차트의 예** ————

때문에 사용에 한계가 있게 된다. 특히 프로젝트의 스케줄링 수립이 어렵지만 변경이 발생하여 스케줄링을 수정하기란 더욱 곤란하다.

네트워크 방법은 간트 차트의 이러한 어려움을 극복할 수 있는 스케줄링 방법이다. 네트워크 방법은 활동의 선행관계를 네트워크에 분명히 나타낼 수 있는 장점을 갖는다. 한편 네트워크 방법은 스케줄링의 수정이 자동적으로 이루어진다.

이러한 장점에도 불구하고 네트워크는 복잡하고 많은 비용을 수반하기 때문에 복잡한 프로젝트에 사용하기 알맞다고 할 수 있다.

15.3 프로젝트 스케줄링의 목표

프로젝트 스케줄링은 프로젝트를 효율적으로 계획하고 통제하기 위하여 사용된다. 프로젝트 스케줄링의 목표는 다음과 같다.

- 활동들의 선행관계 명시
- 전체 프로젝트를 빨리 완성하기 위한 각 활동의 시작일과 완료일의 결정
- 프로젝트를 어떤 기간 내에 완성할 가능성(확률)의 계산

- 프로젝트를 최소의 비용으로 일정 기간 내에 완성할 스케줄링 수립
- 어떤 활동의 지연이 전체 프로젝트 완성기간에 미치는 영향 조사
- 어떤 활동의 애로상황을 규명함으로써 인력, 자료, 자재의 효과적 사용
- 프로젝트가 시간과 비용면에서 순조롭게 진행되고 있는가의 결정
- 프로젝트 완성기간 동안 자원의 배분을 고르게 할 활동들의 스케줄링 수립

15.4 PERT와 CPM의 관계

PERT와 CPM은 사용목적, 기본 구조, 분석방법, 사용용어 등에 있어서 비슷하지만 이들은 서로 독립적으로 개발되었다. PERT는 1958년 미국 해군에서 폴라리스 미사일(polaris missile)사업의 계획 및 통제를 위해 개발하였다. 이 사업의 모든 활동은 전에 시도된 바가 없기 때문에 이들 활동을 완료하는 데 소요되는 시간의 예측이 곤란하였다. 따라서 PERT는 활동의 완료시간에 있어서의 불확실성을 타개하기 위하여 개발되었다. PERT에서는 각 활동에 대해 세 가지의 시간이 주어지면 완료시간의 확률분포에 입각하여 평균완료시간을 계산한다. 따라서 PERT는 확률적 도구라 할 수 있다.

한편 CPM은 1957년 미국 듀퐁회사에 의하여 활동시간이 확정된 공장의 건설을 위하여 개발되었다. CPM에 있어서는 활동의 완료시간이 하나의 추정치로 부여되므로 확정적 도구라 할 수 있다. CPM은 또한 활동의 완료에 필요한 비용의 추정치가 부여됨으로써 자원의 추가투입에 의한 비용의 증가에 의해 완료시간의 단축을 꾀할 수 있게 해 준다.

이와 같이 PERT는 시간의 계획과 통제를 위한 기법인 반면, CPM은 시간과 비용을 통제하기 위한 기법이라 할 수 있다. 그러나 오늘날 프로젝트의 계획 및 통제를 위한 절차는 PERT나 CPM의 특성을 결합하고 있으므로 이들 기법의 구별은 필요치 않다고 본다.

PERT 또는 CPM을 사용하여 프로젝트를 계획하고 통제하면 아래와 같은 질문에 답할 수 있는 정보를 얻을 수 있다.

- 프로젝트의 최단완료기간은 얼마인가?

- 각 활동의 시작일과 완료일은 언제인가?
- 전체 프로젝트를 특정 기간 내에 완료할 확률은 얼마인가?
- 전체 프로젝트를 계획대로 진행하기 위해서 제 날짜에 꼭 완료시켜야 하는 주공정활동은 어느 것인가?
- 전체 프로젝트를 계획대로 완료하는 데 영향을 미치지 않는 범위 내에서 지연할 수 있는 비주공정활동의 기간은 얼마인가?
- 어느 특정 일에 프로젝트는 일정대로, 늦게, 또는 빨리 진행되고 있는가?
- 전체 프로젝트를 계획대로 완료하는 데 필요한 자원은 확보되었는가?
- 전체 프로젝트의 공기를 단축하기 위해서는 최소의 비용으로 할 수 있는 일은 무엇인가?

15.5 PERT/CPM의 네트워크

PERT/CPM 프로젝트의 스케줄링 수립에 있어서 거쳐야 할 단계는 다음과 같다.

단계 1: 프로젝트를 분석하여 이를 구성하는 모든 활동과 단계를 결정한다.

활동(activity)이란 완료하는 데 자원과 일정한 시간을 소요하는 작업을 말한다. 직전 선행활동(immediate activity)이란 어떤 활동을 시작하기 바로 전에 완료되어야 하는 활동을 일컫는다. 한편 단계(event)란 일정 시점에 있어서의 작업의 완료를 말한다. 단계는 다만 활동의 시작이나 완료를 나타내므로 시간이나 자원의 소요와는 관계가 없다. 단계에 도달하기 위해서는 이에 선행하는 모든 활동은 완료되어야 한다.

간단한 예로써 신제품을 개발하는 프로젝트를 고려하자. 열 가지의 필요한 활동이 [표 15–1]에 나열되어 있다. 프로젝트를 구성하는 모든 활동을 정확하게 분석하는 것은 가장 중요한 일이다.

단계 2: 활동들의 상호 의존과 그들의 작업순서를 결정한다.

[표 15–1]에서 어떤 활동의 선행활동이란 그 활동을 시작하기 전에 끝내야 하는 활동을 말한다. [표 15–1]에서 활동 A와 B는 이들의 직전 선행활동이 없기 때문에 언제든지 시작할 수 있으나 활동 C, D, E는 활동 A가 완료된 뒤에야 시작할 수 있으며 활동 H는 활동 B와 E가 모두 완료될 때까지는 시작할 수 없는 것이다.

단계 1과 단계 2는 프로젝트 팀이 작성하는 작업분해 구조도와 같은 내용이다.

표 15-1 제품개발 프로젝트의 활동

활 동	내 용	직전 선행활동
A	제품설계	–
B	시장조사설계	–
C	제조 프로세스	A
D	제품원형 제조	A
E	팜플렛제조	A
F	원가추정	C
G	제품 예비검사	D
H	시장조사	B, E
I	가격결정 및 수요예측	H
J	최종보고서	F, G, I

단계 3: 각 활동 간의 선행관계를 네트워크로 표시한다.

네트워크(network)란 프로젝트의 모든 활동과 단계의 상호 관계를 그림으로 표시한 것이다. 네트워크는 몇 개의 화살표(→)로 연결된 숫자가 들어 있는 원(○)으로 구성되어 있다. 일반적으로 이 원을 마디(node)라 하고 마디를 연결하는 화살표(arrow)는 가지(branch 혹은 arc)라 부른다.

네트워크를 작성하는 데는 두 가지 방법이 사용된다.

- 마디에 활동을 나타내는 방법(activity on node: AON)
- 화살표에 활동을 나타내는 방법(activity on arrow: AOA)

[그림 15-3]은 AOA의 예이고 [그림 15-4]는 AON의 예이다.

AON과 AOA의 기본적인 차이는 AON 그림에서 마디(단계)는 시간과 자원을 소요하는 활동을 나타내지만 AOA 그림에서 화살표는 활동을 표시하고 마디는 한 활동의 완료시점과 동시에 후속활동의 출발시점을 의미하는 단계를 표시한다. 예를 들면, [그림 15-2]에서 마디 3은 활동 B와 E의 완료단계(end event)를 의미할 뿐만 아니라 활동 H의 시작단계(start event)를 의미한다. 따라서 AOA 그림에서 단계는 시간이나 자원을 소요하지는 않는다.

본서에서는 네트워크를 그리는 방법으로 AOA 방법을 선택하기로 한다.

경우에 따라서는 두 개의 활동이 동일한 시작단계와 완료단계를 갖는 네트워

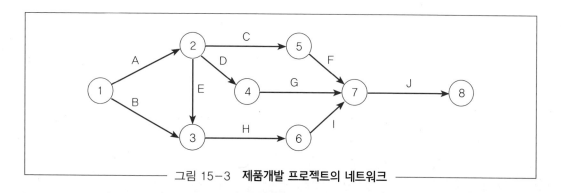

── 그림 15-3 **제품개발 프로젝트의 네트워크** ──

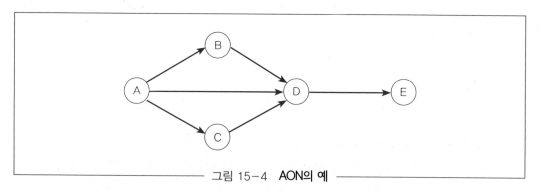

── 그림 15-4 **AON의 예** ──

활 동	선행활동
A	–
B	–
C	A
D	A, B

── 그림 15-5 **활동표 예** ──

크에 부딪힐 때가 있다. 예를 들어 앞에 있는 활동표를 고려해 보자. 활동 C와 D
는 동시에 활동 A를 완료한 뒤에 시작할 수 있다. 이를 네트워크로 표시하면 [그림
15-6]과 같다. 이 네트워크는 활동 A와 B를 선행활동으로 하는 활동 D에게는 아
무런 문제가 되는 것은 아니나 활동 A만을 선행활동으로 하는 활동 C에게는 문제
가 된다.

　　어떤 두 개의 활동이 동일한 시작마디 및 완료마디를 갖지 못하도록 하고 활
동과 단계가 정확한 순서를 갖도록 하기 위하여 가상활동(dummy activity)을 삽입한

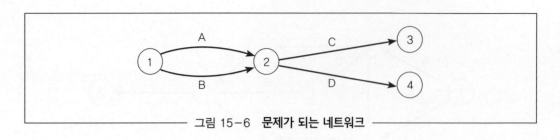
그림 15-6 문제가 되는 네트워크

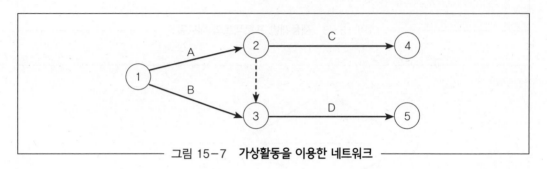
그림 15-7 가상활동을 이용한 네트워크

다. 가상활동은 자원과 시간이 소요되지 않는 활동으로서 다만 활동들의 선후관계를 연결해 주는 역할을 한다. 위의 예에서 가상활동을 삽입하여 활동 A와 B가 동일한 시작마디 및 완료마디를 갖지 못하도록 네트워크를 표시하면 [그림 15-7]과 같다. 여기서 점선은 가상활동을 의미한다.

15.6 PERT에 있어서 활동시간의 추정

단계 4: 모든 활동을 수행하는 데 소요되는 시간을 추정해야 한다.

추정된 활동시간은 프로젝트의 완료시간을 추정하는 데 도움이 될 뿐만 아니라 특정 활동의 스케줄을 수립하는 데 도움이 된다. 따라서 정확한 활동시간의 추정이 바람직스럽다. CPM에서는 각 활동에 대하여 점추정치를 부여하는 반면, PERT에서는 점추정이 아닌 구간추정에 의존한다. 따라서 불확실한 시간추정은 확률분포를 갖는 확률변수(random variable)로 취급된다.

PERT는 다음과 같은 세 가지 시간개념에 입각하여 활동시간 분포를 추정하고 있다.

- 낙관적 시간(optimistic time: a로 표시함): 모든 상황이 순조롭게 진행될 때 걸리는 최단시간
- 최빈시간(most likely time: m으로 표시함): 정상조건에서 가장 많이 나타날 활동시간으로 분포의 최빈값(mode)에 해당하는 시간
- 비관적 시간(pessimistic time: b로 표시함): 가장 불리한 상황이 전개될 때 걸리는 최장시간

더욱 활동시간 추정치는 [그림 15-8]과 같이 베타(β)분포를 하고 있다고 가정하여 베타분포의 평균과 분산 공식을 이용함으로써 활동시간의 평균과 분산을 구하게 된다. 각 활동을 완료하는 데 소요되는 기대시간 t_e와 그 분포의 표준편차 σ는 다음 공식에 의하여 구한다.

$$t_e = \frac{a + 4m + b}{6}$$

$$\sigma = \frac{b - a}{6} \qquad \left\{ V = \sigma^2 = \left(\frac{b - a}{6} \right)^2 \right\}$$

새로운 제품개발 프로젝트의 낙관적 시간, 최빈시간, 비관적 시간이 [표 15-2]에 나와 있다.

예를 들면, 활동 A의 기대시간(expected time)과 분산은 다음과 같이 계산한다.

표 15-2 제품개발 프로젝트 활동의 기대시간(주)과 분산

활 동	a	m	b	기대시간(t_e)	분산(σ^2)
A	4	5	12	6	1.78
B	1	1.5	5	2	0.44
C	2	3	4	3	0.11
D	3	4	11	5	1.78
E	2	3	4	3	0.11
F	1.5	2	2.5	2	0.03
G	1.5	3	4.5	3	0.25
H	2.5	3.5	7.5	4	0.69
I	1.5	2	2.5	2	0.03
J	1	2	3	2	0.11
			합 계	32	

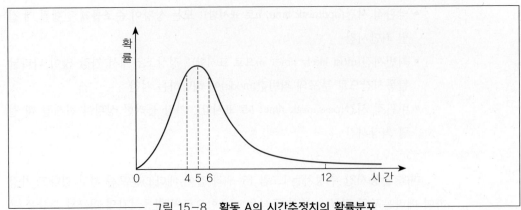

그림 15-8 **활동 A의 시간추정치의 확률분포**

$$t_e = \frac{a+4m+b}{6} = \frac{4+4\times5+12}{6} = 6(주)$$

$$V = \left(\frac{b-a}{6}\right)^2 = \left(\frac{12-4}{6}\right)^2 = 1.78(주)$$

기대시간을 계산하는 공식에서 낙관적 시간과 비관적 시간보다 최빈시간에 네 배의 가중치를 주고 있으며, 6으로 나눈 것은 가중치 6(=1+4+1)으로 가중평균을 계산하기 위한 것이다. t_e가 6이라는 것은 [그림 15-8]에서 실제로 활동 A를 완료하는 데 6주보다 덜 걸릴 확률도, 그리고 6주보다 더 걸릴 확률도 0.5임을 의미한다.

각 활동의 기대시간과 분산은 [표 15-2]에 계산되어 있다.

[그림 15-3]의 제품개발 프로젝트의 네트워크에 각 활동의 기대시간을 추가하면 [그림 15-9]와 같다.

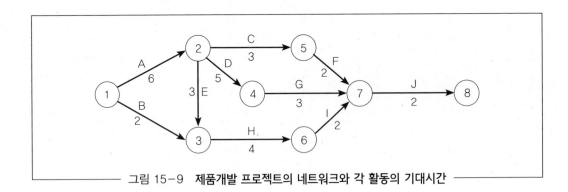

그림 15-9 **제품개발 프로젝트의 네트워크와 각 활동의 기대시간**

15.7 주공정 결정

단계 5: 프로젝트의 주공정과 최단완료시간을 구한다.

이 문제에서 하나의 가정이 필요한데 이는 [표 15-2]에서의 모든 활동의 기대시간은 CPM 방법처럼 점추정치로서 확실성하에서의 고정된 기간(fixed length)으로 취급한다는 것이다.

프로젝트 완료기간(project completion period)을 결정하기 위해서는 주공정(critical path)이라는 개념을 먼저 알아야 한다. 공정이란 출발단계에서 최종단계에 이르는 어떤 활동들을 순서대로 연결한 것으로 경로(path)라고도 한다. [그림 15-8]에서 단계 1-2-5-7-8로 연결된 공정은 활동 A, C, F 및 J로 구성된 것을 나타낸다.

여러 개의 공정 중에서 가장 중요한 공정은 그 공정상에 있는 모든 활동을 완료하는 데 소요되는 기간이 가장 긴 주공정이다. 주공정상에 있는 활동, 즉 주공정 활동(critical path activity)은 정해진 기간대로(on time) 완료되어야 하는데 만일 어느 주공정 활동이 지연이 되면 그만큼 프로젝트의 최단 완료시간도 지연이 된다. 따라서 다음과 같은 논리가 성립한다.

주공정 활동(최장경로)의 소요시간＝프로젝트의 최단 완료시간

그러므로 그 프로젝트의 완료기간을 단축시키려면 주공정상에 있는 활동의 완료기간을 단축시켜야 한다. 이와 같이 프로젝트 스케줄링의 통제대상은 주공정 활동들이다.

프로젝트의 주공정을 찾는 방법으로 완전한 열거법(complete enumeration approach)과 분석법(analytical method)을 설명하고자 한다.

1. 열 거 법

[그림 15-8]에서처럼 문제가 단순한 경우에는 출발단계에서 최종단계에 이르는 모든 가능한 공정을 열거함으로써 주공정을 찾을 수 있다. 모든 가능한 공정 중에서 가장 긴 시간을 갖는 공정이 주공정이 된다. [그림 15-7]의 각 공정과 그의 완료기간을 계산하면 [표 15-3]과 같다.

표 15-3	각 공정별 완료기간 및 주공정	
공 정	완 료 기 간	비 교
A–E–H–I–J(1–2–3–6–7–8)	6+3+4+2+2=17	주 공 정
A–D–G–J(1–2–4–7–8)	6+5+3+2=16	
A–C–F–J(1–2–5–7–8)	6+3+2+2=13	
B–H–I–J(1–3–6–7–8)	2+4+2+2=10	

모든 공정을 비교할 때 완료기간이 가장 긴 17주가 소요되는 공정 A–E–H–I–J가 주공정임을 알 수 있다.

2. 분석법: ES와 LS의 계산

네트워크가 크고 복잡한 경우에는 열거법을 사용하면 시간이 오래 걸리기 때문에 모든 선행활동이 완료되었을 때 어떤 특정 활동의 빠른 시작시간(earliest start time: ES)과 전체 프로젝트의 완료시간을 지체하지 않도록 가장 늦은 시작시간(latest start time: LS)을 계산하여 주공정을 찾는 분석법이 사용된다.

▌ES의 계산

어떤 단계의 가장 빠른 시작시간(ES)이란 이 단계에 이르는 모든 활동들을 완료해야 하기 때문에 아무리 빨리 서두른다 해도 경과해야 하는 시간을 말한다. [그림 15-10]을 이용하여 각 단계의 ES를 계산하여 보자.

단계 ①에서 시작하고 활동 A의 시작시간을 0이라고 정의한다. 즉 단계 ①의 ES는 0이다. 활동 A의 가장 빠른 시작시간은 0이고 활동 A의 작업시간은 6주이므로 활동 A의 가장 빠른 완료시간(earliest finish time: EF)은 0 + 6=6주이다. 이러한 계산결과를 나타내는 것이 [그림 15-9]이다.

ES를 계산하기 위해서는 네트워크의 출발마디로부터 시작하여 전진법(forward pass)을 사용한다.

전진법을 사용할 때의 ES규칙과 EF규칙은 다음과 같다.

• ES규칙: 어떤 활동을 시작하기 전에 그의 모든 직전 선행활동들은 완료되어야 한다.

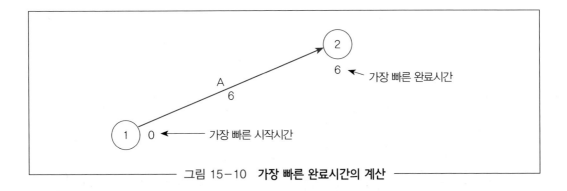

그림 15-10　**가장 빠른 완료시간의 계산**

– 어떤 활동이 하나의 직전 선행활동만 가지면 그의 ES는 그 선행활동의 EF와 똑같다.

– 어떤 활동이 여러 개의 직전 선행활동을 가지면 그의 ES는 그 선행활동의 EF 중 최대와 똑같다.

ES = 최대(모든 직전 선행활동들의 EF)

• EF규칙: 가장 빠른 완료시간 = 가장 빠른 시작시간 + 활동의 기대시간

$\quad\quad\quad\quad\quad (EF) \quad\quad\quad\quad\quad (ES) \quad\quad\quad\quad\quad (t_e)$

어떤 활동도 그의 모든 선행활동이 완료되기 전에는 시작할 수 없기 때문에 한 단계를 떠나는 특정 활동의 가장 빠른 시작시간은 이 단계에 들어오는 모든 선행활동의 가장 빠른 완료시간들을 비교하여 이 가운데 가장 큰 시간으로 정한다. 따라서 어떤 단계의 가장 빠른 가능한 시작시간 ES는 그 단계에 들어오는 활동이 한 개인 경우에는 그 활동의 가장 빠른 완료시간이 되지만 두 개 이상인 경우에는 가장 큰 빠른 완료시간이 된다.

앞에서 설명한 바와 같이 활동 A의 가장 빠른 완료시간은 6주이다. 단계 ②에 들어오는 활동은 활동 A 하나뿐이므로 단계 ②를 떠나는 활동 C, D, E의 가장 빠른 시작시간은 아무리 서두른다 해도 6주가 지나야 한다. 따라서 단계 ②의 ES는 6이다. 이와 같은 요령으로 단계 ④와 ⑤에 대한 ES를 계산하면 다음과 같다.

단계 ④　6 + 5 = 11
단계 ⑤　6 + 3 = 9

단계 ③의 경우 단계 ③에 들어오는 활동이 B와 E, 두 개이기 때문에 단계 ③

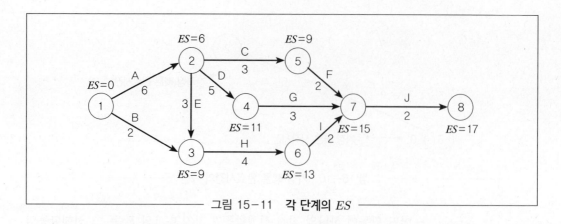

그림 15-11 **각 단계의 *ES***

의 *ES*는 최대(6 + 3=9, 0 + 2=2)=9로 정한다. 이는 활동 H를 시작하기 위해서는 아무리 빨라도 9주가 지나야 한다는 것을 의미한다.

이와 같은 방식으로 각 단계의 *ES*를 계산하면 [그림 15-11]과 같다.

이 네트워크의 최종마디인 단계 ⑧의 *ES*는 17로서 이는 이 프로젝트를 완료하는 데 소요되는 가장 빠른 완료시간은 17주임을 뜻한다.

*LS*의 계산

어떤 단계의 가장 늦은 시작시간 *LS*란 프로젝트를 완료하는 데 소요되는 시간, 즉 최종단계의 *ES*를 지연시키지 않기 위하여 이 단계에 이르는 모든 활동들이 완료되어야 하는 시점을 말한다. 다시 말하면 이 단계로부터 출발하는 활동은 아무리 늦더라도 이 시점에서 시작해야만 프로젝트를 예정된 기간에 끝낼 수 있음을 뜻한다.

각 단계의 *LS*를 계산하기 위해서는 각 활동에 대해 가장 늦은 시작시간(latest start time: *LS*)과 가장 늦은 완료시간(latest finish time: *LF*)을 네트워크의 최종마디로부터 시작하는 후진법(backward pass)을 사용하여 계산해야 한다.

후진법을 사용할 때의 *LF*규칙과 *LS*규칙은 다음과 같다.

- *LF*규칙: 어떤 활동을 시작하기 전에 그의 모든 선행활동들은 완료되어야 한다.
  - 어떤 활동이 하나의 직후 활동을 가질 때 그의 *LF*는 그의 직후 활동의 *LS*와 똑같다.

－ 어떤 활동이 여러 개의 직후 활동을 가질 때 그의 LF는 그 직후 활동의 LS 중 최소와 똑같다.

$$LF = 최소(모든\ 직후\ 활동들의\ LS)$$

- LS규칙: 가장 늦은 시작시간＝가장 늦은 완료시간－활동의 기대시간
  $$(LS) \qquad\qquad (LF) \qquad\qquad (t_e)$$

네트워크의 최종단계의 LS는 그의 ES와 같다. 따라서 단계 ⑧의 LS는 17주이다.

활동 J의 가장 늦은 완료시간은 17주이므로 이로부터 활동 J의 기대시간 2를 빼면 15주가 되는데, 이는 활동 J를 시작하기 위해서는 아무리 늦어도 15주 내에 선행활동인 F, G, I를 끝내야 함을 의미한다. 단계 ⑦에 들어오는 활동은 F, G, I이므로 이들 활동의 가장 늦은 완료시간은 15주이다. 따라서 단계 ⑦의 LS는 15주라고 할 수 있다. 이와 같은 방식으로 단계 ④, ⑤, ⑥, ③의 가장 늦은 시작시간을 계산하면 아래와 같다.

단계 ④ $15 - 3 = 12$
단계 ⑤ $15 - 2 = 13$
단계 ⑥ $15 - 2 = 13$
단계 ③ $13 - 4 = 9$

단계 ②의 경우 단계 ②로부터 출발하는 활동이 C, D, E 세 개이기 때문에 단계 ②에 들어오는 활동 A의 가장 늦은 완료시간은 그 단계를 출발하는 모든 활동의 가장 늦은 시작시간을 비교하여 이 가운데 가장 작은 시간으로 정한다.

따라서 단계 ②의 LS는 최소$(13 - 3 = 10,\ 12 - 5 = 7,\ 9 - 3 = 6) = 6$으로 정한다이는 단계 ②에 들어오는 활동 A의 가장 늦은 완료시간은 6주로서 활동 A를 프로젝트 시작 후 늦어도 6주까지 완료해야 함을 의미한다.

따라서 활동 C, D, E를 아무리 늦어도 7주 초에는 시작해야만 이 프로젝트를 계획대로 17주에 완료할 수 있는 것이다.

각 단계에 대하여 LS를 계산한 결과가 [그림 15-12]이다.

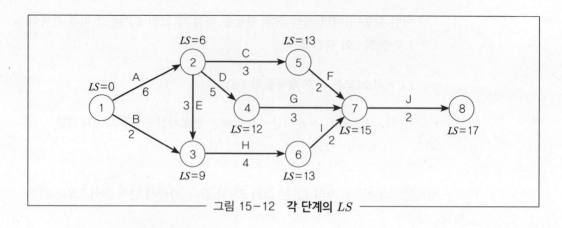
그림 15-12 **각 단계의** LS

▌여유시간의 계산

프로젝트의 모든 단계에 대하여 ES와 LS를 계산하면 각 단계에 대한 여유시간(slack: S)을 계산할 수 있다. 각 단계에 대하여 ES와 LS를 표시한 [그림 15-13]을 이용하자.

각 단계의 여유시간은 다음과 같이 계산한다.

$$여유시간 = LS - ES = LF - EF$$

앞에서 본 바와 같이 ES란 어떤 단계로부터 출발하는 활동을 시작할 수 있는 가장 빠른 시작시간을 말하고 LS는 프로젝트를 지연시키지 않도록 이 단계로부터 출발하는 활동을 시작해야 하는 가장 늦은 시작시간을 말하므로 여유시간이란

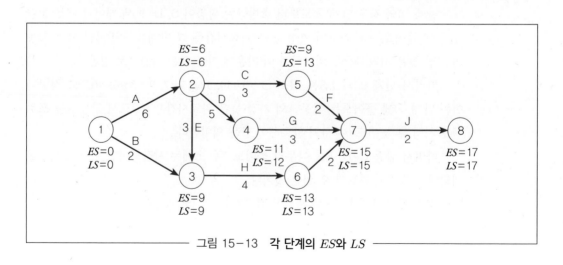
그림 15-13 **각 단계의** ES**와** LS

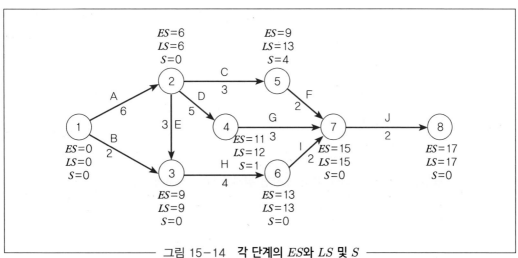

그림 15-14 **각 단계의** ES **와** LS **및** S

전체 프로젝트를 지연시키지 않고 각 단계가 지체할 수 있는 시간을 말한다. [그림 15-13]에서 단계 ⑤의 여유시간은 4주(13 − 9 = 4)인데 이는 활동 C와 F를 4주 지연시키더라도 프로젝트를 완료하는 데는 계획대로 17주가 소요됨을 의미한다. 따라서 여유시간이 0이라 함은 이 단계까지 도달하는 데 정확히 ES 시간 걸려야만 전체 프로젝트가 계획으로부터 지연될 수 없다는 것을 뜻한다. 각 단계에 대하여 여유시간을 표시한 것이 [그림 15-14]이다.

표 15-4 **각 활동의 스케줄링**

활 동	가장 빠른 시작시간 (ES)	가장 빠른 완료시간 (EF)	가장 늦은 시작시간 (LS)	가장 늦은 완료시간 (LF)	S ($LS - ES$)	주공정
A	0	6	0	6	0	예
B	0	2	7	9	7	
C	6	9	10	13	4	
D	6	11	7	12	1	
E	6	9	6	9	0	예
F	9	11	13	15	4	
G	11	14	12	15	1	
H	9	13	9	13	0	예
I	13	15	13	15	0	예
J	15	17	15	17	0	예

주공정은 여유시간이 0인 단계를 차례로 연결함으로써 구해진다. [그림 15-13]에서 ①-②-③-⑥-⑦-⑧은 주공정이다. 이는 열거법에 의한 결론과 일치한다. 주공정에 있는 활동을 주공정 활동(critical path activity)이라 하고 이들을 이용하여 주공정을 표시하면 A-E-H-I-J가 된다. 이 중에서 어떤 주공정 활동이 지연되면 전체 프로젝트에 영향을 미친다는 것은 앞에서 설명한 바와 같다.

프로젝트를 네트워크로 작성하여 분석하면 그 프로젝트의 각 활동에 대하여 시작과 완료의 스케줄링을 작성할 수 있다. 제품개발 프로젝트의 각 활동의 스케줄링을 주어진 공식에 따라 계산한 결과가 [표 15-4]이다.

15.8 프로젝트의 완료 확률

앞절에서 주공정을 계산할 때 활동시간은 기대시간으로 고정된 것으로 가정하였으나 본절에서는 활동시간의 불확실성을 전제하여 이 불확실성이 프로젝트 완료시간에 미치는 영향을 공부하고자 한다. 따라서 CPM에서의 활동시간의 점추정치는 사용되지 않는다. PERT 네트워크에 있어서 각 활동을 완료하는 데 소요되는 시간추정치는 베타분포를 이룬다고 가정하였다.

[그림 15-13]에서 주공정은 A-E-H-I-J인데 이는 각각 다른 확률분포를 나타내는 다섯 개의 활동으로 구성되어 있다. 각 활동의 활동시간을 확률분포를 이용하여 구하게 되면 프로젝트의 완료시간도 하나의 확률변수(random variable)가 된다. 다섯 개의 확률분포를 이용하여 전체 프로젝트를 완료하는 데 소요되는 시간추정치를 나타내는 하나의 분포를 구해야 한다.

이를 위해서는 첫째, 모든 활동의 완료시간이 독립적이고 둘째, 프로젝트의 완료시간(주공정 활동의 완료시간)은 정규분포를 따른다는 가정이 필요하다. 이러한 경우에는 프로젝트의 최단 완료시간이란 개념은 의미가 없고 다만 프로젝트가 어느 특정 기간 내에 완료될 확률을 구하는 데 초점이 맞추어진다.

이러한 가정에 입각하여 주공정 A-E-H-I-J 분포의 기대시간 TE는 주공정 활동 다섯 개의 기대시간 t_e를 합계한 것이며, 분산은 주공정 활동 다섯 개의 분산을 합계한 것이다. 즉 [표 15-2]에서 주공정 분포의

$$\text{기대시간 } TE = 6 + 3 + 4 + 2 + 2 = 17(주)$$

이며

$$\text{분산 } \sigma^2 = 1.78 + 0.11 + 0.69 + 0.03 + 0.11 = 2.72$$

이다. 따라서

$$\text{표준편차 } \sigma = \sqrt{2.72} = 1.65$$

이다.

　이는 이 프로젝트의 완료시간은 평균이 17주이며 표준편차가 1.65주인 정규분포임을 뜻한다. 여기서 예를 들면, 이 프로젝트를 20주에 완료할 확률을 계산할 수 있다. 이를 위해서는 먼저 정규분포의 표준정규변수(standard normal variable) Z의 값을 다음 공식을 이용하여 구해야 한다.

$$Z = \frac{X - TE}{\sigma}$$

　　　X = 프로젝트의 특정 완료기간

　즉

$$Z = \frac{20 - 17}{1.65} = 1.82$$

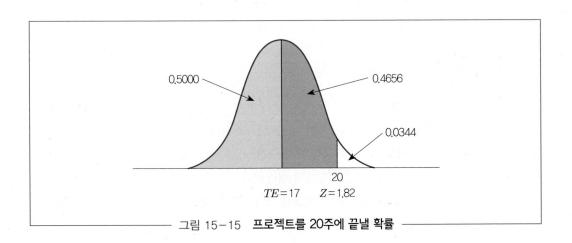

그림 15-15 **프로젝트를 20주에 끝낼 확률**

이다. 부표에 있는 정규분포표를 이용하여 20주 내에 프로젝트를 완료할 확률은 0.4656 + 0.5000 = 0.9656이다. 따라서 20주 이후에 완료할 확률은 0.0344이다. 이들을 그림으로 나타내면 [그림 15-15]와 같다.

15.9 시간-비용의 관계

지금까지 PERT를 설명함에 있어서 활동을 완료하는 데 소요되는 시간만을 고려하여 프로젝트를 계획하고 스케줄링을 수립하여 통제하는 데 주목적을 두었다. 그러나 프로젝트를 완료하는 데는 시간뿐 아니라 비용도 고려되어야 한다. 더 많은 자원, 예컨대 노동력, 장비 또는 자재 등을 투입하여 어떤 활동을 단축시키고 결과적으로 프로젝트의 완료기간을 단축시킬 수 있기 때문이다. 이와 같이 활동시간의 단축에는 활동비용의 추가가 수반되므로 시간과 비용 사이의 균형을 따져 최소비용으로 프로젝트 기간을 최대로 단축할 수 있는 방법을 모색하여야 한다.

네트워크의 비용분석은 원래 CPM과 관계가 있으나 오늘날에는 PERT에도 적용된다. 비용분석의 목적은 자원을 투입하여 어떤 활동을 단축시켜야 하며 그의 단축기간은 얼마인가를 결정하는 것이다.

1. 시간-비용의 관계

비용분석에 있어서는 활동의 시간과 비용에 대하여

① 정상시간과 정상비용
② 속성시간과 속성비용

의 추정치가 필요하다.

정상시간(normal time)이란 정상적인 조건에서 활동을 수행하는 데 소요되는 시간으로서 PERT에 있어서는 최빈시간(m) 또는 기대시간(t_e)에 해당되고 CPM에 있어서는 활동시간의 점추정치에 해당된다.

정상비용(normal cost)은 활동을 정상시간에 완료하는 데 소요되는 비용을 말한다.

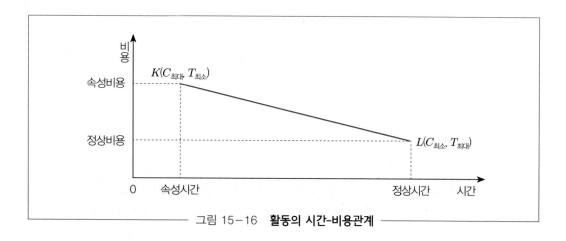

그림 15-16 **활동의 시간-비용관계**

    속성시간(crash time)이란 추가자원을 투입하여 달성하는 활동의 최단시간으로 서 PERT에서는 낙관적 시간(t_e)에 해당되지만 CPM에서는 이의 새로운 추정치가 필요하다.

    속성비용(crash cost)이란 활동을 속성시간에 완료하는 데 소요되는 비용을 말한다.

    시간과 비용의 관계는 편의상 선형이라고 가정한다. 이는 [그림 15-16]과 같이 표시되는데 K점은 활동의 속성시간(최소시간)과 속성비용(최대비용)을, 그리고 L점은 정상시간(최대시간)과 정상비용(최소비용)을 나타낸다.

    비용-시간의 직선, 즉 KL의 기울기는 시간과 비용의 보상관계를 측정한다. 즉 활동을 완료하는 데 단위당 시간을 단축하기 위하여 얼마의 추가비용이 소요되는가를 측정한다. 단축되는 단위시간당 추가비용 KL은 다음과 같은 공식을 이용하여 구한다.

$$KL = \frac{\text{속성비용} - \text{정상비용}}{\text{정상시간} - \text{속성시간}} = \frac{\text{추가비용}}{\text{단축시간}}$$

    예를 들어 만약 어떤 활동의 정상시간은 7일이고 정상비용은 500원이며 속성시간은 4일이고 속성비용은 800원이라면 이 활동은 최대로 3일을 단축할 수 있는 반면에 추가비용은 300원이다. 따라서 1일을 단축하는 데는 평균 100원의 추가비용이 소요된다.

    비용분석의 궁극적 목적은 정상비용 이상으로 비용을 최소로 추가하면서 프로젝트 완료시간은 최대로 단축시키는 방안을 모색하려는 것이다. 프로젝트 완료기간의 단축은 주공정 활동을 단축시키면 가능하므로 주공정 활동이 아닌 활동을 단축시키기 위하여 비용을 추가할 필요는 없다.

2. 프로젝트 완료기간의 단축

프로젝트의 완료기간을 최대한 단축하기 위하여 얼마의 비용이 추가로 소요되는지를 알아보기 위하여 제품개발 프로젝트를 예로 들어 보자. [표 15-5]는 각 활동에 대하여 시간과 비용 그리고 1주일 추가(단축)비용을 보이고 있다.

[그림 15-17]은 네트워크에 시간과 비용을 추가한 것이다. 화살표 위의 숫자

표 15-5   **각 활동에 대한 시간, 비용 및 주당 추가비용**

활 동	시 간(주)		비 용(원)		주 당 추가비용 (원)
	정 상	속 성	정 상	속 성	
A	6	4	600	740	70
B	2	1	500	650	150
C	3	2	450	500	50
D	5	3	500	700	100
E	3	2	600	960	360
F	2	1.5	900	990	180
G	3	1.5	600	945	230
H	4	2.5	700	880	120
I	2	1.5	500	625	250
J	2	1	600	650	50
합 계			5,950	7,640	

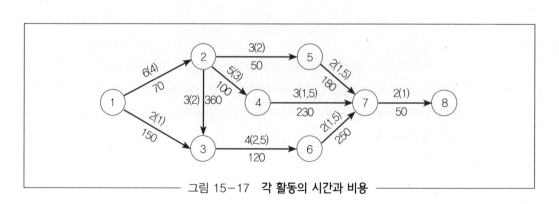

그림 15-17   **각 활동의 시간과 비용**

는 정상시간을, 괄호 속에 있는 숫자는 속성시간을, 그리고 화살표 밑에 있는 숫자는 1주일 단축의 추가비용을 나타낸다.

예를 들면, 활동 A는 정상적으로 작업하면 6주가 소요되지만 속성으로 작업하면 4주가 소요되므로 2주일을 단축할 수 있으며 비용은 추가로 740 − 600 = 140원이 소요되므로 1주일을 단축하는 데는 추가로 70원이 소요된다.

이 프로젝트는 정상비용 5,950원으로 정상기간 17주에 완료할 수 있으나 추가비용 얼마를 투입하여 몇 주일 만에 완료할 수 있는지 알아보기로 하자.

첫째 단계는 정상시간과 속성시간에 의한 주공정을 찾는 것이다. 이를 위해서는 열거법과 분석법이 사용된다는 것은 이미 배운 바와 같다. 정상시간과 속성시간에 의한 주공정은 ①−②−③−⑥−⑦−⑧이다.

정상조건에서의 프로젝트 비용은 5,950원([표 15-5] 참조)임에 비하여 모든 활동을 단축했을 때의 비용은 7,640원이다. 이 프로젝트는 아무리 많은 자원을 투입한다 해도 11주일 미만에는 완료할 수 없다.[1] 즉 정상기간보다 6주일 단축된 11주일에 완료할 수 있다. 이때 5,950원 이상으로 추가되는 비용은 얼마일까?

둘째 단계는 정상시간에 의한 주공정 활동 중에서 가장 적은 주당 추가비용을 갖는 활동을 차례로 단축시켜야 한다. 이와 같이 주공정 활동만을 단축하는 과정에서 지금까지 비주공정이었던 공정이 주공정으로 바뀌면 이들 두 주공정의 활동을 동일 기간씩 단축시켜야 한다. 일단 주공정이 되면 계속 주공정으로 유지되어야 하기 때문이다.

[그림 15-17]에서 주공정 활동 가운데서 활동 ⑦−⑧의 비용이 가장 적으므로 활동 ⑦−⑧을 단축시켜야 한다. 1주일을 단축시키면 이 프로젝트는 이제 16주일에 완료할 수 있으며 추가비용 50원을 포함한 프로젝트의 총비용은 5,950 + 50 = 6,000원이 된다.

다음에는 단축된 활동에 대한 시간을 수정하여 새로운 네트워크를 작성하고 정상시간에 의한 다른 주공정이 나타나는지를 검토한다. 그 결과가 [그림 15-18]에 표시되어 있다.

아직도 주공정은 ①−②−③−⑥−⑦−⑧ 하나뿐이다. 활동 ①−②의 추가비용이 가장 적으므로 활동 ①−②에 대해 2주일 단축한다. 이렇게 함으로써 프로젝트는 14주일에 완료할 수 있고 총비용은 6,000 + 2(70) = 6,140원으로 증가한다.

활동 ①−②를 2주일 단축한 후의 새로운 네트워크는 [그림 15-19]와 같으며

---

1 모든 주공정 활동의 속성시간을 합한 결과이다. 즉 4 + 2 + 2.5 + 1.5 + 1 = 11.

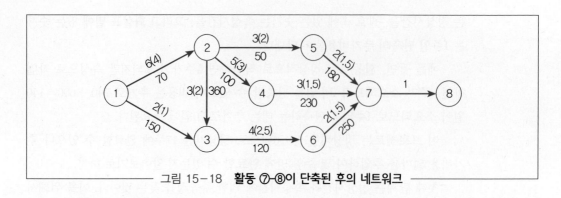

그림 15-18 **활동 ⑦-⑧이 단축된 후의 네트워크**

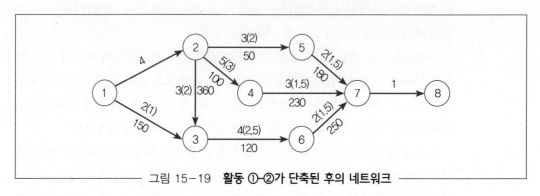

그림 15-19 **활동 ①-②가 단축된 후의 네트워크**

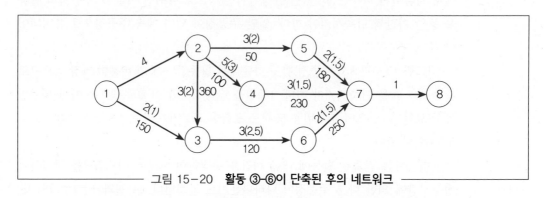

그림 15-20 **활동 ③-⑥이 단축된 후의 네트워크**

주공정은 아직도 ①-②-③-⑥-⑦-⑧뿐이다. 이제 활동 ③-⑥을 1주일만 단축시켜야 한다.

활동 ③-⑥을 단축시킬 수 있는 기간은 1.5주일이므로 만일 1.5주일을 단축시키면 주공정이던 ①-②-③-⑥-⑦-⑧은 비주공정이 되고 비주공정이던 ①-②-④-⑦-⑧이 주공정이 되기 때문이다. 활동을 단축하는 과정에서 비주공

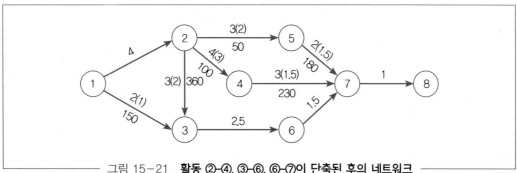

그림 15-21 **활동 ②-④, ③-⑥, ⑥-⑦이 단축된 후의 네트워크**

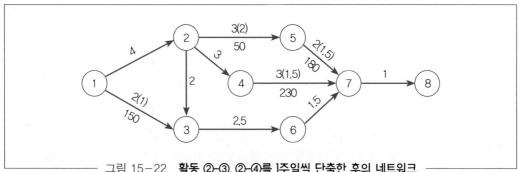

그림 15-22 **활동 ②-③, ②-④를 1주일씩 단축한 후의 네트워크**

정은 주공정이 될 수는 있어도 주공정이 비주공정으로 바뀔 수는 절대로 없다. 활동 ③-⑥을 1주일 단축시키면 프로젝트 완료기간은 13주일로 단축되는 반면 비용은 6,140 + 120 = 6,260원으로 증가한다. [그림 15-20]은 활동 ③-⑥을 1주일 단축한 후의 새로운 네트워크이다.

이제 주공정은 두 개가 되었다. 따라서 ①-②-③-⑥-⑦-⑧과 ①-②-④-⑦-⑧은 동시에 같은 기간씩 단축해야 한다. 활동 ②-④를 1주일 단축하고 활동 ③-⑥과 활동 ⑥-⑦을 각각 0.5주일씩 단축할 수 있다. 프로젝트 완료기간은 12주일로 단축되고 비용은 6,260 + 100 + 60 + 125 = 6,545원으로 증가한다. 활동 ②-④, ③-⑥, ⑥-⑦을 단축한 결과는 [그림 15-20]이다.

[그림 15-21]에서 활동 ②-③과 ②-④를 동시에 1주일씩 단축할 수 있다. 프로젝트의 완료기간은 11주일로 단축되고 총비용은 6,545 + 360 + 100 = 7,005원으로 증가한다. 이의 결과는 [그림 15-22]이다.

주공정은 그대로 ①-②-③-⑥-⑦-⑧과 ①-②-④-⑦-⑧의 두 개이다. 그러나 한 주공정에 있는 모든 활동이 단축되었으므로 다른 주공정상에 있

표 15-6	가능한 모든 활동을 단축한 후의 총추가비용	
활 동	**단축기간(주)**	**추가비용**
⑦-⑧	1	50
①-②	2	140
③-⑥	1	120
③-⑥		60
⑥-⑦	} 1	125
②-④		100
②-③		360
②-④	} 1	100
	6	1,055

는 활동을 더 이상 단축시킬 필요가 없다. 즉 이 프로젝트는 11주 미만에는 완료할
수 없으므로 예컨대 활동 ②-⑤를 단축하더라도 비용만 추가되지 프로젝트 완료
시간을 더 이상 단축시킬 수는 없는 것이다. 이 프로젝트는 정상비용 5,950원으로
정상기간 17주에 완료할 수 있으나 추가비용 1,055원을 투입한 총비용 7,005원으
로 6주일을 단축하여 11주일 만에 완료할 수 있음을 보여 준다. 지금까지의 결과는
[표 15-6]에 종합적으로 정리되어 있다.

01 PERT/CPM을 설명하라.

02 PERT/CPM을 이용하여 얻을 수 있는 정보는 무엇인가?

03 어느 프로젝트의 활동 및 그의 시간추정치가 다음과 같이 주어졌을 때

공　정	직전 선행활동	시 간 추 정 치(일)		
		a	m	b
A	—	2	3	5
B	A	3	5	8
C	B	10	13	20
D	C	5	8	11
E	B	4	7	8
F	E	17	20	21
G	C	5	7	12
H	D	2	3	5
I	G, H	1	2	3
J	F, I	1	1	1

① 이들 활동의 PERT 네트워크를 작성하라.
② 모든 활동을 완료하는 데 필요한 기대시간을 계산하라.
③ 35일 내에 이 프로젝트를 완료할 확률을 계산하라.

04 다음과 같이 활동과 그의 시간추정치가 주어졌을 때

활 동	시 간 추 정 치(일)		
	a	m	b
1−2	4	7	10
1−3	2	7	9
1−4	8	10	12
2−3	1	2	3
2−4	2	4	9
3−5	4	5	6
3−6	7	8	15
4−6	6	8	13
5−6	2	5	8

① 네트워크를 작성하라.

② 프로젝트의 예상완료기간을 구하라.

③ 주공정을 찾아라.

④ 프로젝트를 22주 이내에 완료할 확률을 구하라.

05 어느 프로젝트의 활동, 완료기간, 비용 데이터가 다음과 같다.

활 동	직전 선행활동	시 간(주)		비 용(원)	
		정 상	속 성	정 상	속 성
A	−	16	8	1,600	2,400
B	−	14	10	1,200	2,000
C	A	20	16	1,800	2,200
D	A	8	6	1,000	1,400
E	B	6	4	600	1,000
F	D, E	10	8	600	800
G	C, F	14	10	1,000	1,400

① 이들 활동의 네트워크를 작성하라.

② 분석법을 사용하여 정상시간에 의한 주공정을 구하라.

③ 프로젝트를 완료하는 데 소요되는 정상시간은 얼마인가?

④ 추가비용으로 이 프로젝트를 단축하고자 할 때 소요되는 총비용은 얼마이고 완

료기간은 얼마인가?

06 다음과 같이 어떤 프로젝트의 활동, 시간, 비용 데이터가 주어졌다. 단, 정상시간은
확률적 시간이 아닌 확정적 시간이라고 가정한다.

활 동	직전 선행활동	시 간(일)			시 간(일)		비 용(원)	
		a	m	b	정 상	속 성	정 상	속 성
A	−	5	8	17	9	7	4,800	6,300
B	−	3	12	15	11	9	9,100	15,500
C	A	4	7	10	7	5	3,000	4,000
D	A	5	8	23	10	8	3,600	5,000
E	B	1	1	1	1	1	0	0
F	B	1	4	13	5	3	1,500	2,000
G	E	3	6	9	6	5	1,800	2,000
H	F	1	2.5	7	3	3	0	0
I	C	1	1	1	1	1	0	0
J	G, H	2	2	2	2	2	0	0
K	D	5	8	11	8	6	5,000	7,000

① 이들 활동의 네트워크를 작성하라.

② 분석법을 사용하여 정상시간에 의한 주공정을 구하라.

③ 프로젝트를 완료하는 데 소요되는 정상시간은 얼마인가?

④ 이 프로젝트를 26일 내에 완료할 확률을 구하라.

⑤ 프로젝트의 활동을 경제적으로 단축할 때 활동의 순서, 활동의 단축기간 및 추가
비용을 구하라.

07 다음과 같이 어느 프로젝트의 활동, 시간, 단축할 수 있는 최대시간, 그리고 주당 비용 등이 주어졌을 때

활 동	시간(주)	가능한 시간단축(주)	주당 비용(원)
1−2	10	3	5,000
1−3	8	1	7,000
1−4	3	2	10,000
2−5	7	2	2,000
3−4	4	1	4,000
3−5	6	2	3,000
4−5	8	2	8,000

① 네트워크를 작성하라.

② 각 단계의 ES 및 LS를 구하고 주공정을 찾아라.

③ ES를 3주 단축하기 위한 가장 경제적인 전략을 찾아라.

④ ES를 4주 단축하기 위한 가장 경제적인 전략을 찾아라.

08 어느 프로젝트의 활동과 시간추정치가 다음과 같다.

활 동	직전 선행활동	시 간 추 정 치(일)		
		a	m	b
A	−	2	3	4
B	−	3	5	7
C	A	10	13	16
D	A	5	8	11
E	B	4	7	10
F	B	17	20	23
G	C	5	7	15
H	D, E	2	3	100
I	H	1	2	3
J	G, I	1	1	1
K	H	8	10	12
L	F, J, K	2	7	12

① 이들 활동의 PERT 네트워크를 작성하라.

② 각 활동을 완료하는 데 필요한 기대시간과 분산을 구하라.

③ 각 활동의 기대시간을 이용하여 주공정과 프로젝트 완료시간을 구하라.

④ 이 프로젝트를 36일 내에 완료할 확률, 95%의 확률로 이 프로젝트를 완료할 기간을 구하라.

위 프로젝트의 시간과 비용 데이터가 다음과 같다. 여기서 정상시간은 기대시간과 같지만 확정적 시간이라고 가정한다.

활 동	속성시간	정상비용	속성비용
A	1	500	800
B	4	400	440
C	10	300	420
D	6	550	660
E	5	600	700
F	15	700	800
G	7	620	650
H	3	580	630
I	1	630	680
J	0.5	500	530
K	8	700	800
L	5	800	900

⑤ 이 프로젝트의 완료기간을 단축하고자 할 때 소요되는 추가비용은 얼마인가?

⑥ 이 프로젝트의 단축 가능한 기간은 얼마인가?

⑦ 이 프로젝트의 활동을 경제적으로 단축시키고자 할 때 단축하는 활동의 순서, 단축기간, 추가비용을 나타내는 표를 작성하라.

09 국립의료센터에서는 방사선치료기설치를 위한 다음과 같은 활동이 필요함을 발견하였다.

활동	활동내용	기대시간(t_e, 주)
1–2	모형 표준검사	3
2–3	가능성 연구	3
3–4	이사회 인가	1
4–6	시 면허취득	1
2–7	계약합의	1
4–5	도 면허취득	1
5–10	전기공사	3
6–8	인원채용	2
7–8	설비구입	4
9–8	기구설치	3
5–8	안전면허취득	1
9–10	설비검사	1
7–10	오퍼레이터 훈련	2

① PERT 네트워크를 작성하라.
② 각 단계에 대한 *ES*, *LS*, *S*를 구하라.
③ 주공정을 구하라.
④ 이 프로젝트를 완료하는 데 걸릴 예상기간은 얼마인가?

10. 어떤 프로젝트의 시간추정치와 비용추정치가 다음과 같다.

활동	진전 선행활동	시간(주)		비용(백만 원)	
		정상	속성	정상	속성
A	–	18	10	220	460
B	–	16	11	120	200
C	A	10	8	70	90
D	A	7	6	80	150
E	B	6	4	170	320
F	B	8	6	100	180
G	C	12	9	320	470
H	D, E	17	12	520	820

① 프로젝트의 PERT 네트워크를 그려라.

② 각 활동의 주당 추가비용을 구하라.

③ 정상시간에 의한 프로젝트의 주공정과 예상 완료기간을 구하라.

④ 프로젝트를 단축하는 데 소요되는 추가비용과 단축기간을 구하라.

11. ㈜남산개발이 건축허가 등 모든 준비를 마치고 아산에 모델하우스를 건축하는 프로젝트를 고려 중인데 이 프로젝트에 필요한 여덟 가지의 활동과 그의 직전 선행활동 및 완료기간이 다음 표와 같다.

활동 내용	완료기간	선행활동	활동 내용	완료기간	선행활동
A 기초 공사	6	–	E 지붕 덮기	3	B
B 벽 세우기	2	A	F 실내 마무리	4	C, D
C 마루청 깔기	3	A	G 외장 마무리	3	E
D 벽 작업	5	B	H 준공 검사	2	F, G

① PERT 네트워크를 작성하라.

② 프로젝트의 주공정 활동을 구하라.

③ 프로젝트의 완료기간을 계산하라.

④ 다음 표는 ㈜남산개발의 각 활동에 대한 시간과 비용, 하루 단축의 추가비용을 보여주고 있다. 이 프로젝트를 11일까지 완료하기 위해서는 총추가비용이 얼마가 소요되며 이때 각 활동은 며칠씩 단축해야 하는지 방안을 모색하라.

활동	기간(일)			비용(원)		
	정상	속성	단축가능기간	정상	속성	하루의 추가비용
A	6	4	2	600	1,000	200
B	2	1	1	500	650	150
C	3	2	1	450	500	50
D	5	3	2	500	700	100
E	3	1	2	600	960	180
F	4	2	2	900	1,240	170
G	3	2	1	600	730	130
H	2	1	1	300	380	80
합계				4,450	6,210	

⑤ 위 문제 ④에서 이 프로젝트를 12일까지 완료해야 한다면?

12. 어떤 프로젝트를 완료하는 데 필요한 시간 및 비용에 대한 데이터가 다음과 같다.

활동	직전 선행활동	시간(주)		비용(천 달러)	
		정상	속성	정상	속성
A	–	20	8	100	148
B	–	24	20	120	140
C	–	14	7	70	119
D	A	10	6	50	82
E	C	11	5	55	73

① 이 프로젝트의 네트워크를 그려라.

② 정상시간에 의한 주공정을 구하라.

③ 정상시간에 의한 프로젝트의 완료기간은 얼마인가?

④ 추가비용으로 이 프로젝트를 단축하고자 할 때 맨 먼저 단축해야 하는 활동은 무엇이며 단축가능한 기간은 얼마인가?

⑤ 이때 추가비용은 얼마인가?

부 표

Ⅰ. 정규분포표

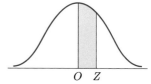

x	.00	.01	.02	.03	.04	.05	.06	.07	.08	.09
0.0	0.0000	0.0040	0.0080	0.0120	0.0160	0.0199	0.0239	0.0279	0.0319	0.0359
0.1	0.0398	0.0438	0.0478	0.0517	0.0557	0.0596	0.0636	0.0675	0.0714	0.0753
0.2	0.0793	0.0832	0.0871	0.0910	0.0948	0.0987	0.1026	0.1064	0.1103	0.1141
0.3	0.1179	0.1217	0.1255	0.1293	0.1331	0.1368	0.1406	0.1443	0.1480	0.1517
0.4	0.1554	0.1591	0.1628	0.1664	0.1700	0.1736	0.1772	0.1808	0.1844	0.1879
0.5	0.1915	0.1950	0.1985	0.2019	0.2054	0.2088	0.2123	0.2157	0.2190	0.2224
0.6	0.2257	0.2291	0.2324	0.2357	0.2389	0.2422	0.2454	0.2486	0.2517	0.2549
0.7	0.2580	0.2611	0.2642	0.2673	0.2704	0.2734	0.2764	0.2794	0.2823	0.2852
0.8	0.2881	0.2910	0.2939	0.2967	0.2995	0.3023	0.3051	0.3078	0.3106	0.3133
0.9	0.3159	0.3186	0.3212	0.3238	0.3264	0.3289	0.3315	0.3340	0.3365	0.3389
1.0	0.3413	0.3438	0.3461	0.3485	0.3508	0.3531	0.3554	0.3577	0.3599	0.3621
1.1	0.3643	0.3665	0.3686	0.3708	0.3729	0.3749	0.3770	0.3790	0.3810	0.3830
1.2	0.3849	0.3869	0.3888	0.3907	0.3925	0.3944	0.3962	0.3980	0.3997	0.4015
1.3	0.4032	0.4049	0.4066	0.4082	0.4099	0.4115	0.4131	0.4147	0.4162	0.4177
1.4	0.4192	0.4207	0.4222	0.4236	0.4251	0.4265	0.4279	0.4292	0.4306	0.4319
1.5	0.4332	0.4345	0.4357	0.4370	0.4382	0.4394	0.4406	0.4418	0.4429	0.4441
1.6	0.4452	0.4463	0.4474	0.4484	0.4495	0.4505	0.4515	0.4525	0.4535	0.4545
1.7	0.4554	0.4564	0.4573	0.4582	0.4591	0.4599	0.4608	0.4616	0.4625	0.4633
1.8	0.4641	0.4649	0.4656	0.4664	0.4671	0.4678	0.4686	0.4693	0.4699	0.4706
1.9	0.4713	0.4719	0.4726	0.4732	0.4738	0.4744	0.4750	0.4756	0.4761	0.4767
2.0	0.4772	0.4778	0.4783	0.4788	0.4793	0.4798	0.4803	0.4808	0.4812	0.4817
2.1	0.4821	0.4826	0.4830	0.4834	0.4838	0.4842	0.4846	0.4850	0.4854	0.4857
2.2	0.4861	0.4864	0.4868	0.4871	0.4875	0.4878	0.4881	0.4884	0.4887	0.4890
2.3	0.4893	0.4896	0.4898	0.4901	0.4904	0.4906	0.4909	0.4911	0.4913	0.4916
2.4	0.4918	0.4920	0.4922	0.4925	0.4927	0.4929	0.4931	0.4932	0.4934	0.4936
2.5	0.4938	0.4940	0.4941	0.4943	0.4945	0.4946	0.4948	0.4949	0.4951	0.4952
2.6	0.4953	0.4955	0.4956	0.4957	0.4959	0.4960	0.4961	0.4962	0.4963	0.4974
2.7	0.4965	0.4966	0.4967	0.4968	0.4969	0.4970	0.4971	0.4972	0.4973	0.4974
2.8	0.4974	0.4975	0.4976	0.4977	0.4977	0.4978	0.4979	0.4979	0.4980	0.4981
2.9	0.4981	0.4982	0.4982	0.4983	0.4984	0.4984	0.4985	0.4985	0.4986	0.4986
3.0	0.4987	0.4987	0.4987	0.4988	0.4988	0.4989	0.4989	0.4989	0.4990	0.4990

II. 포아송분포표

* 괄호안은 주적치

c	np' 0.1		0.2		0.3		0.4		0.5	
0	0.905	(0.905)	0.819	(0.819)	0.741	(0.741)	0.670	(0.670)	0.607	(0.607)
1	0.091	(0.996)	0.164	(0.983)	0.222	(0.963)	0.268	(0.938)	0.303	(0.910)
2	0.004	(1.000)	0.016	(0.999)	0.033	(0.996)	0.054	(0.992)	0.076	(0.986)
3			0.010	(1.000)	0.004	(1.000)	0.007	(0.999)	0.013	(0.999)
4							0.001	(1.000)	0.001	(1.000)

c	np' 0.6		0.7		0.8		0.9		1.0	
0	0.549	(0.549)	0.497	(0.497)	0.449	(0.449)	0.406	(0.406)	0.368	(0.368)
1	0.329	(0.878)	0.349	(0.845)	0.359	(0.808)	0.366	(0.772)	0.368	(0.736)
2	0.099	(0.977)	0.122	(0.967)	0.144	(0.952)	0.166	(0.938)	0.184	(0.920)
3	0.020	(0.997)	0.028	(0.995)	0.039	(0.991)	0.049	(0.987)	0.061	(0.981)
4	0.003	(1.000)	0.005	(1.000)	0.008	(0.999)	0.011	(0.998)	0.016	(0.997)
5					0.001	(1.000)	0.002	(1.000)	0.003	(1.000)

c	np' 1.1		1.2		1.3		1.4		1.5	
0	0.333	(0.333)	0.301	(0.301)	0.273	(0.273)	0.247	(0.247)	0.223	(0.223)
1	0.366	(0.699)	0.361	(0.662)	0.354	(0.627)	0.345	(0.592)	0.335	(0.558)
2	0.201	(0.900)	0.217	(0.879)	0.230	(0.857)	0.242	(0.834)	0.251	(0.809)
3	0.074	(0.974)	0.887	(0.956)	0.100	(0.957)	0.113	(0.947)	0.126	(0.935)
4	0.021	(0.995)	0.026	(0.992)	0.032	(0.989)	0.039	(0.986)	0.047	(0.982)
5	0.004	(0.999)	0.007	(0.999)	0.009	(0.998)	0.011	(0.997)	0.014	(0.996)
6	0.001	(1.000)	0.001	(1.000)	0.002	(1.000)	0.003	(1.000)	0.004	(1.000)

c	np' 1.6		1.7		1.8		1.9		2.0	
0	0.202	(0.202)	0.183	(0.183)	0.165	(0.165)	0.150	(0.150)	0.135	(0.135)
1	0.323	(0.525)	0.311	(0.494)	0.298	(0.463)	0.284	(0.434)	0.271	(0.406)
2	0.258	(0.783)	0.264	(0.758)	0.268	(0.731)	0.270	(0.704)	0.271	(0.677)
3	0.138	(0.921)	0.149	(0.907)	0.161	(0.892)	0.171	(0.875)	0.180	(0.857)
4	0.055	(0.976)	0.064	(0.971)	0.072	(0.964)	0.081	(0.956)	0.090	(0.947)
5	0.018	(0.994)	0.022	(0.993)	0.026	(0.990)	0.031	(0.987)	0.036	(0.983)
6	0.005	(0.999)	0.006	(0.999)	0.008	(0.998)	0.010	(0.997)	0.012	(0.995)
7	0.001	(1.000)	0.001	(1.000)	0.002	(1.000)	0.003	(1.000)	0.004	(0.999)
8									0.001	(1.000)

c	np' 2.1		2.2		2.3		2.4		2.5	
0	0.123	(0.123)	0.111	(0.111)	0.100	(0.100)	0.091	(0.091)	0.082	(0.082)
1	0.257	(0.380)	0.244	(0.355)	0.231	(0.331)	0.218	(0.309)	0.205	(0.287)
2	0.270	(0.650)	0.268	(0.623)	0.265	(0.596)	0.261	(0.570)	0.256	(0.543)
3	0.189	(0.839)	0.197	(0.820)	0.203	(0.799)	0.209	(0.779)	0.214	(0.757)
4	0.099	(0.938)	0.108	(0.928)	0.117	(0.916)	0.125	(0.904)	0.134	(0.891)
5	0.042	(0.980)	0.048	(0.976)	0.054	(0.970)	0.060	(0.964)	0.067	(0.958)
6	0.015	(0.995)	0.017	(0.993)	0.021	(0.991)	0.024	(0.988)	0.028	(0.986)
7	0.004	(0.999)	0.005	(0.998)	0.007	(0.998)	0.008	(0.996)	0.010	(0.996)
8	0.001	(1.000)	0.002	(1.000)	0.002	(1.000)	0.003	(0.999)	0.003	(0.999)
9							0.001	(1.000)	0.001	(1.000)

c	np' 2.6		2.7		2.8		2.9		3.0	
0	0.074	(0.074)	0.067	(0.067)	0.061	(0.061)	0.055	(0.055)	0.050	(0.050)
1	0.193	(0.267)	0.182	(0.249)	0.170	(0.231)	0.160	(0.215)	0.149	(0.199)
2	0.251	(0.518)	0.245	(0.494)	0.238	(0.469)	0.231	(0.446)	0.224	(0.423)
3	0.218	(0.736)	0.221	(0.715)	0.223	(0.692)	0.224	(0.670)	0.224	(0.647)
4	0.141	(0.877)	0.149	(0.864)	0.156	(0.848)	0.162	(0.832)	0.168	(0.815)
5	0.074	(0.951)	0.080	(0.944)	0.087	(0.935)	0.094	(0.926)	0.101	(0.916)
6	0.032	(0.983)	0.036	(0.980)	0.041	(0.976)	0.045	(0.971)	0.050	(0.966)
7	0.012	(0.995)	0.014	(0.994)	0.016	(0.992)	0.019	(0.990)	0.022	(0.988)
8	0.004	(0.999)	0.005	(0.999)	0.006	(0.998)	0.007	(0.997)	0.008	(0.996)
9	0.001	(1.000)	0.001	(1.000)	0.002	(1.000)	0.002	(0.999)	0.003	(0.999)
10							0.001	(1.000)	0.001	(1.000)

c	np' 3.1		3.2		3.3		3.4		3.5	
0	0.045	(0.045)	0.041	(0.041)	0.037	(0.037)	0.033	(0.033)	0.030	(0.030)
1	0.140	(0.185)	0.130	(0.171)	0.122	(0.159)	0.113	(0.146)	0.106	(0.136)
2	0.216	(0.401)	0.209	(0.380)	0.201	(0.360)	0.193	(0.339)	0.185	(0.321)
3	0.224	(0.625)	0.223	(0.603)	0.222	(0.582)	0.219	(0.558)	0.216	(0.537)
4	0.173	(0.798)	0.178	(0.781)	0.182	(0.764)	0.186	(0.744)	0.189	(0.726)
5	0.107	(0.905)	0.114	(0.895)	0.120	(0.884)	0.126	(0.870)	0.132	(0.858)
6	0.056	(0.961)	0.061	(0.956)	0.066	(0.950)	0.071	(0.941)	0.077	(0.935)
7	0.025	(0.986)	0.028	(0.984)	0.031	(0.981)	0.035	(0.976)	0.038	(0.973)
8	0.010	(0.996)	0.011	(0.995)	0.012	(0.993)	0.015	(0.991)	0.017	(0.990)
9	0.003	(0.999)	0.004	(0.999)	0.005	(0.998)	0.006	(0.997)	0.007	(0.997)
10	0.001	(1.000)	0.001	(1.000)	0.002	(1.000)	0.002	(0.999)	0.002	(0.999)
11							0.001	(1.000)	0.001	(1.000)

c / np'	3.6		3.7		3.8		3.9		4.0	
0	0.027	(0.027)	0.025	(0.025)	0.022	(0.022)	0.020	(0.020)	0.018	(0.018)
1	0.098	(0.125)	0.091	(0.116)	0.085	(0.107)	0.079	(0.099)	0.073	(0.091)
2	0.177	(0.302)	0.169	(0.285)	0.161	(0.268)	0.154	(0.253)	0.147	(0.238)
3	0.213	(0.515)	0.209	(0.494)	0.205	(0.473)	0.200	(0.453)	0.195	(0.433)
4	0.191	(0.706)	0.193	(0.687)	0.194	(0.667)	0.195	(0.648)	0.195	(0.628)
5	0.138	(0.844)	0.143	(0.830)	0.148	(0.815)	0.152	(0.800)	0.157	(0.785)
6	0.083	(0.927)	0.088	(0.918)	0.094	(0.909)	0.099	(0.899)	0.104	(0.889)
7	0.042	(0.969)	0.047	(0.965)	0.051	(0.960)	0.055	(0.954)	0.060	(0.949)
8	0.019	(0.988)	0.022	(0.987)	0.024	(0.984)	0.027	(0.981)	0.030	(0.979)
9	0.008	(0.996)	0.009	(0.996)	0.010	(0.994)	0.012	(0.993)	0.013	(0.992)
10	0.003	(0.999)	0.003	(0.999)	0.004	(0.998)	0.004	(0.997)	0.005	(0.997)
11	0.001	(1.000)	0.001	(1.000)	0.001	(0.999)	0.002	(0.999)	0.002	(0.999)
12					0.001	(1.000)	0.001	(1.000)	0.001	(1.000)

c / np'	4.1		4.2		4.3		4.4		4.5	
0	0.017	(0.017)	0.015	(0.015)	0.014	(0.014)	0.012	(0.012)	0.011	(0.011)
1	0.068	(0.035)	0.063	(0.078)	0.058	(0.072)	0.054	(0.066)	0.050	(0.061)
2	0.139	(0.224)	0.132	(0.210)	0.126	(0.198)	0.119	(0.185)	0.113	(0.174)
3	0.190	(0.414)	0.185	(0.395)	0.180	(0.378)	0.174	(0.359)	0.169	(0.343)
4	0.195	(0.609)	0.195	(0.590)	0.193	(0.571)	0.192	(0.551)	0.190	(0.533)
5	0.160	(0.769)	0.163	(0.753)	0.166	(0.737)	0.169	(0.720)	0.171	(0.704)
6	0.110	(0.879)	0.114	(0.867)	0.119	(0.856)	0.124	(0.844)	0.128	(0.832)
7	0.064	(0.943)	0.069	(0.936)	0.073	(0.929)	0.078	(0.922)	0.082	(0.914)
8	0.033	(0.976)	0.036	(0.972)	0.040	(0.969)	0.043	(0.965)	0.046	(0.960)
9	0.015	(0.991)	0.017	(0.989)	0.019	(0.988)	0.021	(0.986)	0.023	(0.983)
10	0.006	(0.997)	0.007	(0.996)	0.008	(0.996)	0.009	(0.995)	0.011	(0.994)
11	0.002	(0.999)	0.003	(0.999)	0.003	(0.999)	0.004	(0.999)	0.004	(0.998)
12	0.001	(1.000)	0.001	(1.000)	0.001	(1.000)	0.001	(1.000)	0.001	(0.999)
13									0.001	(1.000)

c	np' 4.6		4.7		4.8		4.9		5.0	
0	0.010	(0.010)	0.009	(0.009)	0.008	(0.008)	0.008	(0.008)	0.007	(0.007)
1	0.046	(0.056)	0.043	(0.052)	0.039	(0.047)	0.037	(0.045)	0.034	(0.041)
2	0.106	(0.162)	0.101	(0.153)	0.095	(0.142)	0.090	(0.135)	0.034	(0.125)
3	0.163	(0.325)	0.157	(0.310)	0.152	(0.294)	0.146	(0.281)	0.140	(0.265)
4	0.188	(0.513)	0.185	(0.495)	0.182	(0.476)	0.179	(0.460)	0.176	(0.441)
5	0.172	(0.685)	0.174	(0.669)	0.175	(0.651)	0.175	(0.635)	0.176	(0.617)
6	0.132	(0.817)	0.136	(0.805)	0.140	(0.791)	0.143	(0.778)	0.146	(0.763)
7	0.087	(0.904)	0.091	(0.896)	0.096	(0.887)	0.100	(0.878)	0.105	(0.868)
8	0.050	(0.954)	0.054	(0.950)	0.058	(0.945)	0.061	(0.939)	0.065	(0.933)
9	0.026	(0.980)	0.028	(0.978)	0.031	(0.976)	0.034	(0.973)	0.036	(0.969)
10	0.012	(0.992)	0.013	(0.991)	0.015	(0.991)	0.016	(0.989)	0.018	(0.987)
11	0.005	(0.997)	0.006	(0.997)	0.006	(0.997)	0.007	(0.996)	0.008	(0.995)
12	0.002	(0.999)	0.002	(0.999)	0.002	(0.999)	0.003	(0.999)	0.003	(0.998)
13	0.001	(1.000)	0.001	(1.000)	0.001	(1.000)	0.001	(1.000)	0.001	(0.999)
14									0.001	(1.000)

c	np' 6.0		7.0		8.0		9.0		10.0	
0	0.002	(0.002)	0.001	(0.001)	0.000	(0.000)	0.000	(0.000)	0.000	(0.000)
1	0.015	(0.017)	0.006	(0.007)	0.003	(0.003)	0.001	(0.001)	0.000	(0.000)
2	0.045	(0.062)	0.022	(0.029)	0.011	(0.014)	0.005	(0.006)	0.002	(0.002)
3	0.089	(0.151)	0.052	(0.081)	0.029	(0.043)	0.015	(0.021)	0.007	(0.009)
4	0.134	(0.285)	0.091	(0.172)	0.057	(0.100)	0.034	(0.055)	0.019	(0.028)
5	0.161	(0.446)	0.128	(0.300)	0.092	(0.192)	0.061	(0.116)	0.038	(0.066)
6	0.161	(0.607)	0.149	(0.449)	0.122	(0.314)	0.091	(0.207)	0.063	(0.129)
7	0.138	(0.745)	0.149	(0.598)	0.140	(0.454)	0.117	(0.324)	0.090	(0.219)
8	0.103	(0.848)	0.131	(0.729)	0.140	(0.594)	0.132	(0.456)	0.113	(0.332)
9	0.069	(0.917)	0.102	(0.831)	0.124	(0.718)	0.132	(0.588)	0.125	(0.457)
10	0.041	(0.958)	0.071	(0.902)	0.099	(0.817)	0.119	(0.707)	0.125	(0.582)
11	0.023	(0.981)	0.045	(0.947)	0.072	(0.889)	0.097	(0.804)	0.114	(0.696)
12	0.011	(0.992)	0.026	(0.973)	0.048	(0.937)	0.073	(0.877)	0.095	(0.791)
13	0.005	(0.997)	0.014	(0.987)	0.030	(0.967)	0.050	(0.927)	0.073	(0.864)
14	0.002	(0.999)	0.007	(0.994)	0.017	(0.984)	0.032	(0.959)	0.052	(0.916)
15	0.001	(1.000)	0.003	(0.997)	0.009	(0.993)	0.019	(0.978)	0.035	(0.951)
16			0.002	(0.999)	0.004	(0.997)	0.011	(0.989)	0.022	(0.973)
17			0.001	(1.000)	0.002	(0.999)	0.006	(0.995)	0.013	(0.986)
18					0.001	(1.000)	0.003	(0.998)	0.007	(0.993)
19							0.001	(0.999)	0.004	(0.997)
20							0.001	(1.000)	0.002	(0.999)
21									0.001	(1.000)

c	np' 11.0		12.0		13.0		14.0		15.0	
0	0.000	(0.000)	0.000	(0.000)	0.000	(0.000)	0.000	(0.000)	0.000	(0.000)
1	0.000	(0.000)	0.000	(0.000)	0.000	(0.000)	0.000	(0.000)	0.000	(0.000)
2	0.001	(0.001)	0.000	(0.000)	0.000	(0.000)	0.000	(0.000)	0.000	(0.000)
3	0.004	(0.005)	0.002	(0.002)	0.001	(0.001)	0.000	(0.000)	0.000	(0.000)
4	0.010	(0.015)	0.005	(0.007)	0.003	(0.004)	0.001	(0.001)	0.001	(0.001)
5	0.022	(0.037)	0.013	(0.020)	0.007	(0.011)	0.004	(0.005)	0.002	(0.003)
6	0.041	(0.078)	0.025	(0.045)	0.015	(0.026)	0.009	(0.014)	0.005	(0.008)
7	0.065	(0.143)	0.044	(0.089)	0.028	(0.054)	0.017	(0.031)	0.010	(0.018)
8	0.089	(0.232)	0.066	(0.155)	0.046	(0.100)	0.031	(0.062)	0.019	(0.037)
9	0.109	(0.341)	0.087	(0.242)	0.066	(0.166)	0.047	(0.109)	0.032	(0.069)
10	0.119	(0.460)	0.105	(0.347)	0.086	(0.252)	0.066	(0.175)	0.049	(0.118)
11	0.119	(0.579)	0.114	(0.461)	0.101	(0.353)	0.084	(0.259)	0.066	(0.184)
12	0.109	(0.688)	0.114	(0.575)	0.110	(0.463)	0.099	(0.358)	0.083	(0.267)
13	0.093	(0.781)	0.106	(0.681)	0.110	(0.573)	0.106	(0.464)	0.096	(0.363)
14	0.073	(0.854)	0.091	(0.772)	0.102	(0.675)	0.106	(0.570)	0.102	(0.465)
15	0.053	(0.907)	0.072	(0.844)	0.088	(0.763)	0.099	(0.669)	0.102	(0.567)
16	0.037	(0.944)	0.054	(0.898)	0.072	(0.835)	0.087	(0.756)	0.096	(0.663)
17	0.024	(0.968)	0.038	(0.936)	0.055	(0.890)	0.071	(0.827)	0.085	(0.748)
18	0.015	(0.983)	0.026	(0.962)	0.040	(0.930)	0.056	(0.883)	0.071	(0.819)
19	0.008	(0.991)	0.016	(0.978)	0.027	(0.957)	0.041	(0.924)	0.056	(0.875)
20	0.005	(0.996)	0.010	(0.988)	0.018	(0.975)	0.029	(0.953)	0.042	(0.917)
21	0.002	(0.998)	0.006	(0.994)	0.011	(0.986)	0.019	(0.972)	0.030	(0.947)
22	0.001	(0.999)	0.003	(0.997)	0.006	(0.992)	0.012	(0.984)	0.020	(0.967)
23	0.001	(1.000)	0.002	(0.999)	0.004	(0.996)	0.007	(0.991)	0.013	(0.980)
24			0.001	(1.000)	0.002	(0.998)	0.004	(0.995)	0.008	(0.988)
25					0.001	(0.999)	0.003	(0.998)	0.005	(0.993)
26					0.001	(1.000)	0.001	(0.999)	0.003	(0.996)
27							0.001	(1.000)	0.002	(0.998)
28									0.001	(0.999)
29									0.001	(1.000)

Ⅲ. 이항분포표

n	X	P								
		.10	.20	.30	.40	.50	.60	.70	.80	.90
2	0	.8100	.6400	.4900	.3600	.2500	.1600	.0900	.0400	.0100
	1	1800	.3200	.4200	.4800	.5000	.4800	.4200	.3200	.1800
	2	.0100	.0400	.0900	.1600	.2500	.3600	.4900	.6400	.8100
3	0	.7290	.5120	.3430	.2160	.1250	.0640	.0270	.0080	.0010
	1	.2430	.3840	.4410	.4320	.3750	.2880	.1890	.0960	.0270
	2	.0270	.0960	.1890	.2880	.3750	.4320	.4410	.3840	.2430
	3	.0010	.0080	.0270	.0640	.1250	.2160	.3430	.5120	.7290
4	0	.6561	.4096	.2401	.1296	.0625	.0256	.0081	.0016	.0001
	1	.2916	.4096	.4116	.3456	.2500	.1536	.0756	.0256	.0036
	2	.0486	.1536	.2646	.3456	.3750	.3456	.2646	.1536	.0486
	3	.0036	.0256	.0756	.1536	.2500	.3456	.4116	.4096	.2916
	4	.0001	.0016	.0081	.0256	.0625	.1296	.2401	.4096	.6561
5	0	.5905	.3277	.1681	.0778	.0313	.0102	.0024	.0003	
	1	.3281	.4096	.3602	.2592	.1562	.0768	.0284	.0064	.0004
	2	.0729	.2048	.3087	.3456	.3125	.2304	.1323	.0512	.0081
	3	.0081	.0512	.1323	.2304	.3125	.3456	.3087	.2048	.0729
	4	.0004	.0064	.0284	.0768	.1562	.2592	.3602	.4096	.3281
	5		.0003	.0024	.0102	.0313	.0778	.1681	.3277	.5905
6	0	.5314	.2621	.1176	.0467	.0156	.0041	.0007	.0001	
	1	.3543	.3932	.3025	.1866	.0938	.0369	.0102	.0015	.0001
	2	.0984	.2458	.3241	.3110	.2344	.1382	.0595	.0154	.0012
	3	.0146	.0819	.1852	.2765	.3125	.2765	.1852	.0819	.0146
	4	.0012	.0514	.0595	.1382	.2344	.3110	.3241	.2458	.0984
	5	.0001	.0015	.0102	.0369	.0938	.1866	.3025	.3932	.3543
	6		.0001	.0007	.0041	.0156	.0467	.1176	.2621	.5314
7	0	.4783	.2097	.0824	.0280	.0078	.0019	.0002		
	1	.3720	.3670	.2471	.1306	.0547	.0172	.0036	.0004	
	2	.1240	.2753	.3177	.2613	.1641	.0774	.0250	.0043	.0002
	3	.0230	.1147	.2269	.2903	.2734	.1935	.0972	.0287	.0026
	4	.0026	.0287	.0972	.1935	.2734	.2903	.2269	.1147	.0230
	5	.0002	.0043	.0250	.0774	.0641	.2613	.3177	.2753	.1240
	6		.0004	.0036	.0172	.0547	.1306	.2471	.3670	.3720
	7			.0002	.0016	.0078	.0280	.0824	.2097	.4783
8	0	.4305	.1678	.0576	.0168	.0039	.0007	.0001		
	1	.3826	.3355	.1976	.0896	.0312	.0079	.0012	.0001	
	2	.1488	.2936	.2965	.2090	.1094	.0413	.0100	.0011	
	3	.0331	.1468	.2541	.2787	.2188	.1239	.0467	.0092	.0004
	4	.0046	.0459	.1361	.2322	.2734	.2322	.1361	.0549	.0046
	5	.0004	.0092	.0467	.1239	.2188	.2787	.2541	.1468	.0331
	6		.0011	.0100	.0413	.1094	.2090	.2965	.2936	.1488
	7		.0001	.0012	.0079	.0312	.0896	.1976	.3355	.3826
	8			.0001	.0007	.0039	.0168	.0576	.1678	.4305

n	X	.10	.20	.30	.40	.50	.60	.70	.80	.90
9	0	3874	.1342	.0404	.0101	.0020	.0003			
	1	3874	.3020	.1556	.0605	.0176	.0035	.0004		
	2	1722	.3020	.2668	.1612	.0703	.0212	.0039	.0003	
	3	0446	.1762	.2668	.2508	.1641	.0743	.0210	.0028	.0001
	4	0074	.0661	.1715	.2508	.2461	.1672	.0735	.0165	.0008
	5	0008	.0165	.0735	.1672	.2491	.2508	.1715	.0661	.0074
	6	0001	.0028	.0210	.0743	.1641	.2508	.2668	.1762	.0446
	7		.0003	.0039	.0212	.0703	.1612	.2668	.3020	.1722
	8			.0004	.0035	.0176	.0605	.1556	.3020	.3874
	9				.0003	.0020	.0101	.0404	.1342	.3874
10	0	3487	.1074	.0282	.0060	.0010	.0001			
	1	3874	.2684	.1211	.0403	.0098	.0016	.0001		
	2	1937	.3020	.2335	.1209	.0439	.0106	.0014	.0001	
	3	0574	.2013	.2668	.2150	.1172	.0425	.0090	.0008	
	4	0112	.0881	.2001	.2508	.2051	.1115	.0368	.0055	.0001
	5	0015	.0264	.1029	.2007	.2461	.2007	.1029	.0264	.0015
	6	0001	.0055	.0368	.1115	.2051	.2508	.2001	.0881	.0112
	7	0008	.0090	.0425	.1172	.2150	.2668	.2013	.0574	.0001
	8			.0014	.0106	.0439	.1209	.2335	.3020	.1937
	9			.0001	.0016	.0098	.0403	.1211	.2684	.3874
	10				.0001	.0010	.0060	.0282	.1074	.3487
11	0	3138	.0859	.0198	.0036	.0005				
	1	3835	.2362	.0932	.0266	.0054	.0007			
	2	2131	.2953	.1998	.0887	.0269	.0052	.0005		
	3	0710	.2215	.2568	.1774	.0806	.0234	.0037	.0002	
	4	0158	.1107	.2201	.2365	.1611	.0701	.0173	.0017	
	5	0025	.0388	.1321	.2207	.2256	.1471	.0566	.0097	.0003
	6	0003	.0097	.0566	.1471	.2256	.2207	.1321	.0388	.0025
	7		.0017	.0173	.0701	.1611	.2365	.2201	.1107	.0158
	8		.0002	.0037	.0234	.0806	.1774	.2568	.2215	.0710
	9			.0005	.0052	.0269	.0887	.1998	.2953	.2131
	10				.0007	.0054	.0266	.0932	.2362	.3835
	11					.0005	.0036	.0198	.0859	.3138
12	0	2824	.0687	.0138	.0022	.0002				
	1	3766	.2062	.0712	.0174	.0029	.0003			
	2	2301	.2835	.1678	.0639	.0161	.0025	.0002		
	3	0852	.2362	.2397	.1419	.0537	.0125	.0015	.0001	
	4	0213	.1329	.2311	.2128	.1209	.0420	.0078	.0005	
	5	0038	.0532	.1585	.2270	.1934	.1009	.0291	.0033	
	6	0005	.0155	.0792	.1766	.2256	.1766	.0792	.0155	.0005
	7		.0033	.0291	.1009	.1934	.2270	.1585	.0532	.0038
	8		.0005	.0078	.0420	.1208	.2128	.2311	.1329	.0213
	9		.0001	.0015	.0125	.0537	.1419	.2397	.2362	.0852
	10			.0002	.0025	.0161	.0639	.1678	.2835	.2301
	11				.0003	.0029	.0174	.0712	.2062	.3766
	12					.0002	.0022	.0138	.0687	.2824

n	X					P				
		.10	.20	.30	.40	.50	.60	.70	.80	.90
13	0	.2542	.0550	.0097	.0013	.0001				
	1	.3672	.1787	.0540	.0113	.0016	.0001			
	2	.2448	.2680	.1388	.0453	.0095	.0012	.0001		
	3	.0997	.2457	.2181	.1107	.0349	.0065	.0006		
	4	.0277	.1535	.2337	.1845	.0873	.0243	.0034	.0002	
	5	.0055	.0691	.1803	.2214	.1571	.0656	.0142	.0011	
	6	.0008	.0230	.1030	.1968	.2095	.1312	.0442	.0058	.0001
	7	.0001	.0058	.0442	.1312	.2095	.1968	.1030	.0230	.0008
	8		.0011	.0142	.0656	.1571	.2214	.1803	.0691	.0055
	9		.0002	.0034	.0243	.0873	.1845	.2337	.1535	.0277
	10			.0006	.0065	.0349	.1107	.2181	.2457	.0997
	11			.0001	.0012	.0095	.0453	.1388	.2680	.2448
	12				.0001	.0016	.0113	.0540	.1787	.3672
	13					.0001	.0013	.0097	.0550	.2542
	0	.2288	.0440	.0068	.0008	.0001				
	1	.3559	.1539	.0407	.0073	.0009	.0001			
	2	.2570	.2501	.1134	.0317	.0056	.0006			
	3	.1142	.2501	.1943	.0845	.0222	.0033	.0022		
14	4	.0349	.1720	.2290	.1549	.0611	.0136	.0014		
	5	.0078	.0860	.1963	.2066	.1222	.0408	.0066	.0003	
	6	.0013	.0322	.1262	.2066	.1833	.0918	.0232	.0020	
	7	.0002	.0092	.0618	.1574	.2095	.1574	.0618	.0092	.0002
	8		.0020	.0232	.0918	.1833	.2066	.1262	.0322	.0013
	9		.0003	.0066	.0408	.1222	.2066	.1963	.0860	.0078
	10			.0014	.0136	.0611	.1549	.2290	.1720	.0349
	11			.0002	.0033	.0222	.0845	.1943	.2501	.1142
	12				.0006	.0056	.0317	.1134	.2501	.2570
	13				.0001	.0009	.0073	.0407	.1539	.3559
	14					.0001	.0008	.0068	.0440	.2288
	0	.2059	.0352	.0047	.0005					
	1	.3432	.1319	.0305	.0047	.0005				
	2	.2669	.2309	.0916	.0219	.0032	.0003			
	3	.1285	.2501	.1700	.0634	.0139	.0016	.0001		
	4	.0428	.1876	.2186	.1268	.0417	.0074	.0006		
	5	.0105	.1032	.2061	.1859	.0916	.0245	.0030	0001	
	6	.0019	.0430	.1472	.2066	.1527	.0612	.0116	0007	
	7	.0003	.0138	.0811	.1771	.1964	.1181	.0348	0035	
15	8		.0035	.0348	.1181	.1964	.1771	.0811	0138	.0003
	9		.0007	.0116	.0612	.1527	.2066	.1472	0430	.0019
	10		.0001	.0030	.0245	.0916	.1859	.2061	1032	.0105
	11			.0006	.0074	.0417	.1268	.2186	1876	.0428
	12			.0001	.0016	.0139	.0634	.1700	2501	.1285
	13				.0003	.0032	.0219	.0916	2309	.2669
	14					.0005	.0047	.0305	1319	.3432
	15						.0005	.0047	0352	.2059

Ⅳ. t-분포표

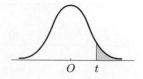

자유도	$\alpha/2$				
	.10	.05	.025	.01	.005
1	3.078	6.314	12.706	31.821	63.657
2	1.886	2.920	4.303	6.965	9.925
3	1.638	2.353	3.182	4.541	5.841
4	1.533	2.132	2.776	3.747	4.604
5	1.476	2.015	2.571	3.365	4.032
6	1.440	1.943	2.447	3.143	3.707
7	1.415	1.895	2.365	2.998	3.499
8	1.397	1.860	2.306	2.896	3.355
9	1.383	1.833	2.262	2.821	3.250
10	1.372	1.812	2.228	2.764	3.169
11	1.363	1.796	2.201	2.718	3.106
12	1.356	1.782	2.179	2.681	3.055
13	1.350	1.771	2.160	2.650	3.012
14	1.345	1.761	2.145	2.624	2.977
15	1.341	1.753	2.131	2.602	2.947
16	1.337	1.746	2.120	2.583	2.921
17	1.333	1.740	2.110	2.567	2.898
18	1.330	1.734	2.101	2.552	2.878
19	1.328	1.729	2.093	2.539	2.861
20	1.325	1.725	2.086	2.528	2.845
21	1.323	1.721	2.080	2.518	2.831
22	1.321	1.717	2.074	2.508	2.819
23	1.319	1.714	2.069	2.500	2.807
24	1.318	1.711	2.064	2.492	2.797
25	1.316	1.708	2.060	2.485	2.787
26	1.315	1.706	2.056	2.479	2.779
27	1.314	1.703	2.052	2.473	2.771
28	1.313	1.701	2.048	2.467	2.763
29	1.311	1.699	2.045	2.462	2.756
30	1.310	1.697	2.042	2.457	2.750
40	1.303	1.684	2.021	2.423	2.704
60	1.296	1.671	2.000	2.390	2.660
120	1.289	1.658	1.980	2.358	2.617
∞	1.282	1.645	1.960	2.326	2.576

V. 난수표

63271	59986	71744	51102	15141	80714	58683	93108	13554	79945
88547	09896	95436	79115	08303	01041	20030	63754	08459	28364
55957	57243	83865	09911	19761	66535	40102	26646	60147	15702
46276	87453	44790	67122	45573	84358	21625	16999	13385	22782
55363	07449	34835	15290	76616	67191	12777	21861	68689	03263
69393	92785	49902	58447	42048	30378	87618	26933	40640	16281
13186	29431	88190	04588	38733	81290	89541	70290	40113	08243
17726	28652	56836	78351	47327	18518	92222	55201	27340	10493
36520	64465	05550	30157	82242	29520	69753	72602	23756	54935
81628	36100	39254	56835	37636	02421	98063	89641	64953	99337
84649	48968	75215	75498	49539	74240	03466	49292	36401	45525
63291	11618	12613	75055	43915	26488	41116	64531	56827	30825
70502	53225	03655	05915	37140	57051	48393	91322	25653	06543
06426	24771	59935	49801	11082	66762	94477	02494	88215	27191
20711	55609	29430	70165	45406	78484	31639	52009	18873	96927
41990	70538	77191	25860	55204	73417	83920	69468	74972	38712
72452	36618	76298	26678	89334	33938	95567	29380	75906	91807
37042	40318	57099	10528	09925	89773	41335	96244	29002	46453
53766	52875	15987	46962	67342	77592	57651	95508	80033	69828
90585	58955	53122	16025	84299	53310	67380	84249	25348	04332
32001	96293	37203	64516	51530	37069	40261	61374	05815	06714
62606	64324	46354	72157	67248	20135	49804	09226	64419	29457
10078	28073	85389	50324	14500	15562	64165	06125	71353	77669
91561	46145	24177	15294	10061	98124	75732	00815	83452	97355
13091	98112	53959	79607	52244	63303	10413	63839	74762	50289
73864	83014	72457	22682	03033	61714	88173	90835	00634	85169
66668	25467	48894	51043	02365	91726	09365	63167	95264	45643
84745	41042	29493	01836	09044	51926	43630	63470	76508	14194
48068	26805	94595	47907	13357	38412	33318	26098	82782	42851
54310	96175	97594	88616	42035	38093	36745	56702	40644	83514
14877	33095	10924	58013	61439	21882	42059	24177	58739	60170
78295	23179	02771	43464	59061	71411	05697	67194	30495	21157
67524	02865	39593	54278	04237	92441	26602	63835	38032	94770
58268	57219	68124	73455	83236	08710	04284	55005	84171	42596
97158	28672	50685	01181	24262	19427	52106	34308	73685	74246
04230	16831	69085	30802	65559	09205	71829	06489	85650	38707
94879	56606	30401	02602	57658	70091	54986	41394	60437	03195
71446	15232	66715	26385	91518	70566	02888	79941	39684	54315
32886	05644	79316	09819	00813	88407	17461	73925	53037	91904
62048	33711	25290	21526	02223	75947	66466	06232	10913	75336

4차 산업혁명에 관한 참고문헌

강성호. 플랫폼 경제와 공짜 점심, 미디어숲, 2021.
고영태 옮김, 디지털 대전환의 조건, 청림출판사, 2018.
공병훈, 4차 산업혁명 상식사전, 길벗, 2018.
김기홍, 제4차 산업혁명, 법문사, 2020.
김문수, 제4차 산엽혁명, 북코리아, 2019.
김진희 외 2인 옮김, 4차 산업혁명의 충격, 흐름출판, 2016.
노규성, 디지털 대전환 시대의 전략경영 혁신, 북스타, 2022.
박경록 외 3인, 스마트 팩토리 운영전략과 이해, 한올, 2018.
박종구, 4차 산업혁명 보고서, 생능출판사, 2019.
박춘엽 외 2인, 4차 산업혁명의 핵심전략, 책연, 2018.
박한구 외 5인, 4차 산업혁명, 새로운 제조업의 시대, 호이테북스, 2017.
배경한 외 14인, 스마트 공장 경영과 기술, 드림디자인, 2019.
배재권, 4차 산업혁명과 스마트 비즈니스, 박영사, 2020.
윤경배 외 17인, 4차 산업혁명의 이해, 일진사, 2020.
유필화 외 4인, 4차 산업혁명 시대의 경영학, 오래, 2022.
이경상, 코로나 이후의 미래, 중원문화, 2020.
이상진, 인공지능, 시크릿하우스, 2020.
이성열 외 1인, 플랫폼 비즈니스의 미래, 리더스북, 2021.
이준호 외 1인, 5G와 AI가 만들 새로운 세상, 갈라북스, 2019.
이철환, 인공지능과 미래 경제, 다락방, 2018.
이현경 옮김, 플랫폼 레볼루션, 부키, 2017.
이호성 외 2인, 4차 산업혁명 에센스, 행복에너지, 2020.
임일, 4차 산업혁명 인사이드, 더메이커, 2017.
정진섭, 4차 산업혁명 시대의 경영사례, 박영사, 2019.
차두원 외 14인, 4차 산업혁명과 빅뱅파괴의 시대, 한스미디어, 2017.
최진기, 4차 산업혁명, 이지퍼블리싱, 2018.
Lee Krajewski & Manoj Malhotra, Operations Management, 13th eds(Pearson, 2022).

색 인

quality of conformance   98
quality of design   98
quality trilogy   110
quantitative method   134

R

radio frequency identification   316
regression analysis   159
regression line   151, 159
reorder point   365
respect for people   452
responsive supply chain   297
robust design   202
rough-cut capacity planning   342
runout time   471

S

sandcorn theory   89
scheduled receipts   400
scheduling   465
sequential engineering   195
servitization   12, 57
sharing economy   54
simple exponential smoothing
   method   145
singularity   44
smart factory   58, 87
smoothing coefficient   146
soft technology   234
statistical process control   108
strategic alliance   93
strategic business unit   72
strategic decision   5
strategy   70
subtractive manufacturing   47
super-connectivity   52

super-intelligence   52
supply chain   10, 11, 288
supply chain management   290
sustainability   15

T

tactical decision   6
technical analysis   182
technical specification   199
technological innovation   234
theory of constraints   487
time-based competition   174
time series   134
total quality management   103
transformation process   5
two-side market   63

U

utilization   250

V

value added   7
value analysis   191
value chain model   60
value innovation   75
variation   202
vertical integration   302
virtual company   303
virtualness   38, 74
virtual reality   48
vision   70
voice of customers   180, 196
voice of engineers   198

Z

zero defect   110

저자약력

강금식

서울대학교 상과대학 경제학과 졸업
한국산업은행 조사부 근무
University of Nebraska 대학원 졸업(경제학석사)
University of Nebraska 대학원 졸업(경영학박사, Ph.D.)
아주대학교 경영대학 부교수
한국경영학회 이사
한국경영과학회 이사
성균관대학교 경영학부 교수 역임

저 서

EXCEL 경영학연습(형설출판사, 1999)
알기쉬운 생산 · 운영관리(도서출판 오래, 2011, 공저)
품질경영(박영사, 제4판, 2011)
알기쉬운 통계학(도서출판 오래, 제2개정판 2012, 공저)
고객만족을 위한 의료서비스의 실천(도서출판 오래, 2014, 공저)
글로벌시대의 경영학(도서출판 오래, 2014, 공저)
EXCEL활용 통계학(박영사, 제5판, 2021)
비즈니스 분석론(박영사, 2020)
EXCEL 경영과학(박영사, 2022)

제5개정판
4차 산업혁명 시대의 **생산운영관리**

초판발행	1987년 2월 10일
전정판발행	1993년 8월 15일
개정판발행	2000년 3월 10일
제2개정판발행	2007년 3월 5일
제3개정판발행	2010년 1월 10일
제4개정판발행	2019년 1월 10일
제5개정판발행	2023년 1월 15일

지은이	강금식
펴낸이	안종만 · 안상준
편 집	전채린
표지디자인	이영경
기획/마케팅	조성호
제 작	고철민 · 조영환

펴낸곳	(주) **박영사**
	서울특별시 금천구 가산디지털2로 53, 210호(가산동, 한라시그마밸리)
	등록 1959. 3. 11. 제300−1959−1호(倫)
전 화	02)733−6771
f a x	02)736−4818
e−mail	pys@pybook.co.kr
homepage	www.pybook.co.kr
ISBN	979−11−303−1567−6 93320

copyright©강금식, 2023, Printed in Korea

* 파본은 구입하신 곳에서 교환해 드립니다. 본서의 무단복제행위를 금합니다.
* 저자와 협의하여 인지첩부를 생략합니다.

정 가	39,000원